EMERGING ADULTHOOD

Second Edition

Emerging Adulthood : the winding road from the late teens through the twenties
Second Edition by Jeffrey Jensen Arnett

Copyright © 2015 Oxford University Press
Originally published in the United States of America by Oxford University Press
ISBN 978-0-19-992938-2(pbk. : alk. paper)

Korean Translation Copyright © 2023 by ReBOOT
The Korean translation rights published by arrangement with the Oxford University Press
ISBN 979-11-974341-2-9 (93180)

ALL RIGHTS RESERVED.

본 저작물의 한국어판 저작권은 에릭양 에이전시를 통한 the Oxford University Press와의 독점계약이므로 ReBOOT에 있습니다. 저작권법에 의해 한국 내에서 보호를 받는 저작물이므로 무단 전제와 무단 복제를 금합니다.

청년기

EMERGING ADULTHOOD

— Second Edition —

The Winding Road from Late Teens Through the Twenties

JEFFREY JENSEN ARNETT 지음
직업학과 진로연구회 옮김

청년기

초판발행	2024년 1월 11일
지은이	JEFFREY JENSEN ARNETT
옮긴이	직업학과 진로연구회
편집기획	김기령
번역감수	김기령, 정은경
디자인	김규범
펴낸곳	리부트
등록번호	제2021-0000001호
임프린트	텍스트
e-mail	reboot_text@naver.com
홈페이지	www.career-reboot.kr

ISBN 979-11-974341-2-9   93180

• 텍스트는 리부트의 imprint입니다.
• 잘못된 책은 구입하신 서점에서 바꿔드립니다.
• 본서의 무단 복제 행위를 금합니다.

PREFACE to the Second Edition | 2판 서문

18~29세 연령대 사람들에게 내가 처음으로 관심을 가졌던 20년 전에는 이 연령대는 심리학의 다른 학자들이 거의 연구하지 않는 대상이었습니다. 심리학에서의 인간 발달 분야의 연구는 항상 생애 초기에 치우쳐 있었고 심리학자들은 18~29세의 사람들에게는 거의 관심을 기울이지 않았습니다. 주로 사회 심리학 분야에서 대학생에 관한 연구가 많이 있었지만, 심리학 입문 과정에 있는 미국 대학생이 모든 사람을 대표할 수 있을까에 의문을 품고 있었습니다. 이러한 연령대에 속한 젊은 사람을 청소년 또는 나이 든 성인과 구분하는 방법을 고려한 연구는 거의 없었습니다. 사회학에서는 18~29세의 사람들이 집을 떠나고, 학업을 마치고, 직장을 구하고, 결혼하고, 부모가 되는 것과 같은 전환적 사건의 시기와 결과를 살펴보는 것에만 관심을 기울였습니다.

나는 이 연령대 사람들의 부모와의 관계, 사랑하는 방식, 일에 대한 포부, 종교적인 믿음, 성인이 되는 것에 대한 관점, 미래에 대한 희망과 같은 것에 훨씬 관심이 있었습니다. 18~29세를 대상으로 한 나의 연구는 처음에는 다른 사람이 관심을 두지 않는 혼자서 하는 외로운 분야의 연구였지만, 그것이 나에겐 원동력이 되고 매우 흥미진진했습니다. 이는 놀라움과 발견으로 가득 찬 미지의 대륙처럼 느껴졌습니다. 오랜 기간을 사람들과 인터뷰할 때마다 이들은 내가 이전에 알지 못했던 것을 알려주었습니다. 그래서 매우 짜릿했습니다.

1990년대에 나는 Missouri주 Columbia(Missouri 대학교 부교수로 재임)와 San Francisco(1996~1997년 안식년 기간)에서 18~29세의 사람들을 200명 이상 인터뷰했습니다. 연구 보조원으로 일했던 대학원생들이 약 100명을 더 인터뷰했는데, 주로 Los Angeles에서는 라틴계 미국인을 대상으로 했었고

New Orleans에서는 아프리카 미국인을 대상으로 했습니다. 또한 고등학교 중퇴자에서부터 대학원생까지 그리고 백인, 아프리카계 미국인, 라틴계 미국인, 아시아계 미국인 등 다양한 인종의 모든 사회경제계층의 배경을 가진 젊은 사람을 인터뷰했습니다.

나는 10여 년 동안 내가 연구한 것과 관련해서 거의 발표하지 않았습니다. 18~29세를 대상으로 한 인터뷰에서 발견한 것에 대해 매우 흥미로웠지만, 책임감을 가지고 이들에 대한 글을 쓸 만큼 충분히 알게 되었다고 믿는 시점까지는 몇 년이 더 걸렸습니다. 게다가 나는 이들을 어떻게 불러야 할지도 몰랐습니다. '후기 청소년late adolescents'은 어떨까? 안정적인 직업을 가지고 있고 결혼하고 부모가 된 상태가 아니라는 점이 청소년과 같았기 때문에 이렇게 가정했습니다. 그러나 나는 이러한 가정을 곧 포기했습니다. 왜냐하면 이들은 내가 이전에 인터뷰했던 청소년보다 더 성숙하고 통찰력이 있으며 자신의 부모에게 덜 의존적이기 때문입니다. 게다가 '젊은 성인young adults'처럼 보이지도 않았습니다. 왜냐하면 젊은 성인은 이들 대부분이 경험하는 것보다 더 안정적인 생애단계를 의미하고 있기 때문입니다. 이들을 18~40세에 걸쳐 있는 '젊은 성인기'의 생애단계에 속한다고 생각하는 것이 말도 안 된다는 것이 확실했습니다.

결국 나는 이들이 청소년도 아니고 젊은 성인도 아닌 어중간한 존재이며 새로운 용어와 새로운 개념화가 필요하다는 결론에 이르렀습니다. 안정적인 성인 역할의 진입뿐만 아니라 완전하지 않은 성인 지위에 대한 자기인식을 측정해보았더니, 이들은 과거의 젊은 사람들보다도 성장하는데 더 오랜 시간이 걸리고 있었습니다. 이들의 성장을 이해하기 위해서 선진국 사람들의 일반적인 생애에 새로운 생애단계를 추가하는 것을 제안하는 것이 도움이 될 것이라 판단했습니다. 고심 끝에 '후기 청소년기post-adolescence'로 고려했으나 취소하고 '청년기emerging adulthood'라고 부르기로 했습니다.

나는 2000년에 American Psychologist 학술지에 청년기 이론을 발표했습니다.[1] 비록 이론의 개요만을 설명한 짧은 학술지였지만, 용어와 주제는 많은 심리학자와 현장 전문가에 의해 빠르게 받아들여졌습니다. 18~29세의 사람들을 이해하는 새로운 방법이 필요했고 이들을 청소년이나 젊은 성인과는 구별하는 어떤 방법이 필요하다는 결론을 내린 나와 같은 사람들이 많이 있었습니다. 이 학술지는 2014년 초 기준으로 구글 스칼라에서 4,500번 이상이 인용되었습니다.

청년기의 등장

청년기 이론을 제안하면서 가졌던 목표 또는 최소한의 희망은 18~29세의 사람들에게 새로운 이름을 부여하는 것이 다른 연구자들에게도 이 대상자에게 관심을 갖도록 하여 영감을 주는 것이었습니다. 2000년에 American Psychologist 학술지에 다음과 같이 언급했습니다.

20대 젊은 사람들을 대상으로 한 연구가 많이 이루어지지 않았던 이유는 이 연령대에 대한 명확한 발달 개념이 부족했기 때문이다. 학자들은 10대 후반에서부터 20대까지의 발달에 관한 사고방식을 명확하게 가지고 있지 않다. 이 연령대에 대한 패러다임이 없어서 학자들은 이 나이대의 젊은 사람을 발달 연구의 주제로 생각하지 않았을 수도 있다. 청년기는 새로운 패러다임을 제공한다. 10대 후반에서부터 20대까지 특히 18~25세의 발달에 관한 새로운 사고방식은 청년기의 명확한 개념이 이 연령대에 대한 학문적 관심의 증가로 이어지길 바라는 약간의 마음이 있다.[2]

14년이 지난 후 이러한 희망은 결실을 보았습니다. 청년기 학술 모임(SSEA: Society for the Study of Emerging Adulthood, www.ssea.org)은 400명 이상의 회원(2014년 6월 기준)으로 구성된 단체가 되었습니다. SSEA는 'Emerging Adulthood'(http://eax.sagepub.com/) 학술지를 발행합니다. 청년기와 관련해서 6번의 컨퍼런스를 했었고, 2015년에 7번째가 열릴 예정입니다. 청년기와 관련된 연구가 전 세계적으로 심리학에서 뿐만 아니라 사회학, 교육학, 인류학과 같이 다양한 분야에서 진행되고 있습니다. 패러다임이 중요해졌습니다. 청년기를 새로운 생애단계로 제안하는 것은 18~29세를 대상으로 하는 연구의 가능성에 관한 관심으로 이어졌으며 이러한 가능성은 다양한 영역의 재능있는 사람들에 의해 매우 활발하게 이루어지고 있습니다.

초판 이후의 나의 연구

초판에서 나는 청년기에 대한 좀 더 발전된 이론을 제시했고 정체성 탐색, 불안정성, 자기초점, 어중간함, 가능성/낙관주의와 같은 5대 특징을 제안했습니다. 나와 내 제자들과 함께 지난 10여 년간 수행해왔던 인터뷰를 바탕으로 18~29세 사람들의 삶의 모든 핵심적인 측면을 다루려고 했습니다.

초판 발행 후 10년 동안 나의 학문 영역의 상당 부분은 청년기 이론을 발전시키고 학문의 영역으로 청년기를 구축하기 위해서 지속해서 노력했습니다. 2006년에는 Jennifer Tanner와 함께 정체성 발달부터 성과 정신 건강 등과 관련된 다양한 분야의 저명한 학자들의 기고문을 수록한 책을 출판했습니다.[3] 또한 청년기에 대한 국제적인 시각을 다루는 책을 출판하기도 했습니다.[4] 특히 2011년에 Marion Kloep, Leo Hendry, Jennifer Tanner와 함께 발간한 「Debating Emerging Adulthood」[5]에서는 비평가들로부터 청년기 이론을 지켜냈습니다. 청년에 대한 근거 없는 부정적인 고정관념을 퍼붓는 비평가들로부터 청년을 방어했습니다.[6]

지난 10년간의 나의 연구는 2005~2006년 동안 Denmark에서 Fulbright 장학금을 받고 청년을 인터뷰하고 연구했습니다. 또한 다음 해에는 이탈리아 청년을 인터뷰했던 Marie Krog Overgaard 학생을 지도했습니다.[7] 2012년 「Getting to 30: A Parent's Guide to the Twenty Something Years」의 공동 저자인 Elizabeth Fishel은 청년의 자녀를 가진 부모를 대상으로 인터뷰하고 연구했습니다.[8]

가장 주목할 만한 것은 내가 연구 교수로 있는 Clark 대학에서 지원을 받아 최근 몇 년간 미국 전역을 대상으로 한 연구를 할 수 있는 기회를 가졌고, 이 연구의 결과는 10주년 기념판에 풍부하게 수록되어 있습니다. 2012년에 청년을 대상으로 한 Clark 설문조사는 미국 전역에서 다양한 지역, 인종, 사회경제적 배경을 가진 18~29세 약 1,000명을 대상으로 실시되었습니다. 이번 10주년 기념판에서는 초판에서 사용했던 많은 질문을 전국 규모로 연구한 결과를 사용하였으며 미디어 사용과 정신 건강과 같은 새로운 주제에 대한 전국적인 자료들이 제공되어 있습니다. 2013년에는 전국을 대표할 수 있는 다양한 18~29세의 청년을 자녀로 둔 부모 1,000명을 대상으로 청년 자녀를 둔 부모를 대상 Clark 설문조사를 실시했습니다. 이 설문조사 결과 중 부모와의 관계에 관한 내용을 3장에 새롭게 추가하였습니다. 마지막으로 2014년 25~39세 약 1,000명을 대상으로 청년기 이후의 성장과 통찰력을 얻기 위해서 성인을 대상으로 한 Clark 설문조사를 실시하였습니다. 이 설문조사는 10주년 기념판이 발행되기 직전에 실시되었기 때문에 이 책에는 연구 결과를 거의 포함할 수 없었습니다. 그러나 1장에는 청년기의 특징에 관한 설문조사에 대한 자료가 수록되어 있습니다. Clark 설문조사는 모두 3개이며 이것들은 http://www.clarku.edu/clark-poll-emerging-adults/ 에서 확인할 수 있습니다.

10주년 기념판에 새롭게 추가된 내용

20년 이상을 청년에 관해 인터뷰하고 생각하고 글을 쓰면서 내가 발견한 것은 변화보다 더 안정성이 있다고 말할 수 있습니다. 내가 처음으로 연구를 시작할 무렵인 1993년은 미국이 경기 침체에서 벗어나려고 하던 시기였으며, 10주년 기념판을 출간하는 2014년에는 다시 한번 경기 침체에서 벗어나고 있는 시기였습니다. 이 시기 사이에는 1990년대 후반의 경제 호황과 21세기 초반의 경제 불황이 있었습니다. 경제가 호황이었다가 불황이었다 하는 사이에 청년보다 더 경험이 있고 전문적인 사람들이 대부분 유리한 상황이었고 방대하고 복잡한 노동 시장에서 청년이 자리를 잡기 위해 항상 고군분투하고 있다는 것을 발견하였습니다. 특히 고등학교 이상의 교육과 훈련을 받지 못한 청년의 경우 제조업에서 높은 수준의 기술과 자격이 필요한 서비스로 경제의 흐름이 서서히 변해감에 따라 어려움을 겪고 있었습니다. 심지어 대학 교육을 받은 청년일지라도 학교에서 일터로의 전환도 쉽지 않았습니다. 어떠한 교육 수준에 있는 청년일지라도 돈을 잘 벌 수 있을 뿐만 아니라 도전적이고 보람 있고 자기만족감을 충족시킬만한 일을 추구합니다. 이것은 우리 모두에게도 이루기 어려운 열망입니다.

청년의 삶에서 20년 전과 가장 큰 변화는 미디어 기술의 폭발적 증가와 미디어가 청년의 삶에서 점점 더 중요한 위치를 점유하게 된 것입니다. 20년 전에는 인터넷, 이메일, 휴대전화는 여전히 신문물이었습니다. 초판을 발행했던 10년 전까지만 해도 페이스북, 트위터, 인스타그램은 있지도 않았습니다. 오늘날의 대부분의 청년은 이러한 인터넷 세상과 끊임없이 연결되지 않는 삶은 상상할 수도 없습니다. 따라서 10주년 기념판에서는 미디어 사용에 관한 내용(8장)을 추가하는 것이 꼭 필요했습니다.

나는 이 책에 사회계층에 대한 주제를 10장에, 그에 따른 문제를 11장에 추가했습니다. 사회계층의 주제는 내가 처음으로 청년기에 대해 제안했을 때부터 논쟁의 대상이 되었습니다. 비록 나는 항상 나의 연구에 다양한 사회계층에 젊은 사람을 포함했고, 2000년에 청년기 이론을 제안했던 이유 중의 하나는 대학생이 아닌 18~29세에 관심이 있었기 때문이었습니다.[9] 그러나 청년기 이론의 비평가들은 대학 교육을 받은 중류층에만 적용된다고 주장하였습니다. 그래서 나는 이번에 제대로 이러한 주장을 펼치는 것이 필요하다고 생각했습니다. 다행스럽게도 2012년 Clark 설문조사의 대상을 18~29세의 미국인 전체의 사회계층을 대표할 수 있도록 구성했기 때문에 사회계층과 관련된 주장을 확인하는 것이 가능했습니다.

문제점을 다루는 내용 또한 필요한 듯 보였습니다. 청년으로 지내는 동안 절정에 다다른 물질 남용과 같은 문제점들이 있었습니다. 게다가 청년 중 대부분은 낙관주의적이고 자신의 삶이 재미있고 흥미진지하게 생각함에도 불구하고 우울감과 불안감이 눈에 띄게 높기 때문에, 청년기는 정신 건강과 관련하여 매우 복잡한 시기입니다. 이러한 복잡성은 11장에서 설명하고 있습니다.

이 책은 전 세계의 청년보다는 젊은 미국인을 대상으로 하고 있습니다. 나는 나 자신을 문화 심리학자로 생각하고 있습니다. 그리고 나는 항상 청년기 동안의 발달에 대한 나의 관찰에 문화적인 맥락을 추가하려고 노력합니다. 그러나 위에 언급한 덴마크와 이탈리아의 청년에 관한 소규모 연구를 제외하고 나의 모든 연구는 젊은 미국인을 대상으로 한 것입니다. 이들은 내가 가장 잘 아는 대상입니다. 이 책은 많은 국가 간 비교를 담고 있고 다른 나라로부터의 연구를 언급하고 있지만 주로 미국 청년에 대한 것입니다. 세계의 연구자들이 자신의 나라에서 청년기가 발생하는 형태를 연구하고 있으며 나의 관점은 이들이 발견해 낸 것에 의해 계속해서 확장될 것입니다.

감사와 헌정

10주년을 기념하여 책을 발행하게 되어 영광입니다. 이전에 쓰였던 내용을 보완하고 3개의 새로운 내용을 추가하는 과정에서 나는 10년 동안 청년에 대해 얼마나 많은 것을 알게 되었는지를 발견하게 되어 놀랐습니다. 청년기와 관련하여 연구하고 있고 이 새로운 생애단계에 대한 나의 이해를 높여준 모든 학자의 노고에 감사드립니다.

또한 내가 10주년 기념판을 제안했을 때 흔쾌히 받아들여 준 Oxford University Press의 직원들과 특히 Sarah Harrington에게 감사를 표시하고 싶습니다. 나는 Oxford University Press는 세계에서 가장 설득력 있고 중요한 학술 서적을 발행한다고 생각하고 있으며 이들의 저자 중 한 명이 될 수 있어 영광입니다.

마지막으로 초판에 영감을 받고 그것을 내가 알 수 있게 해준 모든 분께 감사 드립니다. 여기에는 나의 동료 학자들뿐만 아니라 상담자, 교육자, 정책 결정자, 부모, 청년 자신도 포함되어 있습니다. 초판에 대한 이들의 열정이 2판을 만들고 내가 할 수 있는 한 좋은 책을 만들 수 있도록 이끌어 주었습니다. 이번 10주년 기념판을 여러분에게 바칩니다.

Jeffrey Jensen Arnett
Worcester, Massachusetts

PREFACE to the First Edition | 초판의 서문

이 책의 시작은 Missouri 대학의 부교수로 재직했었던 10년 전으로 거슬러 올라갑니다. 심리학을 연구하는 학자에게는 종종 있는 일이지만, 관심이 있던 주제는 나 자신의 경험에서부터 나옵니다. 그 당시 나는 수년간의 교육을 마친 후에 마침내 오랫동안 할 것이라 기대되는 직업을 가지게 되었습니다. 수년간의 연애 끝에 마침내 결혼하고 싶은 사람을 만나서 함께 살게 되었습니다. 새로운 기회와 경험을 추구하느라 매해 또는 2~3년마다 여기저기로 옮겨 다닌 후에야 한 곳에 한동안 머물며 뿌리를 내릴 수 있는 준비가 되었습니다. 마침내 나는 성인기에 도달하게 되었다고 느꼈습니다.

나는 궁금해지기 시작했습니다. 다른 사람은 어떻게 그리고 언제 성인기에 도달한다고 느낄까? 미국 사회에는 성인기에 도달했다는 것을 알 수 있게 하는 사회적·공동체적 의식이 없다는 생각이 들었습니다. 대신에 성인기의 문턱에 언제 도달하는지 그리고 이것이 무엇을 의미하는지를 결정하는 것은 우리 각자에게 남겨져 있었습니다.

그 당시에 나는 청소년에 관한 연구를 몇 년 동안 하고 있었습니다. 그렇기 때문에 청소년기에서 성인기로 진행하는 것이 무엇을 의미하는지에 관한 질문으로 나의 연구의 주제를 바꾸는 것이 어렵지 않았습니다. 나는 심리학에서 이러한 주제를 다루는 연구가 많지 않다는 것을 알게 되었습니다. 그러나 사회학에서는 '성인기로의 전환'으로 불리는 연구가 많이 있었습니다. 사회학자는 집을 떠나고, 교육을 마치고, 안정적인 직장을 구하고, 결혼하고, 부모가 되는 것과 같은 뚜렷한 전환 사건의 경우에만 성인기로의 전환이라고 정의를 내렸습니다. 이것은 나에게는 지극히 합리적인 것처럼 보였습니다. 성인기에 도달했다고 느끼는 나의 시점은 안정적인 직장을 구하고, 결혼하지는 않았지만 적어도 결혼할 준비가 되어 있다고 느끼는 것으로 인식하고 있었습니다.

그러나 대학생들에게 성인기로의 전환의 표식이 무엇인지에 대해 질문했을 때 안정적인 직장을 다니고 결혼을 하는 것이 성인기로의 전환과 아무 상관이 없다는 것을 알게 되었을 때 매우 놀랐습니다. 다른 사회학적 전환도 마찬가지였습니다. 사실 내가 대학생이 성인기에 도달했다는 것을 예상하는 지표를 조사했을 때 사회학적 전환은 바닥을 쳤습니다. 이러한 사회학적 의미의 전환 대신에 대학생들은 자신의 행동에 책임을 지고, 독립적으로 결정하고, 경제적으로 독립하는 것과 같이 더 추상적이고 심리적인 것을 성인기에 도달했다는 가장 중요한 지표로 삼았습니다.

글쎄요, 아마도 이들이 대학생이라서 조금 더 추상적이고 심리적인 용어를 생각하게 되었을 거라고 봅니다. 아마도 같은 연령대이지만, 대학을 다니지 않았다면 사회학자가 말했던 것과 같은 전환의 사건으로 성인기로의 전환을 이해했을 수도 있을 겁니다. 그러나 내가 연구를 하기 위해 이들을 인터뷰했을 때 대학생들이 가지고 있었던 생각과 같은 결과를 접하게 되었습니다. 즉 교육 수준 또는 사회 경제적인 부류에 따라 차이가 없었습니다.

내가 완전히 흥미를 느끼게 될 때 즈음에 성인기로의 전환을 경험하는 사람들에게 어떤 일이 발생하는지에 대해 더 알고 싶어졌습니다. 대학을 다니거나 다니지 않는 모든 참여자를 포함하여 Missouri의 20대 젊은 사람을 연구하기 시작했습니다. 그리고 이들에게 가족 생활, 사랑과 섹스 그리고 결혼, 대학 경험과 일 경험, 이들에게 가장 가치 있는 것과 종교적 믿음 등과 같은 폭넓은 질문을 했습니다. 나는 San Francisco에서 1년을 보내면서 아시아계 미국인과 아프리카계 미국인을 대상으로 집중하여 연구를 수행했습니다. 또한 Los Angeles에서는 라틴계 미국인과 New Orleans에서는 아프리카계 미국인은 대학원생이 인터뷰했습니다.

내가 연구를 진행할수록, 20대의 사람들과 더 많이 대화하게 될수록, 성인기로의 전환이라는 관점에서 이들의 발달을 설명하는 것에 만족스럽지 않았습니다. 그렇습니다. 성인기로의 전환이 이 시기에 이루어지는 것은 맞지만, 이 용어는 고등학교를 졸업하는 시점부터 완전한 성인기에 도달하게 되는 시점까지 이들의 삶의 흐름을 모두 포괄하지는 못하기 때문입니다. '성인기로의 전환'이라고 부르는 것은 청소년기와 젊은 성인기를 더 중요한 기간으로 보고 이 기간이 연결되는 것을 전환으로 보고 있기 때문에 점점 범위가 축소되고 있는 것 같습니다. 그리고 이것은 매우 오래 지속됩니다. 적어도 18세에서 25세까지 또는 일반적으로 그 이상으로 아동기 또는 청소년기만큼 길거나 더 길게 지속됩니다. 그렇다면 그 자체로 생애단계에서 뚜렷이 구별되는 기간으로 여겨져서는 안 되는 걸까요?

그래서 나는 성인기로의 전환을 별도의 발달 단계로 구별하기 위해 이해가 될 만한 틀을 제공할 수 있는 이론이 있는지를 찾아보았습니다. 그러나 만족스러운 어떤 이론도 찾을 수가 없었습니다. 가장 일반적으로 논의된 아이디어는 Kenneth Keniston이 제안한 '유스youth'였습니다. 그러나 '유스'는 이 연령대를 설명하기에 불확실한 용어로 보였습니다. 왜냐하면 '유스'는 중기 아동기처럼 어리거나 30대처럼 나이가 많은 사람들을 묘사하기에 이미 너무나 다른 용도로 사용되었기 때문이었습니다. 게다가 Keniston이 제안한 '유스'는 1960년대의 운동권 대학생에 기반을 두고 있었습니다. 미국 역사상 특수한 상황에서 나타난 비정형화된 집단이었고 현재에는 거의 적용되지 않는 것처럼 보였습니다.

그래서 나는 10대 후반과 20대의 발달 단계와 관련한 나만의 이론을 만들기로 결심했습니다. 이 책은 이러한 노력의 결과입니다. 이미 이러한 이론의 대략적인 내용으로 여러 학술지에 다수의 많은 글을 게재했습니다. 그러나 지난 10년간의 나의 연구에 기초해서 포괄적인 설명을 시도한 것은 이 책이 처음입니다. 나는 학자들에게 이 책이 크게 주목받고 설득력이 있다고 생각되기를 희망합니다. 그러나 이 책이 청년기를 이해하는 것을 형성하는데 시작이지 마지막이 아니라고 생각합니다. 이미 많은 학자가 청년기 이론을 사용하여 연구를 진행하고 있으며 빠르게 성장하고 있는 연구 분야입니다. 첫 번째 학술회의는 2003년 11월

Harvard 대학에서 개최되었으며 앞으로 더 있을 것이 확실합니다. 청년기를 연구하는데 정보를 나누고 공유하기 위한 학자들의 모임이 형성되었습니다. 이제 우리는 이 시기에 대해 함께 이야기를 나눌 수 있도록 통칭할 수 있는 글을 만들기 시작했습니다. 확실히 흥미로운 발견이 많이 있을 것입니다.

이 책은 학자들 뿐만이 아니라 이 연령대와 이러한 주제에 관심이 있는 모든 사람을 위한 책입니다. 나는 많은 청년과 이들의 부모들에게도 호기심을 자극하고 유익한 정보를 얻기를 희망합니다. 이 책을 쓰게 된 목적은 청년기에 대한 학문에 중요한 기여를 하기 위한 것도 있지만, 학자가 아닌 일반 대중도 읽게 되면 흥미를 느낄 수 있기 위함입니다. 따라서 복잡한 통계 분석도 없고 이 연령대에 관한 다른 연구와 나의 연구와 비교하는 대부분의 정보는 본문 내용에서가 아닌 주석에서 찾아볼 수 있습니다. 대신에 내가 주목한 것은 다양한 주제를 가진 자신의 삶의 모습에 관해 이야기하는 청년들의 소리입니다.

여기에서 몇 가지 설문 결과를 제시하고 있지만, 청년에 대해 가장 잘 알 수 있었던 인터뷰 결과를 주요 내용으로 제시하고 있습니다. 연구를 함에 있어서 설문지가 유용하게 사용되기도 하지만, 연구자로서 나의 경험상으로는 청년이 경험한 것과 이것들이 무엇을 의미하는지에 대해 마주 앉아 이야기를 나누는 것만큼 대체 가능한 것은 없다고 생각합니다. 물론 유아들을 제외하고는 모든 심리학 연구에서 사람들이 자신의 삶을 어떻게 묘사하고 해석하는지를 듣는 것이 매우 중요하다고 믿고 있습니다. 특히 청년기는 자기 성찰을 매우 강하게 하는 시간이고 내가 누구인지 나는 어떤 삶을 살아가기를 원하는지에 대해 많이 생각하는 시기이므로 더욱 중요할 수 있습니다. 그리고 이 책의 내용에서 볼 수 있듯이 청년의 이야기를 듣는 것은 재미있습니다. 이들의 교육 수준이 어떠하든지 간에 이들은 매우 명석하고 재미있고 때로는 감동적입니다.

이 책이 나오기까지 도와주신 많은 분께 감사 인사를 드립니다. 대부분의 인터뷰를 직접 했지만, 이 과정에서 많은 제자(Missouri와 Los Angeles에서는 Katie Ramos와 Diane Rutledge, New Orleans에서는 Terrolyn Carter,

San Francisco에서는 Gretchen Cooke, Colleen O'Connell, Megan O' Donnell)이 도움을 주었습니다. 많은 동료들(Jim Côté, Bill Damon, Wyndol Furman, Steve Hamilton, Hugh McIntosh, Mike Shanahan, Shmuel Shulman, Jennifer Tanner, Niobe Way)은 책이 발행되기 전에 일부 또는 전체를 읽고 의견과 제안을 해주었습니다. 어떠한 불평도 없이 초안을 여러 번 읽어주고 항상 통찰력 있고 도움이 되는 제안을 항상 해준 나의 아내 Lene Jensen에게 특별히 고맙다고 전해주고 싶습니다. 내가 이 책에서 목표로 하는 것을 이해해주고 아낌없이 지지해준 Oxford University Press의 심리학 편집자인 Catherine Carlin에게도 감사의 마음을 전합니다. 마지막으로 이 책의 밑바탕이 된 인터뷰로 자신의 삶을 보여 준 수백 명의 청년에게 고맙다고 전해주고 싶습니다. 여러분은 나에게 엄청난 것을 가르쳐 주었고 이것에 감사할 따름입니다.

Jeffrey Jensen Arnett
University Park, Maryland

FORWARD | 한국어판을 내며

「청년기」(2판)을 한국어로 출판하게 되는 것을 기쁘게 생각합니다. 이 책을 한국어로 번역하는데 많은 노력을 기울인 안윤정 교수와 다른 번역자들 그리고 리부트 김기령 대표의 노고에 감사드립니다.

'청년기'는 기본적으로 18~29세의 미국인을 대상으로 한 연구였습니다. 초판의 연구자료는 주로 10년간 미국에서 300명을 대상으로 한 인터뷰 자료였습니다. 2판에서는 1,000명이 넘는 미국 청년을 대상으로 한 설문조사와 '8장 디지털 원주민', '10장 과연 사회계층이 중요한가?', '11장 잘못된 전환과 막다른 길'을 추가했습니다.

한국은 문화, 역사, 정치, 경제 등 여러 가지로 미국과는 매우 다른 나라입니다. 모든 사람이 알고 있듯이, 한국은 여전히 매우 빨리 변화하고 있습니다. 수십 년 동안 한국의 경제는 빠르게 성장했고 그 결과 한국 사회도 많은 변화가 생겼습니다. 1960년대의 한국은 매우 가난한 나라 중 하나였으나, 지금의 한국은 세계에서 가장 부유한 나라 중 하나가 되었습니다. 경제가 가장 선진화되고 번창한 나라이며, 교육열이 가장 높은 나라 중 하나입니다. 이제 한국은 여러모로 선진국과 비슷하게 살아가는 도시의 중산층이 두터워졌습니다. 결과적으로 이제 한국의 많은 젊은 사람들은 10대 후반부터 20대에 청년기를 경험할 수 있게 되었습니다.

「청년기」(2판)를 한국어로 번역한 이 책에서 한국의 독자들이 자신만의 문화 속에서 청년에게 적용되는 통찰력을 찾기를 희망합니다. 추가해서 이 책이 한국에서도 청년기가 어떤 것인지에 대해 연구자들에게 영감을 주길 기대해 봅니다. 청년기에서 드러나는 두드러진 5대 특징(정체성 탐색, 불안정성, 자기초점, 어중간함, 가능성/낙관주의)에 대한 미국의 연구 결과는 이미 알고 있습니다. 이러한 특징들이 어느 정도 한국의 청년에게도 적용될까요? 또한 한국의 청년이 청년기에 나타나는 다른 특징은 무엇일까요? 한국의 청년은 자기 자신을, 자신의 사회를, 자신의 미래를 어떻게 보고 있을까요? 매우 흥미로운 결과가 나타날 것 같지 않을까요?

비록 오늘날의 한국 청년에 대해 알려진 바는 많이 없지만, 앞으로 수십 년 동안 젊은 사람들은 높은 비율로 청년기를 경험할 것으로 보입니다. 이번 한국어판으로 미국 청년들의 삶에 대한 흥미 있는 정보를 독자들이 경험하기를 기대합니다. 한국의 역사와 미래에서 이렇게 흥미진진한 시대에 살아가는 한국 청년의 삶에 대해 더 많은 것이 이해되기를 기대해봅니다.

Jeffrey Jensen Arnett
Worcester, Massachusetts, USA

TABLE OF CONTENTS | 차례

Preface to the Second Edition | 2판 서문   5
Preface to the First Edition | 초판 서문   13
Forward to the Korean Edition | 한글어판을 내며   18

1장 성인기에 도달하기까지 더 길어진 여정   24

2장 청년으로 산다는 것은?   58
    4명의 프로파일

3장 갈등 관계에서 유대 관계로   84
    부모와의 새로운 관계

4장 사랑과 섹스   124
    새로운 자유, 새로운 문제

5장 혼란스러운 결혼관   162

6장 대학 생활의 여정   196
    우여곡절

7장 일   228
    직업, 그 이상의 의미

| 8장 | **디지털 원주민** | **260** |
다양한 미디어를 사용하는 청년

| 9장 | **삶의 의미의 원천** | **282** |
종교적 믿음과 가치관

| 10장 | **과연 사회계층이 중요한가?** | **324** |

| 11장 | **잘못된 전환과 막다른 길** | **350** |

| 12장 | **헤어짐은 새로운 시작** | **382** |
청년기의 회복탄력성

| 13장 | **청년기, 그 이후** | **406** |
성인이 된다는 것의 의미

Epilogue ǀ 옮긴이의 말   437
Notes ǀ 주석   442
References ǀ 참고문헌   467

일러두기

1. 원저자와 협의하여 Emerging Adult를 청년으로 Emerging Adulthood를 청년기로 명기
2. 기관명과 강조어는 국어와 영어를 동시에 명기했고, 지명과 인명은 영어로 표기
3. 옮긴이의 보충 설명은 '*'로 표기

청년이
생애독립만세를 외치며
온전히
성인으로 성장할 수 있도록

– 옮긴이의 말 중에서

1장 성인기에 도달하기까지 더 길어진 여정

지난 반세기 동안 미국 사회의 젊은 사람에게 아주 점진적이고 미완의 조용한 혁명이 발생하였다. 불과 1960년대 전형적인 21세의 모습은 결혼했거나 결혼을 앞두고 있고, 아기를 돌보고 있거나 곧 출산할 예정이며, 학업을 마쳤거나 곧 마칠 예정이며, 안정적인 직업이나 전업주부 역할에 정착한 모습이었다. 1960년대의 젊은 사람은 빨리 성장하여 비교적 어린 나이에 자신의 삶에 대해 진지하고 지속할 수 있는 선택을 했다. 오늘날의 전형적인 21세의 삶은 1960년대 21세의 삶과 비슷할 것이다. 다만 결혼하고 부모가 되는 시기는 적어도 6년 정도 지연되었다. 4년제 대학교이지만 5년, 6년 또는 그 이상 학교에 다니고 대학원 또는 전문대학원으로의 진학으로 인해 학업을 몇 년 더 지속하게 될 수도 있다. 급여가 높을 뿐만 아니라 즐겁고 보람 있는 일을 찾아서 이직을 빈번하게 하기도 한다.

    21세기의 젊은 미국인에게 성인이 되는 길은 길다. 이들은 18세나 19세에 집을 떠나지만, 대부분은 적어도 20대 후반까지 결혼하지 않거나 부모가 되지 않으며 안정적인 일자리를 구하지 않는다. 10대 후반부터 20대 후반까지 사랑과 일에서 선택 가능한 자신의 가능성을 탐색하고 사랑과 일을 장기적으로 지속할 수 있는 선택을 하기 위한 방향으로 점차 나아간다. 다양한 대안을 탐색할 수 있는 이러한 자유로 들떠있어 높은 희망과 큰 꿈을 지닌 시기이다. 그러나 젊은 사람의 삶은 너무 불안정하고 어떠한 곳으로 탐색이 이루어질지 모르기 때문에 불안의 시기이기도 하다. 아동기였을 때 보다 더 자유로워진 상황을 즐기면서도 성인으로서 갖게 되는 책임감에 대한 중압감을 온전히 짊어져야 하는 것과 같은 불확실성으로 힘들어하고 있다. 오늘날 젊은 미국인으로 산다는 것은 설렘과 불안, 활짝 열린 가능성과 혼란, 새로운 자유와 두려움을 동시에 경험하는 것이다.

결혼하고 부모가 되는 시기의 진입 연령 상승, 중등학교 이상의 교육과 훈련의 확산, 장기화된 20대의 고용불안은 미국과 다른 선진국에서 10대 후반부터 20대 중·후반까지의 젊은 사람에게 새로운 생애단계가 도래하고 있음을 반영한다. 이 시기는 단순히 '연장된 청소년기 extended adolescence'를 의미하는 것은 아니다. 왜냐하면 부모의 통제에서 훨씬 더 자유롭고 더 독립적인 탐색 기간이므로 청소년기와는 많은 차이가 나기 때문이다. 성인기의 초입에 도달했다는 것을 내포하고 있는 '젊은 성인기 young adulthood'도 아니다. 반면 대부분의 20대 젊은 사람은 특히 결혼하고 부모가 되는 것과 같은 전통적인 성인의 자리에 오르는 것과 연관된 전환을 하지 않았고 이들 대부분이 아직 성인기에 도달하지 않았다고 느끼고 있다. 역사적으로 유례없는 새로운 생애과정 중의 단계이기 때문에 새로운 용어와 새로운 사고방식이 필요하다. 그래서 이 시기를 '**청년기** emerging adulthood'라고 부르는 것을 제안한다.

얼마 전부터 미국에서는 젊은 사람이 10대 후반과 20대에 어떤 경험을 하는지에 대한 변화에 주목해 왔다. 1991년 Douglas Coupland의 동명 소설에서 영감을 받아 만들어진 'X 세대 Generation X'는 1990년대 젊은 사람들을 통칭해서 부르는 용어가 되었다. 2000년 이전에 태어난 '밀레니얼 Millennials' 세대는 소셜 미디어에 집착하는 뚜렷한 특성을 공통으로 보여주고 있다. 그러나 오늘날 젊은 사람의 특성은 단순히 세대 간의 특성은 아니다. 청년기를 만들어 낸 이러한 변화는 한동안 계속될 것이다. 21세기의 10대 후반과 20대 젊은 사람은 탐색과 불안정한 기간이 연장된 것을 경험할 것이라는 점은 의심의 여지가 없어 보인다. 이러한 이유로 청년기가 앞으로 여러 세대에 걸쳐 존재할 확실한 새로운 생애단계로 인식되어야 한다고 확신한다.

이 책에서는 20년간 주로 수행한 저자의 연구와 이 연령대에 관한 다른 연구와 이론을 종합한 것을 기반으로 청년에 대한 특성을 설명하고 있다. 1장의 초입에서는 청년기가 등장한 역사적 배경을 제시하고 이 세대의 특징을 서술한다. 또한 청년기라는 용어가 다른 용어보다 선호되는 이유를 설명한다. 말미에는 청년기의 문화가 어떻게 다른지에 대해 논의한다. 대부분의 연구가 미국에서 이루어졌기 때문에 이 책의 대부분은 미국 청년기에 집중되어 있지만, 청년기는 전 세계적인 현상이다.

청년기의 등장: 4대 혁명

20세기 중반 이후부터 결혼하고 부모가 되는 시기의 일반적인 연령대가 상당히 높아짐에 따라 일부 영향을 받아 청년기가 생겨났다. [그림 1.1]에서 볼 수 있듯이 1960년 미국인의 결혼 중위 연령은 여성의 경우 20.3세, 남성의 경우 22.8세였다. 이러한 결혼 중위 연령은 1970년까지만 해도 아주 약간 상승했다. 그러나 1970년 이후 미국인의 결혼 중위 연령에 극적인 변화가 있었다. 2010년까지 결혼

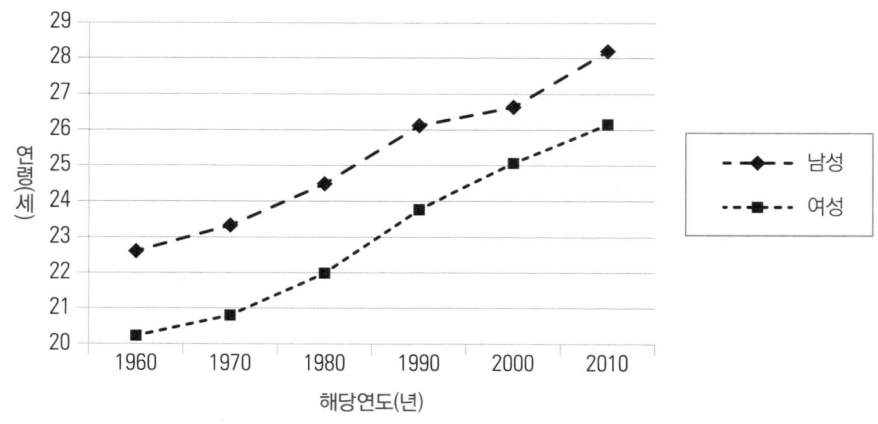

[그림 1.1] 결혼 중위 연령, 미국(1960~2010)

출처: Stritof & Stritof(2014)

중위 연령은 여성의 경우 26세 이상, 남성의 경우 28세 이상이었으며 불과 40년 사이에 남녀 모두 6년이 상승했으며 지금도 매년 상승하고 있다.[1] 비록 1960년보다 혼외에서 첫 출산을 하는 경우가 훨씬 더 많아졌지만(2010년 기준 48%), 부모가 되는 시기에 진입하는 연령도 결혼 중위 연령과 비슷하게 상승 추세를 보인다.[2]

늦은 연령에 결혼하고 부모가 되는 것으로 인해 10대 후반과 20대 후반 사이 공백기에서 청년기라는 새로운 생애단계가 생겨났다. 그러나 늦은 연령 그 자체가 새로운 생애단계의 원인이 되지는 않는다. 오히려 현대 사회에서 일어나고 있는 거대한 변화가 반영되었다. 1960년대와 1970년대에 발생한 4대 혁명-**기술 혁명, 성 혁명, 여성 운동, 청년 운동**-은 청년기라는 새로운 생애단계를 포함하여 오늘날 우리가 알고 있는 세상의 기반을 구축하였다.

기술 혁명 The Technology Revolution이란 아이패드iPad와 아이폰iPhone만을 의미하는 것이 아니라 미국 경제를 변화시킨 제조 기술을 의미한다. 기술의 놀라운 발전으로 인해 선진국의 주요 고용 원천이었던 제조와 관련된 대부분의 일을 기계가 대체할 수 있게 되었다(미국 제조업의 생산량은 실제로 1950년에 비해 6배나 증가했지만, 신기술은 훨씬 적은 수의 일자리로 이것을 가능하게 만들었다).[3] 기술 혁명의 결과로 미국과 다른 선진국은 제조업 경제에서 정보와 과학 기술을 필요로 하는 서비스 경제로 전환하였다. 20세기 초반에는 제조업의 일자리에 기반하여 공장에서 물건을 만드는 일이 대부분이었다. 21세기 초까지 대부분의 일은 비즈니스, 금융, 보험, 교육 및 건강과 같은 서비스 기반 업무에 정보를 사용하는 것과 관련이 있었다. [그림 1.2]는 20세기 중반 이후 미국 경제 활동의 주요 기반으로서 서비스 분야가 제조업 분야를 어떻게 대체했는지를 보여준다.[4]

정보와 기술을 강조하는 새로운 서비스 경제와 관련된 직업의 대부분은 급여와 지위가 매우 높으므로 중등교육 이상의 교육과 훈련을 요구한다. 결과적으로 미국 청년이 고등학교를 졸업한 후에도 거의 70%에 달하는 매우 높은 비율로 학업을 계속 이어나가고 있다. [그림 1.3]에서 보여주듯이 이러한 수치는 그 어느 때보다도 높은 비율이다.[5] 청년 대부분은 학업을 마칠 때까지 기다렸다가 그

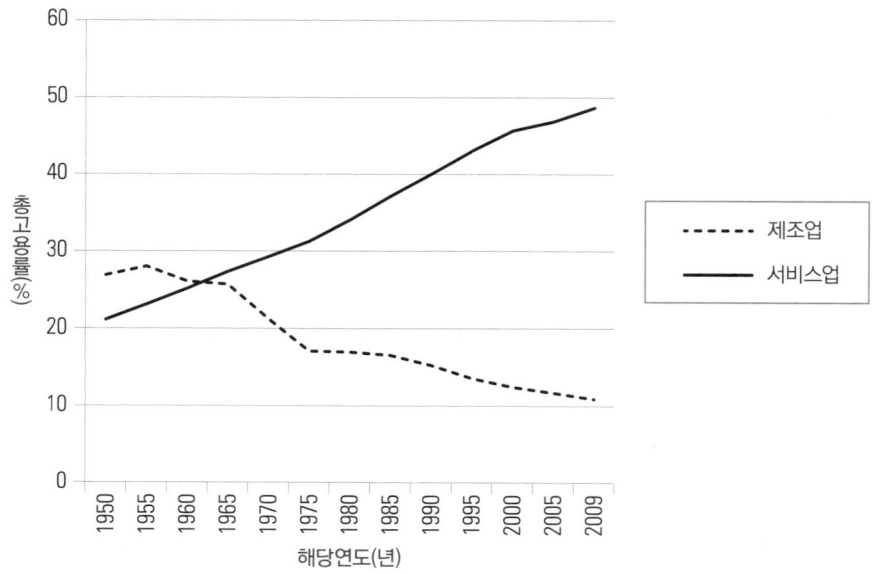

[그림 1.2] 서비스 경제 성장률

출처: McGill & Bell(2013)

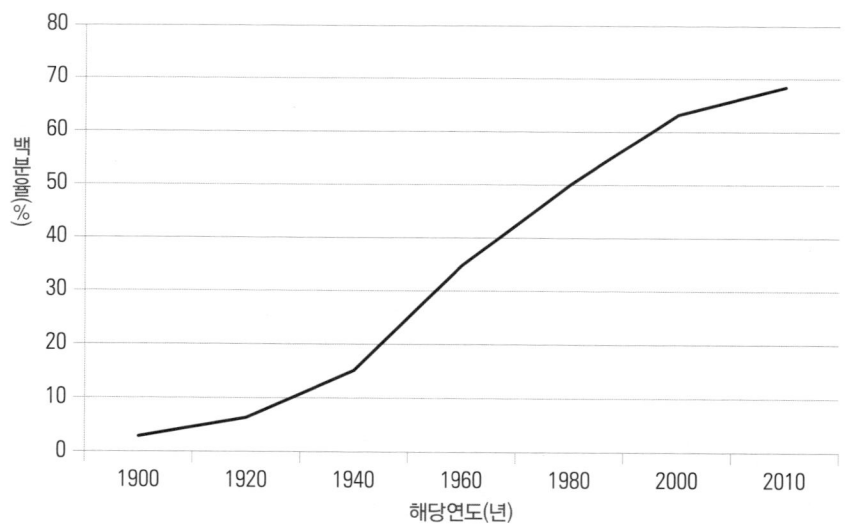

[그림 1.3] 대학 입학률(1900~2010)

출처: Arnett & Taber(1994), 교육통계청(2013)

이후에 결혼하거나 부모가 되는 것과 같은 성인의 의무를 진지하게 생각하기 시작한다. 이는 적어도 이러한 성인의 의무를 20대 후반까지로 연기한다는 것을 의미한다.

두 번째 변화는 1964년 피임약의 발명이라는 기술 변화로 촉발된 **성 혁명** The Sexual Revolution이다. 피임약의 용이성과 가용성은 덜 엄격한 성 윤리 기준을 갖게 되는 1960년대 후반에 시작된 성 혁명으로 직결되었다. 젊은 사람들에게 일상적인 성관계를 갖기 위해 굳이 결혼할 필요가 없다는 것이(다소 마지못해) 널리 받아들여지게 되었다. 성관계를 '너무 이른'(몇 살이든지 간에) 연령에 시작하지 않고 성관계의 파트너 수가 '너무 많은'(몇 명이든지) 인원이 되지 않는 한, 대부분의 미국인은 요즘 젊은 사람이 결혼하기 전에 성관계를 갖는 것에[6] 대해 반대하지 않는다. 미국인은 젊은 사람의 성적 행동에 대한 올바른 규칙이 무엇인지에 대해 자신의 마음속으로는 확실하지 않을 수도 있지만, 10대 후반과 20대의 젊은 사람들이 서로 푹 빠져있어 열정적으로 사랑하는 사이에서 하는 성관계에 대한 관용이 널리 퍼져 있다.

오늘날 젊은 사람의 삶을 형성한 1960년대와 1970년대의 세 번째 주요한 변화는 **여성 운동** The Women's Movement이다. 여성 운동의 결과로 50년 전과 비교하여 요즘 젊은 여성은 성인의 의무를 일찍 시작하는 것을 덜 선호하는 방식으로 선택의 폭을 넓혔다. 1960년대의 젊은 여성은 결혼 상대가 있어야 한다는 엄청난 사회적 압력을 받고 있었다.[7] 20대 초반을 넘어선 여성에게 미혼으로 남는 것은 있을 수 있는 사회적 상태가 아니었다. 상대적으로 소수의 여성만이 대학에 다녔고 대학에 간 여성은 종종 'M-r-s' 학위를 취득하기 위해(그 당시 농담으로), 즉 남편감을 찾을 목적으로 대학에 다녔다. 전통적으로 비서, 웨이트리스, 교사, 간호사 등 젊은 여성이 진입할 수 있는 직업의 범위는 심각하게 제한적이었고 그것마저도 아주 소수의 여성에게만 가능성이 열려 있었다. 이 직업들조차도 젊은 여성에게 일시적으로 일하는 것으로 여겨지기도 했다. 사실상 이들이 집중해야 할 것은 남편감을 찾고 아이를 가지는 것이었다. 다른 선택의 여지가 없고 늦게까지 결혼하지 않으면 사회적 림보 Social Limbo[* 두 단계 사이에 있어 불확실한 일이 발생할 거라는 압박감이 점점 늘어나는 상태]에 직면하기 때문에 결혼과 자녀를 갖는 것은 빠르면 빠를수록 더 좋을 것이라는 갈망이 높아졌다.

21세기의 젊은 여성에게는 이 모든 것이 바뀌었다. 초등학교부터 대학원까지 모든 단계의 교육에서 여학생의 수는 남학생의 수를 넘어섰다. 가장 최근 통계 자료에 따르면 미국 대학 학부생 중 57%가 여성이다.[8] 남성이 공학 및 일부 과학 분야에서 여전히 우위를 점하고 있지만, 이제 젊은 여성의 직업 가능성은 사실상 무제한이며 법률, 경영, 의학 학위를 취득하는 데 있어서 여성은 남성과 동등하다. 여성에게도 많은 선택권이 열려 있고 20대 초반까지 결혼해야 한다는 압박감이 거의 없으므로 오늘날 미국 젊은 여성의 삶은 50년 전과 거의 비교할 수 없을 정도로 바뀌었다. 그리고 이들 대부분은 결혼과 부모가 되는 시기 이전에 청년 시절의 대부분 시간을 활용하여 새로운 자유를 만끽한다.

1960년대와 1970년대 발생한 네 번째 지각 변동은 성인기를 폄하하고 젊음과 관련한 존재, 행동, 느낌을 찬양했던 **청년 운동** The Youth Movement이다. "30세 이상은 절대 믿지 마라.", "나는 늙기 전에 죽고 싶다."라는 말은 그 시대를 살았던 사람이라면 누구에게나 낯설지 않은 말이다. 청년 운동의 결과로 젊은 사람이 성인이 되고 성인의 역할로 진입하게 되어 배우자, 부모, 사회인으로서의 의미와 가치를 어떻게 보고 있는지에 대한 의미심장한 변화가 있었다. 1950년대의 젊은 사람은 성인기로 진입하여 '정착'하기를 간절히 원했다.[9] 아마도 이들이 대공황과 2차 세계대전의 격변기에서 성장했기 때문에 안정된 직업, 결혼, 가정, 자녀 등을 보유하는 것이 이들에게 큰 성과물처럼 보였을 것이다. 또한 이들 중 많은 사람이 3명, 4명 또는 5명 이상의 자녀를 가질 계획이었기 때문에 원하는 만큼 자녀를 낳고 적절한 터울을 두려면 이른 나이부터 이 모든 것을 시작해야만 했다.

이와는 대조적으로 오늘날의 젊은 사람은 성인기와 성인의 의무를 전혀 다른 시각에서 본다. 10대 후반에서 20대 초반에 결혼, 가정, 자녀에 대한 것은 추구해서 성취해야 할 것이 아니라 피해야 할 위험으로 생각한다. 그렇다고 이들이 결혼, 가정, 자녀에 대한 미래의 가능성을 거부하는 것은 아니다. 이들 중 대부분은 이러한 성인의 역할을 맡고 싶어 하며 30세까지 그 역할들을 수행하려 할 것이다. 단지 10대 후반과 20대 초반의 젊은 사람은 이러한 의무를 곰곰이 생각하며 "해야지. 하지만 아직은 아니야."라고 여긴다. 성인이 되고 책임을 다하는 것은 보장과 안정을 제공하지만 독립, 자발성, 무한한 가능성은 이제 끝이 났다는 것을 의미한다.

청년기는 중등교육을 마치는 18세 무렵부터 결혼(또는 평생의 동반자), 부모가 되는 것, 안정적인 일자리로 구성되는 성인의 생활을 준비하기 위해 최선을 다하기 시작하는 25세까지 지속된다. 때로는 청년기를 18~25세로 언급하기도 하고 때로는 18~29세로 사용한다. 왜냐하면 그 끝은 매우 가변적이기 때문이다. 25세에 청년기가 끝나는 마법 같은 일은 일어나지 않는다. 대부분의 20대 후반의 사람들은 더욱 안정된 성인의 삶을 향해 나아가는 시기이지만, 특히 고학력 도시 청년은 20대 후반과 30대 초반까지 청년의 생활방식을 계속 유지하고 있는 경우가 많다. 18~25세는 청년을 언급할 필요가 있을 때 사용할 수 있는 보수적인 범위의 연령대이다. 왜냐하면 상대적으로 아주 소수의 18~25세가 고비를 넘겨 안정적으로 확립된 성인기가 되기 때문이다. 그러나 30세가 될 때까지 완전한 성인기로 전환하지 않은 사람을 포함하기 위해 18~29세를 공식적으로 사용할 수도 있다. 결혼과 부모가 되는 시기의 중위 연령은 보통 30세 전후로 미국보다 다른 선진국이 더 높으므로 18~29세의 연령이 국제적으로도 가장 타당하다.[10]

청년기의 등장은 결혼하고 부모가 되는 시기의 연령 상승이 반영되었지만, 결혼 연령은 19세기와 20세기 초반에 걸쳐 특히 젊은 남성에게 상대적으로 높았다.[11] 지금과 다른 점은 젊은 사람이 중등학교를 졸업한 이후 결혼하고 부모가 되기까지의 시기를 활용하여 다양한 미래의 길을 모색하는 것이 과거보다 더 자유로워졌다는 것이다. 과거의 젊은 사람은 성 역할에서 경제에 이르기까지 다양한 제약으로 인해 10대 후반과 20대를 탐색하는 시간으로 사용하지 못했다. 반면에 오늘날의 청년은 전례 없는 자유를 누리고 있다.

그렇다고 해서 모든 젊은 사람이 이러한 자유를 동등하게 누리고 있는 것은 아니다. 어떤 사람은 기껏해야 삶의 대안을 심각하게 제한받는 박탈감 속에서 살고 있다.[12] 그러나 전체적으로 보면 과거의 젊은 사람보다 탐색의 자유가 더 많다. 이러한 사회는 젊은 사람이 가능한 한 빨리 성인의 책임을 떠맡을 것을 기대하지 않고 10대 후반과 20대에 긴 유예 기간을 부여한다. 대신 자신의 속도로 점차 성인의 책임을 맡을 수 있도록 한다.

청년기는 무엇인가?

청년기는 주로 인구통계학적 사실로 간략하게 정의된다. 더 길어지고 보편화된 교육, 결혼하고 부모가 되는 시기로의 늦은 진입, 길어지고 예측이 어려워진 안정적인 일자리로의 전환 등으로 청소년기와 젊은 성인기 사이에 새로운 생애단계를 위한 여지가 생겼으며, 이 새로운 생애단계를 '청년기'로 지칭할 것을 제안해 왔다.[13] 이러한 인구통계학적 변화는 지난 반세기 동안 전 세계적으로 발생했으며 청년기의 등장은 전 세계 선진국과 개발도상국의 경우에도 마찬가지로 세계적인 현상이다.[14] 청소년기 말인 대략 18세 정도에 도달한 젊은 사람의 시기와 사랑과 일에 있어서 안정적인 성인의 역할로 들어서는 시기 사이에 상당한 시간적 간격이 있다면 청년기가 존재한다고 말할 수 있다. 그러나 청년기에 대한 젊은 사람의 경험은 국가, 문화, 사회경제적 맥락에 따라 상당히 달라질 수 있다. 청년기는 뚜렷한 인구통계학적 특성을 가진 하나의 생애단계지만, 교육, 일, 신념, 자기 계발, 인간관계 등을 어떻게 경험하는지에 따라 통과가 가능한 많은 경로가 있는 단계라고 생각하는 것이 가장 좋다.

본 연구는 주로 미국 사회의 맥락에서 이루어졌고 처음에는 300건의 인터뷰가 초판의 기초가 되었으며 그 이후 다양한 여러 가지 연구들이 이루어졌다. 또한 청소년기나 젊은 성인기와 구별되는 미국 청년기의 특징을 구분하고자 하였으며 지금부터 이러한 특징을 제시하고자 한다.

여기에서는 청년의 배경에 상관없이 18~29세의 보편적인 특징이 있다고 주장하지는 않는다. 오히려 전 세계의 다른 문화와 경제 맥락에서 나타나는 다양한 특징이 더 중요한 것으로 밝혀지기를 전적으로 기대한다. 여기에 제시된 5대 주요 특징은 지난 20년 동안의 저자의 연구를 바탕으로 미국 청년의 독특한 특징에 대한 현재의 결론을 보여준다. 이 특징은 청년기를 구별 짓는 것이지 청년기에만 국한된 것은 아니다. 즉 이 특징은 다른 생애단계에서도 경험할 수 있지만, 다른 생애단계보다 청년기에 더 일반적이고 적합하다.

그렇다면 미국 청년기의 구별되는 특징은 무엇일까? 청년기 이전의 청소년기와 청년기 이후의 젊은 성인기와 구별 짓는 것은 무엇인가? 여기에는 다음과 같은 5대 주요 특징이 있다.

1. **정체성 탐색**: '나는 누구인가?'라는 질문에 응답하고, 특히 사랑과 일에서 다양한 삶의 대안을 시도
2. **불안정성**: 사랑, 일, 거주지의 불안정성
3. **자기초점**: 타인에 대한 의무감이 일생에서 가장 낮은 상태
4. **어중간함**: 청소년도 성인도 아닌 정서 상태
5. **가능성/낙관주의**: 희망이 넘치고 자신의 삶을 변화하기 위해 더할 나위 없이 좋은 기회를 가지는 상태

이 특징들을 차례로 살펴보자.

정체성 탐색

아마도 미국 청년기의 가장 큰 특징은 청년이 다양한 분야, 특히 사랑과 일에서 가능한 대안을 탐색하는 시기라는 것이다. 이러한 탐색 과정에서 청년은 정체성을 발달시킨다. 즉 자신이 누구인지 그리고 자신의 삶에서 무엇을 원하는지에 대한 감각을 명확하게 한다. 10대 후반과 20대 초·중반은 이러한 정체성 탐색을 위

한 최고의 기회이다. 청년은 청소년 때보다 부모로부터 더 독립적이고 대부분이 집을 떠났지만, 안정적인 일자리, 결혼, 부모가 되는 것과 같은 전형적인 성인의 삶에 전념을 지속하는 안정적인 상태에는 아직 진입하지 못했다. 부모에게 의존하지 않고 성인의 역할에 전념하지 않는 이 시기 동안 청년은 다양한 삶의 방식과 사랑과 일을 위한 가능한 여러 가지 선택을 시도할 특별한 기회를 얻게 된다.

물론 정체성 형성과 연관되는 것은 청년기보다 청소년기가 일반적이다. 1950년에 Erik Erikson은 생애에서 청소년기의 가장 중요한 위기로 정체성 대 역할 혼란을 제안했고,[15] 이후 수십 년 동안 정체성에 관한 연구의 초점은 청소년기였다. 그러나 Erikson은 산업화가 된 사회의 전형이 된 '연장된 청소년기prolonged adolescence'와 이러한 산업사회에서 젊은 사람에게 용인된 '자유로운 역할 실험을 통해 젊은 성인이 사회의 일부 영역에서 틈새를 발견할 수 있는 기간 동안' 젊은 사람의 사회심리적 모라토리엄에 대해서도 언급하였다.[16]

수십 년이 지난 지금 이러한 관측은 Erikson이 처음 정체성에 관해 썼을 때보다 더 많은 청년에게 적용된다. 청소년기는 10세에서 18세까지의 시기이고 청년기는 대략 18세에서 25세까지의 시기라면 대부분의 정체성 탐색은 청소년기보다는 청년기에서 이루어진다. 정체성 형성에 관한 연구는 주로 청소년기에 집중되어 있지만, 고등학교를 마칠 때까지 정체성 확립에 도달하는 경우가 거의 없으며 정체성 발달이 10대 후반에서 20대까지 계속된다는 것을 이 연구에서 보여주고 있다.[17]

사랑과 일과 관련한 정체성 형성 과정은 청소년기부터 시작되지만, 청년기에 심화된다. 사랑에 관해서는 청소년기의 사랑은 불확실하고 일시적인 경향이 있는데,[18] 이때 내포된 질문은 "지금 여기에서 누구와 함께 있는 것이 즐거울까?"이다. 대조적으로 청년기의 사랑에 대한 탐색은 더 깊은 수준의 친밀감을 수반하는 경향이 있으며, 이때 내포된 질문은 "나는 어떤 사람이고 일생을 함께 할 상대로는 어떤 사람이 가장 잘 어울릴까?"라는 정체성에 더 초점을 맞춘다.[19] 청년은 다양한 사람과 관계를 맺음으로써 사람들 간에 가장 중요한 자질에 관해서 배우기도 하고 매력적이고 또는 불쾌하고 짜증이 나는 자질에 관해서도 알게 된다. 또한 자신을 잘 아는 다른 사람에 의해 자신이 어떻게 평가되는지 보게 되고 자신이 다른 사람에게 어떤 매력을 느끼게 하는지 또는 어떤 점에서 불쾌하고 성가시게 하는지를 알게 된다.

역시 일에서도 청소년기의 일시적이고 불완전한 탐색과 청년기의 더 진지하고 정체성에 초점을 둔 탐색과는 서로 비슷해 보이지만 다른 면도 있다. 대부분의 미국 청소년은 고등학교 시절 대부분 기껏해야 몇 달만 지속하는 파트타임으로 일을 할 때가 있다.[20] 이들은 성인이 돼서 할 것으로 예상하는 일과 관련이 없는 낮은 기술력의 서비스 직종(식당, 소매점 등)에서 일하는 경향이 있으며, 자신의 직업을 직업 경험으로 보지 않고 콘서트 티켓, 음식, 옷, 자동차, 여행 등 다양한 여가 생활에 필요한 돈을 얻기 위한 수단으로 보는 경향이 있다.

청년기에 접어들면 일경험은 성인 직업의 토대를 마련하는 데 더욱 집중하게 된다. 다양한 직업 대안을 탐색하고 직업 준비를 위한 교육 경로를 탐색하면서 정체성 문제도 탐색한다. 즉 "내가 잘하는 일이 무엇일까? 장기적으로 어떤 일이 만족스러울까? 나에게 가장 적합해 보이는 분야에 취업할 확률이 얼마나 될까?" 다양한 직업이나 대학에서 전공을 시도하면서 청년은 자신에 대해 더 많이 알게 된다. 또한 자신의 능력과 관심사에 대해서도 알게 된다. 이와 못지않게 중요한 것은 어떤 종류의 일이 맞지 않거나 하고 싶지 않은지를 알게 된다. 사랑에서처럼 일에서도 청년기의 탐색은 일반적으로 실패나 좌절의 경험을 포함하지만, 이러한 일에서의 실패와 좌절은 사랑에서와 마찬가지로 자기 이해를 분명하게 해준다.

비록 청년 자신이 청소년이었을 때보다 사랑과 일에 대한 선택에 더 집중하고 진지해지지만, 이러한 변화는 점진적으로 발생한다. 청년기 동안 정체성 탐색의 대부분은 단순히 재미를 위한 것이고 일종의 놀이이며 정착해서 성인의 삶에 대한 책임을 지기 전에 광범위한 삶의 경험을 얻기도 한다.[21] 이것은 오늘날 청년들 사이에서 흔히 볼 수 있는 YOLO: You Only Live Once[* 인생은 오직 한 번뿐]이다. 청년은 30대가 넘어가면 자유가 없을 것으로 알게 된다. 청년기는 부모의 감시가 줄어들고, 결혼해야 한다는 규범적인 압력이 거의 없고, 로맨틱하고 성적인 경험을 다양하게 즐기고 싶은 사람을 위한 시기이다. 이와 비슷하게 청년기는 해 보지 않았던 교육과 일의 가능성을 시험해보는 시간이기도 하다. Teach for America[* 대학 졸업자가 교육 곤란 지역에 배치되어 2년간 학생을 가르치는 프로그램을 운영하는 비영리 기관], AmeriCorps[* 집짓기, 집수리, 공원 청소 등을 하는 봉사 단체] 그리고 Peace Corps[* 개발도상국의 교육, 농업, 무역, 기술, 위생, 건강 등의 개선을 목적으로 청년을 훈련하고 파견하는 봉사 단체]와 같은 프로그램들은 자원봉사자 대부분을 청년 중에서 모집한다. 왜냐하면 청년은 어떤 새로운 곳으로 가기 위해 빠르게 이동할 수 있는 자유와 특별한 일을 하려는 성향을 모두 가지고 있기 때문이다. 어떤 청년은 자발적으로 다른 국가나 세계의 다른 지역으로 잠시 여행을 가기도 하고 일하기도 하고 공부하기도 한다. 이것 역시 성인기에 지속해야만 할 선택을 하기 전에 자신의 개인적인 경험을 확장하는 정체성 탐색의 일부분이 될 수 있다.

불안정성

청년에게 이 시기는 정체성 탐색과 사랑과 일에 있어서 변경 가능한 선택으로 인해 매우 꽉 차 있고 치열할 뿐만 아니라 유달리 불안정한 생애단계가 된다. 청년은 청소년기부터 성인기로 가게 되는 여정과 관련한 생각에 대해 제대로 된 계획을 세워야 한다는 것을 알고 있으며[22] 이들 대부분은 단 하나의 계획만을 생각해 낸다. 그러나 거의 모든 이들에게 계획은 청년기 동안 수정이 많이 될 수 있다. 이러한 수정은 탐색의 자연스러운 결과이다. 청년은 대학에 입학하여 전공을 선택했지만, 전공이 생각만큼 흥미롭지 않다는 것을 알게 될 때 계획을 수정한다. 또는 대학에 입학하여 학업에 집중할 수 없게 돼서 성적이 떨어지게 될 때 계획을 수정한다. 또는 고등학교 졸업 후 1~2년 직장을 다닌 후에 더 많은 돈을 벌기 위해서 교육이 더 필요하다는 것을 깨닫게 되었을 때 계획을 수정한다. 또는 남자 친구나 여자 친구와 함께 살면서 함께하는 미래의 계획을 꿈꾸기 시작하지만, 미래를 함께할 수 없다는 것을 알게 되었을 때 계획을 수정한다.

이렇게 계획을 수정하면서 청년은 자신에 대해 알게 되고 자신이 원하는 미래를 명확히 하기 위한 한 걸음을 내디딘다. 그러나 청년이 이렇게 하는 것이 성공한다 해도 청년기의 불안정이 줄어들었음을 의미하는 것은 아니다. 가끔 청년은 고등학생 시절을 그리워하며 회상한다. 이들 대부분은 고등학교 시절이 여러모로 고뇌로 가득 차 있었던 것으로 기억하지만, 돌이켜보면 적어도 하루, 일주일, 한 달 동안 무엇을 할 것인지 알고 있었다. 청년기가 되면서 청소년기의 불안감은 줄어들지만, 불안정이 새로운 혼란의 원천으로 대체된다.

청년기의 불안정성에 대한 가장 좋은 예시는 그들이 얼마나 자주 주거지를 옮겨 다니는지에 있다. [그림 1.4]에서 알 수 있듯이 이동률은 18세에 상승하기 시작하여 20대 중반에 정점에 도달한 후 급격히 감소한다. 이는 미국의 청년이 매해 자신이 어디에서 살게 될지 거의 모른다는 것을 보여준다. 청년의 이동이 많은 이유를 쉽게 예상해 볼 수 있다. 이들의 첫 번째 이동은 대학을 가기 위해서 집을 떠나는 것이지만, 때로는 부모에게서 독립하기 위해 집을 떠나기도 한다.[23] 이후 또 다른 이동이 발생한다. 많은 사람이 그러하듯이 일시적으로 또는 영구적으로 대학을 중퇴하게 되면 다시 이동하게 될 것이다. 청년기 동안 룸메이트와 함께 사는

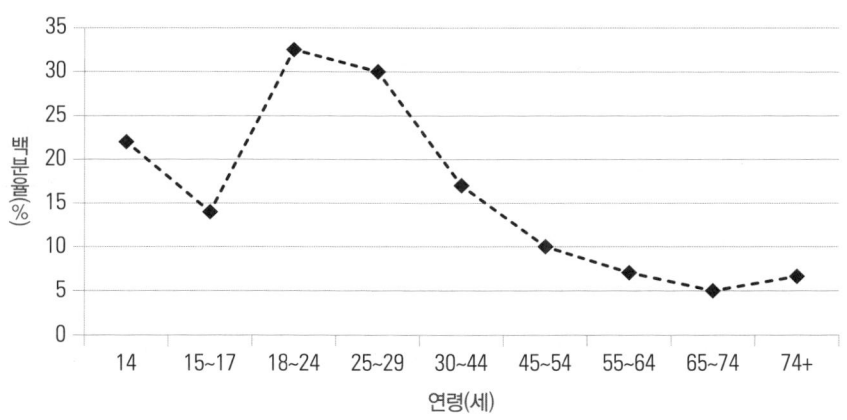

[그림 1.4] 연령별 주거 이동률

출처: 미국 인구 조사국(2011)

경우가 많으며 이들 중 일부는 함께 잘 지내지만 어떤 경우에는 잘 지내지 못하게 되면서 다시 이동하게 된다. 남자 친구 또는 여자 친구와 함께 살기 위해 이동할 수도 있다. 동거가 결혼으로 이어지는 경우도 있고 그렇지 않은 경우도 있다. 결혼으로 이어지지 않은 경우 다시 이동하게 된다. 만약 대학을 졸업하고 이동을 다시 한다면 그것은 새로운 일을 시작하거나 대학원에 들어갔기 때문일 것이다. 미국 청년의 약 40%가 18~25세 사이에 적어도 한 번은 부모와 함께 살기 위해 집으로 돌아가게 될 것이다.[24]

이러한 모든 이동은 청년기를 불안정한 시기로 만들지만, 청년기 동안 발생하는 정체성 탐색을 반영하고 있다. 청년은 사랑, 일, 교육에 대한 새로운 탐색의 시기를 위해 많은 이동을 하게 된다. 탐색과 불안정성은 밀접한 연관성이 있다.

자기초점

인생에서 청년기만큼 자기에게 초점을 맞추는 시기는 없다. 어린이와 청소년은 그들 나름의 방식으로 자신에게 초점을 맞추지만, 이들은 부모와 선생님 그리고 형제자매의 말을 들어야 한다. 어린이와 청소년은 대부분 적어도 한 명 이상의 부모와 함께 살고 있다. 지켜야 할 가정 규칙과 기준이 있고 이를 어기면 다른 가족 구성원의 분노("누가 화장실 바닥에 수건을 둔 거야?")를 감수해야 한다. 부모는 어느 정도 이들이 어디에 있고 무엇을 하고 있는지 확인한다. 일반적으로 청소년은 어린이보다는 더 독립적으로 성장하긴 하지만, 매일 가족의 요구에 따라야 하는 가족 제도의 구성원으로 남아 있다. 게다가, 대부분은 좋든 싫든 학교에 다니고 교사는 기준을 정하고 청소년의 행동과 수행을 예의주시한다.

30세가 되면 대부분 사람에게 전념과 의무의 새로운 관계가 형성된다. 이 정도 나이의 대다수 미국인은 결혼해서 적어도 한 명의 자녀가 있게 되지만,[25] 새로운 규칙과 규율이 있는 새로운 가정, 부모 또는 형제자매 대신 외부 활동을 조정하고 가사 의무 및 요구사항을 절충해야 하는 배우자, 사랑과 보살핌을 필요로 하는 아이가 생기게 된다. 또한 5년 동안 지속할 첫 번째 직업을 갖게 되지만,[26] 열심히 일해서 성공하기를 원하는 분야와 직업에서 승진과 보수의 기준으로 이들을 꽉 쥐고 있는 고용주가 생기게 된다.

청년기 동안은 다른 사람을 위한 일상의 의무감이나 전념을 꼭 해야 한다는 유대관계가 약한 어중간한 시기이다. 대부분의 미국 청년이 18세나 19세에 집을 떠나 독립하는 것은 자기에게 초점을 맞춘 일상 생활을 하게 된다는 것을 의미한다. 저녁으로 무엇을 먹을지, 언제 빨래를 할지, 밤에 집에 들어갈지 또는 몇 시에 들어갈지를 스스로 결정한다.

결정할 것이 너무 많다! 쉬운 것들도 있지만 어려운 것도 대부분 스스로 결정해야 한다. 대학을 갈까? 취업을 할까? 일과 학업을 병행할까? 대학을 계속 다닐까 아니면 중퇴할까? 전공을 바꿀까? 편입을 할까? 직업을 바꿀까? 집을 바꿀까? 룸메이트를 바꿀까? 남자 친구 또는 여자 친구와 헤어질까? 남자 친구 또는 여자 친구와 함께 살까? 새로운 사람을 찾을까? 만약 그렇다면 어떻게 어디에서 찾을까? 부모님과 함께 사는 청년에게도 이러한 결정 중 많은 것들이 적용된다. 부모와 친구로부터 조언을 구할 수도 있지만, 이러한 결정 중 많은 부분은 자신이 원하는 것을 스스로 확실하게 한다는 것을 의미할 뿐이지 그 어떤 누구도 자신이 원하는 것을 말해주는 사람은 없다.

자기에게 초점을 맞추라는 것은 이기적으로 되라는 것은 아니며, 청년기에는 자기에게 초점을 맞추는 시기라고 말하는 것은 나쁜 의미가 아니다. 청년기 동안 자기에게 초점을 맞추는 것은 정상이고, 건강하고, 일시적인 것으로 잘못된 것이 아니다. 자기에게 초점을 맞춤으로써 청년은 일상 생활을 살아가는 방법을 알아가고, 자신이 누구이며, 원하는 것이 무엇인지 더 잘 이해하며, 성인으로 사는 삶의 기반을 다지기 시작한다. 청년의 자기초점의 목표는 자립하는 사람으로서 홀로 서는 것을 배우는 것이지만, 자립을 영구불변의 상태로 보지 않는다. 오히려 사랑과 일에 있어서 다른 사람과의 관계를 오래 유지하는 것을 결정하기 전에 필요한 단계로 본다.

어중간함

대다수 청년은 부모와 함께 살면서 중등학교에 의무적으로 다니는 청소년기와 결혼하고 부모가 되고 안정된 직업에 정착하려는 초기 성인기 사이의 청년기에서 정체성 탐색과 불안정성으로 인해 어중간한 특성을 갖게 된다. 청소년기의 구속과 성인기의 책임 사이의 어중간한 느낌은 청년기의 정체성 탐색과 불안정성에 기인한다.

대부분의 청년 역시 청소년도 아니고 성인도 아니고 성인기로 가는 과정에 있지만 아직 성인기에 도달하지 않은 어중간한 시기에 있다고 느낀다. 청년에게 성인기에 도달했음을 느끼는지에 관한 질문에서 어떤 면에서는 '그렇다'이면서 다른 면에서는 '아니다'라고 하는 애매한 반응을 보인다. 25세의 Lillian은 다음과 같이 질문에 답했다.

"가끔 어른이 되었다는 생각이 들 때가 있지만, 앉자마자 아이스크림을 꺼내 먹으면서 '내가 어른이라면 더는 아이스크림을 바로 꺼내 먹지 않아야 한다는 것을 알게 될 거야!'라는 생각을 계속해요. 앉자마자 아이스크림을 꺼내 먹는 행위는 너무 어린애 같은 짓 같아요. 하지만 어떤 면에서는 어른이 된 것 같아요. 나는 꽤 책임감이 강한 사람이에요. 뭔가를 하겠다고 하면 꼭 해요. 또한 내 일에 대해 막중한 책임감을 가지고 있어요. 경제적으로 돈에 대해 어느 정도 책임감을 가지고 있지요. 하지만 가끔 내가 무엇을 해야 할지 몰라서 불편하게 느껴지는 사회적 상황에서는 여전히 어린 아이가 된 것처럼 느껴져요. 그래서 어른으로 느껴지지 않는 경우가 많아요."

이렇게 많은 청년이 어중간하다고 느끼는 이유는 이들이 성인이 되기 위해 가장 중요하다고 생각하는 기준에서 뚜렷이 드러난다. 청년이 최우선으로 생각하는 기준들은 서서히 진행되기 때문에 성인이 되어간다는 느낌 역시 서서히 진행된다. 미국의 다양한 지역에서, 다양한 인종 집단을 대상으로, 전 사회계층을 대상으로 설문조사 및 인터뷰를 활용한 연구에서 성인기의 가장 중요한 기준을 다음 3개로 언급하고 있다.[27]

1. 자신에 대해 책임진다.
2. 독립적으로 결정한다.
3. 경제적으로 독립한다.

    이 3대 기준은 한꺼번에 이루어지는 것이 아니라 점진적이고 서서히 이루어진다. 그 결과 18세 또는 19세가 되면 성인이 되었다고 느끼기 시작하지만, 대부분은 그 이후로 몇 년이 더 지나거나 20대 중후반이 지나서야 완전한 성인이 되었다고 느낀다. 그때쯤이면 자신에 대해 책임지고, 독립적으로 결정을 하고, 경제적으로 독립할 수 있는 단계에 이르렀다고 확신하게 된다. 이러한 특징이 발달하는 동안 청소년기와 완전한 성인기 사이에 어중간하게 있다고 느낀다. 이 3대 기준은 미국뿐만 아니라 전 세계적으로 널리 퍼져 있는 것으로 밝혀졌다. 이는 13장에서 더 자세히 살펴볼 예정이다.

가능성/낙관주의

청년기는 삶의 방향이 확실하게 결정되진 않았지만 다양한 미래가 많이 있는 가능성의 시기이다. 청년은 자신의 꿈 중 몇 개라도 현실의 삶에서 직면한 역경 속에서 시도해본 적이 거의 없으므로 청년기는 높은 희망과 큰 기대의 시기인 경향이 있다. 청년은 좋은 보수, 만족스러운 직업, 사랑, 소울메이트와의 결혼 생활, 누구보다도 행복한 자녀 등을 마음속에 그려보는 미래를 기대한다. 적막함, 발전성 없는 직업, 쓸쓸한 이혼, 기대에 못 미치고 버릇없는 자녀 등 중에서 어떤 것은 몇 년 안에 경험하게 될 수도 있겠지만, 청년 중 그 누구도 이것이 미래의 모습이라는 것을 상상하지 않는다.

    가능성의 시기가 되는 청년기의 또 다른 측면은 삶의 방향을 극적으로 바꿀 수 있는 잠재력을 보여주는 것이다. 이러한 측면에서 단순하면서도 결정적인 청년기의 특징은 일반적으로 청년이 원가족을 떠났지만, 아직 관계와 의무의 새로운 네트워크에 전념하지 않는다는 것이다. 이것은 특히 어려운 환경에서 자란 청년에게는 중요한 점이다. 문제가 많거나 불행한 가정은 매일 그러한 가정환경이 반복되고 가족의 문제가 자신의 문제로 반영되기 때문에 어린이와 청소년이 훌륭하게 성장하기가 어렵다. 만약 부모가 싸움을 많이 한다면 자녀들은 이것에 그대로 노출되게 된다. 만약 부모가 가난하게 산다면 자녀들 역시 열악한 학교가 있는 위험한 동네와 비슷한 곳에서 가난하게 산다. 만약 부모가 술이나 다른 약물에 중독되어 있다면 부모의 중독으로 인한 가정 파괴는 나머지 가족들을 흩어지게 만든다. 그러나 청년이 되고 가족을 떠나면서 청년에게 삶을 변화시킬 수 있는 더없이 좋은 기회가 시작된다. 문제가 있는 가정에서 자란 청년에게는 가정을 떠나는 것이 잘못된 부분을 바로 잡기 위해 노력할 기회가 된다. 12장에서 이러한 극적인 변화의 몇 가지 예를 확인할 수 있다.

상대적으로 행복하고 건강하다고 생각하는 가정 출신의 청년일지라도 청년기는 단순히 부모를 모방하는 것이 아니라, 어떠한 사람이 되길 원하는지 어떻게 살고 싶은지에 대해 독립적인 결정을 내리기 위해 스스로를 변화시키려는 기회의 시기이다. 청년은 청년기 동안 매우 넓은 범위에서 스스로 결정을 내리게 된다. 사실상 모든 청년은 사랑과 일에 있어 새롭고 오랫동안 지속해야 할 의무를 시작하게 될 것이고, 결국 그렇게 되면 이러한 새로운 의무에 따른 변화에 저항할지 아니면 남은 삶 동안 지속할지를 선택하게 될 것이다. 하지만 청년기가 지속되는 동안 현재의 삶을 뜻깊은 방식으로 바꿀 기회를 얻게 된다.

가정환경과 상관없이 모든 청년은 집을 떠날 때 가족의 영향을 받게 되고 청소년기가 끝날 때까지 자신이 변화할 수 있는 범위는 제한적이다. 그럼에도 삶의 그 어떤 시기보다 청년기는 변화의 가능성을 제시한다. 7년 어쩌면 10년이라는 한정된 기간에 모든 희망의 성취는 가능해 보인다. 왜냐하면 대부분의 청년에게 어떻게 살아야 할지에 대한 선택의 범위는 이전보다 더 넓고 앞으로도 더 넓어질 것이기 때문이다.

5대 특징에 관한 연구

10년 전에 5대 특징에 관해 처음 제안한 이후 후속 연구는 무엇이 있을까? Alan Reifman은 5대 특징을 확인할 수 있는 척도인 '청년기 특성 목록IDEA: Inventory of Dimensions of Emerging Adulthood'을 개발했다.[28] 이 이론과 일치하게도 5대 특징(정체성 탐색, 부정적 정서/불안정성, 자기초점, 어중간함, 시도/가능성)을 제시하는 하위 척도에서 20대 참여자는 자신보다 연령이 낮거나 높은 참여자에 비해 점수가 높았다. 2007년 IDEA가 발표된 이후 다른 많은 연구에서 사용되었지만, 보통 다양한 연령대의 참여자를 비교하기보다는 청년 연령대 참여자를 표본으로 하고 있다.[29]

2012년에 청년을 대상으로 한 Clark 설문조사에서 5대 특징을 포함하고 있는데 이는 과거 10년간의 내가 연구한 것이다.[30] [표 1.1]은 18~29세의 대다수가 5대 특징에 대해 확실한 경향을 보여주고 있다. 이 중 가장 낮은 경향을 보인 '어중간함'은 [그림 1.5]에서 보이는 것처럼 연령에 따라 크게 차이가 난다. '성인기에 진입했다고 느끼나요?'라는 질문에 18~29세 중 45%는 '어떤 면에서는 그렇고, 어떤 면에서는 그렇지 않다'로 답변했다. 그러나 20대는 확실히 성인이 된 느낌은 꾸준히 상승하고 어중간한 느낌은 꾸준히 감소한다.

다른 특징들에서도 연령 차이를 보인다. 18~25세는 26~29세보다 정체성 탐색, 불안정성, 자기초점과 관련된 항목에 더 많이 동의했다.[31] 18~25세가 더 많이 동의했다는 결과는 중요하다. 왜냐하면 앞서 언급한 바와 같이 청년기를 때로는 18~25세로 때로는 18~29세로 다양한 연령대가 사용되었는데, 이 결과로 미국 사회에서 청년기는 18~25세가 핵심 연령대임을 시사하고 있다. 그렇다고 대부분의 사람이 25세가 되면 갑자기 성인으로 전환되지는 않으므로 청년기는 20대에 걸쳐 지속될 수 있다. 주제 또는 질문에 따라 18~25세 또는 18~29세가 청년기에 적합한 연령대가 될 수 있다.

5대 특징은 성별, 인종별, 사회경제적 지위SES: Socioeconomic Status에 따라 다양하게 나타나는가? Clark 설문조사 결과에서는 성별이나 인종별로 눈에 띄

[표 1.1] 청년기의 5대 특징: 미국 내 응답률

청년기의 특징	%
정체성 탐색	
지금은 내 인생에서 내가 진정 누구인지를 알아가는 시간이다.	77
불안정성	
지금은 내 인생에서 모든 것이 변화하는 시간이다.	83
자기초점	
지금은 내 인생에서 나 자신에게 초점을 맞추는 시간이다.	69
어중간함	
성인기에 진입했다고 느끼나요?	
그렇지 않다	5
잘 모르겠다	45
그렇다	50
가능성	
지금은 내 인생에서 모든 것이 가능할 것으로 보인다.	82

출처: Arnett & Walker(2014).

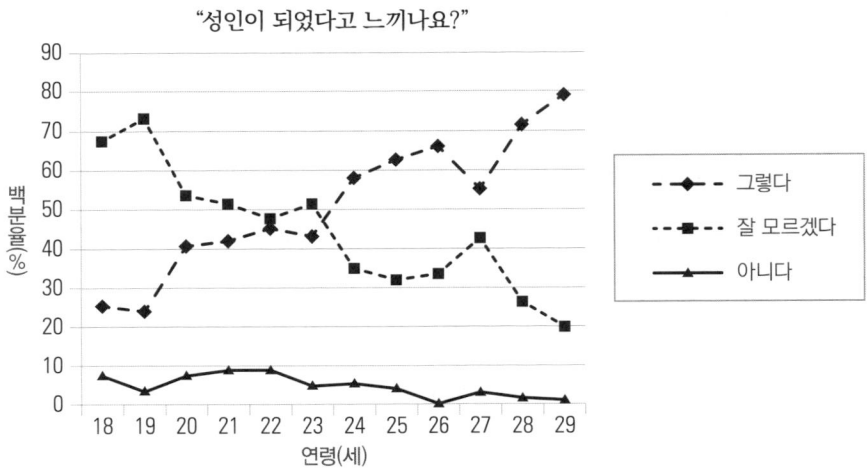

[그림 1.5] 어중간함: 연령에 따른 변화

출처: Arnett & Walker(2014).

는 차이는 거의 없었다.[32] SES와 관련된 비교는 특히 주목할만한 가치가 있다. 왜냐하면 청년 이론을 둘러싼 가장 논쟁적인 이슈는 이 5대 특징이 사회경제적으로 중류층 이상에만 적용되고 하류층 청년의 가혹한 현실을 반영하지 않는다는 비평가의 주장이 있기 때문이다.[33] 2011년에 Jennifer Tanner와 함께 공동 저자로 이 질문에 관해 연구하였고 청년기 이론이 SES 전체에 적용된다는 견해를 취했지만, Leo Hendry와 Marion Kloep은 이에 대해 격하게 반박했다.[34] 결과적으로 2012년 Clark 설문조사에서 모든 SES 수준을 포함한 국내 표본에서 5대 특징 중 어떠한 것도 SES에 따라서 유의한 차이가 없었다.[35] 그럼에도 이 책 전반에서 특히 10장에서 볼 수 있듯이 청년기의 경험은 SES에 따라 여러 가지 면에서 차이가 난다.

2013년과 2014년에 Clark 설문조사에서 각각 40~65세와 25~39세에 해당하는 국내 표본을 추가하여 5대 특징에 대한 연령 비교를 하였다. 모든 연령대에서 5대 특징에 동의했음에도 불구하고 18~29세 연령대가 30~65세 연령대보다 동의하는 비율이 높았다.[36] 연령대별 차이는 [그림 1.6]에 나타나 있다. 이러한 결과로 볼 때 청년기에 5대 특징이 가장 두드러지게 나타난다는 이론의 주장을

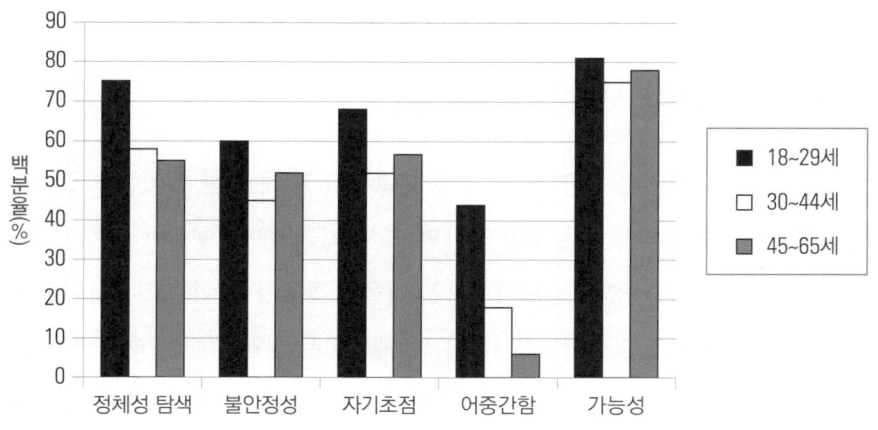

[그림 1.6] 연령별 5대 특징

출처: Arnett & Schwab(2014).

입증한다.

　　　　미국 청년의 대다수가 이 5대 특징에 동의했고 18~29세는 그 이상의 연령대보다 5대 특징을 잘 나타내고 있으므로 이러한 5대 특징이 청년의 보편적 특징이라는 것을 의미한다는 것을 강조하고 싶다. 아마도 인종적으로 경제적으로 매우 다양한 미국 사회 내의 모든 집단에게는 적용되지 않을 것이다. 국내·외 다른 집단에서 분명히 다른 경향이 발견될 것이다. 예를 들어 저자의 제자인 Juan Zhong이 최근 중국에서 시행한 연구에서는 젊은 여성 공장 근로자가 도시 생활을 위해 시골 고향을 떠난 후에도 가족에 대한 의무감을 유지한다는 것을 보여주었고, '부모를 돌보는 법을 배우는 것'은 성인기에 도달하는 가장 중요한 지표였다. '자신에 대한 책임 수용'과 미국인이 가장 선호하는 개인주의적인 표방과는 대조적이다.[37] 또 다른 차이로 유럽의 경우에는 북유럽인은 일반적으로 18세나 19세 경에 집을 떠나지만, 남유럽인은 결혼하기 전인 30세 경까지 집에 머무르는 경향이 있는데 이것은 북부보다 남부 청년의 인생이 덜 불안정함을 암시한다.[38] 청년기의 영역은 새로운 것이며 다음 세대의 과제 중 하나는 청년기가 확장됨에 따라 선진국과 개발도상국에서 청년기에 있는 다양한 경로를 도표화하는 것이다. '**하나의 생애단계, 다양한 경로**'가 지침 원칙이어야 한다.

청년기에 적합한 사람은 누구인가?

청년기에 적합한 사람은 누구인가? 10대 후반부터 20대 중반에 있는 사람들이 아직 성인기에 도달하지 않은 것이 맞다면 왜 '후기 청소년기 late adolescence'라고 부르지 않는 것일까? 성인기에 도달했다는 것을 인정하지만, 이들보다 나이가 더 많은 성인과 구별하기를 원한다면 왜 이 시기를 '젊은 성인기 young adulthood'라고 부르지 않는 걸까? 청소년기에서 젊은 성인기로 전환하는 시점이라는 것을 강조하고 싶다면 '성인 전환기 the transition to adulthood'라고 해야 할 것이다. 아니면 이 연령대를 연구한 몇몇 초기 학자들처럼 '유스 youth'이라고 불러야 할지도 모른다.

저자는 청년기의 개념을 만드는 과정에서 이러한 각각의 대안들을 고려했다. 이 대안들 각각이 불충분하다고 결론지은 이유와 청년기가 바람직하다고 생각하는 이유를 설명하려고 한다.

청년기가 '후기 청소년기'가 아닌 이유

1992년 대학에서 전 생애에 걸친 인간 발달 과정을 가르칠 때 청소년기에 관한 내용에서 수업을 듣는 학생 대부분은 사회과학 용어로 '후기 청소년기'에 해당된다고 말해주었다. 사회과학자들은 학업을 마치는 것, 결혼하는 것, 부모가 되는 것이 각각 따로 분리하여 전환이 이루어지는 것으로 성인기를 정의했다. 학생이었기에 학업을 마치지 않은 것이 분명했고, 학생의 신분 중에 결혼한 사람은 거의 없었고, 부모가 된 사람은 더욱 없었다. 그래서 대학생들은 '후기 청소년기'에 해당되었다.

학생들은 심하게 동요했지만 인정했다. 사회과학자가 뭐라고 하든 이들은 아직 완전히 성인기에 도달하지 않기도 했지만 청소년기도 아니었다.

그 당시 학생들의 반대에 놀라고 당황했지만, 이제는 학생들의 반응이 그럴 수 있음을 이해한다. 청소년기 또는 아무리 '후기 청소년기'라 할지라도 이 용어는 대학생이나 그 밖에 청년기라고 부르는 10대 후반부터 20대까지의 연령대에 있는 그 누구에게도 완전히 부적절한 용어이다. 사실 청소년과 대부분의 청년은 아직 결혼하지도 않았고 부모가 되지도 않았다는 공통점을 가지고 있다. 그러나 이러한 유사성을 제외하고는 이들의 삶은 매우 다르다. 사실상 10~18세의 모든 청소년은 부모 또는 한부모와 함께 집에서 생활한다. 이와는 대조적으로 많은 청년은 부모의 집을 떠나 매우 다양한 생활환경에서 살고 있다. 사실상 모든 청소년은 사춘기의 극적인 신체 변화를 경험하고 있다. 이와 대조적으로 청년은 신체적인 성숙에 도달해 있다. 사실상 모든 청소년은 중등학교에 다닌다. 이와 대조적으로 많은 청년은 교육이나 훈련에 참여하지만, 이들 중 모두는 아니다. 청소년과 달리 청년의 교육 경로는 대학을 바로 졸업하고 대학원 또는 전문대학원에 진학하는 것부터 고등학교를 졸업하고 더는 교육을 받지 않는 사람까지 그리고 그 중간의 모든 조합까지 매우 다양하다. 또한 청소년은 보통 성인이 아닌 미성년자의 법적 지위를 갖고 있다. 이들은 투표할 수 없고 법률문서에 서명도 할 수 없으며 다양한 방면에서 법적으로 부모의 권한과 책임하에 놓여 있다. 이와 대조적으로 18세 이상의 미국 청년은 술을 살 권리를 제외하고 나이가 들면서 생기는 성인의 모든 법적 권리를 가지게 된다.

이렇듯 모든 면에서 청년은 청소년과 다르다. 결과적으로, '후기 청소년'은 청년을 설명하기에 부적절한 용어이다. 이들은 아직 완전히 성인이 되지 않았다는 것을 인식하지만 청소년과 구별되기 때문에 청년으로 불리는 것을 선호한다.

청년기가 '젊은 성인기'가 아닌 이유

만약 청년기가 '후기 청소년기'가 아니라면 '젊은 성인기'는 어떨까? '젊은 성인기'로 사용하지 않은데는 여러 가지 이유가 있다.[39] 이 용어는 성인기에 도달했음을 암시하고 있다. 하지만 10대 후반과 20대 초반에서 중반의 대다수는 자신이 성인이 되었다는 것에 동의하지 않는 듯하다. 대신 청소년기와 성인기 사이의 중간이라고 보는 경향이 있으므로, 청년기는 성인으로 가는 길이지만 아직 성인에 도달하지 못하는 구간에 있다는 느낌을 더 잘 포착하고 있다. 또한 'Emerging[* emerging adulthood의 emerging을 설명하고 있음]'은 청년의 탐색적이고 불안정하며 유동적인 특징을 잘 설명하는 용어이다.

'젊은 성인기'라는 용어의 또 다른 문제는 이것이 이미 다방면으로 사용되고 있다는 것이다. 서점의 '젊은 성인' 코너에는 10대 청소년을 대상으로 한 책이 함께 있고, 종교적 모임에서는 '젊은 성인'반에 40대까지 포함될 수 있으며, 18~22세 대학생에게도 '젊은 성인'이 적용되기도 한다. 이러한 다양한 범용적 표현으로 인해 '젊은 성인기'는 특정 생애단계를 설명하는 용어로 사용하기에는 혼란스럽고 일관성이 없다. 청년이라는 용어의 사용은 새로운 용어와 새로운 생애단계에 대한 명확한 정의를 내릴 수 있게 한다.

10대 후반부터 20대 중반까지의 사람들을 '젊은 성인'이라고 부른다면 30대를 어떻게 불러야 하는지에 대한 문제가 제기된다. 30대는 아직 확실히 중년은 아니다. '젊은 성인'이라고 불러야 할까? 아니면 '그렇게 젊지 않은 성인'이라고 불러야 할까? 10대 후반, 20대, 30대를 하나로 묶은 약 22년의 기간 전체를 '젊은 성인기'라고 부르는 것은 말이 안 된다. 그렇게 된다면 청년이라고 부르는 시기와 30대가 거의 구별되지 않는다. 청년 대부분은 자신이 성인이 되었다고 느끼지 않지만, 30대 대부분은 성인이 되었다고 느낀다. 대부분의 청년은 안정적인 일자리를 준비할 교육 훈련과 직업 경험을 찾는 과정에 있지만, 30대 대부분은 제법 안정된 직업의 길로 자리 잡았다. 청년 대부분은 아직 결혼하지 않았지만, 대부분의 30대는 결혼했다. 청년 대부분은 아직 자녀가 없지만, 30대 대부분은 적어도 1명 이상의 자녀가 있다.

이러한 차이는 더 있을 수 있다. 요점은 확실하다. 10대 후반부터 20대까지의 청년을 지칭하는 용어로서 '젊은 성인기'보다 청년기가 더 잘 설명하고 있다.

청년기가 '성인 전환기'가 아닌 이유

10대 후반에서 20대의 시기를 지칭할 수 있는 또 다른 가능성은 '성인 전환기'라고 부르는 것이다. 대부분의 젊은 사람은 사랑과 일에 있어 안정적인 성인의 역할로 가려는 움직임의 측면과 아울러 이들 스스로가 자신을 인지한다는 측면에서 이 기간에 성인기로 전환하는 것이 사실이다. 하지만 '성인 전환기'는 이 연령대에 대한 용어로서 역시 부적절하다는 것을 보여주고 있다. 10대 후반에서 20대를 단순히 성인기로의 전환으로 생각하는 것은 이 시기의 젊은 사람이 자신의 존재 자체를 무시하는 데 따른 희생을 감수하고 단지 어떤 사람이 되고 있는지에 초점을 맞춘 것을 문제로 볼 수 있다. '성인 전환기'는 10대 후반에서 20대를 대상으로 한 사회학 연구에서 발생한 것이다. '성인 전환기'에 대한 사회학 연구는 엄청나게 많지만, 사회학자가 가정하는 전환 사건에 대해 초점이 맞춰진 대부분의 연구는 부모와 살던 집을 떠나고, 교육을 마치고, 안정적인 직업을 찾고, 결혼하고, 부모가 되는 등 이와 같은 것들을 성인기의 기준으로 정의하고 있다.[40] 사회학자는 젊은 사람이 이러한 전환을 하고 전환 시점에서 시간적 추세를 설명하기 위해 그 연령대에 영향을 미치는 요소들을 조사한다.

이 연구의 많은 부분이 흥미롭고 유익하지만, 실제로 10대 후반부터 20대까지 젊은 사람의 삶에서 실제로 무슨 일이 일어나고 있는지는 거의 밝혀주지 않는다. 이들은 18세나 19세에 집을 떠나 20대 후반이나 그 이후에 결혼하여 부모가 된다. 그렇다면 그 사이에 무슨 일이 생기는 걸까? 교육을 마치고 일자리를 구할까? 그게 다일까? 물론 아니다. 1장과 이후의 내용에서 볼 수 있듯이 10대 후반부터 20대에는 훨씬 더 많은 일이 일어난다. 이 시기를 '성인 전환기'라고 부르는 것은 그것에 대한 우리의 인식과 이해를 좁히는 것이다. 왜냐하면 '성인 전환기'는 전환 사건의 시기와 무관하게 이 기간에 일어나는 모든 변화를 검토하는 것을 방해하기 때문이다. 성인기 전환에 관한 연구는 환영할 만한 일이며 흥미로울 수 있지만, 청년기에 관한 연구만큼은 아니다.

'성인 전환기'라는 용어의 또 다른 문제는 청소년기와 젊은 성인기 사이의 기간이 짧다는 것이다. 삶에서 이 두 기간이 더 길고 더 명확해야 생애단계라고 할 수 있기에 '전환'이라고 말하는 것이 낫다고 할 수 있다. 이것은 50년 혹은 60년 전 대다수 사람이 20대 초반에 학교를 마치고 결혼하여 첫 아이를 가졌던 때에는 적절했을지도 모른다. 하지만 점점 더 많은 사람이 교육을 받는 기간이 길어지고 결혼하고 부모가 되는 중위 연령이 20대 후반이 되는 오늘날에는 청소년기와 완전한 성인기 사이의 기간을 단순히 '성인 전환기'라고 언급하는 것은 더는 말이 되지 않는다. 보수적으로 봐서 청년이 대략 18세에서 25세까지 지속되는 7년의 기간은 유아기보다도 길고, 아동기보다도 길며, 청소년기만큼 길다. 모든 다른 생애의 시기처럼 청년기도 전환기적인 시기임은 맞다. 그러나 단지 전환만을 의미하는 건 아니므로 별도의 생애단계로 연구해야 한다.

청년기가 '유스'가 아닌 이유

청년기를 다르게 부를 수 있는 용어로 '유스'가 있는데 이는 20세기 후반에 10대 후반부터 20대까지 사회과학에서 가장 폭넓게 사용된 용어임이 틀림없다.[41] '유스'라고 부르지 않는 데는 여러 가지 이유가 있다. 영어로 'youth'는 일반적으로 청소년기를 지칭하는 용어로 오래전부터 사용하였으며, '청소년 단체'와 같은 용어로 사용되는 것처럼 대중적으로 그리고 많은 사회과학자에 의해 지속해서 사용되고 있다. 또한 '젊은 성인기'처럼 '유스'는 중기 아동기부터 20대와 30대에 이르는 다양한 연령대의 사람에게 적용된다. 너무 많은 의미를 포함하는 용어는 사실 어떠한 의미도 가지지 못한다.

과거에 사용되었던 용어 중 어느 것도 10대 후반에서 20대 사이의 요즘 젊은 사람들 사이에서 발생하고 있는 일을 설명하기에 적절하지 않다. 이 시기에 대한 새로운 용어와 개념이 필요하고 10대 후반에서 20대의 시기를 더 깊이 이해하고 더 집중해서 연구하기를 바라는 마음으로 '청년'이라고 부르는 것을 제안한다.

청년기의 문화적 맥락

청년기는 인간발달의 보편적인 현상이 아니라 아주 최근에 일부 문화에서만 발생하여 특정한 상황에서 존재하는 생애단계이다.[42] 4대 혁명은 주로 선진국에서 시작되었지만, 결과적으로 전 세계적으로도 나타나고 있다.[43] 이렇듯 4대 혁명으로 인해 청년기가 등장하게 되었고 결혼하거나 부모가 되는 중위 연령이 20대 후반으로 상대적으로 높아졌다. 20대 후반으로 결혼을 하거나 부모가 되는 것을 미루게 됨으로써 10대 후반과 대다수 20대가 결혼과 부모가 되는 것 외의 다른 목적에 전념할 수 있게 된다.

따라서 오늘날 청년기는 주로 서구의 선진국과 함께 일본과 한국 등 아시아 국가에 존재한다. 이는 여러 국가의 결혼 시기로 알 수 있다. [표 1.2]는 개발도상국과 선진국 여성의 결혼 중위 연령을 비교하여 보여준다. (일반적으로 결혼 연

[표 1.2] 각 국가의 여성 결혼 중위 연령

선진국	연령(세)	개발도상국	연령(세)
미국	26	이집트	21
캐나다	28	에티오피아	17
독일	30	가나	21
프랑스	30	나이지리아	18
이탈리아	30	인도	18
일본	29	인도네시아	21
오스트레일리아	28	과테말라	19

출처: United Nations(2009)

령은 남성이 여성보다 약 2살 더 높다)

결혼하고 부모가 되는 나이는 일반적으로 국가별로 다르게 구별되지만, 청년기는 국가별 특성이라기보다는 문화적인 특성이다. 특정 국가 내에서는 청년기를 가진 문화가 있을 수 있고 그렇지 않은 문화가 있을 수도 있고 또는 청년기 기간이 한 국가 내의 문화에 따라 다를 수도 있다. 예를 들어 미국 모르몬교 신자에게 청년기는 짧고 고도로 구조화된 경향이 있다.[44] 혼전 성관계를 금지하고 대가족제를 바람직하게 강조하는 문화적 믿음 때문에 젊은 모르몬교 신자들은 일찍 결혼하여 아이를 가지라는 사회적 압력이 상당하다. 결과적으로 미국 전체 인구보다 모르몬교 신자들이 결혼하고 부모가 되는 중위 연령이 훨씬 낮으므로 이들은 성인의 역할을 맡기 전의 청년기가 비교적 짧다.

또한 전반적으로 부유한 국가 내에서라도 사회경제적 지위와 생활환경의 변수로 청년기를 어떻게 경험하는지가 결정된다.[45] 16세에 혼외 자녀가 있고 정부 지원과 저임금 일자리를 오가며 10대 후반에서 20대 초반을 보낸 젊은 여성이나, 학교를 중퇴하고 실업과 취업 상태가 반복되며 10대 후반에서 20대 초반의 대부분을 보낸 젊은 남성의 경우 자기에게 초점을 맞춘 정체성 탐색의 기회가 거의 없다. 대부분의 선진국에서 다수 문화보다 소수 문화에서 정체성 탐색의 기회가 더 적은 경향이 있으므로 소수 집단의 구성원은 10대 후반과 20대 초반에 적어도 직업 영역에서의 정체성 탐색 기간을 덜 경험할지도 모른다. 그러나 앞에서 언급했듯이 중류층 이상의 청년이 하류층 이하의 청년보다 청년기의 탐색 기회를 더 많이 가진다는 점에서 사회계층은 인종보다 더 중요한 요소이다. 하지만 12장에서 살펴보겠지만, 가난하거나 엉망인 가정에서 자란 일부 청년이 청년기에 도달하면 문제의 근원이 되었을지도 모르는 가정환경을 떠날 수 있으므로 청년기가 자신의 삶을 극적으로 변화시키는 기회가 되기도 한다.

앞에서 언급했듯이, 변화 가능한 경로가 많이 있는 하나의 생애단계로 청년기를 생각하는 것이 가장 유용할 수 있다. 즉 선진국의 대다수 젊은 사람은 청소년기와 성인기의 안정적인 전념(결혼과 부모가 되는 것)의 어중간한 생애단계로 청년기를 경험하지만, 각자의 문화, 사회계층, 성별, 성격, 개인 생활사, 기타 상황 등에 따라 다양한 방법으로 경험한다. 이것이 핵심이다. **청년기는 젊은 사람이 중등학교를 마친 시점부터 사랑과 일에서 안정된 성인 역할에 들어가는 시점 사이에 적어도 몇 년의 간격이 있는 곳이라면 어디에서나 존재한다고 말할 수 있다.** 여기서 제시한 5대 특징은 대부분의 미국 청년에게 적용되지만 다른 문화적 맥락에서는 다른 특징이 적용될 수 있다. 보편적이고 획일적인 청년기가 아닌 문화적, 경제적, 개인적 맥락에 따라 달라지는 청년기가 많이 존재한다.[46]

현재 개발도상국에서는 도시와 농촌 사이에 뚜렷한 문화적 차이가 존재하는 경향이 있다. 중국이나 인도와 같은 나라의 도시 청년은 시골 청년보다 더 늦게 결혼하고, 더 늦게 아이를 낳고, 더 많은 교육을 받고, 더 많은 직업과 여가의 기회가 있기에 청년기를 경험할 가능성이 더 크다.[47] 이에 비해 개발도상국 시골 청년은 최소한의 교육을 받고, 일찍 결혼하며, 농사일을 제외하고는 직업 선택권이 거의 없다. 따라서 개발도상국의 도시에서는 청년기를 경험할 수 있지만, 시골에서는 거의 경험할 수 없을 수도 있다.

그러나 세계 경제의 세계화가 증가하고 있어 청년기도 21세기의 한 흐름으

[표 1.3] 개발도상국 고등교육 등록 변화율(1980~현재)

국가명	1980년 등록률(%)		2010년 등록률(%)	
	남성	여성	남성	여성
폴란드	75	80	98	97
아르헨티나	53	62	73	81
이집트	66	41	83	73
중국	54	37	74	67
터키	44	24	68	48
멕시코	51	46	64	64
인도	39	20	59	39
나이지리아	25	13	36	30

출처: UNESCO(2013)

로 널리 퍼질 가능성이 있다. [표 1.3]은 고등교육(중등교육 이상의 교육이나 훈련)이 전 세계적으로 공통된 경험을 하게 만든 세계화가 젊은 사람의 삶에 어떤 영향을 미치는지에 대한 예를 보여주고 있다. 1980년과 2010년 사이에 개발도상국의 젊은 사람이 고등교육으로 진입한 비율이 급격히 증가했다. 또한 이 국가들에서 결혼하고 부모가 되는 중위 연령이 높아졌다.

　이러한 변화는 개발도상국에서 청년기의 확산 가능성을 열어준다. 교육수준의 상승은 경제발전을 반영한다. 경제발전은 결혼하거나 부모가 되는 중위 연령의 상승을 초래한다. 사회가 더 풍요로워질수록 젊은 사람의 노동력이 급하게 필요하지 않고 발전하는 경제에 대비하기 위해 더 많은 교육이 필요하므로, 젊은 사람에게 청년기의 연장된 모라토리엄의 기회를 줄 가능성이 더 커 보인다. 따라서 21세기 말이 되면 청년기가 전 세계 젊은 사람에게 공식적인 시기가 될 것으로 보인다. 다만 세계적으로 서비스 경제가 성장하고 기계가 제조업 노동자를 계속 대체하는 기술 혁명이 확대되더라도, 이러한 전환은 반드시 성 혁명, 여성 운동,

청년 운동과 같지는 않을 것이다. 결과적으로 국가 내에서나 국가 간에 시기와 내용이 다양할 가능성이 크기 때문에 지속해서 많은 유형의 청년기가 있을 것이다.

책의 구성

청년기의 도전, 불확실성, 가능성은 매력적이고 이벤트적인 삶의 시간으로 만든다. 앞으로 미국 사회에서 청년으로 사는 삶이 어떤 모습인지에 대한 다양한 초상화를 제공하고자 한다. 1장에서 설명한 주제가 개인의 삶에 어떻게 반영되는지 알아보기 위해 2장에서는 4명의 청년의 삶을 자세히 살펴본다. 3장은 청년기에 접어들면서 부모와의 관계가 어떻게 변화하는지 살펴보는 것으로 이어진다. 4장은 연애와 성적인 문제를, 5장은 결혼 상대를 찾는 내용으로 두 장 걸쳐 청년의 사랑 경험담이 이어진다. 6장은 청년이 대학을 통해 겪는 다양한 길에 대해 논의하고, 7장은 의미 있는 일을 찾는 탐색 과정을 살펴본다. 8장은 청년의 미디어 사용을, 9장은 청년의 종교적 믿음과 가치를 살펴본다. 10장은 청년기와 관련된 사회계층에 대한 문제에 초점을 맞추고 있다. 11장은 청년이 직면한 가장 두드러진 문제에 대해 다루고 있다. 이어 12장은 어려운 상황을 극복한 젊은 사람 4명의 프로파일을 통해 청년을 가능성의 시기로 조망한다. 마지막으로 13장은 성인이 된다는 것이 무엇을 의미하는지에 관한 질문에 초점을 맞추어 청년기에서 젊은 성인기로 넘어가는 과정을 고찰한다.

각 장에서 사용한 자료의 출처는 저자와 후배 연구자들이 1990년대 Missouri, San Francisco, Los Angeles, New Orleans에서 수행한 300개 이상의 심층 구조 인터뷰에 기초한다. 다양한 배경을 가진 20~29세까지의 청년을 인터뷰했는데, 이들 중 절반은 백인이고 나머지 절반은 아프리카계 미국인, 라틴계 미국인 그리고 아시아계 미국인이었다.[48]

10년 전 초판이 출판된 이후, 저자는 청년기 연구 지원을 계속 받아서 최근 몇 년 동안 시행한 3건의 미국 내 조사는 다음과 같다. 2012년 18~29세의 청년을 대상으로 Clark University 설문조사(이하 'Clark 설문조사'), 2013년 18~29세의 부모 대상 설문조사(이하 'Clark 부모 대상 설문조사'), 2014년 25~39세를 대상으로 한 연구.[49] 2판에 이러한 새로운 설문조사 결과를 포함했다. 또한 18~29세를 대상으로 한 다른 연구의 통계와 연구 결과에서 함의하고 있는 것을 활용하였다.

다양한 통계자료를 제시하고 있지만, 저자의 논점을 설명하기 위해서 인터뷰의 인용문을 더 많이 제시하고 있다.[50] 이 주제를 처음 연구하기 시작했을 때는 많이 연구되지 않았고 알려진 바가 많지 않은 삶의 시기를 탐색하는 데 있어 인터뷰 연구 방법이 적합해 보였다. 또한 청년은 상황적으로 다양한 삶의 측면을 가진 집단이므로, 일반적인 통계 패턴을 바탕으로 단순히 '이렇다'라고 말하기보다는 인터뷰 연구 방법으로 다양한 상황과 관점을 설명할 수 있도록 하였다.

마지막으로 청년은 자신의 경험을 설명하는데 뛰어난 통찰력이 있으므로 청년을 연구하는 데 인터뷰 연구 방법은 가치가 있다. 아마도 청년기는 종종 자기에게 초점이 맞춰진 삶의 시기이기 때문에 인터뷰했던 젊은 사람들이 대학을 졸업한 사람뿐만 아니라, 특히 고등학교를 어렵게 졸업한 사람도 놀라운 자기성찰 능력을 갖추고 있었다. 인터뷰에서 발췌하여 제시함으로써 청년의 일상적인 이야기를 완벽하게 보여줄 수 있다. 밝고 감동적이며 때로는 유머가 있기까지도 한 청년 자신의 삶과 경험에 대해 말한 내용이 여기에서 언급되고 있다.

2장 청년으로 산다는 것은?
4명의 프로파일

Douglas Coupland의 1991년 소설 「X 세대」는 20대 청년의 삶에서 새로운 변화가 발생하고 있다는 사실에 처음으로 관심을 둔 책으로 평가된다. 이 책은 방황하는 20대 후반의 Andy, Claire, Dag의 삶과 고뇌를 보여준다. 이들은 아직 재미있는 일을 찾지 못했으며, 보수가 좋을지언정 '끝없는 스트레스'가 있고 '칭찬을 겨우 받는' 무의미한 일을 하는 직업에 정착하기를 거부한다. 사랑에 관해서는 결혼할 시기가 가까워진 사람은 이들 중 누구도 없지만, Andy는 "나는 적어도 인생을 혼자 살고 싶어 하지 않는다는 사실을 알고 있어."라고 말한다. 성인이 된 것에 대한 이들의 생각은 '30세에 죽고 70세에 땅에 묻힌다'라는 장제목으로 간략하게 설명이 된다. 좋은 소설이 대부분 그렇듯이 「X 세대」는 개별 등장인물의 삶을 보여줄 뿐만이 아니라, 특정 시간에 특정 장소에서 사는 것이 어떤 것인지 생생한 통찰력을 제공한다.

  이 책에서의 나의 목적은 Coupland의 목적과 다르다. 물론 소설이 아니라는 것뿐만은 아니다. 여기에서는 개인의 특성이 아니라 청년의 삶에서 공통으로 나타나는 현상을 설명하고 이러한 현상을 다양한 인터뷰의 인용문과 조사한 결과를 함께 엮어서 설명하고자 한다. 하지만 청년기의 완전한 삶이 어떤 것인지 알 수 있도록 개개인을 설명함으로써 알게 되는 것 또한 많이 있다. 만약 각각의 인터뷰에서 분리된 인용문만을 모아 놓는다면, 전체가 무슨 내용인지 결코 알 수 없을 것이다. 여러 사람을 자세히 묘사해야만 모든 복잡함 속에서 청년이 되는 것이 어떤 것인지 완전하게 이해할 수 있다.

지금부터 청년 4명의 삶을 살펴볼 것이다. 다양한 배경과 경험을 대표하는 청년을 프로파일했다. 2명의 남성과 2명의 여성, 2명의 백인과 2명의 소수 인종, 2명의 대학 졸업생과 2명의 대학을 졸업하지 않은 사람들이다. 이들은 미국 내 서로 다른 지역에서 자랐고 21세에서 27세까지 다양하다. 이들은 청년들 간에 존재하는 다양성과 몇 가지 공통적인 특성을 보여준다.

프로파일 속 인물은 다양하지만, 모든 청년을 대표하도록 선정된 것은 아니며 더더욱 모든 20대를 대표하도록 선정된 것도 아니다. 이들 중 누구도 결혼하지 않았고 자녀도 없었다. 이들 중 누구도 진로 설정을 확고하게 하지 못했다. 프로파일 속 인물은 미국 사회 속에서 확실한 생애단계로 청년기의 5대 특징, 즉 정체성 탐색, 불안정성, 자기초점, 어중간함, 가능성의 자각을 예시로 잘 보여주기 때문에 선정했다. 또한 이 프로파일들은 앞으로 있을 많은 주제를 시사한다.

Rosa: "그렇게 사는 건 숨 막히는 삶이에요"

San Francisco 대학 근처의 한 커피숍에서 24세인 Rosa를 만나기로 했는데, 그녀가 카페에 들어왔을 때 어렵지 않게 알아볼 수 있었다. 사전에 전화로 Rosa는 어머니가 중국인이고 아버지는 멕시코인이라고 말했다. Rosa의 얼굴에서는 양친의 특이하고 눈에 띄는 특징이 뚜렷하게 섞여 있음을 볼 수 있었다. Rosa는 인터넷 소프트웨어 회사에서 일을 막 끝내고 왔고 흰 바지와 어깨까지 오는 새까만 머리카락 색과 잘 어울리는 스웨터를 입고 있었다.

Rosa는 자신이 하는 일부터 이야기를 시작했다. 현재 근무하고 있는 곳은 17명의 직원이 있는 작은 회사이기 때문에 편집, 회계, 인사 관리 등 다양한 업무 능력이 필요했다. Rosa가 다양한 일을 하는 것을 좋아하는 이유는 미래에 자신의 노력을 집중하고 싶은 곳에서 일하기 위해 지식을 쌓고 가능성을 탐색할 기회를 주기 때문이다. "다양한 부서에서 최대한 많은 것을 배우고 싶어서 편집을 시작했어요. 또한 마케팅 쪽에도 손을 대고 싶어요. 내가 어떤 일을 하고 싶은지 알고 싶거든요."

2년 전 California-Berkeley 대학교를 졸업했을 때까지도 인터넷 회사에서 일하는 것은 염두에 둔 일이 아니었다. 어릴 때 다니던 Oakland 내의 학교에서 교사가 될 계획으로 대학에서 영어를 전공했다. "정말로 교육계에 종사하고 싶었어요."라고 Rosa가 말했다. "대학을 졸업하고 가르치는 일을 하게 된다면 가장 필요한 곳에서 가르쳐야 한다고 생각해서 저소득층을 대상으로 방과 후 프로그램을 운영하기 시작했어요. Oakland 이외의 지역에서는 가르치고 싶진 않았어요. Oakland에서 성장했기에 이 지역에 되돌려 주고 싶었거든요."

하지만 Rosa는 곧 방과 후 학교에서 목격한 것에 환멸을 느끼고 암울해졌다. "어떤 아이들은 종일 밥을 먹지 못했어요. 그들의 부모 중 많은 이들이 마약에 취해 있어요. 아이들은 일주일은 할머니와 함께 지냈고 다음 주는 이모와 함께 지냈어요. 떠돌이 신세나 다름없는 상태였죠. 아이들은 관심이 필요했기 때문에 자신과 서로에게 함부로 대했어요." Rosa의 암울한 직장 경험은 남은 생활에 영향을 미쳤다. "내가 맡은 아이들에게 애착이 있었고, 일과를 마친 후에도 떨칠 수 없었어요. 집에 와도 여전히 그 영향에서 벗어나지 못하고 남자 친구에게 화풀이하곤 했죠."

Rosa는 방과 후 학교를 그만두자마자 현재의 직장에 다니게 되었다. 하지만 Rosa는 이곳을 평생직장으로 보지 않는다. "내가 회사원이라는 생각이 여전히 들지 않아요. 결국엔 그냥 빵집을 차릴 것 같아요. 그게 내가 정말 하고 싶은 일이에요." 또한 Rosa는 다른 가능성도 고려하고 있다. "아마도 편집 분야에서 더 많은 경력을 쌓게 될 것 같아요. 그리고 글쓰기를 좋아하기 때문에 컴퓨터 앞에서 무엇이든 쓰고 있는 나의 모습을 상상할 수 있어요. 하지만 나는 사람들과 함께 일하는 것을 좋아하고 빠르게 진행되고 스트레스가 있는 일을 좋아하기 때문에 대기업에서 아주 열심히 마케팅하는 나의 모습을 생각해 볼 수도 있어요." 현재

Rosa는 청년 시절 동안 일시적인 탐색을 하는 것에 만족해하고 있다. "현재로서는 괜찮아요. 당분간은 그냥 이것저것 해보려고요."

Rosa는 일보다는 사랑에 좀 더 확신을 보인다. 현재 남자 친구인 Mark와 만난 지 3년이 되었으며, 언제가 될지 확실하지 않지만 Mark와 결혼하기를 기대하고 있다. "만약 남자 친구가 오늘 나에게 프러포즈한다면 나는 좋다고 대답할 거예요. 나는 그를 죽을 만큼 사랑해요. 우리는 너무 많은 일을 함께했으며 우리 앞길을 막는 일은 무엇이든지 이겨낼 수 있어요. 우리는 말이 정말 잘 통하거든요."

Rosa에게는 Mark 이전에 4년 동안 만난 다른 남자 친구가 있었다. 아시아 또는 남미에서 이주한 부모를 둔 많은 청년처럼 Rosa는 가정을 꾸리기 전에 청소년기와 청년기에 이성과 짧은 관계와 '즉흥적 관계 hook-up'를 갖는 미국식 방식을 받아들이지 않았다. 하지만 결혼으로 이어질지도 모르는 연애를 하게 된 지금, 대안으로 다른 남자 친구를 조금 더 알아보려 하지 않았다는 것에 의아해하는 자신을 발견하게 되었다. Rosa가 남자 친구를 사랑하는 것만큼이나 '기분 전환'이라고 불릴만하게 매력을 느꼈던 다른 남자들도 있었다. "때로는 옆에서 사소한 일이 생기기도 하고 사람들을 만나기도 하는데 그냥 의문이 들어요. '과연 이대로 괜찮은 걸까?', 왜냐하면 나는 다른 사람을 많이 만나보지 못했기 때문이에요. 그리고 가끔은 이러한 관계를 내가 원한 건지에 대한 의문이 들어요."

또한 Rosa는 결혼하기 전 자기에게 초점을 맞춰 보는 시간을 가짐으로써 자신의 정체성을 더 명확하게 발전시킬 필요를 느낀다. "나 자신과 더 친해지고 싶어요. 당분간은 조금 이기적으로 살고 싶은데 이기심과 결혼은 어울리지 않는 것 같아요. 결혼 전에 최대한 많은 것을 경험하고 싶어요." 결혼할 준비가 되지 않은 채 갈팡질팡하는 이러한 느낌은 Rosa가 아직 완전히 성인이 되지 않았음을 느끼게 한다. 하지만 다른 면에서는 성인처럼 느껴진다. "내가 사람들을 배려하는 방식은 매우 어른스럽다고 생각해요. 내가 표현하는 방식은 아주 어른스러워요. 스스로도 어른이라고 생각해요. 다만 내가 잘 모르는 부분이 있을 뿐이에요." 많은 청년처럼 Rosa도 전반적으로 성인기로 가는 과정에 있지만, 아직 도달하지 않은 어중간함을 느낀다. "아마도 나는 어른일 수도 있는데 잘 모르겠어요. 아이처럼 행동할 때도 많아요."

부모에게서 독립하는 것은 Rosa가 성인기로 가는 과정에 있어서 큰 문제가 되지는 않았다. Rosa는 대학 내내 부모님과 함께 살았고 함께 있는 것을 좋아했다. 어머니와 자주 다투던 청소년기 초반 짧은 기간을 제외하고는 항상 부모님과 잘 지내왔다. "아마 6, 7, 8학년 때 엄마와 사이가 안 좋았던 것 같아요. 하지만 일찍 그런 일을 겪고 나니 그 이후로는 좀 편안해졌어요."

Rosa의 아버지는 전 세계를 돌아다니며 대형 선박의 유지 보수 및 수리하는 일을 했고, 어머니는 안경사이다. 견실하고 존경할만한 중산층의 직업이지만, Rosa는 부모의 직업을 따라 하고 싶어 하지 않는다. "나는 하나의 인간으로 성장할 수 있는 어딘가에서 일하기를 원한다는 것을 알지만, 부모님이 하시는 일로부터는 그런 모습을 찾지 못했어요. 엄마는 안경사예요. 그런 일은 발전적인 일이 아니에요. 그래서 나는 새로운 소프트웨어를 항상 배울 수 있는 IT분야로 가는 길을 선택했어요. 그리고 아버지처럼 힘들게 몸을 사용하는 직업을 갖고 싶지는 않았어요. 발전하고 싶고 마흔 살쯤 되어도 몸이 상하고 싶지 않았어요. 이것이 부모님의 직업을 보면서 든 생각이에요."

Rosa는 부모님과 항상 좋은 관계를 유지해 왔지만, 가정 생활이 평탄하지만은 않았다. Rosa는 어린 시절 부모가 "여러 번 이혼할 뻔했어요."라고 말했다. Rosa의 아버지는 자신의 아내가 일하는 시간이 길고 자기보다 더 많은 돈을 버는 게 기분 나빴고, Rosa의 어머니는 자신의 남편이 너무 술을 많이 마신다고 불평했다. 지금은 둘 사이가 어느 정도 좋아졌지만, 이상적인 결혼 생활은 아니었다.

18개월 차이가 나는 Rosa의 오빠 문제로 가정 내 긴장감은 더해졌다. "오빠와 나는 항상 서로를 미워했어요."라고 솔직하게 말했다. "우린 서로 말을 잘 안 해요. 사실 오빠와 전혀 대화하지 않아요." Rosa의 오빠는 어린 시절에 여러 가지 문제를 일으켰고, 고등학교 때 "오빠는 마약에 빠졌어요."라고 말했다. "난 잘 모르겠어요. 오빠는 어딘가 삐딱해요." Rosa는 자기보다 8세가 어린 여동생과 훨씬 더 잘 지낸다. "내가 이사를 나가기 전까지는 여동생과 나는 친하지 않았지만, 이제는 여동생을 너무너무 사랑해요. 동생은 열여섯 살이고 자기 나이에 맞게 행동하지만, 여동생 곁에 있어 주고 싶어요. 동생은 나의 귀염둥이예요."

그녀의 부모와 오빠가 겪은 문제 중 일부는 중국인과 멕시코인의 특이한 혼혈 때문이라고 Rosa는 보고 있다. 부모의 가족들은 서로를 의심하고 적대심을 보였고, 이로 인해 부모 사이에 갈등이 생겼다. Rosa의 오빠는 단지 동양인처럼 생겼다는 이유로 종종 다른 아이들에게 조롱과 구타를 당했다. Rosa도 인종적 편견을 느껴왔다. Rosa가 백인이 대부분인 교회에 가게 되면 "나는 가끔 '너희가 여기에 왜 있는 거야?'와 같은 시선을 느껴요. 확실히 '이곳에 너희 같은 애들이 왜 이렇게 많은 거야'와 같은 거죠." Rosa가 그렇게 느끼는 것은 백인만이 아니다. "흑인에게서도 느껴요. 또한 멕시코 사람으로부터도 많은 적대감을 느껴요. 그냥 유대감이 없는 거죠. 나도 멕시코인이에요! 하지만 겉모습은 그렇게 보이질 않아요."

그럼에도 Rosa는 애정을 가지고 자신의 인종인 특히 중국과 관련된 것을 받아들였다. Rosa가 어렸을 때, 그녀의 어머니는 Rosa를 중국 문화에 흡수시킨 반면 그녀의 아버지는 Rosa를 멕시코 문화에 친숙하게 만드는 데 거의 관심을 보이지 않았다. "중국인처럼 자랐어요. 차이나타운에서 놀았고 주말마다 엄마 가족을 항상 만났어요. 엄마는 우리에게 중국어로 말했어요." Rosa는 대부분 아시아인 친구와 항상 놀았고 남자 친구 중 2명은 아시아인이었다.

이제 청년이 된 Rosa는 자신의 배경인 멕시코인의 모습이 사라지는 것에 안타까움을 느낀다. "아빠가 정말 불공평했다고 생각해요. 멕시코 문화에 대해 아는 것은 내가 천주교 신자라는 것과 멕시코 음식을 요리할 수 있다는 것뿐이에요. 아빠를 너무나 사랑하기 때문에 멕시코와 관련된 것을 더 알고 싶어요." Rosa의 희망은 자신의 자녀가 자신보다 더 많은 멕시코인의 정체성을 갖게 되는 것이다. "아빠에게 멕시코와 관련된 것을 가르쳐 달라고 할 거예요. 아빠는 이미

'너에게 자녀가 생기면 그 아이들이 나를 Buppa라고 부를 거야'라고 하셨어요. Buppa는 스페인어로 할아버지라는 뜻이라고 말씀해 주셨어요. 그래서 아빠가 나의 자녀에게 많은 것을 전해 줄 수 있기를 바라고 있어요. 그냥 알아두면 좋은 것 같아요. 넌 '그냥 미국인'이 아니야. 너의 이름에는 아름답고 오래된 역사가 담겨 있어."

하지만 가톨릭 신앙은 Rosa가 그녀의 자녀에게 물려주고 싶지 않은 멕시코 유산의 한 부분이다. 비록 Rosa는 "독실한 천주교 신자"로 자랐지만, 지금은 "천주교를 좋아하지 않아요. 전혀 신경 안 써요. 내 아이들을 천주교 신자로 키우지 않을 거예요." 청년이 된 Rosa는 어떤 특정한 종교에도 소속되지 않고 섭리에 따라 신을 믿는 이신론자가 되었다. "종교에서 말하는 신을 믿지 않아요. 신은 신일 뿐이에요. 단지 신이 존재할 뿐이죠. 그리고 이것이 내가 의심하지 않는 유일한 것이에요. 신이 있다는 것은 알아요. 유대인이 믿는 신과 무슬림이 믿는 신도 다 같은 신이라고 생각해요. 모두 다른 이름을 가지고 있을 뿐이에요."

아마도 어머니의 불교 신앙에 영향을 받은 듯이 Rosa는 환생을 믿는다. "나는 햇볕을 쬐며 누워있는 것을 좋아해요. 예전에 고양이였나 봐요. 정말로요! 집에 갈 때마다 엄마가 머리나 등을 긁어주시면 좋았어요." 하지만 Rosa는 자신의 초점은 과거나 다음 생이 아닌 현재에 있다고 덧붙인다. "사후 세계에 대해 별로 생각해보질 않았어요. 왜냐하면 나에겐 그렇게 중요한 건 아니거든요. 내가 죽으면 나는 사라지겠죠."

Rosa는 미래에 어머니와 함께 빵집을 열고, Mark와 결혼하고, 자녀는 2명 정도 갖고, 평생 배우면서 살고자 하는 것 등과 같은 많은 꿈이 있다. "배우는 것을 좋아해서 집이 부자였다면 평생 학생으로 지냈을 거예요. 미래를 위해 교육이 필요하다는 이유로 학교에 다니지 않을 거예요. 단지 나 자신을 위해서 학교를 다시 다닐 거에요. 재미있게 배우려고요. 문학이나 뭐 그런 거로 박사 학위를 받는 제 모습이 눈에 선해요. 책 읽는 것과 글 쓰는 것도 너무 좋아요."

이번 생이 끝날 무렵에 Rosa는 다음과 같이 말 할 수 있을 거라 예상했다.

"나는 행복했고 내 주변 사람들을 행복하게 해주려고 노력했어요. 이게 가장 중요한 거예요. 그저 내 시간을 최대한 활용했는지 알고 싶을 뿐이에요. 그냥 앉아서 TV나 볼 수는 없어요. 삶을 상대하여 삶이 가지고 있는 모든 것을 쥐어 짜내야 한다고 믿어요."

Steve: "앞으로 어떻게 될지 누가 알겠어요?"

23세의 Steve는 자신이 너무 심각하지 않은 사람처럼 보이길 원하는 것처럼 아이러니한 미소를 자주 지었다. 짧은 연한 갈색 머리와 대조되는 어두운 눈썹 밑에 갈색 눈이 있었다. 인터뷰를 위하여 Missouri 대학교 내 사무실에서 처음 만났을 때, Steve는 녹색과 적갈색이 있는 럭비 셔츠와 편한 밝은색 바지를 입고 있었다.

현재는 Missouri에 살고 있지만, Steve는 성장하는 동안 여러 지역에서 살았다. Steve의 가족은 엔지니어 일을 하는 아버지를 따라 이사를 자주 다녔고 새로운 일을 따낼 때마다 이사했다. Steve는 이사하는 것이 너무 싫었고 부모에게서 독립하게 되면 어딘가에 정착하겠다고 다짐했다. 하지만 알고 보니 Steve는 가족과 함께 있었던 때보다 청년기에 더 많이 이사했다. "고등학교 졸업 후 이사하면 한곳에 머물 것이라고 항상 말했지만, 집을 떠난 후 열다섯 번 정도 이사했을 거예요."

Missouri는 Steve의 어린 시절에 가족과 함께 잠시 살았던 지역 중 하나였고 Missouri 대학에 가기 위해 Missouri로 돌아갔다. 하지만 Steve는 "대학 생활에 지쳐버려서" 몇 학기를 다닌 후에 대학을 중퇴했다. 지금은 인근 식당에서 서빙하고 있고 자신이 버는 돈에 만족하고 있다. "시간당 평균 16달러 정도인데 지금 당장 다른 곳으로 가서 그렇게 많은 돈을 벌 수 있을까요?" 그럼에도 Steve는 지금 이 직업도 살면서 발생하는 많은 일처럼 일시적인 것으로 여기고 있다. "나는 지금 좀 게으르게 살고 있어요. 그냥 편하게 지내고 있어요."

Steve는 그림 그리는 것을 좋아하기 때문에 대학에서 미술을 전공했다. 현재 식당에서 하는 일 외에도 돈을 벌기 위해 또한 그림 그리는 것을 즐기기 때문에 계속해서 스케치와 초상화를 그리고 있다. 하지만 자신의 예술적 재능으로 성공적인 경력을 쌓을 수 있을지 의심스러워했다. "만약 내가 예술가가 될 수 있다면 그렇게 하겠지만 그러기 위해서는 훌륭한 작품을 만들거나 광고와 관련된 일을 해야 하는 것 중 하나는 해야 해요." 광고에는 흥미가 없었다. "아마 미술은 취미로 하게 될 거 같아요."

그렇다면 Steve는 일의 관점에서 어떤 길을 택할 것인가? 이 시점에서는 Steve가 어떤 길을 택할지 모르는 것이 분명하다. "아마 엔지니어가 될 거예요. 우리 아빠도 엔지니어니까 결국 나도 그렇게 될 거예요. 나는 수학도 잘하고 정말 쉽게 알아들을 수 있다는 것도 알고 있어요." 하지만 몇 분 후에 10년 후 자신이 무엇을 하고 있을 것 같냐고 물었을 때, 엔지니어와는 아무 관련이 없는 것을 말했다. "아마 Colorado에서 살고 있을 거예요. 아마도 8년 동안 식당에서 일을 해왔기 때문에 식당에 대해 많은 것을 알고 있어서 식당을 소유하고 있을 거라고 말하고 싶지만, 어떤 일부분을 운영할 수 있는 지위에 있을 거 같기도 해요. 요리, 서빙, 바텐더 등 거의 모든 것을 해봤고 이런 경험은 매니저가 되는데 기본적인 것들이에요. 확실한 직업이 있겠죠. 항상 스키를 탈 수 있다면 매우 좋을 것 같아요." 그러나 Steve는 지금은 웨이터로 일하는 것은 생각하지도 않고 이러한 꿈을 실현하기 위해 거의 노력하고 있지도 않다. "엄마 말대로 난 그저 '헛발질만 하고 있을' 뿐이에요."

사랑과 관련하여 Steve는 자신이 일하는 식당의 웨이트리스인 Sandy와 사귄 지 약 2달 되었다. 서로 잘 지내고 대부분의 시간을 함께 보낸다. 이들은 함께 살고 싶지만 Sandy의 부모 중 특히 Sandy 아버지의 반대 때문에 함께 사는 것을 망설이고 있다. "Sandy 아버지는 Sandy가 결혼할 때까지 붙잡고 있는 거 같아요."라고 Steve는 분개하며 말했다. Steve는 Sandy와 결국 결혼하게 될 것 같아서가 아니라 현실적인 이유로 함께 살고 싶어 했다. "함께 살면 지출이 완전히 반으로 줄어들 거예요."

Steve는 Sandy가 아닌 다른 어떤 누구와도 결혼을 서두르지 않는다. Steve는 요즘엔 정해진 나이 이전에 결혼해야 한다는 압박감이 과거보다 훨씬 덜 하다고 보았다. "요즘에는 큰 문제가 되지 않아요. 결혼하면 하는 거고, 결혼하지 않으면 안 하는 거죠. 50년대처럼 큰 문제는 아니에요." Steve는 자신과 결혼할 사람이 어떤 자질을 가진 사람을 찾고 싶은지 아직도 확신하지 못하고 있다. "아직은 범위를 좁히지 못했어요. 상대가 나타나면 알 수 있을 것 같아요."

사랑과 일에 대한 믿음만큼이나 Steve의 종교적인 믿음은 불확실하고 불안정하다. Steve가 성장하면서 부모는 종교적인 믿음과 관련된 것을 가르치려고 거의 노력하지 않았다. Steve의 부모는 Steve에게 다음과 같이 말했다. "종교를 믿어도 좋아. 하지만 믿지 않는다고 해도 괜찮아. 어느 쪽이든 상관없단다." 이제 23세가 된 Steve는 몇 가지 결론에 도달한 듯 보인다. "창조자가 있다는 것을 믿어요. 분명히 인간이 지구로부터 갑자기 생겨날 수는 없었을 거예요." 환생은 Steve에게 그럴듯해 보였다. "환생이 분명히 있다는 생각이 항상 있어요." 그러나 Steve와 이야기를 나눌수록 Steve는 너무나도 확실히 종교적인 믿음이 없다는 것을 최종적으로 알 수 있었다. "우리 중 누구도 아는 사람이 없다는 거예요. 어느 것에도 제대로 된 증거가 없어요. 우리는 사실을 알아야 하는데 나는 사실 아무것도 아는 게 없어서 아직은 제대로 예상해 볼 수도 없어요."

사랑, 일, 종교에 대한 Steve의 불확실성을 고려할 때 Steve가 완전히 성인기에 도달한 것처럼 느끼지 않는 것은 그리 놀라운 일도 아니다. "머리로는 여전히 이해하고 받아들이려고 노력하고 있어요."라고 말했다. 자신의 인생이 어디로 가고 있는지를 결정하기 위해 성인에게 요구되는 사항을 아직 수용하지 못한다는 것을 의미한다고 설명한다. "나는 단지 어른의 관점에서 이것을 보지 않아요. 사회 전체가 그렇다고 해서 나까지 그런 건 아니에요. '나는 지금 혼란스러운' 상태인 것 같고, 모든 사람은 '결정은 자신이 내려야 해'라고 하는 것 같고, 나는 '글쎄, 아니. 나는 그렇지 않아'라고 하는 것 같아요."

Steve가 완전히 성인기에 도달하지 않았다고 느끼는 또 다른 이유는 성인이 마시는 것보다 더 많은 술을 마신다는 것이다. "나는 아직 파티를 즐기고 있어요."라고 Steve는 말했다. 하지만 음주량은 1, 2년 전보다는 감소했다. "예전처럼 술을 많이 마시지는 않아요. 무엇보다 돈이 많이 들기 때문이에요." Steve는 동네 술집에 싫증이 났다. "사람들이 지루함을 달래지 못해서 많은 술집을 전전하고 있어요." 또한 Steve는 과음의 타격에도 지쳤다. "이제는 토하는 것도 싫고 숙취도 싫어요." 보험료는 말할 것도 없다. "음주운전을 하다가 제대로 보지 못해서 일어난 추돌사고도 몇 번 있었어요. 보험료가 터무니없이 많아졌어요. 그래서 과음을 더는 하지 않게 된 계기가 되었어요." 하지만 Steve는 성인이 되지 못하고 있는 이유로 볼 수 있을 만큼 아직도 술을 많이 마신다.

그의 부모님 또한 Steve가 성인기에 도달했다고 보지 않는다. "식당 서빙이 아닌 다른 직업을 가지면 부모님은 나를 어른으로 보실 거예요."라고 Steve는 말했다. "우리는 이를 '진짜 직업'이라고 불러요. 진짜 직업을 갖게 될 때를 말해요." 그럼에도 부모와의 관계는 최근 몇 년 동안 대등한 관계로 바뀌었다. 이제 Steve는 "부모님께 조금 더 마음을 열게 된 것 같아요. 내가 부모님께 말하는 방식과 부모님이 나에게 말하는 방식은 더 어른스러워졌어요."

Steve의 부모는 직업적인 면과 개인적 삶 모두에서 성공적이었다. 아버지는 엔지니어로 성공했고, 어머니는 Steve와 그의 남동생이 어렸을 때는 육아에 전념하다가 현재는 골동품 가게를 운영하고 있다. 이들의 결혼 생활은 비교적 행복했다. "부모님은 한 번도 다툰 적이 없으세요."라고 Steve가 말했다. "부모님 두 분 다 유머 감각이 뛰어나고 재미있는 방식으로 의사소통하는 방법을 알고 계시며 요점을 잘 파악하세요." 또한 Steve 부모는 자녀들과 좋은 관계를 맺고 있는 것으로 보인다. Steve는 자라면서 부모와 "매우 가까운" 사이였고, 부모를 여전히 좋아하고 있다는 것이 분명하다.

부모는 성공했으나, Steve는 불안정한 23세의 삶을 살고 있을지라도 자신의 삶이 부모의 삶보다 더 나을 거라 믿는다. 그 이유는 부모는 그러지 못했지만, Steve는 향후 몇 년 동안 다양한 길을 시도해 볼 수 있는 자유를 가진 청년기를 보내는 것이 가능하기 때문이다. "아빠는 열다섯 살에 집을 떠나서 기본적으로 자신과 가족을 부양할 방법을 찾아야 했어요. 나는 그렇게 하지 않아도 돼요. 아빠가 과거에 도움을 받으신 것 보다 현재는 더 많이 나를 도와줄 수 있는 상황에 계세요."

결국 Steve는 만족스럽고 보수가 좋은 직장, 행복한 결혼 생활, 자녀들, 자신이 좋아하는 지역에 사는 것 등 성인의 삶에 있어야 하는 모든 최고의 것을 부모가 가지고 있는 모든 것보다 더 가질 수 있기를 기대한다. 그러나 현재 Steve는 다음과 같이 지내는 것에 매우 만족하고 있다. "정말 유목민처럼 지내요. 짐이 너무 많지 않아서 여기저기로 옮겨 다닐 수 있어요. 나는 장기로 임대 계약하는 것을 좋아하지 않기 때문에 보통 매달 임대 계약하려고 해요." Steve는 좋은 기회가 올 때를 대비해서 떠날 준비가 되어 있기를 원한다. "Colorado에서 일자리를 찾을지 누가 알겠어요? 나는 언제든 떠날 준비가 되어 있어야 해요! 살지도 않을 곳에 임대료로 1,000달러를 내고 싶지 않아요. 앞으로 어떻게 될지 누가 알겠어요?"

Charles: "언제든지 바꿀 수 있는 일"

27세의 Charles를 보면 뭔가 특별함이 있다는 것을 알 수 있다. 심지어 San Francisco의 기준에서도 평범하지 않다. Charles는 레게 머리를 하고 있었고 검은 턱수염은 짧게 다듬어져 갈색 피부와 잘 어울렸다. 갈색 가죽 조끼 안에 검은색 티셔츠를 입고 은색 귀걸이를 하고 빛나는 금색 펜던트가 달린 검은색 목걸이를 하고 있었다. 그러나 가장 눈에 띄는 것은 크고, 빛나고, 강렬하며, 에너지가 뿜어져 나오는 눈이었다.

Charles는 예술을 하는 사람처럼 생겼고 실제로 작곡가 겸 가수로서 '악기 없는 록 밴드'라고 할 수 있는 아카펠라 그룹 'House Cats'라고 불리는 그룹의 일원이다. 또한 광고 기획사에서도 일하며 광고 문안 작성과 편집 일을 하고 있지만, 단기든 장기든 밴드와 함께 할 기회가 생기면 언제든 떠날 수 있다는 것을 광고 기획사에 이해를 구한 상태여서 1년 동안이나 근무했음에도 불구하고 '임시직'으로 있다고 설명해 주었다. 현재 Charles와 밴드는 음원을 녹음하고 있고 앨범이 완성되고 홍보 투어를 하게 될 때까지 자신의 생계를 유지하기 위해 임시직으로 일하고 있다.

Charles는 Ivy League인 Princeton 대학에서 심리학을 전공했고 심리학자나 변호사가 되는 것에 대해 진지하게 생각했다. 하지만 "내가 진심으로 원하는 것은 음악"이라는 것을 깨달을 즈음에 심리나 법보다 "결국 내게 더 많은 만족을 줄 어떤 일을 하지 않은 것에 후회하고 싶지 않아서"라고 결정했다. Charles에게 청년의 자유분방함으로 자기에게 초점이 맞춰진 상태는 그에게 음악에 전념하는 꿈을 추구할 기회를 주었다. "나는 미혼이고, 차, 집, 대출 또는 자녀가 있다든지 뭐 그런 것과 같이 나를 다른 방향으로 끌고 가는 중요한 것도 없어요. 나는 언제든지 일을 바꿀 수 있고 기본적으로 생계유지를 할 수 있다면 원하는 것은 무엇이든지 할 수 있어요."

Charles는 앞으로 음악뿐만 아니라 소설 또는 연극이나 영화 대본 등을 쓰거나 최근 자신이 개발한 카드 게임과 같은 게임을 만드는 등 창의력을 표출하여 여러 가지 방향을 추구할 것으로 본다. Charles는 충만한 삶을 살기를 기대하며 많은 다양한 것을 추구하지 못할 이유가 없다고 본다. "기본적으로 내가 하고 싶은 일을 하도록 나의 인생을 만들어 보고 싶어요. 분명히 지금 우리는 하고 싶은 모든 일을 항상 할 수는 없지만, 소소하더라도 하고 싶은 일을 꾸준히 하는 방식으로 일할 수는 있잖아요."

Charles는 Ohio주 Cleveland의 부유한 외곽 도시인 Shaker Heights에서 성장했다. 그의 어머니는 노동법, 그의 아버지는 상해 사건을 담당하는 변호사이다. Charles는 아동기와 청소년기에 부모와 잘 지냈고 지금도 잘 지내고 있다. 그의 부모는 1년에 한두 번 "나를 낚아채서" Spain 남부, Belize, Saint Martin 섬 등 이국적인 곳에서 휴가를 보낸다.

Charles는 특권을 누리며 성장했지만, 아프리카계 미국인으로 성장하는 데 있어 생긴 근본적인 상처로부터 보호받지 못했다. Charles는 다음과 같이 회상했다. "1학년 첫날, 백인 아이가 내 코를 때려서 새 셔츠 전체에 코피가 묻었어요." 다음 날 학교에 가서 그 녀석에게도 코피를 나게 했다. "허락을 받았어요. 내가 학교에서 있었던 일을 이야기했더니 아빠가 '너한테 그런 짓을 한 사람을 그냥 놔둘 수는 없지'라고 하시더라고요." 이듬해에는 Charles는 거의 모든 흑인 아이들이 듣는 욕을 처음으로 들었다. "여름에 운동 캠프에 갔는데 한 아이가 나를 깜둥이라고 불렀어요. 그런 단어를 전에는 들어본 적이 없어서 집에 가서 부모님께 '깜둥이가 무슨 뜻이에요?'라고 물었어요. 아빠가 '너를 그렇게 부른 녀석들이 있니?'라고 하셔서 나는 '네'라고 대답했어요. 아빠는 '또 그렇게 부르면 힘껏 때려줘라'라고 하셨어요. 며칠 뒤 테니스 수업 시간에 어떤 녀석이 나를 '깜둥이'라고 또 불렀어요. 그래서 테니스 라켓으로 그 녀석의 머리를 때렸더니 다시는 나를 깜둥이라고 부르지 않았어요."

　　청소년기에 Charles는 많은 젊은 아프리카계 미국인처럼 'Driving While Black[* 미국 경찰의 흑인 차별적인 교통 단속을 비꼬는 말]' 때문에 차를 세웠던 경험이 많이 있었다. "내가 운전 할 수 있게 되었을 때부터 지금까지 줄곧 부모님은 좋은 차를 타셨지만, 많은 경찰관에게는 밤에 멋진 차를 몰고 있는 젊은 흑인을 보면 어떠한 교통 위반 여부와 관계없이 차를 세울 수 있는 충분한 근거가 돼요."

　　그러나 이러한 경험은 Charles가 백인과 좋은 관계를 맺는 것에 방해가 되진 않았다. Charles의 고등학교 친구들은 똑똑한 친구들이었는데 흑인뿐만 아니라 백인도 있었다. Princeton 대학을 다니는 친구 중 다수는 백인이었다. 또한 흑인과 아시아계 미국인뿐만 아니라 백인 여성과도 사귀었다. Princeton 대학에서 Charles를 설득해 아카펠라 그룹으로 이끌어줘서 음악에 대한 열정을 불러일으키게 한 사람도 백인 선배였고, 이 선배가 자신을 잘 챙겨주었다고 회상했다. 아카펠라 그룹인 'House Cats'는 2명의 흑인과 4명의 백인으로 구성되어 있다.

아프리카계 미국인 청년으로 산다는 것은 Charles가 가진 정체성에서 확실한 일부분을 구성하고 있다. "나의 경험 중 어느 것도 내 피부색에 기반을 두거나 영향을 받은 적이 없다고 말하는 것은 말도 안 돼요." Charles는 미국 사회의 기회가 아프리카계 미국인에게 어떤 방식으로든 제한적이라고 생각한다. "부모님은 어린 나에게 '너는 흑인 아이고 평생 흑인으로 살 거야'라고 말씀하셨어요. 그리고 이 사실은 두 배 더 열심히 일해도 절반을 얻기도 힘들다는 것을 의미했어요." 그럼에도 Charles는 자신의 재능과 배경의 장점이 무엇을 시도하든 성공할 수 있게 해줄 것이라고 믿는다. 미국 사회에서 기회가 완전히 평등하지 않을 수도 있지만 "점점 더 평등해지고 있다고 생각해요."

교육 수준이 높은 Charles의 부모는 Charles가 공부를 잘하도록 항상 격려했다. Charles의 부모는 Charles에게 이런 말을 항상 해주었다. "너는 우리가 준 축복받은 유전자를 가지고 있어서 우리는 네가 똑똑하다는 것을 알고 있단다. 네가 전 과목 A를 받을 수 있다는 것도 알고 있지. 그렇지만 우리는 너를 들볶아서 전 과목 A를 받게 하지는 않을 거야. 왜냐하면 그것이 꼭 최선은 아니라고 생각하기 때문이란다. 하지만 우리는 어떤 식으로든 네가 A를 받을 수 없다고 생각하는 것도 절대 원하지 않아. 왜냐하면 그건 말도 안 되는 생각이거든."

Charles 또래 친구들이 말하는 것에 대한 의미는 더 뒤섞여 있다. Charles의 가장 친한 친구들은 모두 학교 생활을 잘했고 서로가 잘할 수 있도록 도와주었다. 그러나 "만약 네가 AP[* Advanced Placement는 고등학교 때 대학 학점을 미리 취득하기 위해서 대학 교양 과목을 선 이수하는 제도] 수업을 듣는다면 너에게 타격이 있을 거야."라고 생각하는 일부 흑인 친구가 있다는 것을 Charles는 알게 되었다. 왜냐하면 그 수업의 대부분 학생이 백인이기 때문이다. "누구와 수업을 함께 하느냐에 따라 누구와 친구가 될지가 결정되는 수업을 듣는 흑인이 만약 백인과 AP 수업을 듣고 백인과 친구가 된다면 흑인은 그에게 건방지다고 말할 거예요." Charles는 또한 Princeton 대학에 입학했을 때 흑인 지인 중에서 "축하한다."라는 반응이 아니라 "믿을 수 없어. 이봐, Ivy League에서 깜둥이가 뭘 할 수 있지?"

였다. 그러나 Charles는 그러한 말들을 항상 무시하고 학업을 성취하는데 영향을 받지 않았다.

Charles는 대학 졸업 후 San Francisco의 해안 지역으로 이사한 이후로 자신이 "확실하게" 성인이 되었다고 생각한다. 혼자였고 자신 외에는 의지할 사람이 없는 것이 Charles를 어른스럽게 만들었다. "혼자서 연락을 취하고 주도적으로 계획을 세워서 살 곳을 찾았고, 이곳에서 두 개의 일자리를 구해서 집세를 내고 있어요. 이걸 다 혼자서 하고 있어요. 여기서 새 삶을 시작한다는 관점에서 출발한 것 같은 느낌이 들었어요. 내가 상상하던 삶은 아니었지만요. 금융 소프트웨어 회사에서 재미없는 일을 하고 있고 Berkeley에 있는 멋진 식당에서 테이블 치우는 일을 하고 있어요. 하지만 나는 성인의 길에 발을 디딘 것 같아요. '좋아, 난 이제 어른이야. 그래 해보는 거야'" Charles는 자신의 발로 일어서서 혼자 서 있는 법을 배우고 있다.

Charles는 자신이 성인기에 도달했다고 확신하지만, 그의 삶은 미국 청년기의 결정적인 특징 중 정체성 탐색과 불안정성을 상당 부분 보여준다. 일에 있어서는 음악 활동을 하기로 분명하게 선택했지만, 어떤 음악을 할지는 아직 확실하지 않다. 10년 후에는 "여전히 어떤 방식으로든 음악 활동을 할 것으로 생각해요."라고 말하지만, "정확히 어떻게 할지는 아직 모르겠어요."라고 덧붙였다. 아마 현재 소속된 그룹이 성공한다면 그들과 함께 활동할 것이고 또는 기타리스트나 베이스 연주자로서, 음반 프로듀서로서, 작곡가로서, 이러한 가능성이 섞여서도 가능하다. 물론 소설과 연극의 대본을 쓰거나 게임 개발을 할 수도 있다. 그리고 Princeton 대학 학위가 있기에 더 수준 높은 교육을 받아서 심리학이나 법률 분야로 진로를 정할 수도 있다. 그래서 이런 점에서 Charles는 가능성이 많은 젊은 사람이지만, 미래에 어떤 일을 하게 될지 예측하는 것은 어렵다.

사랑에 있어서 Charles의 미래는 더욱 활짝 열려 있다. Charles는 현재 3년 동안 사귄 여자 친구가 있다. 그녀는 아시아인과 백인 혼혈이다. 그들은 노래 경연대회에서 만났고 둘 다 음악을 좋아한다. 그녀는 현재 영어영문학과 박사과정 학생으로 교육 수준이 높다. 그러나 두 사람 모두는 결혼을 "아직은 현실적인 가능성이 없는 것"으로 보고 있다고 말한다. Charles의 음악과 관련한 진로는 Charles가 성인기로 가기 위해 더 길어진 길에 있게 할 것 같다. 그의 여자 친구는 대학원에서 최소 2년을 더 공부한 이후 어떤 진로 기회가 그녀 앞에 놓여 있을지 알 수 없다.

종교와 관련된 주제에 있어서 Charles의 믿음 또한 아직 확고하지 않은 것으로 보이며 여전히 형성되는 과정에 있다. 비록 Charles는 부모와 함께 성공회 성당에 다니면서 성장했지만, 청소년기에는 "주일학교가 지겨웠고 예배가 따분했어요."라고 말했다. 또한 Charles는 "나 자신에 관해 스스로 생각하도록 도움받지 못했다는 것을 깨달았어요."라고 말했다. 비록 성공회가 정통에서 벗어나는 것에 비교적 관대하고 교리에 있어서 자유롭지만, 우리 스스로 알아내도록 하는 것보다 무엇을 믿어야 하는지를 알려주기에 Charles는 제도화된 종교가 못마땅했다.

Charles는 일반적인 신을 믿는다. "우주에는 인간보다 더 나은 무언가가 있을 것 같아요. 왜냐하면 인간이 최고가 되기에는 너무 엉망이기 때문이죠." 그러나 Charles는 신의 존재보다는 신이 존재하지 않음에 더 확신이 있다. "수염을 기른 백인 신 또는 흑인 신, 수염이 없는 흑인 신 또는 백인 신, 아시아인 신, 인도인 신 또는 라틴인 신이나 여신 등이 어딘가에 앉아서 우리 모두를 지켜보고 있다고 믿지 않아요." 특히 환생에 관한 불교 신자의 믿음은 Charles에게 매력적이다. "계속되는 다음 생애에 실수를 범하기도 하지만 완벽에 가까워서 열반의 경지에 이르게 되는 불교의 윤회 사상이 마음에 들어요. 모든 사람이 살면서 실수를 많이 하므로 또 다른 기회가 주어진다는 생각에 정말 끌려요. 그동안 겪어온 경험으로부터 약간의 지혜를 얻어 한 번 더 시도해보면 좋을 것 같아요." 그러나 서둘러 추가해서 말했다. "그렇다고 해서 나는 불교 신자가 아니에요."

Charles는 지금 이 순간 이 세상에서 자신이 믿는 것이 무엇인지 그리고 세상에서 살기 위해 원하는 가치에 대해 더 확신한다. "친구 또는 친구가 아닌 사람에게 대하는 방식과 관련해서 나는 내가 대접받고 싶은 방식으로 그들을 대하려고 해요. 어느 정도는 '다른 사람에게 받고 싶은 대로 다른 사람에게 대하라'라는 황금률 Golden Rule 로 귀결되네요." 또한 Charles는 자신에게 충실하고, 자신의 마음을 따르고, 자신이 인생에서 진정으로 하고 싶은 일을 해야 한다고 믿는다. "함께 학교에 다녔던 많은 능력이 있는 친구 중 자신이 정말로 하고 싶은 일을 하는 사람은 거의 없어요. 그리고 많은 사람이 이렇게 말해요. '하고 싶은 일을 하는 너는 나에게 자극을 주는 사람이야. 너는 아직 끝나지 않았어'라고 한 뒤 이렇게 말해요. '나는 꽤 괜찮은 학위를 가지고 있으니 그냥 MBA나 로스쿨에 간 다음 돈이나 많이 벌지 뭐.'" 많은 또래 친구들은 청년기에서 벗어나 좀 더 정착된 삶으로 옮겨가고 있지만, 비록 Charles가 27세 일지라도 정체성 탐색에 대한 열정을 유지해 왔고 이에 따른 불안정성을 무난하게 견디고 있다.

Angela: "차근차근 살기를 원해요."

21세의 Angela는 조경일을 하고 있고 그녀를 본다면 이런 일을 할지 짐작이 된다. 피부는 까맣게 그을렸고 긴 머리카락은 햇볕에 탈색되어 연한 갈색이다. 키가 대략 180㎝로 꽤 크고 날씬하다. 표정이 밝고 웃음이 많다. 그러나 잠시 대화를 나누어 보니 그 미소 속에서 연약함과 희망을 모두 볼 수 있었다.

  Angela는 Michigan에서 식물을 재배함으로써 사람들의 심리적인 문제를 해결하려고 하는 원예치료학을 2년간 전공하다가 1년 전 Missouri로 돌아왔다. 대학에 가게 된 것은 그녀가 성인기에 도달하게 된 것처럼 느끼게 되는 중요한 사건 때문이었다. 왜냐하면 이는 "부모님과 모든 면에서 떨어져서 독립하는 것"을 의미했기 때문이다. Angela는 혼자 있는 것을 좋아했고 Michigan에서 학사 학위를 마쳤으면 했다. 하지만 전공을 원예치료학에서 '원예학'으로 변경하려고 했지만, 대학에서 허용해주지 않아서 학교를 중퇴했다. 지금은 지방 대학에서 차근차근 학위를 마칠 계획이다. 학위를 마치는 동안 조경일을 하고 있다.

Angela는 고등학교 때부터 원예와 관련된 쪽으로 진로를 설정하고 싶었다는 것을 알고 있었다. "나는 항상 야외 활동을 좋아했고 고등학교 때는 원예학 수업을 들었어요. 학교에는 온실과 식물이 있었고, 내가 정말로 좋아했던 선생님이 원예학과가 있는 학교를 알려주셨어요. 그래서 Michigan에 갔어요." Angela는 자신이 의도한 대로 끝마치지 못한 것에 대해 "약간의 실망"을 느끼지만, 혼자만 이렇게 된 것이 아니라는 것을 안다. "내 친구들도 졸업하지 못할 것 같아요. 친구 중 많은 수가 자퇴했어요."

Michigan에 있던 기간이 끝나갈 무렵에는 풀타임으로 일하는 것뿐만 아니라 많은 수업에 대한 부담감으로 지쳐있었다. "학교 생활로 너무 피곤했던 것 같아요. 그래도 잠시 쉴 수 있어서 좋았어요." 이제 Angela는 자신의 분야에서 일하면서 천천히 학교를 마칠 수 있게 되었다. Angela는 관련분야에서 일하면서 조경에 대해 많이 배우고 있다. "우리는 모든 꽃과 관목을 심고 디자인하는 일을 해요. 관개하고, 뿌리 덮기를 하고, 재배하고, 비료를 주는 등 모든 작업을 해요. 이 일을 즐기면서 하고 있어요."

Angela는 원예학을 선택한 것도 좋고 2년 동안 Michigan에 있었던 것도 좋았지만, 등록금을 마련하느라 떠안게 된 빚이 걱정되었다. "대출이 있어서 걱정돼요. 대출금을 어떻게 갚죠? 지금 약 15,000달러 정도의 빚을 지고 있어요." 그녀의 부모는 둘 다 경제적으로 풍족하지만, Angela의 대학 학비를 지원해주지 않았다. "부모님은 내가 내야 할 돈을 도와주실 수도 있었어요. 부모님 두 분 다 그럴 여유가 없다고 말씀하셨지만, 두 분 모두 좋은 집을 가지고 계시고 엄마는 Florida에 콘도도 가지고 계시지만 나를 전혀 도와주지 않았어요." Angela의 부모는 왜 그랬을까? "왜 그런지 모르겠어요. 부모님이 나에게 책임감을 가르치시려고 했는지 아니면 부모님이 이기적이셨던 건지 뭔지 잘 모르겠어요. 뭐가 문제인지 모르겠어요." Angela는 빚 때문에 부담을 느낀다. "좀 속상해요. 복권이나 당첨되면 좋겠어요!"

그녀의 부모는 Angela가 4세 때 이혼했고 어머니는 2년 뒤에 재혼했기에

Angela는 주로 오빠(현재 24세)와 여동생(현재 16세)과 함께 어머니와 새아버지 집에서 성장했다. 어머니는 의료 기술자이고 새아버지는 천문학 교수다. 어머니와는 늘 사이좋게 지냈지만, 새아버지를 좋아한 적은 없다. "새아빠와 처음부터 거리를 두었어요. 그는 얼간이거든요." 새아버지의 음주는 부부 갈등의 원인이었고 지금도 그렇다. "새아빠가 술을 마시기 시작하면 엄마는 '술 많이 마시지 말지?'라고 말씀하셨고 그러다 보면 서로 말다툼을 벌였어요. 그건 정말 말도 안 되는 거예요." 이 모든 갈등은 성장하기 힘든 환경이었다. "돌아보면 그리 좋았던 어린 시절이 아니었던 것 같아요."

Angela의 아버지는 South Carolina의 한 대학에서 의학 교수로 재직하고 있으며 이혼한 후에도 그곳에서 살고 있기에 Angela는 부모의 이혼 이후에 아버지를 거의 보지 못했다. 정확하게는 지난 7년 동안 아버지를 전혀 보지 못했다. 아버지를 그렇게 오랫동안 보지 못했다고 말하는 Angela의 이유는 7주 또는 7개월 동안 아버지를 보지 못한 이유를 설명하는 것으로는 이해가 되겠지만 7년은 말이 되지 않는다. "아빠는 항상 바쁘시고 나도 마지막으로 휴가를 보낸 게 언제인지 모를 정도로 학교도 다니고 직장도 다녀서 우리 둘 다 시간이 너무 없었던 것 같아요." 하지만 1달에 2~3번 아버지와 통화한다. "내가 알고 싶은 만큼 아버지에 대해서 잘 알지는 못하지만, 우리는 많은 것을 이야기해요."

연애와 관련해서 Angela는 사실상 보통의 남자들보다도 키가 컸기 때문에 연애를 늦게 시작했다. 고등학교 시절에 있었던 일을 말해주었다. "몇 명의 남자와 데이트를 했지만, 길게 사귀지 않았어요. 내가 키가 크고 남자들이 모두 키가 작아서 나에게 데이트 신청하기를 원치 않았기 때문이에요. 남자들이 정말로 거부감을 가졌어요. 내 키에 남자들이 거부감을 느끼고 있는 것에 대한 약간의 피해의식이 있었어요." Angela는 여전히 일부 남성이 자신의 키에 대해 거부감이 있다는 것을 알지만, 자신의 키에 대한 관점은 청년기가 되면서 바뀌었다. "지금은 신경 안 써요. 그 당시에는 친구들이 어떻게 생각하는지가 더 중요했고 친구 간의 관계에 더 신경이 쓰였어요. 그때는 거기에 적응해야 했어요."

Michigan에 있는 동안 Angela는 한 남자와 2년 동안 사귀었다. 좋아하는 스포츠와 야외 활동을 함께 했고 잘 지냈다. 하지만 1년 전에 헤어졌다. 남자 친구가 졸업한 직후였다. "남자 친구는 결혼하고 싶어 했고 나는 깜짝 놀랐던 것 같아요. 그래서 헤어진 것 같아요." 21세인 Angela는 결혼할 준비가 전혀 안 돼 있다. "스물여섯 살까지는 결혼할 수 없어요. 좋은 직업을 가진 후 재정적으로도 안정되도록 삶을 차근차근 살고 싶기 때문이에요. 남자에게 의지해서 살고 싶지 않거든요."

Angela는 지난해 Missouri로 돌아온 직후, 지금의 남자 친구를 만났다. Angela는 서로의 관계에 대해 많은 의구심이 들고 있는 것이 분명했다. 우선 남자 친구가 술을 너무 많이 마시고 있다. "남자 친구는 음주와 관련된 문제가 있는데 어떻게 해야 할지 모르겠어요." 이들의 교육 수준의 차이는 서로를 이해하는 것을 더 어렵게 만든다. "Tom은 학위가 없어서 공사장에서 일해요. 우리는 서로 생각이 달라서 갈등이 생기는 것 같아요." Angela의 남자 친구는 29세로 나이도 많고 이혼도 해서 아들이 있고, Angela는 남자 친구가 불쌍한 아버지라고 생각한다. "남자 친구는 인내심이 없어요. 기본적으로 자기 자신을 감당할 수 없어요." 남자 친구는 자신의 아들이 집에 오게 되면 Angela가 아이를 돌봐 줄 것을 기대하고 있는 상황에 대해 Angela는 불쾌했다. "나는 스물한 살이에요. 지금 당장은 엄마가 되고 싶지 않아요."

Angela는 어떻게 그런 탐탁지 않은 관계에 빠졌을까? 이에 대해 자신도 의아해한다. "Missouri에서의 지난 1년은 미쳤던 것 같아요. 제정신이 아니었어요." 자신과 남자 친구와의 관계가 어머니와 새아버지와의 관계와 충격적인 유사성이 있다는 걸 알아채고는 두려웠다. "엄마는 아빠의 많은 헛소리를 참으셨어요. 왜 그러셨는지 모르겠어요. 그래서 지금 내 상황을 보고 있자니 '젠장, 우리의 관계가 부모님의 관계와 똑같잖아'라는 생각이 들었어요. 이 상태가 계속된다면 '어떻게 되는 거야?' 내가 왜 이런 상황이 되어버렸는지 모르겠지만 이 상황에서 벗어나야만 해요."

남자 친구에 대한 Angela의 걱정에도 불구하고 이들은 현재 함께 살고 있다. "내가 한 일이지만 정말로 믿을 수 없는 또 하나의 일이에요."라고 후회하며 말한다. Angela는 현실적인 이유로 남자 친구와 함께 살게 되었다. "부모님 때문에 미칠 것만 같아서 절대 집에서 살 수가 없었고, 내가 아는 모든 사람은 이미 아파트에서 살고 있었고, 어떤 친구는 집에서 부모님과 살고 있었고, 친구들은 이사할 경제적인 여유가 없어서 이사를 원하지 않았어요. 그래서 나는 한번 해 보는 게 낫겠다고 생각했어요." 하지만 이제는 더 시도할 계획이 없다. "임대 계약은 7월 말까지인데 그때 '헤어지자'라고 말해야 할 것 같아요."

Angela는 전 남자 친구가 그랬던 것처럼 야외 활동에 관심이 있는 사람과 결혼하기를 희망하지만, 더 중요한 것은 올바른 인격을 가진 사람을 찾는 것이다. "달콤하고, 정직하고, 친구가 될 수 있고, 변덕스럽지 않고, 행복할 수 있는 사람이요. 왜냐하면 나는 행복한 사람이고 그저 걱정하지 않고 즐겁게 지내고 싶기 때문이에요."

또한 Angela는 결국에는 자녀가 있기를 고대한다. "아이가 있으면 아기자기하게 살 것 같아요." 결혼은 적어도 20대 후반이 될 때까지 기다렸다가 하기를 원하며 부모와는 달리 성공적인 결혼 생활을 하려고 좋은 선택을 하려고 할 것이다. "이십 대 중반까지는 아이를 갖고 싶지 않고, 이십 오륙 세까지는 결혼하고 싶지 않아요. 서두르지 않을 거예요. 왜냐하면 이혼한 부모님을 보니 이혼은 골칫거리일 뿐이기 때문이에요."

현재 Angela의 삶을 있는 그대로 보면 좋다고 느끼지 못할 수도 있다. Angela는 대학을 중퇴했고 자신이 좋아하는 직장에서 일하고 있지만, 지금은 보수가 좋지 않고 장기적으로 예측해봐도 많이 벌지는 못하는 일이다. 서로 존중하지도 않고 결혼하고 싶지도 않은 남자 친구와 함께 살고 있다. 그러나 현재보다 미래에 더 행복해질 거라고 믿는 현재의 삶에 상당히 만족감을 느끼고 있다. 지금으로부터 10년 후, Angela는 자신이 좋아하는 일을 하면서 일을 성공적으로 하는 자신을 기대한다. 또한 사랑하는 남자와 결혼하여 함께 자녀들을 행복하게 키우기를 기대한다. 비록 이러한 목표들이 금방 성취되지는 않겠지만, 결국 성공하고 행복하게 될 것으로 확신한다. 비록 현재는 여러 방면에서 표류하고 있다고 해도 21세 Angela의 모든 희망은 건재하다.

결론: 청년기의 주제와 양상

저마다 독특하고 자신만의 사연과 기대가 있는 4명의 삶에서 보여준 공통적인 특징은 같은 연령대의 많은 미국 청년들에게도 공통적으로 나타난다. 이들의 삶에서 1장의 주제였던 청년기의 정체성 탐색, 불안정성, 자기초점, 어중간함, 무한한 가능성의 자각을 볼 수 있다.

4명 모두 사랑과 일에서 정체성 탐색을 하고 있다. Charles의 음악에 대한 전념에서부터 Steve의 식당을 경영하려는 막연한 희망까지 이들의 생각이 확실히 다를지라도 어떤 방식으로 일하고 싶은지는 어느 정도 알고 있다. 하지만 이들 중 그 누구도 아직 확실한 일의 형태는 틀이 잡히지 못했다. Rosa는 인터넷 회사에서 일하는 것을 좋아하지만, 이곳은 단지 다른 곳으로 가기 위해 폭넓은 경험을 쌓는 수단으로만 보고 있어 어떤 것도 확실하지 않다. 웨이터라는 Steve의 현재 지위는 식당을 소유하거나 경영하는 것과는 거리가 멀고 현재 그는 단지 "제자리걸음 중"이라는 것을 인정한다. Charles는 음악 활동에 전념하고 있지만, 음악 외의 많은 다른 대안을 가지고 있어 진로의 정확한 형태를 결정해야 할 일이 남아 있다. Angela는 원예를 좋아하지만, 이렇게 좋아하는 일이 어떻게 직업으로 연결될지는 아직 결정하지 못했다. 이들 모두는 여전히 '내가 가장 즐기는 것은 무엇이고, 내가 가장 잘하는 것은 무엇이며, 나에게 가능한 대안에 맞추는 방법은 무엇인가?'라는 정체성 질문에 답하는 과정에 있다.

연애에서도 이와 같은 탐색 과정이 분명히 드러난다. Steve, Charles, Angela는 모두 오래갈 것 같지 않은 이성과의 관계를 맺고 있다. 이들 중 누구도 당장 결혼할 의향이 없다. Charles의 최우선 순위는 음악이고, Angela와 그녀의 남자 친구는 서로 잘 어울리지 않는 것 같고, Steve의 삶은 여자 친구를 포함하여 그 어떤 것에 바로 전념하기에는 너무 불안정하다. 이들 중 Rosa는 연애에 있어 가장 안정되어 있지만, 그녀마저도 결혼하기 전에 좀 더 시간을 갖기를 원하고 자신의 대안을 조금 더 탐색해 보는 것이 좋을지를 생각한다. 이들 모두 자신의 평생 동반자는 어떤 사람이 되었으면 하는지에 대해 고민하고 있다.

4명 모두에게 청년기의 정체성 탐색과 불안정성이 함께 하고 있다. 사랑과 일에 대한 탐색은 새로운 가능성이 생겨나면 언제든지 방향을 바꿀 수 있다는 것을 의미한다. Steve가 극단적인 예인데, 바로 떠날 수 있도록 월 단위 임대 계약만을 하겠다는 결심을 한 것이다. 하지만 이들 중 누구도 지금으로부터 1년 후, 하물며 10년 후 또는 20년 후의 삶이 어떨지 확실하게 알지 못한다. Rosa를 제외하고 이들 중 그 누구도 1년 후에 어떤 사람이 자신과 친밀한 상대가 될지 알지 못한다. 하지만 이들은 불안정성으로 심하게 힘들어하지 않는다. 청년은 불안정성을 정체성 탐색의 일부이며 자신이 성인으로 살아가는 삶의 형태를 결정하는 과정에 여전히 있다는 사실을 반영하는 것으로써 받아들인다.

청년의 정체성 탐색에 대한 집중으로 청년기가 자기초점의 시기가 된다. Rosa가 이를 가장 솔직하게 보여주었다. Rosa는 "당분간 좀 이기적으로 살고 싶어요."라고 말했지만, 이것이 이들 모두의 마음속에 흐르는 경향이기도 하다. Steve와 Charles는 자신이 원하는 대로 자유롭게 움직이고 싶어 하므로 연애에 전념하는 것을 원하지 않는다. Angela는 자신의 삶에 집중하고 자립할 수 있는 충분한 시간을 갖기 전까지는 결혼이나 아이를 가질 준비가 아직 되지 않아 향후 몇 년이 더 필요하다고 느낀다. 이들 모두는 결국 다른 사람들에게 전념하고 싶어 하지만, 자신의 청년 시기를 보내는 동안인 현재로서는 개인적인 목표와 자기 계발에 집중하고 싶어 한다.

이들은 탐색의 시기에 있고 성인으로 살아가는데 기본적으로 있어야 할 것을 아직도 선택하지 않았다는 것을 알고 있다. 이러한 인식은 더는 청소년은 아니지만, 그렇다고 완전히 성인도 아닌 어중간한 느낌이 들게 한다. 이들은 어떤 면에서는 성인기에 도달한 것처럼 느끼지만, 다른 면에서는 Steve가 말한 것처럼 "아직도 무언가를 잡으려고 노력하고 있어요."로 보인다. 이들 중 Charles만이 자신이 확실히 성인기에 도달했다고 느꼈지만, Charles조차도 성인으로 살아가기 위한 지속적인 전념을 하기 전에 자신이 "언제든지 일을 바꿀 수 있는" 일시적인 시기에 있다는 것을 알고 있다.

지금 당장은 이들의 삶에 많은 탐색과 불안정이 있지만, 이들 모두 인생에서 원하는 것을 얻을 수 있다고 자신하고 있다. 이들에게는 모든 것이 가능해 보이고 희망도 원대하다. 이들은 행복한 결혼 생활을 기대하며 의미 있는 일을 찾아서 그 일에서 성공하기를 기대한다. 이 나이에 이들의 꿈을 방해하는 것은 아무것도 없다. Angela는 원예 분야에서 경력을 쌓을 수도 있고, Steve는 식당을 소유할 수도 있고, Rosa는 빵집을 운영할 수도 있고, Charles는 음악적 야망을 현실로 바꿀 수도 있다. 이들 모두가 평생 함께할 사랑하는 사람을 찾을 수도 있다. 또는 이 모든 것들이 다 되지 않을 수도 있다. 그러나 지금 청년기에는 영원히 낙담할 꿈은 없으며, 굳게 닫힌 문도 없으며, 행복하게 될 모든 가능성이 여전히 살아 있다. 이러한 청년기는 마음 아플 뿐만 아니라 가슴이 벅찬 시기로 즉 가능성의 시기이고 절대 무너지지 않는 희망의 시기라는 점이다.

모든 청년이 여기서 묘사된 것과 같지 않을 수 있다. 어떤 사람은 비교적 일찍 평생 가져갈 결정을 내리고 20대 중반에 안정된 삶에 정착한다. 또 다른 사람은 가난, 열악한 학교 교육, 가족 혼란 등으로 자신의 정체성 탐색의 기회가 제한된다는 것을 발견한다. 3장에서 이들의 이야기를 다룰 예정이다. 하지만 청년 대부분이 탐색과 불안정성으로 특징지어지는 삶을 살고 있고, 이들의 가능성을 현실로 바꾸기 위해 자기 계발에 초점을 맞춘다는 점에서 Rosa, Steve, Charles, Angela와 비슷하다는 것을 보여준다.

3장 갈등 관계에서 유대 관계로
부모와의 새로운 관계

Mark Twain은 이런 유명한 말을 남겼다. "내가 열네 살 소년이었을 때는 아버지가 너무 무식해서 사람들과 함께 있는 것이 창피해서 견딜 수가 없었어요. 하지만 7년이 지난 스물한 살이 되고 보니 아버지가 매우 많은 것을 알고 계셨다는 것이 놀라웠어요." 비록 1세기 전에 쓰였지만 Twain의 씁쓸한 관점은 오늘날 청소년기부터 청년기까지 부모와의 관계에서 발생하는 변화를 적절하게 묘사하고 있다. 자신의 부모가 무식하고 형편없다고 보는 청소년에게 부모와의 갈등이 심하게 나타나는 경향이 있다. 그러나 청년기에서는 자신의 부모를 단지 부모로서가 아니라 인격체로서 더 동정심을 가지고 자비로운 시각으로 보게 된다.

    7년이 지난 후에나 아버지가 매우 많은 것을 "알고 계셨다"라는 Twain의 풍자는 어떤 의미에서는 사실인데, 자녀가 청소년기에서 청년기로 성장하면서 부모도 변하기 때문이다. 대부분의 부모는 청년으로 성숙해가는 자녀에 적응하면서 자녀가 청소년이었을 때와는 다르게 대한다. 청년이 되면 부모를 단순한 부모가 아닌 한 인격체로 보게 되는 것처럼 부모도 자녀를 단순히 자녀가 아닌 한 인격체로 보게 된다. 이러한 인식의 변화는 부모와 청년이 거의 동등한 새로운 관계를 형성할 수 있게 한다.

    이러한 변화는 하룻밤 사이에 발생하는 것이 아니라 청년기를 거치면서 점진적으로 발생한다. 수많은 청년이 더는 청소년은 아니지만, 아직 완전히 성인이 아니라는 어중간함은 부모와의 관계에서 일어나는 변화에 원인이 있다. 1장에서 보았듯이 자신에 대한 책임을 지고, 독립적으로 결정을 내리며, 경제적으로 독립해야 한다는 것이 성인이 되기 위한 3대 기준임을 청년은 알고 있다. 이 기준은 독립 특히 부모로부터의 독립이라는 의미를 내포하고 있다. 자신에 대해 책임지는 법을 배우는 것은 이전에 부모가 떠안았던 책임을 이제는 자신이 지게 되는 것을 의미하며, 이는 자신의 실수로 인한 결과에 더는 부모가 책임지지 않을 거라는 것을 의미한다. 독립적으로 결정을 내린다는 것은 부모가 중요한 결정을 더는 하지 않는다는 것을 의미한다. 경제적으로 독립한다는 것은 부모가 청구서의 일부 또는 전부를 더는 지급하지 않는다는 것을 의미한다. 청년은 3대 기준 모두에서 독립하기 위한 과정을 보이고 있지만, 아직은 도달하지 못하고 그 중간에 있다. 특히 청년은 경제적인 것뿐만 아니라 충고와 정서적 지지에 있어서 부모가 기대하는 대로 여전히 부모에게 의존하는 것은 청년이 완전한 성인이 되면 지속되지 않을 것이다.

이번 3장에서는 청년과 이들 부모와의 관계에 대한 다양한 측면을 살펴보려고 한다. 먼저, 청년기에 매우 긍정적인 모습을 보여주는 부모와의 관계와 관련된 전반적인 윤곽을 살펴본다. 그런 다음, 청년이 부모의 집을 떠날 때 발생하는 변화뿐 아니라 다시 돌아갔을 때 그리고 떠나지 않고 계속 부모와 함께 사는 청년의 경험을 살펴본다. 다음으로, 부모-자녀 관계에서 친구이자 동반자로서 청년기에 발생하는 변화를 살펴본다. 마지막으로, 청년이 부모의 이혼과 재혼을 어떻게 기억하고 그 상황에 맞춰가는 것을 어떻게 생각하는지에 대한 지속적인 영향을 보려고 한다.

시간이 만들어준 친밀과 유대감

청년기로의 이행은 부모로부터 더 독립적으로 되는 것을 포함하지만, 대부분의 미국 청년은 20대 동안 부모와 친밀한 관계를 유지하고 있다. Clark 설문조사에서 18~29세의 절반 이상인 55%가 부모와 '매일 또는 거의 매일' 연락한다고 응답했다.[1] 나이가 더 어린 청년일수록 부모와의 연락이 많았지만, 26~29세의 51%도 매일 연락하고 있었다.

부모와의 연락 빈도는 부모 자신이 젊었을 때를 기억해보면 그때보다 꽤 많아졌다.[2] 지난 20년간의 기술 발전으로 인해 서로 연락하는 것이 이전보다 더 저렴하고 쉬워졌다. 부모가 젊었을 때는 집에 전화하는 것은 비용이 많이 들었기 때문에 가끔 하곤 했다. 이제는 무제한 통화와 문자 요금제가 있는 휴대전화를 사용하여 원할 때 언제든지 비용 걱정 없이 누구에게나 연락할 수 있다.

오늘날의 청년은 개인용 컴퓨터, 휴대전화, Facebook, iPod 및 iPad와 함께 성장한 '디지털 원주민'이다.[3] 반대로 부모는 어릴 때부터 신기술에 익숙하지 않은 '디지털 이민자'이다. 이러한 차이는 서로 연락하는 방법에 대한 선호도에 반영되어 있다. Clark 부모 대상 설문조사에 따르면 부모의 73%는 일반적으로 전화 통화를 선호한다.[4] 청년은 45%, 부모는 19%로 청년이 부모보다 문자 메시지를 선호하지만, 청년이 디지털 원주민일지라도 청년의 48%는 전화 통화를 선호하여 문자 메시지 선호보다 약간 높았다.[5] 이메일, 소셜 네트워크(예: Facebook), 화상 통화(예: Skype)를 포함한 최신 기기는 부모 또는 청년 중 소수만이 선호했다. 분명 전화 통화는 여전히 어떤 신기술보다 더 큰 친밀감과 더 효과적인 의사소통을 가능하게 한다.

청년기에 부모와 자주 연락하는 것은 비용이 저렴하고 사용하기 쉬운 기술 때문만이 아니다. 이는 전형적으로 청년과 부모와의 관계를 특징짓는 친밀감과 화합을 반영한다. 양측 모두 청소년기의 진통 이후 관계가 크게 개선된 것으로 보인다. Clark 설문조사에서 18~29세 청년의 75%가 10대 중반이었을 때보다 현재 부모와 더 잘 지내는 것에 동의했다.[6] 비슷하게 Clark 부모 대상 설문조사에서는 부모 중 3분의 2인 약 66%가 자녀가 10대 중반이었을 때 보다 18~29세인 현재 더 잘 지낸다는 것에 동의했다.[7]

Clark 부모 대상 설문조사에 따르면 자녀가 청소년기부터 청년기로 이행

[표 3.1] 15세였던 자녀가 청년이 된 이후 변화에 대한 부모의 응답

자녀가 15세였을 때와 비교해서 현재 다음과 같은 변화가 생겼나요?	'그렇다' 응답률(%)
우리의 더 어른스러워진 내용의 대화를 한다.	86
우리는 함께 더 즐기면서 시간을 보낸다.	78
자녀가 나를 더 존경한다.	71
우리는 더 친구처럼 지내고 있다.	55
자녀가 나를 단지 부모로서가 아니라 인격체로 대한다.	49
우리는 예전보다 친밀하지 않다.	20
우리는 현재 갈등을 더 겪고 있다.	16

출처: Arnett & Schwab(2013)

하면서 부모는 자녀와의 관계가 강화되고 개선되는 구체적인 다양한 방법들을 알게 된다.[8] [표 3.1]과 같이 자녀가 15세였을 때와 지금 관계를 비교해보는 질문에 80%가 넘는 부모가 현재 자녀와의 대화 내용이 더 어른스러워졌고, 80% 가까이는 함께 있는 시간을 더 즐기고 있었으며, 16%만이 현재 더 많은 갈등을 겪고 있다고 응답했다. 긍정적인 변화에 대한 부모의 응답은 자녀가 청년이 되면서 더욱 뚜렷해진다. 18~21세 청년의 부모 4분의 3 정도인 74%는 15세 이후 일어난 변화로 '자녀와 함께 더 즐기면서 시간을 보낸다'라고 말했지만, 26~29세 청년의 부모는 83%로 증가한다. 18~21세 청년의 부모 중 절반 가까이인 49%가 15세 때 보다 친구처럼 지낸다고 답했지만, 26~29세 청년의 부모 비율은 64%로 더 높다. 또한 26~29세 청년의 부모 55%는 18~21세 청년의 부모 43%에 비해 '자녀가 나를 단지 부모로서가 아니라 한 인격체로 대한다'라고 응답했다.

부모와 청년이 된 자녀 사이의 관계는 전반적으로 매우 긍정적이지만, 가족 관계는 항상 동화 속에 나오는 결말처럼 '평생 행복하게 살았습니다'보다는 좀 더 복잡하다. 청년의 상당수는 부모와 매우 가깝다. Clark 설문조사에서 18~29세의 청년 30%는 원하는 것보다 부모가 자신의 삶에 더 많이 관여하고 있다고 답

했다.⁹ 이에 대해 라틴계 청년 41%, 아프리카계 미국인 청년 39%가 동의했지만, 백인 청년이 24%인 것으로 보아 이 항목에 대한 응답에는 인종적 차이가 있는 것에 주목해볼 만하다. 라틴계 미국인과 아프리카계 미국인 사이의 가족 친밀과 상호 지지라는 문화적 전통은 많은 청년이 보기에는 단점이 있지만 곧 살펴볼 장점 또한 존재한다.

집을 떠나고, 집으로 다시 돌아가고, 집에 머물고

문화 관습적으로 집을 떠나는 적절한 시기와 관련해서 북유럽에서는 18세나 19세에 집을 떠나며, 남유럽에서는 20대 후반이나 30대 초반까지 집에 머물기도 하며, 아시아 시골의 젊은 남성은 결혼한 후에도 가족을 떠나지 않고 함께 사는 것과 같이 전 세계적으로 매우 다양하다. 미국에서는 일반적으로 18세나 19세에 집을 떠나게 되지만, 모든 사람이 그 나이에 집을 떠나는 것은 아니며 떠난 사람 중에 다시 집으로 돌아가는 사람도 있다.

집을 떠나기

대부분의 미국인은 대학에 가거나 단순히 독립하기 위해서 18세 또는 19세에 처음으로 부모와 함께 살던 집을 떠난다.[10] 집을 떠나는 것은 더 많은 자유를 의미하지만, 더 많은 책임을 의미하기도 한다. 청년은 자신의 생활을 꾸려나가고 생활비를 버는 것이 어렵다는 걸 알게 될 수도 있다. 빨래, 식료품 구입, 화장실 청소와 같이 매일 세심하게 신경 써서 해야만 하는 일이지만, 이러한 많은 성가신 일을 대신해주셨던 부모를 그리워할 수도 있다. 그러나 청년 대부분은 부모의 감시 없이 자신의 삶을 스스로 통제할 수 있다고 느끼기 위해 이러한 책임을 지게 되는 것에 가치를 둔다. Clark 설문조사에서 18~29세의 4분의 3인 74%는 '비록 경제적인 여건이 빠듯할지라도 부모님으로부터 독립해서 살고 싶다'라고 답했다.[11]

자녀가 부모와 함께 집에서 사는 한 부모는 자녀의 일상 생활에 일부가 될 것이며, 언제 나갔다 들어오는지를 예의주시하며, 자녀의 직업, 학교 생활 또는 연애 생활에 대해 은근슬쩍 또는 대놓고 간섭하고 충고한다. 청년 대부분은 만약 혼자 살 만한 여유가 있다면 부모의 많은 관여를 피하려고 한다. Clark 설문조사에서 '부모님은 내가 필요로 하는 것보다 내 삶에 더 많이 관여하신다'라고 집을 떠난 청년은 27%, 부모와 함께 사는 청년은 36%로, 집을 떠난 청년보다 부모와 함께 사는 청년이 더 많이 동의했다.[12]

청년이 부모를 사랑하지 않거나 부모의 조언과 도움을 소중히 여기지 않는 것은 아니다. 청년이 더는 부모와 함께 살지 않음으로써 부모가 자신의 삶에 관여하는 정도를 더 조절하게 된다. 원할 때 부모에게 전화할 수 있고 보고 싶을 때 볼 수 있지만, 나머지 시간에는 스스로 독립적인 결정을 내릴 수 있다. Carrie는 "내가 원하지 않을 때 부모님과 이야기할 필요가 없고 원할 때는 이야기를 나눌 수 있어요."라고 간결하게 말했다.

집을 떠난다는 것은 자신이 원할 때만 부모를 만나는 것을 의미하기 때문에 청년인 자녀는 집을 떠난 후에도 부모와 더 잘 지내는 경향이 있다. 많은 연구에 따르면 집을 떠난 청년은 집에 남아 있는 청년보다 부모에 대해 친밀함을 느끼고 부정적인 감정이 적다. 예를 들어 21세를 대상으로 한 연구에서[13] 부모와 자동차로 1시간 이상 떨어져 사는 청년이 부모와 가장 친밀하다고 느끼고 부모의 의견을 중요하게 여겼다. 대조적으로 부모와 함께 사는 청년은 부모와의 관계가 가장 좋지 않았고, 집을 떠났지만 차로 1시간 이내에서 사는 청년은 두 집단의 중간 정도였다. 마찬가지로 Clark 부모 대상 설문조사에서 청년인 자녀와 함께 살고 있지 않은 부모는 청년인 자녀와 함께 사는 부모보다 서로의 관계를 '대부분 긍정적'이라고 답한다.[14] 저자의 원연구에서 Rich의 의견은 전형적이었다. "이젠 더는 부모님과 한 지붕 아래에서 살지 않아요. 부모님은 나를 자주 보지 않고 나도 부모님을 자주 보지 않기 때문에 우리는 사이가 더 좋아졌어요."

확실히 부모와 떨어져 산다는 것은 많은 청년에게 부모에 대한 애틋한 마음을 갖게 한다. 간단히 말해서 자주 보지 않는 사람을 좋아하기는 훨씬 쉽다. 다른 사람과 함께 산다는 것은 누군가가 식탁에 남겨둔 더러운 접시, 어떤 가족 구성원은 좋아하고 다른 가족 구성원은 매우 싫어하는 음악, 누가 마지막 남은 도넛을 먹었는가와 같이 필연적으로 발생하는 가사책임에 대한 마찰의 정도와 서로 다른 습관과 선호도의 충돌을 의미한다. 집을 떠난다는 것은 일상에서의 마찰을 피한다는 의미이다. 일단 집을 떠난 청년은 어떤 날 또는 주말에 부모를 방문할 수도 있고, 맛있는 음식을 함께 먹을 수도 있고, 이후에 모두가 웃으면서 집을 나설 수도 있다.

청년이 집에서 부모와 여전히 함께 사는 동안 부모는 자녀가 무엇을 먹고 돈을 어떻게 쓰고 밤에 몇 시에 집에 왔는지에 대해 간섭해야 한다는 의무감을 느낄지도 모른다. 일단 청년이 집을 떠나면 부모는 더는 자세한 사항을 알지 못하므로 부모와 상관없다고 느끼는 일에 부모가 간섭하게 될 가능성이 줄어든다. 부모와 떨어져 사는 것이 마음을 더욱 애틋하게 만든다면 적어도 일정 부분에서 모르는 게 약이다. Lynn은 이제 부모와 더 잘 지내게 되었다고 말했다. "내가 무엇을 할 때마다 부모님께 매번 알리지 않아요. 조금만 아시는 게 더 나아요. 그렇지 않으면 말다툼을 하거나 내게 잔소리를 해서 내 삶에 영향을 미치려 할 테니까요. 부모님의 충고는 듣고 싶지 않아요. 내가 하고 싶은 대로 살고 싶어요." Karen은 부모에게 말을 덜 하고 부모는 묻는 것을 덜 하기에 청소년기보다 청년기에 부모와 더 잘 지내고 있다고 했다. "고등학교 때는 부모님과 상관없는 것까지 알기를 원하는 것이 많다고 느꼈기 때문에 부모님과의 대화를 피하려고 집을 나갔어요. 이제 나는 집에 없으니 부모님이 나의 삶에 대해 잘 모른다는 것을 알게 되었어요. 이제는 부모님이 나에게 질문을 많이 하지 않으셔서 함께 대화 나누는 것이 즐거워요."

일반적으로 오늘날의 청년은 고등학교 졸업 직후 집을 떠날 것으로 예상하게 되므로 조금 이른 연령대인 18세 또는 19세에 집을 떠나는 것이 미국의 새로운 현상이다.[15] 1970년대까지만 해도 집을 떠나는 가장 흔한 이유는 결혼이었기 때문에 보통 20대 초반까지 부모와 함께 살았다. 특히 젊은 여성은 혼자 살기 위해 결혼하기 전까지는 집을 떠나지 않았다. 그러나 최근 수십 년 동안 젊은 사람들은 결혼할 때까지 집에 머무르는 일이 드물다. 이제 청년이 집을 떠나는 가장 일반적인 이유는 단순히 "독립하기 위해서"이다.[16] 또한 지금은 과거보다 더 많은 젊은 사람이 대학을 가고 이런 이유로 집을 떠나는 경우가 증가하고 있다.

누군가에게 청년기에 도달한다는 것은 견딜 수 없는 가정환경에서 벗어날 기회이다. 경제적으로 법적으로 부모에게 의존하고 있는 청소년은 부모와 함께 지낼 수밖에 없다. 부모가 가혹한 학대나 방치를 하지 않는 한 법적으로 부모와 함께 있어야 한다. 물론 일부 청소년은 가출을 하기도 한다. 하지만 많은 사람이 가출하는 과감한 선택을 하지 않기도 하지만, 집이 불편해서 떠나기를 원하는 사람도 많다. Ron은 고등학교에 다닐 때 어머니와 "일주일 내내 하루에도 몇 번씩" 싸웠다고 말했다. 대학으로 떠난 것은 반가운 안도감으로 다가왔다. 시간과 거리는 Ron이 어머니를 더 잘 이해하는 데 도움을 주었고, 어머니와 적당한 관계를 맺는 가장 좋은 방법은 어머니를 자주 보지 않는 것이라는 것을 충분히 알게 되었다. "내가 집에 있지 않았던 지난 4년 동안 엄마에 대해 많은 것을 알게 되었어요. 그냥 엄마에게서 멀리 떨어져 있기만 하면 엄마는 상냥하고 그저 평범한 분이에요."

Jill은 집을 떠나면서 더 나빠져 가는 가정환경을 피할 수 있었다. Jill의 부모는 그녀가 성장하는 동안 함께 꽤 잘 지냈다. 그러나 Jill이 19세 때 고모가 자살했다. "그 뒤부터 아빠는 술을 마시기 시작했어요." Jill의 아버지는 알코올 중독자가 됐고, 부모 사이는 점점 악화되었다. 그러나 Jill은 집을 떠남으로써 언제 또는 얼마나 자주 부모를 만나러 가는지에 대해 선택적으로 행동하여 최악의 상황을 피할 수 있을 만큼 충분한 나이가 되었다. "나는 대학에 갈 수 있고, 내 집을 소유할 수 있고, 부모님을 만나러 갈 시간을 선택할 수 있을 만큼 충분한 나이가 되었어요. 집에 가기에 적절한 때를 선택할 수 있어요."

비교적 건강한 가정환경에서 자란 청년일지라도 집을 떠나는 것은 부모와의 관계를 개선한다. 부모와 청년인 자녀는 서로 만나려고 하는 노력을 하게 될 때 함께하는 시간을 더 소중하게 여긴다. Emily가 이렇게 말했다. "고등학교 때는 부모님은 내가 항상 곁에 있다는 것을 당연하게 여기셨어요. 지금은 내가 부모님 곁에 거의 없기에 나를 더 소중하게 생각하시는 것 같아요." Warren의 경우는 감사하는 마음이 모두에게 생겼다. "지난해 집을 떠난 이후 서로를 더 그리워하게 되면서 부모님과의 관계는 훨씬 더 가까워졌어요."

청년은 가끔 자신이 부모에 대해 가지고 있는 애착이 강하다는 것을 발견하고 깜짝 놀란다. 청년이 집에 있는 동안에는 일상 생활에서 부모와의 애착이 얼마나 강한지 깨닫지 못하거나, 자신의 부모에 대한 사랑은 함께 살면서 생긴 사소한 갈등과 원망 때문에 묻혀 있었을지도 모른다. 특히 청년이 집을 떠날 때 부모가 자신에게 얼마나 큰 의미가 있었는지를 그 어느 때보다도 더 많이 깨닫는다. 현재 대학교 3학년인 Ellen은 "대학에 가서 처음 두 학기 동안은 향수병에 시달렸어요. 매일 엄마와 아빠에게 전화했어요. 다음 방학 때까지 버티기 위해 부모님의 목소리에 의지하기 시작했어요. 아마도 대학교 1학년 때 부모님과 대화하는 시간이 고등학교 때보다 훨씬 더 많았을 거예요. 부모님과 이러한 이야기를 하고 있을 거라 꿈에도 생각지 못했는데 부모님과 이야기하는 나를 발견했고 부모님도 나와 많은 것들을 공유했어요."

[표 3.2] 자녀가 집을 떠났을 때 부모의 반응

만약 당신의 자녀가 집을 떠나 살고 있는 경우라면, 자녀가 집을 떠났을 때 느낌이 어떠했었나요?	동의한 응답률(%)
자녀가 독립하게 되어서 행복했다.	90
자녀가 그리웠다.	84
배우자와 더 많은 시간을 즐겁게 보내게 되었다.	61
나 자신을 위한 시간을 더 가지게 돼서 매우 환영했다.	60
자녀가 독립할 준비가 되어 있지 않아서 걱정했다.	37
자녀와의 갈등이 줄어들어서 편안해졌다.	31
정서적으로 더 가깝지 않다고 느꼈다.	27

출처: Arnett & Schwab(2013)

부모 역시 자녀가 집을 떠날 때 상실감을 느낀다. Clark 부모 대상 설문조사의 대다수인 84%는 집을 떠난 자녀가 그립다고 답했다.[17] 그럼에도 부모는 [표 3.2]에 나타난 바와 같이 청년이 된 자녀가 집을 떠난 후의 다양한 긍정적인 결과를 인지한다. 90% 정도의 거의 모든 부모는 자녀가 더 독립적으로 되어 가고 있다는 것에 기뻐한다. 나아가 자녀가 떠난 후 부모 자신의 생활이 여러모로 개선되었는데, 61%의 부모는 이러한 변화로 배우자와 더 많은 시간을 보내게 되었고, 60%는 자신을 위한 시간을 더 많이 가질 기회가 되어서 좋았다고 답했다.[18]

집으로 다시 돌아가기

집을 영원히 떠나는 것은 아니다. 집을 떠나는 주된 이유가 결혼이었고 이혼이 드물었던 20세기 초에는 젊은 사람들은 한 번 집을 떠나면 대부분 집으로 다시 돌아가지 않았다. 과거 자료를 확인해 보면 1920년대에는 집으로 다시 돌아가는 비율이 20% 정도였다.[19] 요즘은 대학을 가거나 독립하기 위해 집을 떠나기 때문에 오늘날 청년 40% 이상이 집으로 다시 돌아가는 것은 매우 흔한 일이 되었다.[20]

대학을 가기 위해 집을 떠났던 사람이 부모의 집으로 다시 돌아가는 것은 대학을 졸업하거나 중퇴를 해서 그 이후에 전환을 하기 위한 방법일 수 있다. 대학원을 가든, 집 근처에서 직장을 구하든, 아니면 다른 곳에서 일하든, 앞으로 무엇을 할지를 결정할 기회가 된다. 독립을 위해 집을 떠난 이들 중 일부는 자유롭게 원할 때 원하는 것을 하면서 스스로 살아가는 것이 생계를 책임지는 중압감이 생기기 시작하면서 점점 별로 좋지 않다고 느낄지도 모른다. 청년이 집으로 다시 돌아가는 또 다른 이유는 이른 이혼이나 군 복무를 마친 후이다.[21] 이러한 상황에서 집으로 다시 돌아가는 것은 젊은 사람들에게 전환의 시기로서 매력적일 수 있으며 이들이 세상에 나오기 전에 다시 일어설 기회이다.

청년과 부모는 성장한 자녀가 "보금자리로 다시 돌아갈 때" 다양한 방식으로 반응한다. 대부분은 환영을 받으며 집으로 다시 돌아가게 되면 쉽게 전환이 된다. 사회복지사인 Nancy는 최근에 직장을 찾기 위해 일을 쉬고 있는 동안 집으로 다시 돌아갔다. Nancy는 처음에는 걱정했지만, 순조롭게 진행되어 유쾌한 흥분감을 느꼈다. "부모님이 어떻게 반응할지가 아니라 우리 모두에게 어떤 느낌일지 사실 걱정이 됐어요. 집으로 다시 돌아가기 전에 나와 부모님은 이에 대해 꽤 많은 이야기를 나눴고 부모님은 큰 힘이 되어주셨어요. '오 그래. 집으로 돌아오렴! 네가 일자리를 찾는 동안 집으로 돌아오게 되어 기뻐' 부모님은 내가 일자리 찾는 일을 수월하게 할 수 있도록 도와주셨고 기본적인 일은 내가 할 수 있도록 내버려 두셨어요."

Nancy의 경험은 특별한 것이 아니다. 성장한 자녀가 집으로 다시 돌아가게 되면 부모가 탄식하게 되고 곧바로 다시 내보내려는 구실을 만든다고 하는 대중문화의 고정관념은 사실과 동떨어진다. Clark 부모 대상 설문조사에서 18~29세 사이의 자녀와 함께 사는 부모 중 61%는 이에 대한 감정을 '매우 긍정적'이라고 답했으며 6%만이 '매우 부정적'이라고 답했다.[22] 청년이 집에서 부모와 함께 살 때 부모의 삶은 여러 방면으로 분명히 지장을 받지만, 실보다는 득을 볼 가능성이 크다. 실제로 부모는 청년인 자녀가 집으로 돌아오는 것에 청년보다 더 호의적이며

[표 3.3] 성장한 자녀와 함께 살고 있는 부모의 반응

만약 당신의 자녀와 함께 살고 있거나 자녀가 다시 집으로 되돌아와서 함께 살게 되면서 다음 중 어떤 결과가 발생했나요?	동의한 응답률(%)
자녀와 정서적으로 더 가까워진 것을 느낀다.	67
자녀와 유대감이 더 생긴다.	66
자녀가 집안일을 도와준다.	62
경제적인 스트레스가 더 생긴다.	40
자녀에 대해 걱정을 더 하게 된다.	40
나의 개인적인 시간이 줄어든다.	29
배우자와 성적인 자유가 줄어든다.	27
자녀와 갈등이 더 증가한다.	25

출처: Arnett & Schwab(2013)

이를 통해 관계가 강화되고 친밀해진 것으로 보고 있다. [표 3.3]에서 알 수 있듯이, Clark 부모 대상 설문조사에서 성장한 자녀와 함께 있는 부모의 67%는 자녀와 정서적으로 더 가깝다고 느꼈고, 66%는 자녀와 많은 동지애가 더 생긴다고 했으며, 62%는 자녀가 집안일을 도와준다고 답하면서 이렇게 확인된 상위 3가지 결과 모두 긍정적인 반응이었다. 부정적인 결과는 거의 없었지만, 부모의 40%가 자녀와 함께 살 때 경제적 스트레스가 더 많고, 자녀에 대해 걱정을 더 하게 되었다고 했다. 청년이 부모와 함께 산다는 것은 남자 친구 또는 여자 친구와 다투는 것부터 직장에서 좋지 않은 일까지 일상 생활의 모든 기복을 부모가 목격하는 것을 의미하며 이런 일들로 부모의 걱정을 증가시킨다.

청년인 자녀가 부모 집으로 돌아갔을 경우 자녀가 성숙해진 변화를 부모가 인식하고 청소년이 아닌 성인으로 대해주면 성공적인 전환이 된다. 많은 대학생과 마찬가지로 Darren은 여름방학 동안 집에 있었는데 자신이 청소년이었을 때 보다 부모님이 훨씬 덜 간섭한다는 것을 알게 되었다. "여름방학에 집에 있는 동안 분위기가 아주 달랐어요. 내가 고등학교 다닐 때 부모님은 내가 어디 가는지, 무엇을 하는지, 언제 집에 들어오는지 등을 알고 싶어 하셨어요. 그러나 이제 나는 집에서도 거의 독립적이에요. 내가 마음대로 드나들어도 나에게 묻지 않으세요. 부모님이 허용해준 자유 덕분에 부모님과 더욱 가까워진 거 같아요. 아들임에도 불구하고 나를 자신들과 동등하게 대해주고 계세요."

그러나 다른 청년들에게 집으로 다시 돌아가는 것은 험난한 전환이다. 부모는 부양해야 할 자녀 없이 자신만의 보금자리를 만드는 것을 즐기고 있었을 수도 있다.[23] 청년은 자신의 삶을 유지하는데 익숙해진 기간이 지난 후, 자신의 삶에 다시 부모가 간섭하는 것은 힘든 일이라는 것을 알게 될 수도 있다. 22세에 집으로 돌아간 Mary는 남자 친구를 만나고 들어오는 날이면 마치 고등학교 시절에 그랬던 것처럼 엄마가 자신을 기다린다는 것에 당혹스러웠다. Mary는 이것에 대해 툭 터놓고 엄마에게 말하지 않았지만, "엄마가 일종의 '내 영역'에 들어온 것 같이 느껴졌어요."라고 말했다. Annie는 20세에 미혼모가 되어 집으로 다시 돌아갔고 부모님과 함께 집에서 살 때 다음과 같이 느꼈다. "마치 아이가 있는 자녀가 된 것 같아요. 나에게 이래라저래라하시고, 내 딸에게도 이래라저래라하시고, 내 딸을 어떻게 다루어야 하는지에 대해 말씀하시고…. 그래서 나는 내 딸의 엄마라기보다는 언니가 된 것 같아요." 그럼에도 Mary는 부모와 함께 살면서 가지게 되는 자유를 높이 평가한다. "부모님이 계실 때 내 딸이 자면 내가 원하는 것을 하러 나갈 수 있어요. 오후 8시가 되어도 여전히 쇼핑몰에 있을 수 있죠." 많은 청년에게 집으로 다시 돌아가는 것은 이런 종류의 양면성을 초래한다. 이들은 돌봄을 받는 자녀의 종속적인 역할로 돌아가는 것에 화가 나지만, 부모가 제공하는 돌봄에는 고마워한다.

집에 머물기

물론 청년이 된 자녀가 부모의 집에 남아 있어도 잘 지내는 가정도 많다. 이것은 미국에서도 그렇지만 유럽에서는 훨씬 더 흔해 보인다. 유럽 특히 중부와 남부 유럽 청년이 미국 청년보다 더 오래 부모와 함께 사는 경향이 있다. 예를 들어 독일의 청년이 집을 떠나는 일반적인 연령은 22세이다.[24] 여기에는 몇 가지 현실적인 이유가 있다. 유럽 대학에는 일반적으로 기숙사나 대학 내 다른 숙소가 없으며 대학을 다니거나 다니지 않는 청년 모두에게 도시의 아파트는 들어가기 어렵고 비싸다. 유럽 청년에게는 부모와 함께 살면서 종종 자신의 독립적인 삶을 유지하면서 경제적·정서적 지원을 누릴 수 있다는 것이 중요하다.

이탈리아는 좋은 사례이다. 15~24세의 이탈리아인 중 94%가 부모와 함께 살고 있으며 이는 EU 중에서 가장 높은 비율이다. 그러나 젊은 이탈리아인 중 8%만이 부모와의 동거 형태에 문제가 있다고 보고 있는데, 이는 EU 중 가장 낮은 비율이다.[25] 이는 많은 이탈리아 청년은 필요에 의해서라기보다는 선택으로 20대까지 만족스럽게 집에 머물고 있음을 시사한다. 많은 젊은 유럽인은 집을 떠나는 것보다 집에 머무르면서 더 높은 수준의 삶을 누릴 수 있고 여전히 원하는 대로 살 수 있다는 것을 안다. 아마도 남유럽 사회가 미국 사회보다 다소 덜 개인주의적이기 때문에 남유럽의 젊은 사람은 미국 또는 북유럽의 젊은 사람보다 부모로부터 독립적으로 살아감으로써 청년기에 홀로서기를 할 수 있다는 것을 보여줘야 한다는 강요를 덜 느낄지도 모른다.

몇몇 유럽 사회는 부모와 함께 사는 상황을 지속하는 젊은 사람을 묘사하는 용어가 있다. 스웨덴에서는 '엄마와 함께 사는 사람'이라고 해석되는 'mamboende'라는 용어가 있는데, 이는 18세 이후에 집에 머무르거나 집으로 다시 돌아가는 젊은 사람에게 적용된다.[26] 이탈리아에서는 '엄마의 아들'이라는 뜻의 'mammoni'라는 용어가 사용되는데, 이 용어는 20대 초반은 지났으나 부모와 함께 집에 사는 남성에게 적용된다.[27] 이 용어들은 마치 부모와 함께 사는 청년이 되는 것이 사회적으로 다소 못마땅한 것처럼 비난하고 빈정거리는 느낌을 주는 동시에 이러한 사회에서 청년기 동안 집에서 부모와 함께 사는 현상의 확산은 이러한 관행을 사회적으로 받아들이고 있다는 것을 시사한다. 특히 남유럽에서는 교육을 받거나 일할 기회가 타지에 있지 않은 한 부모와 청년은 일반적으로 자녀가 결혼할 때까지 집을 떠나야 할 이유가 없다.[28]

미국에서는 청년 대부분이 10대 후반에 부모의 집을 떠나지만, 일부는 20대 초반까지 집에 머무른다.[29] 집으로 다시 돌아가서 부모와 함께 사는 중요한 이유 중 하나는 경제적인 부분이다. 부모와 함께 사는 18~24세의 청년은 학교에 다닐 가능성이 크고, 풀타임으로 일할 가능성이 적으며, 일하는 경우라면 집을 떠난 사람보다 돈을 더 벌지 못한다.[30]

집에 머무르는 것은 백인 미국인보다 젊은 라틴계 미국인, 아프리카계 미국인, 아시아계 미국인 사이에서 더 일반적이지만, 가장 최근의 통계자료는 인종적 차이가 없음을 보여준다.[31] 그러나 청년이 부모와 함께 집에서 사는 이유에는 인종적 차이가 있을 수 있다.[32] 백인 또는 아시아계 미국인보다 청년기에 실업 상태가 될 가능성이 높은 젊은 라틴계 미국인 또는 아프리카계 미국인에게 경제적 이유가 특히 중요할 수 있다. 또 다른 이유는 소수 인종 문화권에서는 가족 친밀감과 상호 의존성을 더 강조하고 독립 그 자체의 가치를 덜 강조하고 있기 때문일 수도 있다.³³ 2장에서 언급한 Rosa는 중국계 미국인 어머니와 멕시코계 미국인 아버지와 함께 대학 시절 내내 함께 살았다. Rosa는 집에 머물면서 부모와 친밀한 접촉을 이어나가는 것을 즐겼다. "나는 집에서 부모님과 함께 사는 게 좋았어요. 부모님을 많이 존경해서 부모님과 함께 집에 있는 것이 사실 내가 가장 좋아하는 일 중 하나였어요. 게다가 돈도 들지 않잖아요!"

특히 젊은 라틴계 미국인 여성과 젊은 아시아계 미국인 여성이 부모와 함께 사는 또 다른 이유는 결혼 전 순결에 대해 높은 가치를 두고 있어서이다. 이러한 인종 문화에 속하는 일부 부모는 딸이 성적 경험을 할 기회를 가질 가능성을 줄이기 위해 결혼할 때까지 함께 사는 것을 선호한다. 28세인 한국계 미국인 Jenny는 지금은 결혼했지만, 미혼일 때는 "룸메이트나 친구와 함께 사는 것을 부모님으로부터 허락받지 못했어요. 부모님은 기본적으로 '너는 결혼할 때까지 우리와 함께 살아야 해'라고 말씀하셨어요." 대조적으로 Jenny의 오빠는 대학을 가기 위해 집을 떠난 후 다시는 부모님과 함께 살지 않았다. 성적인 문제가 직접 논의된 적은 없지만, Jenny가 부모와 함께 살도록 강요한 부모의 이면에는 섹스에 대한 문제가 있었음이 분명했다. Jenny가 연애 상대와 동거하기로 했다고 말씀드렸다면 "부모님은 아마 나를 죽이려고 들걸요!"라고 말했다.

부모의 제약이 있음에도 불구하고 소수 인종 가정의 많은 청년은 부모와 함께 사는 것이 바람직하다고 보는데, 아마도 이들의 문화에서 배운 가족 친밀감의 가치 때문일 것이다. 그러나 각 소수 집단에는 많은 다양성이 있지만, 많은 소수 인종의 청년도 백인 청년과 비슷하게 대학 진학과 독립이라는 이유로 집을 떠난다.³⁴ 라틴계 미국인과 아시아계 미국인에게도 이들의 가족이 미국에서 오래 살았던 세대일수록 집을 떠나는 추세는 백인만큼이나 비슷했다.

부모와 함께 지내면서도 청년이 되는 것이 가능할까? 부모에 대한 의존과 새로운 가족 의무를 이행하는 사이의 기간이 청년기라면, 부모와 함께 지내는 것은 부모로부터 독립하지 못하고 청년기에 진입한다기보다는 청소년기에 남아 있음을 의미하는가? 만약 부모와 함께 지낸다면 집을 떠난다고 하는 것보다 부모에게 더 의존하고 있는 것은 분명 사실이다. 그러나 청년기의 인구통계학적 기본 요소인 더 길어진 교육 기간과 늦은 나이에 결혼하고 부모가 되는 것은 부모를 떠난 사람들 못지않게 부모와 함께 사는 사람들에게도 적용된다. 앞에서 언급했듯이 부모와 함께 사는 18~24세는 집을 떠난 또래보다 학교에 다니고 있을 가능성이 더 크다.

특히 미국의 상황에서 청년기의 5대 특징 즉 정체성 탐색, 불안정성, 자기초점, 어중간함, 가능성의 자각을 생각해본다면, 부모와 함께 사는 젊은 사람에게도 이 특징을 적용해 볼 수 있다. 부모와 함께 살면서도 사랑과 일에 있어 다양한 가능성을 탐색하는 것이 가능하다. 연애 관계, 진학 방향, 직업 등이 변화하는 형태로 나타나는 청년기의 불안정성은 독립적으로 사는 것만큼이나 자연스럽게 부모와 함께 살면서도 일어날 수 있다. 부모와 함께 지내는 청년은 단지 집세와 식비를 내기 위해 불만족스러운 직업을 억지로 유지하지 않아도 되므로 더 편안할 수 있다. 20대 누구든지 부모와 함께 살면서도 자기초점, 어중간함, 확장된 가능성의 자각이 있을 수가 있다.

또한 집으로 다시 돌아간 청년과 마찬가지로 부모와 함께 사는 청년은 청소년이었을 때보다 부모로부터 더 많은 자율권을 가진다. 일부 부모는 자녀의 나이가 몇 살이든 자녀로서 함께 사는 한 자녀를 속속들이 감시할 의무가 있다고 느끼지만, 부모 대부분은 거의 간섭하지 않고 자녀 스스로의 삶을 영위하게 함으로써 청년이 새로운 생애단계에 진입한 것에 적응하도록 한다. 벨기에에서는 부모와 청년인 자녀와의 관계를 설명하기 위해 'Hotel Family'라는 용어를 사용하는데, 이는 젊은 자녀는 자기가 해야 할 일은 스스로 하지만 부모가 숙식과 세탁만을 해주는 것을 의미한다.[35] 많은 미국의 청년과 부모도 이와 비슷한 부류로 이해될 수 있다. 아직도 부모와 함께 사는 Aaron은 다음과 같이 말했다. "하지만 거의 내 마음대로예요. 나가서 내 일을 보다가 만약 내가 집에 들어가지 않을 때는 부모님이 아실 수 있도록 전화드려요. 가끔이라도 내가 며칠씩 집에 없을지를 부모님은 알고 싶으실 거예요."

부모와 자식 관계에서 대등한 관계로

청소년기는 종종 가족 간의 관계가 힘든 시기이다.[36] 부모가 미래에 발생할 위험으로부터 자녀를 보호하는 것에 대한 책임을 계속 느끼는 동안 청소년은 더 많은 자율성을 요구하면서 갈등은 증가한다. 청소년이 성적인 관계나 낭만적인 관계에 관여하게 되는 경험을 시작하게 되면서 부모와 대화하는 것을 불편하게 느끼고 차라리 친구와 대화하는 것을 훨씬 더 좋아하게 되면서 부모와의 친밀감은 감소한다. 10세에서 18세의 청소년은 친구와 보내는 시간이 늘어나고 집에서 보내는 시간은 줄어든다.[37]

앞에서 살펴본 것처럼, 청소년이 청년이 되면서 부모와의 관계가 개선된다. 단편적으로는 집을 떠나는 것만으로도 청년기에 부모와의 긍정적인 관계 변화는 나타난다. 그러나 단순히 집을 떠나서 생기는 긍정적인 효과보다 청년기에 부모와의 관계는 그 이상의 효과가 생긴다. 청년은 부모를 이해하는 능력이 향상된다. 청소년기는 어떤 면에서 자기중심적인 시기이며 청소년은 종종 부모의 관점을 받아들이는 데 어려움을 겪는다. 청소년은 때때로 부모를 매정한 시선으로 바라보며 자신의 결핍을 과장하고 부족한 점에 쉽게 짜증을 낸다.

청년이 성숙해지고 스스로 성인이 되었다고 느끼기 시작함에 따라 자신들의 부모가 삶을 어떻게 바라보는지 더 잘 이해할 수 있게 된다. 자신의 부모를 어릴 때는 전지전능한 신처럼 우러러보기도 했고 사춘기 때는 멍청이로 경멸했지만, 청년이 된 후로 그저 자신과 같은 성격과 장단점이 뒤섞여 있는 인격체임을 깨닫기 시작한다. Joseph는 서두에서 말했던 Twain의 말을 인용하며 이렇게 말했다. "'내가 나이가 들수록 부모님은 똑똑해진다'라는 옛말이 정말 맞는 것 같아요. 부모님이 했던 말과 행동들이 예전보다 지금 훨씬 더 이치에 맞아요." Gerard는 10대 시절 아버지가 싫었지만, 청년이 된 후 자신의 삶에 닥친 문제들로 인해 아버지를 더욱 공감하게 되었다고 말했다. "나는 실제로 내 삶이 얼마나 힘겨운지 알게 된 이후로 아버지에 대해 더 너그러워진 것 같아요. 아버지는 정말 끈기 있고 많은 어려움을 이겨내셨기 때문에 나는 아버지를 예전보다 훨씬 더 존경해요."

어떤 사람에게는 부모를 한 인격체로 보는 이러한 새로운 느낌은 이들이 10대일 때 부모에게 했던 행동에 대한 후회로 이어진다. Lisa는 "10대였을 때 보다 지금 훨씬 더 잘 대해 드리고 있어요. 과거로 돌아가서 '이봐, 너는 부모님에게 최악이었어. 왜 부모님을 그렇게 대했던 거야?'라고 할 거 같아요." Matt는 다음과 같이 회상하였다. "고등학교 시절 나는 무례하고 생각이 짧았으며 엄마와 많은 다툼이 있었어요. 대학을 간 다음 엄마가 나에게 얼마나 소중한 사람인지 그리고 얼마나 나에게 정성을 다해주셨는지를 깨달았어요. 엄마에게 진정으로 감사해하고 있어요."

특히 Diana에게 부모와의 관계 변화는 극적이었다. "고등학교 때 심지어 중학교 때부터 나와 부모님과의 관계는 너무 안 좋았어요. 나는 엄마와 거의 대화를 나누지 않았고 아빠와는 매일 싸웠어요. 내가 부모님을 힘들게 했던 것을 돌이켜 생각해보면 너무 얼굴이 화끈거려요. 아무 생각 없이 가장 끔찍한 짓을 했던 엄청나게 반항적인 시간을 보냈어요. 도둑질하고, 거짓말하고, 몰래 빠져나가고, 차를 운전하고, 심지어 문신하는 것조차 내가 해야 할 일들이라고 느꼈어요. 쫓겨나기도 했고 도망치기도 했어요. 모든 게 극적이었죠!"

"어쨌든지 나 자신을 스스로 통제하게 된 다음 대학에 갈 수 있었어요. 나는 서서히 부모님과 화해를 시도하기 시작했어요. 4년이라는 시간 동안 부모님과 함께 지내고 정말 사랑할 수 있는 지점에 도달했어요. 시간과 나이가 어떻게 관계를 바꿀 수 있는지 신기해요. 부모님과의 관계는 이제 사랑하고 상호 존중받는 관계예요."

어떤 청년들은 부모에 대해 하나의 인격체로서 알게 된 사실에 환멸을 느끼고 있었다. Carla는 부모가 행복한 결혼 생활을 했다고 생각하면서 자랐지만, 청년이 되고 나서 다른 사실을 알게 되었다. "부모님은 내가 나이가 들 때까지 그런 사실을 매우 잘 숨기셨으며, 내가 부모와 딸 간의 관계 대신에 친구처럼 편하게 지내기 시작했을 때, 이혼 위협, 불륜 등 전혀 몰랐던 모든 것들의 실체를 알게 되었어요." Helen도 자라면서 비슷한 경험을 했다. "나는 아버지를 많이 존경했어요. 사람들이 나를 좋아하는 자질을 아버지로부터 물려받았거든요." 그러나 이제 알게 되었다. "부모님이 항상 완벽했던 건 아니셨어요. 몇 가지 알아낸 게 있어요." Helen은 아버지가 여러 해 동안 외도했다는 것을 알게 되었다. 자신이 돈이 필요해서 아버지에게 요청했을 당시 돈이 없다고 했으면서도 불륜 상대에게 돈을 보냈다는 것을 알게 되었다. 결과적으로 "나는 아버지가 미웠어요. 그리고 이런 사실에 어떻게 행동해야 할지 모르겠어요. 지금도 너무 속상해서 여전히 힘들어요." 이제서야 Doug는 부모의 좋지 않은 면을 보게 되었다. "내가 성장하면서 부모님이 얼마나 엉망인지 알게 되었어요. 아마도 더 원망하게 될 것 같아요. 부모님은 즐겁게 지내지도 않고 서로에게 상처를 줘요. 어머니는 위대한 순교자 같고 아버지는 꽤 근엄하세요. 내가 어렸을 때는 부모님의 감정을 잘 알지 못했지만, 지금은 부모님의 감정과 성향 그리고 고민거리 등을 인지하고 있어요."

　　부모 역시 자녀를 바라보는 방식과 자녀와 관계를 맺는 방식에 변화가 생긴다. 자녀의 행동을 감시하는 감시자와 가정 규칙을 요구하는 집행자의 역할이 줄어들고 그 결과 자녀와 더 편안하고 우호적인 관계가 형성된다. Nancy는 다음과 같이 말한다. "여전히 나의 부모님이지만, 그 이상의 무언가가 있어요. 친구처럼 지낸다는 표현이 맞는 말인지 모르겠지만, 부모님과 함께 어울리고 시간을 보낼 때 부모의 입장에서 하는 역할을 그렇게 많이 하진 않으세요. 훈육하는 역할이 아니라 진정으로 편안한 친구 관계에 더 가까워요." 부모는 명령을 내리는 상황을 줄이고 자녀의 관점을 진지하게 받아들인다. Paul은 다음과 같이 말한다. "전에는 '이거 해라. 저거 해라'하셨는데 지금은 나에게 맞춰주세요. 나에게 많은 재량을 주고 내 의견을 존중하고 의미 있게 생각하세요." 마찬가지로 Laurel은 부모에 대해 이렇게 말했다. "실제로 내가 무엇을 해야 한다고 말씀하시기보다는 내가 무엇을 할지를 먼저 물어보세요. 그것이 바로 변화를 보여주는 거예요."

　　부모와 청년이 된 자녀의 변화는 상호 존중의 새로운 느낌을 가지고 이전보다 더 열린 새로운 친밀감을 확립할 수 있게 한다.[38] Bonnie는 지금 부모와의 관계를 청소년기와 비교해서 다음과 같이 말했다. "완전히 다르죠. 요즘 나는 부모님과 이것저것 이야기를 나눠요. 좀 더 솔직해진 것 같아요. 내가 뭔가를 숨기고 있다는 느낌은 없어요. 있는 그대로의 나로 부모님에게 더 진심일 수 있어요. 부모님은 있는 그대로의 나를 좋아하고 나도 부모님을 좋아해요." Luke는 특히 아버지와의 관계가 많이 달라졌다. "지난 1년 동안 아빠와 더 가까워졌어요. 아빠와 함께 앉아서 맥주 한잔하고 진한 농담을 주고받는 것은 아주 색다른 경험이었어요. 또한 부모님과 나는 일, 학교, 이성 등에 관해서도 서로 공감할 수 있게 되었어요. 대학 입학 전에는 부모와 자녀와의 관계 속에서 확실히 아버지라는 존재였어요. 이제는 멘토나 친구와 같은 존재예요."

모든 청년이 이들의 부모와 거의 대등한 관계에 도달하는 것은 아니다. 얼마간 혼자 살다가 다시 부모와 함께 살게 된 Darrell은 이렇게 말했다. "부모님은 '괜찮니?' 하면서 나를 어린아이처럼 대해요. '문제가 있는 건 아니지?'라며 내 걱정을 하고 계세요. 딱 부모처럼 말씀하시죠. 외출하거나 뭐 비슷한 상황일 때 '어디 가는 거니?' 돈은 있니? 시원한 거 마실래? 이걸 원하니?'라고 말씀하시죠. 그럼 난 이렇게 말해요. '돈 있어요. 엄마.'" Darrell은 아프리카계 미국인이다. 앞에서 설명했던 Clark 설문조사에서 '부모님은 내가 필요로 하는 것보다 내 삶에 더 많이 관여하신다'라는 말에 동의하는 의견이 백인보다 아프리카계 미국인과 라틴계 미국인 사이에서 더 높았다. 미국의 다민족 문화에서 흔히 볼 수 있는 친밀감과 상호 의존성은 때때로 청년에게는 부모와의 사이가 너무 가까운 것처럼 느껴진다.

일부 청년의 경우 성인의 생활을 책임지는 것을 꺼리는 모습 때문에 부모가 청년이 된 자녀를 놓아주기 꺼리는 것으로 나타난다. 최근 대학을 졸업한 Cheryl은 "나는 지금 의료보험료와 이런저런 것들을 지불할 만한 준비가 되어 있지 않아요."라며 인정했다. "그러니까 이건 일종의 양날의 칼과 같아요. 내가 어른이고 독립적인 사람으로 부모님이 생각해 주기를 원하지만, 그렇다고 완벽하게 독립하고 싶지도 않아요." 그러나 Sharon은 예외이다. 부모와 청년이 된 자녀 양쪽 모두는 대체로 대등한 새로운 관계에 적응할 수 있고 적응할 의지가 있다.

부모의 지나친 간섭인가?

오늘날 부모와 18~29세 자녀는 이전 세대보다 더 가깝게 지낸다. 이는 결혼 중위 연령이 높아진 탓도 있다.[39] 젊은 사람이 배우자나 오랫동안 함께할 상대를 찾으면 그 사람은 자신의 주요 동반자이자 가장 가까운 친구가 된다. 대부분의 사람이 20대 후반이나 30대 초반이 되야 '소울메이트'를 찾게 되므로 이들은 20대 동안 경제적으로뿐만 아니라 정서적으로도 과거보다 부모에게 더 많이 의존한다.

이러한 친밀감의 또 다른 이유는 부모와 자녀 간의 관계에 대한 관점의 변화이다. 1장에 설명한 청년 운동의 일환으로 젊은 베이비붐 세대는 부모와 자식 사이의 전통적인 위계질서를 없애려고 했다. 이들이 부모가 되었을 때 자식들과 친하게 지내려고 노력했고 대부분은 성공했다. 오늘날 미국의 부모는 과거에 많은 부모(특히 아버지)가 그랬듯이 엄격한 권위자로 있는 경우는 드물다. 권위는 때때로 부모 역할의 일부로 행사되어야 하지만, 일반적으로 어머니와 아버지 모두 자녀와 동지처럼 또는 친구처럼 가깝게 지내려고 한다.[40] 베이비붐 세대의 부모는 자신의 부모보다 자녀를 적게 낳아 자녀에게 더 많은 시간을 보내고 에너지를 쏟는다.

이러한 친밀감은 부모와 자식 양쪽 모두에게 환영받았다. 앞에서 살펴보았듯이 청년은 일반적으로 부모와의 관계를 따뜻하고 조화로운 것으로 설명하고 있으며, 때때로 이들에게 험난한 성인 세계로 진입할 때 결정적인 지원의 원천이 된다. 부모들 역시 청년과 맺는 관계에 가치를 크게 둔다. Clark 부모 대상 설문조사에서 '현재 당신에게 즐거움의 원천은 무엇인가요?'라는 질문에 응답자의 86%가 '18~29세 자녀와의 관계'를 선호하는 것이 1위로, 'TV 시청' 82%, '여행' 79%, 심지어 '배우자 또는 파트너와의 관계' 75%보다 높은 비율을 보였다.[41]

그러나 오늘날 부모와 청년이 된 자녀 사이는 너무 가까운 건 아닐까? 대중적으로 이 세대의 젊은 사람에게 위협적인 '헬리콥터 부모helicopter parent'는 끊임없이 이들의 주변을 맴돌며 크고 작은 결정에 부적절하게 간섭하고 있다. 자극적인 매체에서는 열성적인 부모가 자녀의 낮은 학점을 이유로 대학교수를 괴롭히고, 다 성장한 자녀를 지속해서 문자와 전화로 성가시게 하거나, 자녀의 취업 면접에 동행하는 등 이러한 지나친 일화를 퍼트리고 있다. 좀 더 진지한 학술조사에서는 대학생들에게 '과잉 양육'의 위험, 즉 건강하지 않은 수준의 개입과 통제를 유지하려는 부모들의 위험성에 대해 경고하고 있다.[42]

비록 이러한 일화들이 오해를 불러일으킬 수 있지만, 확실히 청년이 된 자녀의 삶에 과도하게 간섭하는 몇몇 부모들이 있다. 우리가 보았듯이 Clark 설문조사에서 18~29세의 3분의 1은 부모가 청년이 진정으로 필요로 하는 것보다 청년의 삶에 더 많이 간섭하고 있다는 것에 동의한다. 마찬가지로 대학생을 대상으로 한 전국 학생 참여 조사에서도 1학년 38%, 3학년 29%가 대학 재학 중 부모가 자신을 대신해 간섭한 적이 있다고 답했다.[43] 이는 많은 것을 의미할 수 있지만, 일부는 그 간섭이 정당하지 않고 원치 않았던 것으로 보인다.

그러나 일반적으로 부모가 청년이 된 자녀의 삶에 간섭하는 것이 대부분 유익한 영향을 미친다는 결론이 조사를 통해 강하게 지지받는다.[44] 대학생의 자녀를 둔 많은 부모가 자녀의 삶에 어떤 식으로든 '개입'한다는 것을 발견한 같은 조사에서 부모의 개입을 보고한 청년들은 자신의 대학 생활에 더 적극적이고 만족하는 것으로 나타났다. 다른 연구에서도 역시 부모의 지원과 도움에 가치가 있음을 확인할 수 있다. 예를 들어 Karen Fingerman과 동료들은 적어도 일주일에 한 번 이상의 다양한 종류의 도움(예: 조언, 경청, 경제적 또는 실질적인 도움)을 포함하는 부모의 '강력한 지원'을 받는 것에 관한 효과를 조사했다.[45] 이러한 도움을 받은 청년은 그렇지 않은 사람들보다 더 높은 삶의 만족도와 적응력을 보고했다.

오늘날의 부모들이 청년이 된 자녀의 삶에 간섭하는 것은 과거보다 더 빈번하지만, 이러한 증가를 간과해서는 안 된다는 것이 합리적인 결론이다. 부모의 개입은 자녀에게 대부분 유익하다. 물론 말도 안 되는 극단적 개입이 아닌 일반적인 경우에서 그렇다. 청년은 일반적으로 부모가 항상 어깨너머로 감시하고 조언하는 것을 원하지 않으며, 만약 경계선을 넘고 있다면 대부분은 부모에게 물러서라고 말하는 것을 주저하지 않을 것이다. 또한 청년은 부모가 지나치게 간섭한다고 생각하는 경우에는 전화기를 꺼버리고, 이메일에 응답하지 않고, 며칠 동안 문자 메시지에 답하지 않는 등 현대 기기의 간단한 해결책을 사용한다. 하지만 청년 대부분은 20대에도 부모의 지원을 원하고 또 필요로 한다. 가장 힘들어하는 청년은 헬리콥터 부모의 공격으로 고통받는 이들이 아니라, 필요할 때 부모의 사랑과 지원에 의지할 수 없는 이들이다.

돈은 갈등의 근원

요즘 성인이 되는 데 오랜 시간이 걸리는 주요 표식 중 하나는 경제적 자립을 달성하는 데 시간이 얼마나 걸리냐이다. Clark 부모 대상 설문조사에 따르면 18~29세의 자녀에게 생활비를 '필요할 때마다 지원한다'와 '정기적으로 지원한다'에 부모의 거의 절반인 44%가, '거의 또는 전혀 지원하지 않는다'에는 26%만이 답했다.[46] [그림 3.1]은 이러한 경향을 보여준다. 예상대로 부모의 사회경제적 지위가 높을수록 성장한 자녀에게 나눠줄 수 있는 돈이 더 많다. 대학 4년제 이상의 교육 수준을 가진 부모 중 43%가 '정기적 생활비 지원'을 하는 반면, 고졸 이하 부모는 23%에 불과하다.

부모의 경제적 지원은 청년이 되면서 줄어들지만, 20대 후반에도 놀라울 정도로 높은 수준을 유지한다. Clark 부모 대상 설문조사에 따르면 26~29세의 56%가 부모로부터 적어도 가끔 경제적 지원을 받는다. 이는 18~21세의 89%에 비해 적지만, 여전히 상당한 수준이다.[47] 가족 단위 휴대전화 요금제에 묶여있거나, 부모의 의료보험에 함께 있거나, 자동차 수리비, 아파트 보증금 등 단발성 비용은 부모의 도움을 받는 등의 형태로 수시 지원이 이루어지고 있다는 연구 결과도 있다.[48]

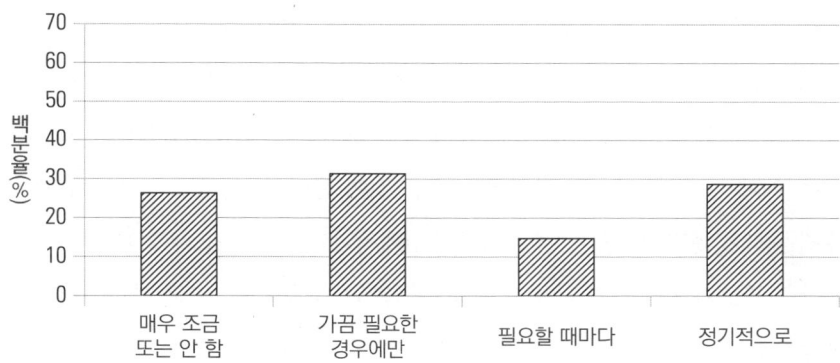

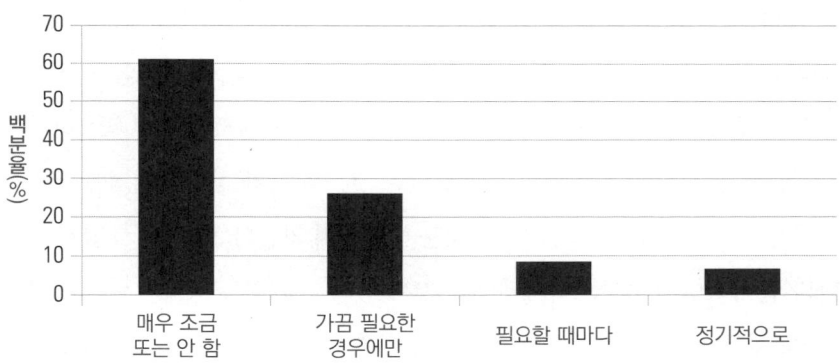

[그림 3.1] 부모의 경제 지원 응답

출처: Arnett & Schwab(2013)

　　부모를 대상으로 한 연구에 따르면 이들의 부모로부터 받은 것보다 훨씬 더 많은 경제적 지원을 자녀에게 제공한다. [그림 3.1]과 같이 Clark 부모 대상 설문조사에서 부모가 20대에 생활비를 '필요할 때마다'와 '정기적으로' 지원을 받았다고 답한 경우는 14%에 불과했고, 61%가 '매우 조금 또는 거의' 지원을 받지 못했다고 답해 자신의 자녀에게 더 후한 지원을 하는 것과 대조를 이루었다. 이것은 객관적인 금융 자료가 아니라 부모를 대상으로 한 보고서라는 것을 명심해야 한다. 아마도 부모들은 실제로 그랬던 것보다 경제적인 독립으로 향한 자신의 행보에 대해 더 희망찬 기억이 있을 것이다. 그러나 부모의 이전 세대가 그랬던 것보다 지금의 부모는 자녀에게 더 많은 경제적 도움을 줄 것으로 예상할 수 있다. 왜냐하면 더 많은 청년이 그 어느 때보다도 더 길게 학교에 다니기 때문이다.[49]

부모와 청년이 된 자녀와의 관계에 많은 긍정적인 특성이 있음에도 불구하고, 장미에게 없어서는 안 될 가시와도 같은 것이 돈이다. 실제로 청년과 부모 사이의 갈등의 첫 번째 원인은 돈이며 [표 3.4]에서와 같이 Clark 부모 대상 설문조사에서도 부모와 자녀와의 갈등의 원인 중 42%가 돈이었다. 미국 사회에서 청년에게 중요한 과제 중 하나는 독립과 자립으로 나아가는 것이고, 돈은 그 목표를 향해 나아갈지 또는 나아가지 못할지를 실질적으로 나타낸다.

부모와 청년 모두 서로에게 금전적인 문제에 대해 상당한 양면성을 경험한다. 한편으로 청년은 10대 후반과 20대 초반에도 학업을 계속하고 있고, 만약 일하고 있다 해도 돈을 많이 벌지 못하기 때문에 부모의 경제적 도움이 필요하다는 것을 깨닫는다. 그러나 부모로부터 돈을 받는 것은 부모가 청년의 결정을 통제하는 것이기 때문에 부모에게 의존하는 것을 좋아하지 않는다. 이 장에서 앞서 언급한 바와 같이 Clark 설문조사에서 18~29세의 74%가 '비록 경제적 여건이 빠듯할지라도 부모님으로부터 독립해서 살고 싶다'에 동의했다. 반면에 부모 대부분은 자녀가 청년 시기에 교육적, 직업적 목표에 도달하도록 경제적으로 돕고 싶어 한다. 그러나 또한 은퇴할 시기가 다가옴에 따라 자신의 재정이 고갈되고 있음을 느

[표 3.4] 부모와 청년인 자녀 사이의 갈등 원인

현재 자녀와 갈등이 있다면 주요한 문제는 무엇인가요?	동의한 응답률(%)
돈	42
자녀의 책임감 없는 행동	37
자녀의 교육적 성취	34
자녀의 직업적 성취	33

출처: Arnett & Schwab(2013)

끼고 자녀에게 돈을 줄 때 어디에다 사용하는지를 말해줄 것을 당연하게 생각한다.

  돈 문제는 부모와 청년이 된 자녀 사이 관계에서의 갈등뿐만 아니라 간섭의 원인이다. [표 3.5]에서 보듯이 경제적 문제는 부모가 자녀에 대해 갖는 가장 보편적인 걱정거리나 간섭거리로 1위를 차지했으며 잘못된 이성 선택, 직업과 교육에서의 성취 부족보다 더 높았다. 또한 부모 중 절반인 50%는 청년이 경제적으로 독립하는 데 너무 오래 걸리는 것에 대해 '어느 정도', '매우' 걱정하고 있다.[50]

  비록 자녀가 과거보다 더 오랫동안 부모에게 의존하지만, 부모도 역시 언젠가 자녀의 도움이 필요할 수도 있다는 것을 깨닫고 있다. Clark 부모 대상 설문조사에 따르면 부모의 4분의 3 이상인 77%는 노후에 도움이 필요해지면 자녀가 기꺼이 돌봐줄 것을 확신하고 있으며, 70%는 자녀가 경제적으로 도움을 줄 수 있다고 확신하고 있다.[51] 자녀가 지원해 줄 것이라는 기대는 아프리카계 미국인 부모에게 특히 강하게 나타나서 86%는 자녀가 노년기에 돌봐줄 것이라고 확신하고 있으며, 라틴계 부모의 74%, 백인 부모의 76%가 확신하고 있다. 아프리카계 미국인 부모의 84%, 라틴계 부모의 69%, 백인 부모의 70%는 자녀가 경제적으로 도움을 줄 것이라고 확신하기 때문에 금전적인 도움과 관련해서는 인종별로 비슷한 패턴이 나타난다. 여기서 우리는 미국 소수 인종 문화에서 가족의 의무와 상호 지원에 더 큰 가치를 두고 있다는 증거를 다시 한번 발견한다.

[표 3.5] 부모와 청년인 자녀 사이의 주요 걱정거리와 간섭거리

당신의 자녀에 대해 걱정하고 간섭하는 주요 문제는 무엇인가요?	동의한 응답률(%)
경제적인 문제	38
잘못된 이성의 선택	28
직업적 성취 부족	27
교육적 성취 부족	26

출처: Arnett & Schwab(2013)

이혼이 남긴 많은 잔재

일반적인 문화권 사람들과 마찬가지로 미국인들은 '집만큼 좋은 곳은 없다', '집이란 마음이 편안한 곳이어야 한다'처럼 가정 생활의 기쁨을 찬양하고 가족관계를 이상화하는 오랜 전통을 가지고 있다. 그러나 대부분의 이상과 마찬가지로 가정 생활의 현실은 매우 다르고 종종 우리가 원하는 것에 상당히 미치지 못한다. 청년기에 도달하는 동안 많은 사람이 가족을 괴롭히고 가족 구성원의 삶의 과정을 돌이킬 수 없을 정도로 바꿀 수 있는 위기 중 하나 이상을 경험한다. 저자의 원 연구에서 수행한 300여 개의 인터뷰에서 다양한 가족의 비극에 대해 들었다. 부모는 잘못된 결정이나 단순한 불행으로 인해 직장이나 돈을 잃기도 했다. 부모가 다치거나 만성 질환에 걸리기도 했다. 부모가 일찍 죽기도 하고 형제가 사고로 죽기도 했다. 아버지는 교도소에 가기도 했다. 부모는 조울증과 같은 심리적 질환을 겪기도 했고 알코올 중독이나 약물 남용의 수렁에 빠져들기도 했다.

그러나 가족과의 삶에 영향을 미치는 것 중에서 다른 모든 문제보다 가장 큰 것은 이혼이다. 청년의 가정 생활에 대한 설명은 부모의 이혼에 대한 청년의 반응을 논의하지 않고서 완벽하지 않을 것이다. 미국에서 이혼율이 50%에 육박하는 가운데 많은 젊은 사람이 청년기에 도달할 때쯤 부모의 결혼 생활이 끝나는 것을 목격해왔다.

전반적으로 부모의 이혼을 경험한다는 것은 아동기, 청소년기 그리고 청년기에 다양한 문제에 대한 위험성이 증가하는 것과 관련이 있다.[52] 이혼한 가정의 젊의 사람은 이혼하지 않은 가정의 젊은 사람에 비해 술과 마약을 사용하는 비율이 더 높다. 또한 우울해지고 위축될 가능성이 더 큰데, 특히 이혼 후 첫 1~2년 동안이 그렇다. 이들은 학교에 적응하지 못하는 경향이 있고 대학에 진학할 가능성이 낮다. 남자 아이는 여자 아이보다 이혼에 대한 영향이 더 심하고 오래가는 경향이 있다.

그러나 부모의 이혼에 대한 청년의 반응은 복잡하고 다양해서 학자들 사이에서 논쟁의 대상이 되고 있다. 이혼이 자녀에게 미치는 장기적인 영향에 대해 격렬한 논쟁이 벌어졌는데, 일부 학자들은 이혼의 피해가 20대까지도 뚜렷하게 나타난다고 주장하는 반면 또 다른 학자들 중 대부분은 몇 년이 지나면 회복되고 청년기가 되면서 꽤 만족하고 성공적인 삶을 영위한다고 주장한다.[53]

그러나 이러한 양극단의 논쟁은 청년의 삶에서 이혼의 영향에 대한 진실을 놓치고 있다. 인구의 절반에게 일어나는 이혼이 한 가지 방식으로 경험되는 것이 아니라 다양한 방식으로 경험된다. 경험은 광범위한 상황에 따라 특별한 형태로 나타난다. 일부 청년은 부모의 이혼에 충격과 슬픔을 느끼지만, 다른 이들은 수년간의 갈등과 긴장이 마침내 이혼으로 끝났기 때문에 안도감이나 행복감을 느낀다. 어떤 이들은 아주 어렸을 때 부모가 이혼해서 부모와 떨어져 살며 성장했기 때문에 이혼에 대한 기억이 전혀 없다. 또 다른 이들은 청년기가 된 후 최근 몇 년 안에 부모가 이혼했기 때문에 일상 생활에 별다른 영향을 받지 않았다.

따라서 이혼의 상황은 매우 다양하다. 이혼 전 부모 사이에 갈등이 얼마나 컸는지, 이혼 당시 자녀들의 나이는 몇 살이었는지, 이혼 후에도 부모의 사이가 좋았는지 나빴는지, 아버지의 사진이 얼마나 남아 있는지, 부모가 언제 재혼했는지 등이 관건이다. 결론적으로 이혼을 경험한 사람들의 개별적 성향에 따른 각기 다른 상황들이 걸러져 이혼의 잔재는 단지 하나가 아니라 여러 개다. 먼저 부정적 잔재와 긍정적 잔재 그리고 부모의 재혼이 가져올 수 있는 추가적인 문제점에 초점을 맞추어 여러 잔재를 살펴보자.

부정적 잔재: 비극적인 이혼

일부 청년에게 부모의 이혼은 절대 치유되지 않은 상처이다. 몇 년이 지난 지금도 그 아픔을 생생하게 기억하고 있으며, 이를 청년이 되어서도 겪는 문제의 근원으로 보고 있다. Ray의 부모는 많이 싸웠으나 Ray가 10세였을 때 이루어진 부모의 이혼이 더 안 좋은 결과로 남게 되었다. "살아갈 모든 의지를 잃었어요. 다른 사람이 가지고 있는 것을 이제는 가지고 있지 않게 되었다고 생각했어요. 다른 사람은 엄마도 있고 아빠도 있고 자매도 있어요. 나는 단지 엄마만 있어요. 이런 것이 나의 반쪽을 잃어버렸다는 걸 느끼게 했어요. 그래서 나는 내가 원하는 것을 위해 노력하지 않았어요. 부모님의 이혼이 아니었다면 내가 겪은 많은 어리석은 일들을 하지 않았을 거예요."

Ray처럼 Holly도 이혼한 자신의 가족과 이혼하지 않은 다른 가족을 비교했고, 그때나 지금이나 Holly는 자신이 누리지 못한 것에 대해 괴로움을 느꼈다. "항상 질투가 났어요. 사촌 동생이랑 같이 지내곤 했는데 사촌 동생의 아빠가 집에 들어올 때면 사촌 동생은 자기 아빠 품으로 뛰어 들어가서 '아빠!'라고 소리치곤 했어요. 그곳에 갈 때면 나는 너무 부러웠어요. 그리고 나는 사촌 동생의 가족들이 저녁 요리나 집안일을 함께 하는 것을 보곤 했죠. 나와 엄마는 항상 맥도날드 햄버거 같은 걸 먹거나 매일 밤 TV 앞에서 식사하곤 했기 때문에 가족들끼리 무언가를 함께 하는 것을 본 적이 없었어요. 항상 그런 분위기가 부러웠는데 지금도 사촌 동생네 가면 그래요. 나도 언젠가는 그런 경험을 해보고 싶어요."

미국 가정 생활의 냉철한 관찰자였던 Christopher Lasch는 가족의 안정성이 감소하고 있기에 자녀들은 "확실하게 보호해주지 못하는 얇은 보호막, 법적인 구속력으로 엮여있는 두려움, 도움이 필요할 때마다 항상 발을 빼는 모습, 누군가에게 의지하는 것이 불가능하다는 불신감, 존경과 감사를 할 줄 모르는 모습"을 배우며 자란다고 주장했다.[54] 이혼한 가정의 모든 청년에 해당하는 것은 아니지만, 이러한 영향은 11세 때 부모가 이혼한 Jerry와 같은 청년의 이야기에서 확연히 드러난다. Jerry는 부모가 이혼했기 때문에 "엄마가 계시기는 했지만 거의 혼자 컸어요. 사람들은 무슨 일이 생기면 자신을 챙겨야 하겠지만, 나는 오랜 시간 동안 그 누구도 나를 걱정해 주는 것처럼 느껴지지 않았어요. 상담을 많이 받고 1~2년이 지나서야 비로소 사람들을 믿을 수 있게 되었어요. 먼저 자신을 믿을 수 있어야 그다음에 다른 사람을 믿을 수 있어요."

또한 Melissa는 17세에 부모가 이혼한 이후 10년 동안 이기적으로 자신을 더 다독이며 성장했다. "이혼은 내 문제가 아니라 부모님의 문제예요. 부모님이 이혼했으니까요. 나는 생일 파티도 크리스마스 파티도 부모님마다 따로 하지 않을 거예요. 이건 부모님 문제예요. 만약 부모님이 내 생일과 크리스마스에 오고 싶어 한다면 올 수 있어요. 나는 그렇게 이해해요. 나는 항상 그렇게 이해해 왔어요. 그리고 어떤 사람들은 부모님을 오게 하는 것이 정말 무례하다고 생각할 수도 있지만, 부모님이 이혼한 것은 내 잘못이 아니에요. 내 문제가 아니에요."

서먹서먹한 아버지

이혼 후 자녀의 삶에서 아버지의 역할은 대부분 급격히 감소한다. 이혼하지 않은 가정에서도 자녀의 삶에서 아버지는 어머니보다 덜 중요하다. 청소년기가 되면 아버지는 한 학자의 표현처럼 '그림자 같은 존재shadowy presence'로서 가족의 정서적 삶에서 가장자리로 밀려나는 경우가 많다.[55] 그러나 부모가 이혼하면 보통 자녀의 삶에서 아버지의 역할은 훨씬 더 없어진다. 미국 이혼 가정의 15세까지 청소년은 아버지와 평균 600km 이상 떨어진 곳에서 살고 있으며 거의 절반은 1년 넘게 아버지를 보지 못했다.[56]

이혼으로 아버지의 대부분이 자녀의 삶에서 더 멀리 밀려 나간 이유에는 여러 가지가 있다. 가장 확실한 이유는 이혼하게 되면 어머니의 약 90%가 자녀에 대한 양육권을 가지게 되고, 아버지는 가정을 떠나기 때문이다.[57] 그 결과 아버지는 격주로만 자녀를 볼 수 있고, 게다가 공휴일이나 휴가 때만 함께 지낼 수 있으며, 이혼 후 아버지나 어머니 중 한 명이 이사 나간다면 보기 힘들어질 수도 있다. 그러나 아마도 더 중요한 것은 자녀의 애정과 존경심이 아버지보다는 어머니에게 있다는 것이다.

이러한 불균형은 어머니와 자녀 사이의 더 큰 정서적 친밀감을 반영하듯이 이혼 전에도 존재했지만 이혼으로 더 왜곡된다. 이혼을 경험하는 가족의 시각에서는 법적인 용어로 '과실 없는' 이혼은 거의 없다. 결혼은 그 어떤 관계보다도 깊은 관계라서 그런지 이혼은 종종 치열하고 심각한 고통을 주는 감정을 만들어낸다.[58] 전남편과 전아내는 각각 자신을 피해자로 보는 경향이 있고 자녀는 어느 한쪽 편을 들라는 암묵적인 또는 노골적인 압박을 받는다. 이혼 전에 이미 어머니와 더 친밀했기 때문에 대부분 자녀는 어머니 편을 드는 경향이 있다. Christy는 부모가 이혼한 후 "부모님에게 분노가 많이 치밀어요."라고 회상했다. "나의 불쌍한 엄마는 아빠가 자신의 삶을 즐기는 동안 우리를 혼자서 키워야 했어요. 엄마가 난방비와 식비는 어떻게 낼지를 걱정하면서 밤새 우시는 소리를 많이 들었어요. 정말 매우 괴로웠어요." Christy는 아버지와 지금은 "잘 지내고 있어요."라고 말하면서도 "아빠의 새 배우자는 나보다 겨우 세 살 위예요. 불편하기도 해서, 그 가족과 엮이고 싶지 않은데 이걸로 아빠의 마음을 매우 상하게 했어요." 비록 Christy는 지금 27세이고 부모의 이혼은 16세였을 때 벌어졌지만, 여전히 아버지를 벌하고 있다. "아빠는 우리 모두를 밀어내고 다른 여자를 자신의 삶에 끌어들여 다른 가족을 만들었어요. 아빠는 잃어버린 것들을 되찾을 수 없어요. 그리고 그것이 아빠를 괴롭힌다는 것을 알고 있고 마음속 깊은 곳에서 정말로 아빠도 괴로워했으면 해요. 아빠는 자신이 한 행동의 결과를 알아야만 해요."

Christy와 그 외의 다른 청년의 이야기에서 이혼이 수년 전 이뤄졌더라도 특히 아버지와의 관계에서 이혼의 여파가 청년기에 어떻게 계속되고 있는지를 보여준다.[59] Theresa가 7세 때였을 때 이루어진 부모의 이혼에 대한 자신의 반응을 떠올리며 "'아빠는 왜 엄마를 떠났을까?'라는 생각을 했어요. 매우 화가 나는 시기를 거쳤어요. 현재는 아빠에 대한 분노를 극복하고 있어요. 아빠는 뭐라 말하기 어려운 과제예요. 나는 아빠와 딸로서 함께 앉아 이야기를 나누는 내 모습을 상상할 수 없어요. 아빠와는 한 번도 그렇게 해보지 않았기 때문에 어떤 말도 할 수 있을 것 같지 않아요."라고 말했다. 이혼한 아버지는 청년이 된 자녀와 화해하려고 노력하지만, 이것을 꺼리는 자녀와 마주하게 될 수도 있다. Corey가 5세 때 부모는 이혼했고, 20세가 될 때까지 아버지를 거의 보지 못했다. 지난 5년 동안 아버지는 Corey와의 관계를 발전시키기 위해 노력했지만, Corey는 너무 늦었다고 느낀다. "내가 성장하면서 아빠가 필요했을 때 아빠는 그 자리에 없었어요. 이제는 정말로 아빠가 더는 필요하지 않은 것 같아요. 용서하기 좀 힘드네요."

이혼한 아버지를 용서할 것인가 말 것인가 하는 문제는 이혼 가정 청년에게는 핵심 쟁점이며 쉽게 풀리지 않는 문제이다. 아버지를 용서하는 것은 어머니를 배신하는 것처럼 보일 수도 있다. Bob의 부모는 Bob이 9세 때 이혼했다. 지난 15년 동안 매년 여름방학에는 아버지와 함께 지냈다. 그러나 Bob은 어머니에게 불성실하고 가족을 떠난 아버지에게 여전히 분노를 품고 있으며, 아버지의 간청에도 불구하고 이 분노를 내려놓는 것이 내키지 않는다. "아빠는 내가 이 모든 것을 완전히 용서하고 완전히 잊어야 한다고 생각하는 것 같아요. 그러나 그렇게 할 수 없어서 아빠와 많은 이야기를 나눴어요. 내가 완전히 떨쳐 버리지 못했기 때문에 아빠와 심하게 싸웠어요. 이혼한 것을 용서해야 하지만, 잊어서는 안 된다고 생각해요. 잊어버리는 것은 어리석은 일이기 때문이에요."

일부 청년은 아버지와의 화해에 더 개방적이지만 잃어버린 세월을 회복하는 것은 어렵다고 생각한다. Cleo가 겨우 3세였을 때 부모가 이혼했고 5세부터 18세까지는 아버지를 보지 못했다. "아빠는 마약 중독자였고 마약을 팔았어요. 수준 이하의 어리석은 사람이었죠. 아빠는 패배자였어요. 엄마는 내가 아빠와 함께 사는 것을 원하지 않았어요." 이제 청년기에 들어선 Cleo는 아버지를 다시 보기 시작했고 비록 잃어버린 세월은 애석하지만, 둘은 꽤 가까워졌다. "'엄마는 너를 왜 못 만나게 했니?'라며 아빠는 기분이 상해서 나에게 물어보셨어요. 나는 이렇게 말했어요. '아빠는 나한테 거짓말을 했어요. 아빠는 일을 해결해내려 하지 않았고 엄마는 내가 실망하는 것에 지쳤어요. 그래서 우리는 볼 수 없었어요. 하지만 나는 항상 아빠를 사랑했고 매일 아빠를 생각했어요' 아빠와 함께 살고 있지 않지만 마음만은 함께 있거든요." 아버지 없이 자란 슬픔에도 불구하고 Cleo는 아버지와 연락을 끊기로 한 어머니의 결정을 이해하고 지지한다. "만약 내가 자녀가 있는데 상황이 그랬다면 똑같이 했을 거예요."

부모가 이혼한 후 모든 청년이 아버지와의 관계가 서먹서먹해지는 것을 경험하는 것은 아니다. 어떤 청년은 아버지와 함께 살았을 때보다 의무적으로 만나야 하는 법적인 시간 동안 실제로 더 많이 이야기하고 함께 무언가를 더 많이 하게 되었다. Leah는 "사실 아이러니하게도 이혼 후 아빠와 더 친해졌는데 아빠와 함께 살 때보다 이혼한 후 아빠와 더 많은 시간을 보냈기 때문이에요."라고 말했다. Calvin도 Leah의 말과 비슷하다. "사실 이혼 후에 아빠를 더 많이 봤어요. 주말 내내 아빠와 함께했기 때문이에요." 이혼한 부모를 둔 다른 청년은 이혼 후 어머니가 아닌 아버지와 함께 살았고 지금은 아버지와 더 가까워진 것을 느낀다. 또는 이혼 후 아버지와 불편한 관계를 유지했지만, 청년기가 되어서야 아버지와 화해한 경우도 있다. 그럼에도 가장 일반적인 양상은 이혼한 부모를 둔 청년은 아버지와의 관계에서 이혼을 결정적인 전환점으로 기억하고 더 나쁘게는 청년기가 되어도 계속해서 양가감정을 느낀다.

긍정적 잔재: 안도감을 주는 이혼

행복하고 안정적인 가정과 비교할 때는 이혼이 비극일 수 있지만, 혼란과 갈등으로 가득한 가정에 이혼이 하나의 대안이 된다면 그건 좀 다를 수 있다. 일반적으로 이혼하는 과정에서 나타나는 것은 후자이다. 결국 부모가 서로 행복하다면 이혼하지 않을 것이다. 이혼이 있기 몇 달 혹은 몇 년 전에 대부분의 부모가 서로에게 느끼는 불행은 자녀 앞에서 종종 잦은 싸움으로 생생하게 드러난다. 자녀는 부모의 싸움을 멈추게 할 수 없고 도망칠 수 없는 자신을 발견하면서 고뇌와 고통을 보인다.

이 경우 부모의 이혼은 자녀에게 안도감을 줄 수 있는데 일상적인 집안 싸움이 마침내 끝나기 때문이다. 11세 때 부모가 이혼한 Chalantra는 다음과 같이 회상했다. "매우 기뻤어요. 매일 아침 싸움 소리를 들으며 깨는 것도 힘들었고, 나는 울면서 감정을 드러내는 성향이라서 나와 남동생은 소란이 멈출 때까지 함께 벽장에 숨곤 했어요. 그래서 부모님이 이혼해서 기뻤어요." Chalantra와 마찬가지로 Christy도 부모가 이혼할 때까지 몇 년간의 싸움에 지쳐있었다. "부모님은 20년 동안 싸웠으며 거기에서 벗어난 건 정말 다행이었어요. 사실 엄마가 '이제 난 네 아빠와 헤어질 거다'라고 말씀하셨을 때 내가 한 말은 '좋아'라는 말뿐이었고 그 이상 다른 말을 하지 않았어요." 마찬가지로 Tammy는 "내가 열두 살 때 부모님이 이혼하셨는데 그때까지만 해도 일종의 '날아다니는 물체 피하기'와 같은 것이었어요."라고 회상했다. "정말 끔찍했어요. 부모님이 이혼한 것이 정말 기뻐요, 왜냐하면 그 둘은 서로를 죽이고 있었기 때문이에요. 정말로 그랬어요."

때때로 부모의 이혼이 자녀가 집을 떠난 후까지 이루어지지 않을 때 청년은 부모의 이혼이 자신의 일이라기보다 부모의 일로 치부할 수 있다. 18세 때 부모가 이혼한 Barry는 "부모님이 이혼으로 더 행복해졌다고 생각하기 때문에 부모님 덕에 나도 행복해진 것 같아요. 그리고 나는 그때 이미 부모님 곁을 떠났고 나에게 미치는 영향은 미약하다고 생각해요. 과거 상황에 대해 안타까움도 있고 어떤 면에서는 상실감도 있을 수 있지만, 트라우마 같은 건 느껴지지 않아요."라고 말했다. Keith도 담담하게 부모의 이혼을 받아들였다. "부모님이 이혼하는 게 좋은 일이라고 생각했어요. 나는 가족과 많은 시간을 보내지 않았기 때문에 부모가 헤어져 있어도 아무런 차이가 없었어요. 나는 그냥 '그래, 부모님은 부모님이 해야 할 일을 하는 거지'라고 생각해요."

그러나 청년기가 되어서 부모의 이혼을 경험한 일부 청년에게는 생각과 감정이 섞여 더 복잡한 양가감정을 가지게 된다. Allen의 부모는 세 번째로 별거를 한 뒤 이혼 절차 중인데, Allen은 이혼에 대해 더는 함께 살지 않기 때문에 생기는 거리감과, 부모님이 헤어짐으로써 더 행복해질 것이라는 행복감과, 더는 다 함께 살 수 없을 거라는 아쉬움이라는 복잡한 감정이 있다. "내가 모든 상황에서 너무 멀리 떨어져 있는 것이 이상해요. 예전처럼 내 앞에 부모님이 있지 않아요. 아빠는 훨씬 더 행복해하시고, 아빠가 행복해하시는 모습을 보니 나도 기쁘고, 엄마도 괜찮을 거라는 걸 알아요. 그런 의미에서 안도감이 들어요. 그러나 한편 다르게 생각해보면, 부모님이 함께 있는 것도 보고 싶어요. 부모님이 이혼하는 모습은 보고 싶지 않지만, 행복해하시는 모습은 보고 싶네요."라고 말했다.

Doug는 대학을 가기 위해 집을 떠난 직후 부모가 이혼했을 때 이와 비슷한 양가감정을 경험했다. "Stanford에 막 도착했을 때 나는 완전히 부모님과 완전히 분리된 상태였어요. New England를 떠난 것이 처음이었고 마침내 내가 원하는 대학에 입학하게 돼서 너무 흥분되었고 이 모든 멋진 사람들을 만나고 이런 일을 할 수 있어서 너무 기뻤어요. 그래서 처음에는 이렇게 생각했어요. '부모님이 행복하다면 난 괜찮을 거야'라고요. 나는 행복해요. 그래서 부모님도 행복할 수 있기를 바래요." 그러나 첫 학기가 지나고 대학 생활의 스트레스가 많아지면서 Doug는 예전에 살던 집으로 돌아갈 수 없음에 아쉬웠다. "집에서 크리스마스를 보내면서 좀 쉬고 싶었고 부모님과 함께 시간을 보내고 싶었어요. 나는 두 분이 함께 있는 모습을 볼 수 있기를 너무나도 바랬죠. 그러나 두 분 다 많이 힘든 상황에 있어요. 그래서 내 삶도 동떨어진 것 같아서 정말 힘들었어요. 아시다시피 두 분이 함께 있지 않아서 너무 안 좋아요."

종합하면 이혼은 부모의 갈등이나 갈등의 위협이 끊이지 않았던 불행한 가정에서 사는 것으로부터의 대안으로 안도감을 느끼는 경우가 많다는 점에서 청년의 삶에 긍정적 잔재를 남길 수 있다. 또한 부모를 인격체로 보게 될수록 부모가 불행한 결혼 생활을 그만두기를 바라는 것을 더 잘 이해하고 받아들이며 결혼 생활을 끝내고 행복을 추구하고자 하는 부모의 바람을 더욱 지지하게 된다. 그럼에도 일부 청년에게는 20대가 되고 집을 떠나 독립적인 생활을 한 뒤에도 '함께 하지 못한 게 아쉽다'라는 생각이 들 정도로 상실감과 같은 양가감정은 여전히 있다.

어려움에서 탈출: 재혼의 여러 가지 잔재

이혼의 잔재가 복잡한 만큼 자녀 대부분에게 가족 상황의 변화는 이혼이 끝이 아니다. 이혼한 사람은 대부분 재혼하기 때문에,[60] 부모의 이혼을 경험한 자녀도 대부분 한쪽 또는 양쪽 부모의 재혼을 경험한다. 이혼 가정의 청년에게 이들 부모와의 현재 관계는 이혼의 잔재뿐만 아니라 종종 재혼으로 인해 발생하는 복잡성에 의해 영향을 받는다는 것을 의미한다.

이혼과 마찬가지로 부모의 재혼은 아동과 청소년의 우울증, 불안, 학교 성적 부진, 문제 행동 등 다양한 부정적 결과와 관련이 있다.[61] 하지만 이혼과 마찬가지로 부모의 재혼은 많은 자녀에게 발생하고 청년은 다양한 방식으로 반응한다. 일부 청년은 부모의 재혼을 열정적인 애정과 포용으로 묘사하고 의붓부모를 좋아하고 소중하게 여긴다. Theresa는 "새아빠는 멋진 분이에요. 아마도 친아빠보다 새아빠와 더 친근할 듯해요."라고 말했다. Rachel은 아버지의 재혼을 "아마도 아빠에게 가장 좋은 일일 거예요."라고 말했다. "아빠가 재혼했을 때 나는 아빠와 함께 살고 있었는데 그 기간이 나에게 많은 도움이 되었어요. 아빠가 엄하셨는데 새엄마는 나를 훨씬 편안하게 대해주셨어요. 새엄마는 일종의 중재자 같은 존재였어요. 그래서 모두가 조금 더 편하게 지낼 수 있었어요." Tory가 17세 때 어머니는 재혼했고 새아버지에 대해 다음과 같이 말했다. "새아빠는 멋지고 아마 엄마에게 일어난 일 중에서 가장 멋진 일이었을 거예요. 새아빠는 정말 좋은 사람이에요." 새아버지와의 관계도 이와 비슷한 열정적인 애정으로 묘사한다. "새아빠를 사랑해요. 멋진 사람이에요. 새아빠라기보다는 친구에 가까워요. 새아빠에게 숨김없이 다 이야기해요. 그리고 나를 보러오든 전화를 하든 그 어떤 것을 해도 내가 좋아한다는 것을 알고 계세요."

그러나 일반적으로 재혼한 부모와 그 자녀 사이의 관계는 어려움과 나쁜 감정으로 가득 차 있다.[62] 다양한 이유로 이들 사이는 행복한 관계가 될 가능성과는 반대로 벽으로 막혀 있다. 재혼한 부모는 쫓겨난 부모의 자리를 차지한 약탈자로 볼 수 있다. 특히 재혼한 부모가 이혼 전에 상대와 바람을 피웠다면 더욱 그럴 가능성이 크다. 또한 재혼은 자녀에게 자신의 부모가 재결합할 것이라는 환상을 확실히 깨버린다.

이들의 결혼 결정을 자녀가 아니라 의붓부모에 의해 하게 된다는 것 또한 분명한 사실이다. 아마도 서로는 사랑하고 어느 정도 잘 지내기 때문에 자녀의 의붓부모로 상대를 선택하지만, 자녀는 원하든 원하지 않든 간에 결정권 없이 따라간다. Doug는 간결하게 말했다. "사람들과 잘 지내는 사람도 있고 그렇지 않은 사람도 있는데 불행히도 아빠는 나와 잘 지내지 못할 사람과 결혼한 거죠." 결국 의붓부모는 새 배우자와 결혼하는 데 있어 의붓자식의 존재를 피할 수 없는 성가신 일로 여길 수 있다.

그러나 의붓부모와 의붓자식 사이 논쟁의 가장 큰 문제는 의붓부모의 법적인 권한의 범위이다.[63] 의붓부모 특히 의붓아버지는 종종 자신이 '원래' 부모인 것처럼 가정 내에서 권위적인 역할을 보여주고 규칙을 정하고 실행하며 훈육해야 한다고 느낀다. 그러나 의붓부모와 자녀 사이에 상호 애정과 애착의 추억이 없고 이러한 것에 대한 원망과 혐오가 있을 수 있으므로, 특히 아동기 또는 청소년기에 도달한 자녀가 있는 가정이라면 의붓아버지의 권한 행사 시도는 종종 격렬한 저항을 받는다. 12세 때 어머니가 재혼한 Terry는 10대 시절을 이렇게 회상했다. "내가 힘든 일에 처했을 때 새아빠는 나에게 소리를 질렀어요. 나는 '당신은 우리 아빠가 아니잖아'라며 화를 냈어요." Joel은 14세였을 당시 의붓아버지와 함께 살게 되었다. "새아빠는 말도 안 되는 규칙들을 많이 정했어요. 친구 집에 가면 어두워지기 전에 집에 와야 했어요. 주말이 아니면 친구와 나가서 놀지도 못했어요." 그 결과 집안 내에서 일종의 냉전이 벌어졌다. "새아빠는 나에게 뭔가를 말하곤 했는데, 나는 새아빠가 나에게 이래라저래라 말할 권리가 없다고 생각했기 때문에 새아빠를 무시했어요." Leanne은 10세 때부터 의붓아버지와 함께 사는 것을 받아들이기 어려웠다. "항상 엄마랑만 있었기 때문에 다른 사람이 집에 함께 있는 것을 좋아하지 않았어요." 권위를 주장하려는 의붓아버지의 시도에 저항했다. "새아빠가 권위를 보여주려 하는 것이 나는 '나의 아빠가 되려고 시도하는 거야'라고 여겼어요. 그러나 그건 좋은 방법이 아니었어요. 나쁜 방법이었죠. 나는 새아빠가 사사건건 윗사람처럼 행동한다고 느꼈고 그럴만한 권리가 없다고 느꼈어요. 그래서 처음부터 새아빠가 그렇게 행동하기 시작하자마자 우리 사이가 매우 좋지 않았어요. 가능한 한 서로를 피했어요."

의붓부모와 의붓자식의 암울한 관계에서 한가지 희망은 자녀가 청년기에 접어들면 상황이 호전된다는 것이다. 이들의 부모와 마찬가지로 청년이 돼서 더는 의붓부모와 함께 살지 않고 일상 생활에서 매일 만나지 않게 되면 의붓부모와 더 잘 지낸다. 그리고 부모와 마찬가지로 청년이 성숙해짐에 따라 청년은 단지 의붓부모로 보지 않고 한 인격체라는 다른 시각으로 보게 된다. Sheila는 어머니가 의붓아버지와 결혼했을 때를 다음과 같이 말했다. "새아빠는 나에게 아빠가 되려고 노력했지만, 그는 내 친아빠가 아니었기에 나는 새아빠를 원망했어요. 하지만 지금은 새아빠를 사랑해요." 결국 의붓아버지의 인내심으로 Sheila는 설득되었다. "나는 끔찍한 10대를 보냈어요. 정말 형편없었어요. 새아빠는 항상 함께 있었지만, 나는 새아빠에게 감사하지 않았어요. 하지만 그건 어떤 아이라도 마찬가지라고 생각해요. 정말로 사람들이 나이가 들어 뒤돌아보게 되면서 '와우, 부모님은 정말 대단한 사람이야'라고 생각할 때까지 부모님에 대한 고마움을 알지 못하는 것 같아요."

결론: 변치 않을 부모의 중요성

부모로부터 독립한다는 것은 미국 사회의 청년에게 중요한 변화이다. 그 과정은 청소년기에 시작되지만 청년기에 가속화된다. 자녀가 집을 떠나면서 청년은 부모와의 관계에서 힘의 균형에 극적인 변화를 경험한다. 예상한 대로 청년은 매일 부모를 더는 볼 수 없다. 부모는 자녀가 무엇을 먹고, 옷을 어떻게 입고, 돈을 얼마를 쓰고, 술을 얼마나 마시는 등 자녀의 일상 생활에 대한 세부 사항을 더는 알지 못한다. 대신 자주 또는 가끔 청년이 원할 때는 부모를 볼 수 있다. 청년은 많든 적든 부모가 알아야 할 만큼만 부모에게 자신의 삶에 대해 말할 수 있다. 그 결과 집을 떠나기 전보다 훨씬 더 부모와 잘 지내는 것이 일반적이다. 부모가 모르는 것은 논쟁의 소지가 될 수는 없다.

비록 청년이 청소년보다 더 독립적이긴 하지만, 어떤 면에서는 부모와 더 가까워진다. 권위 있는 부모와 의존적이고 종속적인 자식의 위계 체계는 사라진다. 다년간의 경험을 바탕으로 한 서로에 대한 애정과 애착만이 남는다. 서로를 부모와 자식으로 해야 할 역할로 엄격하게 정의하기보다는 인간으로서 또는 한 명의 인격체로 보는 법을 배운다. 서로 예전보다 더 광범위한 주제에 관해 더 개방적으로 친구처럼 이야기한다. 그러나 이들 사이의 개방성에는 한계가 있어 변화된 관계가 친구와 같은 관계로 발전하는 데는 한계가 있다. 부모와 자녀가 더 잘 지내는 이유 중 하나는 청년이 부모와 대화할 때 자신의 삶을 편집하여 갈등의 원인이 될 수 있는 정보는 숨기고 부모는 너무 많이 묻지 않는 법을 배우기 때문이다.

부모의 이혼을 경험한 청년에게 청년기는 그 경험의 잔재를 재평가하는 시간이다. 어떤 이는 오랫동안 소원했던 부모와의 화해를 향해 나아간다. 어떤 이는 부모 중 특히 아버지가 잘못했다고 믿기에 계속 씁쓸해하고 분개한다. 어떤 이는 이혼한 부모나 의붓부모를 아동기나 청소년기보다 인간관계에 대한 더 넓은 통찰력으로 새롭고 더 자애로운 시각으로 바라본다. 어쨌든 부모의 이혼과 재혼을 경험한 청년에게 이러한 변화는 그들의 성격, 정체성, 그리고 친밀한 관계에 대한 자신의 접근 방식을 형성하는 데 도움을 주는 지속적인 잔재를 남겼다. 이 주제는 5장에서 다시 다룰 것이다.

청년의 부모가 이혼하든 안 하든, 성장하는 동안의 가정 생활이 행복하든 불행하든, 집에 머물러 있든 떠나든, 사실상 모든 청년과 부모와의 관계는 여전히 정서에 영향을 미친다. 정서의 본질은 엄청나게 다양하다. **사랑**love은 유아기와 아동기부터 시작된다. **감사**gratitude는 청년기에서 생길 수 있는 새로운 관점이다. **수용**acceptance은 성인 수준에서 새롭게 부모와 관계를 맺는 것이다. 그리고 더 부정적 정서도 존재한다. **원망**resentment은 부모가 어떤 식으로든 자신의 인생을 성공하지 못하게 했다고 믿는 것이다. **환멸**disillusionment은 부모가 자녀에게 숨겼던 결점을 청년기가 되어서 알게 된 것이다. **경계심**wariness은 자신의 삶에 부모가 간섭하지 않게 하려고 고군분투하는 것이다. 심지어 **노골적인 증오**outright hatred는 특히 쓰라린 이혼의 잔재로 남은 것이다. 청년은 부모와의 관계에서 이러한 정서가 모두 혼재되어 있을 수 있지만, 이러한 정서는 자신의 삶 속의 그 어떤 사람에 대해서도 가지는 가장 강한 정서이다. 좋든 나쁘든 간에 부모는 자녀가 청년기에 도달하는 인격체를 형성하는 데 크게 기여한다.

4장 사랑과 섹스
새로운 자유, 새로운 문제

잡지의 상담란에 올라온 글을 살펴보자. "2년 전에 나는 세상에서 가장 멋진 사람을 만났습니다. 우리 둘 다 대학에 다니고 있고 결혼할 예정입니다. Darryl은 약혼반지를 사기 위해 돈을 모으고 있습니다. 문제는 그가 나의 유일한 첫 번째 남자 친구라는 점입니다. 나는 이 남자 말고는 연애 경험이 없습니다. 나의 친구와 가족은 나에게 이렇게 말합니다. '첫 번째로 사귄 남자와 결혼하는 거 아니야. 너는 즐기고 더 많은 경험을 할 필요가 있어' 그런 다음 나에게 이런 질문을 합니다. '비교할 대상이 없는데 사랑하는 사람인지 어떻게 알 수 있겠니?'"

이 글은 이러한 내용으로 계속 이어지지만, 이는 오늘날의 청년이 결혼 상대를 결정하기 전인 10대 후반에서 20대 초반에 연애 상대가 다수 있을 거라는 예상을 설명하기에 충분하다. 청년 대부분은 적어도 20대 후반까지 결혼을 미루면서, 10대 후반과 20대 초반에는 다양한 사람을 만나보다가 사랑에 빠졌다가 헤어지기도 하고 성적인 경험도 하게 된다. 청년은 다양한 사람과 관계를 맺으면서 사람과의 관계에서 자신이 가장 원하는 것뿐만 아니라, 원하지 않는 것을 알아가면서 자신이 어떤 사람과 결혼하고 싶은지를 스스로 확실하게 파악한다.

위의 상담 내용에서 알 수 있듯이, 10대에 사랑하는 상대를 찾고 그 사람과의 관계를 20대 초반까지 이어가다가 결혼하는 것은 건강하지 못한 행동이며 실수하는 것이고 장기적으로는 문제로 이어질 가능성이 있는 일로 여겨진다. 여러 다른 상대와의 만남을 시도하지 않고 오직 한 사람하고만 사귀어 선택의 폭을 너무 좁게 제한하다 보면, 결국 실수한 것은 아닐까 하고 생각하게 되어서 결혼 생활에 지장이 생길 것임을 경고한다. 청년은 여러 다른 상대를 탐색해 봐야 하고 이러한 탐색은 결혼 상대에게 전념할 준비를 하기 위한 정상적이고 필요한 일이라 믿는다. 그렇다고 대부분의 청년을 부추길 필요는 없다. 청년 스스로는 청년기에 사랑할 만한 다양한 상대를 만날 기회를 간절히 바란다.

청년기라는 것도 새로운 현상이지만, 결혼하겠다고 확실하게 결정 내리기 전에 다양한 사랑과 성관계를 추구하는 현재의 경향은 새로운 현상이다. 20세기 초, 미국 사회의 중류층이 교제하기 위한 가장 중요한 행위 중 하나는 '초청calling'이었다.[1] 젊은 남성은 젊은 여성의 초청으로 여성의 집을 방문했다. 젊은 남성은 젊은 여성의 가족을 만나고, 두 사람은 가족들과 거실에서 함께 시간을 보냈다. 아마도 대화를 나누고, 준비한 다과를 먹으며, 피아노도 연주했을 것이다. 이 모든 것은 크게 대수롭지 않아 보이기도 하고 심지어 중요해 보이지도 않지만, 내포된 의미는 완전히 진지한 것이었다. 젊은 남성은 아무 여자나 초청한다고 다 가는 것은 아니었다. 초청은 장차 결혼으로 이어질 수 있는 진지한 의도가 있는 행동으로 여겨졌다.

말할 필요도 없이 그 거실에서는 성관계는 이루어지지 않았다. 혼전 성관계에 대해서는 강한 금기가 있었다. 젊은 여성의 순결은 자신이 굳건히 지키려고 하는 '소중한 것'이었는데, 이것은 젊은 여성이 사랑하는 사람에게 결혼한 첫날밤에 선물할 '귀중한 것'이었다.[2] 남성에게는 결혼하기 전까지 순결을 지켜야 하는 압박감이 그다지 강하지 않았고, 어떤 남성은 순결을 지키지 않은 여성이나 매춘부와 혼전 성관계를 했다. 그럼에도 젊은 여성과 젊은 남성 모두의 교제 기간은 초청이라는 관습을 통해 엄격하게 구조화되었으며 성과 섹슈얼리티는 결혼 전까지 가지면 안 되는 것이었다.

1920년대에는 초청이 감소하고 연애가 증가함으로써 경향이 극적으로 바뀌었다.[3] 초청과 달리, 연애는 집 밖에서 무언가를 함께 하는 것을 의미했다. 즉 교제의 장소를 식당, 극장, 댄스홀 등 집 밖의 공공장소로 이동했다. 또한 젊은 연인은 여성 가족의 감시에서 벗어나 지금은 누구나 시도해 봤을 자동차 안에서도 성적인 시도를 할 수 있는 기회가 생겼다. 1920년대는 혼전 성관계에 대한 엄격한 금기가 점차 사라지고 결혼 전에 껴안고 애무하는 것이 용인되었기 때문에 '제1차 성 혁명'의 시기로 불리기도 했다. 그러나 성적 추구는 성행위를 하기 직전에 멈춰야 했고 일반적으로 그렇게 했다.

성관계까지 가는 이런 식의 연애와 성적 놀이의 경향은 1920년대부터 1960년대까지는 계속되었다. 이 시기에 가장 눈에 띄는 변화는 결혼 연령이 낮아졌다는 점이다. 남성의 경우 1920년 24.6세에서 1960년 22.8세로, 여성은 1920년 21.2세에서 1960년 20.3세로 낮아졌다.[4] 결혼 연령이 낮아지면서 이른 나이의 연애는 더 진지해졌다. 1950년대 젊은 사람은 고등학교 때 약혼하고 고등학교를 졸업하면 바로 결혼하는 것이 일반적인 현상이었다.

대학에 다니는 젊은 사람의 비율이 증가함에 따라 대학 캠퍼스는 교육뿐만 아니라 배우자를 찾기 위한 곳이 되었다. 20대 초반이 지나도록 미혼으로 남아있는 젊은 사람은 거의 없었다. 20세기 중반에는 약 40%의 대학생이 한 번 이상의 성관계를 했을 정도로 혼전 성관계가 어느 정도 일반화되었지만,[5] 대다수의 젊은 사람은 결혼 첫날밤을 위해 결혼할 때까지 성관계를 하지 않았다.

1960년대와 1970년대는 오늘날 청년이 경험하는 사랑과 성관계의 행태가 형성된 시기이다. 여성 운동은 성역할의 차이를 화두로 삼게 되면서 덜 형식적인 연애가 되었고 남성이 여성에게 데이트를 신청하고 어디로 데려갈지 결정하고 모든 비용을 내는 전통적인 연애 방식을 성차별적인 관점으로 보았다. 새로운 성 혁명이 나타났고 결혼 전 성행위에 대해 제한을 가했던 과거는 이제는 억압적이고 건강하지 않은 것처럼 보였다. 피임약이 발명되면서 젊은 여성이 임신하지 않고 혼전 성관계를 갖는 것이 더 쉬워졌다.

1970년대 중반에 이르러 혼전 성관계를 했다고 보고한 미국 대학생의 비율은 75%로 증가했다.[6] 낮아지던 결혼 중위 연령은 상승하기 시작하여 21세기까지 지속적으로 상승했다.[7] 처음 연애를 시작한 시점과 결혼에 대해 생각하기 시작한 시점 사이에 10년 혹은 그 이상의 긴 시간이 있으므로 이제는 고등학생 때나 대학생 때 결혼하는 것에 대해 생각을 많이 하는 젊은 사람은 거의 없다. 대신 사회학자가 '연속적 일부일처제serial monogamy[* 단 한 명의 배우자와 사는 것으로, 지금의 배우자와의 관계가 끝나야 다른 배우자와 사는 형태]'라고 부르는 형태가 10대와 20대 초반을 지내는 성관계를 하는 사랑하는 상대와의 관계에서도 나타난다.

비록 연속적 일부일처제가 오늘날 청년의 경향일지라도, 사실상 결혼은 청년 모두에게 궁극적인 목표이다. 여러 연구에서 청년의 90% 이상은 최종적으로 결혼을 계획하고 있다.[8] 그러나 여기에서 '최종'은 1년, 5년 심지어 10년 이상이 걸릴 수도 있다. 이 시간 동안 청년은 로맨틱하고 성적인 관계를 다양하게 경험한다. 이번 4장에서는 청년의 삶에서 사랑과 성관계에 대한 많은 측면을 살펴본다. 먼저, 앞으로 사랑할 상대를 만나려는 미국 청년의 방법을 살펴본다. 여기에는 인종적 배경이 사랑하는 사람을 선택하는데 미치는 역할에 대한 논의가 포함된다. 그다음으로, 성행위가 용인되는 나이, 피임의 여부, 성병의 위협, 포르노그래피pornography 사용을 포함한 청년의 성에 관한 모든 것을 살펴본다. 마지막으로, 게이gay나 레즈비언lesbian 청년의 경험도 알아본다.

누군가를 만나기

청년은 친구나 지인의 소개, 술집, 파티, 교회 행사, 직장, 인터넷 등 다양한 방법으로 사랑할 상대를 만난다.[9] 특히 학교는 사랑할 상대를 찾기에 좋은 환경이다. 대학에는 비슷한 나이의 젊은 사람들이 매일 가까이 있어 서로 마주칠 기회가 많고 서로 알아가게 되면서 나중에는 서로 만남을 갖게 된다. 많은 청년은 대학이나 대학원의 파티, 기숙사, 수업 등지에서 실시간 사랑하는 상대를 만난다. Perry의 경우는 조금 특이하지만, 좋은 사례로 볼 수 있다. "사실대로 말하면 우리는 고분에서 만났어요. 지리학과에서 이른바 여름 현장실습을 하던 중이었어요. 나와 그녀는 같은 팀이었고 비석에 새겨진 이름을 보면서 그 지역의 문화 지리를 살펴보고 있었어요."

청년이 대학교를 졸업하고 나면 비슷한 나이의 다른 사람에게 집중할 수 있는 환경에 있지 않기 때문에, 누군가를 만나는 것은 조금 더 어려워진다. 그러나 대부분의 청년은 어떻게든지 해낸다. 친구, 가족, 동료들이 청년에게 누군가를 소개한다. 또한 청년은 방심하지 않는다. Tracy는 다음과 같은 상황에서 남자 친구를 만났다. "나는 운전하고 있었고, 그는 내 옆 차의 동승자였어요. 그는 나에게 차를 세우라고 했고, 나는 그렇게 했어요." 이 둘은 술집과 나이트클럽에 갔다. 술집과 나이트클럽은 사랑을 찾으려는 젊고 결혼을 하지 않은 사람들이 대부분이었다. 그러나 청년은 이러한 상황에서 만나는 사람을 사랑할 상대로 만나기보다는 하룻밤 상대이거나 가벼운 성관계를 위한 상대로 여기는 경향이 있다.[10]

오래전부터 학교, 친구, 직장, 가족 등은 청년이 누군가를 만나게 할 수 있도록 하는 일반적인 매개체였다. 비교적 새로운 방법 중 하나는 인터넷을 통해 만나는 것이다. 2009년에 실시된 조사에 따르면, 2007~2009년 사이에 사귀게 된 연인 중 22%는 인터넷을 통해 만났는데, 이는 10년 전보다 3% 증가한 수치이다.[11] 청년은 인터넷에 매우 많은 시간을 소비하기 때문에 가끔 컴퓨터로 만남의 기회를 만든다. Katy는 다음과 같이 현재의 남자 친구를 만났다. "처음에 우리는 이메일로 서로 이야기하다가 일주일가량 채팅을 주고받다가 마침내 '우리 만나야겠지?'라고 말했어요." Ian도 비슷한 방식으로 여자 친구를 만났다. "컴퓨터를 기웃거리다가 인터넷에 접속해서 한 여성을 만났어요. 운전해서 그녀를 만나러 갔지요. 나도 그녀도 사람을 만나기 위해 수많은 사람과 인터넷상에서 이야기를 나눴지만, 다른 사람과의 만남은 성사되지 못했어요. '그래도 해낼 수 있겠지?'라고 생각해서 만나러 간 거였어요. 이 얼마나 멋진 시스템입니까?"

Ian처럼 청년 중에는 인터넷을 '기웃거리는' 과정에서 데이트할 상대를 만나는 이들도 있지만, 최근에는 인터넷 데이트 서비스 사이트가 유행이다. 가장 인기 있는 인터넷 데이트 사이트는 수천만 명의 가입자를 보유하고 있으며, 매주 수만 명의 가입자가 등록하고 있다.[12] 아시아계 미국인, 천주교 신자, 유대인, 게이와 레즈비언과 같은 특정 집단을 위해 만들어진 사이트도 있다. 일부 사이트는 무료이지만 대부분 월 사용료가 부과된다. 가입자는 학력, 취미, 이상형과 같은 개인 정보를 올려놓는다. 어떤 사이트는 가입자에게 성격검사를 요구한다. 대부분은 사진을 게재할지를 선택할 수 있는 항목이 있다. 그 후 사이트의 컴퓨터는 가입자가 올려놓은 특성을 가진 사람과 연결해 주고 데이트하게 하는 무모한 경험을 시작하게 해준다.

　이것이 과거 방식보다 더 효과가 있을까? 확실한 건 인터넷 데이트 사이트는 청년에게 새로운 사람들을 쉽게 만나게 하는 방법이다. 하지만 기술은 다르나 인터넷 데이트에 대한 기본적인 생각은 사실 새로운 것이 아니다. 인터넷 데이트 사이트는 개인의 장점과 단점을 홍보하는 첨단 기술의 개인 광고에 지나지 않는다. 그렇다. 인터넷 데이트 사이트는 사랑할 상대를 일상 생활에서 만날 수 있는 것보다 더 많이 만나게 하는 방법이긴 하다. 웹상에서는 자신을 더욱더 멋지게 보이게 할 수 있긴 하지만, 실제로는 만나보면 그렇지 않은 볼품없는 사람일 경우가 더 많다. 사진과 성격검사 결과를 보여주더라도 대부분의 사람은 사이버 공간에서는 실제보다 훨씬 더 매력적이고 얼굴에 있는 사마귀와 같은 단점도 없는 것처럼 보이게 할 가능성이 크기 때문에, 인터넷 데이트 사이트를 통한 대부분의 만남은 큰 기대로 시작하지만 실망으로 끝날 가능성이 크다.[13] 그럼에도 요즘 새로운 인간관계의 22%는 인터넷으로 시작한다는 사실은 비록 많은 노력과 시도가 필요할지라도 많은 사람이 인터넷을 통해 연애 상대를 성공적으로 찾았다는 것을 나타낸다.

　최근 등장한 청년의 데이트 형태 중 또 다른 변화는 젊은 여성이 주도권을 잡고 데이트를 신청할 가능성이 커진 것이다. 과거 초청으로 만날 수 있는 것은 여성이 남성에게 요청하는 것이었다. 남성이 여성에게 만나자고 요청하는 것은 매우 예의 없고 무례한 것으로 보였을 것이다. 초청이 줄어들고 데이트가 증가하게 되면서 남성이 데이트를 신청하고 준비하고 비용을 냈다. 여성이 지나치게 적극적이고 주도적이고 성적으로 문란해 보이지 않아야 했기에 남성에게 먼저 만나자고 할 수 없었다.

남성이 데이트를 신청하고 준비하고 비용을 내는 것처럼 여전히 데이트의 책임이 남성에게 있지만, 이러한 규칙은 예전처럼 엄격하지 않다.[14] 이제는 젊은 여성이 먼저 데이트를 신청하는 것이 눈살을 찌푸리게 하지 않으므로 많은 여성이 데이트 신청을 먼저 하고 있다. Kay는 댄스파티에서 지금의 남편을 만났다. "우리는 춤을 췄어요. 밤새도록 췄지요. 그가 전화번호를 알려주었고 나는 다음날 그에게 전화했어요. 그래서 이렇게 사귀게 됐어요." Brock은 여자 친구를 만났을 때를 다음과 같이 회상했다. "어떤 수업에 그녀가 있었는데, 그녀가 내게 와서 데이트 신청을 했어요." Corey는 자신이 일하던 술집에서 여자 친구를 만났다. "그녀는 나에게 각별한 관심을 표시해서 나도 그녀의 관심에 반응하게 되었고, 여러 번의 데이트 신청에 결국 우리는 데이트하게 되었어요."

요즘의 청년 세대에게 덜 엄격한 연애 규칙의 또 다른 방법은 젊은 남녀가 먼저 친구가 되고 나서 점차 사랑하는 사람이 되는 것이다.[15] 그 자체로 '데이트'는 아닐 수도 있지만, 아마도 모임의 친구로서 무언가를 함께 하다가 점차 관계가 친밀해진다. 예를 들어 Mandy와 그녀의 남자 친구는 "우리 관계는 단지 친구처럼 무언가를 함께 하기 시작했어요. 교회에 가고 저녁을 먹는 소소한 일이었는데 결국 횟수가 점점 많아졌어요."

연인으로 발전하기

이러한 만남 이후, 청년인 남녀가 사랑에 빠지게 된 계기는 무엇일까? 확실히 사랑에 빠지게 되는 중요한 요소는 성적 매력이다.[16] Mandy와 같은 청년은 연애하기 전 오랜 시간 친구로 지내기 시작할 때부터도 처음부터 서로에게 끌렸다고 말했다.

성적 매력 다음에는 서로 간의 공통점 때문에 사랑을 시작하는 경우가 종종 있다.[17] 상반되는 것에는 좀처럼 끌리지 않고, 반대로 비슷한 점에는 끌린다. 청년과 비슷한 연령대를 대상으로 한 사회학 연구의 오랜 흐름에서 성격, 지능, 사회계층, 인종, 종교, 육체적 매력과 같은 특징에서 자신과 비슷한 사람과 깊은 관계를 맺는 경향이 있다는 것을 밝혀냈다.[18] 사회학자는 이것을 '합의적 타당화 consensual validation'라고 부르는데, 이는 사람들은 다른 사람들에게서 자신의 특성과 일치하거나 부합하는 점을 찾는 것을 좋아한다는 것을 의미한다. 자신만의 세상을 바라보는 방식을 재확인하거나 증명하는 것으로 이러한 부합점을 발견한다. 연인이 자신과 비슷할수록 서로에 대해 더욱더 굳건해지며 견해와 선호가 달라서 생기는 갈등은 적어진다.[19]

또한 공통점은 사랑할 상대를 만나고 관계를 시작할 기회가 되는 환경을 조성한다. 같은 수업을 듣는 학생들은 공통의 관심사를 반영하는 주제에 공통된 관심을 가질 수 있다. 같은 교회, 절, 회당에 다니는 청년은 아마도 종교적 관점도 비슷할 것이다. 인터뷰에서도 청년인 남녀가 비슷한 점 때문에 서로 친밀해진 예가 많다. 예를 들어 2장에서 프로파일링했던 Charles는 음악에 대한 공통의 관심을 반영하고 있듯이 노래 경연대회 예선에서 여자 친구를 만났다. 중국계 미국인인 Arthur는 아시아계 미국인 영화 수업에서 여자 친구를 만났다. Arthur는 이 수업을 듣게 된 동기가 "순수하게 무언가를 배우기 위한 것은 전혀 아니었어요."라고 고백했다. 즉 자신과 비슷한 인종적 배경을 가진 여성을 만나기 위한 것이 목적이었다.

인종적 배경의 공통점은 청년인 남녀가 연결될 가장 영향력 있는 결정요인 중 하나이다. 미국의 역사에서 오랫동안 갈등이 있는 인종 관계는 청년 세대에게 계속 그림자를 드리우고 있다. 최근까지도 많은 주에서 서로 다른 인종 간의 결혼을 법으로 금지하였다. 1967년이 되어서야 대법원은 이러한 법률이 위헌이라고 결정하여 16개 주에서 폐지하도록 했다.

어떤 면에서 미국은 그 이후 많은 변화가 생겼다. 지난 반세기 동안 서로 다른 인종 간의 결혼이 급증했다.[20] 대부분 미국 도시의 거리에서 서로 다른 인종 커플을 보는 것은 더는 이상한 일이 아니다. 1980년 미국의 신혼부부 중 7%에 불과했던 서로 다른 인종 부부가 지금은 약 15%이다. 그러나 이런 결혼 비율은 인종 집단 간에 상당한 차이가 있다. 미국 원주민은 50%를 약간 웃돌 정도로 가장 높고, 아시아계 미국인이 약 28%, 라틴계 미국인이 26%, 아프리카계 미국인이 17%, 백인이 9% 순이다.

다른 인종 간의 결혼이 증가함에도 불구하고, 여전히 대부분의 사람은 같은 인종 내에서 사랑하는 상대를 선택한다. 그렇게 되는 이유 중 하나는 청년은 보통 자신과 같은 인종 출신의 사람으로 구성된 사교 모임에서 사랑하는 상대를 찾기 때문이다. [그림 4.1]은 300명의 청년을 대상으로 한 저자의 원연구에서, 4개의 주요 인종 집단의 대다수가 자신의 친구 중 '모두' 또는 '대부분'이 같은 인종이라고 답변하였다.

이는 [그림 4.2]에서 볼 수 있듯이 데이트 상대를 선택하는 것에서도 해당된다. 즉 아시아계 미국인을 제외한 모든 인종 집단의 대다수 청년은 데이트 상대의 '모두' 또는 '대부분'이 자신의 인종 집단과 같다고 응답했다. 4개 집단 중 아시

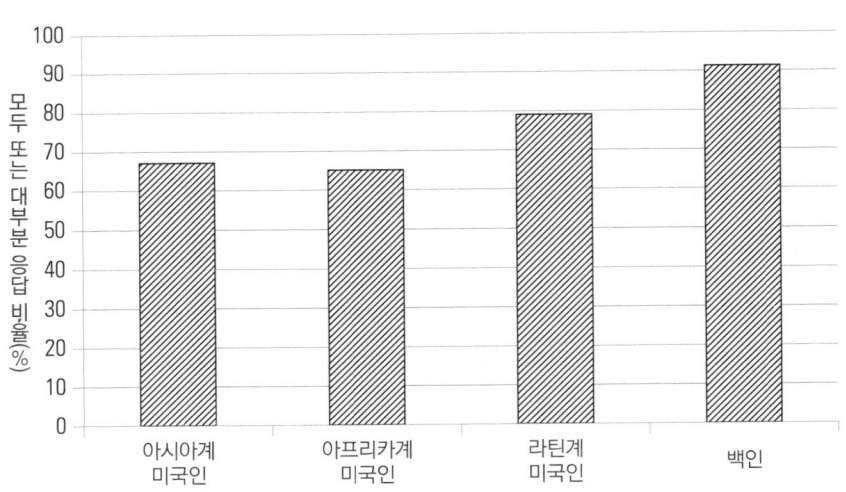

[그림 4.1] 인종별 친구 관계

아계 미국인은 같은 인종이 아닌 집단에서 데이트 상대를 찾을 가능성이 가장 높고, 백인은 그럴 확률이 가장 낮고, 아프리카계 미국인과 라틴계는 중간에 있는 것으로 보아 연애 상대에 대한 이러한 조사 결과는 다른 인종 간의 결혼 통계 패턴과 일치하는 것에 주목할 필요가 있다.

    20세의 아프리카계 미국인인 Latisha는 친구와 깊게 사귀는 상대의 인종 구성에 대해 이렇게 묘사했다. "꼭 흑인이 아니어도 정말 멋진 남자를 만나게 된다면 나는 거부하지 않을 거예요. 다만 파티에 가서 만나는 사람들과 내 주변에 있는 사람들 대부분이 흑인이기 때문에 그들과 데이트 했다고 생각해요. 그래서 그냥 흑인만을 사귀게 되는 것 같아요." 음악, 종교, 야외활동 등에 관심이 많은 청년은 비슷한 관심사를 가진 다른 성별을 가진 사람으로 구성된 집단을 찾아보려고 할 것이고, 그 집단 내에서 사랑하는 상대를 찾을 수도 있을 것이다. 그러므로 청년은 공통의 인종적 배경을 지닌 친구 모임을 형성하고 그 모임 안에서 사랑하는 상대를 찾는 경향이 있다.

    자신의 인종 집단 내에서 사랑하는 상대를 찾는 두 번째 이유는 인종 간의

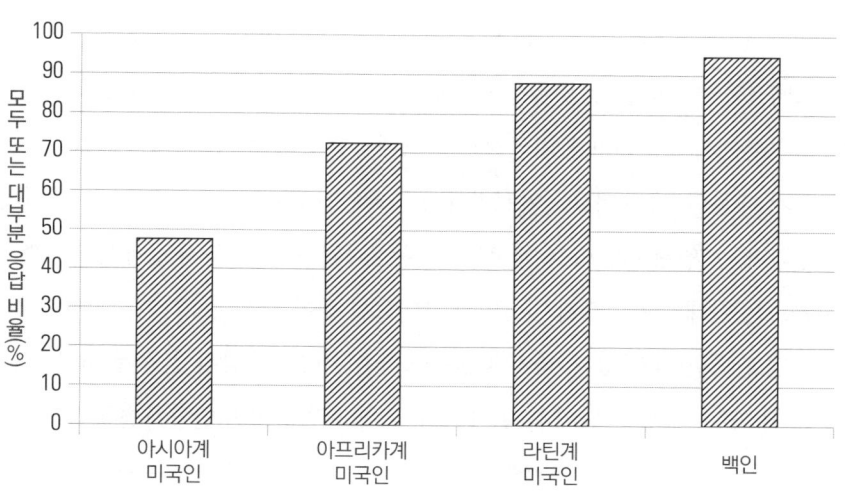

[그림 4.2] 인종별 데이트 상대

문화적 차이의 인식과 친숙함을 더 편안하게 느끼는 것으로 나타난다. 아프리카계 미국인인 Rhonda는 아프리카계 미국인과 연애하는 것을 더 선호한다. "우리는 같은 생활양식, 사상, 가치를 가지고 있어요. 흑인이 아닌 사람을 싫어하는 것은 아니지만, 우리는 세상사에 대해 같은 견해를 가지고 있는 경향이 있어요. 그리고 서로 생각하는 것이 비슷한 사람과 대화하는 게 더 편안하잖아요." 중국계 미국인인 Arthur는 아시아계 미국인 영화 수업에서 여자 친구를 만났는데 그 또한 중국계 여성을 더 선호했다. "어떤 것에 대해 왜 그렇게 생각하는지 전부를 설명하지 않아도 되고 알려줄 필요도 없이도 나를 이해할 수 있는 사람과 함께 하고 싶어요. 그냥 일상에서 만나는 사람들에게는 이것저것 다 충분히 설명할 수 있을 것 같아요. 그렇지만 나의 남은 인생을 함께 보낼 사람과는 그렇게 하고 싶지 않아요." 청년의 부모가 이민자인 경우 제한된 영어를 구사하기 때문에 같은 인종 집단 내의 사람과 더 편안하게 지낼 것으로 생각한다.

인종 차별은 다른 인종 집단과 연애하고 결혼하는 것을 금지한다. 청년 스스로는 이러한 견해를 인정하지 않지만, 청년의 부모는 청년이 다른 인종 집단과 결혼해서는 안 된다는 편견을 분명히 전달했다는 것을 청년 대부분은 인정했다. 중국계 미국인인 Sophie는 그녀의 부모가 확실하게 이렇게 말했다고 했다. "중국계 미국인, 중국인, 아시아인, 백인의 순서로는 가능하지만, 아프리카계 미국인이나 히스페닉과 결혼하는 것을 부모님이 원하지 않으셨어요. 왜 그들은 안 될까요? 아마도 언론에서 아프리카계 미국인과 히스패닉이 문제를 일으키고 체포되는 것을 보았기 때문인 것 같아요." 아프리카계 미국인인 Cleo가 백인 남자와 사귀게 된다면 엄마는 "엄청나게 화를 내고", 아빠는 "나와 연을 끊을지도 몰라요." 백인인 Becky는 한때 아프리카계 미국인과 데이트한 적이 있는데, 그와는 "모든 것이 잘 맞았던 완벽한 남자"였다. 하지만 Becky가 어머니에게 남자 친구에 대해 말을 했더니, "엄마는 '이제 그 남자를 좋아하지 말아라'라고 마치 인종차별주의자처럼 말씀하셨어요. 왜냐하면 그가 흑인이었으니까요. '엄마, 어쩜 그럴 수가 있어요!'라고 말했어요." Becky와 남자 친구와의 관계는 어머니의 반대로 오래가지 못했다.

젊은 미국인이 나이 든 미국인보다 다른 인종과 결혼하는 것에 더 관대하다는 것을 보여주는 연구들이 이러한 결과를 뒷받침해 준다. 예를 들어 18~29세의 85%는 가족 구성원이 인종이 다른 사람과 결혼하는 것에 반대하지 않는다고 응답했다.[21] [그림 4.3]에서 보듯이 인종이 다른 사람과의 결혼을 받아들이는 비율은 나이가 들수록 지속적으로 감소하여 65세 이상에서는 38%에 불과했다. 청년은 일반적으로 인종이 아니라 성격이 더 중요하다고 믿는다. 예를 들어 20세의 아프리카계 미국인 Leonard는 사랑하는 상대가 될 가능성이 있는 상대의 인종과 관련해서 다음과 같이 말했다. "인종은 상관없어요. 마음이 중요하지 피부색은 중요하지 않아요. 모든 사람은 인간이잖아요." 22살의 백인 Amelia는 이렇게 간단하게 말했다. "만약 내가 누군가를 정말로 사랑한다면 인종이 다르다는 이유로 고민하지 않을 거예요. 모두가 인종이 다른데 사귀는 것을 다 너그럽게 이해해주진 않기 때문에 어떻게 보면 나의 삶이 더 힘들어질 수도 있어요. 하지만 우리 사회에서 이런 생각을 극복하기 위해서는 이러한 한계를 넘어야 한다고 생각

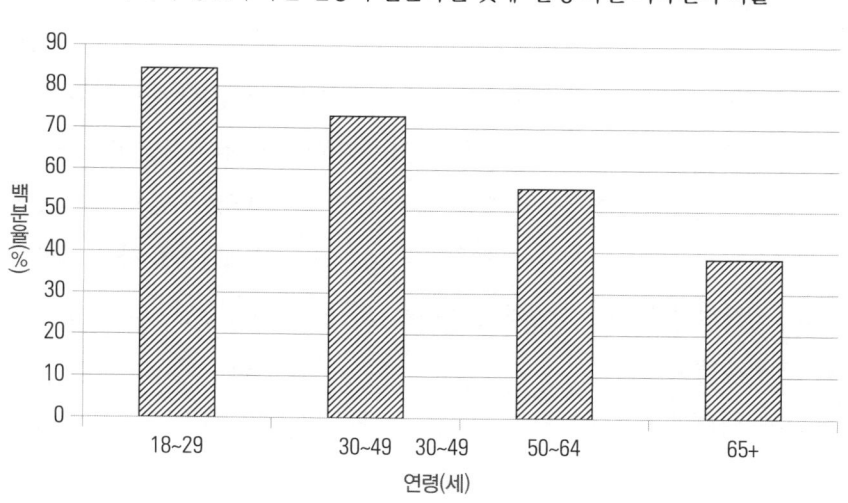

[그림 4.3] 연령별 다른 인종 간 결혼 찬성률

출처: Wang(2012)

해요. 만약 내가 정말로 하길 원한다면 글쎄요, '내 인생이 힘들어질 수 있으니까 나를 사랑하고 나를 생각해주는 정말로 멋진 이 사람과 결혼하지 않을 거야'라고 생각하지 않을 거예요."

섹스: 새로운 자유, 새로운 문제

1960년대와 1970년대의 성 혁명은 젊은 여성이 결혼할 때까지 처녀로 남아있을 것이라는 오래된 기대를 무너뜨렸다. 이러한 기대는 결혼 전에 어느 정도 성행위가 일반화되었던 1920년대 초반의 성 혁명 이후로 압박받고 있었다. 그러나 남성과 여성 간의 성 혁명에서 젊은 사람 특히 젊은 여성에게 있어서 성관계는 넘지 말아야 할 경계선으로 남아있었다. 젊은 연인은 소설가 John Updike가 묘사한 것[* 원문에는 'large and not laughable sexual territory within the borders of virginity, where physical parts were fed to the partner a few at a time, beginning with the lips and hands'로 작성되어 있음]으로 서로 즐기는 법을 배웠다.[22]

1960년대 이후부터 대다수 청년은 결혼 전까지 순결을 지켜야 한다고 생각하지 않았다. Angela를 관찰했을 때 그녀 자신의 세대와 시대의 경향을 반영하였다.[23] "어떤 사람도 순결을 지키기 위해 결혼할 때까지 기다리는 사람을 본 적이 없어요. 그건 유행에 뒤떨어진 것 같아요." 여러 조사에 따르면 18~23세의 80% 이상이 성관계를 경험했으며, 요즘 세대 미국인의 약 95%가 결혼 전에 첫 경험을 했다.[24] 미국 성인의 15%만이 남녀 모두 16세에 혼전 성관계를 하는 것이 가능하다고 생각하지만, 미국 성인의 대부분인 55%는 18세에 연인이 되는 것이 가능하다고 생각한다.[25]

미국 대학의 정책 변화를 보면 혼전 성관계에 대한 미국 사회의 시각이 얼마나 자유로워졌는지를 알 수 있다.[26] 1960년대 후반까지 대학 관계자는 부모를 대신하여 부모 역할in loco parentis을 해야 했다. 즉 학생들 특히 여학생들을 주의 깊게 감시하고 성행위를 못 하게 하는 규칙을 시행한다는 것을 의미했다. 이 규칙에는 여성 기숙사의 야간 통행금지가 포함되어 있었다. 위반이 반복되면 대학 관계자는 학교에서 퇴학당할지도 모른다는 경고성의 편지를 학부모에게 보낼 수도 있었다. 심지어 낮 동안에도 대부분의 대학은 젊은 남성이 여성 기숙사에 들어가는 것을 허용하지 않았다. 젊은 여성이 남성 방문객과 방에 함께 있는 동안 방문을 항상 열어두도록 규정했다.

오늘날의 청년은 사교와 성적인 행동에 대한 이러한 제한을 상상하기 어려울 것이다. 청년은 성적인 행동에 관한 결정을 포함하여 성인의 간섭 없이 스스로 결정을 내리려고 한다. 또한 오늘날의 성인은 과거에 자신들이 그랬던 것처럼 청년의 성적인 행동에 제한을 가하는 역할을 하고 싶지 않을 것이다. 역시 젊은 사람은 10대 후반과 20대 초반에 이르면 어른이 침해할 권리가 없는 광범위한 개인적 자율성을 누릴 자격이 있다고 믿는다.

결혼할 때까지 처녀로 남는다는 진부한 규칙은 지나갔지만, 새로운 규칙이 정확히 무엇인지 불분명하다. 결혼 전에 성관계하는 것이 괜찮다면, 과연 몇 살부터 시작하는 것이 괜찮을까? 미래의 배우자를 결정하기 전에 다른 상대와 해도 괜찮다면, 과연 몇 명 정도의 상대와 하는 것이 괜찮을까? 미국 사회에서는 이러한 질문에 답하는 명확한 지침이 없으므로 젊은 사람은 자신이 할 수 있는 한 최선을 다해 답을 찾아야만 한다.

오늘날 젊은 사람들 간의 관계가 '후크업 문화hook-up culture[* 서로 진지하지 않은 이성과의 의미 없는 성적 행위를 하기 위한 만남]'로 대표되고 있지만, 대부분의 젊은 사람은 성적인 모험가는 아니다. 18~23세를 대상으로 한 연구에 따르면, 지난 1년간 1명과 성관계를 맺는 사람이 절반 정도로 가장 많았다.[27] 약 3분의 1은 지난 1년간 2명 이상과 성관계를 맺는 사람이 있었지만, 4분의 1은 지난 1년간 성관계를 하는 상대가 전혀 없었다. 이러한 변화는 청년 시절을 보내는 동안 관계의 변동성을 반영한다. 대부분의 성관계는 미래를 기약한 사이에서 이루어지지만, 청년 중 상당한 비율은 짧게 관계를 맺거나 어떤 때는 상대가 없던 시기도 있다. 현저 깊게 사귀는 상대가 없는 사람은 전혀 성관계를 하지 않거나 간간이 만났던 상더와 가끔 성관계를 한다.

깊이 사귀는 사이가 아닌 남녀의 성관계를 의미하는 '후크업hook up'은 과거에 서로 사랑하는 사이였던 관계에서 흔하게 나타난다.[28] 서로를 잘 알고 있고, 한때 서로 사랑했거나 혹은 적어도 좋아했거나, 서로에게 끌렸던 관계이기 때문에 둘 중 어느 쪽도 아직 다른 사람을 만나지 않았다면 가끔 같이 자는 것이 발생한다.

가볍게 만나는 상대에게 후크업이 발생했을 때는 보통 술을 마신 경우이다. 남자의 경우 연속해서 5잔 이상의 술을 마시거나, 여자의 경우 연속해서 4잔 이상의 술을 마시는 '폭음'은 20대 초반에 절정을 이룬다. 우연의 일치는 아니지만, 가벼운 성관계 또한 20대 초반에 절정에 달한다. 청년의 25~50%는 가장 최근의 성관계 이전에 술을 마신 적이 있고, 자주 술을 마시는 청년은 다른 사람보다 여러 명의 성관계 상대가 있을 것이라고 다양한 연구에서 보고한다.[29]

후크업의 또 다른 형태는 상대와 기본적으로 성관계를 하지만, 사랑하는 사이가 아닌 '서로 필요해서 만나는 친구 관계'이다.[30] 이러한 관계는 보통 오래지 않아 복잡해진다.[31] 상대방은 일반적으로 관계에 대해 말하는 것을 피하게 되므로 불확실성과 오해가 생기게 된다. 커플 중 한 사람은 한 번에 자신의 상대하고만 성관계를 한다고 가정하지만, 상대방은 그렇지 않을 수도 있다. 커플 중 한 사람은 적어도 사랑하는 사이로 발전하기를 기대하고 있을 수도 있지만, 다른 한 사람은 그렇지 않을 수도 있다. 서로 이러한 관계를 무엇이라고 불러야 할지, 어떻게 유지해야 할지, 그리고 관계의 미래에 대해 불분명하고 종종 자신의 성관계가 우정을 위태롭게 할 수 있다고 걱정한다.

오늘날 양성평등이 확대되었지만, 청년기 성관계에 대한 관점은 여성과 남성에서 다소 차이가 나는 것으로 보인다. 예를 들어 20~29세 미혼자를 대상으로 한 설문조사에서 결혼할 생각이 없어도 성관계를 하겠느냐는 질문에 남성은 65%가 동의한 반면 여성은 41%에 불과했다.[32] 비슷하게도 Clark 설문조사에서 '서로가 정서적으로 서로 친밀하지 않더라도 성관계는 괜찮다'라는 질문에 18~29

세의 젊은 남성 중 52%가 동의했지만, 젊은 여성은 33%에 불과했던 것과 비교해 볼 수 있다.[33] 남성과 여성 모두 거의 만장일치로 결혼 상대자가 될 평생의 반려자를 찾지만, 결혼 전에 젊은 남성은 성관계를 더 가볍게 즐기는 태도를 보이는 반면, 젊은 여성은 정서적으로 친밀한 관계의 맥락에서 성관계를 즐기는 경향이 있다. 지금은 약혼한 Jessica는 자신의 이전 관계를 돌아보며 다음과 같이 말했다. "나는 천주교 신자지만, 종교와 상관없이 성관계는 할 수도 있어요. 내가 진정으로 믿고 사랑하는 남자를 만나고 나서야 나의 몸에 대해 충분히 알게 되면서 편안해졌어요." 물론 일부 여성은 청년기에 성관계를 가볍게 즐기는 태도를 보이기도 하지만, 일반적으로 남성보다 여성은 사랑을 기반으로 한 성관계의 결합을 더 선호할 가능성이 크다.

얼마나 어린 나이라면 가능할까?

얼마나 어린 나이에 첫 번째 성관계를 갖는 것이 허용되는가에 관한 질문이 특히 문제가 된다. 지적한 바와 같이 미국 성인의 15%만이 16세 정도에도 혼전 성관계가 괜찮다고 하지만, 상대가 18세라면 그 비율은 55%로 상승한다.[34] 이것은 언뜻 보면 말이 안 되는 것처럼 보인다. 어떻게 단 2년의 차이가 혼전 성관계 허용성에서 이런 차이를 만들 수 있을까? 하지만 젊은 사람의 대부분은 2년 동안 많은 일이 일어난다. 아마도 미국 성인의 대부분은 16세 정도면 심리적으로나 사회적으로 성관계를 감당할 준비가 되어 있지 않을 것으로 생각하는 반면, 18세 정도면 성관계를 감당할 준비가 되어 있을 것으로 생각하고 있다. 바꿔말하면 미국 성인 대부분은 발달적인 면에서 청소년과 청년이 다르다는 것을 인식하고 있다. 그리고 청년은 성관계를 할 준비되어 있지만, 청소년은 준비가 되어 있지 않다.

이러한 결론은 저자의 원연구에서 첫 번째 성관계에 대한 경험과 관련한 청년의 개인적인 사례와 일치한다. 이들 대부분은 청소년기인 14~17세에 처음으로 성관계를 했다. 이것은 다른 연구와도 일치한다. 질병통제센터CDC: The Centers for Disease Control에 따르면, 미국인의 첫 번째 성관계 중위 연령은 17.1세이다.[35] 그러나 저자의 연구에서 70%가 넘는 청년은 '너무 어릴 때' 첫 번째 성관계가 이루어졌다고 생각하고 있었다.

너무 어렸다고 느끼는 이유는 혼전 성관계가 청소년에겐 '잘못된 것'이라는 믿음 때문이며, 이는 도덕적이거나 종교적인 이유라기보다는 오히려 이들의 심리적인 것에 기인한다. 많은 청년이 10대에 했던 혼전 성관계를 후회하는 이유는 그때는 자신이 너무 미성숙해서 성관계하는 것의 중요성을 인식하지 못했다는 것을 깨달았기 때문이다. 청년은 청소년기에는 그런 신중한 일을 현명하게 결정할 수 있다고 믿지 않는다. 독립적인 결정을 내리는 법을 알아가는 것은 성인이 되는 중요한 부분으로 보는 것이고, 청년이 된 지금 청소년기를 돌아보니 어리석었던 결정이었다는 것에 수긍한다. Mindy는 14세에 처음으로 성관계를 했고 25세인 지금 "그땐 너무 어렸어요."라고 느낀다. 그 당시에 성관계를 결심한 이유가 지금에 와서는 스스로가 미성숙하게 느껴진다. "그냥 호기심이었어요. 호기심 때문에 하는 건 아닌 것 같아요. 그런 결정을 내리기에는 너무 어렸어요."

어떤 사람은 임신의 가능성과 피임의 필요성을 인식하지 못한 상태에서 성관계를 하기로 결정한 것에 대해 준비가 되지 않았다고 생각한다. 17세에 처음으로 성관계를 했던 Leah는 다음과 같이 회상했다. "내 몸에 대한 이해가 부족했어요. 겁에 질렸어요. 관계를 맺은 후에나 이런 생각을 했어요. '이런 젠장, 임신하면 어떡하지?' 그전까지는 그런 생각을 전혀 안 해봤어요. 나는 그저 어리고 멍청했어요." 이와 비슷하게 17세에 첫 성관계를 했던 Jean은 이제는 이렇게 말한다. "너무 어렸던 것 같아요. 준비 없이 첫 성관계를 했으니까요. 첫 남자 친구였고 그때는 내가 이성적인 결정을 했다고 생각하지 않아요." 15세에 첫 성관계를 한 Larry는 남성의 관점에서 비슷한 견해를 보였다. "내 생각에는 너무 어렸던 것 같아요. 우리는 자신이 무엇을 하고 있는지 안다고 스스로에게 말했지만, 사실은 잘 몰랐어요. 여자 친구가 임신하면?과 같은 모든 결과에 대해 정신적으로 받아들일 준비가 되어 있지 않았어요. 이렇게 될 수도 있었겠죠. '맙소사, 난 열다섯 살인데 여자 친구가 임신을 해버렸네!'"

대조적으로 첫 번째 성관계에 대해 후회가 없는 청년은 조금 더 나이가 들어서 그리고 더 성숙하고 신중한 태도로 결정을 내렸다고 회상하는 경향이 있다. Martin과 그의 여자 친구가 18세에 처음 성관계를 가졌을 때, 성관계를 하기로 함께 결정하고 콘돔도 구입해서 미리 잘 준비했다. "그것은 매우 합리적인 결정이었어요. 왜냐하면 여자 친구와 나는 약 2~3주 전부터 상의했고 결국 함께 결정했기 때문이에요."

또한 사랑하는 사람과 한 첫 번째 성관계의 경험에서 좋은 추억을 갖게 되는 것이 중요하다. 사례로 Gabriella는 16세에 했던 첫 번째 성관계의 상대에 대해 원망하지 않는다고 말했다. "그는 좋은 남자였고 나는 그를 정말로 아꼈어요. 나는 성관계를 감당할 만큼 충분한 나이라는 생각이 들었고, 그는 나와 성관계를 함께 할 수 있을 만한 사람이라는 생각이 들었어요." 비슷하게 17세에 처음으로 성관계를 했던 Christy는 "아마도 성관계를 할 만한 적절한 나이"였다고 지금은 믿고 있다. 덧붙여 "나이가 그렇게 큰 문제는 아닌 것 같아요. 우리의 관계는 건강했고 성관계가 단순한 성관계가 아닌 함께 하는 것이었어요. 감정을 서로 나누는 것은 나에게 정말 중요했어요." 그러나 나이는 중요하다. 나이가 더 많을수록 처음 성관계를 할 때 신중한 결정을 내릴 가능성이 높기 때문이다. 비록 저자의 원연구에 참여한 청년 대다수가 첫 번째 성관계를 할 때 자신이 너무 어렸다고 생각했지만, 18세 이상까지 기다린 사람은 아무도 후회한다는 표현을 하지 않았다.

사랑하는 관계에서 첫 번째 성관계를 하는 것은 특히 젊은 여성에게 중요하다. 설문조사에서 처음 성관계를 갖는 주된 이유가 상대를 사랑해서가 여성은 50% 정도이지만, 남성은 25%에 불과했다.[36] 저자의 원연구에서 청년을 포함한 젊은 남성에게 첫 번째 성관계는 모험이나 통과의례라고 기억하고 있을 가능성이 더 크다. Rocky는 자신의 첫 번째 성관계에 대해 다음과 같이 회상했다. "16번째 생일날이자 자동차 운전면허증을 따고 첫 번째 운전하는 날, 나의 첫 번째 차에서였어요. 정말 중요한 날이었어요! 친구가 파티를 열어줬고 방에 들어갔는데 여자가 내 손을 잡았어요. 나는 그녀가 누군지 전혀 몰랐어요. 취할 만큼 오래 있지도 않았어요. 내가 방에 들어갔을 때, 사람들이 '생일 축하해'라고 말했던 것 같아요. 그리고 그녀는 내 손을 잡고 우리는 섹스를 하러 차를 몰고 갔어요! 그것은 여행을 가는 것과 같이 설렜어요!"

사랑하지 않은 이웃 소년과 14세에 첫 번째 성관계를 가졌던 Mindy의 경험은 대조적이다. Mindy는 사랑이 없는 첫 번째 성관계를 후회했기 때문에 매우 속상해했다. "절대로 자살하고 싶지는 않았지만, 나에 대해 좋지 않은 감정이 들었어요." 또한 Mindy는 그때의 경험이 유쾌하지 않았기 때문에 앞으로 몇 년 동안 성관계를 하지 않기로 맹세했다. "성관계하는 것이 싫었어요. '이건 TV에서 보는 거와 다르잖아. 더는 성관계를 하고 싶지 않아'라는 생각이 들었어요. 그리고 고등학교를 졸업할 때까지 성관계를 하지 않았어요." Rocky와 Mindy의 경험은 일반적인 경향을 반영한다. 즉 연구 결과 일반적으로 어린 남성은 첫 번째 교제에 흥분, 자부심 그리고 행복의 감정으로 반응하는 반면, 보통 어린 여성은 더 양면적이고, 죄책감, 걱정 그리고 후회할 가능성이 더 크다는 것을 보여준다.[37]

평생을 함께하고 싶은 특별한 사람, 진실한 사랑을 위해 첫 경험을 아껴뒀더라면 좋았을 것이라고 10대의 성관계에 대해 후회하며 회상하는 젊은 사람도 있다. 비록 대다수의 청년은 당사자가 충분히 성숙하고 서로 사랑하는 한 결혼하지 않은 상태에서의 성관계는 아무런 문제가 없다고 생각하지만, 여전히 성관계는 결혼의 맥락에서만 이루어져야 한다는 전통적인 믿음을 가지는 사람들도 있다. 이 믿음은 거의 항상 종교적 원리에 기초한다. 청년 대부분은 성관계가 특별한 관계를 위해 가장 잘 지켜져야만 한다고 믿지만, 보수적인 종교적 신념을 가진 사람들만이 그 특별한 관계가 반드시 결혼이어야 한다고 생각한다.[38]

예를 들어 25세였던 Nate는 "아직도 처녀"인 이유를 "종교적 신념" 때문이라고 말한다. "성관계는 결혼 선물이기에 이것이 바로 약속이라고 믿고 있어요. 그리고 나는 결혼 전까지 성관계하지 않을 거라는 확고한 느낌이 있어요. 이렇게 느끼는 이유는 나의 종교적 신념과 가정 교육 때문이에요." 현재 28세인 Nate는 20대를 지내면서 사회 전반에서뿐만 아니라 남자 친구로부터도 자신의 종교적 신념에 압박감을 느끼고 있다. "힘들어요. 지금은 정말 힘들긴 해요. '순결을 지키는 것이 내가 믿는 것이고 내 삶의 방향성이다'라고 말하는 것이 더 쉬웠던 적이 있었어요. 그리고 이것을 끝까지 따르는 것은 어려운 일이 아니었어요." 어찌 되었든 Nate에게 이러한 신념을 공유하고 서로 지지해 주는 친구들이 있고, 지금의 남자 친구는 결혼 전의 순결을 중요시한다. "다행히 같은 신념을 가지고 있는 같은 또래의 몇 안 되는 남자 중 한 명을 만났어요. 적어도 몇 번의 이성 관계에서 이걸로 문제가 있었기 때문에 이러한 믿음을 공유하는 사람을 만나는 것은 정말 다행이에요." 물론 보수적인 종교적 신념을 가진 모든 청년이 결혼할 때까지 순결을 유지하는 것은 아니지만, 결혼할 때까지 순결을 지키는 것은 노력할만한 가치 이상이라고 믿는 경향이 있는 것 같다.[39]

피임 기구의 간헐적 사용

여전히 Nate나 Nancy와 같이 순결을 중요시하는 여성들도 있긴 하지만, 이들이 일반적인 경우라기 보다는 매우 드문 예외적인 경우이다. 앞서 언급했듯이, 오늘날 미국인의 약 95%는 첫 번째 성관계를 결혼 전에 경험한다. 대부분의 '첫 경험'은 결혼하기 10년 전인 10대 후반에 이루어진다.

이런 일은 지금까지 인간 사회에서 한 번도 발생한 적이 없다. 오늘날 젊은 사람은 "결혼과 섹슈얼리티를 분리하면 무슨 일이 발생할까?"라는 질문을 해결하기 위한 색다른 사회 실험의 일부분이 된 것이라고 말할 수도 있다. 모든 인간 사회는 어른이 되면 결혼에 거의 모두가 참여하는 형식적인 것으로 인식하고 있으며, 지금까지 결혼과 섹슈얼리티는 긴밀하게 연결됐다. 과거의 젊은 사람은 영양 상태가 더 열악했고 의료 서비스를 거의 또는 전혀 못 받았기 때문에 요즘의 젊은 사람보다 사춘기가 더 늦었다. 10대 후반에 육체적·성적 성숙이 이루어져서 2~3년 안에 결혼해야 했다. 어떤 문화권에서는 젊은 남성 스스로 경제적으로 가족을 부양할 수 있다는 것을 보여줄 나이가 될 때까지 기다려야 했지만, 여성은 경제적으로 발전된 현대적인 사회라 할지라도 거의 항상 10대 후반에 결혼했다.[40]

성적 성숙에 도달하자마자 일찍 결혼하는 것은 대부분의 인류 역사에서는 실용적인 이유에서였다. 그 당시에는 유아 및 아동 사망률이 높았기에 아이가 성인이 될 때까지 2~3명이 살아남기 위해서는 6~8명의 아이를 낳아야 했기 때문에, 일찍 결혼하는 것은 여성의 가임기를 최대한 활용할 수 있기에 중요했다. 또한 일찍 결혼하는 것은 젊은 사람이 성적 성숙에 이르면 성적 욕망을 경험하고 그 욕망의 결과로 잉태될 아기를 보호하고 돌보는 사회적 합의로서 결혼이 필요하다는 것을 문화가 인정한 방법이었다.

하지만 기술의 향상으로 아이가 생기지 않게 성관계를 할 수 있는 결과가 생긴다면 이러한 전통적인 방식에는 어떤 일이 발생할까? 우리는 이것을 알아내는 과정에 있다. 어떤 면에선 청년이었을 때 아이가 생기지 않게 성관계를 할 수 있다는 것은 청년이 결혼해서 첫 아이를 갖기까지가 20대 후반에서 30대 사이로 늦어지는 현상이 발생할 것이다. 전 세계적으로 10대 후반과 20대의 대부분을 다른 목적으로 열어 둘 수 있다. 결혼하고 부모가 되는 막중한 책임을 맡기 위해 20대 후반에서 30대 초반이 될 때까지 기다린다는 것은, 10대 후반과 20대 초반에서 중반까지는 교육에 집중하고 가능한 다양한 진로를 시도하고 친구를 사귀고 여행하고 자신에게 집중할 경험을 하는데 할애할 수 있다는 것을 의미한다.

그러나 피임 도구의 사회적 결과는 그리 간단하지 않은 것으로 드러났다. 피임약의 발명이 섹슈얼리티에 대한 견해, 출산율, 여성의 역할에 큰 영향을 미친 것은 사실이다. 성 혁명과 여성 운동의 주요 선동자가 피임약이었다는 것을 설득력 있게 주장할 수 있다. 피임약의 발명은 20세기 후반에 새로운 생애단계인 청년기의 등장에 중요한 사건이라는 것 또한 사실이다.

성생활을 하더라도 임신을 피하고자 피임 도구를 사용할 수 있는 것과 실제로 임신을 피하고자 이러한 피임 도구를 효과적으로 사용하는 것은 완전히 다른 것으로 밝혀졌다. 18~23세 미혼 미국인을 대상으로 한 연구에 따르면 가장 최근의 성관계 시 피임 도구를 사용한 경우가 단지 72%였다.[41] 보통의 경우 51%만이 '항상' 피임 도구를 사용했고, 37%는 '대부분' 또는 '절반' 또는 '가끔' 사용했고, 12%는 '전혀 사용하지 않음'이었다. 요컨대 성관계를 하는 18~23세의 미혼자 중 절반이 의도하지 않은 임신의 위험을 안고 있다.

그렇다면 왜 피임을 일관되게 하지 않는 걸까? 다양한 영역에서 수행한 연구에 따르면 많은 이유가 있다.[42] 피임약의 획기적인 효과에도 불구하고, 많은 여성은 호르몬의 영향으로 신체적으로 또는 정서적으로 부정적인 반응을 보인다. 콘돔은 특히 젊은 남성에게 성적 쾌감을 감소시키는 것으로 간주되며 분위기를 깨지 않으려고 사용되지 않을 수도 있다. 청년의 성관계는 성인의 성관계보다 계획적이지 않고 간헐적으로 이루어질 가능성이 크며 이러한 요인으로 인해 일관된 피임법 사용이 어려운 상황이다. 언급한 바와 같이 청년의 성관계 상당 부분은 음주의 영향으로 발생하며 이는 임신을 피할 수 있는 필요한 예방 조치를 취하기에 좋은 상황은 아니다.

이렇게 고려해야 할 사항은 모든 나라에도 적용되지만, 이 문제에 대해 미국 특유의 뚜렷한 무언가가 있다. 즉 다른 선진국의 청년보다 미국의 청년은 피임하는 것에 있어 책임감이 낮다. 결과적으로 미국인은 비혼 출산과 낙태 둘 다 다른 나라에 비해 더 높은 비율을 보인다.[43] [그림 4.4]는 여러 선진국의 낙태율이다.

왜 의도하지 않은 임신이 다른 나라에 비해 미국이 상대적으로 많을까? 여러 가지 이유가 있을 수 있지만, 중요한 대표적인 이유는 미국인은 혼전 성관계에 대해 양면성이 확실하게 있는 것 같다. 전 세계의 다른 선진국들을 보면 이 주제에 대해 혼전 성관계를 여전히 강력하게 금지하는 국가(일본, 한국)와 혼전 성관계를 정상적이고 건강하며 수용 가능한 것으로 보는 국가(유럽, 캐나다, 호주, 뉴질랜드)의 범주로 나뉜다.[44] 전자의 경우는 혼전 성관계가 확실히 있기도 하고 과거보다 더 자주 발생하지만, 그렇게 많지 않기 때문에 혼전 임신은 드물다. 후자의 경우는 젊은 사람들이 성적으로 성숙해지기 전에 피임법을 배우고 성관계 시 피임은 항상, 누구나, 무료이거나 저렴하게 이용하기 때문에 혼전 임신이 드물다.

미국은 독특하게도 어중간한 태도를 보인다. 미국인은 혼전 성관계를 금지하지 않지만, 확실히 허용하지도 않는다. 혼전 성관계는 다른 선진국에서는 볼 수

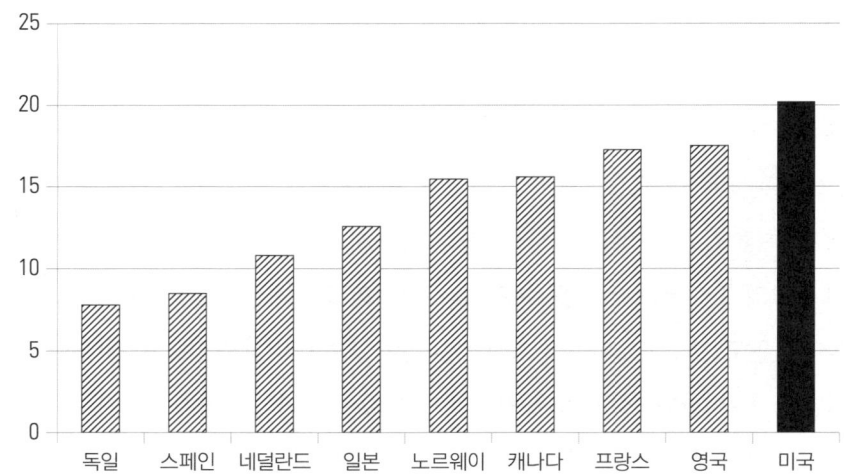

[그림 4.4] 선진국 낙태 건수

출처: UN(2014)

없는 방식으로 미국에서 논란이 많고 도덕적으로 논쟁거리이다. 이 문제에 대한 미국의 독특한 상황은 선진국 중 가장 종교적으로 신앙심이 깊은 순서와 관련이 있다. 피임하는 것에 대한 반대와 함께 혼전 성관계에 대한 반대의 대부분은 신앙심이 강한 미국인과 종교 단체로부터 나왔다.[45] 그래서 미국의 천주교도는 기혼자와 미혼자 모두를 위한 피임 정책을 반드시 포함해야 한다는 정부 보건 계획과 관련된 지침에 격렬하게 대항하고 있다. 미국의 보수 개신교 교단은 젊은 신도들에게 결혼 전 절대 성관계를 하지 않겠다고 다짐하도록 독려하며 결혼식 첫날밤까지 순결을 지키는 것이 가치 있는 일이라고 칭송한다. 모르몬교와 정교회 교도는 오래 기다릴수록 혼전 순결을 지키는 것이 더 어려워진다는 것을 인식하고 젊은 신자들에게 일찍 결혼하라고 권고한다.

      다른 선진국에서는 혼전 성관계에 대해 이렇게 다양하고 조직적이며 격렬한 반대를 하는 나라가 없다. 사실 혼전 성관계를 반대하는 사람들은 모두 합쳐도 소수에 불과하다. 대다수의 사람은 혼전 성관계를 너무 어린 나이에 하지 않는

한 사랑하는 사이에서 이루어진다면 받아들이거나 적어도 용인한다.[46] 그러나 이를 반대하는 소수의 사람은 혼전 성관계는 옳지 않은 것이며 금지되어야 한다고 목소리를 크게 높여 강하게 주장한다.

원치 않는 혼전 임신을 예방하는 것과 관련하여 젊은 미국인은 다음과 같은 최악의 양면적인 상황에 처해 있다. 이들 대부분은 사랑하는 연인 사이의 혼전 성관계는 아무런 문제가 없다고 믿기에 청년기에 도달하게 되면 깊이 사귀는 관계에서는 약간의 성관계가 있을 것이라 기대한다.[47] 그러나 한편 이들은 주로 부모를 포함해서 존경해야 할 대상으로 알고 있는 종교 지도자와 같이 혼전 성관계를 반대하고 심각한 도덕적 위반으로 생각하고 있는 많은 사람이 있다는 것 또한 인식한다. 이런 관점에서 볼 때, 미국이 다른 선진국보다 혼전 임신이 높다는 것은 매우 놀라운 일이다.

심지어 다른 선진국에서도 매년 수만 건의 의도하지 않은 혼전 임신이 발생한다. 이제는 어떻게 하면 의도하지 않은 임신을 예방할 수 있는지에 대해 충분히 알고 있고, 그래서 순수과학과 기술의 관점에서 이 숫자는 사실상 0이 될 수도 있다. 성접촉 전에 피임약이나 콘돔 또는 다른 피임 도구를 사용하지 않더라도 이제는 수정된 난자의 착상을 억제하는 '응급 피임법emergency contraception', 즉 '사후 피임약the morning-after pill'이라는 매우 효과적인 방법이 있다. 그러나 많은 수의 의도하지 않은 임신이 선진국의 청년들 사이에서 그래도 발생한다.

이런 점에서 우리의 사회적 관행은 기술에 뒤쳐져 있다. 성적 성숙에 도달하는 것과 결혼하는 것 사이의 10년간의 격차는 역사적으로 없었던 일이고 문화적으로 여전히 적응하는 중이다. 앞으로 수십 년 동안, 더 많은 기술적·문화적 변화가 우리가 사는 곳에서 발생할 것이 분명하다. 피임법은 부작용이 거의 없거나 전혀 없이 지금보다 훨씬 사용하기 쉽고 효과적일 것이다. 개개인의 성경험이 시작될 때부터 효과적인 피임 도구가 일상적으로 이용되고 의도하지 않은 임신이 거의 없는 세상을 쉽게 예상해 볼 수 있다. 그러나 지금 우리는 특히 미국은 이런 것들과는 거리가 멀다.

어쨌든 이런 것들이 실현된다고 하더라도 다음에 보게 될 성병의 문제는 여전히 남아있을 것이다.

성병의 위협

청년은 청소년보다 부모로부터 더 독립적이고 청소년만큼 성관계하는 것에 대한 사회적 낙인이 강하지 않기 때문에 성관계에 대해 은밀하게 생각하고 불안해할 이유가 적다. 청년의 대부분은 청소년기에 어색한 첫 성관계를 경험했고, 청년이 되면서 섹슈얼리티에 대해 더 편안해지고, 성관계의 정서적·육체적 경험에 대해 더 알게 된다. 위에서 설명한 신앙심이 깊은 사람을 제외하고 성관계는 사랑하는 사이에서 일정 부분이 될 것이라고 어느 정도 예측할 수 있다.

그러나 청년의 성관계 시 불안 요인 중 하나는 HIV/AIDS와 같은 성병STIs: Sexually Transmitted Infections의 위협이다. 청년의 성적 추구로 인해 치료법이 없는 치명적인 바이러스에 감염될 수 있다는 위협이 발생한다.

오늘날의 청년은 이러한 끔찍한 위협에 직면한 첫 번째 세대가 아니다. 매독은 1940년대 페니실린이 개발될 때까지 수 세기 동안 비슷한 위협을 가했고 매독은 HIV보다 훨씬 쉽게 감염된다. 그러나 혼전 성관계에 대한 엄격한 사회 규범으로 인해 대부분의 사람이 매독에 걸릴 가능성이 희박해졌다. 반대로 에이즈는 성 혁명의 여파로 혼전 성관계에 대한 금기가 사라진 시기에 발생했다. 오늘날 청년은 결혼 전에 자연스럽게 성관계를 가질 것이라는 일반적인 기대가 있는 사회에서 성장한다. 그러나 자유롭게 성적 시도를 할 수 있다는 것과 치명적인 질병에 걸릴 끔찍한 가능성은 서로 충돌한다.

청년은 이러한 상황에 다양한 방식으로 대응한다. 어떤 사람들은 에이즈를 다른 사람에게는 위협이 되지만, 자신과는 관계없는 일로 생각한다. Brady는 에이즈에 대해 다음과 같이 일축했다. "내 주변에는 에이즈에 걸린 사람이 없어서 에이즈에 대해 별로 신경 쓰지 않아요." Jake는 다음과 같이 말했다. "내가 에이즈에 걸린다는 걸 꿈에도 생각해 보지 않았어요. 에이즈에 걸리는 건 바보 같은 짓이에요. 나는 절대로 그럴 일이 없어요." Casey는 다음과 같이 말했다. "여자로부터 에이즈에 걸릴 가능성은 매우 희박해요. 다른 남자로부터 에이즈에 걸릴 수는 있죠. 주사 바늘 공유로 인해 에이즈에 걸릴 수도 있고요. 이런 것들이 에이즈에 걸릴 가능성이 매우 큰 경우들이에요. 그래서 내가 하는 행동들을 엄밀히 따져보니 나는 에이즈에 걸릴 가능성이 엄청나게 낮다고 생각해요."

어떤 젊은 남성은 에이즈를 당연하게 매우 위험한 것으로 생각하지만, 그 위험을 성적 쾌락을 추구하는 대가로 이해한다. Benny는 자신을 지키지 못한 성관계가 에이즈에 걸릴 위험에 처할 수 있다는 것을 알고 있었다. "나는 전혀 조심하지 않아요. 운에 맡기는 거죠. 이런 말 하긴 좀 그렇지만, 고무장갑(콘돔)을 끼는 것은 찬물을 계속 틀어놓는 것과 같아요. 아시겠지만 그렇게 하진 않잖아요? 그리고 나는 에이즈에 걸릴 걱정과 두려움을 모두 떨쳐 버리고 결국 위험을 받아들이고서라도 성관계를 하겠죠." Keith는 가끔 에이즈에 걸릴 것을 걱정하지만, 그 위협에 대해 다음과 같이 말했다. "그렇다고 나를 막지는 못해요. 내 행동의 결과를 기꺼이 감수하겠어요. 만약 그런 일이 발생한다면, 내가 죽을 수도 있기 때문에 매우 화가 날 거예요. 누가 죽기를 원하겠어요? 그러나 '응당한 벌을 받았군'이라고 말할 거예요. 운에 맡기고 그럴 수도 있다고 봐요. 완전 재수 없는 거죠."

그러나 일부 청년은 에이즈에 대한 두려움은 성의식에 대한 기본원칙이고 성관계에 대한 태도에 지대한 영향을 미치는 것이고 연애할 상대와 성관계에 도달하는 방식이라고 말한다. Bridget은 남자 친구와 성관계하기 전에 남자 친구에게 검사받을 것을 요구했다. "나는 '검사 결과가 나올 때까지 자기와 성관계 하지 않을 거야'라고 했어요." 남자 친구는 반대했지만, Bridget이 단호하게 나오자 결국 동의했다. "남자 친구는 검사하는 것에 동의하지 않았지만, 이는 마치 '비 오는 날 우비를 입지 않으면 놀 수 없는 거야'와 비슷하다고 말해주었어요. 그래서 나는 '네가 선택해, 친구'라고 했어요." Sam도 비슷한 견해를 보였다. "요즘에는 기본적으로 다른 사람과 성관계를 하기 전에 혈액 검사를 받는 것이 좋아요." Gabriella도 확신 있게 답했다. "콘돔 없이 자신을 보호하지 못하는 성관계는 하지 않을 거예요. 난 평소에 에이즈에 대해 많이 알고 있어요. 그런 일로 제 목숨을 걸고 싶지는 않아요." Bruce도 "나는 에이즈에 대한 인식과 의식이 정말 투철해요."라고 말했다. 록 뮤지션인 Bruce는 오가다 우연히 만나는 성적인 기회가 있지만, 에이즈가 두려워서 지나쳤다. "내가 모르는 운에 나를 맡기고 싶지 않아요."

에이즈 발병 이후 젊은 사람들의 성행위가 변화했다는 연구 결과가 있다. 콘돔 사용은 1980년대 후반부터 고등학생과 대학생 사이에서 급격히 증가했다. 국립보건통계센터에 따르면, 최근 성관계 시 콘돔을 사용한 15~19세의 여성은 1988년 31%에서 2006~2008년 55%로 증가했으며, 남성은 1988년 53%에서 2006~2008년 79%로 증가했다.[48]

많은 청년이 성적 행동에 책임을 꽤 지고 있지만, 상당수는 때때로 위험을 감수한다. 앞에서 언급했듯이, 청년의 절반 정도만이 몇 가지의 피임 도구를 항상 사용한다고 말한다. 종종 술로 인해 분위기가 좋아져서 성관계할 기회가 생기면 그 기회를 잡는다. 청년 사이에서 피임 도구 사용에 대한 의사소통은 장래를 약속하는 관계가 될 때까지 제한적이거나 아예 존재하지 않는 경향이 있는데, 성관계 시 피임 도구를 사용할 수도 있고 전혀 하지 않을 수도 있다.[49] 이들은 가끔 쑥스럽거나 분위기를 망치게 될까 봐 피임 도구에 대해 말하는 것을 자제한다. 서로 성관계하는 것에 대해서는 창피해하지 않을 수 있지만, 피임 도구를 사용하는 것에 대해 말하는 것은 너무 창피해하는 아이러니한 상황일지라도 이러한 상황이 청년 사이에서 종종 나타난다.

Bridget과 Sam처럼 성관계하기 전에 상대의 혈액 검사 결과가 이상이 없다는 것을 요구하는 청년은 거의 없다. 연인은 연애 초기에 콘돔을 사용했다가 몇 달 뒤 피임약으로 바꾸는 것이 일반적인 추세이다.[50] 피임약으로 바꾸는 것은 HIV나 다른 STI가 없다고 서로 확신하거나 더 나아가 STI에 대해 서로 대화를 해서가 아니라 단순히 서로를 더 잘 알고 신뢰가 더 생겨서이다. 관계가 발전하고 서로에게 더 전념하게 되면서 서로는 HIV에 걸릴 '그런 사람이 아니다'라고 결정을 내린다. Wilson은 이렇게 말한다. "여자 친구를 사귀게 된 지 꽤 됐는데 검사를 받아본 적은 없지만, 안전한 상태인지 확인할 필요가 없어요. 나는 내 여자 친구를 믿고 내 여자 친구도 나를 믿어요. 그렇게 하는 것이 약간은 안전하지 않다는 것을 알고 있지만, 지금 우리는 우리끼리만 성관계하고 있는 게 전부라서 우리는 안전한 것 같아요."

심지어 성적 행동에 있어서 보수적인 경향에 있던 몇몇 청년도 에이즈를 약간은 의식한다. Helen은 지금 남자 친구와 5년간 사귀었다. "나는 어떠한 병도(에이즈도) 가지고 있지 않다는 것을 알아요. 그렇지만 가끔 에이즈에 대해 생각해봐요. 내 몸에 뭔가 이상한 게 발현이 되면 에이즈라고 대부분 생각하게 될 거예요. 주의할 수 있도록 증상을 알 수 있어서 다행이에요."

비록 성적인 행동에 있어서 조심했더라도 상대는 그렇지 않았을 수도 있어 성적인 행동이 위험에 빠뜨린다는 것을 깨닫는다. Vernon은 다음과 같이 말했다. "나와 데이트했던 여자 중 한 명이 남자 스트리퍼와 성관계를 가진 것을 알게 되었어요. 그래서 몇 명과 잤는지 확인해 봤더니 '와우! 나 방금 캘리포니아에 있는 모든 사람이랑 잔 거잖아!' 그리고 이것 때문에 내가 긴장하게 됐어요."

일반적인 성교보다 항문 성교를 통해 HIV가 전염될 위험이 훨씬 더 크기 때문에 게이는 HIV/AIDS에 걸릴 위험이 특히 크다. 미국 내 HIV 감염의 3분의 2는 남성 간 성접촉으로 발생하며 20대 남성이 HIV 감염률이 가장 높다.[51] 1990년대 동안 HIV의 위협으로 젊은 게이 남성들 사이에서 콘돔을 사용하지 않는 성관계가 급격히 감소하였다. 그러나 지난 10년 동안 HIV에 대한 공포는 다소 줄어들었는데, 아마도 더 효과적인 치료 방법으로 인해 HIV의 진단이 반드시 사형 선고가 아니라는 것을 의미하게 됐기 때문일 것이다. 최근 들어 20~29세 남성에서 HIV 감염률이 증가했으며 이보다 높은 연령의 남성에서는 감소했다.[52] 오늘날 콘돔 사용 여부는 게이 파트너들 사이에서는 협의 사항이며 선호도, 위험 인식 및 신뢰 관계에 따라 차이가 있다.[53]

HIV/AIDS는 청년의 성생활에서 가장 큰 불안 요인이지만, 다른 STI는 사람들이 일반적으로 몇 년 동안 한 성적 파트너에서 다른 성적 파트너로 이동하는 특정 나이대에서 발생할 위험이 있다. 젊은 미국인들 사이에서 가장 흔한 STI는 인유두종 바이러스HPV: Human Papilloma Virus이다. 대부분의 미국인은 사는 동안에 가끔은 HPV에 걸릴 수 있으며 신규 감염의 절반가량은 15~24세에서 발생한다.[54] 10건 중 9건 이상은 감염자에게 증상이 없고 보통 몇 달 안에 바이러스가 사라진다. 그러나 소수의 경우 바이러스가 지속하고 생식기 사마귀가 발생하여 가려움증과 출혈이 발생한다. 사마귀를 치료하는 다양한 방법이 있지만, 바이러스를 죽이는 치료법이 없어 재발이 흔하다. HPV에 감염된 여성은 자궁경부암에 걸릴 위험이 증가하지만, 발병하는데 5년에서 25년이 걸릴 수 있다. HPV로 인한 자궁경부암의 대부분은 정기적인 산부인과 검진을 통해 사전에 암을 발견하여 예방할 수 있다. HPV 백신이 개발돼 보건당국에 의해 활발하게 추진되고 있어 다음 세대 청년의 HPV 위험을 지금보다 낮출 수 있다.[55]

다음으로 젊은 사람들 사이에서 흔한 STI는 클라미디아chlamydia이다.[56] 증상으로는 배뇨와 성교 중 통증이 있지만, 간혹 증상이 전혀 없기도 하다. 항생제로 효과적으로 치료할 수 있지만, 여성이 치료받지 않으면 골반 염증PID: Pelvic Inflammatory Disease으로 이어져 불임을 일으킬 수 있다. 남성의 25%와 여성의 75%는 감염된 상대와 단 한 번의 성관계만으로도 감염될 정도로 전염성이 강하다.

Holly의 불운은 다음과 같았다. "어떤 남자와 한 번 잤어요. 한 남자와 딱 한 번이요. 사실 우리는 피임을 하지 않았어요. 우리 둘 다 바보 같은 짓을 한 거예요." 이후 별다른 증상이 없었지만, 약 한 달 뒤 정기검진으로 골반 검사를 받았다. "내가 클라미디아에 양성 반응을 보인다는 전화를 받았어요. 그런 일이 내게 발생할 수 있다는 것을 믿을 수 없었기 때문에 충격을 받았어요." Holly는 즉시 치료를 받았지만, 이러한 경험은 "이런 일이 일어날 수 있어. 언제든 일어날 수 있지."라는 것을 깨닫게 했다. Holly 뿐만 아니라 Holly의 친구들도 이 일을 잊을 수가 없었다. "내 절친들은 '클라미디아라는 단어를 들을 때마다 우리는 네 생각이 난단다'라고 말했어요."

제2형 단순포진 바이러스Herpes simplex virus II는 청년 사이에서 세 번째로 흔한 STI이다. 클라미디아와 마찬가지로 감염성이 매우 높아 감염자와 성관계를 가진 사람의 75%가 이 병에 걸린다.[57] 증상은 보통 감염 후 하루에서 한 달 사이에 나타난다. 먼저 감염 부위가 따끔거리거나 화끈거리는 느낌이 들며 뒤이어 통증이 나타난다. 통증은 3주에서 6주 정도 지속되며 고통스러울 수 있다. 다른 증상으로는 발열, 두통, 피로가 나타난다. 감염 후 4일 이내에 치료하면 염증이 발생하는 재발 가능성은 줄어들지만, 포진은 치료되지 않는다. 일단 바이러스에 감염되면 바이러스는 평생 몸속에 남아있어 재발할 우려가 있다.

  사랑하는 애인과 헤어지는 것은 쉬운 일이 아니라는 것을 Freda는 알았다. Freda는 17세에 처음 성관계를 했던 그 사람으로부터 단순포진에 걸렸다. 남자 친구의 성기에 염증이 있는 것을 알아차렸지만, 단순포진의 증상으로 인식하지는 못했다. "남자 친구의 성기에 통증 같은 게 있던 날이 있었던 것 같아요. 그런데 나는 단순포진이라는 생각은 하지도 않았어요. 나는 '그게 뭐야?'라고 물었지만, 남자 친구는 '아, 아무것도 아니야'라고 말했어요." 자신이 감염된 것을 알았을 때, 그 소식은 충격적이었다. "이 일은 나에게 많은 영향을 끼쳤어요. 아주 많이요. 나는 정말 혼란스러웠어요. 이렇게 생각하기로 했어요 '좋아, 평생 가져갈 상처지 뭐'"

  Freda는 그 이후 4년 동안 염증만 2번 있었고, 단순포진과 함께 사는 법을 알게 되었다. 그러나 지금의 남자 친구와 관계가 깊어졌을 때 단순포진에 관해 이야기해야 하는 것이 두려웠다. 단순포진은 염증이 있을 때 가장 전염성이 크지만, 장기간에 걸쳐 계속해서 피임하지 않는 성관계를 통해서도 전염될 수 있다. 그래서 Freda는 남자 친구에게 자신이 감염된 상태이고 항상 콘돔을 사용하지 않으면 감염될 위험이 있다고 말해야 했다. "우리에게 매우 힘든 상황이었어요. 나는 정말 솔직해야만 했고 되돌릴 수 없기에 남자 친구가 당황하지 않도록 신경을 썼어요. 그냥 '이건 꼭 말해야되는 거야'라고 생각했어요." Freda의 남자 친구는 처음에는 용납하지 않았지만, 결국 받아들였다. 적어도 HIV는 아니었다. "남자 친구는 꽤 당황했지만, 누구든지 좋지 않은 일에 처할 수 있다는 것을 깨닫기 시작한 것 같아요." 그런데도 Freda는 단순포진에 걸린 자신의 불행을 계속 원망하고 있다. "어쩐지 제대로 속은 기분이지만, 동시에 나는 그것을 감수하면서 살아야 할 것 같아요. 그냥 그런 거구나 하면서요."

포르노그래피 : 새로운 문물, 진부한 의문

청년은 성적으로 성숙해졌기 때문에 성관계에 관한 관심은 당연히 많다. 하지만 우리가 보았듯이 청년의 실제 성행위는 다양하고 거의 하지 않거나 전혀 하지 않는 경우도 있다. 많은 청년은 현재 성관계는 하지 않으나 거의 모든 청년은 일정한 파트너가 없는 시기가 이따금 생긴다. 일반적으로 파트너가 있는 청년의 성관계 빈도는 결혼한 성인에 비해 적다.[58] 그리고 앞에서 살펴보았듯이 미국 사회의 일부 문화와 특정 문화 집단에서는 결혼 전 성관계를 심하게 금지한다.

아마도 이러한 이유로 포르노그래피는 성적으로 성숙한 젊은 사람들, 특히 남성들에게 오랫동안 관심을 끌어왔다. 한 세기가 넘는 기간 동안 포르노 사진이나 잡지는 성적인 자세를 한 벌거벗은 여성을 보여주었고, 수십 년 동안 포르노 영화는 다양한 성행위를 보여주었다. 최근 들어 인터넷 접속의 확산과 함께 포르노그래피는 갑자기 구하기 훨씬 쉬워졌고, 인터넷으로 포르노그래피를 보는 것은 젊은 미국 남성들 사이에서 이제는 일반적이다. 전국 6개 지역의 대학생을 대상으로 한 한 연구에서 젊은 남성의 87%, 젊은 여성의 31%가 인터넷으로 포르노그래피를 본다고 보고했다.[59] 자주 포르노를 보는 비율은 남성이 훨씬 높았으며 매주 포르노를 보는 경우가 남성은 거의 50%이지만, 여성은 약 3% 정도라고 보고했다.

청년이 포르노그래피를 보는 것이 청년의 성적 관심과 성적 관계에 어떤 영향을 미치는가? 이 주제에 관한 연구는 정기적인 포르노그래피의 사용이 성관계에 대한 몇 가지 믿음과 태도에 관련이 있음을 일관되게 보여주고 있다.[60]

- 항문 성교와 같은 비정상적인 형태의 성행위 확산과 쾌락의 과대평가
- 일부일처제는 비현실적이고 이상한 것이라는 믿음

- 사랑과 결혼에 대해 가지는 냉소적인 태도

그러나 미디어 사용에 관한 모든 연구와 마찬가지로 다음과 같은 상관관계는 주의 깊게 해석해야 한다. 포르노그래피를 보는 것이 성에 대한 이러한 믿음과 태도를 갖게 하는 것인가? 아니면 포르노그래피를 보는 사람이 이미 이러한 믿음과 태도를 이미 가지고 있을 가능성이 더 큰 것인가? 사람들을 '포르노그래피를 보는' 집단과 '포르노그래피를 보지 않는' 집단으로 단순히 분류할 수 없기 때문에 이렇게 말하는 것은 불가능하다. 이들은 이미 가지고 있는 믿음과 태도에 근거하여 포르노그래피를 얼마나 자주 볼지에 대해 선택을 한다.

인터넷을 통해 포르노그래피에 매우 쉽게 접근할 수 있게 되면서 이제는 청년 사이에서 포르노그래피를 보는 것이 더 흔해졌다는 것에는 의심의 여지가 없다. 그래서 만약 포르노그래피가 실제로 사람들의 성적 믿음과 태도에 변화를 일으킨다면, 지금쯤은 이러한 변화가 행동에 분명히 나타날 것이라고 예상할 수 있을 것이다. 예를 들어 오늘날의 청년은 20년 또는 30년 전의 성인보다 포르노그래피에서 거의 사용하지 않는 콘돔을 사용할 가능성이 적을 뿐만 아니라, 일부일처제를 할 가능성도 적고 성을 부정한 것으로 묘사한 포르노그래피에 수년간 노출되어 성적으로 믿음을 주는 상태를 유지하는 것이 더 어려워지기 때문에 결혼을 하게 되면 이혼할 가능성이 더 클 것이라는 예측을 할 수 있다. 그러나 이것이 지금까지의 결과라는 증거는 없다. 반대로 오늘날의 청년은 어떤 면에서 한 세대 이전의 또래보다 성생활에 있어 다소 보수적이고 책임감이 있다. 앞서 언급했듯이 성병의 위협에 대한 인식이 높아짐에 따라 콘돔을 사용할 가능성이 더 높다. 이혼율은 조기 이혼율을 포함하여 지난 20년 동안 소폭 하락했다.[61]

그렇다고 해서 젊은 남성이 포르노그래피를 즐기는 것에 대해 걱정할 필요가 없다는 뜻은 아니다. 젊은 여성은 포르노그래피를 종종 위협적인 것으로 또는 하다못해 어리석고 멍청한 것으로 간주하는 데는 그럴 만한 이유가 있다.[62] 많은 연구에서 알 수 있듯이 포르노그래피는 종종 여성을 비인격적으로 대하고, 여성에 대한 남성의 지배력을 강조하고, 사랑이 없이 착취하는 방식으로 성관계를 묘사하고 있다는 것에는 의심의 여지가 없다.[63] 청년과 이들의 성관계에 대한 시각에 관심있는 사람들은 포르노그래피에서 흔히 볼 수 있는 야만적인 성관계에 청년이 정기적으로 노출되는 것에 대해 우려할 수밖에 없다. 청년 중에서 포르노그래피를 자주 즐기는 젊은 남성조차도 포르노그래피에 대해 종종 양가적인 태도를 보인다. 이들은 포르노그래피를 접하는 것이 자연스럽고 정상적이고 불가피한 것으로 보지만, 좋은 것도 아니고 그렇다고 그렇게 나쁜 것도 아닌 것으로 이해하고 있다.[64]

비슷한 경우로 폭력적인 비디오 게임은 남성 청년들 사이에서도 매우 인기가 있기도 하지만, 미래에 끼칠 영향에 대한 경각심과 우려를 불러일으킨다. 청년의 성행위가 다소 보수화된 시기에 인터넷 포르노그래피가 폭발적으로 증가한 것과 마찬가지로, 젊은 남성들 사이의 폭력 범죄가 줄어든 시기에는 폭력적인 비디오 게임의 사용이 폭발적으로 증가했다.[65] 이러한 양상은 폭력적 미디어 사용에 대한 비판자들에게 불쾌하고 혐오감을 줄 수 있다고 해도 설득력 있는 반론을 제기하기 어렵게 만든다.

아마도 청년은 포르노그래피와 폭력적인 비디오 게임 둘 다에서 환상과 현실을 일반적으로 분리할 수 있고 포르노그래피와 폭력적인 비디오 게임 사용으로 남은 삶이 타락되는 것을 용인하지도 않을 것이다. 청년은 포르노그래피가 현실을 반영하는 것이 아니라 현실로부터의 도피 또는 아마도 일시적인 대체품이라는 것을 알고 있다. 또한 포르노그래피는 결혼하게 되면 이루어지는 통상의 성관계를 아직 하지 못하고 있는 성적 욕구가 강렬한 젊은 사람에게 위안이 될 수 있다. 하지만 음식 프로그램에서 준비한 푸짐한 음식을 보는 것이 좋은 식사를 대신하기에 만족스럽지 못한 것처럼 포르노그래피는 장기적으로 볼 때 성관계 대용으로 만족스럽지 못하기 때문에, 사실상 모든 청년은 결국 삶을 사랑하고 소중히 여길 실제로 존재하는 소울메이트를 찾길 희망한다.

동성애에 대한 새로운 시각

동성애는 많은 사회에서 그렇듯이 미국 사회에서도 오랫동안 비난을 받아왔다. 사실 2003년 대법원의 판결이 있기 전까지 동성애 행위는 많은 미국 주에서 법에 저촉되었다. 심지어 지금도 많은 게이과 레즈비언은 경멸과 학대의 대상이 되고 있는데, 특히 청소년기와 청년기에는 더욱 그렇다.[66] 결과적으로 젊은 게이와 레즈비언은 또래보다 약물 사용, 학교 부적응, 우울증 그리고 자살의 비율이 더 높다. 2010년에 Rutgers 대학의 한 젊은 남자들 사이의 성행위 장면이 룸메이트에 의해 몰래 촬영된 것이 널리 알려진 사건이 있었다. 동영상이 인터넷에 게재된 뒤 이 청년은 스스로 목숨을 끊었다. 이 비극은 미국 사회의 동성애와 관련된 수치심을 보여준다.

그럼에도 최근 몇 년 동안 레즈비언과 게이와 양성애자LGBs: Lesbians, Gays, Bisexuals에 대한 태도에 극적인 문화적 변화가 확실히 생겼다. 게이와 레즈비언은 성적 지향이 더는 중요하지 않을 정도로 대중문화의 유명 인사가 되었다. LGB가 고위 정무직으로 선출되기도 하였다. 동성 결혼, 동성 부부의 입양, 공개적으로 군 복무를 하는 동성애자(그 어느 때보다 높으며 여전히 증가하고 있다.) 등에 대한 대중의 지지가 있고, 특히 젊은 사람들 사이에서 가장 높은 지지를 보여주고 있다. 예를 들어 2013년 3월 조사에 따르면 18~29세의 81%가 동성 결혼을 지지했으나, 65세 이상인 경우는 44%로 연령이 증가할수록 지지율이 지속해서 감소하였다.[67]

결과적으로 LGB인 청년은 동성애가 여전히 미국 사회에서 논란이 되고 있지만, 빠르게 받아들여지고 있는 시점인 오늘날에 성년이 되어가고 있다. LGB인 청년은 이전 세대 또는 몇 년 전의 LGB 보다 동성애 혐오증의 대상이 될 가능성이 적다. 그럼에도 오늘날 LGB의 수용 정도는 과장되어서는 안 된다. 미국 사회의 보수적인 집단은 동성애가 도덕적으로 잘못되었고 신의 섭리를 위반하는 것으로 계속해서 보고 있다. LGB인 청년으로 존재하는 경험은 거주지에 따라 크게 달라지는데 남부 시골보다 북동부 도시에서 반응이 훨씬 더 호의적이다.[68]

게이와 레즈비언에게 청년기는 중요한 시기이다. 생애단계에서 청년기 이전과 이후 단계보다 청년기에 성적인 다양성을 시도할 가능성이 더 높다. 18~23세 청소년을 대상으로 한 미국 내 연구에 따르면, 젊은 여성의 18%, 젊은 남성의 7%가 동성 간에 매력을 느꼈다고 보고했으며, 젊은 여성의 14%, 젊은 남성의 5%가 적어도 한 번의 동성 간의 성적 끌림을 경험했다고 보고한다. 그러나 여성의 1%, 남성의 2%만이 레즈비언이나 게이로 확인되었다.[69]

게이 또는 레즈비언의 정체성을 인식하게 되는 것은 일반적으로 청소년기 또는 그 이전에 발생한다. 대부분의 LGB는 초기 청소년기부터 동성 간에 끌림을 느낀다고 보고하며, '커밍아웃coming out(사람들에게 자신의 성 정체성을 공개)'의 과정은 대개 가장 친한 친구에게 말할 때인 16세 전후가 된다. 1970년대 커밍아웃 평균 연령이 21세 전후였는데, 그 이후 연령이 낮아진 것은 LGB를 수용하는 정도가 높아졌기 때문일 것이다.[70]

하지만 커밍아웃은 하나의 과정이고, 비록 대부분의 LGB는 16세 즈음 친구들에게 처음으로 말하기는 하지만, 부모에게 커밍아웃하는 것은 더 늦은 19세 즈음인 경향이 있다. 우연은 아니지만, 19세 즈음이 대부분의 청년이 부모님의 집을 떠나는 시기이다. 젊은 사람은 종종 부모의 반응을 무서워하고 두려워한다.[71] 아무리 너그럽고 개방적인 부모라도 자녀가 LGB라는 소식을 들으면 복잡한 감정을 갖게 될 것이다. 자신의 자녀가 다른 사람의 적개심에 사로잡힐 가능성이 있는 길을 따르고 있다는 사실에 괴로워할 수도 있다. 자녀가 결혼하거나 아이를 가질 확률이 낮아지는 것에 실망할 수 있다(비록 동성 결혼이 점점 더 가능해지고, 게이의 20%와 레즈비언의 30%는 자녀가 있음).[72] 게이의 경우 HIV와 에이즈의 위험 증가를 두려워할지도 모른다. 이 소식을 조금 더 보수적인 친구나 친척에게 어떻게 알릴지 혹은 알리게 된다면 어떨지 걱정을 할지도 모른다.

그러나 부모는 LGB 자녀가 자신의 중요한 사안을 공개할 만큼 충분히 부모를 신뢰하는 것에 만족감을 느낄 수도 있다. 부모는 자녀가 숨기기보다는 솔직함을 선택했다는 사실에 안도감을 느낄 수 있고, 정직하고 솔직하게 살고 싶어 하는 자녀를 존중할 수 있다. 이제는 성장한 자녀의 동성 파트너를 알아가는 것도 기꺼이 할 수 있다.

현재 27세인 Tad는 7학년 때 여자 아이보다 또래 남자 아이에게 더 끌린다는 것을 깨달았다. "내가 매우 어렸을 때 게이라는 것을 알았어요." 몇 년이 지난 후에야 Tad는 부모님에게 커밍아웃했다. "내가 게이라는 것이 스스로 편안해질 때 커밍아웃하고 싶었어요." Tad의 아버지는 이것을 담담하게 받아들였다. 사실 Tad의 아버지는 몇 년 전부터 알고 있었다. 하지만 Tad의 어머니는 "조금 더 혼란스러워하셨어요. 적응하는 데 시간이 걸리셨어요." Tad는 어머니를 천천히 설득했다. "엄마에게 생소하실 거라 생각해요."라고 어머니에게 말했다. "나는 몇 년 동안 게이로 살았고 이는 그냥 한 때가 아니에요."

Tad의 엄마가 Tad의 남자 친구 중 한 명을 만날 수 있을 정도로 편안해지는 데 시간이 좀 걸렸지만, 대학교 2학년 때 어머니와 함께 데이트를 할 수 있었다. "우리 모두 큰 마티니를 나눠 마셨고, 조금 취해서 아주 재미있게 놀았어요."라고 당시를 행복한 순간으로 기억한다. "기존의 불편함이 사라졌어요." 그날 밤은 Tad의 성적 취향을 받아들이는 것 이상의 전환점이 되었다. "그날로 부모님과의 관계가 새롭게 설정되기 시작했어요. 부모님을 부모로만 보는 것을 멈추고 이제는 친구로 생각할 수 있게 됐어요." 가장 중요한 것은 Tad의 부모도 Tad를 있는 그대로 받아들인 친구가 된 것이다.

결론: 자유에 대한 경고

오늘날 청년은 사랑과 성관계에 있어 전례 없는 자유를 누리고 있다. 만나고 서로 알아가는 방법에 대해 엄격한 규칙을 적용하는 이전 세대와 달리 성역할에 제한을 받지 않는다. 남자가 주도적으로 여자에게 데이트 신청을 할 수도 있고 여자도 그렇게 할 수도 있다. 청년은 우정에서 사랑으로 경계선을 넘을지를 결정하기 전에, 이들이 함께 시간을 보내는 것이 부적절한 일을 하고 있다고 못 마땅해하는 사람도 없이 친구로서 함께 시간을 보내고 서로를 잘 알아갈 것이다. 또한 이전 세대와 달리 다른 인종적 배경을 가진 사람과 사랑하는 것을 반대하지 않는다. 물론 편견은 여전히 존재하지만, 예전처럼 불가침적이거나 불법적인 것은 아니다. 대부분의 젊은 사람은 여전히 연인을 같은 인종 집단 내에서 찾는데, 일부는 공유된 사회적 집단과 문화적 배경 때문이기도 하고 일부는 인종적 편견의 영향이 여전히 있기 때문이다. 그러나 점점 더 그리고 그 어느 때보다도 청년은 인종을 초월하여 사랑하는 사람을 찾는다. 비슷하게 LGB인 청년에 대한 동성애 혐오증이 여전히 존재하지만, 동성 파트너를 찾는 것이 그 어느 때보다 자유로워졌다.

오늘날 청년은 반세기 전에는 상상할 수 없었던 성적인 자유를 누리고 있다. 청년의 대부분은 10대 후반부터 결혼하기 전까지 지속적으로 성적 상대가 생기게 된다. 대부분의 경우 성적 상대는 갑자기 만나거나 잘 알지 못하는 사람이 아니라, 지속적인 친밀한 관계를 맺고 있는 사람이다. 20대 젊은 여성과 남성이 결혼하지 않았더라도 사랑하는 사이에서 성적인 관계를 갖는 것을 잘못된 것으로 보는 미국인은 거의 없다. 과거에는 결혼 전에 사랑하는 사람과 성행위를 한 것이 알려지면 경멸과 배척을 당했을 여성에게 특히 새로운 규범은 특히 놀라운 변화를 가져왔다. 이와 비슷하게 대부분의 젊은 사람은 또래들이 동성 파트너를 찾는 것에 반대하지 않는다.

그러나 청년기의 새로운 자유는 새로운 두려움을 동반한다. 청년은 결혼 전 다양한 성적 경험을 할 수 있도록 허용되고 심지어 그러한 분위기가 조성되지만, 많은 미국 청년은 피임을 꾸준히 하지 않아서 의도하지 않은 임신의 비율이 예측한 대로 높게 나타난다. 게다가 에이즈의 확산은 성적 자유에 암울한 불안감을 더한다. HIV에 감염되는 청년은 거의 없겠지만, 많은 사람에게 에이즈는 성적 자각의 일부가 되었다. 치명적이지는 않지만, 충격적인 다른 STI의 위협 역시 성생활에 그림자를 드리운다.

청년이 사랑을 추구하는 것에도 위험이 따른다. 구애나 연애 규칙의 제약 없이 그리고 인종적 경계를 넘어서는 것에 제한 없이 연애 상대를 찾는 것이 과거 세대보다 자유로울 수 있지만, 그렇다고 해서 자신과 딱 맞는 연애 상대를 찾는 것이 더 쉬워진 것은 아니다. 이것은 특히 청년이 평생을 함께할 사랑하는 상대, 즉 결혼 생활에 전념할 누군가를 찾기 시작할 때 더욱 그러하다. 이 주제는 다음 장에서 다룰 예정이다.

5장 혼란스러운 결혼관

청년 여성들 사이에서 인기 있는 책을 살펴보면 대부분이 결혼하지 않고도 살 수 있다고 생각할만한 제목들이 있다. 「개가 남자보다 좋은 이유Why Dogs Are Better Than Men」, 「고양이가 남자보다 좋은 101가지 이유One Hundred and One Reasons Why a Cat Is Better Than a Man」, 심지어는 「오이가 남자보다 좋은 이유Why Cucumbers Are Better Than Men」와 같은 책마저 발견할 수 있기 때문이다. 이는 결혼에 대한 다양한 시각 중에서 결혼에 전념하는 것을 두려워하는 청년 남성에 대한 일종의 클리셰cliché [* 진부한 표현이나 고정 관념]이다. 유머 작가 Dave Barry는 「사나이가 되는 완벽한 방법complete guide to guys」에서 여성들에게 '관계 향상을 위한 조언'을 많이 제시한다. "남자가 서둘러서 결혼에 전념할 것이라고 기대하지 마세요. 여기서 '서둘러서' 란 말은 '당신이 살아 있는 동안'이라는 의미입니다. 남자는 전념하는 것을 전혀 달가워하지 않아요. 왜냐하면 자신이 준비되지 않았다고 느끼기 때문이죠. 많은 여성은 남성이 햄스터 정도의 정서적인 성숙도를 가진 문제 있는 집단으로 결론 짓습니다. 하지만 그렇지 않아요. 남성보다 햄스터가 한 여성에게 훨씬 더 변함없이 전념할 수 있는 존재입니다. 특히 그 여성이 햄스터에게 매일 음식을 주는 사람이라면…"

그러나 결국엔 고양이, 개 또는 오이 따위에 충분히 만족하는 젊은 여성은 거의 없고, 결혼에 전념하는 것이 두렵다고 해서 독신으로 지내는 것을 선택하는 젊은 남성도 거의 없다. 미국인의 80% 이상은 40대 전에 결혼하고, 65%는 30대 초 이전에 결혼한다.[1] 오늘날의 청년은 이전 세대 젊은 사람보다 더 많은 시간을 미혼으로 지내면서 데이트를 즐기지만, 결국 대다수는 결혼하게 된다.

젊은 사람은 청년기 동안에 결혼하기 위한 준비를 지속하면서 여러 방면에서 변화한다.[2] 청년은 친밀감을 더 지속할 수 있게 된다. 한 사람과 더 오랜 시간 함께하고 더 깊은 정서적 친밀감을 쌓아가는 것에 대한 보람을 찾게 된다. 또한 둘 사이의 관계에서 더 안정적이길 원하게 되어 전념을 원하게 된다. 몇 주 또는 몇 달마다 이 사람 저 사람 만나서 처음부터 다시 시작하게 되면서 결국 나이만 들게 된다. 대부분의 청년은 자신에게 딱 맞는 것처럼 보이는 사람과 오랫동안 함께 하는 관계를 발전시켜 안정과 편안함을 원하게 된다.

이런 행동들은 거의 모든 청년이 결혼에 대해 생각하고 좋은 결혼 상대가 될 사람을 찾으려고 노력하는 것을 의미한다. 학교를 마치거나 일에 안정적으로 정착하거나 독립해서 사는 몇 년 동안 자기계발과 자기실현에 집중할 충분한 시간을 가질 때까지 결혼을 미루고 싶을 수도 있다. 그러나 대부분은 준비가 되었다고 느끼면 스스로 전념할 것이며 심지어 '남자'들도 결국에는 그렇게 될 것이다. 결혼에 대한 두려움도 있지만, 두려움보다 진정한 일생의 사랑에 대한 꿈이 더 크다.

5장에서는 먼저, 청년은 어떤 결혼 상대를 찾길 희망하는지 살펴본다. 그 다음으로는, 청년이 결혼 시기를 결정하는 방법을 살펴보고, 특히 여성들 사이에 널리 퍼져 있는 '결혼 마지노선은 30세'라는 것에 대한 인식을 살펴본다. 다음으로, 전념하는 것에 대한 이슈를 논의하고, 동거의 다양한 이유를 검토한다. 또한, 최근 20대 미혼모의 증가와 그 결과를 살펴본다. 마지막으로, 이혼에 대한 두려움이 결혼에 대한 기대를 어떻게 형성하는지도 살펴본다.

소울메이트 만나기: 결혼 상대 찾기

어떤 결혼 상대를 찾고자 하는지에 관해 이야기를 나눌 때, 청년은 매우 다양한 이상적 자질을 언급한다. 때로는 지적인, 매력적인, 유머 감각이 있는 것과 같은 개인적인 자질이지만, 대부분은 친절하고, 배려하고, 사랑스럽고, 신뢰할 수 있는 것과 같은 인간관계 자질을 언급한다. 자신에게 잘 대해주고, 친밀하고, 서로 사랑하며, 지속적인 관계를 맺을 수 있는 사람을 찾기를 희망한다.

이상적인 자질을 가진 결혼 상대를 찾는 것 외에도 청년은 자신과 여러 방면에서 비슷한 결혼 상대를 찾는다. 장래의 데이트 상대로 어떤 사람이 좋을지를 고려할 때 자신과 공통점을 찾는 것처럼, 장래의 결혼 상대를 고려할 때도 공통점을 찾는다.[3] Mindy는 그녀의 남자 친구와 결혼 할 가능성이 높다고 생각한다. "우리는 같은 관심사를 가지고 있고, 어떤 일이든 함께 하는 것을 좋아하고, 같은 관점에서 이야기할 수 있고…. 우리 둘 다 추구하고 싶은 삶이 꽤 많이 비슷해요."

오늘날의 일반적인 부부는 여가 시간의 대부분을 함께 보내기를 원하기 때문에 과거 세대보다 요즘 세대의 결혼에서는 공통점이 더 중요하다. 남성들이 술집이나 남성 클럽에서 다른 남성들과 저녁을 보내던 시대는 지났다. 지난 50년 동안 the Elks, the Lions, the Masons 등과 같은 남성 전용 사교 모임의 회원 수가 급격히 감소했다.[4] 또한 오늘날의 젊은 여성들은 가든 모임, 브릿지 모임 등의 여성 전용 사교 모임에 거의 참여하지 않는다. 젊은 연인은 종종 여가의 대부분을 함께 하려고 하기에 여가 선호의 공통점을 결혼 상대에게서 찾는 것이 중요한 요소가 된다.

이들은 모든 것을 함께 하기를 원하는 것은 아니다. 단지 함께 여가 활동을 즐길 수 있도록 충분한 공통의 관심사가 있기를 원할 뿐이다. Perry는 다음과 같은 사람을 찾고 있다. "내가 하는 것 중 몇 가지는 상대방도 좋아하지만, 그렇다고 해서 나는 좋아하는데 상대방이 좋아하지 않아도 괜찮아요. 우리가 함께 좋은 시간을 보낼 수 있도록 충분히 비슷한 관심사를 가지고 있는 사람이면 돼요." 대부분의 청년은 무언가를 함께 하기도 하지만, 독립적인 활동을 할 수 있는 시간을 허용하여 균형을 유지할 수 있는 동반자적인 사람을 원한다.

무언가를 함께 하는 것보다 더 중요한 것은 세상을 비슷하게 바라보는 믿음과 가치를 공유하는 것이다. 종교에 대한 믿음이 강한 사람들은 이를 함께할 수 있는 사람을 찾는 것이 중요하다고 강조한다.[5] Andrea는 다음과 같은 사람을 찾고 있다. "나와 같은 종교에 대한 믿음과 가치관 등을 가진 사람을 찾고 있어요." 소수 인종 청년이 같은 인종 배경을 가진 결혼 상대를 찾는 것을 강조하는 것은 같은 인종 배경이 공통의 세계관을 가지고 있다고 믿기 때문이다.

22세의 라틴계 여성인 Gloria는 이렇게 말한다. "나와 같은 종교이고 같은 인종이었으면 해요. 가끔 사람들은 내가 편견이 있다고 말해요. 하지만 꼭 그런 것은 아니에요. 왜냐하면 내가 성장하면서 많은 전통과 관습을 가지고 있고 이런 모든 것을 이해하는 사람을 원할 뿐이에요. 그래서 항상 라틴계 사람을 찾고 있고 내가 가톨릭 신자라서 가톨릭 신자를 찾고 있어요."

훌륭한 대인관계능력, 관심사, 신념, 가치관의 공통점은 청년이 결혼에 대해 생각할 때 꿈꾸는 이상적인 궁합의 구성요소이다. 청년이 결혼 상대로서 '소울메이트soul mate'를 찾으려고 할 때 이것을 염두에 둔다. Annie가 미래의 남편에 대해 생각해 보자면, "삶을 함께 나누고 싶은 사람, 영혼의 동반자, 모든 것을 함께 나누고 싶은 사람"을 상상한다. Annie의 이러한 꿈은 지극히 일반적이다. 설문조사에서 20대 미혼 미국인의 94%가 '결혼할 때 무엇보다 배우자가 소울메이트가 되길 바란다'에 동의했다.[6]

이러한 소울메이트에 대한 정의에 육체적인 성적인 매력을 더하면 완벽한 이상형이 되지만, 실제로 찾기는 어렵다. 현실적으로 이상형을 찾기가 쉽지 않다. 결혼에 열정을 가진 소울메이트를 찾은 사람은 운이 좋은 편이지만, 소울메이트는 결혼함으로써 얻어지는 것 이상이라는 것을 많은 사람이 깨닫게 될 것이다. 높은 이상형을 고려하게 되면 현실의 결혼과는 많은 부분에서 맞지 않다는 것을 결국에는 알게 될 것이다. 하지만 결혼 전에 아직 미래의 배우자가 누구일지 상상하고 있는 청년은 자신이 행운의 배우자 중 한 명이 될 것이라는 희망에 부풀어 있다. 설문조사에서 20대 미혼 미국인의 94%가 소울메이트와 결혼을 희망한다고 했으며, 88%는 '특별한 사람인 소울메이트가 어딘가에서 나를 기다리고 있을

것이다'에 동의했다.[7]

결혼 시기 결정하기

결국 거의 모든 청년은 결혼하기를 원하지만, 언제 결혼하기를 원할까? 과거에는 이 질문에 대한 답이 비교적 명확했다. 남성은 일반적으로 아내와 자녀를 부양할 수 있는 재정적 능력이 되는 20대 초반부터 드물게는 20대 중반 이후에 결혼했다. 여성은 남편과 자녀를 돌보고 가정을 꾸려야 할 책임을 질 수 있을 만큼 성숙해진 10대 후반부터 드물게는 20대 초반에 결혼했다. 20대 초반이 지나도록 미혼으로 남아있는 여성은 결혼 적령기가 지난 것으로 여겨졌고, 앞으로도 결혼하지 않을 여성에게 적용되는 '노처녀'라는 두려운 위치로 밀려나게 되었다. 1953년 New York Times의 기사에서 다음과 같이 경고했다. "20세가 될 때까지 남자를 찾지 못한 여자가 결혼할 수 없을지도 모른다는 두려움을 갖는다는 것은 전혀 잘못된 것이 아니다."[8]

오늘날 청년은 언제 결혼해야 할지 스스로 결정할 수 있는 매우 폭넓은 자유를 누리고 있다. 결혼하기에 '적절한' 나이에 대한 기준이 약해졌다.[9] 아직도 10대 후반이나 20대 초반에 결혼하는 젊은 사람도 있지만, 대부분은 적어도 20대 중후반까지로 미루며 종종 30대까지로 미루기도 한다. 30대까지 기다리는 경우도 종종 있다. 1970년 이후 남녀 모두 평균 결혼 연령이 가파르게 상승했을 뿐 아니라 결혼하는 연령대의 범위가 넓어졌다. 젊은 사람은 20대 초반, 중반, 후반 그리고 30대 초반에 결혼해도 여전히 '정상'으로 간주한다.

요즘의 청년은 사회적 기대의 압박 때문에 서둘러 결혼하기보다는 각자의 성향과 상황에 가장 잘 맞는 시기에 맞춰 결혼할 수 있다는 것이 이들에게 매우 중요한 새로운 자유이다. 하지만 청년의 다른 자유와 마찬가지로 결혼의 시기를 자유롭게 결정할 수 있는 이 새로운 자유에는 대가가 따른다. 언제 결혼할지 명확한 문화적 규범을 따르는 것 대신에 이제는 언제 결혼할지를 결정하는 책임은 청년 자신에게 있으나, 그리 쉬워 보이지는 않는다.

대부분의 청년이 보기에 20대 초반에 결혼하는 것은 분명히 너무 이르다. 이렇게 일찍 결혼하는 것은 청년 시절의 매력적인 특성인 독립성과 자발성을 경험할 기회가 단절되는 것이다. 살면서 하고 싶은 것을 하고 싶을 때 할 수 있는 더할 나위 없는 기회를 가진 이 시기에 결혼은 이들의 가능성을 제한한다. 23세의 Roy는 이렇게 말한다. "결혼하게 되면 곤란할 것 같아요. 언젠가 내가 일하고 있었는데 Florida에 있는 친구로부터 연락이 와서 '너 요즘 뭐 하니?'라고 해서 나는 '그냥 일하고 있어'라고 대답했어요. 친구는 'Florida에 올래?'라고 해서 나는 '언제?'라고 물었고, 친구는 '내일'이라고 했어요. 그리고 나는 '그래. 그럼 갈 수 있을지 확인해 볼게'라고 대답했어요. 그래서 갑자기 일주일간 휴가를 내고 Florida로 갔어요. 아마 결혼했다면 절대 그렇게 할 수 없을 거라는 것을 알아요."

그러나 청년은 더욱 실질적인 이유로 결혼을 미루고 싶어 한다. 청년은 자신의 삶을 다른 사람과 결혼을 전제로 하고 결혼을 결정 짓기 전에 개인적으로 자신의 삶을 순차적으로 살고 싶어 한다. 교육을 마치고 안정적인 직업에 정착하는 것과 같이 현실적이고 구체적이다. 청년은 결혼 준비에 대해 더 정신적이고 내면적인 측면을 스스로 평가한다. 자신의 내면을 들여다보고 준비되었다고 느끼는지, 충분히 성숙하다고 느끼는지, 자신을 충분히 잘 알고 있다고 느끼는지를 자문한다.

경제적인 이유 또한 종종 고려한다. National Marriage Project[* University of Virginia에 소재한 NMP(www.nationalmarriageproject.org)는 1997년부터 미국의 결혼 생활을 조사하고 분석하는 일을 수행하는 기관]가 20~29세를 대상으로 실시한 설문조사에서[10] '결혼 전에 경제적으로 안정되는 것은 매우 중요하다'에 86%가 동의했다. 그러나 같은 연구의 일부로 수행된 포커스 그룹 인터뷰에서 청년은 '자신과 자신의 행복을 위해 일하는 시간을 가져야 한다고 생각한다'라고 했으며, '결혼을 늦추는 동안 성장하고 삶을 경험하고 자신이 행복해질 시간이 생긴다'라고 하였다. 이러한 결과로 알 수 있듯이 경제적 준비와 정체성 탐색 모두가 청년의 결혼에 대한 중요한 선행조건으로 나타난다. 청년은 경제적으로 독립하고 안정된 정체성을 형성한 후에야 스스로 충분히 잘 알고 스스로 행복해지는 법을 배우게 되므로 그 이후에 결혼 준비가 되었다고 믿는다.

Erikson의 생애에 걸친 인간발달이론에서 정체성을 형성하는 시도 이후 다음 시도는 친밀감 대 고립감으로 일반적으로 결혼을 할 만큼 평생 친밀한 관계를 형성할 누군가를 찾는다.[11] Erikson에 따르면 정체성을 확실히 형성한 후, 젊은 사람은 친밀감과 관련된 심리적·정서적 위험을 감수할 준비를 한다. 청년은 Erikson이 설명한 대로 때로는 순서에 따라 살아가려고 하며, 다음 단계로 결혼을 고려하기 전에 정체성 문제가 해결되었다고 느낄 때까지 기다린다. Bonnie는 남자 친구와 1년 반 동안 동거 중이며 남자 친구는 결혼하고 싶어 하지만, Bonnie는 다음과 같이 말한다. "모르겠어요. 확신이 없어요. 아직 뭔가 해결해야 할 것이 있는 것 같아요. 내가 결혼한 후에도 할 수 없는 일은 아니지만, 지금 결혼하는 게 맞는지 준비되었는지 모르겠어요. 가끔은 지금 당장은 너무 이르다는 생각이 들 때가 있거든요. 놓치고 싶지 않은 것들이 있는데 그게 무엇인지는 잘 모르겠어요."

결혼하지 않은 상태를 유지하는 것은 청년이 누구와 결혼할 것인지에 관한 것뿐만 아니라 자신이 어떤 사람이 될지 그리고 자신의 삶을 위해 무엇을 하기로 결정할 수 있는 것에 관한 이들의 선택의 폭을 넓힐 수 있다. Carl이 생각하는 것처럼 헬리콥터 조종사가 되기 위한 훈련을 받으러 타지로 가고 싶다고 결심한다면 어떻게 할까? 만약 Maya가 생각하고 있는 것처럼 평화 봉사단에 가입해서 한동안 다른 나라로 떠나 살기로 한다면 어떻게 할까? 누구든 결혼하지 않은 상태로 있는 한 이러한 선택들은 언제든지 가능해 보인다.

오늘날에도 모든 청년이 20대 후반이나 30대 초반까지 결혼을 미루는 것이 아니라는 점에 주목해야 한다. 현재 미국의 20~24세 중 14%가 결혼했다.[12] 백인이고, 남부에 살고, 시골에 살고, 신앙심이 깊고, 낮은 사회계층 출신이며, 젊은 나이에 결혼한 부모를 둔 청년들 사이에서는 일찍 결혼할 가능성이 더 크다.[13] 그러나 때로는 상대적으로 보수적인 성향과 어린 나이에 '운명의 짝'을 찾으려는 입장에 있는 경우도 있다. 모든 청년이 운명의 짝과 평생을 같이 보내는 것을 결정하기 전에 다양한 사람과 로맨틱한 성관계를 경험하고 싶어 하는 것은 아니다. 어떤 사람은 이 모든 혼란을 피하고 싶어서 이와 같은 생각을 하는 사랑할만한 사람을 찾으면 20대 초반이라도 결혼을 기다릴 이유가 없다고 생각한다.

결혼 마지노선인 30세

청년에게는 결혼하기에 '적절한' 나이는 없을지 모르지만, 30세는 결혼하고 싶은 나이로 자주 등장한다.[14] 어떤 사람에게 30세는 정체성 탐색을 끝내고 다른 사람과 결혼에 전념할 준비가 될 것이라고 예상되는 나이이다. Scott는 30세를 결혼 상한선으로 정했다. "나는 서른 살이 될 때까지는 정착하고 안정적인 일 등 그 무엇이라도 이런 것들에 집중하려고 해요."

Sheila 또한 30세가 되면 독립적인 탐색을 끝내고 결혼할 준비가 될 것으로 생각했다. "서른 살쯤 결혼하려고 해요. 서른 이전에는 결혼할 시간이 없을 것 같아요. 앞으로 살날이 많이 있다는 생각이 들어 그저 이 시간을 즐기고 싶을 뿐이에요. 세상에 할 일이 얼마나 많은데요. 결혼해서 남편과 함께 할 수도 있지만, 남편의 눈치 보면서 하고 싶진 않아요. 그냥 내 삶을 즐기고 난 다음 정착하게 되면 하고 싶은 모든 것을 다 했다는 것을 알게 될 것이고 그래야 결혼한 것을 후회하지 않을 듯해요."

많은 청년 중 특히 여성에게 30세는 향후 삶의 계획과 딱 맞기 때문에 결혼의 마지노선이 되는 나이이다. 만약 30세에 결혼한다면 배우자와 함께 단둘만의 시간을 즐길 수 있는 시간이 되고 가임기가 끝나기 전에 한두 명의 자녀를 여전히 가질 수도 있기 때문이다. 두 달 뒤면 28세가 되는 Nancy는 남자 친구와 늦어도 30세까지 "가능한 한 빨리" 결혼하기를 원한다고 말했다. "나는 아이를 낳아 가정을 꾸리기 전에 서로에 대해 알아봐야 하기에 결혼한 상태로 몇 년간 지내보야 한다고 생각해요. 서른 살이 훨씬 넘어서 결혼하면 삼십 대 중반에 아이를 가져서 가정을 꾸리게 되는데 그건 좀 힘들 것 같아요." Sandy도 비슷한 느낌으로 말하고 있다. "나는 꼭 서른 살 이전에 결혼하고 싶어요. 아이를 갖기 전에 남편과 시간을 보내고 싶은데, 이는 부모가 되기 전에 서로를 더 잘 알고 싶기 때문이에요. 그리고 어느 정도 나이가 들게 되면 그럴 시간이 없어요."

그래서 이론적으로는 청년이 원할 때 그리고 시기가 되었다고 생각했을 때 언제든지 결혼할 수 있지만, 실제로 30세는 많은 사람에게 결혼의 마지노선이 되는 나이이다. 30세는 청년이 결혼하기를 원하는 나이이며, 또한 다른 사람도 청년이 결혼하기를 기대하는 나이이기도 하다. 청년은 20대 후반으로 접어들면서 이러한 기대의 압박을 느끼기 시작한다. 이러한 압박은 부모로부터 받는다. 때로 Wendy의 어머니는 "손주를 은근 기대하시는" 것에 덧붙여 말하기를 "넌 Alaska에 가는 게 낫겠어. 그곳은 남자 대 여자 비율이 2 대 1 이래."라며 순화된 압박을 한다.

때론 아시아계 미국인의 경우, 특히 부모로부터 받는 압박이 더 직접적이다. 아시아계 미국인 부모는 대부분의 다른 미국인보다 가족의 의무에 더 큰 가치를 두기 때문에 청년이 된 자녀에게 해야만 하는 일에 대해 말하는 것에 거부감을 덜 느낀다.[15] 이들은 종종 자녀에게 가족의 대를 이어갈 의무가 있다고 확실하게 말한다. 23세의 중국계 미국인인 Greg의 부모도 자녀가 가족의 대를 이어갈 의무가 있다고 말한다. "부모님은 손주들을 정말로 원하고 계세요. 단순히 내가 성장하고 있는 것만이 아니라 후손을 준비하고 있는 것을 보신다면 부모님에게 더 큰 성취감을 드릴 수 있을 거로 생각해요. 그래서 부모님은 '우리 가족은 여기서 끝나지 않고 계속 이어 나가고 있고 이 모든 어려운 노력이 결실을 맺었어'라고 확신하실 거예요."

또한 아시아계 미국인 이민자 부모는 때때로 모국의 성역할에 대한 전통적인 믿음 특히 여자는 남편감을 찾고 아이를 갖는 것에 집중해야 한다는 믿음이 있다. 부모가 대만에서 이민을 온 Vanessa는 "엄마는 내가 왜 석사 학위를 따기 위해 노력하는지 이해하지 못하세요. 엄마는 남편이 인생에서 가장 중요한 부분이라고 생각하세요. '비록 초등학교만 졸업해도 결혼할 멋진 남편을 찾을 수만 있다면 그것만으로도 충분하단다'라고 말씀하시죠."

때로는 결혼에 대한 압박은 친구한테서도 온다. 결혼한 친구가 있는 청년은 자신이 듣기 싫은 말을 들어야 하는 대상이 된 것을 발견하게 될 것이다. Tory와 그의 여자 친구는 올해 다른 사람의 결혼식에 여러 번 갔다. "마지막으로 우리만 남았어요. 그래요. 압박감이 엄청나죠. 다들 '언제 결혼할 거야?'라고 말하면 여자 친구는 화를 많이 내요. 여자 친구도 이제 그런 말을 듣는 데 지쳤을 정도예요." 몇 년간 사귄 남자 친구가 있는 Melissa는 "친구들이 결혼하는데 다들 '그럼 다음에는 너희들이 결혼하겠네'라고 말해서 부담돼요. 그런 다음에 '아이는 언제 가질 거야?'라고 질문하겠죠."

물론 Brock과 같은 청년도 있다. "솔직히 말하면, 결혼한 친구를 보면 그들 모두 인생에서 가장 큰 실수를 저질렀다고 생각해요." 대부분의 청년은 Kwame의 말에 동의할 것이다. "언제 결혼하느냐가 아니라 누구와 결혼하느냐가 중요해요. 그게 다예요. 누군가는 일찍 행복을 찾아도 좋아요. 행복을 늦게 찾게 된다 해도 괜찮아요. 왜냐면 자기 스스로가 행복하다고 확신을 가지는 것이 중요하니까요. 어떤 상황에도 강요당했다고 느끼지 않아야 해요."

결론을 내리자면 청년은 30세가 가까워지면서 결혼에 대한 압박을 느낄 수도 있지만, 이들 대부분은 때가 되면 스스로 결정하려고 한다.

남성과 여성이 결혼에 전념하는 법

젊은 남녀는 결혼을 결정하는 데 있어서 서로 다른 점보다는 비슷한 점이 더 많다. 둘 다 중요한 요소에서 자신과 비슷하고 함께 살기에 편안한 '소울메이트'를 찾고 싶어 한다. 둘 다 스스로 결혼한다고 결정 내리기 전에 자립하고, 독립적인 결정을 내리고, 할 수 있는 가능성을 탐색하기 위한 시간을 청년기에 갖기를 원한다. 둘 다 20대 후반에 접어들고 30세가 몇 년밖에 남지 않게 된 것을 알게 되면서 더 진지하게 결혼 상대를 찾게 된다.

과거보다 덜 엄격한 성역할은 남성과 여성이 사랑하는 관계에서 벗어나 코다 평등하게 만나는 것을 가능하게 했다. 젊은 여성은 자신을 부양해 줄 남성을 만나서 사회에서 합법적으로 인정받는 역할을 갖기 위해 가능한 한 빨리 결혼해야 한다고 더는 느낄 필요가 없다. 젊은 남성은 결혼하기 위해서 우선 아내와 자녀를 위한 유일한 '가장'이 될 수 있어야 한다는 걱정을 할 필요가 없다. 젊은 남녀는 과거 어느 때보다도 동등한 파트너이자 성관계도 할 수도 있는 소울메이트로서의 관계를 맺는 결혼을 기대할 수 있다.

여전히 30세 이전에 결혼 상대를 찾아야 한다는 압박이 남성보다 여성이 크다는 것은 틀림없는 사실이다. 여성은 30세가 생물학적 마지노선에 임박했다고 믿기 때문에 일부 이러한 압박을 느낀다. 30대 후반부터는 난임과 태아 발달 문제의 위험이 상당히 커지기 때문에 대부분 그렇듯 아이 갖기를 원한다면 늦어도 30대 초반까지는 아이를 갖길 원한다. 그러나 이러한 압박의 일부는 사회적이며 문화적인 것이다. 여성은 30세를 넘기게 되면 결혼 기회를 놓칠 것이라고 두려워한다. 왜냐하면 그 나이대의 남성은 더 어린 여성을 선호할 것이기 때문이다. '노처녀'라는 용어는 이제는 거의 사용되지 않고 있지만, 그것이 나타내는 낙인은 여전히 남아있다.

남성은 사회적 판단으로 비교당하는 것에 직면하지 않아도 된다는 것을 알고 있다. 25~29세의 미혼 남성을 대상으로 한 설문조사에서 '조만간 결혼할 의향이 없다'라고 62%가 답했다.[16] Jake는 남성의 관점에서 이 문제를 매우 솔직하게 평가했다. "남자는 더 나이 적은 어린 여자와 결혼하는 것이 허용되기 때문에, 결혼할 때 남자가 더 나이가 많아도 된다는 이점이 여자보다 훨씬 더 많이 있다고 생각해요. 35세의 남자라도 23세의 여자와 결혼할 수 있다는 말이에요. 남자는 결혼하기까지 충분한 시간이 있어요."

일부 젊은 남성이 20대에 결혼을 서두르지 않는 이유를 조사하기 위해 National Marriage Project의 연구원들은 25~33세의 미혼 남성 60명을 대상으로 미국 4개 도시에서 포커스 그룹 인터뷰를 했다.[17] 인터뷰를 바탕으로 연구자들은 다음과 같이 10가지 이유를 밝혀냈다.

1. 과거와 비교해 결혼하지 않고도 더 쉽게 성관계를 할 수 있다.
2. 아내가 있을 때 생기는 좋은 점을 동거함으로써 누릴 수 있다.
3. 이혼의 어려움과 이혼으로 인한 경제적 위험을 회피하기를 원한다.
4. 더 나이가 든 후에 자녀가 있기를 원한다.
5. 결혼함으로써 너무 많은 변화와 타협을 해야 하는 것이 두렵다.
6. 아직 나타나지 않은 완벽한 소울메이트를 기다리고 있다.
7. 결혼해야 한다는 사회적 압박을 거의 받지 않는다.
8. 이미 아이가 있는 여자와의 결혼을 꺼린다.
9. 아내가 생기기 전에 집 장만하기를 원한다.
10. 할 수 있는 한 길게 독신 생활을 즐기기를 원한다.

아직 약혼이나 결혼을 하지 않았지만 서로에게 진지한 20대 후반의 연인이 결혼하는 것에 있어서 남성과 여성의 차이는 긴장감을 초래한다. 결혼할 시간이 임박했다고 생각되는 여성은 결혼하는 것을 매우 원한다. 비록 남편감을 '구하기 위해' 애쓰고 있는 것으로 보이는 것은 용납되지 않기에 결혼을 간절히 원하는 것처럼 보이는 것에 신중하게 행동해야 한다는 것을 깨닫는다. 반면에 남성은 Jake의 표현처럼 결혼에 있어서 "충분한 시간"을 가진 것처럼 느낄지도 모른다. 남성은 여성과의 관계를 지속하고 싶어 하지만, 결혼할지에 관한 결정을 서두를 필요가 없다고 생각한다.

26세의 Jean과 28세의 Trey의 사례에서 이러한 관점의 차이를 잘 알 수 있다. 이들은 만난 지 2년 됐고 같이 산 지는 1년 반이 되었다. Jean은 이렇게 말한다. "크리스마스 전에 약혼하고 싶어요. 이번 크리스마스 시즌이 아니라면 적어도 1년에서 2년 이내에요. 만약 앞으로 1~2년 안에 결혼하지 않는다고 해도 괜찮아요. 하지만 서른까지는 결혼하는 것이 좋을 것 같지만, 그때까지 결혼하지 않는다고 죽을 만한 일은 아닐 거예요."

반면 Trey와 얘기해보면 다른 관점이 보인다. Jean은 크리스마스 때까지 약혼하는 것에 목메지 않고 있는 것이 확실하고 30세까지 결혼하지 않아도 이 죽지 않을 거라는 것은 다행이다. Trey는 "아마도 언젠가는" 결혼할지도 모른다고 말한다. "나에게도 중요한 그 순간이 곧 올지도 모르겠네요. 그렇지만 나는 결혼할 준비가 제대로 되어 있지 않은 것 같아요."라고 말한다. 원래 25세에 결혼할 걸로 생각했지만, "스물다섯은 지나갔어요. 이젠 서른이 되었죠. 결혼할 시기가 다가오고 있긴 한데, 이대로 흘러가도 나쁘지 않을 것 같아요." 현재 Trey는 다음과 같이 결심했다. "정착할 준비가 되어 있지 않아요. 나는 '아직 시간이 많다'라는 쪽이 더 맞는 것 같아요."

Jean은 이 시점에서 언젠가 결혼할 거라는 희망이 늦어지고 있음을 꽤 잘 받아들이고 있지만, 다른 젊은 여성은 젊은 남성을 결혼에 전념하게 만드는데 직면하게 된 어려움에 대해 당혹스러워한다. 27살의 Christy와 그녀의 남자 친구는 3년 반 동안 만나왔고, 3년 중 첫해를 제외하고는 남자 친구는 의대에 다녔다. Christy는 의료 실습을 받는 동안 스트레스를 받는 남자 친구에게 도움을 주었다. "나는 그가 의대를 다니는 동안 정서적으로 많은 도움을 주어야 한다는 것을 이해하고 있었어요." 하지만 3달 전 Christy의 남자 친구는 갑자기 Christy에게 다음과 같이 말했다. "결혼을 못 할 것 같아." 놀라고 실망한 Christy는 남자 친구에게 다음과 같이 말했다. "'알았어. 미안하지만 이제 나는 너와 헤어지는 게 나을 것 같아'라고 말하고 3주 동안 연락하지도 않았어요."

이후에 Christy의 남자 친구는 Christy에게 전화를 걸어 다시 생각해봤다고 하면서 Christy와의 결혼에 어느 정도는 동의한다고 말했다. "남자 친구가 '결혼할게'라고 말한 것은 마치 구두 계약을 한 것 같아요."라며 내키지 않는 고객을 설득해 계약을 맺으려는 것처럼 보였다고 말했다. Christy의 남자 친구는 Christy에게 1년 6개월 후에 의대를 마치면 정식으로 약혼하는 것에 관해 함께 이야기해 보자고 말했다. 비록 Christy는 자신에 대한 남자 친구의 결혼 의사에 회의적인 태도를 보이고 있지만, 다음과 같이 예측한다. "길어야 18개월 정도니까 조금 더 기다려봐야죠."

Christy는 인내심이 있어야 한다고 말한다. "남자는 결혼에 대해 여자와는 다른 생각을 하는 것 같아요. 그들은 강요나 재촉을 받아 시간 제한이 있는 것처럼 느끼고 싶어 하지 않아요." 하지만 만약 남자 친구가 의과 대학이 끝나도 결혼이 이루어지지 않는다면 "나는 매우 힘들긴 하겠지만, 남자 친구를 떠날 준비가 충분히 되어 있어요."

남성과 여성이 결혼을 바라보는 시각이 다르다기보다는 비슷하다는 것을 다시 한번 강조하고 싶다. 남녀노소 누구나 20대 후반이 되면 결혼 준비를 해야 한다고 느낀다. Joel처럼 "매일 밤 집에 가서 혼자 빈방에 있는 것도 지쳤어요." 또한 Joseph은 결혼을 하게 되면 다음과 같은 것이 좋을 것 같다고 예상한다. "내가 누구와 자게 될지 걱정하지 않아도 되고, 상대방과 관련한 소문이 어떤지 또 누구와 함께 있었는지도 걱정하지 않아도 되고, 심지어 데이트할 때 이것저것 신경 쓰지 않아도 되니까요." 그럼에도 결혼 준비에 대한 남성과 여성의 감정 차이는, 보통 남성이 꺼리고 시간을 끄는 동안 결혼을 준비해야 한다고 느끼고 결혼하려고 하는 쪽은 여성이라는 것이다.

결혼에 한 발 들여놓기: 동거

결혼할 준비가 되지 않았지만 매일 함께하고 비용을 분담하고 편하게 성관계를 할 수 있는 결혼의 많은 편리함을 얻고자 원하는 청년에게는 동거라는 대안이 있다. 동거는 이전 세대에서는 쉽게 할 수 없었던 또 다른 대안이다. [그림 5.1]은 설문조사를 통해 지난 반세기 동안 적어도 한 사람 이상과 결혼 전에 동거한 미국 여성의 비율을 보여준다.[18]

1950년대와 1960년대 초에는 20대의 동거는 극히 드물었다. 거의 모든 사람이 결혼할 때까지 사랑하는 상대와 함께 사는 것을 기다렸다. 논란이 많았던 성 혁명 세대인 1960년대 후반과 1970년대 초반의 젊은 사람들에게도 동거가 상대적으로 드물어 젊은 여성의 10% 정도만 동거하였다. 이는 이전 세대보다 증가

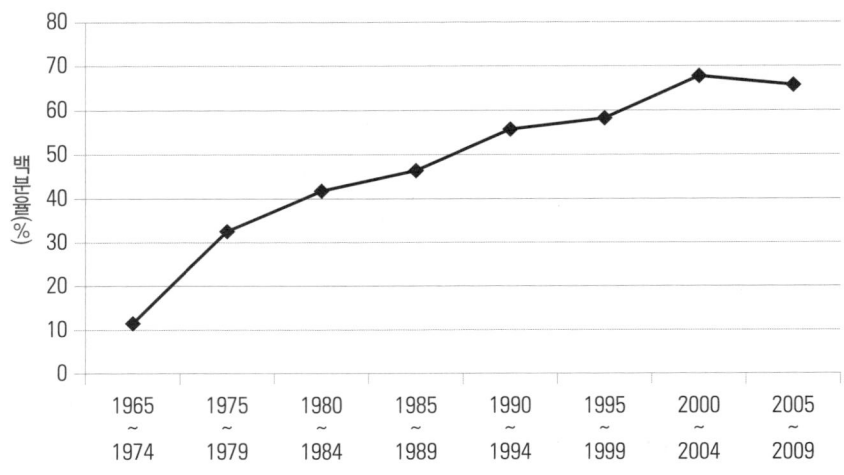

[그림 5.1] 동거 변화율, 19~44세 미국 여성(1965~2009)

출처: Manning(2013)

한 것이지만, 동거하는 사람은 여전히 적었다. 그러나 1990년대에 이르러서는 동거가 보편화되었고 성인 중 절반 이상이 결혼 전에 사랑하는 상대와 함께 살았다. 지난 10년 동안 청년의 동거율은 60~70% 사이로 상승했다.[19]

동거는 결혼과 확실히 유사하지만, 평균적으로 결혼 연령보다 어린 나이인 여성은 21세, 남성은 23세에 시작한다.[20] 또한 동거는 결혼보다 덜 안정적이다. 동거 관계의 절반 이상이 5년 이내에 헤어진다.[21] 동거하는 사람은 동거하지 않는 또래보다 종교적 성향과 교육 수준이 낮으며 정치적으로 자유로운 경향이 있다.[22]

비록 동거가 비약적으로 증가했지만, 동거하는 모든 사람을 한 범주에 넣는 것은 약간 오해의 소지가 있다. 동거의 유형에는 다음과 같은 것이 있는데, 이것들은 서로 차이가 크게 난다. 미국에서 가장 흔한 유형은 혼전 동거premarital cohabitation와 편의 동거uncommitted cohabitation이다.[23] 혼전 동거를 하는 연인은 결혼 계획이 확고하다. 이들은 공식적으로 약혼했을 수도 있고 심지어 결혼식 날짜를 잡았을 수도 있다. 그러나 편의 동거를 하는 연인은 서로에 대해 장래를 약속하지 않는다. 서로는 자신들의 관계가 결국 결혼으로 이어지기를 바라고 있을 수도 있지만, 함께 살고 있다는 사실만으로 이들 사이의 결혼이 임박하거나 미래에 결혼할 가능성이 있다는 것을 의미하지는 않는다.

혼전에 동거하는 사람은 결혼하기 전에 서로 맞는지 확인하기를 원한다.[24] Pete와 그의 아내는 약 1년 동안 함께 산 후에 최근에 결혼했고 그렇게 한 것에 대해 좋게 생각한다. "도대체 사람들이 결혼하기 전에 동거하지 않고 어떻게 결혼하는지 모르겠어요. 나는 상대가 양말을 싱크대 위에 던지지 않았으면 했고 치약이나 기타 물건들의 뚜껑을 제대로 덮어 놓았으면 했어요. 뭐 이런 사소한 것들 모든 것들을 포함해서…" Mindy는 그녀의 남자 친구와 5개월째 동거 중이다. 이들은 약혼했지만 아직 결혼 전이다. "우린 긴 시간을 함께 있으면서 서로 잘 맞는지 확인하고 싶었어요. 그리고 남자 친구는 전에 결혼한 적이 있어서 나와 같은 생각을 하고 있었어요."

Mindy의 말처럼 혼전 동거하는 사람은 이혼할 가능성이 줄어들 것이라는 희망으로 동거를 결심한다. 실제로 청년을 대상으로 한 설문조사에서 '결혼 전 누군가와 함께 사는 것이 최종적으로 이혼을 피하는 좋은 방법이다'라는 데 62%가 동의했다.[25] 특히 부모의 이혼을 경험한 청년은 이를 동거 이유로 언급할 가능성이 크다. 이혼을 가까이서 봐왔고 가능하다면 자신도 이혼을 피하고 싶어 한다. 이들은 결혼 전에 동거함으로써 이혼 확률을 낮추고자 한다.

Jackie와 그녀의 약혼자 둘 다 부모가 이혼했다. Jackie 약혼자의 어머니는 3번 이혼했다. 이혼의 상처로 인해 결혼에 대한 경계심이 생겼기에 이 둘은 약혼한 상태에서 서로 잘 지낼 수 있을지 확인하기 위해 동거를 하기로 했다. "누군가와 결혼하고 아이도 낳고 난 후 결혼이 큰 실수라는 것을 느껴서 헤어지지 않기를 바래요." 그러나 불행히도 Jackie와 같은 젊은 사람은 동거한다고 해서 결혼이 지속될 가능성이 커지지는 않는다. 비록 이혼 확률을 낮추기 위해 하는 동거 현상이 20년 전부터 증가하고는 있지만, 실제로는 최근까지 동거하다가 결혼한 젊은 사람의 이혼 확률은 다른 동년배에 비해 낮지 않고 오히려 높았다.[26]

혼전 동거를 하는 사람에게도 동거하는 현실적인 이유가 있을 수 있다. 어떤 사람은 임대차 계약이 끝났지만 새로운 룸메이트를 구하지 못했을 수도 있고, 어떤 사람은 현재의 룸메이트에게서 벗어나고 싶어서였을 수도 있다. 어쨌든 둘 다 비용을 아끼고 싶어 한다. 이들은 어차피 곧 결혼할 건데 함께 살면 안 되는 걸까? 어쨌든 이러한 현실적인 이유가 있더라도 혼전 동거를 하게 되는 동기는 서로 결혼을 전제로 하고 이들의 관계는 결혼을 최종 목적으로 하고 있다.

이와 반대로 편의 동거를 하는 사람은 주로 또는 전적으로 현실적인 이유로 함께 살게 된다. 왜냐하면 이들의 관계는 서로 결혼을 기약하고 있다는 공감대가 적기 때문이다. Amelia와 그녀의 남자 친구의 경우 함께 살기로 한 결정적 원인은 San Francisco의 높은 임대료 때문이었다. 이들은 결혼에 대해 "막연하지만 '언젠가는' 하는 거라며 농담처럼 말하기도 하고, '그래, 우리가 더 나이가 들면 하는 것'처럼 중요하지 않은 일이에요."라고 말한다. 이 둘은 함께 산다는 것을 일시적인 것으로 보고 있다. "우리 둘 다 학교로 다시 돌아가고 싶고 앞으로 많은 일을 하고 싶기도 하고…. 누군가에게 좋은 기회가 생기게 된다면 잠시 떨어져 있을 수도 있어요. 그렇게 되면 있는 그대로 받아들일 것 같아요. 그런데 지금 결혼하자고 한다면? 나는 아직 결혼하겠다는 결정을 내릴 준비가 되지는 않은 것 같아요."

세 번째 유형은 비혼 동거committed cohabitation로 본질적으로 결혼을 대체해서 영구적이지는 않지만 안정적인 관계를 유지하는 것이다. 이러한 유형으로 동거를 하는 사람은 혼전에 동거하는 사람처럼 결혼을 전제로 하지만, 결코 결혼할 의사가 없다. Leah는 1년 동안 남자 친구와 함께 살았다. "나는 남자 친구 또는 그 누구와도 결혼할 생각이 없어요. 나는 결혼을 그다지 중요하게 생각하지 않아요. 기본적으로 지금 우리는 결혼했다고 생각해요. 우리가 결혼했다는 법적 문서는 없어요. 단지 어떤 사람과 종이 한 장으로 엮이는 것이 꼭 필요하다고는 생각하지 않아요."

미국의 청년에게는 이런 시각이 흔치 않다. 심지어 편의 동거를 한 사람들 사이라도 대부분은 결국 현재 상대가 아니라도 누군가와 결혼을 원한다.[27] 그러나 북유럽에서는 이미 비혼 동거가 꽤 흔하다. 예를 들면 스칸디나비아 국가의 절반 이상의 아이들은 동거하는 사람들 사이에서 태어나고, 이렇게 동거하는 부모 중 절반 정도만이 자녀를 낳고 5년 후에 결혼했다.[28] 그러나 북유럽 국가들에서도 동거는 결혼보다 '의무감'이 덜하다. 즉 동거는 결혼보다 서로 헤어질 가능성이 더 크다.[29]

결혼이 동거와 다른 점은 무엇인가? 특히 이미 함께 살고 있으면서 왜 더 많은 청년이 Leah와 Brad의 비혼 동거 경로를 따라서 법적인 효력을 얻지 않고 단순히 '결혼한 것으로 간주'하려고 하지 않을까? 결혼은 '죽음이 우리를 갈라놓을 때까지' 함께 하자는 법적 서류와 결혼 의식을 통해 사람들 앞에서 공표하는 것이므로 정확히는 동거와는 차이가 있다. 이것은 결혼이 두 사람 사이의 사적인 약속일 뿐만 아니라 사회의 기대, 전통의 힘, 법의 힘으로 뒷받침되는 사회적 약속이 된다.

그리고 결혼은 관련된 사람에게 미치는 영향 측면에서 동거와는 매우 다르다. 많은 연구에서 결혼은 심리적 건강, 경제적 풍요, 정서적 행복에 다양한 긍정적인 영향을 미치지만, 동거는 그렇지 않다고 보고하고 있다.[30]

서로는 오랫동안 함께 지낼 수 있다는 진지한 약속으로 결혼을 함으로써 안정감을 얻는다. 미국에서 결혼의 거의 절반이 이혼으로 끝난다는 것을 고려하면 이것은 아이러니하게 보일 수 있다. 그러나 결혼하는 사람 그 누구도 이혼하게 되는 그 절반에 자신이 속할 것이라고 예상하지 않는다. Clark 설문조사에서 18~29세의 86%가 '평생 지속되는 결혼 생활을 기대한다'라고 답했다.[31] 결혼과 동시에 파트너는 최소한 서로에게 평생 함께하겠다고 공개적으로 선언한다.

Mike와 Laurie의 관계는 이러한 문제 중 일부를 보여준다. 이들은 5년 동안 동거하다가 결혼한 지 1년이 되었다. Mike에게 지난 1년은 다음과 같았다. "결혼하는 것은 지금 손에 반지를 끼고 있고 우리가 결혼했다고 적힌 종이를 가지고 있는 거 외에는 큰 변화가 없었어요." 그러나 Mike는 다음과 같이 덧붙인다. "그 말 취소해요. 탈출구의 문이 열린 채로 누군가가 나가기만을 기다리고 있는 것이 아니라는 것을 아는 것으로 서로의 관계가 조금 더 편안하게 됐어요. 일단 결혼하게 되면 짐을 꾸리고 떠나기 전에 적어도 무언가 해결해보려고 노력해야 해요."

Laurie에게 동거하는 5년은 불안으로 가득 차 있었고 결혼을 하면서 더 편해졌다. "그동안 남자 친구와 함께 계속 있게 될지 아닐지 또는 인생에서 너무나 많은 시간을 낭비하고 있는지 아닌지도 정확히 알지 못했기 때문에 스트레스를 많이 받았던 것 같아요." Laurie는 여자로서 결혼을 전제로 하지 않고 너무 긴 시간을 함께 살아서 더 많은 위험을 감수하고 있다고 느꼈다.[32] "함께 할 어떤 사람을 찾을 수 있는지 아닌지는 여자에게는 중요한 일이라고 생각해요." Laurie에게 5년이라는 긴 시간 동안 결혼하지 않고 동거한다는 것은 다음과 같은 상황을 의미했다. "결혼을 전제로 하지 않았어요. 누구든 언제든지 떠날 수 있어요. 상대방이 떠날 가능성이 항상 있어요." 이제 Laurie는 Mike와 결혼했고 이러한 불안에서 해방되었다고 느낀다. "결혼하면 되돌릴 수 없어요. 평생 함께해야죠."

그렇다면 결혼이 법적 문제뿐만 아니라 심리적으로도 동거와는 다르다는 것을 알 수 있다. 이 둘은 결혼 전과 같이 결혼 후에도 여전히 함께 살고 있다. 예전처럼 결국 갈라설 가능성도 남아있다. 하지만 일단 동거에서 결혼으로 바뀌면 느낌이 달라진다. 미래에 실제로 어떤 일이 일어날지 모르지만, 결혼을 하게 되면 '평생을 함께한다'는 변치 않을 약속을 하고 있다고 믿고 희망한다.

이러한 심리적 영속감에 대한 욕구 외에도, 특히 부모로부터의 사회적 압박으로 인해 청년이 동거에서 벗어나 결혼하게 된다. 미국 사회에서 동거에 대한 뿌리 깊은 사회적 낙인은 더는 없지만, 특히 자기 아들이나 딸과 관련돼서는 동거에 반대하거나 복잡한 감정을 가지는 부모가 많이 있다.[33]

동거에 대해 도덕적 거리낌이 있는 청년은 거의 없다. 동거는 정상적이고, 일반적이며, 온전히 받아들일 수 있는 것으로, 이들 세대의 대부분이 언젠가는 하는 것이고 현재에 드는 비용과 미래의 이혼을 피하는 현명한 전략이다. 그러나 동거가 수치스러운 일은 아니더라도 용기가 필요하다고 여겼던 시기에 성장한 부모들에게는 자녀가 애인과 함께 사는 것을 보는 것은 그다지 환영할 만한 일이 아닐지도 모른다. 특히 동거가 결혼을 전제로 하지 않을 때는 완강히 반대하는 부모가 많다. 동거가 '죄를 짓고 사는 것'으로 통하던 시절을 기억하는 조부모도 반대하는 뜻을 밝히기도 한다.

이러한 문제에 대해 부모에게 맞서고 반대에 직면하는 것을 피하고자 많은 청년은 기본적으로 한집에서 함께 살지만, 각자의 집을 유지하는 '반 동거semi-cohabiting'라고 불리는 전략을 채택한다. Taylor Swift의 'Mine'이라는 노래에서 "너의 집에 내 물건이 들어있는 서랍이 있어."라고 하듯이 청년 커플들 사이에서는 이런 일이 흔하다. Steve에게 여자 친구와 함께 살고 있는지를 물어보았더니, 다음과 같이 말했다. "함께 살 집을 새로 구하진 않았어요. 기본적으로 대부분의 시간을 함께 보내지만, 나는 내 집이 있고 여자 친구는 자기 집이 있어요." 여자 친구의 부모님이 함께 사는 것을 허락하지 않기 때문에 반 동거는 이들에게 필요한 전략이다. 하지만 이것은 Steve의 시각으로는 엄청난 짜증과 불필요한 지출이 된다. "우리는 임대료와 공과금 등을 각자 지불하고 있는데 이는 불필요한 짓이에요."

반 동거를 하는 사람은 동거 여부에 대한 가부를 묻는 질문에 Steve가 처음에 대답했던 것처럼 "아니요."라고 대답할 수 있다는 점이 흥미롭다. 이는 결혼 전에 동거하는 청년의 비율에서 반 동거는 제외되어 있기에 설문조사에서 나타난 60~70%보다 더 높을 수 있음을 시사한다. 반 동거를 하는 사람도 '함께 살 집을 새로 구하는 것'을 제외하면 모든 실제 생활면에서 함께 살고 있기에 동거하는 것으로 포함하는 것이 타당해 보인다.

부모는 동거에 대한 반대 의사를 표시하는 것 외에도 청년이 된 자녀에게 경제적 지원을 중단하는 방법으로 동거를 방해할 수도 있다. Leslie와 남자 친구 Rich는 20세의 대학생이다. Leslie는 다음과 같이 말했다. "우리 둘 다 함께 사는 것을 더 선호했지만, Rich의 부모님은 허락하지 않았어요. 만약 동거한다면 Rich의 학교 등록금을 내주지 않으실 거예요." Rich의 부모는 이런 사실을 "매우 노골적으로" 표시했다고 Rich는 말한다. 그래서 Rich와 Leslie는 학교에 다니고 있는 동안에는 반 동거를 하고 있으며 Rich는 부모에게 경제적으로 의존하고 있다.

하지만 청년이 된 자녀가 20대 중반으로 접어들면서 동거를 방해하는 부모의 힘이 약해지게 되고 부모에게 경제적으로 덜 의존하게 될 뿐만 아니라 스스로 결정을 내리는 데 더 집중하게 된다. Ginny가 남자 친구와 함께 살겠다고 자신의 부모에게 말했을 때, Ginny의 어머니는 다음과 같이 위협적으로 말했다고 한다. "'그래. 너는 우리에게서 어떤 돈도 못 받을 거야.'라고 말씀을 하신다는 것으로 엄마의 많은 지시가 돈에 의해 통제되고 있었다는 것이 명확해졌어요."

그러나 그때 Ginny의 나이는 24세였지만, 이제는 부모에게 경제적으로 더는 의존하지 않는다. Ginny는 부모의 의견을 거역하는 것은 어려웠음에도 불구하고 이제는 부모가 주지 않겠다고 위협한 돈이 필요하지 않기 때문에 동거할 수 있었다. "옛날에는 무엇이든지 부모님이 하라는 대로 항상 했어요. 이제는 스스로 결정을 내리게 되었어요. 나는 부모님에게 '알다시피 이번 일은 나에게 너무 중요한 일이기 때문에 이번에는 부모님이 원하는 대로 할 수 없어요. 이번에는 타협하지 않을래요'라고 말씀드렸어요." 경제적 독립은 청년이 부모의 반대를 무릅쓰고라도 동거에 대해 스스로 결정할 수 있도록 한다.

사랑이 먼저, 다음에 아이? 미혼모의 방황

첫 번째 성관계를 평균 17세에 시작하고 결혼 중위 연령이 10년 이상 늦어지고 일관되지 않은 피임약 사용이 더해지면서, 지난 10년 동안 결혼하지 않은 상태의 많은 임신이 이루어진다는 것은 놀라운 일이 아닐 것이다. 그럼에도 오늘날 미국 미혼모에 관한 통계는 전례 없이 너무나 충격적이다. 전반적으로 미국에서 첫 번째 자녀 출산의 48%는 미혼모에 의해서다. 산모의 연령이 30세 미만인 경우는 53%로 훨씬 더 높다.[34] 이 놀라운 경향은 20대에서 나타나는 현상이다. 실제로 1990년 이후 10대 임신은 절반으로 급감했다. 한편 20대 미혼 임신은 급증했다. 현재 전체 미혼 출산 중 23%만이 10대 여성이지만, 60%는 20대 여성이다. 2013년 보고서[* 「Knot Yet: the benefits and costs of delayed marriage in America」로 Virginia 대학에서 20대를 대상으로 전국 혼인 실태 조사를 실시해서 2013년에 발간한 보고서]에서 이 주제에 대해 저자들이 말했듯이, "만약 요즘의 30대가 새로운 20대로 볼 수 있다면, 오늘날의 20대 미혼모들은 새로운 10대 미혼모들이다."[35]

20대 미혼 출산율이 증가한 결과 여성의 초산 중위 연령이 이제는 결혼 중위 연령보다 낮아진 것으로 나타났다. 전통적으로 첫 번째 출산은 결혼 후 1~2년 후에 이루어졌다. 그러나 1990년경 National Marriage Project에서 '대교차점 Great Crossover'이라고 부르는 지점이 발생했는데, 여성의 초산 중위 연령이 초혼 중위 연령 아래로 떨어졌고 그 이후로도 [그림 5.2]와 같이 여전히 초혼 중위 연령보다 낮은 중위 연령을 유지하고 있다.[36]

그러나 대교차점은 모든 사람에게 발생한 것은 아니다. 어머니의 교육 수준으로 구분되는 사회계층별로 격차가 있다. 대졸 여성 사이에서는 대교차점은

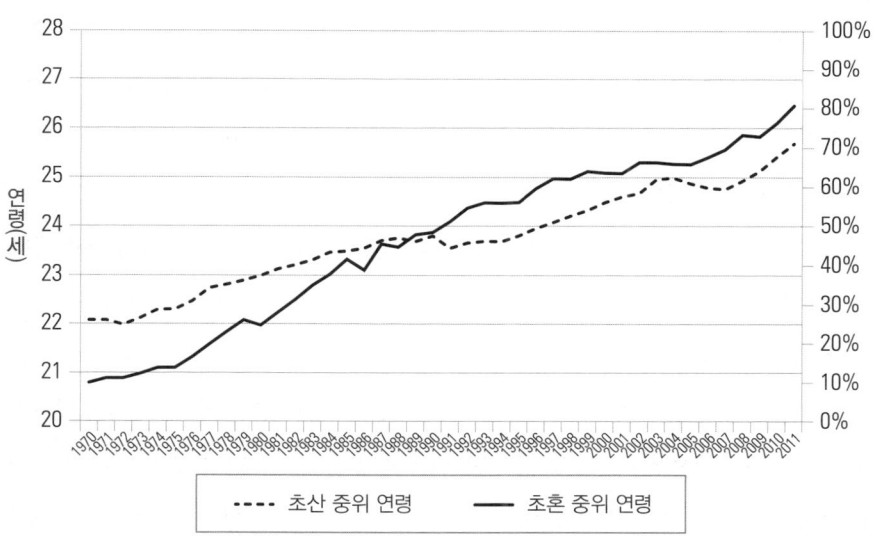

[그림 5.2] '대교차점' : 초혼 중위 연령과 초산 중위 연령

출처: 초혼 중위 연령은 National Center for Family & Marriage Research. *Current Population Survey, 1970-2011* (March Supplement), 초산 중위 연령과 미혼모의 초산율은 *National Vital Statistics Reports, 1970-2011*. The National Marriage Project at the University of Virginia.의 허락하에 재편집.

없었고 미혼모 비율도 많이 증가하지 않았다. 이들은 평균적으로 27세 즈음에 결혼하고 약 3년 후인 30세 즈음에 첫 번째 아이를 가진다. 이들의 첫 번째 출산 중 12%만이 미혼 출산이다. 이에 비해 고졸 여성이나 일부 대졸 여성의 경우 결혼 중위 연령은 27세 안팎이지만, 초산 중위 연령은 24.5세 정도이다. 첫 출산의 절반 이상인 58%가 미혼 출산이다. 고졸 학위조차 취득하지 못한 여성의 경우 결혼 중위 연령이 25세, 초산 중위 연령은 20세에 불과하며 첫 출산의 83%가 미혼이다.

이러한 미혼 출산의 사회계층별 차이 외에도 인종별 차이도 극명하게 존재한다.[37] 미혼의 초산 비율은 아시아계 미국인은 8%에 불과하지만, 백인 여성은 37%, 라틴계 미국인은 64%, 아프리카계 미국인은 무려 80%에 달한다. 이러한 인종적 차이는 부분적으로 방금 설명한 교육적 차이 때문이지만, 전적으로 그런 것은 아니다. 예를 들어 대학 학위가 없는 여성 중 미혼의 초산 비율은 백인이 55%, 라틴계 미국인이 69%, 아프리카계 미국인이 87%이다.

분명히 지난 수십 년 동안 20대 미혼모 비율에서 심각한 사회적 변화가 일어났다. 어떻게 받아들여야 할까? 대다수 청년은 별일 아니라고 생각한다. National Campaign to Prevent Teen and Unplanned Pregnancy의 설문 조사에서 18~29세 젊은 남성의 70%, 젊은 여성의 77%가 '미혼 여성이 아이를 가져도 괜찮다'라고 답했다.[38] 이러한 자유방임주의적laissez-faire 태도는 개인주의와 다양성 수용에 대한 청년의 가치 중 폭넓은 경향 중 하나로 동성 결혼과 타 인종 간 결혼을 인정하는 가치와 동일하다. "이봐, 그렇게 하는 것이 행복해지는 거라면 그냥 그렇게 해봐."

문제는 결혼하지 않고 아이를 갖는 것이 아이 엄마, 커플, 자녀가 행복할 것인지는 분명하지 않다. 오히려 그 반대가 사실이라는 증거가 많이 있다. 미혼모를 포함하여 자신과 관련된 모든 사람이 온갖 종류의 불행에 빠질 위험성을 높인다.[39] 아이 엄마에게는 낮은 학력과 낮은 소득을, 커플에게는 이들의 관계가 지속될 가능성이 낮아짐을, 장기적으로 아이의 아빠가 자녀의 삶에 관여할 가능성이 약해짐을 의미한다. 자녀들에게는 학업 실패, 행동 문제, 우울증, 약물 복용 그리고 결국 미혼 출산을 하게 될 위험이 더 높음을 의미한다. 물론 이러한 패턴에는 예외가 있고 많은 아이 엄마, 커플 그리고 자녀들이 역경을 극복하고 인생에서 성공한다. 그러나 전반적으로 미혼모의 결과는 암울하리라는 것을 부인할 수 없다.

만약 미혼 출산이 많은 측면에서 불행한 결과의 위험을 증가시킨다는 것이 사실임에도 불구하고 왜 이 비율이 높은가? 왜 청년들은 첫 번째 아이를 갖기 전에 안정된 결혼 생활을 할 때까지 기다리지 않으며 미혼 출산을 피하고자 더 노력하지 않는 것일까? 이 분야의 사회학자들이 주장하는 한 가지 이유는 앞서 언급했던 바와 같이 학사 학위가 없는 하류층의 젊은 사람은 결혼한 다음으로 출산을 미뤄도 큰 보상이 없다는 것이다.[40] 이 관점에 따르면 하류층의 청년은 대학 학위를 취득한 다음 경제적으로 독립한 후에 결혼하고 그다음에 첫 번째 아이를 가지는 등의 미래가 없을 거로 생각한다. 중류층의 풍요로운 삶으로 가는 실현 가능한 방법도 없고 출산을 미룰 만한 진로도 보이지 않기 때문에 젊은 여성은 미혼모를 삶의 중심적 의미와 구조로 결정한다.

이 설명은 사회학에서 교육 수준이 낮은 인구 집단에서 미혼모 비율이 높다는 것을 설명하기 위한 일반적인 통념이 되었다. 의심할 여지 없이 대학 교육의 혜택을 받지 못하고 경력을 개발할 기회가 제한된 일부 젊은 여성에게 이러한 시나리오가 적용된다. 이것은 미혼모가 되는 것이 일반적인 상황보다 더 합리적이라고 결정한 것으로 보일 수 있다. 하지만 만약 어떤 사람이 대학 학위를 취득할 수 없고 따라서 직업 전망에 한계가 있다면, 직업 훈련을 받거나 적어도 어떠한 직업 경험과 기술을 습득하기 위해 필요한 시간을 더 확보하기 위해서 첫 번째 자녀를 일찍 갖는 것보다 늦게 갖는 것이 더 이치에 맞지 않을까? 비록 이들의 수입이 적고 불규칙하더라도 미래에 1명의 수입보다는 2명의 수입이 자녀에게 혜택을 더 줄 수 있기에 결혼한 이후에 아이를 가지는 것이 훨씬 더 타당하지 않을까? 교육이나 직업 훈련 혹은 가족의 경제적 지원이 거의 없는데 20대에 미혼모가 되면 향후 몇 년 동안 미혼모 자신과 아이가 경제적으로나 다른 모든 면에서 어려움을 겪게 될 가능성이 더 크지 않을까?

종종 젊은 여성이 임신하는 것이 자신의 결정이 아니라 '의도하지 않게 일어나는 일'이기 때문에 결혼하지 않은 상태에서 임신할지를 결정하기 전에 이러한 질문을 자신에게 하지 않는다. 20대 미혼 여성의 출산 10명 중 7명은 의도하지 않은 것으로 추정되지만, '의도하지 않은'이라는 표현은 옳지 않다.[41] 실제로 임신을 의도해서 한 것은 아니지만, 의도하지 않은 것도 정확히는 아니다. National Campaign to Prevent Teen and Unintended Pregnancy의 보고서인 「The Fog Zone: How Misperceptions, Magical Thinking, and Ambivalence Put Young Adults at Risk for Unplanned Pregnancy」의 제목만 봐도 알 수 있다. 보고서의 근거가 된 조사에서 연구자들은 미혼인 18~29세의 절반이 '상황이 다르다면' 지금 아이를 갖고 싶다라고 답했고, 당장 임신을 피하는 것이 중요하다고 동의한 사람 중 3분의 1이 임신하면 행복할 것이라고 답했다. 그러므로 이들은 아이를 가질 계획을 확실하게 세우고 있지는 않지만, 많은 사람이 이 생각에 확실하게 반대하지도 않는다. 이러한 양면성으로 이들이 일관성 없는 피임약 사용을 하거나 아예 피임하지 않는다는 결과로 이어지는 이유를 쉽게 알 수 있다. 90%가 임신 계획을 세워야 한다고 생각한다고 답했음에도 불구하고 설문조사에 참여한 청년의 절반만이 매번 효과적인 피임법을 사용했다.

    4장에서 언급했듯이 이러한 양면성은 혼전 성관계와 피임약 사용이 대부분의 다른 선진국보다 미국에서 도덕적으로 충돌이 심하다는 점에서 가속화되고 있다.[42] 거의 모든 미국 청년이 20대 즈음에 혼전 성관계를 하고 있으며 결혼과 상관없이 사랑하는 사이에서의 혼전 성관계를 대부분 정상적인 것으로 보고 있다. 그러나 이들의 부모와 조부모는 동의하지 않으며 주요 종교 기관들은 혼전 성관계를 노골적으로 반대하며, 이들은 피임에 쉽게 접근할 수 있게 된다면 혼전 성관계가 도덕적으로 허용될 수 있다고 믿고 있어 피임에 대한 접근을 방해하려고 한다. 다른 시각에서 보자면 개인적 차원이 아니라 사회적 차원에서 이러한 양면성의 결과가 어떻게 나타나는지를 너무 쉽게 찾아 볼 수 있다. 즉 미혼의 청년 커플들이 성관계를 포기하지 않겠지만, 성관계를 지속하는 데 맞서야만 하는 도덕적인 장벽으로 인해 부모, 의사, 심지어 연인 사이에서 이러한 이야기를 하는 것을 피할 수도 있다.[43] 이러한 공식에 따르면 의도하지 않은 임신이 발생할 것이 확실하다.

혼전 성관계에 대한 사회적 양면성은 젊은 미국인의 일관성 없는 피임 사용뿐만 아니라 피임에 대한 지식 부족이 기저에 깔려 있다. 이러한 양면성 때문에 미국 대부분의 주에서 성교육을 전혀 실시하지 않거나 부적절하게 하고 있으며, 결과적으로 미국 아이들은 임신을 피할 수 있기 위해 알아야 할 것을 배우지 못한다.[44] Fog Zone 보고서에는 청년들 사이에서 무지와 잘못된 인식의 결과가 충격적인 결과로 나타나고 있다.[45] 18~29세의 대부분인 3분의 2 정도가 피임약에 대해 거의 알지 못하거나 전혀 모른다고 답했다. 약 절반 정도는 피임약을 복용하는 1년 동안 실제로 임신할 확률이 8%임에도 불구하고 약 50%라고 잘못 알고 있다. 약 절반 정도는 피임약을 복용한 여성에게 암이나 다른 심각한 건강 위험의 가능성이 더 높다고 믿고 있지만 이는 사실과 다르다. 심지어 피임약을 복용했던 사람 중 거의 절반 정도인 44%는 여성이 건강을 유지하기 위해 몇 년에 한 번씩 피임약을 중단해야 한다고 잘못 알고 있었다.

그러나 청년이 오해하는 것은 피임약뿐만이 아니다. 약 3분의 1은 콘돔에 대해 거의 알지 못하거나 전혀 알지 못한다는 것을 알 수 있다. '생리 주기'에 의존하는 사람 중 40%는 여자의 가임기가 생리 주기의 중간이라는 사실을 알지 못한다. 여성의 59%와 남성의 47%는 적어도 자신이 불임일 가능성이 약간 있다고 생각하지만, 실제로는 8%이다. 이 주제는 인종 문제로도 불거진다. 아프리카계 미국인의 44%와 라틴계 미국인의 46%는 '정부가 피임법 사용을 장려함으로써 흑인과 기타 소수 민족의 인구수를 제한하려고 하고 있다'는 데 의견을 함께한다. 이러한 믿기 힘든 통계 결과를 감안하여 본다면 어쩌면 미혼모 비율이 이보다 더 높지 않다는 사실에 놀라울 따름이다.

마지막으로 모든 미혼 출산의 절반 정도가 동거 커플 사이에서 발생하기 때문에 동거의 영향은 20대 미혼모 비율이 높다는 설명의 일환으로 여겨진다.[46]

이렇듯이 동거가 현재 미국 청년들 사이에서 일반적이지만, 미혼모의 경우처럼 특히 대학 학위를 가지고 있지 않은 사람들 사이에서도 흔하다. 젊은 커플이 동거하면서 일관되지 않은 피임을 하거나 피임을 하지 않아서 임신하게 되는 결과가 생기면 어떻게 할 것인가? 아이를 갖는 것에 대해 그리 심하게 반대하지 않고, 현재 상황에서 벗어날 확실한 직업적 야망이 없고, 낙태하는 것은 도덕적으로 잘못된 것이라고 믿는 이러한 견해들은 대학 교육을 받은 사람보다 대학 교육을 받지 않은 사람 사이에서 더 일반적으로 나타나므로 이들은 결혼하기 전에 아이를 가지게 될 것이다. 동거 중이기 때문에 결국 결혼할 가능성이 크다고 생각하는 경우가 많기에 아이를 먼저 낳고 나중에 결혼하는 것이 뭐 어떤가? 그러나 실제로 자녀가 있는 20대 동거 커플은 자녀가 있는 결혼한 부부보다 자녀 나이가 5세가 될 때까지 헤어질 가능성이 39% 대 13%로 3배 더 높다.[47]

미혼모도 여전히 청년으로 볼 수 있을까? 시도 때도 없는 아기의 보챔과 함께 아기를 돌보는 책임에 의해 청년기의 정체성 탐색은 확실히 심각하게 제한된다. 많은 미혼모는 사랑과 일에 큰 희망을 품고 있으며 교육적·직업적 목표를 이룰 것이라고 믿고 있다.[48] 그러나 결혼하지 않은 상태에서 자녀를 둔 젊은 여성에게는 결혼을 오랫동안 유지하고 대학 학위와 중산층 생활을 할 수 있는 가능성이 급격히 줄어든다는 게 혹독한 현실이다. 자녀는 어머니에게 긴 시간 동안 너무 많은 것을 필요로 하므로, 아이를 갖는다는 것은 준비되었든 안 되었든 청년기에서 다음 생애단계로 떠밀려가는 것이 분명해 보인다. 이는 젊은 미혼부에게는 덜 적용되는데 그 이유는 단지 몇 년이 지난 후에는 자녀의 삶에 더는 관여하지 않기 때문이다.

끔찍한 고독감: 이혼의 그늘

거의 모든 청년은 결국에는 결혼하기를 희망하고 결혼에 대한 희망을 높게 품고 있지만, 오늘날 미국 사회에서 종종 결혼은 영구적인 유대관계가 아니라 일시적이라는 것을 깨닫는다. 결혼식 날 햇살과 축하를 받으며 떠났던 희망의 배는 몇 년 후 바위에 좌초되어 부서져 버린다. 이혼은 부모, 형제자매, 친구들의 희망을 묵살하는 것으로 보일 수도 있는 태풍을 동반한 수평선 위의 뇌운처럼 이들 앞에 위협적으로 다가온다.

미국인은 세계 어느 나라보다도 이혼율이 높다.[49] 사회학자 Andrew Cherlin이 「The Marriage Go-Round」[* 회전목마(merry-go-round)에 탄 사람들이 빙글빙글 돌면서 보였다 안 보였다는 하는 모습에 빗대어 결혼과 이혼을 반복하는 현상을 비유적으로 표현한 말]에서 설명하듯이, 미국이 다른 나라보다 이혼율이 높은 것은 미국인이 결혼 제도를 존중하지 않아서가 아니라, 결혼에 대한 이상이 너무 높아서 만약 결혼이 맞지 않는다고 느끼면 결혼 생활에서 벗어나려는 압박을 느끼게 되고 다른 사람과 더 행복한 만남을 가지려고 하기 때문이다. 청년은 소울메이트를 찾고자 하는 이들의 열망에서 보았듯이 이러한 이상을 공통으로 가지고 있다. 비록 거의 모든 미국인이 결혼에 대한 이상주의자이지만, 최근 수십 년 동안 이혼율에서 급격한 사회계층 격차가 발생했다. 결혼이 이혼으로 끝날 위험은 하류층에서 계속 증가하고 있지만, 상류층에서는 그 위험이 실제로 감소하고 있다. 결혼 후 5년 이내에 이혼하는 경우는 고등학교를 졸업하지 못한 여성의 경우는 약 30% 이상이고, 고졸 이상 여성의 경우는 25% 정도이며, 대졸 이상 여성의 경우는 13%에 불과하다.[50] 인종별 차이에 있어서도 아프리카계 미국인의 이혼율은 70%로 백인의 이혼율 47%보다 훨씬 높다. 그런데도 사회계층과 인종 집단을 막론하고 이혼에 대한 두려움은 만연해 있다. 용감하게도 자신의 결혼이 평생 지속할 것이라고 믿는다고 하더라도, 미국 청년은 결혼의 거의 절반이 결국 이혼으로 끝난다는 것을 잘 알고 있다.[51]

이혼에 대한 두려움과 이를 피하고 싶은 욕망이 결혼 연령의 상승에 영향을 끼치게 되고, 이는 청년기가 확실한 생애단계가 되게 한다. 사실 대부분의 청년은 학교, 직장, 여가의 기회를 자유롭게 추구하기 위해서 그리고 친밀한 관계에 대한 경험을 쌓기 위해 적어도 20대 후반까지로 결혼을 미룬다. 그러나 이들 중 일부는 이혼에 대한 두려움과 자신의 결혼이 성공할 것이라고 가능한 한 확신하고 싶은 욕망에 대한 두려움 때문에 결혼을 미루게 된다.

앞에서 이혼에 대한 두려움이 동거하는 이유가 될 수 있는지에 대해 알아보았다. 그러나 동거하지 않거나 다른 이유로 동거하는 많은 청년에게도 이혼에 대한 두려움은 종종 결혼에 관한 생각의 일부분을 차지하게 된다. 자신과 맞는 사람과 올바른 선택을 하고 있다는 확신이 들 때까지 결혼을 경계하고 미루게 된다. Dana와 그녀의 남자 친구는 5년 동안 만나왔고 2년 반 동안 함께 살고 있다. 이들은 이번 여름에 결혼할 예정이다. 사실 몇 년 전에 결혼했을 수도 있었다. 그러나 "우리는 서로에게 최선을 다해서 어떤 노력을 하고 있는지를 확실히 하고 싶었어요. 결혼하고 2년 후에 이혼하고 싶지 않았거든요. 우리는 확신을 갖고 싶었어요." 22세인 Wesley는 향후 몇 년간은 결혼하지 않을 거로 예상한다. "어린 나이에 결혼해서 싸우거나 뭐 그러는 사람들을 많이 봤기 때문에 더 나이가 들 때까지 기다리고 싶어요. 개인적으로 나 자신을 조금 더 잘 알고 결혼 상대를 조금 더 잘 알 때까지 기다리는 것이 더 나을 것 같아요. 그래야 서로 더 편안할 듯해요."

Sheila는 자신의 부모가 어린 나이에 결혼했고 아버지가 속박당했다고 느꼈기 때문에 이혼했다고 생각한다. 그래서 Sheila는 결혼하게 된다면 이혼의 가능성을 줄이기를 원하기 때문에 결혼을 생각하기 전에 청년의 정체성 탐색을 끝내고 싶어 한다. "결혼에 속박되기 전에 다양한 사람을 만나봐야 한다고 생각해요. 왜냐하면 흑인, 백인, 아시아인, 키 큰 사람, 키 작은 사람, 뚱뚱한 사람 등 다양한 사람과 데이트하고 싶고 이러한 경험을 다 해 본 후 누군가와 함께 있는 것에 만족하게 된다면 그다음에는 모든 것이 잘 되리라 생각해요. 나는 다양한 사람을 만나고 싶기도 하고 언제 확실한 상대가 나타날지도 궁금해요. 어떤 후회도 하고 싶지 않거든요."

Sheila의 말에서 알 수 있듯이 이혼한 부모를 둔 청년은 종종 결혼 생활에서 하지 말아야 할 행동을 자신의 부모로부터 알게 되는 계기가 된다. 청년은 부모의 결혼 생활이 파탄 나는 것을 목격하는 과정에서 부모 스스로가 다시는 반복하지 않기를 바라는 행동을 관찰한다. Dana는 동거 중인 남자 친구와 의견 충돌이 있을 때마다 무엇을 피해야 할지를 부모님의 이혼을 본보기로 떠올린다. "나의 말과 행동을 되돌아보면서 부모님이 이혼하기 전 하셨던 말이나 행동을 떠올려 보면서 스스로 멈추고 다시는 하지 않으려고 노력해요."

청년은 특히 미래의 자녀에게 자신이 경험한 고통을 겪지 않게 하려는 열망 때문에 이렇게 행동하게 된다. 2년 동안 남자 친구와 함께 살아온 Melissa는 결혼을 결심하기 전이라고 말한다. "남자 친구의 부모님은 이혼했고 나의 부모님도 이혼했기 때문에 우리 둘 다 정말 결혼에 확신을 갖고 싶어 하는 것 같아요. 나는 부모님이 경험했던 일들을 겪고 싶지도 않고 내가 아이를 낳게 된다면 내가 경험한 일을 겪게 하고 싶지도 않아요. 남자 친구도 마찬가지예요. 그래서 우리 둘 다 결혼에 대해서 매우 신중한 것 같아요." Dan은 부모님의 쓰라린 이혼과 문제가 많았던 재혼을 목격하면서 다음과 같이 되었다고 말한다. "이혼이 죽을 만큼 무서워요. 그건 정말 지옥이에요. 이혼은 모든 사람을 고통스럽게 하고 자녀가 있다면 더욱더 큰일이에요. 그래서 더욱 신중하고 내가 원하는 것이 무엇인지 알고 그 어떤 것에도 타협하지 않을 거예요."

수 세기 전 Samuel Johnson은 "재혼이야말로 경험을 넘어선 희망의 승리[* 'remarriage is the triumph of hope over experience'은 재혼을 할 때 과거의 경험을 통해 피해야 할 상대를 선택하는 것이 아니라 과거 경험을 잊어버린 채 여전히 이상형을 선택한다는 의미]"라고 했다. 이혼한 부모를 둔 오늘날의 청년은 이러한 승리를 첫 번째 결혼에서 보여주려고 한다. 하지만 청년은 결혼을 지속시키겠다는 진심 어린 희망과 결심을 하고 있지만, 왜 이혼하지 않은 부모를 두고 있는 청년보다 이혼한 부모를 두고 있는 청년의 이혼 가능성이 훨씬 더 클 수 있을까?[52] Melissa와 같은 사람이 결혼하기 전에 "정말 확신"해야 한다는 단호한 결심은 어떻게 된 것일까? "이혼이 죽을 만큼 무서움"을 느껴서 결혼이 "정말 신중해야 해요."라고 Dan과 같이 다짐한 사람들도 결국 이혼할 가능성이 줄지 않은 이유는 무엇일까?

이러한 이야기는 부모의 이혼을 목격하는 것만으로 두렵고 깊은 상처를 받지만, 불행한 결혼 생활보다 이혼은 더 나은 선택 사항으로 받아들일 수 있는 것처럼 보인다.[53] 한 사례로 Rob의 부모는 결혼 생활 25년 동안 둘 다 그다지 만족스럽지 못해 최근에 이혼했다. Rob은 여자 친구와의 결혼을 오랫동안 망설이다가 부모님의 이혼을 계기로 약혼하게 된 이유를 다음같이 말했다. "만약 결혼 생활이 잘 이루어지지 않는다면 이혼이 이러한 상황에서 벗어나게 할 수 있기에 이혼할 수도 있다는 것을 알게 되었어요. 구속하지 않아요. 이제 부모님의 이혼을 보니 '그래, 둘 사이가 좋지 않다면 이혼도 괜찮아. 이혼할 수 있지. 그렇다고 세상이 끝나는 것은 아니니까'라는 생각이 들어요." 마찬가지로 Jake의 부모는 수년간 행복하지 않게 지낸 후에 Jake가 고등학교 때 이혼했고, 이를 본 Jake는 다음과 같은 결론을 내렸다. "나는 이혼이 그렇게 나쁜 일이라고 생각하지 않아요. 왜냐하면 서로 같이 있는 것이 즐겁지 않은 사람과 함께 있어야 한다고 생각하지 않기 때문이에요. 말이 안 되는 일이죠. 사람들은 자신이 행복해야 한다는 것을 알게 되면서 이제는 더 많이 이혼하는 거 같아요. 다른 누군가를 행복하게 만드는 것은 자신이 할 일이 아니에요. 이건 옳지 않다고 생각돼요."

반대로 작동하는 예도 있다. 부모가 오랫동안 행복한 결혼 생활을 한 청년은 이혼을 받아들이기 어려운 선택으로 본다. Maya는 부모의 오랜 결혼 생활이 자신에게 다음과 같은 교훈을 주었다고 말한다. "결혼을 선택했으면 결혼 한 이후에 결혼 생활을 끝내는 선택을 하는 건 아닌 것 같아요. 결혼하기 전에 결정해야 할 필요가 있다고 생각해요. 만약 내가 누군가와 결혼한다면 꼭 행복하지는 않더라도 나는 이혼하지 않을 거예요." Terrell은 부모로부터 자신들과 마찬가지로 평생 함께 살아야 한다는 인상을 받았다고 말한다. "결혼하게 되면 결혼 생활을 유지해야 한다는 것을 항상 믿으며 성장했어요. 그러니 누군가와 결혼할 때는 그 사람이 유일한 적임자인지를 잘 알아봐야 해요. 결혼은 평생의 약속이니까요."

이혼하지 않고 여전히 함께 사는 부모가 있는 청년도 형제, 자매, 친구, 삼촌, 이모, 사촌, 직장 동료 등이 결혼에 실패한 많은 사례를 목격하지 않을 수 없다. 비록 청년 자신의 결혼이 평생 지속하기를 간절히 바라지만, 한때 지속되기를 희망했던 부부들이 악감정을 가지고 결혼을 끝내는 것이 얼마나 흔한 일인지를 모두가 너무도 잘 알고 있다. Holly는 이혼 절차를 밟고 있는 동료와 이야기를 나눠 봤는데 현재의 이혼에 관한 생각은 다음과 같았다. "죽을 만큼 두려워요. 왜냐하면 내가 동료에게 이렇게 물었거든요. '아마 오래전에 서로 좋은 시간도 있지 않았을까?' 그는 '그렇지. 그런 줄 알았지'라고 말했어요. 다들 좋은 시간이 있다고 생각해요. 아무도 서로 헤어질 거로 생각하지 않아요. 그 어떤 사람도 '언젠가 우리는 서로를 너무너무 미워하게 될 거야'라고 말하지 않아요. 그래서 이혼이 너무 두려워요." 이들은 이혼이 어떨지 생각만 하면 몸서리치면서도 희망을 잃지 않으려고 노력한다. Gabriella의 이야기를 요약하면 다음과 같다. "나는 이혼이 혼자가 되는 끔찍한 느낌이 들어요. 이혼을 생각하면 외로움이 떠올라요. 처음부터 다시 시작하는 건 정말 힘들 것 같아요. 나는 평생을 함께할 사람을 진심으로 찾길 원해요."

결론: 결혼에 대한 희망, 결혼에 대한 두려움

사랑과 성관계와 마찬가지로 결혼에 관한 한 오늘날의 청년은 과거의 젊은 사람보다 더 큰 자유를 누리고 있다. 확신이 없는 누군가와 결혼 준비가 되기도 전에 서둘러 결혼하도록 만드는 결혼 적령기에 대한 엄격한 기대가 젊은 사람에게 더는 존재하지 않는다. 대부분의 청년은 30세 이전에 결혼하기를 원하지만, 이는 20대의 10년 동안은 사람들을 만나고, 다양한 관계를 맺고, 미래를 함께할 것을 약속하고 싶은 사람을 찾는 시간이 된다. 30세에 결혼하지 않은 청년에게도 결혼의 가능성은 끝난 것이 아니다. 이들 주변에는 30세가 되어도 여전히 미혼으로 남아있는 젊은 사람이 많이 있고, 동료도 많이 있고, 선택할 수 있는 사람이 많이 있다.

언제 결혼할지에 대한 이러한 유연한 생각은 청년이 결혼의 시기를 다른 사람이 하는 것에 따르기보다 자신의 개인적인 상황에 가장 잘 맞게 결혼 시기를 결정할 수 있다. 어떤 사람에게는 길어진 교육 기간을 마치거나, 재정적인 안정을 얻을 때까지 거나, 다양한 진로를 시도하고 자신에게 잘 맞는 일을 찾을 때까지 기다리는 것을 의미한다. 또 다른 사람에게는 자신을 충분히 잘 알고 결혼할 준비가 되었다고 느낄 만큼의 명확한 정체성을 충분히 가질 때까지 눈에 띄지 않는 변화를 기다리는 것을 의미한다.

거의 모든 사람에게 결혼은 친절하고, 사랑스럽고, 매력적이고, 좋아하는 것과 세상을 바라보는 방식에 있어서 자신과 비슷한 결혼 상대와 같은 꿈 꿔온 이상형에 적어도 가까운 사람을 찾을 때까지 기다린다는 것을 의미한다. 소울메이트나 이와 비슷한 누군가를 찾을 때까지 사랑과 성관계를 수반하는 다양한 관계를 맺을 수 있다. 또한 이들이 원한다면 결혼을 전제로 구속하지 않고 매일 함께 살면서 생활비를 절약하기 위해 누군가와 자유롭게 동거할 수 있다.

그러나 사랑과 성관계와 마찬가지로 청년의 결혼 결정의 자유는 두려움과 불안으로 얼룩져 있다. 만약 동거를 결혼을 전제로 하지 않는다면, 결혼의 의무감과 속박에 얽매이지 않고 다양한 연애 상대와 함께 하는 것이 장점으로 보일 수 있다. 누군가와 사랑에 빠질 수도 있고 성관계를 할 수도 있고 심지어 함께 살 수도 있지만, 서로에게 오랜 시간 함께 살아야 한다는 의무감을 느끼지 않을 수도 있다. 몸과 마음과 영혼을 상대에게 주었을지도 모르지만, 언제든지 떠날 수 있다. 특히 젊은 여성은 때론 결혼으로 이어지지 않는 연애나 그와 비슷한 연애로 20대를 허비해 버리고 30세에 결혼 가능성이 급격히 줄어든 것을 느끼는 자신을 발견하고 두려움을 느낀다. 또한 젊은 여성은 젊은 남성보다 20대에 미혼모가 될 가능성이 훨씬 더 크며, 이러한 상황이 나타나는 여러 가지 어려운 도전을 하고 있다.

젊은 남녀 모두에게 이혼은 잠재적인 재앙으로 이상적인 결혼 생활 속에 도사리고 있다. 이들은 이혼이 미국 사회에 만연해 있다는 것을 잘 알고 있다. 부모가 아니더라도 형제자매, 다른 친척, 친구, 동료 등 주변 사람의 이혼을 보기 때문에 굳이 통계 수치를 언급할 필요가 없다.

청년은 이 같은 운명을 피하고자 할 수 있는 모든 것을 한다. 동거는 단순히 편리함이나 교제를 위해서가 아니라 불행한 결혼 생활과 더 불행한 이혼을 피할 수 있도록 어떤 큰 문제가 있는지 발견하려고 노력하기 위해 상대방과 함께 사는 것이 어떤 것인지를 보기 위해서이다. 결혼하기까지 적어도 20대 후반까지 미룬다는 것은 청년기 몇 년 동안 단순히 누군가를 탐색하기 위해서가 아니라, 올바른 결혼을 선택할 수 있기를 바라는 성숙도와 판단력에 도달하려는 것이다.

물론 후회하지 않을 선택을 하고 결혼 생활이 원하는 대로 잘 풀릴 거라는 보장은 없다. Holly의 이야기처럼 "언젠가 우리는 서로를 너무너무 미워하게 될 거예요."라고 그 어떤 누구도 이것을 예견하면서 결혼하지 않는다. 청년은 자신 앞에 닥친 위험을 알고 있지만, 미래를 자신의 꿈과 비슷하게 만들 수 있는 능력이 있다는 확신을 가지고 조심스럽지만 낙관적으로 삶의 많은 부분을 내다보면서 결혼을 상상해 본다.

6장 대학 생활의 여정

우여곡절

요즘 미국 사회에서 좋은 직업을 갖기 위해서는 고등학교 이상의 교육을 받아야 한다는 인식이 널리 퍼져있다. 많은 연구에서 알 수 있듯이 고등교육(중등학교 이후의 모든 교육 또는 훈련)의 기간은 장래의 소득 및 직업 지위와 밀접한 관련이 있다.[1] 청년은 고등교육이 직업 가능성을 더 넓혀준다는 것과 관련된 연구와 통계 수치를 알 필요는 없지만, 자신의 친구, 이웃, 가족 구성원의 경험을 보면서 교육을 받지 않은 사람은 더 제한적이고 유망하지 않은 직업적 대안에 직면하게 된다는 것을 알고 있다. Clark 설문조사에서 18~29세의 78%는 '인생에서 성공하기 위한 가장 중요한 요인 중 하나는 대학 교육이다'에 동의했다.[2] 그래서 미국 청년 10명 중 9명은 고등학교를 졸업한 후에 단과대학, 종합대학 또는 직업학교 등을 다니면서 계속 교육받기를 원한다.[3] 실제로 약 70%가 고등학교를 졸업한 다음 해에 고등교육을 받는다.[4] 이 중 약 절반은 2년제 대학에 나머지 절반은 4년제 대학에 진학한다.[5]

청년의 고등교육 참여율은 남성의 경우 지난 반세기 동안 꾸준하게 천천히 증가해왔지만, 여성의 경우에는 가히 혁명적으로 증가했다. 1960년에는 미국 대학생 중 남성의 수가 여성보다 2배가량 많았지만, 지금은 여성이 57%, 남성이 43%로 여성이 남성보다 더 많다.[6] 이러한 경향은 전 세계적으로 나타난다. 141개국을 대상으로 한 설문조사 결과 많은 개발도상국을 포함한 83개국에서는 고등교육을 받는 여성이 남성보다 더 많았다.[7] 미국 내에서 고등학교 졸업 후 대학 진학률이 아시아계 미국인 90%, 백인 71%로 아프리카계 미국인 60%, 라틴계 미국인 60%보다 높긴 하지만, 인종 집단 전반에서 고등교육의 증가가 발생했다.[8]

현재 대부분의 미국 청년은 고등학교 졸업 후에도 교육을 받고 있지만, 학교 교육의 중요성은 청소년기를 거쳐 청년기가 되면서 변화한다. 몇 가지 예외 사항이 있기는 하지만, 대부분의 미국 청소년은 고등학교를 그다지 진지하게 받아들이지 않는다.[9] 친구를 만나는 재미 외에는 학교가 지루하다고 생각하며 학교 생활에 거의 참여하지 않고 숙제도 거의 하지 않는다. 고등학교에서 중요한 것을 배울 거라고는 기대하지 않으며 고등학교 교육이 성인 직업의 기초가 된다고 믿는 청소년은 거의 없다. 저자의 원연구에 따르면 청년의 35%만이 '고등학교 교육으로 취업 준비를 잘 할 수 있었다'라는 말에 동의했다.

청년기에 진입해서야 학교는 완전히 새로운 의미를 갖는다. 이제 우리는 교육이 어떻게 자신의 진로를 이끌어 줄지에 대해 생각해야 한다. 지금까지는 가까운 지역의 고등학교에 진학했다면, 이제부터는 다양한 대학이나 직업 훈련 프로그램 중에서 가능한 것을 골라야 한다. 그리고 일단 대학에 들어가면 고등학교 때 그랬던 것처럼 그냥 출석해서 별생각이 없는 듯 학교에 다니기가 그리 쉽지 않을 것이다. 고등학교 선생님과 달리 대학 교수는 수업에 참여하지 않거나 과제를 하지 않으면 그냥 점수를 줄 가능성이 낮다. 대학에서는 스스로 수업을 듣고 필요한 과제를 수행할 수 있을 만큼 자기관리력self-discipline을 충분히 길러야 한다. 그렇지 않으면 낙제할 수도 있다. 또한 대학을 다니려면 더 많은 경제적 부담을 지게 된다. 자신 또는 부모가 대학 학비를 내는데 수업에 통과하지 못하면 돈을 낭비하기 때문이다. 따라서 사랑과 마찬가지로 대학은 성인의 삶을 위한 기초를 형성하는 데 더 집중하게 되는 청년기에 더 중요하게 된다.

고등교육이 21세기의 새로운 서비스, 정보, 기술 분야에서 좋은 일자리를 얻는 것이 가능하게 되는 필요조건이 되었기 때문에, 선진국의 청년들 사이에서 고등교육에 참여하는 게 당연한 것이 되었다.[10] 그러나 순전히 외형만 보면 미국의 고등교육 시스템은 다른 나라의 고등교육 시스템을 압도한다. 4,400개 이상의 단과대학, 종합대학 및 전문대학 등이 있는 미국만큼 규모가 큰 고등교육 시스템을 갖춘 나라는 세계 어디에도 없다.[11] 미국의 고등교육 시스템 구조는 청년으로 하여금 가능한 직업적 미래를 광범위하게 탐색할 풍부한 기회를 제공하면서 길어진 청년기에 도움을 준다. 미국 청년은 특정한 방향을 선택하기 전에 다양한 대학 생활을 시도하면서 직업 탐색 기회를 오랫동안 열어 둘 수 있다. 고등교육을 받으려는 유럽 청년은 고등교육을 받기 전에 미리 방향을 결정해야만 한다. 즉 유럽 청년은 미국 대학생처럼 전공을 결정하는 1~2년 동안 강의를 섞어가며 수강하지 않고 입학하기 전에 자신이 공부하기로 선택한 분야만 수업을 듣는다.

오늘날 고등교육에 참여하는 청년의 비율은 미국 역사상 그 어느 때보다도 높다.[12] 20세기 중반까지 고등교육은 주로 특권층을 위한 것이었다. 1900년에는 18~21세의 4%만이 대학에 진학했고 1940년에는 그 비율이 16%로 증가했다. 그러나 1장에서 살펴보았듯이 20세기 후반부터 꾸준히 증가하여 21세기 초반에는 대다수 청년이 대학을 접하게 되었다. 다른 나라들 역시 경제가 농업과 제조업에 기반을 두기보다는 정보, 기술, 서비스 분야에 더 많이 의존하게 되면서 지난 세기부터 고등교육에 대한 참여가 꾸준히 증가했다.

6장에서는 청년의 대학 경험에 대한 다양한 측면을 살펴보고자 한다. 먼저, 청년이 선택할 수 있는 많은 전공 중에서 어떻게 전공을 선택하는지를 포함하여 필요한 수업을 어떻게 구성하는지를 살펴본다. 또한, 청년 중 대학 생활을 성공적으로 하는 사람과 힘들어하는 사람에 대해서 살펴보고 그 차이에 대한 몇 가지 이유를 확인한다. 그런 다음, 고등교육에 대한 광범위한 접근을 허용하는 미국 고등교육 시스템을 비판적으로 살펴보고 유럽의 고등교육 시스템과 비교해서 각각의 장단점에 대해 알아본다. 후반부에서는 대학 경험에서 좋았던 점과 좋지 않았던 점에 대해 대학생들이 말하는 것을 살펴본다. 마지막으로, MOOC와 갭이어 *gap year*라는 미래에 시도해볼 만한 트렌드를 살펴보면서 이 장을 마무리할 예정이다.

대학에서의 진로 설계

고등학교 졸업 후 대학에 입학할 때, 대부분의 미국 청년은 대학에 가서 무엇을 공부하고 싶은지에 대해서 가장 일반적인 생각만 하고 있다.[13] 이들은 대학 학위만을 원한다. 청년은 대학을 가는 것이 자신의 미래를 위해 중요하다는 것을 알고 있다. 왜냐하면 대학 학위가 있는 사람은 그렇지 않은 사람보다 직업적 대안이 폭넓고 더 많은 돈을 벌 가능성이 있기 때문이다. 청년은 다양한 새로운 사람들을 만나고, 성적인 경험을 하고, 사랑에 빠지고, 새로운 친구를 사귀고, 술에 취해도 보고, 부모에게서 독립하여 자신의 삶을 영위하는 등 대학 생활에서 학업 이외의 즐거움을 기대할 수 있다. 청년은 대학에서 무엇을 배울지에 대해 대략 결정을 내렸을지도 모른다. 그러나 이들 중 대학 학업의 최종 목적이 될 직업을 확실하게 결정한 사람은 거의 없다.

미국에서 대학은 자신이 하고 싶은 것을 찾기 위한 곳이다. 일반적으로 4년제 대학의 경우 확실한 결정을 내려 전공을 확정하기까지 2년의 여유가 있다. 2년 동안 전공하고 싶다고 생각하는 분야의 수업을 들으면서 다양한 가능성을 시험해볼 수 있다. 심지어 전공을 확정한 후에도 언제든 마음을 바꿀 수 있고 많은 청년이 이렇게 한다.

청년에게 대학 생활은 정체성 탐색의 일부이다. 이들은 다양한 수업을 듣고 다양한 전공을 시도하면서 "내 적성과 흥미를 고려할 때 나에게 어떤 직업이 가장 적합할까?"라는 정체성과 관련된 질문에 대한 답을 찾으려고 노력한다. 대다수는 "아하!"하고 자신의 진정한 천직을 찾았다는 것을 깨닫게 되는 순간을 고대한다. 찾는 사람도 있고 못 찾는 사람도 있다. 하지만 대학은 적어도 이들에게 찾을 기회를 준다.

청년 중 다수는 발달하는 자기 정체성에 맞는 대학 전공을 찾기까지 복잡한 과정을 겪는다. 예를 들어 Barbara는 6년 전 대학 입학 후 전공을 4번이나 바꿨다. "사실 처음에는 화학을 전공했고 병리학과나 방사선과로 가고 싶었어요. 그

다음에는 약학대학에 입학해서 연구실에서 약물 검사를 해보고 싶다는 꿈을 꿨어요. 그런데 이게 현실적이지 않다고 판단했어요. 계속 마음이 바뀌었어요. 다시 화학으로 돌아갔죠. 그다음에 회계와 관련된 일을 하기 위해 경영학으로 마음을 정했지만, 사무실에 종일 앉아서 일하고 싶지 않다고 결론을 내렸어요. 나는 매일 더 많은 사람을 사무실 밖에서 만나고 싶거든요."

현재 Barbara는 스포츠 경영을 전공하고 있으며 운동 경기를 위한 광고와 홍보를 진행하는 직업에 종사하려고 계획하고 있다. Barbara의 아버지가 프로 운동선수였고 형제자매들도 운동과 연관된 운동선수 집안에서 자랐으며 운동이 자신과 딱 맞는다고 느꼈다. "항상 운동하는 것을 즐겼고, 다른 어떤 것보다도 운동을 매우 좋아했어요." 결국 Barbara는 스포츠 경영이라는 방향으로 진로를 결정하게 되었다.

Ken 또한 대학 시절 서로 다른 전공으로 험난한 과정을 겪었다. "첫 번째 전공은 커뮤니케이션과 광고홍보학이었지만 별로 관심이 없었어요. 그래서 교육상담심리학으로 전공을 바꾸어 사회학을 가르치는 쪽으로 관심을 가졌어요. 그 이후에 체육 교육을 전공했고 체육 선생님과 코치가 될 예정이었어요. 마침내 생리학 수업을 듣고 정말 좋아하게 되어서 결국 운동 생리학 학위를 받았어요." 졸업하는 데 7년이 걸렸지만, Ken은 이렇게 한 것에 대해 후회하지 않는다. "졸업하기까지 140~150시간 정도 수업을 들었던 것 같아요. 너무 많이 전공을 바꿨기 때문이죠. 그래도 대부분의 수업을 즐기면서 들었어요."

나이 어린 몇몇 청년은 여전히 무엇인가에 꽂히기를 기다리며 찾고 있다. Elaine은 대학 3학년에 접어들지만, 아직 무엇을 공부하고 싶은지 결정하지 못했다. "지금은 전공이 없어요. 아직 결정하지 못했어요. 전혀 모르겠어요. 관심사가 많다는 게 문제예요. 남은 대학 생활 동안 하나만 고집할 수는 없어요. 심리학에 관심이 있어요. 과학과 관련된 것도 그렇고, 특히 생물학에도 관심이 있어요. 법학에도 좀 관심이 있어요. 법은 생각만 해도 어렵지만, 그래도 법학도 좋아요. 그리고 예술 분야에서는 그림 그리는 것을 좋아해요. 잘하지는 못하지만, 물건을 디자인하는 건 좀 잘한다고 생각해요. 패션 스쿨에 갈까도 생각 중이에요. 제가 아는 모든 사람이 경영학을 전공하고 있지만, 제 취향은 아니에요. 그래서 경영학을 전공하지는 않을 것 같아요."

그래서 Elaine은 경영을 제외한 모든 분야이긴 하지만, 그중 예술, 과학, 심리, 법, 패션 디자인 등으로 한정했다. 분명히 자신의 정체성과 맞는 것을 찾을 때까지 교육적 탐색을 위해 갈 길이 멀긴 하지만, 여전히 희망적이다. "내가 중요하게 생각하는 것은 나에게 딱 맞는 자리를 찾아 진입해서 많은 돈을 벌어 행복하고, 여전히 나 자신을 위한 시간을 갖는 거예요."

일반적으로 청년의 중심인 10대 후반에서 20대 초반은 대부분의 사람에게 중요한 교육적 탐색의 시기다. 20대 후반이 되어서도 가능성이 있는 방향으로 이리저리 옮겨 다니는 사람은 거의 없다. 대부분의 사람은 20대 후반이 되면 사랑과 일 모두에서 청년기에 탐색을 통해 더 확고한 선택을 하는 쪽으로 바뀐다. 20대 후반이나 그 이후에 더 많은 교육을 받을 수도 있지만, 이미 자신이 선택한 분야에서일 가능성이 크다.

일부 청년은 부모의 영향을 강하게 받은 전공으로 대학에 진학했다가 자신의 정체성과 전혀 맞지 않는다는 사실을 발견하기도 한다. Rob은 대학교 1학년 때 수의사 아버지의 뒤를 이은 수의학 예비전공자였다. 그러나 Rob은 곧 깨닫게 되었다. "내가 듣고 있는 화학과 생물학에는 관심이 진짜 없었어요." 자신이 정말 하고 싶은 일이 무엇인지 고민하던 Rob은 "나는 항상 수학에 관심이 많았어요."라는 생각을 하게 됐고, 회계학 수업을 몇 개 듣기로 했다. 회계학은 자신과 잘 맞았고 전공을 경영학으로 바꾸었다.

Cindy에게 있어서 부모님의 영향은 더 분명했다. "나의 부모님은 아시아인이에요. 특히 이민 온 부모라면 교육을 받을 기회가 없었기 때문에 자녀를 통해 부모의 꿈을 이루기를 원하시죠. 그래서 항상 부모님의 꿈은 딸들이 의사나 변호사가 되는 것이었어요. 어렸을 때 여동생이 '나는 의사가 될 거야'라고 말했고, 나는 '그럼, 나는 변호사가 될 거야'라고 말했던 기억이 나요." Cindy는 어린 시절부터 이 결심을 고수하고 로스쿨을 준비하려고 California-Berkeley에 입학했다. 그러나 대학에서 공부를 시작한 지 2년이 지났음에도 불구하고 여전히 전공을 확정 짓지 못했다. Cindy의 지도 교수는 Cindy에게 80여 개의 전공에 대한 설명이 담긴 책자를 주면서 다음 주까지 하나를 고르라고 했다. Cindy는 다음과 같이 회상했다. "그래서 책 내용을 전체적으로 훑어보고 '내가 정말 좋아하는 게 뭘까?'에 대해 생각했어요. 엄마는 내가 변호사가 되기를 원하고 계셨지만, 한번 사는 인생 내가 정말 좋아하는 일을 하고 싶었어요. '내가 정말로 좋아하는 건 무대에 서는 거지'라는 생각이 들었어요. 모델로서 많은 패션쇼에서도 섰거든요." Cindy는 법과 거리가 먼 무용을 전공하기로 했다. 이제 California-Berkeley를 졸업한 Cindy는 모델이자 배우이며 Cindy에게 춤은 배우로서 갖춰야 할 기술 중 하나가 되었다.

성공과 좌절

미국 청년의 70%가 고등학교를 졸업하고 대학에 진학한다고 해서 이들 모두가 4년 뒤 대학을 순탄하게 졸업해서 학위를 받는 것은 아니다. 이와 정반대로 대부분의 청년에게 대학에 들어가는 것은 학위를 받을 수도 있고 그렇지 않을 수도 있는 교육의 험난한 여정이 시작됨을 의미한다. 4년제 대학에 입학한 학생의 59%만이 6년 후에 졸업했고, 25~29세에서 학사 학위를 취득한 학생은 30%에 불과했다.[14] 심지어 학사 학위를 받은 청년 중 대부분은 '4년제 학위'를 취득하는 데 5~6년이 걸렸다. 심지어 2년제 대학에 다니는 학생의 중퇴율이 더 높았다.[15]

학생들이 대학에 입학한 후 종종 자신의 진학에 대해 불평하는 데에는 여러 가지 이유가 있다. 일부 청년의 경우 대학에 입학할 당시 대학에 갈 준비가 되어 있지 않았음이 분명하다. 이들은 대학을 가야 할 이유를 알지 못했고 전념하지도 않았으며 결과적으로 고전을 면치 못했다. 이들은 단지 관습 때문에 대학에 간 것일 수 있다. 해야 할 일처럼 보였기 때문이거나 친구들이 모두 대학을 가고 자신의 부모도 대학에 가기를 기대했기 때문일 수 있다. Cecilia는 1년 반 동안 대학에 다녔지만, 성적이 좋지 않아 자퇴했다. "난 아직 준비가 안 돼 있었어요. 내가 뭘 하고 싶은지 확신이 안 섰기에 공부를 하지 않았어요." 공부를 안 하는 대신에 "TV를 보고 나가서 노는 등 공부가 아닌 다른 무엇이든 하는 것"으로 시간을 보냈다. 지금은 서점에서 계산원으로 일하면서 앞으로 무엇을 해야 할지를 결정하려고 고민하고 있다. 의사가 되고 싶다는 막연한 욕구가 있지만 "수학을 잘하지 못하는데 의대에서는 화학 수업처럼 수학을 해야 하는 과목이 많아요."라고 말한다. Cecilia는 자신이 10년 후에 무엇을 하고 있을지 "전혀 알 수 없어요."라고 실토했다.

본인보다는 부모의 바람으로 대학에 진학했다가 반발심으로 낙제하는 경우도 있다. Danielle도 마찬가지였다. "나는 대학에 가기 싫었는데 엄마가 억지로 대학에 가게 하셨어요. 그래서 '내가 그만 다니고 싶다면 학교를 자퇴해야지'라는 생각이 있었어요. Danielle은 곧 성적 부진으로 퇴학당했고, 3년 동안 저임금 직장을 전전하다가 이번에 재입학을 결심했다. 이번에는 자신의 결정이었다. 지금 Danielle은 간호사가 되기 위해 공부하고 있다.

어떤 면에서는 대학에 입학하고 나서 스스로 수업에 참여하고 진도를 따라갈 자기관리력이 부족하다는 것을 알게 된다. 이들은 부모님과 살던 집에서 멀리 떨어져 있는 자유를 너무 즐기고 좋아해서 보통은 공부하지 않고 순간의 쾌락으로 주의가 쉽게 산만해질 수 있다. Jake는 너무 자기 관리가 안 되어서 학교 공부와는 거리가 먼 활동으로 너무 바빴기 때문에 대학 생활 첫 2년 동안은 거의 낙제할 뻔했다. "잠을 너무 많이 잤고, 컴퓨터 게임을 너무 많이 했고, 파티에도 갔고, 쓸데없는 짓만 했어요." 결국 Jake는 심리학 학위를 취득했고 지금은 은행원으로 일하고 있다. 돌이켜보면 Jake는 대학 생활 초기의 대부분을 미성숙한 상태로 지냈다고 생각한다. "나는 준비가 되어 있지 않았어요. 직업을 갖고 1년 정도 일하고 난 다음에 내가 하고 싶은 일을 결정했어야 했어요. 그러면 어느 정도 관점이 생겼을 것 같아요."

이것은 20대 중반의 청년 사이에서 나타나는 공통된 정서로 18~19세는 대학에서 교육 목표에 전념하기에는 너무 미성숙하여 결과적으로 대학 생활 초기를 낭비하였다. 교육 평론가 Murray Sperber는 파티, 음주, 사교 생활, 스포츠에 푹 빠져있는 대학 생활을 '맥주와 서커스beer and circus'라고 불렀다.[16]

이런 것들을 적당히 즐긴다면 잘못된 것은 아니지만, 많은 청년의 초기 대학 생활에서 적당함은 일반적인 현상이 아니다. 반대로 과도함을 추구하는 것이 대학 생활 재미의 일부일 수 있고 학생의 입장에서 전체 대학 경험의 일부일 수 있다. 이것은 특히 음주와 관련하여 확실히 드러난다. 대학생은 대학생이 아닌 청년보다 술을 더 많이 마시는 것으로 나타났으며, 국내 연구에서는 10대 후반에서 20대 초반 대학생의 절반 가까이가 최근 2주 동안 적어도 한 번의 폭음(연속하여 남성 5잔 이상, 여성 4잔 이상의 음주)을 했음을 보고하고 있다.[17]

대학 때문에 집을 떠나기 전까지 부모는 항상 자녀들 곁에서 자녀에 대한 통제권을 행사했다. 부모는 자녀를 학교에 보내기 위해 아침에 깨우고, 학교 공부를 어떻게 하는지 지속적으로 확인하고, 방과 후에 무엇을 하는지, 저녁에 집에 몇 시에 돌아오는지 알고 있다. 물론 자녀는 부모에게 몇 가지 정도는 숨길 수 있지만, 항상 부모가 자신을 예의주시하고 있다는 것을 알고 있다. 일단 대학 진학을 위해 자녀가 집을 떠나게 되면 아침에 제시간에 일어나서 학교에 가고 숙제를 하는 등 자신이 해야 할 일을 확실히 하고 있는지를 확인하거나 혹은 일주일에 술을 몇 번 마시러 나가는지 또는 밤늦게까지 게임을 하거나 포르노를 보거나 음악을 들어 다음 날 오전 수업 시간 내내 잠을 자는 등 자신이 하지 말아야 할 일을 하지 못하게 제지하는 부모가 더는 곁에 없다.

많은 대학생은 이러한 새로운 자유를 잘 누릴 수 있다. 대학을 졸업할 무렵에는 책임감 있게 행동하기에 충분한 자기통제력self-control을 갖게 되어 부모의 감시를 더는 받지 않아도 된다. 청년은 자신의 일정을 관리하고, 학교 공부를 수행하고, 과목을 이수한다. 때때로 과음할 수도 있지만, 폭음을 주말로 제한하면서 여전히 수업에 참석하고 학업을 수행할 수 있다.

그러나 많은 다른 학생들에게 대학 생활의 자유는 감당하기 벅찬 일이다.

자신을 대신해 통제력을 행사할 사람이 주변에 아무도 없는 상황에서 자신이 가진 자기통제력과 자기관리력으로는 대학 생활의 어려움을 감당하기에는 역부족인 것으로 보인다. 이들은 수업을 빼먹기도 하고, 학업을 제대로 따라가지 못하기도 하고, 술을 너무 자주 많이 마시기도 하고, 결국 자퇴하거나 퇴학을 당하게 된다.

대학 학비는 많은 학생이 학위를 취득하기 전에 자퇴하는 또 다른 이유 중 하나이다. 지난 30년 동안 학비는 다른 것에 비해 4배에 달하는 비율로 가파르게 증가했다.[18] 그 결과 현재 정규 학생의 70%는 학교에 다니면서 회사에도 나가고, 59%의 학생은 주당 최소 20시간 이상 일한다.[19] 이렇게 일을 함에도 많은 학생은 대학 시절에 빚을 지게 된다.[20] 학교와 회사를 병행해야 하고 학기마다 더 많은 빚에 시달리는 끊임없는 압력을 받으며 주당 20시간 이상 일하면서 대학 생활하는 학생을 상상해보라. 이런 이유로 많은 학생이 학위를 받기 전에 학교를 그만두기로 결정하는 것도 이해할 만하다. 특히 진로를 정하지 못한 청년에게는 이러한 상황에서 대학을 계속 다니는 것이 무의미하게 느껴질 수 있다. 그럼에도 재정적인 이유로 자퇴하는 것은 미래의 비용과 이익을 심각하게 잘못 계산한 것이다. 뒤에서 곧 살펴보겠지만 4년제 학위 취득에 대한 보상은 막대하지만, 자퇴한 학생의 경우 몇 년간 학교에 다닌 빚을 자신이 부담해야 할 뿐만 아니라 학위를 취득했을 때 직장에서 받는 경제적 보상도 없다. 엎친 데 덮친 격이 된 것이다.

[그림 6.1]에서 볼 수 있듯이 상대적으로 가난한 가정의 학생은 특히 재정적인 어려움을 보여줄 것으로 예상된다. 어머니의 교육 수준에 따른 사회계층을 구분한 도표에서 하류층의 청년일수록 금전적 이유로 인해 자신이 원하는 것보다 교육을 덜 받았다고 보고할 가능성이 더 높음을 확인할 수 있다. 연구에 따르면 가난한 가정의 학업성취도가 높은 고등학생은 종종 자신이 대학 장학금을 받을 기회가 있다는 것을 알지 못했다고 보고하고 있다.[21]

학사 학위 취득 비율은 아프리카계 미국인과 라틴계 미국인이 백인보다 더 낮다.[22] 그 이유는 아프리카계 미국인과 라틴계 미국인이 백인보다 더 가난한 지역에서 성장하고 질 낮은 학교에 다니는 경향이 있어서 대학에서 요구하는 학업

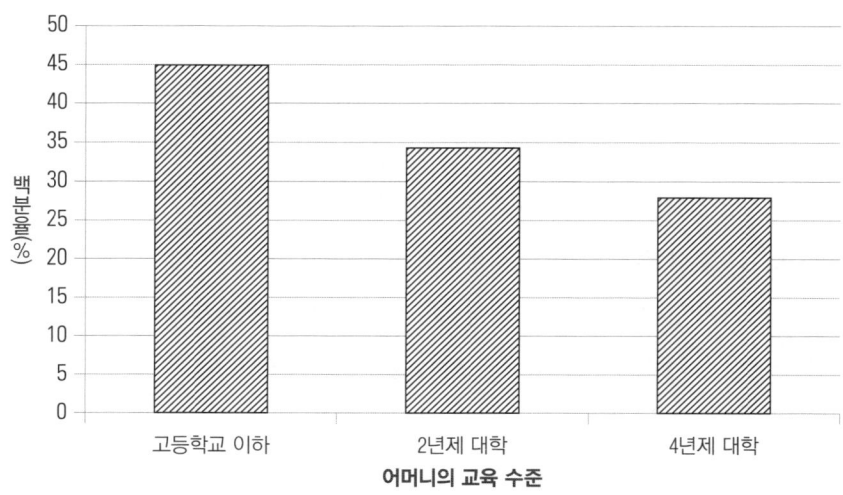

[그림 6.1] 사회계층과 대학 학비 부담 능력

출처: Arnett & Schwab(2012)

을 준비하기에 충분하지 않기 때문이다. 하지만 이것은 아프리카계 미국인과 라틴계 미국인에게 대학으로 인한 금전적 부담이 더 큰 경향이 있기 때문이기도 하다. 가난한 가정의 학생일수록 대학을 자퇴할 확률이 더 높고 백인보다는 아프리카계 미국인과 라틴계 미국인이 가난한 가정에서 자랄 확률이 더 높다.

    이러한 어려움은 Nicole의 삶에서 확실히 볼 수 있다. 정신 건강 문제를 가지고 있던 미혼모의 4자녀 중 한 명인 Nicole은 성장하는 동안 사회 복지 혜택을 받았다. Nicole은 어렸을 때부터 아주 높은 교육 목표를 가지고 있었지만, 지금까지도 그 목표를 달성하기가 어려웠다. Nicole은 다음과 같이 결론을 내리고 고등학교를 졸업한 후 집을 떠났다. "공부하기 위해 엄마와 살던 집을 떠나야 할 필요가 있었어요." 두 곳의 전문대학에 다녔다. 그러나 자신의 생계를 유지하고 어머니와 동생들에게 돈을 보내기 위해 풀타임 의료접수원으로 일하면서 자신의 학업을 이어가기에 어려움을 겪었다. 야간에 수업을 들었고 준학사 학위를 거의 끝내가고 있었지만 "결국 이번 학기에는 휴학했어요. '나에게 필요한 돈을 모아야 해'라고 생각했죠. 충분한 돈을 저축해서 스물여섯 살이나 스물일곱 살이 될 때쯤에는 학교에 온전히 다닐 수 있을 거예요." Nicole은 박사 학위를 취득하고 라디오 토크쇼 심리학자가 되려는 궁극적인 목표를 이루겠다는 다짐을 하고 있지만, 자신 앞에 놓인 장애물은 만만치 않다. Nicole의 삶에 대해서는 12장에서 더 자세히 살펴볼 예정이다.

어릴 때부터 자신이 어떤 일을 하고 싶은지 알고 있는 청년은 이미 자신의 진로 목표를 향한 방향을 확고히 정하고 대학에 간다. 이들에게는 대학 1, 2학년 때 자신의 정체성에 가장 잘 맞는 직업을 찾기 위한 탐색 기간도 필요하지 않다. 이들에게 대학의 목적은 자신의 적성에 맞는 일을 할 수 있도록 해주는 기술을 습득하고 자격증을 취득하는 것이다. Gloria는 다음과 같은 이유로 초등학교 교사가 되기 위해 공부하고 있다. "나는 아이들을 정말 좋아하고 항상 아이들과 함께하는 일을 하고 싶었어요." Maya는 다음과 같이 말했다. "다섯 살 때부터 과학을 좋아했거든요." 지금은 화학을 공부하고 있고 대학원에 진학해 화학 교수가 될 계획이다. Arnold는 다음과 같이 회상했다. "초등학교 3학년 때부터 수학을 굉장히 잘했어요. 고등학교 때 회계 수업을 들었고 배운 즉시 모든 것을 금방 이해했어요. 시간이 지나면서 다 마음에 들었어요." Arnold는 대학에서 회계학을 전공했고 지금은 회계 법인에서 일하고 있다.

Gloria, Maya, Arnold와 같은 청년은 대학에 입학했을 때부터 무엇을 하고 싶은지를 알고 자신에게 잘 맞는 진로 방향을 찾는 데 시간을 허비하지 않기 때문에 4년 만에 곧바로 졸업했다. 하지만 이들이 예외인 거지 다 그런 것은 아니다. 청년이 학위를 마치는데 시간이 오래 걸리는 것에 영향을 주는 요인은 이들이 중퇴하는 데 영향을 미치는 요인인 무엇을 공부할지에 대한 불확실성, 지나치게 놀고 술 마시는 것, 재정적인 어려움 등과 같다.

학부 교육을 마치는 데 5년, 6년 또는 그 이상의 시간이 걸리는 것에 대해 청년은 복합적인 감정이 있다. 한편으로는 청년 중 많은 수가 학부 교육을 마치는 것이 오래 걸리는 것 때문에 좌절한다. 4년제 대학 학위를 4년 만에 취득할 예정이었는데, 그보다 더 오래 걸리면 자신이 정한 기준에 충족하지 못한 것 같은 부족함을 느낀다. "지금까지 성취한 것에 만족하나요?"라는 인터뷰 질문에 대한 답변으로 저자의 원연구에서는 20대 중반 청년의 가장 불만족한 사항은 아직 대학을 졸업하지 못했다는 것이었다.

24세의 Casey는 경영학을 전공하려고 대학에 입학했지만, 곧 자신이 경영학을 전혀 좋아하지 않는 사람이라는 것을 깨달았다. "회계, 마케팅, 경제학 수업이 재미있지 않았어요. 그냥 '이건 맞지 않아'였어요. 아침에 일어나서 수업에 가는 것이 곤욕이었죠." Casey는 경영학을 포기하고 앞으로 어떤 방향으로 나아가야 할지 막막한 채로 1년 반 동안 헤매었다. 그 후 고등학교 수학 또는 과학 교사가 되고 고등학교 야구팀을 지도한다는 목표를 갖고 교육학을 전공하기로 했다. Casey는 자신이 선택한 분야를 사랑하고 자신에게 잘 맞는 것을 찾았다고 생각했지만, 찾는 데 너무 오랜 시간이 걸렸다는 점에서 후회한다. Casey에게 성취한 것에 만족하느냐고 묻자 다음과 같이 답했다. "아뇨, 전혀 만족스럽지 않아요. 학업과 관련된 것 때문에 나 자신에게 매우 실망스러워요. 내가 하고 싶은 것이 무엇인지를 알고 대학에 와서 4년 만에 졸업했더라면 좋았을 듯해요."

그러나 일반적인 청년은 20대 혹은 심지어 30대까지 자신의 일과 학업을 병행하거나 번갈아 가면서 지속할 것으로 예상한다. 대학이 주로 18~22세의 사람들을 위한 것이라는 생각은 빠르게 사라지고 있다. 21세기 초까지 학부생의 거의 절반이 25세 이상이었다.[23] 게다가 국내 대학 학부생들을 대상으로 한 조사에 따르면, 학사 학위를 취득하면 더 이상의 교육을 받지 않을 것이라고 20% 정도가 답변했다. 거의 40%는 석사 학위를 취득할 계획이고, 30% 가까이는 박사, 의학 또는 법학 학위를 취득할 계획이었다.[24] 이들은 자신의 목표를 행동으로 옮기고 있었다. National Center for Education Statistics에 따르면 1970년부터 2011년까지 대학원 등록률이 남성은 50%가 증가했고 놀랍게도 여성은 400%가 증가했다.[25]

이렇게 많은 청년이 20대와 30대까지 학업을 계속 이어가려는 이유는 다양하다. 첫째, 학업을 이어 나가는 것이 자신의 소득이 증대될 방법이라는 것을 인식하고 있다. 대부분의 분야에서 교육을 많이 받을수록 더 많은 급여를 받을 수 있다. 이와 연관하여 더 많은 교육이 더 높은 지위를 수반하는 수혜가 된다. 다른 사람들에게 학사, 석사 또는 박사 학위를 가지고 있다고 말할 수 있는 것은 미국 사회에서는 자랑스러워할 만한 일이다. 그러나 어떤 청년은 단순히 배우는 것이 좋아서 더 많은 교육을 받기를 원한다. 이들은 공부하는 분위기와 새로운 것을 배우는 것을 좋아하기에 배움의 과정이 멈추는 것을 원하지 않는다.

미국 교육 시스템 분석

요약해 보자면 대부분의 미국 청년은 초기 청년기에 대학 과정을 수강하고 그 과정을 통해 자신이 원하는 진로를 명확히 하는 데 도움을 받으면서 지낸다. 일부 청년은 대학 과정을 성공적으로 마치고 추구할 분명한 방향을 설정하기도 하고, 일부 청년은 헤매다가 자퇴하기도 하지만, 거의 모든 청년에게 대학 학위는 4년이 걸리든 더 오래 걸리든 궁극적인 목표 중 하나이다. 미국 고등교육 시스템의 개방성과 유연성 덕분에 청년이 원하는 경우 20대 이후까지도 종종 파트타임 또는 풀타임 직장과 병행하여 대학 과정을 수행할 수 있다.

과연 이런 교육 시스템이 좋은 것일까? 젊은 사람이 10대 후반에서 20대 초반 사이에 시간을 갖고 가능한 다양한 진로 방향을 탐색하도록 할 수 있는 것이 더 좋을까? 아니면 고등학교에 있을 때 진로 방향을 결정하도록 이끌어주거나 의무화하는 것이 더 좋을까? 이러한 의문은 유럽의 교육 시스템과 미국의 교육 시스템이 너무 다르기 때문에 발생한다. 대부분 유럽에서는 14세나 15세에 다양한 학교로 나뉘게 된다. 일부는 대학 진학을 준비하기 위한 학교에 입학하고, 다른 일부는 전자 기술이나 자동차 정비와 같은 직업을 준비하기 위한 학교에 입학한다. 그리고 고등교육으로 진학하려는 사람은 자신이 무엇을 공부할지 입학하기 전에 결정해야 한다. 일단 고등교육 프로그램을 시작하면 모든 수업은 자신이 선택한 분야에서만 이루어진다.

 그렇다면 어떤 교육 시스템이 더 나을까? 이 질문에 간단히 답하기는 어려운 듯싶다. 사실상 각 교육 시스템에 다음과 같은 장·단점이 있다. 유럽 교육 시스템의 장점은 많은 어린 학생이 존경받고 보수가 좋은 괜찮은 직업의 방향으로 이미 진로를 설정하고 중등학교를 졸업하는 것이다. 일반적으로 10대 후반에서 20대 초반은 미국인에게는 전문적인 직업을 찾으려고 하는 시기이지만, 유럽인에게는 이미 선택한 전문적인 직업에서 더 많은 진전을 이루는 것에 노력을 기울이는 시기이다. 그러나 유럽 교육 시스템의 단점은 많은 어린 학생이 14세 또는 15세에 앞으로 어떤 진로를 따라서 직장 생활을 할지에 관한 결정을 내릴 준비가 되어 있지 않을 수도 있다는 것이다. 왜냐하면 이들의 정체성이 아직 이런 선택을 할 만큼 충분히 발달하지 않았기 때문이다. 10대 후반이나 20대 초반에 마음을 바꿔 다른 진로를 모색하기가 어렵다. 유럽 교육 시스템은 이러한 유연성이 부족하다.

 마찬가지로 대학에 진학하려는 유럽 청년의 경우에 유럽 교육 시스템의 강점은 학생이 입학할 때 무엇을 공부하고 싶은지 알고 있어야 하므로 단일 학문 분야에 집중한다는 것이다. 결과적으로 커리큘럼에서 헤매다가 갑자기 영감이 떠오르기만을 기다리는데 2~3년을 허비하지 않는다. 하지만 이러한 장점은 단점이기도 하다. 이들이 대학에 입학한 후 전공을 공부하고 싶지 않다고 결정하게 돼도 진로를 바꾸기가 어렵다. 정부가 대부분의 학비를 부담하고 있어 이들은 빚이 거의 없거나 전혀 없이 대학을 졸업할 수 있도록 하는 것은 좋으나, 이는 정부가 학비를 지불하고 있기에 학생들이 전공을 마음대로 바꿀 수 있는 횟수에 제한을 둘 수 있다.

 미국 교육 시스템의 장점은 젊은 사람이 가능한 다양한 진로를 시도할 수 있는 시간이 더 길다는 것이다. 고등학교를 졸업할 때까지도 자신이 어떤 진로를 택할지 확실히 결정한 미국인은 많지 않다. 청년기 동안 진짜 하고 싶은 일이 무엇인지, 어떤 직업이 가장 적합할지를 스스로 명확히 하는 과정으로 다양한 직업과 대학 과정을 시도한다. 하지만 일부 청년에게 있어 미국 교육 시스템의 단점은 자신이 감당할 수 있는 것보다 더 많은 자유와 유연성이 있다는 것이다. 미국 청년의 대다수는 10대 후반에서 20대 초반을 체계적인 탐색 기간으로 사용하기보다 대학 수업에 거의 신경 쓰지 않고, 술을 많이 마시고, 거의 공부하지 않은 채 이 기간을 흘려보낸다. 20대 중반이 돼서야 학위가 없는 청년은 학위를 따기 위해 다방면으로 노력하면서 많은 빚을 지고 있는 자신을 발견하게 된다.

미국인의 시각에서 미국 교육 시스템이 젊은 사람에게 자신과 맞는 교육적·직업적 길을 찾을 기회를 더 많이 주는 것 같이 보인다. 대부분의 사람은 14세 또는 15세가 자신을 충분히 알고 생애 동안 어떤 진로를 따를지 결정 내릴 수 있을 만큼 충분한 나이라고 믿기는 어렵다. 그건 이들에게 14세 또는 15세에 결혼하고 싶은 사람을 결정하라고 하는 것과 마찬가지로 말도 안 되는 것이다. 대부분의 사람은 이 나이에 사랑이나 일에 대한 미래의 결정을 내릴 만큼 자신의 정체성을 잘 발달시키지 못해왔다. 이러한 선택을 위해 자기 이해는 필수이며 대부분의 사람에게 이러한 자질은 10대에서 20대 초반까지 부분적으로는 다양한 가능성을 경험한 결과로써 점진적으로 발달한다.

교육 심리학자인 Stephen Hamilton은 미국과 유럽의 교육 시스템의 비교를 위해 투명성transparency과 투과성permeability이라는 유용한 차이점을 사용한다.[26] 투명성은 교육 시스템을 통해 진로가 얼마나 명확하게 노동시장으로 이어지는지를 나타내는 용어이다. 투명성이 있는 교육 시스템에서는 다양한 직업에 대한 교육 및 훈련 요구 사항이 명확하게 제시되어 있어 젊은 사람은 어린 시절부터 이에 대해 잘 알고 성장한다. 투과성은 교육 시스템 내의 한 지점에서 다른 지점으로 이동하기가 얼마나 쉬운지를 의미한다. 투과성이 있는 교육 시스템에서는 하나의 교육 또는 진로를 포기하고 다른 진로를 선택하기가 쉽다.

따라서 미국 교육 시스템은 투명성이 낮고 투과성이 높다. 심지어 청년기에도 대부분의 미국인은 자신이 원하는 직업으로 연결될 교육이나 훈련을 받는 방법에 대해 한정된 지식을 가지고 있지만, 유형을 막론하고 대학에 들어가기도 쉽고 일단 대학을 들어가서도 진로를 바꾸기가 쉽다. 이와 반대로 유럽 교육 시스템은 투명성은 높고 투과성은 낮다. 유럽의 청소년들은 어떤 교육과 훈련의 진로가 어떤 직업으로 이어지는지 알고 있지만, 14세 또는 15세에 일단 진로를 선택하면 결정을 바꾸기가 어렵다.

일부 비평가들은 미국 교육 시스템이 유럽 교육 시스템에 더 근접해야 한다고 주장한다. 예를 들어 어떤 학자들은 청소년이 고등학교를 졸업할 때쯤 "특정한 목표를 달성하기 위한 행동 과정에 전념"(p.109)할 수 있기 위해 고등학교에 다니는 동안 "분명한 생애설계를 하기 위한 도움이 필요하다."(p.84)라고 의견을 제시한다.[27] 하지만 이들이 준비가 되지 않았는데 왜 이런 확정을 하도록 재촉할까? 궁극적으로 이것은 청년기에 제일 중요한 자유로운 정체성 탐색을 할 수 없도록 하는 주장이다. 그러나 이러한 탐색을 통해서 청년은 자신에게 가장 적합한 일을 선택할 기회를 얻는다.

대부분의 청년은 적어도 20대 후반까지는 결혼하고 아이를 가질 생각이 없다. 청년이 이러한 의무를 지게 되기 전까지 이들 대부분은 자신 외에는 아무도 책임지지 않는다. 다양한 대학 과정과 전공을 시도하고 일터와 학교를 오가며 자신에게 적합한 방향을 찾기까지 몇 년이 걸리더라도 괜찮다. 뭐 어떤가? 10대에 서둘러 선택을 해야 할 이유가 없다. 더 완전한 정체성을 형성할 때까지 시간을 갖고 다양한 가능성을 탐색하면서 기다린다면 결국 이들 대부분이 하는 선택은 10대에 서둘러 선택했을 때보다 더 만족스럽고 생산적인 성인 직장 생활의 기초가 될 것이다. 학자금 대출로 인해 큰 빚을 지고 대학을 졸업하는 것이 상당한 부담이 되는 것은 사실이지만, 청년기에 교육적 탐색을 중단하는 것보다는 학생과 대학에 재정 지원을 늘려야 한다는 주장을 뒷받침한다.

대학에서의 경험

미국의 청년은 대학에서 어떤 경험을 하는가? 어떠한 교육을 받는가? 어떤 것을 배우고 어떤 것은 배우지 못하는가? 대학 생활을 하는 동안 이들은 어떻게 변하는가? 이러한 질문은 지난 40년 동안 주요 연구 주제였고 많은 연구가 이루어졌다.

맨 먼저 대학 경험이 사람마다 매우 다양하다는 점에 주목해야 한다. 청년이 다니는 대학의 형태는 수만 명의 학생으로 구성된 대규모 연구 중심 대학에서부터 수백 명의 학생으로 구성된 소규모 학부 중심 대학과 학교에 다니면서 풀타임으로 일하는 학생으로 구성된 전문대학에 이르기까지 매우 다양하다. 대학 경험의 본질이 학생 자신의 목표와 태도에 따라 달라지는 것을 다음 내용에서 볼 수 있다.

대학생의 하위문화

청년의 대학 경험을 특징짓는 유용한 방법 중 하나는 1960년대 초 사회학자 Burton Clark과 Martin Trow에 의해 개발된 대학생의 '하위문화subculture' 4가지로 사교형, 취업형, 학업형, 독자형이 있다.[28]

사교형은 사교 모임, 데이트, 음주, 대규모 운동 대회 및 캠퍼스 즐길 거리 등이 중심이다. 이들에게 교수님, 수업, 성적은 중요하지 않다. 이 하위문화에 속해 있는 학생은 적당히 학업을 수행하지만, 진지하게 학문에 참여하라는 교수진의 권유를 거부하거나 무시한다. 이들의 대학 시절 주된 목적은 친목과 파티이다. 사교형 하위문화는 대형 대학에서 특히 잘 나타난다.

취업형 하위문화에 속한 학생은 대학 교육에 대해 실용적인 견해를 갖는다. 이들에게 대학을 다니는 목적은 그 어떤 방법보다 자신이 더 나은 직업을 가질 수 있는 기술과 학위를 취득하는 것에 있다. 사교형 하위문화와 마찬가지로 취업형 하위문화 학생은 학점 취득에 필요한 것 이상의 더 다양한 학문 탐구에 참여하라는 교수의 요구에 저항한다. 그러나 취업형은 사교형의 시시껄렁한 재미를 즐기기 위한 시간과 돈이 없다. 일반적으로 이들은 생계를 유지하고 대학 등록금을 벌기 위해 주당 20~40시간을 일한다. 전문대학에 다니는 학생들 대부분이 이 범주에 속한다.

학업형 하위문화는 대학의 교육적 사명과 가장 강하게 일치하는 문화이다. 이 하위문화를 추구하는 학생은 학문과 지식의 세계에 끌린다. 이들은 열심히 공부하고, 과제를 수행하고, 교수와 의견을 나눈다. 또한 교수가 제시하는 과제에 의욕을 보이고 몰입하기 때문에 교수들이 가장 좋아하는 학생이다.

독자형 하위문화의 학생도 수업에서 제시된 주제에 깊이 관여한다. 그러나 학업형과 달리 이들은 공격적이며 순응적이지 않다. 교수를 좋아하고 존경하기보다는 교수와 비판적으로 거리를 두며 교수의 전문성에 회의적인 경향이 있다. 독자형 하위문화 학생은 과제가 흥미롭고 자신의 삶과 관련이 있다고 느낄 때만 배우는 것을 즐기며 선택적으로 공부한다. 강의가 마음에 들어 교수를 존경하면 필요한 과제를 해내고 A를 받는 경우가 많지만, 그 강의를 싫어하고 개인적인 관심사와 무관하다고 판단하면 게으름을 피워 낮은 점수를 받을 수도 있다.

Clark과 Trow는 지금으로부터 50년 전인 1960년대 초반에 이러한 대학생의 하위문화를 설명했다. 동일한 하위문화가 오늘날 대학에 다니는 청년에게도 적용되는가? 고등교육을 연구해온 연구자들은 이에 동의하고 있으며[29] 여러 대학에서 교수로 오랫동안 근무한 저자의 경험상으로도 이러한 설명은 여전히 사실처럼 보이는 것에 동의한다. 이 모든 하위문화는 대학생을 가르치는 누구에게나 친숙할 것이다. 그러나 이것을 학생들의 유형이 아닌 하위문화의 유형으로 보는 것이 가장 좋다. 대부분의 학생은 나머지에 비해 하나의 하위문화에 더 확실히 해당하긴 하지만, 이러한 하위문화가 서로 다른 강도로 혼재되어 있다.

바꿔 말하면 이러한 하위문화 유형은 청년이 대학 경험 동안 가지는 서로 다른 종류의 목표를 보여준다. 사교형은 재미를 추구하고, 취업형은 학위를 추구하고, 학업형은 지식을 추구하고, 독자형은 정체성을 추구한다. 어떤 것을 최우선으로 삼을지는 다양할지라도 대부분의 학생은 이 모든 것들이 대학 생활의 일부가 되기를 희망한다. 고등교육연구소Higher Education Research Institute가 전국 대학 신입생을 대상으로 한 연구에서 77%는 대학 재학 중에 '내가 관심 있는 것에 대해 더 많이 배우는 것'(학업적 목표)이 '매우 중요하다'라고 응답했으며, 거의 비슷하게 75%는 '특정 직업에 대한 훈련을 받는 것'(취업적 목표)을 원했지만, 52%는

'내 삶의 목적을 찾는 것'(독자적 목표)에도 의향이 있었다.[30]

사교형의 재미와 관련해서, Southern Illinois University의 Carbondale Core Institute가 전국 20만 명 대학생을 대상으로 최근 실시한 설문조사에 따르면 지난 2주 사이에 대학생의 46%가 폭음을 한 것으로 나타났다.[31] 이는 다른 연령대보다 높은 수치이지만, 전체 학생의 절반 이하 정도이다.[32] 따라서 음주는 대학 생활에서 매우 빈번하게 일어나는 일이지만, 대부분의 학생에게는 조절할 수 있는 범위 내에 있다.

대학생들이 말하는, '대학은 다닐만한 가치가 있을까?'

봄날 오후 프리스비를 던지는 학생들로 가득 찬 햇살이 내리쬐는 중앙 광장, 선선한 가을날 함성이 울리는 미식축구장, 인생의 변화를 불러일으키는 교수의 수업 등은 미국 사회의 낭만적인 대학 경험이지만, 대학은 비판과 아쉬움의 소리도 자주 듣는다. 최근 몇 년간 몇몇 사람은 청년이 받는 대학 교육에 드는 모든 시간과 비용을 없애버리거나 인터넷을 통해 무료로 자신만의 대학 커리큘럼을 짜는 것이 더 낫다고까지 주장하기도 한다.[33]

그렇다면 대학은 그만한 가치가 있는 것일까? 금전적인 보상에 있어서 대답은 확실히 '그렇다'이다. 4년제 학위가 주는 경제적 이점과 관련해서 논란의 여지가 없다. 대학 졸업자는 고등학교 이상의 교육을 받지 못한 또래에 비해 경력을 쌓아가는 동안 약 100만 달러를 더 번다.[34] 또한 이들은 취업할 가능성도 더 높다. 25~29세의 실업률은 고등학교 졸업자가 4년제 대학 졸업자보다 적어도 2배 이상 항상 높다.

대부분의 대학 졸업생은 학위를 취득하는 것의 이점을 잘 알고 있다. 2011년 Pew Research Center의 설문조사에 따르면 대학 졸업생의 84%가 학위는 좋은 투자였다고 말했으며, 그렇지 않다고 답한 비율은 7%에 불과했다.[35] 졸업 후 1~2년간 자신의 분야에서 좋은 직장을 구하는 데 어려움을 겪어 좌절하는 사람도 있지만, 이들은 대학 교육이 경력을 이어가면서 결실을 본다고 인식한다.

또한 재학생을 대상으로 한 연구에서도 대다수의 학생은 자신이 받는 교육에 관한 설문조사에 대해 호의적으로 응답한 것으로 나타났다. Arthur Levine과 Diane Dean이 전국 9,000명 이상의 학생을 대상으로 한 설문조사에서[36] 79%가 '대학 교육에 만족한다'라고 응답했다. 또한 76%는 '학생의 학업 증진에 특별한 관심을 두는 교수진이 있다'라고 응답했고, 78%는 '학업에 큰 영향을 준 교수가 있다'라고 답했다. 이들 중 50% 이상은 '개인적인 문제에 대해서도 조언을 구할 수 있는 교수가 있다'에 동의했다. 대학에서의 학업 경험에 대한 대학생의 만족도는 모든 면에서 이전 수십 년 동안 Levine과 동료 연구자들이 실시했던 초기 설문조사의 결과에 비해 증가했다.

Levine과 Dean의 설문조사 결과는 비평가들이 틀리고 미국 고등교육이 전반적으로 괜찮다는 것을 의미할까? 꼭 그렇지는 않다. 학생들은 자신이 받는 교육에 대부분 만족하긴 하지만, 대규모 강의로 수업이 개설되는 대형 대학보다 소규모 강의로 수업이 개설되는 소형 대학에 더 만족하는 경향이 있다. 다양한 규모의 미국 대학 300개에 재학 중인 학생들을 대상으로 한 Princeton Review의 연례 설문조사에서[37] 소형 대학은 '교수에게 다가가기 편하다', '교수가 인생에 도움이 될 과제를 부여한다', '학생들을 위한 가장 최고의 종합적인 학문 경험을 제공한다'라며 소형 대학이 모든 긍정적인 항목에서 꾸준히 가장 높은 순위를 차지하고 있다. 반면 '교수는 학생들이 제출한 과제에서 필요한 것을 빼먹는다', '교수를 만날 수 없다', '토론 수업이 드물다' 등 모든 부정적 항목에서는 대형 연구 대학이 상위권을 차지하고 있다.

대학 경험 만족도 질문에 대한 학생들의 답변은 자신이 받은 교육의 일부 측면이 불만족스럽더라도 전반적으로 어떻게 만족할 수 있는지를 보여준다.[38] 어떤 학생에게는 실망스러운 교수가 있기도 하지만, 대부분의 학생에게는 인상 깊고 영감을 주는 몇몇 교수도 있었다. Kayla는 "도전적이지도 않고, 학생과 교류하지도 않고, 심지어 인간적이지도 않은" 교수에 대해 불평을 하기도 했지만, "훌륭하고, 기억에 남고, 영향력 있는" 교수도 있다고 말했다. 어떤 학생은 취업을 우선으로 하는 목표를 가지고 있으므로 학위 취득의 가능성을 만족의 기본으로 한다. Timothy는 "기대했던 것만큼 배운 것 같지는 않아요."라고 말했지만, 그럼에도 "대학 학위를 취득하는 것은 매우 만족스러워요."라고 기뻐하며 "취업을 할 때 많은 도움이 될 것 같아요."라고 학위를 기대한다.

그러나 이들에게 자신의 대학 경험에 대해 전반적으로 만족하는지 불만족한지 써보라고 했을 때, 가장 공통된 주제는 자신의 만족도가 주로 개인적 성장 측면에서 경험한 것에 근거한다는 것이다.[39] 이 주제는 사교형의 재미 추구와 독자형 정체성 추구가 결합한 것으로 볼 수 있으며 보다 조직적이고 책임감 있는 모습을 갖추게 해주는 요소가 추가되었다. Sherry는 "많이 배우지 못한" 수업과 "매우 우수한 교수님들과 좋은 경험을 한" 수업도 있다고 말했다. 하지만 Sherry가 대학 경험에서 "매우 만족"한 것은 "나에 대해 많은 것을 알게 되었고 많은 것들을 새롭게 경험했어요. 아침에 스스로 일어나고, 저녁을 스스로 챙겨 먹고, 돈을 관리하는 것 등을 해야만 했어요. 이 모든 것들은 내가 전에 해 본 적 없는 것들이에요."라고 했다. 이러한 과정에서 꼭 필요한 것은 "책임감과 헌신이라는 것을 나에게 확실하게 가르쳐 주었어요."라고 했다.

Ted는 대학 경험에 만족한다고 말했지만, 그의 만족은 "학교와는 아무 상관이 없어요. 나는 여러 가지를 경험했고 자신에 대한 책임감을 더 많이 느끼게 되었고 나의 견해와 신념에 더 기반을 두게 되었어요." 들쑥날쑥한 수업, 과제, 아르바이트는 "나에게 시간을 더 잘 관리하고 더 열심히 일하게 했어요." 또한 Ted는 다음과 같이 느꼈다. "대학에서 어느 정도의 자유와 사생활이 주어짐으로 인해 삶에 대해 더 진지하게 생각하게 되었어요." Linda는 "대부분의 수업이 비교적 깨우침을 주고 유익했어요."라고 느꼈지만, 수업에서 배운 대부분은 "쓸모없고 쉽게 잊게 되는 지식"으로 구성되어 있다고 했다. 훨씬 더 중요한 것은 "대학은 나에게 생각하고 질문하고 때로는 그냥 받아들이도록 강요했어요. 이 모든 자질들은 내가 대학에 오기 전에는 갖지 못했거나 거의 조절하지 못했던 것이에요." Linda의 대학 경험은 "깨우침과 성장으로 가득 차 있어요. 대학 덕분에 내가 되고 싶은 사람이 되기 위해서 알아야 할 지식을 얻는 데 더 가까워졌어요."

많은 연구 결과가 대학이 주는 여러 가지 이점이 있다고 말하는 학생의 입장을 뒷받침한다. Ernest Pascarella와 Patrick Terenzini는 30년 넘게 이 주제를 연구해왔다.[40] 이들은 일반적인 언어와 수리 능력, 의사소통 능력으로서의 말하기와 글쓰기, 비판적 사고와 같은 영역에서 대학에 다니는 것으로 인해 얻을 수 있는 다양한 지적 향상을 보고했다. 이러한 이점은 나이, 성별, 대학 진학 전 능력 및 사회계층 배경과 같은 요인을 고려하더라도 변화가 없다. 또한 Pascarella와 Terenzini는 학생이 대학을 다니는 동안 '취업형'이 되기보다 '학업형'이 더 된다는 것을 발견하였다. 즉 자신의 대학 목표가 더 나은 직업을 갖는 수단으로써 대학의 역할을 많이 강조하지 않고, 배움 그 자체와 자신의 지적 수준과 개인의 성장을 향상시키기 위한 목적으로 대학을 더 강조한다.

지적 수준이 더해진 학문적인 이점 외에도 Pascarella와 Terenzini는 많은 비학문적 이점을 나열한다. 대학을 다니는 동안 학생은 미적·지적 가치를 더 확실하게 발달시킨다. 이들은 뚜렷한 정체성과 사회적인 자신감을 더 느끼게 된다. 이들은 덜 독단적이고 덜 권위적이며 덜 자민족 중심적인 정치적·사회적 관점을 가지게 되었다. 자기 개념과 심리적 안녕감은 향상되었다. 학문적 이점과 마찬가지로 이러한 비학문적 이점도 나이, 성별, 사회계층 배경 등의 특성을 감안하더라도 변함이 없다.

Pascarella와 Terenzini 뿐만 아니라 다른 많은 연구에 따르면 대학을 다니는 것의 장기적인 이점 또한 잘 확립되어 있다.[41] 앞서 언급했듯이 대학에 다니는 청년은 대학에 다니지 않는 또래에 비해 장기적으로 수입, 직업적 지위 및 직업적 성취가 상당히 높은 경향이 있다. 이들은 또한 약물 남용률과 신체적·정신적 건강 문제를 겪을 확률, 성인기 전반에 걸친 이혼율 등이 낮고 기대 수명은 더 높다.

그러므로 개인적으로도 직업적으로도 대학에 다니는 것이 청년에게 다양한 보상이 생기는 것은 분명해 보인다. 대학에 다니는데 돈이 너무 많이 필요한가? 그렇다. 대형 대학 수업에서 종종 실망스럽고 거리감이 드는가? 그렇다. 청년이 겪게 되는 대학 경험은 더 좋아질 수는 있을까? 물론이다. 그러나 이러한 한계에도 불구하고 대학에 가는 것은 여러 가지 측면에서 좋은 결과를 가져온다.

미래의 새로운 흐름? MOOC와 갭이어

대학은 적어도 1,000년의 역사가 있는 기관이다. 놀랍게도 어떤 면에서는 1,000년 동안 거의 변하지 않았다. 교수는 현재의 지식을 대변한다고 여겨지는 교재에 쓰여있는 글을 바탕으로 정보와 아이디어를 제시한다. 학생은 교재에 있는 글을 읽고 수업에서 질문을 하며 교수와 학생은 주요 문제에 관해 토론하고 연구한다. 결국 교수는 과제에 대한 이해도에 따라 학생을 평가한다.

이런 방식은 여전히 행해지고 있는 오늘날 대학이 학생을 교육하는 일반적인 방식이다. 그러나 미국 고등교육 방식을 21세기에 더 적합하도록 바꾸자는 많은 아이디어와 의견이 있다. 하나는 이미 시행하고 있는 온라인 강의이고, 다른 하나는 앞으로 시행해야 한다고 생각하는 '갭이어gap year'로 이러한 가능한 변화를 살펴보자.

가상 교육: MOOC의 가능성과 한계

최근 수십 년 동안 우리 삶에 많은 변화를 가져온 인터넷은 고등교육도 바꿀 태세를 갖추고 있는 것 같다. 만약 교수가 강의를 녹화하여 학생이 온라인으로 강의를 시청하고 학생들끼리 과제에 관해 토론하고 또는 교수와도 토론할 수 있다면 똑같은 교수의 강의를 듣고 토론하기 위해 학생이 캠퍼스나 학교 근처에서 살아야 할 필요가 있을까? 항상 학생은 과제에 대한 이해도를 평가받아야 하므로 온라인으로 시험을 치거나 과제를 제출하여 교수자(또는 컴퓨터 프로그램)가 학생을 평가할 수는 없는 것일까?

현재 온라인 대학의 잠재력에 대한 기대가 크다. 온라인 대학은 대학 학위를 취득하는 데 드는 비용을 크게 줄일 가능성을 제시하는 것 같다. 돈이 거의 없거나 전혀 없는 학생에게 선진국의 하류층이든 대학이 몇 개 없는 개발도상국에 살든 상관없이 온라인 대학은 이들에게 닫혀 있을 지식의 문을 열어줄 수 있다. 대규모 공개 온라인 강좌인 MOOC: Massive Open Online Course에 많은 관심이 집중되고 있다. 이미 유명 대학과 자금이 넉넉한 민간 기업들이 저명한 교수들이 가르치는 다양한 강의를 이용할 수 있도록 했고 전 세계 수백만 명의 학생들이 등록했다. 이건 단지 시작에 불과하다. 이 교육 서비스는 몇 년밖에 되지 않았지만, 앞으로도 틀림없이 성장할 것이다

그래서 이러한 기대는 타당한가? MOOC가 쉽고 저렴하며 거의 모든 사람이 이용할 수 있는 고등교육의 새로운 시대를 열 것인가? 그렇다면 좋겠지만 지금까지는 회의적이다. MOOC는 너무 새로워서 아직 그 효과성에 관한 연구가 거의 없지만, MOOC로 학생이 기존의 대학 강의실에서만큼 제대로 배우지 못할 것으로 생각하는 몇 가지 이유가 있다.

주된 이유로는 MOOC는 일반적인 사람도 노력해야 가질만한 수준의 자기 주도성, 집중력, 자기 관리를 학생들에게 많이 요구하는데 확실히 10대 후반에서 20대 초반의 '대학 연령'은 이런 점들을 가질 나이는 아니기 때문에 성숙함과 책임감이 성인 수준에 도달하지 못함을 인정하고 있다. 백과사전도 그렇지만 MOOC가 놀라울 만큼 방대한 정보를 제공하는 것은 사실이고 일종의 형식적인 구조가 없어 백과사전에 있는 '땅돼지aardvark'와 같이 잘 모르는 것은 그냥 넘어가 버리는 것처럼 MOOC는 학생들에게 완벽한 교육을 제공하지 않는 것 같다. MOOC에 등록한 학생의 90% 이상이 수료하지 못한 것으로 추정되며 수료한 10% 미만의 학생도 실제로 과제를 얼마나 정확하게 읽고 이해했는지는 확실하지 않다.[42] MOOC는 시험을 모니터하기 위해 시험장에 가거나 컴퓨터로 시험을 볼 때 웹캠으로 학생을 감시하는 등 보다 체계적인 방법으로 학생을 평가하는 방향으로 나아가고 있다. 그러나 교수가 주의 깊게 모니터하는 교실에서도 부정행위는 문제가 되므로 이러한 직접적이지 않은 수단을 효과적으로 만드는 것은 도전이 될 것이다.

또한 MOOC는 교실에서 생성되는 대인관계의 마법이 이루어질 수 있을지도 회의적이다. 한동안 학생을 가르쳐 온 교수와 (바라건대) 4년 이상의 대학 교육 과정을 밟은 대부분의 학생은 교실에서 토론이 열렬하게 진행될 때, 새로운 관점이 형성되고 아무도 (심지어, 교수도) 상상하지 못했던 통찰력이 나타나는 그 마법의 전율을 알고 있다. MOOC는 결코 그것을 어떤 비교 가능한 방법으로든 온라인 수업으로든 흉내 낼 수 없을 것이다. 삶을 변화시키고, 오랜 기간에 걸친 방식으로 세상을 바라보는 관점을 형성하고, 학생들이 몇 년 또는 몇십 년이 지난 후에도 간직하게 될 순간들이다.

또한 학생들이 대학 교육 과정에서 배우는 가장 중요한 것은 자신과 대인관계라고 말한다는 것을 기억해야 한다. 적어도 어떤 교수는 정보 제공자 그 이상이며 어떤 때에는 학생에게 심오한 방식으로 영향을 미칠 수 있는 존경과 영감을 주는 대상이다. 대학은 수업 이외에도 학생에게 다른 사람과 함께 일하는 방법, 시간을 관리하는 방법, 책임을 수행하는 방법 등을 가르친다. 또한 대학은 학생들이 자신의 정체성을 명확하게 하고 천직과도 같은 일을 찾을 수 있는 일련의 가능성을 제시하는 것을 도와준다. 여기서 천직이란 자신의 능력과 흥미에 딱 맞으면서 즐기려고 하는 요즘 사조의 가능성을 제공하면서 정체성을 반영한 일이다. MOOC는 이와 같은 목표를 달성할 수 있다고 보기는 어렵다.

그렇다고 MOOC나 다른 형태 온라인 강의의 미래 가능성을 완전히 무시하는 것은 아니다. 이러한 방법을 사용하여 효과적으로 가르칠 수 있는 주제가 많이 있을 수 있다. 모든 과목의 경우 대면 수업이 학습에 확실히 도움이 되지만, 자동차 정비, 통계, 광합성 등을 학습하는 데에는 강의실의 마법이 필요한 사람은 없다. MOOC를 수강하는 대다수 학생은 이를 최대한 활용하는데 필요한 자기 주도성과 자기 훈련이 부족할지도 모르지만, 어떤 학생은 가지고 있을 것이다. 예를 들어 학생이 발표한 과제에 대해 교수가 즉각적인 온라인 피드백을 제공함으로써 MOOC가 아니더라도 전통적인 대학 강의실을 더 상호작용하는 곳으로 만들기 위해 온라인을 사용하는 것은 상당히 가능성이 있다. 많은 교육 연구에 따르면 학생은 수동적으로 강의를 듣는 것보다 능동적인 학습을 통해 훨씬 더 많이 배우며 온라인 수업을 개발하면 능동적인 학습을 촉진할 수 있다.[43]

MOOC의 미래 가능성은 개발도상국의 야심 차고 의욕적인 청년에게 가장 효과적으로 나타날 수 있으며, 이들에게 MOOC는 지식에 이르는 가치 있고 유일한 길이 될 수 있다. 그렇다고 해서 MOOC가 기존의 대학 시스템을 대체하거나 약화시킬 것 같지는 않다.

서두를 필요가 있을까? 갭이어의 가능성

4년제 대학에 입학하는 미국 학생의 59%만이 6년 후 학위를 취득하고, 특히 첫 1년 동안 학생들이 적응에 힘들어하는 점을 고려해보면 대학 경험의 성공을 어떻게 개선할 것인가에 대한 가능성이 보이는 다양한 아이디어가 있다. 고려해 볼 만한 가치가 있는 아이디어로 '갭이어gap year'가 있다. 즉 고등학교를 졸업한 이후 고등교육에 진입하기 전 1~2년 동안 다른 경험을 하며 성숙해질 시간을 갖는 것이다.

미국에서는 갭이어를 보내는 경우가 드물다. 미국 청년 중 2%만이 고등학교 졸업 후 다른 계획된 경험을 위해 의도적으로 대학에 입학하는 것을 1~2년 정도 미룬 것으로 추정된다. 그러나 영국, 호주, 이스라엘, 북유럽에서는 고등학교를 졸업한 후 대학을 미루는 것이 훨씬 더 일반적이다.[44] 결과적으로 갭이어에 대한 거의 대부분의 연구는 영국, 호주, 이스라엘, 북유럽 등을 대상으로 진행됐지만, 이는 갭이어가 미국에서 더 일반화가 될 경우 나타날 수 있는 잠재적 이점을 시사한다.

University of London의 교육학 연구자인 Andrew Jones의 연구 결과에서 최근 수십 년간 영국에서 갭이어가 점점 보편화되고 있다고 설명하고 있다.[45] 영국 청년이 갭이어를 보내는 동기는 다음과 같이 다양하다.

- 정규 교육에서 벗어나 잠시 쉬기 위해
- 삶에 대한 더 넓은 시각을 얻기 위해

- 대인관계능력 향상을 위해
- 돈을 벌기 위해
- 다른 사람, 다른 나라, 다른 문화를 경험하기 위해
- 국내외분만 아니라 세계를 위해 좋은 일을 하기 위해

영국에서 '갭퍼gapper[* 갭이어를 보내는 사람]'의 갭이어 경험 범위는 다양하다. 대다수는 단순히 일자리를 찾는다. 이 중 어떤 사람은 오페어au pair[* 외국 가정에 입주하여 아이들을 돌보며 현지 언어를 공부하는 사람], 영어 강사, 계절 근로 등을 하려고 해외에서 일자리를 구한다. 어떤 사람은 지역 사회나 국제 봉사단체에서 자원 봉사를 한다.

Jones의 주장에 따르면 갭이어를 보내는 것에는 다양한 이점이 있다. 갭퍼는 갭이어를 경험하지 않은 사람에 비해 나중에 고등교육에 진입했을 때 동기부여가 더 높다. 이들은 갭이어 동안 삶의 능력, 사회적 가치, 비학문적인 능력과 소양이 발달했다고 말한다. 갭퍼는 학업 방향과 직업 선택을 명확히 한다. 이들이 고등교육에 진입하게 되면 갭이어를 경험하지 않은 학생보다 학업성취도가 높으며 졸업 이후에 갭이어를 통해 취업 가능성과 진로 기회를 향상시킨다. 어떤 점에서는 약점도 있다. 어떤 공식적인 활동을 계획하지 않는다면 시간을 낭비할 위험이 있다. Jones 연구 결과에서 한 갭퍼는 "낮에 TV를 보는 것 외에 아무것도 하지 않고 1년 동안 침대에 누워 있게 되는 위험성을 피해야 해요."라고 경고했다. 그러나 대부분의 영국 청년에게 갭이어는 보람된 선택인 것으로 드러났다.

덴마크 청년을 대상으로 한 저자의 연구에서도 비슷한 결과를 발견했다.[46] 인터뷰했던 거의 모든 덴마크 청년이 2~3년의 갭이어를 경험했다. 이들이 갭이어를 보내게 된 동기는 앞으로 무엇을 하고 싶은지에 대해 확신이 없었고, 교육을 더 받거나 성인의 삶에 따라오는 책임을 떠맡기 위해 서두르지 않았던 것이 대부분이었다. 일반적으로 갭퍼는 바텐더, 보모와 같은 저임금 서비스 직종에서 잠시 일하다가 돈을 모으면 돈이 바닥날 때까지 여행하고 다시 일했다. 한 청년은 겨울 동

안 스위스에서 스키 강사로 일했다. 스키 시즌이 끝났을 때 다음번 스키 시즌이 올 때까지 여행하고 빈둥거리기에 충분한 돈을 모았다. 이렇게 3년간의 갭이어 이후 대학에 들어가기 위해 열심히 도전하였다.

그렇다면 영국, 호주, 북유럽에서는 갭이어를 갖는 것이 일반적인 반면에 미국에서는 왜 일반적이지 않은 것일까? 한 가지 이유는 19세기로 거슬러 가면 영국과 유럽에는 갭이어와 비슷한 오랜 전통이 있기 때문이다.[47] 또 다른 이유는 고등교육 시스템의 구조적인 차이이다. 이 장의 서두에서 언급했듯이 영국과 유럽의 고등교육은 하나의 전문 영역에 초점을 맞추고 있다. 회계, 전기 공학, 컴퓨터 프로그래밍 등 어떤 것이든 그 과목을 확실하게 배우기 위해 고등교육에 참여한다. 따라서 고등교육 과정을 선택하려면 자신의 능력과 흥미를 자각하는 정체성이 상당히 잘 발달되어 있어야 한다. 이와 대조적으로 미국 대학은 입학 후 2년은 광범위한 과목에 대한 일반 과목을 교육받도록 구성되어 있다. 입학할 때는 자신이 최종적으로 무엇에 집중할지 미리 정하지 않아도 된다. 결과적으로 영국과 유럽의 청년은 자신의 정체성이 확실해질 때까지 기다린 다음 전공을 선택하도록 해야 한다.[48] 반면 미국 청년은 대학에서 2년 동안 정체성을 스스로 발달시킬 수 있어 자신을 반영한 전공 선택을 한다.

미국 청년과 그 부모가 대학 입학 전 갭이어를 위한 시간을 갖는 것을 망설이는 이유는 미국의 대학 지원 과정이 점점 더 치열해지는 것 또한 관련이 있다. 특히 치열함이 집중된 중상위 계층 사이에서 더 그렇다.[49] 대학 입학에 집중한 그 모든 고생과 스트레스를 겪고 나서 누가 이 모든 과정을 내년에 다시 하고 싶어 하겠는가? 일부 대학에서는 학생이 입학 등록을 1년 미룰 수 있도록 허용하지만, 대부분의 대학은 그렇지 않다. 미국 청년은 일단 대학을 졸업하고 나서 앞으로 계속 일할 직장에 들어가기 전에 갭이어 혹은 적어도 몇 달의 갭이어를 가질 가능성이 더 크다. Americorps, Teach for America, the Peace Corps와 같은 프로그램의 자원봉사자들은 주로 대학을 졸업한 청년이다.[50]

결론: 정체성 탐색을 하기 위한 안전한 피난처로서의 대학

대학에 다니는 것은 젊은 미국인의 보편적인 열망이 되었고 이들 중 대다수는 적어도 한동안 대학에 다니며 대학 생활을 경험한다. 특히 이들은 입학 후 2년 동안은 다양한 일반 과목을 수강하면서 자신이 원하지 않았고 시시하게 느껴서 고등학교 수업에서 놓친 기초를 쌓는다. 자신에게 맞는 전공을 찾으려고 노력함으로써 자신의 능력과 흥미에 맞는 것을 알게 되고 결국 대부분은 만족스러운 선택을 하게 된다.

그러나 대학은 다수의 청년에게 단순한 직업 훈련 그 이상이다. 이들은 확실히 좋은 직업을 찾을 수 있는 능력을 보유하고 대학 졸업을 원하지만, 이것이 자신의 대학 경험에서 원하는 전부는 아니다. 또한 청년은 사교의 재미를 즐기고 싶어 하고 서로 접점이 없는 많은 청년이 한 장소에 모였을 때 자연스럽게 생성되는 우정, 학우애, 사랑, 파티 그리고 함께하는 기쁨에 참여하기를 원한다. 또한 이들 중 대부분은 새로운 아이디어를 습득하는 것에 개방적이고 몇몇 교수로부터 이것을 습득한다. 무엇보다도 대학은 개인의 성장을 경험하는 곳이다. 사회적 경험, 지적인 경험 그리고 자신과 일상생활을 책임지는 법을 배우는 경험 등이 어우러져 신입생으로 입학한 풋내기 청년을 성인이 되기 위한 성숙한 큰 발걸음을 내디딘 졸업생으로 탈바꿈시킨다.

여러모로 미국 대학은 청년에게 매우 좋은 환경이다. 미국 대학은 청년기의 핵심인 정체성 탐색을 할 수 있도록 특별히 설계되어있다. 전공을 정하기 전 2년 동안 다른 과목을 수강할 수 있다. 심지어 전공을 선택한 후라도 더 마음에 드는 전공을 찾으면 다른 전공으로 전환할 수 있다. 다양한 강의와 다양한 전공을 시도하다 보면 세계관을 발전시키는 데 도움이 되는 다양한 아이디어를 탐색하게 된다. 한편 가능한 미래의 일의 방향과 세상을 바라보는 가능한 방법을 탐색하는 동안 주변에는 결혼하지 않은 사람이 거의 대부분이고 이들 중 다수는 미래의 상대를 확정하지 않아 사랑하기에 완벽한 환경에 있으며 자신과 비슷한 경험을 하는 수백 또는 수천 명의 다른 사람들과 함께 있다. 대학은 사회와 분리된 사회적 섬social island으로 청년이 성인의 삶에 대한 많은 책임을 최소화하고, 지연하고, 접근을 막은 채로, 사랑, 일, 세계관과 관련한 정체성을 탐색할 수 있게 하는 임시적인 안전 피난처이다.

물론 이 모든 것이 항상 그렇게 단순하거나 순조로운 것은 아니다. 대다수 학생은 학교 수업에 참여하면서 파트타임이나 풀타임으로 일을 하므로 바쁘고 때로는 스트레스가 많은 생활을 하고 있다. 학생들은 대학 경험에 전반적으로 만족하지만, 소외감을 느끼게 하는 대규모의 수업, 학생을 피해야 할 부담으로 느끼는 그저 그런 교수 등과 같은 대학 경험의 어떤 측면에서는 불만족스러워한다. 4년제 학교에 입학한 학생의 절반만이 6년 후 학위를 취득한다. 학위를 받은 사람들조차도 대학 등록금과 경비로 인해 이를 갚는데 수십 년은 아니라도 몇 년이 걸리는 엄청난 부채 부담을 떠안게 된다.

이 모든 것들이 심각한 문제이다. 특히 대형 대학의 학부 교육은 개선의 여지가 많다. 신입생의 절반이 졸업하지 못한다는 사실은 개탄스럽다. 특히 소수 인종 집단은 자주 재정적인 이유로 자퇴하는 것이 대부분이기 때문에 더욱 그러하다. 그럼에도 대학은 미국 청년에게 널리 퍼져있는 열망으로 남아있다. 모든 문제에도 불구하고 경력상의 이점, 개인적인 성장, 탐색의 기회 측면에서 대학이 주는 가능성은 여전히 매력적이다.

물론 거의 50%가 대학을 졸업하지 못하는 것이 증명하듯이 모든 청년이 대학에 열정을 가지고 있는 것은 아니며 모두가 대학의 요구에 잘 맞는 것도 아니다. 어떤 청년은 성격, 흥미, 지적 능력 등의 이유로 학교를 좋아하지 않았고, 빨리 졸업하기를 원했으며, 그 이상 자진해서 무언가를 하지도 않았다. 이들은 역사, 천문학 또는 영문학을 배우는 데 조금도 관심이 없다. 사실 이것을 배워야 하는 것은 이들에게 고문처럼 느껴진다. 자신이 원하는 것과 자신이 필요로 하는 것은 난방 시스템을 고치고, 콘크리트를 붓고, 컴퓨터 바이러스를 제거하는 등 일에 직접적으로 적용할 수 있는 실용적인 기술들을 배우는 것이다. 하지만 선진국의 서비스 중심 경제에서는 사람들이 기꺼이 돈을 지불할 만한 서비스를 제공할 수 있기 위해서 누구나 알고 있지 않은 것을 모두가 알아야 할 필요가 있다.

19세기 초등교육 과정과 20세기에 중등교육 과정이 그랬듯이 21세기에는 고등교육 과정이 무료가 돼서 보편화되는 것이 매우 중요하다는 것이 주요 결론이다. 4년제 대학 교육의 형태만으로 되어서는 안 된다. 일터에서 직접 적용할 수 있는 실용적인 교육을 약 1~2년간 학교에서 받을 수 있다면 많은 청년이 가장 만족해하고 청년에게 도움이 될 것이다. 그러나 모든 청년은 현대 경제에 적절히 대비하기 위해 어떤 형태로든 고등교육이 필요하다. 고등교육을 받을 수 있는 능력이 가족의 재정적 지원에 따라 좌우돼서는 안 된다. 청년 모두는 고등교육이 필요하며 받아야 한다. 그리고 이들이 생산적으로 기여하는 사회 구성원이 되어 자신과 다른 사람들의 이익을 위해 자신의 능력을 최대한 활용할 수 있도록 이를 제공하는 것이 사회에 이익이 된다.

예산이 많이 들지 않을까? 물론 19세기에 초등교육을 무상으로 제공하고 20세기에 중등교육을 무상으로 제공했던 것처럼 예산이 많이 들 것이다. 그러나 그 누구도 이러한 투자를 후회하지 않는다. 사실 이러한 투자가 없는 사회는 상상할 수도 없다. 21세기 말이 되기 전까지 고등교육도 이와 같은 방식으로 이해하게 될 것이다. 21세기의 청년에게 필요로 하는 교육과 훈련을 제공하지 않음으로써 이들의 재능과 에너지를 낭비하는 것은 어마어마하게 큰 대가를 치르게 될 것이다. 유럽, 일본 그리고 거의 모든 선진국은 이미 고등교육을 저렴하게 하거나 무상으로 하고 있다. 세계에서 가장 부유한 나라인 미국이 이처럼 하지 않을 이유가 없다.

7장 일

직업, 그 이상의 의미

소설 「X 세대」[* Douglas Coupland가 1991년에 출간한 소설]에 일과 관련된 가장 재미있고 신랄한 내용이 있다. 작가 Coupland는 많은 청년이 더 좋은 직업을 찾는 동안 생계를 유지하기 위해 일하는 직업을 설명하기 위해 '맥잡Mcjob'이라는 용어를 사용하였다. 맥잡은 "임금도 적고, 명예도 낮고, 체면도 안 서고, 복지혜택도 적고, 장래성도 없는 서비스 분야의 일을 의미한다. 일을 한 번도 해 본 적이 없는 사람들에게 종종 만족스러운 직업 선택으로 여겨지는 일"로써 정의된다. 소설 속 주인공 중 한 명인 Dag는 소설 속 한 장면에서 "정말로 일은 왜 하는 걸까? 더 많은 물건을 사기 위해서? 그걸로는 충분하지 않아."라고 불평한다. 소설 초반부에 의류 구매자로 나오는 다른 등장인물인 Claire는 "이 일이 나를 더 멋진 사람으로 만드는 거 같지는 않아…. 나는 어느 산속 깊은 곳에 들어가서 머리를 비우고, 책을 읽고, 같은 관심사를 가진 사람들과 함께 있고 싶어."라고 말한다.

비록 Coupland 소설의 등장인물은 극단적인 유형이지만(소설 말미에 모두 맥잡을 그만두고 Mexico로 이주하여 그곳에서 값싼 호텔을 사기로 한다), 이들은 많은 청년의 일 경험에서 나타나는 주제 중 일부를 전형적으로 보여준다. 20대 초반의 청년은 더 만족할만한 직업을 찾는 동안 주로 맥잡을 지속한다. 이들은 일에 대한 기대가 크고, 자신의 정체성을 표현할 수 있는 직업을 찾고자 갈망한다. 단순히 "더 많은 물건을 살 수 있다는 것"으로는 충분하지 않다. 대부분은 자신을

"더 멋진 사람"으로 만들어 줄 수 있고 다른 사람에게도 도움이 되는 직업을 찾고 싶어 한다. Clark 설문조사에서 18~29세의 79%는 '돈을 많이 버는 것보다 일을 즐기는 것이 더 중요하다'에 동의했으며, 86%는 '세상에 도움이 되는 일을 하는 것이 중요하다'에 동의했다.[1]

청소년기부터 청년기로 가는 동안 일은 사랑과 유사한 과정을 따른다. 앞에서 살펴보았듯이 사랑의 첫 경험은 청소년기에 시작되지만, 청년기에 더 진지하고 지속하려는 사랑을 탐색하게 된다. 일과 관련해서도 청년기는 직업 선택이 더 진지해지고 그 선택에 따른 위험이 더 커지며 성인의 삶을 위한 기반이 다져지는 시기이다. 또한 사랑과 마찬가지로 일에서도 청년기는 탐색의 시기일 뿐만 아니라 불안정한 시기이다.

미국에서 성장하는 대다수의 일경험은 청소년기부터 시작된다. 고등학교 3학년의 80% 이상은 고등학교를 졸업할 때까지 적어도 한 가지 이상의 시간제 근무를 해 본 경험이 있다.[2] 그러나 이러한 시간제 근무는 대다수 청소년이 미래의 직업을 대비하는 것과는 거의 관련이 없다. 이런 일들의 대부분은 식당 종업원, 조리사, 소매점 판매원 등 저임금 서비스 업종이다.[3] 청소년은 성인이 돼서 할 일의 기초를 형성할 중요한 기술을 습득하려는 의도가 아니라, 주로 옷, 디지털 기기, 영화 및 콘서트 관람, 음식, 휴가 여행, 차량 경비와 같은 일상의 소비와 여가 비용을 조달하기 위한 목적으로 일을 한다.[4] 청소년은 미래의 기반을 마련하기 위해서가 아니라 지금의 즐거움을 추구하기 위해 일한다.

청년기에 일은 훨씬 더 큰 의미가 있다. 이제는 현재의 직업이 장기적 전망으로 이어지는지 고민하지 않고 일만 하는 것으로 충분하지 않다. 오늘날의 청년은 성인으로 사는 동안 어떤 일을 하고 싶은지 진지하게 고민하기 시작한다. 일은 단순히 주말과 휴가를 즐기기 위해 추가로 필요한 돈을 벌기 위한 수단이 아니라, 사랑처럼 성인의 삶이 구축되는 또 다른 축으로 삶에서 중요한 부분이 된다.

청년기의 등장은 10대 후반에서 20대 초반의 젊은 사람이 하는 일의 본질을 바꿔놓았다. 일반적으로 결혼하고 부모가 되는 나이가 20대 초반이었던 반세기 전만 해도 대부분의 젊은 여성은 첫 번째 아이가 태어나기 전까지 짧은 기간에만 일했고, 아내와 엄마가 되는 대신에 진로 목표를 갖고 여기에 에너지를 집중하는 사람은 거의 없었다.[5] 한편 대부분의 젊은 남성은 어린 나이에 아내와 자녀를 부양할 수 있는 직업을 찾아야 한다는 압박을 받았다. 만족스럽고 즐길 만한 직업을 찾기 위해 수년을 보내기보다는 가족을 부양하기에 충분한 수입을 제공하는 직업을 찾는 데 집중해야 했다.

지금은 결혼하고 부모가 되는 일반적인 나이가 20대 후반이기 때문에, 오늘날의 청년은 10대 후반에서 20대 초반의 기간을 자신의 흥미와 적성에 맞는 직업적 방향성을 찾기 위해 학교와 일을 통해 다양한 가능성을 시도하게 된다. 젊은 남성처럼 젊은 여성도 아내이자 엄마가 되는 것 이외에 자신의 직업을 가질 계획을 세우고 있다.[6] 젊은 남녀 모두 자신의 가족 역할에 전념하기 전인 지금이 직업적인 성장을 도모할 때라는 것을 알고 있다. 청년기 동안 젊은 남녀 모두는 대학에 진학하거나, 대학과 일을 병행하거나, 배우자와 부모의 역할에 수반되는 의무를 고려할 필요 없이 직업을 마음대로 바꿀 수 있다.

50년 전 젊은 사람과 오늘날의 청년이 할 수 있는 일 사이의 중요한 차이점은 경제의 특성과 할 수 있는 직업의 종류에 극적인 변화가 있다는 것이다.[7] 1장에서 설명한 바와 같이, 1950년~1960년대 미국 경제는 자동차와 철강 같은 산업에서 보수가 좋은 일자리를 제공하는 제조업 분야가 활발하게 팽창했다. 고등학교 이상 또는 그 이하의 학력 정도로 충분한 교육을 받지 못했던 젊은 남성도 제조업 일자리에서 아내와 자녀를 부양하기에 충분할 만큼 상대적으로 높은 임금을 받을 수 있었다. 힘든 일이었지만 보수도 꽤 괜찮았다.

그러나 이후로 기업들이 신기술을 사용하게 되면서 필요한 근로자 수를 줄이게 되었고 근로자에게 더 낮은 임금을 지급할 수 있는 해외로 공장을 옮기게 되면서 고임금의 제조업 일자리는 사라졌다. 미국 경제에서 고용은 제조업 기반에서 서비스 기반으로 변화했다. 새로운 경제에서 최고의 서비스 직업은 정보와 기술을 활용하는 능력이 필요하며, 대학 졸업장은 이러한 능력을 보유하고 있음을 증

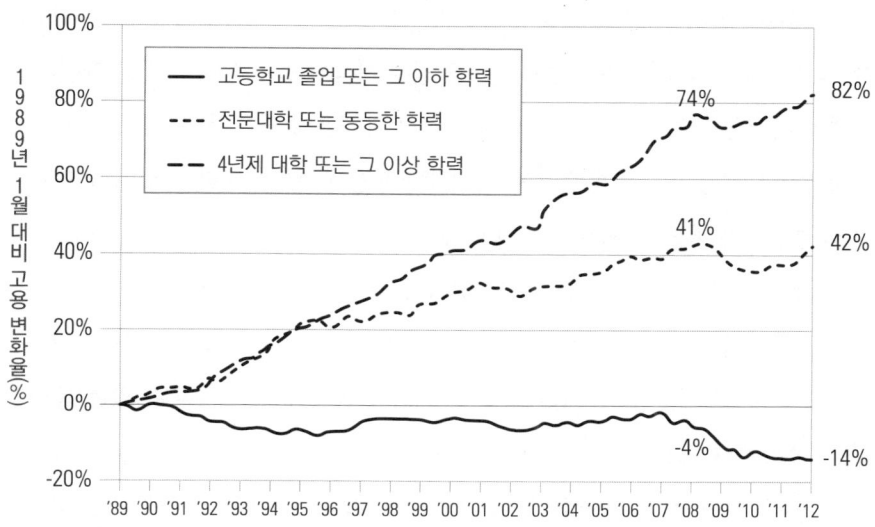

[그림 7.1] 지난 20년간 고용 증가율

출처: Georgetown Center on Education and the Workforce, The College Advantage. 인구 조사 결과를 사용한 저자의 추정치(1989~2012). 18세 이상의 근로자 포함. 월별 고용자수는 US Census Bureau X-12 절차를 사용하여 계절에 따라 조정하였고 4개월 추이 평균을 사용하여 평준화함.

명하는 것으로 중요하게 받아들여지게 되었다.

결과적으로 6장에서 보았듯이 고등교육을 받은 청년은 그렇지 않은 청년에 비해 고용과 소득 면에서 큰 혜택이 있다. [그림 7.1]에서 볼 수 있듯이 지난 25년 동안 고등교육을 받은 사람에게 가능한 새로운 일자리는 많이 증가했지만, 고졸 이하의 사람에게 가능한 일자리는 14% 감소했다.[8] 비슷하게 1970년대 초부터 현재까지 물가상승률을 반영한 소득은 고등교육을 받은 사람이 고등교육을 받지 않은 사람보다 훨씬 더 많이 증가했다.[9] 실제로 이 기간에 고등학교 졸업 이하 근로자의 소득은 급격히 감소했고 실업률은 대학교 졸업 근로자보다 3배나 높았다.[10] 결과적으로 21세기 초반의 청년은 특히 고등교육을 받지 않은 경우는 힘들고 어떤 면에서는 만만치 않은 직장 상황에 직면하게 된다.

7장에서는 청년이 만족스러운 일을 어떻게 찾아가는지에 중점을 둘 예정이다. 청년이 만족스러운 일을 찾는 방식과 그것을 찾는 데 성공하는 방식이 매우 다양하다는 것을 알게 될 것이다. 발달하고 있는 자신의 정체성과 딱 맞는 직업을 찾으려는 이상적인 청년의 모습을 강조하면서 시작하고자 한다. 그리고 자신의 정체성을 반영한 직업을 찾는 청년의 체계적인 과정을 설명한다. 다음으로 직업 정체성에 확신이 없거나 생계를 유지하기 위해 직업이 필요하기 때문에 여러 가지 직업에 '우연히 뛰어들게' 되는 청년의 비체계적인 과정을 설명한다. 그런 다음 불확실한 상태로 남아있는 20대 초반의 청년과 일반적으로 확실한 선택을 한 20대 후반 청년과의 차이에 초점을 맞춰, 일에 대한 장기적인 결정을 내릴 준비가 된 상태의 변화를 살펴본다. 그다음에 청년의 직업 선택에 부모가 미칠 수 있는 복잡한 영향력을 설명하고, 끌리지만 때로는 이해하기 어려운 이상적인 일을 꿈꾸는 청년을 설명하는 내용으로 이어진다. 마지막으로 실업과 불완전 고용에 관한 내용으로 마무리된다.

나에게 맞는 직업을 찾아서

청년은 일과 관련해서 다음과 같은 정체성에 관련된 질문에 집중한다. 내가 정말 하고 싶은 것은 무엇일까? 내가 가장 잘하는 것은 무엇일까? 내가 가장 재미있어 하는 것은 무엇일까? 나에게 주어진 기회에 나의 능력과 흥미를 어떻게 일치시킬까? 청년은 자신이 어떤 사람인지 또한 어떤 일을 하고 싶은지 자신에게 묻는다. 청년기 동안 청년은 다양한 일을 시도해 봄으로써, 자신의 정체성과 관련된 질문에 대한 답을 찾기 시작한다. 즉 자신이 누구인지 그리고 자신에게 가장 적합한 일은 무엇인지 더 잘 알게 된다.

많은 젊은 사람은 고등학생 때 어떤 직업을 갖고 싶은지에 대해 생각하게 된다.[11] 보통 이런 생각은 자신의 정체성이 더 명확하게 발달하고 고등학교 시절의 포부가 자신의 정체성과 일치하지 않는다는 것을 알게 되는 청년기가 되면서 사라지게 된다. 많은 사람이 고등학교 시절의 생각을 버리고 자신의 정체성에 맞는 다른 직업, 즉 자신이 즐기고 정말로 하고 싶은 일을 찾게 된다. 매 순간 자신의 재능과 흥미를 최대한 살려서 일하기를 기대하는 직업처럼 정체성을 반영한 일이 이상적이다.

대부분의 청년에게 오래 할 수 있는 직업을 찾는 과정은 적어도 몇 년이 걸린다. 보통 안정적이고 오래 할 수 있는 직업으로 가는 과정은 길고 이 과정에는 단기간, 저임금의 따분한 직업들도 많이 있다. 5년 이상 지속할 직업을 찾는 데는 대학을 졸업한 청년의 경우 4년이 소요되고, 고등학교를 졸업하고 몇 년간 대학을 다녔지만 학위가 없는 청년은 10년이 소요되고, 고등학교를 졸업하지 않은 청년은 15년이 소요된다.[12] 18~29세 사이의 청년은 평균적으로 8개의 다른 직업을 갖는다.[13]

저자의 원연구에서 청년에게 고등학교 때부터 어떤 직업을 가졌는지를 질문했을 때, 이런 불안정함을 보이는 사례가 많이 있었다. 24세밖에 되지 않은 Wilson은 고등학교 때부터 "벌써 다섯 개의 직업에서 일을 해봤어요. DJ로 일했고, 빵집에서 일했고, 식료품점에서 일했고, 청소부로 일했고, 공기 여과 제품을 만드는 공장에서도 일했어요." 현재 Wilson은 신문사의 신문 영업 부서에서 일하면서 기상학자가 되기 위해 공부하고 있다. Terry의 직업 이력도 마찬가지로 다양하다. "2년 동안 식당에서 종업원으로 일하면서 녹초가 됐어요. 그리고 나서 대형 물류 창고에서 일했고 여기 서점에서도 일했어요. 대학을 졸업한 후 서점에서 일하는 것은 그만두고 짧은 휴가를 다녀온 후 첫 번째 직업으로 어린이집에서 일일 캠프를 운영하는 일을 했어요. 그리고 2주 후에 이보다 조금 더 나은 직업으로 신문사에서 광고 담당자로 일하게 되었어요. 거기서 3개월 정도만 일했고 지금은 어류 연구를 하는 사람 밑에서 일을 하는 직업을 가지고 있어요. 6개월 정도 됐네요." 이제 Terry의 직업은 연구원으로 즐겁게 일하고 있다.

이러한 사례에서 알 수 있듯, 모든 청년의 직업 변동이 정체성 탐색에 의해서만 동기가 부여되는 것은 아니다. 직업 변동은 단순히 생계를 유지하기 위해서, 대학 학비를 내기 위해서, 또는 단지 매달 필요한 생활비를 벌기 위해서 일 수도 있다. 청년의 궁극적인 목표는 자신이 좋아하고 적성과 흥미에 맞는 직업을 찾는 것이지만, 사실상 10대 후반에서 20대 초반의 이들 모두는 이 목표와 거의 또는 전혀 관련이 없는 많은 직업을 경험하게 된다.

정체성을 반영한 일 찾기

젊은 사람이 청년이 되면서 하는 진로 선택은 자신의 정체성과 일치시키려 하고 그동안 자신이 따라가고 있던 진로의 방향을 바꾸는 직업 경험에서 비롯되는 경우가 종종 있다. Kim은 대학에서 저널리즘을 전공하던 중 대학 학비를 마련하기 위해 유치원에서 시간제 근무를 했다. "세 살 된 아이들을 가르쳤어요. 이 일이 너무 좋았고, '이게 바로 내가 해야 할 일이다'라고 생각했어요." Kim은 교육학으로 전공을 바꿨고 빨리 졸업해서 교사가 되기를 고대하고 있다. Kim은 자신의 정체성에 맞는 직업을 찾은 것이 틀림없다. "나는 가르치는 것을 좋아해요. 다른 일을 하는 건 상상도 할 수 없어요."라고 했다.

Leslie는 대학에 들어갔을 때 어떤 진로 방향도 염두에 두고 있지 않았다. "아무 생각이 없었어요. 전혀 몰랐어요. 아무것도 결정하지 않은 상태로 대학에 들어갔어요." 그 후 대학 2학년 때 Leslie는 병원의 X-ray 연구실에서 일하기 시작했다. Leslie가 의학 분야로 진로를 선택하게 된 것은 직업 경험 때문이었다. "일하면서 환자와 의학 전반에 서서히 계속해서 접하게 되면서 점점 더 관심이 생겼어요."

Cliff는 대학에서 정치학을 전공하고 로스쿨에 입학했지만, 법학이 자신의 정체성과는 맞지 않는 것 같았다. "이건 내가 진짜로 하고 싶은 일이 아니라고 결론을 내렸어요." Cliff는 한동안 경영대학원에 다녔고 기업 금융업무를 하는 은행에 취직했다. 괜찮은 직업이었고 보수도 좋았지만, 여전히 자신에게 딱 맞는 일이 아니라는 것을 느꼈다. 그러다 은행에서 일하면서 건축업자를 만나게 되었고, 그들의 삶에서 자신의 미래에 대한 비전을 보았다. "건축업자는 멋진 삶을 살고 있었고 내가 하고 싶은 일을 하면서 돈을 벌고 있었어요. 나는 그들과 이야기를 나누었고 내가 건축 일을 시작하기 전에 어떤지 잘 알아보기 위해 잠시나마 건축일을 해 보기로 했어요." 견습생 생활을 마친 후 기존에 했던 일을 그만두고 지금은 자신이 성장한 지역에서 건축일을 하고 있다.

대부분의 청년은 자신의 발달하는 정체성에 맞는 일을 찾기 전에 탐색 과정을 거치지만, 일부는 어릴 때부터 무엇을 하고 싶은지를 알고 그 일을 끝까지 고수한다. 이런 경우는 특히 기술적 적성을 가진 사람들에게서 흔하게 보이는 듯하다. Raul은 다음과 같이 말한다. "어렸을 때부터 나는 물건을 분해하는 것을 언제나 좋아했어요. 집에 있던 고장 난 라디오를 내가 직접 고칠 수 있는지 알아보려고 시도해 보기도 했고요." '물건 분해'를 좋아하던 이러한 관심으로 인해 Raul은 컴퓨터 기술자가 되었다. Craig는 항상 이런 것에 이끌렸다. "물건이 어떻게 작동하는지에 푹 빠져있었어요. 기본적으로 내가 할 수 있는 모든 것을 분해했어요. 기계적이거나 작동하는 것은 무엇이든지 간에 작동의 원리가 분명히 있을 테니 그것을 알고 싶었어요." Craig이 10학년이 되었을 무렵에는 신축하는 집의 전기 배선하는 일을 했고, 지금은 기계를 수리하고 '하이테크 전기 문제'를 해결하는 유지 보수 전기기사로 일하고 있다. "나는 이 일이 좋아요."라고 말한다. "늘 이렇게 되고 싶었어요. 나는 문제해결을 즐기는 것 같아요. 이는 고칠 수 있느냐 없느냐의 도전이니까요."

물론 어떤 사람은 성인이 돼서 하고 싶은 일이 무엇인지를 어린 나이에 이미 알고 있다고 생각하지만, 청년기가 돼서야 그 일에 진입하는 것이 어렵다는 것을 알게 된다. 특히 이런 일은 체육인, 예술인, 연예인 분야에 포부를 가진 사람에게서 흔하게 나타난다. 이 분야는 많은 사람에게 매력적이지만, 극도로 경쟁적이며 또한 최상위권에 있는 사람만이 제대로 된 생계를 유지할 수 있다. Isaiah는 성장하면서 프로 농구를 하고 싶었다. "솔직히 말해서 나는 NBA 선수가 되고 싶었어요." 하지만 "잘되지 않았어요." Isaiah는 농구 선수가 되는 꿈을 포기해야 했다. 대신에 지금은 식품 회사의 지역 관리자이지만 이 일은 만족스럽지 않다. 아마도 어떤 면에서 자신의 꿈과 거리가 멀기 때문일 것이다. "이건 내가 원하는 일이 정말 아니에요. 스트레스도 많이 받고 돈도 많이 못 벌어요."

Beth는 어릴 적부터 할아버지와 함께 살았다. "할아버지는 디즈니에서 오랫동안 일하셨어요. 항상 창의적이셨어요. 어릴 때부터 그런 할아버지를 보며 성장했어요." 그리하여 자신도 "만드는 것을 좋아한다."는 것을 깨달았다. Beth는 미술 대학에서 조각을 전공했다. 그러나 대학 졸업 후, Beth는 조각가로서 자신의 능력으로는 "불행히도 돈을 벌기 어렵다."는 것을 알게 되었다. 현재 Beth는 도서관 직원으로 일하고 있지만, 언젠가 "누군가가 내 작품을 실제로 구매하기를" 바라며 여전히 부업으로 조각을 하고 있다.

또한 어린 시절에 꿈꿨던 직업이 상상했던 것과 다르다는 것을 청년기가 되어서야 깨닫는 사람도 있다. Clive는 "나는 어렸을 때부터 트럭을 좋아했어요. 트럭에 푹 빠져있었어요." 그러나 트럭 운전을 가능한 직업으로 두고 진지하게 고려하기 시작했을 때, 다음과 같은 것을 알게 되었다. "진정으로 트럭과 관련된 어떤 것도 하고 싶지 않았어요. 마치 바퀴 달린 커다란 금속 기계 안에서 사는 것 같고, 그냥 온종일 좀비처럼 앉아서 길만 쳐다보고 있어야 해요. 나는 트럭을 운전하는 것 그 이상의 삶을 원해요." 대신 Clive는 정원 가꾸는 일을 하지만, 결국에는 집을 설계하고 짓는 일을 희망한다. Chalantra는 다음과 같이 회상했다. "나는 당연히 의사가 되고 싶다고 생각하고 있었어요. 아이들도 좋아했고요." Chalantra는 소아과 의사가 될 계획이 있어서 의예과 전공을 했고 대학 장학금도 받았다. 그러나 곧 환멸을 느꼈다. "의과 대학 예과 과정은 시간을 너무 많이 잡아먹어서 내 삶이 없었어요. 의사가 된 후에도 내 자녀와 시간을 보낼 수 없다는 걸 알게 되었어요. 내 아이들과 함께 시간을 보내고 싶다고 생각했거든요." 현재 Chalantra는 간호조무사로 일하고 있으며 간호사가 되기 위해 공부할 생각을 하고 있다.

Chalantra의 이야기는 오늘날 젊은 여성이 직면하는 일종의 일과 가정 사이의 갈등을 보여준다. 오늘날의 여성은 과거보다 훨씬 더 폭넓은 직업 기회가 있지만, 거의 대부분은 자녀를 가질 계획이 있고 대다수는 자녀가 아주 어릴 때는 자신이 주양육자가 되기를 원한다.[14] 아직 청년이지만 첫 아이를 갖기까지 몇 년이 남아있어 젊은 여성은 종종 근로자, 배우자, 어머니로서 해야 할 역할 사이에서 직면할 수 있는 위기를 예상한다. 이러한 깨달음은 여성들의 직업 선택에 영향을 미친다. 여성에게 힘들고 많은 시간을 요구하는 직업이라면 설령 그 직업이 고임금에 지위가 높고 자신이 즐기고 능력을 발휘할 수 있는 분야라도 선택할 가능성을 낮게 만들기 때문이다.[15] 높은 지위의 전문직에 종사하는 여성은 또래와 비교해 아이를 가질 확률이 상당히 낮다.[16] 따라서 청년기의 많은 여성에게 진로 방향 선택은 단순히 자신의 정체성에 딱 맞는 선택을 하는 것뿐만 아니라, 근로자와 어머니라는 이중의 정체성에서 균형을 잡을 수 있는 선택을 하는 것을 의미한다.

오늘날 대부분의 젊은 남성은 자신의 아버지보다 자녀들과 더 가까운 아버지가 되기를 원하기 때문에 이들 역시도 일과 가정의 역할 사이에서 균형을 이루어야 하는 어려움에 직면한다. Clark 설문조사에서 18~29세 청년의 60%가 '내가 원하는 가정을 가지기 위해서라면 나의 진로 목표 중 일부분을 포기할 수도 있다'에 동의했으며, 젊은 남녀 모두가 이 같은 견해를 함께 가지고 있다.[17] 오늘날 대부분의 젊은 남성은 때가 되면 가사와 육아를 동등하게 분담할 것으로 예상하지만, 젊은 여성은 실제로 그럴 것이라고는 믿지 않는 경향이 있다.[18]

청년은 일을 하기 위한 요구사항이 너무 많은가? 그 질문에 대한 대답은 사람마다 다르겠지만, 확실히 대다수의 부모와 고용주의 대답은 '그렇다'라는 의견을 가지고 있다.[19] 청년은 즐겁고 성취감을 주며 자신의 고유한 능력과 흥미를 최대한 활용할 수 있는 일을 열망한다. 그러나 고용주는 일반적으로 아침에 일어나서 "오늘 나는 누구를 만족시킬 수 있을까?"라고 자신에게 묻지 않는다. 고용주의 목표는 가능한 한 적은 비용으로 필요한 일을 할 수 있는 사람을 찾는 방법에 국한될 가능성이 훨씬 더 크다. 청년은 훨씬 더 많은 것을 기대하며 노동시장에 진입하는데, 이런 점에서 고용주는 청년이 주제넘고 제멋대로라고 분노하고, 부모는 자신이 20대였을 때 자신의 부모가 자신에게 말했던 것처럼 "왜 그냥 일할 수는 없는 거야? 일은 재미로 하는 게 아니야. 그냥 일하고 돈 받는 거라구!"라고 생각하거나 말할지도 모른다.

홍보 회사의 고용주인 Jade는 다음과 같은 이야기를 들려주었다. Jade의 새로운 부하 직원인 Laura는 몇 주간 일한 후 면담을 요청했다. 둘이 만났을 때 Laura는 일이 그다지 흥미진진하지 않다며, 계속 회사에 다니기 위해선 급여가 인상되거나 같은 급여라면 일하는 시간을 줄여달라고 요청했다. Jade는 "정말 기가 막혔어요!"라고 회상한다. "더 적게 일하고 더 많은 급여를 받고 싶다고? 나도 마찬가지야!"

Jade는 Laura를 그 자리에서 해고하고 쫓아내기보다는 자신이 첫 직장을 다녔을 때 다른 말단 직원들과 힘을 합쳐 저임금, 장시간 노동, 직장 내 팽배한 착취에 대해 항의한 후 깨달았던 이야기를 들려주었다. 그 당시 그들의 상사는 그들의 말을 주의 깊게 듣고 나서 문으로 걸어가 문을 활짝 열고 말했다. "너희들 자리를 차지하고 싶어서 안달이 난 사람이 수백 명은 될 거다!" 겁에 질린 그들은 순순히 자기 자리로 돌아갔다.

"그렇지." Jade는 속으로 생각했다. "이 이야기로 일이 얼마나 중요한지 그리고 일자리가 있다는 것에 얼마나 감사해야 하는지를 알게 되었을 거예요. 그렇죠?" 그러나 정반대였다. Laura는 Jade에게 미소를 지으며 주저하지도 않고 이렇게 말했다. "직원을 그렇게 대하는 곳에서 저는 절대 일하지 않을 거예요." Jade가 기대했던 대답이 아니었다. "나는 말문이 막혔어요!" 10분 만에 Jade는 두 번째로 Laura를 해고하고 싶었지만, 잠시 말을 하지 않고 생각을 했다. 그 순간 Laura가 옳았다는 것을 알게 되었다. "나와 같은 베이비부머**Boomer**[* 2차 세계대전 이후 1946년~1964년에 태어난 세대] 세대는 소위 가장 위대한 세대**Greatest Generation**[* 1901년~1927년에 태어나 대공황과 2차 세계대전을 겪은 후 미국의 부흥을 이끈 세대로 Tom Brokaw의 베스트셀러 「The Greatest Generation」의 제목에서 따온 용어]와 대공황 시대 정신**Depression-era ethos**[* 1929년~1939년 미국에서 가장 길었던 경제위기 시기에 실업의 고통을 경험한 것]을 가진 사람에게 길러져서 직장은 차갑고 가혹한 곳이 되었어요."라고 Jade는 말한다. "이 새로운 세대가 자신감, 낙관주의 그리고 죄의식 없이 자신에게 주어진 것들을 받아들이는 두려움이 없는 접근 방식을 고수할 수 있다면 자신과 모든 사람을 위해 진정으로 더 나은 곳으로 만들 수 있을 것으로 생각해요! 아마도 이들은 덜 몰아붙이는 세상으로 선회할 겁니다."

이제 서둘러서 첨부하자면, 고용주에게도 적법한 이해관계가 있다. 당연히 고용주는 직원들이 해야 할 일을 하기를 바라며, 일반적으로 나이가 적을수록 경험이 적고, 지식이 부족하고, 생산성이 떨어지기 때문에 당연히 나이가 적은 직원에게 급여를 적게 준다. 거의 모든 직업에 종사하는 사람들은 실제로 나이 어린 젊은 직원이 자신이 한 일에 대해 공정한 보상을 받고 착취를 피하기 위해서 강력히 주장해야 한다는 Laura와 변화된 Jade의 의견에 동의한다. 청년은 아직도 미래의 진로를 확정하지 않고 있고 자신에게 의지하는 배우자나 자녀가 없으므로 진로를 확정하지 않아도 되는 좋은 위치에 있다. 만약 다른 모든 것이 실패해도 고용주가 Jade처럼 참지 않고 이들의 무례함을 이유로 해고하더라도 이들 대부분은 부모의 집으로 잠시 돌아갈 수 있는 대안이 있다. 다만 30대 이후로는 이렇게 행동하기 어렵겠지만 말이다.

우연히 하게 된 일

청년이 오랫동안 지속할 수 있는 일에 정착하고 싶은 진로를 어떻게 찾는지 설명하기 위해서 '탐색'이라는 단어를 사용해왔는데 이 단어는 많은 사람에게 적용된다. 자신이 하고 싶은 일이 무엇인지 생각하고 적합한지를 알아보기 위해서 그 분야의 직업이나 대학에서 전공해보기도 하고 적합하지 않으면 더 마음에 드는 것을 찾을 때까지 다른 방법을 시도한다. 그러나 다른 많은 사람에게 '탐색'은 10대 후반에서 20대 초·중반 사이의 진로를 설명하기에는 너무 거창한 용어다. 이들의 이력은 종종 '탐색하기'라는 단어가 의미하는 것만큼 체계적이고 조직적이고 집중적이지 않다.[20] 어쩌면 '방황하기' 또는 '표류하기' 또는 '허우적거리기'가 더 정확한 표현일 수 있다. 대다수 청년에게 일은 더 나은 직업이 생길 때까지 생계를 유지할 수 있는 맥잡과 같이 단순한 일을 하는 직업을 의미한다.

특히 자신의 흥미와 적성이 어디에 있는지 명확하게 알지 못하는 청년에게는 더욱 그렇다. Katy는 지난 1년 반 동안 음반 가게에서 부점장으로 일해 왔다.

이 일은 괜찮은 직업이고 생계를 유지할 수 있지만 "너무 오래 일하고 싶지는 않아요."라고 말한다. Katy는 가망성이 있는 대안이 없기 때문에 현재 음반 가게에서 일하고 있을 뿐이다. "내가 하고 싶지 않은 일에 대해서는 항상 명확했지만, 진짜 하고 싶은 일은 생각해내지 못하겠어요." Katy는 심리학 학사 학위를 가지고 있지만 어떤 일과 연관되는지 알지 못한다. "언젠가 학교로 돌아가 박사 학위를 받고 싶지만, 정확히 어떤 분야가 될지는 모르겠어요. 그래서 이런 것들을 알아내기 위해 잠시 쉬고 있어요." Katy는 자신의 관심사가 더 명확해질 때까지 음반 가게에서 일하며 시간을 보낼 것이다.

많은 청년에게 지금의 직업은 자신이 선택한 것이 아니라, 마치 구멍 난 표면에서 무작위로 굴러다니다가 우연히 구멍 중 하나에 맞아 들어가는 공처럼 어느 날 자신이 그 일을 하고 있다는 것을 알게 된다. "어쩌다 보니 하고 있었다."라는 말은 청년이 지금의 직업을 어떻게 찾았는지 설명하기 위해 자주 사용하는 문구다. Patrick은 라디오 광고회사의 음향 엔지니어라는 직업을 가지게 된 계기를 다음과 같이 설명했다. "어쩌다 보니 하게 됐어요. 친구를 통해 일을 시작했죠. 나는 컴퓨터와 관련된 경험도 있고 음향 작업도 해봐서 취직하게 되었어요." Patrick은 이 일에 대해 복잡한 감정을 느끼고 있지만 "카페에서 서빙하면서 돈을 많이 벌지 못했을 때보다 나아요."라고 말한다. 이와 비슷하게 Bridget은 지금 일하고 있는 인력사무소의 관리자로 어떻게 일하게 되었는지를 말해 주었다. Bridget은 좀 더 오래 할 수 있는 일을 찾는 동안 임시직으로 있었는데, Bridget가 이 일을 원하고 있지 않았음에도 불구하고 인력사무소의 담당이 Bridget가 인력사무소의 관리자가 되기에 적합한 자질과 경험이 있다고 판단했다. "어쩌다 보니 이 자리에 있게 되었네요…. 그냥 나한테 굴러들어온 거 같아요."

대부분의 경우 이렇게 마구잡이로 직업을 구했던 청년은 다른 일을 찾고 있다. 우연히 갖게 된 직업은 정체성에 완전히 만족스럽게 적합한 경우가 거의 없다. 대부분의 청년은 직업에서 적합성을 찾기를 바라고, 적합하지 않은 직업도 적합한 직업으로 가는 길에 있는 경유지로 여긴다. "내가 그 일을 선택한 건 아니에요. 일이 나를 선택했어요." Wendy는 지난 5년간 은행 창구직원으로 일한 것에 대해 이렇게 말했다. Wendy는 은행원이 되고 싶은 건 아니었고 취업 알선 서비스를 통해 취직했다. 이제 Wendy는 간호사가 되기 위해 야간 수업을 듣고 있는데, 이것이 자신이 정말로 하고 싶다고 마침내 결정한 일이다. Tamara는 아이비리그 대학을 졸업했지만, 법률사무소에서 법률 보조원으로 일하고 있다. "돈이 필요했어요. 나는 완전 빈털터리였거든요! 거기서 일하는 사람은 보수가 좋았어요." 그러나 돈이 다가 아니었다. Tamara는 "이 일이 싫어요! 성장할 기회가 없거든요." Tamara는 자신이 더 좋아하는 일을 하기 위한 교육을 받기 위해 대학원에 갈 계획이지만, 아마도 "헬스 케어 분야나 패션 산업"이 될 어떤 일일지 확실하지 않다.

일에서의 불안정성과 불확실성으로 인해 많은 청년은 어떻게 길을 찾아야 할지 전혀 모르는 채로 한 직업에서 다른 직업으로 이동하면서, '청년 위기 quarterlife crisis[* 인생의 4분의 1에 해당하는 시기 즉, 20대의 위기를 의미하는 것으로 미국의 저널리스트인 Alexandra Robbins와 웹사이트 관리자인 Abby Wilner가 2000년에 출간한 『Quarterlife Crisis』에서 처음으로 사용]'[21]를 겪고 있다는 느낌을 받을지도 모른다. 어떤 면에서 이는 정체성 위기이다. 자신이 진짜로 하고 싶은 것을 결정할 만큼 자신을 잘 알기 전까지는 직업 방향을 선택하기 어려우며, 많은 청년이 확실한 정체성을 갖는 데는 20대 중반이 될 때까지 시간이 필요하다. 그러나 이런 위기는 특히 미국에서는 흔하다. 미국은 학교에서 일터로 전환하는 것에 대한 지원이 거의 없고 청년에게 정보와 지침을 제공하는 프로그램이나 기관이 없다. 일부 학자들은 미국의 제도가 청년에게 너무 많은 대안을 주고 이를 어떻게 가려내야 하는지에 대한 지침은 너무 적게 주는 '자유로 인한 선택의 과부하'를 초래한다고 주장해왔다.[22]

6장에서 언급했듯이 이 분야에서 미국과 유럽 간에 뚜렷한 국가별 차이가 존재한다. 미국 시스템은 더 폭넓은 선택을 허용하지만 지침이 적고, 유럽 시스템은 더 폭넓은 체계를 제공하지만 선택한 이후의 방향을 바꿀 자유는 적다.[23] 아마도 앞으로 수십 년 안에 두 극단의 시스템은 자신이 원하는 것을 알기에 그 직업으로 바로 진입하고자 하는 청년을 위한 조직 및 지원 그리고 단 한 가지 일에 전념하기 전에 시간을 갖고 다양한 선택을 시도하고자 하는 청년을 위한 탐색의 자유와 같이 이 모두를 갖춘 하이브리드 시스템으로 가게 될 것이다.[24]

장기적인 방향 결정하기

체계적으로 직업적 대안을 탐색하기보다 다양한 직업들 사이를 헤매고 다니거나 떠돌아다니는 청년일지라도 다양한 직업을 시도하는 과정은 자신이 하고 싶은 일이 무엇인지를 판별하는 데 도움을 주는 역할을 한다. 사람들은 직업적으로 막다른 골목에 다다랐을 때도, 최소한 Katy의 표현처럼 하고 싶지 않은 일이 무엇인지 알게 된다. 사람들 역시 직업이 돈 버는 것 그 이상의 것이어야 하고 일로써 돈을 번다 해도 그 일이 장기적으로 따분하고 무의미한 것이라면 하고 싶지 않다는 것을 깨닫는다. 그리고 다양한 직업을 떠돌다 보면 내가 즐길만한 일 즉 뜻밖에 꽂히는 일을 하게 될 가능성도 있다.

청년들은 자신이 오랫동안 유지하기를 원하는 일의 분야를 찾았다고 느끼는 정도에는 연령별로 확연한 차이가 있다. 20대 후반이 20대 초반보다 이 지점에 도달했다고 느낄 가능성이 더 있다. 사실 일과 관련된 정체성 탐색의 끝을 의미하는 일에서의 안정성은 청년이 청년기를 떠나 성인기에 접어들었다는 증거로 볼 수 있다.

저자의 원연구에서 이러한 연령별 차이는 '앞으로 10년 후의 삶은 어떨까요?'라는 질문에 대한 응답에서 확연히 드러났다. 대다수가 이 질문에 대해 일과 관련된 대답을 했고, 이들 중 20대 후반의 대부분은 항상 명확하게 답변했다. 이들은 자신의 일을 선택해서 하고 있으므로 앞으로 10년 동안 어떻게 성장해 나갈지 상상해볼 수 있었다. 전자제품 수리점을 운영하는 28세의 Russell은 10년 후를 이렇게 말했다. "지금 하는 일을 계속하고 있을 거예요. 사업이 잘되기를 바랄 뿐이에요." 변호사인 26세 Mason은 "계속 변호사 일을 할 것"이라고 말했다. 간호사인 26세 Tina는 10년 후에는 "관리직이든 고난도의 임상 실습과 같은 더 높은 수준의 간호 분야에서 계속 일하고 있을 거예요."라고 말했다. 대기업 인사팀에서 일하는 28세의 Joyce는 "지금 하는 일에서 훨씬 영역을 넓혀 성장하거나 더 높은 지위로 승진했을 것"으로 보았다.

이와는 대조적으로 20대 초반의 청년에게 10년 후에 무엇을 하고 있을지를 묻는 질문에 "잘 모르겠어요."라고 종종 대답했다. 이들은 여전히 직업적 대안을 탐색하는 과정에 있거나, 단기 일자리를 계속해서 전전하고 있어 현재 상황에서 미래의 일까지 추론하는 것을 어려워했다. 또한 자신의 진정한 능력과 흥미에 대한 정체성 문제를 해결하는 과정에 있기에 명확한 일 정체성을 요구하는 질문에 답하기도 어려워했다.

그래서 이들은 10년 후의 삶이 어떨지 상상해달라는 질문에 모르겠다고 하거나 막연한 답변을 했다. 대학 전공을 간호학으로 바꾼 20세인 Leslie는 10년 후 자신의 삶에 대해 "전혀 모르겠어요. 학교에 다니면서부터 계속 바뀌어서 이젠 더는 생각할 수도 없어요."라고 했다. 20세의 Amos는 "잘 모르겠어요. 그렇게 먼 미래까지 생각해 보지 않았어요."라고 말했다. Amos의 유일한 직업 목표는 "돈을 많이 버는 직업에 종사하는 것"과 같이 막연한 것이었다. 23세의 Bridget은 "지난 2년 동안 내 삶에서 일어난 일을 보면 너무 많이 바뀌어서 앞으로 10년 후에 무슨 일이 생길지는 예상하지 못하겠어요. 그래도 꽤 재미있을 거라 확신해요."라고 말했다. 23세 Leah는 "모르겠어요. 나한텐 너무 어려워요. 정말로 잘 모르겠어요. 어떤 일이 벌어질지도 잘 모르겠고 현시점에서 내가 정말 하고 싶은 일이 뭔지도 구체적이지 않아요."라고 했다. 24세의 Jerry는 "어렵네요. 모르겠어요. 그렇게 멀리까지는 보이지 않아요. 당장 다음 주 계획을 세우는 것도 싫은걸요."라고 했다. 24세의 Ariel은 "전혀 모르겠어요. 지난 몇 년 동안 내가 느낀 것 중 하나는 지금이나 그때나 무슨 일이 일어날 수 있는지 알 수 없다는 거예요. 예상치 못한 일이 많이 일어났고 계획을 세우려고 노력했지만, 계획대로 되지 않는 경우가 많았어요."라고 했다.

22세의 Ian은 여전히 글쓰기와 음악에 대한 자신의 포부를 조율하거나 결합하려고 노력하고 있었다. "내가 무엇을 할지 잘 모르겠어요. 추구하고 싶은 것이 많은데 그중 어떤 것으로 잘 되고 어떤 것으로 잘 안될지 모르기 때문이죠. 아마 괜찮은 기자가 될지도 모르겠고 희망하건대 지역 밴드에서 연주하고 싶기도 하고 그때쯤이면 소설을 쓸 수 있기를 바래요." 24세의 Renee는 "내년에 어디서 살고 있을지조차도 모르겠어요. 내 미래가 어떨지 정말 모르겠어요." Renee는 10년 후에는 알게 될 거라고 긍정적으로 말했다. "희망하건대 그때쯤엔 자리를 잡을 거고 내가 무엇을 하고 싶은지 알고 있을 거예요."

대부분의 20대 초반 청년은 10년 후 자신이 무엇을 할지 모른다는 것에 동요하지 않는다. 이들은 자신이 무엇을 하고 싶은지 아직도 찾고 있는 인생의 시기에 있다는 것을 이해하고 머지않아 해답을 찾을 것이라 자신한다. 위의 예시에서 보여주듯 이들은 10년 후의 삶을 어떻게 바라보는지 말할 때마다 "희망하건대"라는 말을 많이 쓰는데 이 말이 잘 대변하고 있다. 결국 청년은 자신에게 적합한 일을 찾기를 희망하고 있다. 비록 자신이 원하는 일을 아직 찾지 못했을지라도, 영원히 닫힌 문은 거의 없어 보이며 여전히 많은 가능한 대안이 있을 것으로 보인다.

심지어 20대 후반의 많은 사람도 지금 하고 있는 일보다 더 적합한 일을 여전히 찾고 있으며 이러한 일을 찾을 수 있다는 희망을 가지고 있다. Clark 설문조사에서 18~21세의 61%가 '내가 진정으로 원하는 일을 아직도 찾지 못하고 있다'에 동의했는데, 26~29세의 49%도 마찬가지였다.[25] 그러나 20대 후반에 이르면 선택의 폭이 좁아지기 시작하면서 청년기를 벗어나서 결혼하고 부모가 되는 성인으로서의 역할에 대한 책임감을 떠안게 된다. 결혼한다는 것은 어떤 일에 종사할지에 관한 결정을 배우자와 함께 맞춰야 한다는 것을 의미한다. 더 나은 일자리를 찾기 위해 더는 쉽게 하던 일을 그만둘 수도 없고 다른 지역으로 움직일 수도 없다. 아마도 배우자는 다른 일을 하고 싶어 하는 상대방의 열망을 지지할 수도 있지만 그렇지 않을 수도 있다.

아이가 생기게 되면 결혼하는 것보다 직업을 바꾸거나 학교로 돌아가는 것을 더 어렵게 만든다. 아이가 생기게 되면 삶의 많은 부분이 자녀를 돌보고 부양하는 데 집중되어 이로써 자기 자신의 직업적 대안이 제한된다는 것을 의미한다. Harry는 자동차 정비사이지만, 전기 기술자가 되기 위해 재교육을 받고 싶어 한다. 하지만 그러기 위해서 3~4년은 걸리는데 Harry에게는 그만한 시간이 없다. "한 살짜리 아들이 있어서 지금은 좀 어려워요. 아이가 있다는 것은 정말 힘든 상황이에요." Patty는 학교로 돌아가고 싶어 한다. "대학 학위를 딸 수 있으면 좋겠지만, 그럴 수 없어요. 지금은 주택담보대출과 아이가 둘이나 있어서 학교로 되돌아가기가 정말 어려워요." 다른 경우와 마찬가지로 일터에서 아이가 있다는 것은 성인기로 가는 길에서 돌아올 수 없는 상황이며, 이는 청년기에 상대적으로 자유로운 직업 탐색의 제일 마지막이 되는 사건이다. 이에 대해서는 13장에서 더 다룰 예정이다.

직업 선택에 영향을 주는 요인

일 정체성을 발달시키고 오래 할 수 있는 직업을 선택하는 것은 일반적으로 청년 대부분이 혼자서 하는 과정이다. 자신에게 맞는 진로를 찾는 것은 자신이 가장 하고 싶은 일이 무엇인지를 스스로 명확히 한 다음 이와 맞는 직업을 찾는 것이 문제인데, 그 누구도 자기가 가장 하고 싶은 일이 무엇인지에 관한 질문에 대신 대답해 줄 수 없다. 하지만 어떤 청년은 일을 찾는 과정에서 다른 사람들로부터 어떻게 영향을 받았는지를 보여준다.

가끔은 이러한 영향은 사회학자들이 '사회적 자본 social capital'[26]이라고 부르는 형태로 나타나는데, 이는 상호 원조를 수반하는 사회적 유대관계를 의미하며 구직 지원을 포함하고 있다. 청년은 구인 정보에 대해 아는 사람을 알고 있을 수도 있고 그런 방식으로 일자리를 얻을 수도 있다. 비록 이런 다소 무작위적인 방법으로 만족할만한 정체성에 맞는 직업을 찾을 수 있을 것 같지는 않지만, 어떤 일을 찾아야 할지 결정할 만큼 충분히 자신에 대해 잘 알지 못하는 청년에게는 괜찮은 방법일 수 있다. Alex는 회사 변호사인 대학 룸메이트의 아버지를 통해 법률 사무소에서 문서 정리원으로 일하고 있지만 임시직이라고 생각하고 있다. "어떤 다른 일을 할지를 알 수 있을 때까지 잠시만 이 일을 할 생각이었어요." Lonnie는 제도학에서 전문학사를 취득했지만 곧 흥미를 잃었다. Lonnie는 다음에 어떤 일을 할지 결정할 때까지 어머니의 세탁소에서 일하고 있다. "스트레스받지 않을 정도로 쉬엄쉬엄 일하고 있어요."

어떤 청년은 자신의 눈높이를 낮게 설정하고 포부를 크게 가지지 않기 때문에 인맥을 통해 우연히 생기는 일자리를 마다하지 않는 경향이 있지만, 이들은 적당한 급여에 만족해하고 상당히 즐겁게 일한다. Kurt는 병원에서 경비원으로 일하는 자신의 아버지를 통해 일자리에 대한 정보를 얻게 되어 그 병원에서 사무원으로 일하고 있다. Kurt는 이 직업에서 특별한 만족이나 성취감을 얻지는 못하지만, 할인 백화점에서 트럭의 짐을 내리며 "일만 힘들고 하는 일에 비해 매우 적은 돈"을 받던 이전의 일보다 낫다고 생각한다.

하지만 정체성을 반영하지 않은 직업에 만족하는 청년은 매우 드물다. 청년이 친구나 가족의 소개를 통해 정체성을 반영하지 않은 직업에 종사하게 되면, 대부분 자신이 진정으로 원하는 직업을 계속 찾는 동안 그 직업은 자신의 생계유지를 위한 임시방편에 불과하다. Gabriella는 대학에서 패션 머천다이징을 전공할 동안 자신의 아버지를 도와 아파트 건물 관리 업무를 하고 있다. Tory는 취업 알선센터에 다니는 어머니의 소개로 택배 아르바이트를 하고 있지만, 관광 행정학 학위를 따는 동안 단지 자신의 생계유지를 위해서 이 일을 하고 있다.

사회적 인맥을 통해 직업을 구하는 것 이외에도 다른 사람으로부터 영향을 받는 또 다른 형태는 청년이 존경하는 누군가를 보며 특정한 진로를 추구하게 되는 영감을 받을 수도 있다. 교사라는 직업은 이러한 영감을 주는 것으로 상당히 자주 언급된다. Monte는 대학에서 음악 교육을 공부하고 있으며 음악 교사가 될 계획이다. Monte는 "고등학교 밴드 감독님을 보고 이 분야로 결정했어요. 감독님이 얼마나 일을 즐기시는지를 보았고 정말로 정말로 즐거워하면서 일하셨어요. 나는 밴드 활동하는 것을 좋아했기 때문에 내가 그런 일을 하면서 돈을 번다면 나의 남은 인생도 행복할 것으로 생각했습니다."라고 했다.

어떤 청년은 부모로부터 영향을 받는다. Trevor는 방사선학 학위를 취득할 동안 병원에서 사무원으로 일하고 있다. 이 분야를 선정한 이유는 "아버지와 새어머니 모두 의료 분야에 종사하고 계셔서 항상 의료 분야에 노출되어 있어서"라고 했다. Vernon은 보험회사에서 아버지의 파트너로 함께 일하는데, 이는 아버지에 대한 존경과 애정이 Vernon을 이 직업으로 이끈 게 분명하다. "아빠와 함께 일하기 때문에 아빠에게 배우고 질문을 할 수 있어서 좋아요. 할아버지도 보험 설계사를 하셨으니 제가 3대째네요." 또한 Vernon은 아버지와의 관계가 자신의 위치에 힘을 실어준다고 본다. "본사에 가서 '저분이 나의 아빠예요'라고 말할 때 어깨에 힘이 들어가는 것처럼 느껴져요. 그럴 때면 아빠를 당연히 존경스럽게 보게 되죠." 간호사인 Tina는 어머니로부터 더 전방위적으로 영향을 받았다고 말했다. "내가 성장하는 동안 엄마가 내내 일을 했다는 사실만으로도 나도 일해야 한다는데 영향을 받은 것 같아요." 연구 결과에 따르면 일하는 어머니를 둔 여자 청소년은 일하지 않는 어머니를 둔 여자 청소년보다 진로 포부가 더 크다.[27]

어떤 청년은 부모가 하는 일이 자신의 정체성과 잘 맞는다는 사실을 알게 된다. Louis는 자신의 아버지와 마찬가지로 건설업에 종사하고 있지만, 이것은 아버지가 영향을 준 것이 아니라 "자신의 생각"이었다고 말한다. Louis는 아버지처럼 "항상 사무실 밖에서 일하고 손으로 작업하는" 종류의 일을 즐긴다. 이와 비슷하게 Gus는 지리를 공부하고 있는데 피뢰 설비 서비스업을 하는 아버지가 그의 직업 선택에 영향을 미쳤다는 것을 부인한다. 하지만 Gus는 다음과 같이 덧붙인다. "아빠가 하는 일은 설계나 엔지니어링과 같은 기계적인 기술을 필요로 하는 일인데, 내가 그런 일을 잘하는 걸 보면 아빠의 영향이 있는 것 같아요."

하지만 부모가 직업 선택에 영향을 주는 경우는 예상보다 적다. '부모님의 직업이 본인의 직업 선택에 영향을 미쳤나요?'라는 질문에 청년을 대상으로 한 저자의 원연구에서 '아니다'가 '그렇다'의 2배 정도 높았다. '아니다'라고 단호하게 응답한 어떤 청년은 부모의 직업을 가장 하고 싶지 않은 일로 여겼다. 이는 부모의 일이 매우 보잘것없고 만족스럽지 못한 일로 보였을 수도 있기 때문이다.

Leonard의 어머니는 "항상 주방에서 일하거나 청소와 같은 일을 했어요. 그래서 나는 그런 일은 원치 않았기 때문에 그런 일로부터 멀리 떨어지려고 했어요. 내가 잘나서가 아니에요. 내가 꼭 해야 하는 일이라면 하겠지만, 벗어나려고 할 거예요. 그런 일은 형편없거든요." Rocky는 영업사원으로 일하는 아버지를 보면서 "영업사원은 되고 싶지 않다는 것을 알게 되었어요. 이것이 내가 아빠의 직업을 통해 깨달은 거였어요. 나는 사무실 밖으로 돌아다니고 절대 가까이하고 싶지 않은 사람들과 친해지거나 미소 짓고 싶지 않았어요. 아빠는 너무 많은 사람에게 아첨해서 거기에 대해서는 말하고 싶지도 않아요. 난 이런 모든 것을 참을 수가 없어요."

때때로 청년은 부모가 닦아놓은 진로를 따라 시작했다가 자신의 정체성과 맞지 않다는 것을 깨닫고 그만둔다. 성공한 사업가인 아버지를 둔 Ken은 "원래는 나도 아빠가 하는 일을 하고 싶어 할 거로 생각했는데, 학교에 들어가면서 사업을 좋아하지 않는다는 것을 알게 되었어요. 사업에 뜻이 없었어요."라고 말했다. 아버지가 회계사인 Barry는 "어렸을 때 회계사나 증권중개사가 되고 싶다고 생각했어요. 10학년 때 경영 수업을 들으면서 너무 싫어서 그 일을 하고 싶지 않다는 걸 깨달았어요." 현재 Barry는 영어를 전공하는 대학원생이다. 처음에 Craig는 자신의 형제들, 아버지, 할아버지처럼 "대대로 몇 대째 이어온" 가업인 도색 사업에 종사했다. 그러나 결국 도색이 아닌 전기와 관련된 일로 마음을 굳혔다. 이러한 결정을 가족에게 알리는 것이 쉽지 않았지만, Craig는 결국 다음과 같이 했다. "공개적으로 드러내고 '나는 도색은 하고 싶지 않고 전기 일을 하고 싶어요'라고 말했어요. 꼭 해야겠다는 생각이 들었거든요."

비록 부모가 일에서 매우 성공했다고 할지라도 그 성공의 대가가 너무 커 보이면, 청년은 때로 부모의 전철을 밟는 것을 피하고 싶어 한다. Ian에게는 부유한 의사 아버지가 있지만, Ian의 말에 따르면 "아빠는 너무나도 엄청나게 스트레스를 많이 받아요."라고 한다. Ian은 기자가 되기로 결정했다. 비록 "내가 기자가 돼서 1년에 2만 달러를 번다면, 아빠는 그보다 훨씬 더 많은 돈을 버신다는" 것을 알고 있지만, 돈보다 중요한 것은 자신이 좋아하는 직업을 갖는 것이다. "만약 내가 지금 하고 있는 일을 온전히 즐긴다면, 아빠보다 더 잘 살 수 있을 거예요."

일과 관련해서 청년에게 가장 중요한 것은 자신의 정체성을 반영한 일을 찾아서 직업이 자신의 흥미와 능력에 잘 맞게 되면 자신이 하는 일을 '온전하게' 즐길 수 있으리라는 것을 다시 확인할 수 있다. 때때로 이들의 부모는 청년에게 정체성에 맞는 직업을 찾을 기회를 제공하지만, 다른 한편으로는 정체성에 맞지 않아 회피하는 직업의 사례를 제공하기도 한다.

꿈, 비현실적인 꿈 그리고 꿈의 부재

청년기는 가능성이 열려 있는 시기이며 결정된 것이 거의 없는 시기이기 때문에 꿈을 키워나가는 시기이다. 비록 청년이 아직 좋아하는 직업을 찾지 못했을 수도 있고 사실 형편없고 스트레스도 많고 보수가 적은 직업에서 일하고 있을 수도 있지만, 여전히 더 큰 희망을 품고 계획할 수 있으며 결국 멋진 일에 정착하게 될 거라고 상상할 수 있다. 청년은 '소울메이트'를 찾기 바라는 것만큼 자신이 꿈꾸는 직업을 찾기를 희망한다.[28]

청년들 사이에서 흔히 생각하는 꿈은 소규모 사업체를 운영하는 것이다. 아마 이것은 어떤 다른 나라보다 자유롭게 기업과 개인의 주도성을 장려하는 사회에서 더 흔하게 나타나는 아메리칸 드림American dream임이 분명하다. 종종 소규모 기업을 소유하는 현실은 가혹하다. 많은 소규모 기업은 실패하고, 성공하는 소규모 기업은 소유주의 오랜 시간과 끈질긴 책임감이 있어야 한다. 그럼에도 몇몇 청년에게 소규모 기업을 소유하는 것은 독립과 자립하는 것을 보장하고, 자신이 사장이 되어 자신의 운명을 통제할 수 있는 가능성이 있는 것으로 보이는 매력적인 꿈이다. 또한 자신의 핵심적인 정체성을 사업 분야로 정할 수 있기에 정체성의 추구를 유지한다.

팔과 가슴에 독수리, 괴물, 여자 문신이 있고 더 많은 문신을 새길 계획이 있는 Ned는 트럭 운전사로 일하고 있지만, Ned의 진짜 꿈은 다음과 같다. "요즘은 문신하는 일을 내 사업으로 해 보면 어떨지 생각하고 있어요." Ned에게 문신을 해준 사람이 "연간 20만 달러 이상을 번다."고 했고, 자신도 그렇게 성공하지 못할 이유가 없다고 보았다. "내 생각엔 사람들은 자기가 할 수 있는 일에 종사한다는 생각이 들어요. 내가 아는 많은 사람처럼 친구한테 문신을 공짜로 해주지 않고 사업으로 한다면 돈을 벌 수 있을 것 같아요"

소규모 사업체 소유를 희망하는 청년이 생각하는 가장 흔한 꿈은 식당을 운영하는 것이다. 식당에서 종업원으로 일하고 있는 Derek은 "장기적인 계획이 있어요. 지난해에도 몇몇 사람과 이야기해 봤는데, 내가 일하던 카페의 주방장이 무언가 시작할 계획을 하고 있어서 함께 시작하고 싶다고 말했어요. 나쁘지 않을 것 같아요."라고 말했다. 그들은 몇몇 잠재적인 투자자도 알고 있다. "예전 카페에 오던 손님 중에 기꺼이 투자하려는 사람이 있어요. 그래서 본격적인 계획을 세우는 등의 활동을 하기 시작했어요. 그 사람들도 적당히 관심을 보이고 있어요."

일과 관련해서 청년이 생각하는 또 다른 흔한 꿈은 음악이나 스포츠 분야이다.[29] 2장에서 소개되었던 Charles는 자신의 음악 밴드인 House Cats를 홍보하는 데 집중하면서 생계를 위해 계약직으로 다른 일을 하고 있다. Brock은 바텐더로 일하고 있지만, 세미프로 축구팀에서 뛰기 위해 곧 Kentucky로 이사할 예정이다. Brock은 "다섯 살 때부터 프로 축구팀에서 뛰는 것이 꿈이었어요."라고 말했다. "나는 유소년 리그에도 참여했고, 고등학교 내내 축구를 했고, 대학 시절에도 선수로 뛰었으며, 내가 뛴 모든 리그에서 좋은 성적을 냈어요." 사실 Brock은 대학생 All-American[* 미국에서 해당하는 스포츠의 최고 아마추어 스포츠인에게 수여되는 상이었는데 이는 Brock이 꿈꿔온 일이기도 했다. 이제는 축구와 관련된 자신의 꿈을 더욱 확장하여 실현하고자 한다. "이것이 조금 더 위로 올라가는 사다리의 다음 발판이 되었으면 해요."

물론 이런저런 꿈도 있지만 비현실적인 꿈도 있다. Charles와 Brock과 같이 항상 꿈에 진심을 다하는 청년도 있지만, 찬란한 미래를 상상하는 것을 즐기기만 하고 실현하기 위해 노력은 거의 하지 않는 허망한 소망일 뿐인 꿈을 가진 청년도 있다. 아이스크림 가게에서 일하는 Albert는 "내가 진짜 원하는 일은 프로 야구를 하는 거예요."라고 말한다. 그러나 Albert는 고등학교 때 야구를 하지도 않았고 지금 그 어떤 야구팀에도 소속되어 있지 않다. 어떻게 프로 야구 선수로 진출할 계획일까? "모르겠어요. 어떻게든 되겠죠."

또한 만족스러운 삶의 기반이 될 성취감 있는 일을 찾겠다는 희망을 비교적 어린 나이에 벌써 거의 포기하여 꿈이 없는 청년도 있다. 어떤 사람에게 이 불행한 상태는 직업 선택의 미로에서 빠져나올 수 있는 지도가 되는 명확한 정체성을 발달시키지 못한 결과이다. Carrie는 도서관에서 보조로 일하고 있다. 처음에는 인력사무소 소개로 일을 시작했는데 지금까지도 계속하게 되었다. 왜냐하면 "그들이 나를 정규직으로 고용했고 쉬운 일이었어요." 하지만 "내가 관심 있는 분야는 아니에요."라고 말한다. 현재 Carrie가 흥미 있어 하는 것은 무엇일까? 그것이 문제이다. Carrie는 자신을 알지 못한다. "나는 지금 완전히 헤매고 있어요."라며 수긍한다. "내가 어떤 일을 원하는지 모르겠어요. 여전히 이렇게 헤매는 이유 또한 어떤 일을 원하는지 몰라서라고 생각해요." Carrie는 한때 국제 관계나 정치와 관련된 분야에서 일하고 싶었지만, 그 꿈은 "사라진지 오래되었어요." 이제 Carrie는 "내가 무엇을 할지 전혀 모르겠어요."라고 말하고 있으며 만족스러운 일을 찾는 것을 거의 포기했다. "내 삶의 계획에서 결국 내가 하게 될 일은 이런 형편없는 직장에서 일하는 것이고, 1년 정도 일하고 돈이 모이면 여행이나 가겠죠."

Carrie와 반대로 29세의 아프리카계 미국인 Curtis는 자신이 무엇을 하고 싶은지 알고 있었지만, 그런 일을 하는 좋은 직업을 찾는 게 문제였다. Curtis는 10대 후반에 교도소에 있으면서 인쇄기술자가 되는 방법을 배웠고 지금까지 "10년 가까이 인쇄기를 작동시키는 일을 하고 있어요."라고 말했다. Curtis는 인쇄하는 일을 즐기고 있다. "나는 손을 사용하는 일을 좋아해요. 사무직은 될 수는 없어요. 기계 같은 것을 다루는 일을 좋아해요." 그러나 Curtis는 일의 비일관성으로 인해 힘들어했다. "알다시피 인쇄 일은 매우 일정하지 않아요. 누구든 인쇄 일을 하게 된다면 지지부진하기도 하고 몇 주 동안 쉬어야 할 때도 있어요." 그래서

Curtis는 Kinkos 복사 센터에 취업했다. 역시 이 일도 좋았다. "더 안정적이고 복리후생도 매우 좋았어요. 게다가 주식도 있어서 투자도 할 수 있고 약간의 배당금도 받을 수 있었어요. 그리고 이 회사는 좋은 일을 많이 하고 있었고요. 내가 원했던 게 바로 이거예요. 게다가 점장으로 갈 뻔한 기회도 있었지요."

그러나 Curtis가 업무 시간에 개인적인 통화를 했고 두어 번 지각했기 때문에 90일 이후에 Kinkos에서 해고당했다. 이제 Curtis는 더 적은 급여와 낮은 복리후생이 있는 다른 복사 회사에 취직했다. Curtis는 인쇄기술자에서 Kinkos로 그리고 현재 복사 회사로 급여와 지위가 점점 낮아지는 것을 느끼면서 희망을 잃기 시작했다. 자신의 꿈이 사라지는 것을 알 수 있었다. "모든 것이 다 갖춰진 작은 집을 내 힘으로 구하고 싶어요. 하지만 그렇게 되지 않을 거란 걸 알아요. 알다시피 상황이 변하고 있어서 너무 힘들어요. 더 나아지질 않아요. 때로 방해하는 것이 많고 그게 나를 괴롭혀요. 그래서 잘 모르겠어요. 그저 10년 후에도 살아남기를 바래요. 내가 하고 싶은 말은 이게 다예요."

Curtis의 이야기는 최근 수십 년 동안 도시 지역의 많은 젊은 사람이 직면한 곤경의 축소판이다.[30] 1장과 7장의 서론에서 언급한 바와 같이 기술의 발전으로 필요한 근로자 수가 줄어들고 공장이 값싼 노동력을 위해 해외로 이전하거나 값싼 토지를 얻기 위해 교외 지역으로 이전함에 따라, 1960년대 초 고임금의 제조업 일자리가 더 희소해졌다. 그로 인해 Curtis처럼 '손으로 하는 일을 좋아하는' 제한된 직업 대안을 가진 젊은 사람만 남게 되었다. 보수가 좋은 직업들은 점점 더 고등교육을 필요로 하게 되었다. 그러나 도시 경제가 쇠퇴함에 따라 공립학교의 질도 떨어졌고, 공립학교에 다니는 학생들은 고등교육을 받을 준비가 제대로 되지 않고 있다. 그래서 청년 중 다수는 Curtis처럼 급여가 적고 유망하지 않은 직업에서 희망을 잃지 않으려고 애쓰지만, "나아지지는 않을 거예요."라는 절망적인 결론에 이르게 된다.

실업과 불완전 고용

그 어디에도 인쇄하는 일이 없어서 일을 그만두게 되는 침울한 Curtis처럼 더 나쁜 상황이 있을 수 있다. 적어도 Curtis는 직업이 있으니, 그와 처지가 비슷한 많은 동료가 말 할 수 있는 것 이상이다. [그림 7.2]에서 볼 수 있듯, '청년 실업률'로 알려진 15~24세 사이의 실업률은 성인 실업률에 비해 수십 년 동안 전 세계적으로 적어도 2배 이상 꾸준히 높았다.[31] 그러므로 경기가 호황일 때 전체 실업률이 5%라면 15~24세의 실업률은 적어도 10%는 될 가능성이 큰데, 만약 전체 실업률이 10%라면 재앙이라고 여겨질 수 있을 것이다. 그리고 경기가 불황일 때 청년은 나머지 성인들보다 더 어려운 시기를 겪는다. 세계 금융위기의 여파로 2010년대 남부 유럽의 전체 실업률은 약 25%에 달했고 일부 국가에서는 청년 실업률이 끔찍하게도 50%를 넘어섰다.[32]

왜 항상 청년 실업률이 전체 실업률보다 상당히 높을까? 어차피 중고령 근로자를 고용하는 것보다 청년을 고용하는 비용이 더 적게 드는데도 말이다. 여기

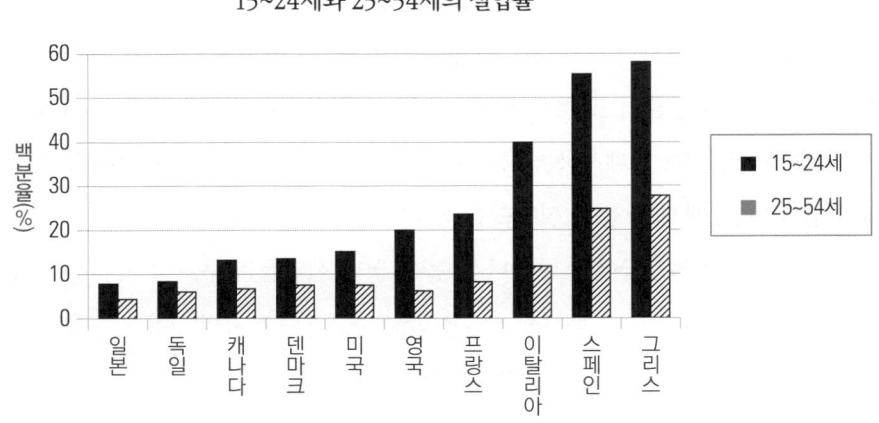

[그림 7.2] 선진국의 청년 및 성인 실업률(2013)

출처: OECD(2014). OECD.State Extrats. 단기 노동 시장 통계: 연령과 성별에 따른 실업률. Retrieved from http://stats.oecd.org/index.aspx?queryid=36499

에는 다음과 같은 이유가 있는데, 하나는 통상적인 이유이고 다른 하나는 구조적인 이유인 경제 시스템 구조에 따른 결과에 있다.

통상적인 이유는 젊은 근로자가 일한 지 오래되지 않았다는 명백한 이유로 중고령 근로자보다 경험이 적고 지식이 부족하기 때문이다. 아무리 젊은 근로자를 싼값에 고용할 수 있다 해도 쓸만한 일을 할 수 없다면 가치가 없을 것이고 대체로 이들이 쓸모 있게 되기까지는 시간이 걸릴 것이다. 젊은 근로자가 교육 훈련을 통해 우수한 기술과 지식을 습득했더라도 특정 직무에 필요한 구체적인 기술을 익히는 데는 시간이 걸릴 수밖에 없다. 따라서 고용주가 젊은 근로자를 고용하는 것은 투자이자 신뢰의 행위이다. 젊은 근로자가 필요한 기술을 터득한 후 업무에서 가치를 창출할 수 있을 만큼 충분히 오래 회사에 다녀야만 성과를 올릴 수 있다.

이런 이유로 젊은 인력이 노동시장에 진입하는 것은 항상 어렵고 힘든 일이다. 젊은 근로자가 인건비가 저렴할지라도 중고령 근로자보다 생산성이 떨어지기 때문에, 일반적으로 고용주는 가능하면 젊은 근로자보다 나이가 더 많더라도 경력이 있는 근로자를 더 선택할 것이다. 경제가 호황이라 노동력이 부족해서 고용주가 능력이 있는 근로자를 찾기 위해 애를 쓰고 있을 때는 예외이다. 이러한 경우는 경제가 매년 10%씩 성장하는 많은 개발도상국에서는 그럴 수 있지만, 일반적으로 경제 성장률이 1%에서 기껏해야 3%인 선진국에서는 수년 동안 이런 일이 발생하지 않는다. 그래서 선진국의 청년 실업률은 21세기에도 지속적으로 전체 실업률보다 2배 이상 높은 실업률을 유지할 가능성이 크다.[33]

대부분의 선진국에서 나타나는 높은 청년 실업률의 구조적 이유는 경제 시스템이 젊은 근로자의 노동시장 진입을 막고 중고령 근로자의 고용 안정을 보장하고 있다는 것이다. 대부분의 유럽 국가에서 정규직을 고용한다는 것은 오래 일할 수 있다는 협약을 하는 것이다. 노동조합이 강력해서 노조원 해고를 어렵게 하는 노동협약을 체결한다. 게다가 정부는 고용주가 근로자를 해고할 수 있는 권한을 제한하는 규정을 만든다. 예를 들어 고용주는 근로자에게 근무가 종료될 것을

1년 전에 미리 공지해야 하고, 퇴사한 직원에게 몇 달간 급여를 지급해야 할 수도 있다. 신입 근로자는 이런 종류의 고용 안정성을 보장하는 것을 반기지만, 당연하게도 고용주는 꼭 필요한 경우가 아니라면 신입 근로자를 고용하는 것을 꺼린다. 왜냐하면 근로자의 생산성이 떨어지거나 경영 상황이 악화하였을 때도 이들을 해고할 수 있는 유연성이 없기 때문이다.

결과적으로 이 경제 시스템의 승자는 이미 일자리를 가지고 있는 중고령 근로자이고 패자는 노동시장으로 진입하려는 젊은 근로자이다. 일부 정부에서는 고용주가 임시 또는 시간제 계약으로 청년을 고용할 수 있도록 별도의 규정을 만들어 이 문제에 대응하고 있다.[34] 이는 고용주로 하여금 젊은 근로자를 더 적극적으로 고용할 수 있도록 하지만, 젊은 근로자에게는 더 적은 임금과 낮은 고용 안정성을 부여하게 된다.

미국은 다른 선진국에 비해서 노동보호조치가 미약하다. 노조가 약하고 정부 규제가 상대적으로 적기 때문에 고용주는 경영 여건이 변함에 따라 원하는 대로 고용하고 해고할 수 있다. 이는 직업 안정성에는 좋지 않지만, 노동시장에 진입하는 데는 도움이 된다. 미국의 청년 실업률은 일반적으로 다른 유럽 국가에 비해 낮다.[35] 그러나 이는 청년의 교육 수준에 따라 매우 다양하다. 이번 장의 앞에서 언급했듯이 고등학교 이상의 교육을 받지 않은 청년의 실업률은 대학 학위를 취득한 청년의 실업률보다 3배 높다.[36] 경제 분석에 따르면 20대의 장기 실업은 이후 수십 년 동안 소득을 약화시키게 되는데 이를 '상처 효과scarring effect'라고 한다.[37]

시간제 근로와 불완전 고용은 성인보다 청년에게 더 일반적이다. 20대의 직업은 시간제 근로일 경우가 많은데 그 이유는 청년이 학교에 다니거나 구할 수 있는 일이 그게 전부이기 때문이다. 심지어 대학 학위를 취득한 사람도 이들 중 대다수는 학교에서 배운 것과 관련이 없고 심지어 학위도 필요 없는 일을 하면서 그 후 몇 년 동안 '불완전 고용'상태가 된다.[38] 이들 중 대부분은 20대 중반이 되어도 여전히 무슨 일을 하고 싶은지 확신이 서지 않아서 정체성을 반영한 일을 찾기가 어렵고 알더라도 그 분야에서 직업을 찾지 못할 수도 있다.

결국에는 거의 모든 사람이 안정적인 진로로 들어서게 된다. 앞서 언급했듯 대부분의 대학 졸업생은 20대 후반이 되면 적어도 5년 동안은 유지할 수 있는 직업을 구하려고 한다. 교육을 덜 받은 사람들의 경우에는 30대 초반까지 시간이 걸릴 수 있지만, 마찬가지로 대부분 안정된 직업을 갖게 된다. 하지만, 정부는 청년이 노동시장에 진입하는 것을 지원하는 효과적인 정책을 개발하기 위해 훨씬 더 많은 것을 할 수도 있다. 스칸디나비아 국가들은 고용주가 필요로 하는 기술과 연결하는 훈련을 청년에게 훈련하는 개인맞춤형 계획을 제공하는 등 이 분야에서 선두에 있다고 여겨진다. 독일과 스위스와 같은 국가들은 신규 인력을 준비시키고 고용주와 이들을 연결하는데 효과적인 오랜 전통의 도제 제도를 보유하고 있다.[39] 그러나 이런 프로그램은 비용이 많이 든다. 엄청난 청년 실업률 때문에 이러한 프로그램을 가장 필요로 하는 남부 유럽 국가들에게도 이러한 프로그램이 젊은 사람과 나라의 미래를 위해 가치 있는 것이라 할지라도 막대한 재정을 마련하기에 어려움이 있다.

미국의 경우에는 순전히 인구가 너무 많기 때문에 이러한 프로그램을 구성하기 어렵지만, 각 주에서는 지금까지 해 왔던 것보다 훨씬 더 규모가 큰 자체 프로그램을 개발할 수 있을 것이다. 만약 경제가 호전되는 시점에서 자격을 갖춘 젊은 근로자가 부족하다면 미국의 고용주들은 자체적으로 직업 훈련 프로그램을 확대할 것이다. 그러나 경제가 침체하거나 쇠퇴하는 시기에는 젊은 구직자들이 너무 많기 때문에 직업 훈련을 할 이유가 거의 없다.[40]

결론: 높은 희망과 힘든 현실

7장에서는 정체성 탐색으로서의 일에 중점을 두었다. 청년은 적당한 임금을 안정적으로 받는 것보다 일을 원한다. 청년에게 일은 자신에 대한 표현이자, 자기의 흥미와 적성에 잘 맞고, 만족스럽고, 즐길 수 있고, 세상에 좋은 영향을 미칠 수 있기를 원하는 것이다. 청년은 발달하는 정체성에 맞는 일이 어떤 건지 좀 더 확실하게 하려고 그 직업에 더 가까이 가는 데 필요하다면, 직업을 계속 변경하고 비교적 저임금을 받는 단기의 맥잡이 길어지더라도 기꺼이 견뎌낼 것이다. 청년기에 일에 대한 불안정과 불확실성이 있을지라도, 청년 대부분은 정체성 탐색을 성공적으로 끝내고 정체성을 반영한 일을 찾게 될 것이라는 희망이 있다.

틀림없이 오늘날의 청년은 과거보다 자신의 정체성을 반영한 직업을 찾을 수 있는 좋은 기회가 많이 있다. 20대 초반에 결혼해서 첫 아이를 낳게 되면 남성은 가족을 부양할 수 있는 직업을 구해야 한다는 압박이 빠르게 느껴졌고, 여성은 육아와 가사에 전념하기 위해 직장을 그만두어야 한다는 압박을 경험했다. 결혼과 부모가 되는 시기가 20대 후반으로 미루어진 요즘의 젊은 사람은 가족의 의무에 대한 부담 없이 자신이 만족할 만한 일을 찾으며 청년기를 보낼 수 있다. 젊은 여성에게 있어 가능한 직업 범위는 인류 역사상 어느 세대의 여성보다도 갑자기 크게 확대되었다.

그러나 청년 취업 전망에는 어두운 면이 있다. 청년은 일이 자신에게 무엇을 줄 것인가에 대한 높은 기대를 하고 있으며, 자신의 직업이 수입의 원천이 될 뿐만 아니라 자기충족과 자기표현의 원천이 될 것이라는 기대와 동시에, 청년 중 일부는 결국 장기적으로 하게 될 실제 직업이 이런 이상에 상당히 못 미친다는 것을 알게 될 가능성이 있다. 또한 오늘날의 서비스 산업에서 최고의 직업은 높은 수준의 교육을 요구하므로 고등교육을 받을 능력이나 기회가 부족한 청년은 종종 이러한 일자리 경쟁에서 배제되어 가장 적은 임금과 보상을 받는 서비스군에 남게 된다.

그 어느 때보다, 교육 수준은 성인기에서 구분을 지을 수 있는 잣대가 된다. 대학 교육을 받은 청년은 일반적으로 부유하고 편안한 중류층 성인의 삶에 대한 행복한 전망을 할 수 있다. 대학 교육을 받지 않은 일부 청년은 음악이나 스포츠 또는 소규모 사업을 운영하는데 특별한 재능을 가지고 있다는 것을 보여주어야만 한다. 그러나 고등교육을 받지 않은 청년 대다수에게 성인기는 지속해서 경제적인 어려움에 계속 허덕일 가능성이 있으며, 만족스럽고, 보수가 좋고, 정체성을 반영한 일을 찾는 목표에 미치지 못할 가능성이 상당히 크다.

운 좋게 정체성을 반영한 일과 비슷한 일을 찾은 청년일지라도 정체성 문제가 완전히 해결되었다는 것을 의미하지는 않는다. 즉 정체성 탐색은 다시 반복된다. Erikson이 말했듯이 "정체성은 단번에 얻어지거나 영원히 고정되는 것이 아니다. 끊임없이 잃어버렸다가 되찾게 된다."[41] 자신이 좋아하는 일을 찾고자 하는 청년에게도 몇 년이 지나면 그 일에 싫증이 날 수도 있고, 관심사가 바뀔 수도 있고, 혹은 훨씬 더 좋은 일을 찾고 싶어 할 수도 있다. 이들의 탐색은 계속될 것이다. 그럼에도 자신을 잘 알고 자신의 능력이 무엇인지, 어떤 일을 하고 싶은지에 대해 명확한 생각을 키워나가는 청년은 성인으로서 진로를 결정하는 데 있어 좋은 기반을 갖게 된다.

8장 디지털 원주민
다양한 미디어를 사용하는 청년

침묵은 금이다? 예전에는 그랬을지 모르지만, 청년 세대에겐 침묵이란 존재하지 않는다. 이전의 그 어떤 세대와 달리 청년은 온종일 다양한 미디어와 연결되어 있다. '휴대 전화'는 항상 이들과 함께한다. 사람들과 함께 어울리고 있을 때도 청년은 가끔 멈춰서 방금 온 문자 메시지를 보고 엄지손가락을 재빠르게 움직여 빠른 답장을 보낸다. 그리고 이들의 '휴대 전화'는 단순히 전화기가 아니라 디지털 기기로 전화 통화와 문자 메시지뿐만 아니라 음악 듣기, 인터넷 검색, 사진과 동영상 촬영에도 사용된다. 또한 TV, 영화, 전자 게임과 같은 기존의 미디어로 시간을 보내기도 한다. 20대 남성은 전자 게임 사용률이 가장 높은 집단으로 이들 중 일부는 하루에 몇 시간씩 게임을 한다.[1]

청년 세대에게 미디어는 유아기부터 계속해서 존재해온 것이다. 작가이자 교육자인 Marc Prensky가 말했듯이 청년은 '디지털 원주민digital native[* 어린 시절부터 디지털 환경에서 성장한 세대]' 1세대로 성인기에 뉴미디어 기술을 배워야 하지만 이를 거부하는 '디지털 이민자digital immigrant'와는 뚜렷한 차이를 보인다.[2] 새로운 나라로 온 다른 이민자와 마찬가지로 디지털 이민자의 대부분은 원주민이 사용하는 것만큼의 언어를 구사하는 것과 같은 유창함과 편안함은 결코 가질 수 없을 것이다.

다음과 같은 이유로 이 책 전반에서 다음과 같이 세대를 정의하는 용어 사용을 자제했다. 첫 번째 이유는 'X 세대', '밀레니얼 세대'와 같은 용어는 대중문화에서는 쓰이지만 학계에서는 사용하지 않으며, 오늘날의 '밀레니얼 세대'가 지닌 것으로 추정되는 독특한 세대 특성에 관한 연구도 근거 없이 말도 안 되는 글들이 많다는 점이다. 두 번째 이유는 청년기는 흘러가 버리는 일시적인 세대 현상이 아니라 항상 존재하는 생애단계로 보기 때문이다. 청년기의 등장을 이끌었던 요인들은 가까운 장래에는 변하지 않을 것이다. 경제가 제조업에서 벗어나 서비스업으로 가열차게 향해가고 있어 고등교육을 받는 젊은 사람의 비율은 줄어들지 않을 것이다. 결혼 중위 연령은 낮아지지 않고 있으며, 여성이 직장을 떠나 3~4명씩 자녀를 낳던 때로 돌아가지 않으며, 혼전 성관계도 다시 금기시되지 않을 것이다. 시간이 지남에 따라 그리고 문화에 따라 사람들이 청년기를 경험하는 방식에 변화가 있겠지만, 생애과정의 당연한 단계로서 청년기는 계속 존재할 것이다.

그러나 오늘날의 청년에게는 세대적으로 차별화된 특성이 있으며 그중에서도 전자 미디어 사용이 가장 두드러진다. 오늘날의 청년은 이전의 다른 세대보다 매일 훨씬 더 많이 전자 기기와 연결되어 있다.

청년이 디지털 콘텐츠에 많은 시간을 할애하고 있어 이들의 미디어 사용에 대해 주목하지 않고는 청년의 생활에 대해 완벽하게 설명할 수 없을 것이다.[3] 이번 8장에서는 청년의 미디어 사용률을 설명하고 이들의 미디어 사용률을 다른 연령대와 비교하여 살펴본다. 그런 다음 청년의 생활 속에서와 발달 측면에서 특히 정체성 발달 측면에서 미디어의 역할을 생각해 본다. 마지막에서는 모든 미디어 사용이 청년의 발달에 미치는 영향이 긍정적인지 부정적인지에 관한 논쟁의 여지가 있는 질문을 던지고자 한다.

청년의 생활 속 어디에나 존재하는 미디어

오늘날의 디지털 원주민이 경험하고 있는 미디어에 집중된 환경을 이해하려면, 이 청년 세대가 탄생한 이후 발생한 모든 일을 생각해 보아야 한다.[4] 청년이 어린 시절이었던 1990년대 초반에는 가정과 학교에서 개인용 컴퓨터 사용이 급격히 늘었고, DVD와 MP3 플레이어가 등장했으며, Google, Amazon, Ebay가 설립되었고, 전 세계 웹사이트의 수는 천여 개에서 수천만 개로 급증하였다. 청년이 사춘기 때에는 Facebook, YouTube, Wikipedia, Twitter가 생겼고 아이폰과 태블릿 컴퓨터가 등장했다. 청년기쯤 되었을 때 '스마트폰'은 그 어느 때보다 성능이 좋아졌고, 문자 보내기, 인터넷 검색, 영화 보기, 전화 통화까지 모든 것이 가능했다.

그러므로 디지털 원주민인 청년은 기술이 항상 함께하는 환경에서 완전히 편안함을 느끼는 것은 놀랄 일이 아니다. 일반적인 미국 청년은 하루에 약 12시간 동안, 즉 깨어있는 대부분의 시간을 다양한 미디어와 함께하는 것으로 추정된다.[5] 청년들은 음악을 들으며 일어나고, 아침 식사를 하면서 TV를 보고, 학교나 직장으로 가는 차 안에서 음악을 듣고, 학교나 직장에서 인터넷을 사용하고, 집으로 돌아가는 길에 음악을 듣고, 친구들과 어울리거나 Facebook을 업데이트하면서 더 많은 음악을 듣고, 저녁에 TV를 보면서 하루를 마무리하기도 한다. 그리고 매일 매시간 틈틈이 문자 메시지를 작성하고 보내는 데 시간을 할애한다. 종종 Facebook에 글을 올리면서 음악을 듣거나, TV를 보면서 문자 메시지를 보내는 등 여러 활동을 병행하는 '미디어 멀티태스킹media multitasking'을 하기도 한다.[6]

음악 듣기는 하루에 약 3.5시간 정도로 가장 많은 시간을 사용하는 미디어의 한 유형이다.[7] 청년이 일하고 사람들을 만나고 운동하고 지루한 집안일을 할 수 있도록 사기를 북돋아 주는 애장하는 노래를 언제나 들을 수 있는 무제한의 음악 라이브러리를 기술 덕분에 사실상 쉽게 이용하게 되었다. TV 시청, 전자 게임, 운동, 독서 그리고 가장 좋아하는 취미 등의 여가 활동 중에서도 음악 듣기를 최우선 순위에 둔다.[8] 또한 음악은 직장에서 상처받았을 때 마음을 달래주고 친구들과의 외출을 기대하고 있을 때 기분을 고조시켜주는 등 정서를 관리하는 데 도움이 된다.

청년의 인터넷 사용률은 하루 약 3.5시간 정도로 음악 듣기 시간과 맞먹는다.[9] 최신 뉴스를 읽는 것에서부터 학교나 직장에서 필요한 정보 조사, 포르노 시

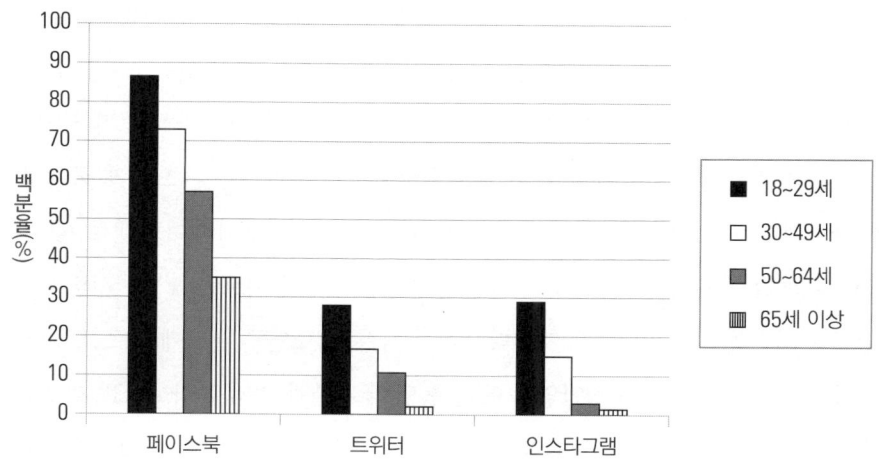

[그림 8.1] 연령별 소셜 미디어 사용률

출처: Duggan & Brenner(2013)

청에 이르기까지 인터넷이 광범위하게 사용되지만, 하루 3.5시간 중 약 1시간 정도의 가장 큰 비중으로 소셜 미디어를 사용하고 있다.[10] 소셜 미디어 사용률은 [그림 8.1]에서 볼 수 있듯이 나이가 어린 세대일수록 사용률이 높고 나이가 많을수록 사용률이 낮아 세대별로 일관된 경향을 보인다. 전반적인 인터넷 사용 추세는 선진국에서도 비슷하게 나타난다. World Internet Project의 설문조사에 따르면, 조사 대상인 9개 선진국 모두에서 18~24세 인터넷 사용률이 88% 이상으로 나타난 데 반해, 55~64세에서 많이 감소했으며, 65세 이상에선 더 감소했다.[11]

  TV는 다른 대부분의 미디어 기기보다 구식일 수 있지만, 청년의 생활 중 일부로 여전히 현저하게 대중적이다. Nielsen의 시청률 순위에 따르면, 18~24세의 미국 청년은 일주일에 23시간 이상 TV를 시청한다.[12] 이들이 TV를 시청하는 방법으로는 약 10%만이 스마트폰이나 인터넷과 같은 뉴미디어를 사용한다. 그러나 청년이 일주일에 23시간 TV를 시청하는 것은 그들보다 나이가 많은 연령대가 TV를 시청하는 시간에 비하면 적은 것이다. TV 시청에 쏟는 시간은 성인기 동안에는 연령이 증가할수록 지속적으로 증가한다. 65세 이상 연령층에서 미국인들은 일주일에 평균 49시간 이상 TV를 시청하는데, 이는 18~24세의 2배 이상이다.

미국뿐만 아니라 전 세계적으로 TV는 대중적이다. 여가 활동으로서 TV는 어떤 매력을 지니고 있는가? TV가 사람들의 기분을 좋게 하는가? TV가 사람들에게 즐거움을 주는가? TV가 사람들에게 만족감과 몰입감을 더 느끼게 하는가? 이상하게도 이 모든 질문에 대한 대답은 확실하게 '아니다'이다.[13] 반대로 성인이 TV 시청하는 동안과 시청한 후의 기분을 평가한 연구에 따르면, TV는 사람을 더 수동적이게 하고 덜 기민하게 만든다.[14] 시간 사용 일지 연구 결과에 따르면, TV를 시청하는 동안의 기분이 집안일을 하는 동안의 기분과 거의 같다. 즉 TV를 보는 기분은 다른 여가 활동을 할 때보다 훨씬 나쁘고 일할 때보다 더 나쁘다. 한 설문조사에 따르면 여가 시간에 TV 시청을 '매우 즐긴다'라고 응답한 대학생이 52%인 반면, 여가 시간에 독서를 '매우 즐긴다'라고 응답한 대학생은 70%였다. 그러나 여가 시간에 독서보다 TV에 훨씬 더 많은 시간을 할애한다.[15]

그렇다면 사람들은 TV 시청이 매번 불만족스러운 경험임에도 불구하고 왜 여가 시간에 TV 시청에 그렇게 많은 시간을 할애하는가? 단순히 말하자면 TV 시청은 쉽고 간단하기 때문이다. "TV는 어디에나 있고 부담스럽지 않은 것이 큰 매력이다. 사전에 준비할 필요도 없고, 비용이 거의 들지 않고, 몸을 많이 움직일 필요도 없고, 불쾌감이나 놀라움도 거의 없으며, 자신의 집에서 편안하게 시청할 수 있다."라고 연구자가 밝혔다.[16] 청년과 청년보다 나이가 많은 사람들 역시나 현대 생활의 스트레스와 부담감에서 벗어나는 방법으로 TV를 시청한다.

문자 메시지 보내기는 음악 듣기, 인터넷 사용, TV 시청만큼 많은 시간을 소비하지는 않지만(하루에 약 45분 정도로 추정)[17] 청년에게 가장 중요한 사람들과 지속적으로 연결되도록 해주기 때문에 어떤 면에서는 청년의 생활에서 가장 중요한 미디어의 한 유형이다. 청년은 항상 휴대 전화를 옆에 두고 있으며, 새로운 메시지를 알리는 신호음이 울리면 친구와의 대화, 데이트, 가족 식사를 방해하더라도 무엇을 하고 있든지 간에 메시지에 응답하거나 적어도 메시지가 누구에게서 왔는지 확인하기 위해 하던 것을 멈춘다. [그림 8.2]와 같이 Pew Research

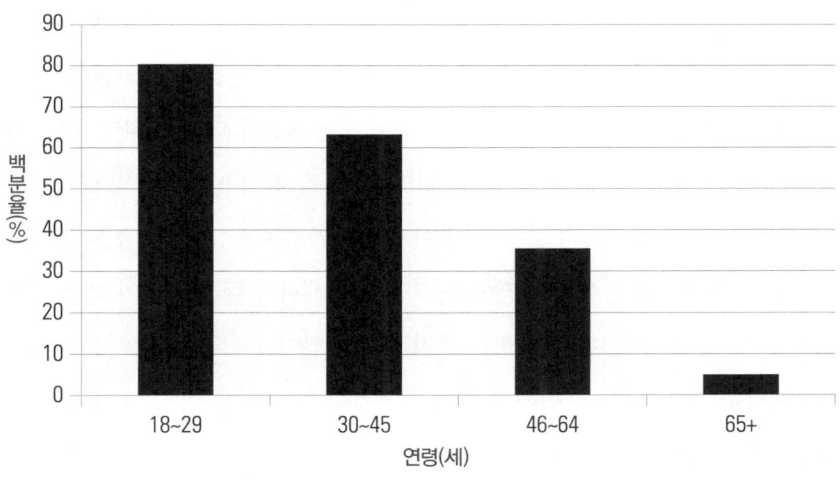

[그림 8.2] 연령대별 문자 메시지 사용률

출처: Taylor & Keeter(2010)

Center의 연구에서 청년 5명 중 4명이 지난 하루 동안 문자를 보낸 적이 있으며, 이는 청년보다 나이가 많은 다른 어떤 연령대에 비해서도 훨씬 높다. 게다가 18~29세의 경우 문자를 보낸 평균 문자 개수는 20개로 다른 성인들보다 훨씬 더 많았다. 전형적인 미국의 청년은 종일 시간당 2~3개의 문자 메시지를 보내고 받는다.

왜 문자 메시지, 소셜 미디어, 인터넷 사용을 젊은 사람이 가장 많이 하고 나이가 들수록 감소하는가? 청년은 이러한 유형의 미디어를 사용하면서 성장했고 일상적인 삶의 일부로 생각하는 디지털 원주민이라는 것이 가장 간단한 대답이다. 또 다른 이유는 1장에서 설명한 것처럼, 청년은 자기 자신에게 많이 집중하고 있는 생애단계, 즉 '자기초점' 시기에 있다는 것이 일부 설명이 될 것이다. 청년 중 거의 대부분은 새로운 곳으로 이사했기 때문에 부모, 형제자매와 떨어져 있고 당장 사귀는 연애 상대나 만날만한 친구가 없는 20대를 보낸다. 이러한 상황에서 문자 메시지와 소셜 미디어는 청년을 위로하고 이들이 사랑하는 사람들이 다른 나라나 지금 있는 국가의 반대편에 있을지라도 그들과 계속 연결되도록 해준다. Clark 설문조사에서 18~29세의 51%가 '친구와 가족으로부터 이메일, 문자 메시지, 소셜 네트워킹 웹사이트를 통해 받는 지지에 많이 의존한다'에 동의했다.[18]

전자 게임 사용률은 다른 유형의 미디어 사용률보다 더 다양하다. 젊은 남성은 젊은 여성보다 더 열성적인 사용자이다. 미국 각 지역 6개 대학의 대학생을 대상으로 한 연구에서 55%의 젊은 남성은 적어도 일주일에 1~2일은 전자 게임을 한다고 보고했는데, 젊은 여성은 7%에 불과했다.[19] 게다가 젊은 남성이 하는 전자 게임의 대부분은 자신들이 보기에도 '폭력적인' 게임이었는데, 젊은 여성의 경우 그렇지 않았다. 젊은 남성 사이에서 전자 게임에 관한 관심은 가끔 재미 삼아 하는 것에서부터 집착에 이르기까지 다양하지만, 일상을 방해할 정도로 전자 게임에 몰두하는 비율은 10%도 되지 않는 것으로 나타났다.[20]

자기초점 시기로서의 청년기는 왜 20대의 젊은 남성이 다른 어떤 연령대의 사람들보다 전자 게임을 더 많이 하는지를 설명하는 데 도움이 된다. 자기에게 초점을 맞춘다는 것은 다른 생애단계의 사람들보다 일상적인 사회적 의무, 책임, 제약이 적다는 것을 의미한다. 청년기에 있는 젊은 남성은 아동기나 사춘기 때와 달리 게임을 그만하고 숙제를 하라거나, 저녁을 먹으라거나, 잠을 자라는 등 뭔가를 요구하거나 명령하는 부모가 주변에 있지 않다. 일단 누군가에게 전념하게 되는 성인기가 되면 게임을 끄라고 말하는 배우자나 파트너가 있을 것이고, 화면 앞에서 오랜 시간을 보내는 것과 병행할 수 없는 많은 보살핌과 관심이 필요한 자녀들도 있을 것이다. 다른 이의 방해 없이 하루 몇 시간씩 전자 게임을 하는 것이 가능한 시기는 오직 청년기뿐이다.

청년의 미디어 사용법

미디어 사용이 청년의 일상 생활에서 큰 역할을 하는 것은 분명하지만, 이것이 의미하는 바는 무엇인가? 미디어로 인해 자신의 태도, 행동 그리고 자기 자신에 대한 인식을 어떻게 형성하는가? 이 질문에 대답한 미디어와 관련된 연구가 있다. 하나는 직접적인 영향을 찾는 것이다. 예를 들어 젊은 남성이 폭력적인 전자 게임을 하는 것과 폭력적인 태도로 갈등을 해결하는 것 사이의 상관관계를 밝히려고 했고, 이는 젊은 남성이 폭력적인 전자 게임을 하는 것은 폭력적인 태도에 영향을 준다는 의미로 해석될 수도 있다.

젊은 사람의 생활에서 미디어의 역할을 바라보는 또 다른 면은 사람들이 미디어를 선택하고 다양한 목적으로 미디어를 사용한다는 것을 인식하는 것이다. 이를 '사용과 충족uses and gratifications[* 사람들이 어떠한 동기로 미디어를 능동적으로 사용하고 미디어를 사용함으로써 얼마만큼 충족이 되는지를 설명]' 접근법이라고 한다.[21] 예를 들면 사용과 충족 접근법으로 젊은 남성과 전자 게임의 관계를 이해해보면 젊은 남성의 일부만이 폭력적인 전자 게임을 선택한다는 것을 알 수 있다. 폭력적인 전자 게임을 선택한 사람과 그렇지 않은 사람의 차이점은 무엇인가? 폭력적인 전자 게임을 하는 것과 상관없이 이미 갈등에 대해 더 폭력적인 태도를 보이고 있는가? 일부 남성이 폭력적인 게임을 하게 되는 원인은 무엇인가? 게임을 하는 이유와 게임이 자신의 기분과 행동에 미치는 영향은 무엇인가?

미디어 사용과 관련해서는 직접 효과 접근법보다 사용과 충족 접근법이 더 타당하다고 생각한다. 특히 청년기에 도달하게 되면 사람들이 선택할 수 있는 미디어 콘텐츠의 폭이 크게 넓어지고 자신의 기존 특성에 따라 선택을 하게 된다. 미디어가 일부 사람들의 태도와 행동에 영향을 미칠 수도 있지만, 이러한 결론은 신중하게 내려야 한다. 즉 확실한 건 연구자는 상관관계가 인과관계를 암시한다는 성급한 결론을 내리는 것을 피해야 한다. 특정 유형의 미디어를 사용하는 것이 특정 태도 및 행동과 상관관계가 있다고 하더라도 어떤 유형의 미디어를 사용하는 것이 그러한 태도와 행동을 유발한다는 의미는 아니다.

또한 미디어 연구자는 미디어 콘텐츠가 모든 사람에게 비슷하고 예측 가능한 방식으로 영향을 미친다고 가정하는 것을 지양해야 한다. 미디어 사용과 충족 접근법이 가치 있는 이유 중 하나는 미디어 사용자가 미디어 콘텐츠로부터 얻는 만족과 보상에 대해 말하는 것에 귀를 기울임으로써, 특정 미디어 콘텐츠를 선택한 미디어 사용자 각자의 이유를 진지하게 고려한다는 것이다. 연구 경력 초기에 헤비메탈을 좋아하는 사람들에 관한 소규모 연구를 했을 때 이런 것을 알게 되었다.[22] 1990년대 초 당시는 헤비메탈은 폭력적인 음악이며 이것이 헤비메탈의 열렬한 추종자들에게 폭력적인 성향을 갖게 하는 데 영향을 줄지도 모른다는 우려가 컸다. 저자는 헤비메탈을 좋아하지 않았고 일반적으로 헤비메탈이 우울하고 콘서트에서는 감각을 마비시킨다고 알고 있었다. 하지만 '헤비메탈 광팬metalhead'을 인터뷰하는 과정에서 헤비메탈에 의해 우울해졌다고 말한 사람이 아무도 없다는 것을 알게 되었다. 놀랍게도 사실상 가장 일반적인 답변은 그들이 우울하거나 화가 났을 때 특히 헤비메탈 음악을 듣는다고 했고, 헤비메탈 음악이 마음을 진정시키고 더 폭력적이기보다는 덜 폭력적으로 느끼게 하는 후속 효과가 있었다.

Jeanne Steele과 Jane Brown은 청소년의 미디어 사용에 관한 연구에서 사용과 충족 접근법을 적용하여 청소년의 미디어 선택에서 정체성 문제의 중요성을 인식하는 이론을 주장했다.[23] 이를 '미디어 실행 모델Media Practice Model'이라고 부른다. 이 책 전반에 걸쳐 언급했듯이 정체성 문제가 청소년기보다 청년기에 더욱 두드러지는 점을 감안하면, 미디어 실행 모델이 청년의 미디어 사용 문제에도 유용하게 적용될 수 있다고 생각한다.

미디어 실행 모델은 [그림 8.3]과 같다. 이 모델은 **정체성**이 여러 가지 미디어 중에서 특정한 미디어를 **선택**하는 근본적인 **동기**가 무엇인지를 보여준다. 어떤 연구에 따르면 청년은 자신의 정체성과 다른 유형의 미디어 사용이나 다른 여가생활보다 자신들의 정체성을 구축하고 표현하는 방법으로 특히 음악을 선택한다고 밝혔다.[24] 청년은 정체성을 탐색하고 자신이 진정으로 누구인지 발견하는 방법이 음악이라고 여기는데, 이는 자신이 선택할 수 있는 범위가 다른 미디어보다 음악이 훨씬 넓기 때문이다. 청년은 컨트리, 힙합, 데스 메탈에 이르기까지 다양한 장르의 음악에서 수백만 곡의 노래가 있고 이러한 장르에는 독특한 주제와 암묵적인 이념이 있다.

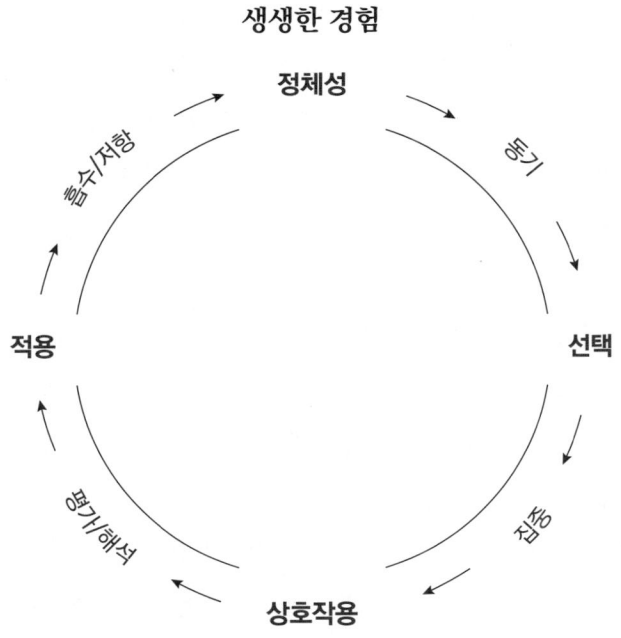

[그림 8.3] 미디어 실행 모델

출처: J. D. Brown, J. R Steele, & K. Walsh-Childers의 「Sexual Teens, Sexual Media」, Taylor & Francis Group LLC Books의 허락하에 인용. Copyright Clearance Center, Inc.이 허락함.

일단 미디어 선택이 이루어지면 청년과 미디어 콘텐츠와의 **상호작용**을 긴밀하게 연결하는 것이 **집중**이다. 텔레비전은 최소한의 집중을 기울이는 미디어 유형이므로 결과적으로 상호작용도 최소화한다. 앞서 언급했듯이 텔레비전은 대부분의 사람을 수동적이고 '그저 그런' 마음과 기분 상태로 유도한다. 청년은 TV를 켠 상태에서 문자 메시지를 주고받거나 전화 통화, 독서 또는 인터넷 사용과 같은 미디어 활동에 활발하게 참여하는 경우가 많다. TV와 달리 Facebook과 같은 소셜 네트워킹 웹사이트의 사용은 본질적으로 집중과 추가적인 상호작용이 필요하다. 최근의 여러 연구에 따르면 청년은 자신이 누구인지 다른 사람들에게 자신을 어떻게 표현하고 싶은지에 대한 정체성을 함축적으로 보여주는 방식으로 소셜 네트워킹 사이트로 상호작용한다.[25] 가능한 자기possible self[* 되기를 간절히 바라는 이상적인 자기, 되기를 두려워하는 자기 등 미래의 자기 인식를 시도하는 방법으로써 포스팅을 링크하고, 블로그에 댓글을 달고, 사진 및 정보를 게시하는 소셜 네트워킹 사이트를 통해 상호작용을 한다. 청년의 정체성이 발달함에 따라 이러한 변화는 이들이 웹사이트에 게시하기로 선택한 것에 반영될 수 있다. 이렇게 소셜 네트워킹 웹사이트는 청년이 정체성 문제를 탐색하고 점차 '진정한 나'를 확립하고 표현하는 쪽으로 나아가는 간담회장이 된다.[26]

미디어 실행 모델의 다음 연결지점은 **평가/해석**이다. 청년이 미디어 콘텐츠와 상호작용할 때 기존의 직접 효과 모델에서처럼 단순히 수동적이고 예측 가능한 방식으로 반응하지 않는다. 도리어 각자의 특성이 반영된 다양한 방식으로 내용을 판단하고 반응한다. 예를 들어 연구에 따르면 청소년과 청년은 가사가 표현하고 있는 것을 나름의 메시지로 생각하여 다양한 방식으로 주어진 노래의 가사를 해석한다.[27] 전자 게임에 관련된 연구에 따르면 청소년은 게임에 묘사된 상황을 평가하고 게임 세계와 현실을 구별해서 인식했다.[28]

이 모델의 마지막은 미디어의 **적용**을 통한 경험으로 **통합 또는 저항**이 나타나는 것이다. 때로 청년은 자신의 정체성에 미디어 경험을 통합한다. 특정 가수나 배우 또는 TV 쇼의 팬이 되는 것, '게이머gamer(전자 게임 애호가)'가 되는 것은 결국 '나는 누구인가'의 일부이다. 한편, 심지어 청년은 자신이 좋아하는 미디어 콘텐츠에 반대 의사를 표시하고 적극적으로 비판하기도 하며 자신에 대한 정체성의 일부를 반영하여 거부하기도 한다.

2013년에는 현대 미디어 기술의 속도를 보여주는 대표적인 저항의 사례가 있었다. Brown University의 학생인 Clare Beyer는 '단 하나의 목적을 위한 생각을 말하는: 페미니스트 Taylor Swift'를 Twitter에 게재했다. Beyer는 Taylor Swift의 팬 임에도 불구하고 Swift의 가사가 종종 저항받아 마땅할 만큼 젊은 여성을 순종적이고 전통적인 방식으로 묘사한다고 느꼈다. 게다가 Beyer는 패러디가 재미있을 것으로 생각했다. 친구들의 권유로 Beyer는 다음날 페미니스트의 관점에서 Taylor Swift의 가장 유명한 노래 가사를 재작업하여 게시하기 시작했다.

예를 들어 "넌 로미오였어. 창문으로 작은 돌을 던지고 있었지. 그리고 나의 아빠는 너에게 '줄리엣을 만나지 마'라고 하셨지. 난 계단에 서서 '제발 가지 말아 줘'라고 빌었어."라는 가사를 "넌 로미오였어. 창문으로 작은 돌을 던지고 있었지. 그리고 나의 아빠는 너에게 '줄리엣을 만나지 마'라고 하셨지. 하지만 나는 스스로 결정할 수 있는 성숙한 여성이야."로 바꿨다. 일주일 만에 @feministtswift 계정은 10만 명 이상의 팔로워를 확보했는데, 이는 상당수의 대중이 그 노래에 나오는 젠더 묘사에 대한 Beyer의 저항에 동조했고, Beyer의 유머러스한 시각을 높이 평가했다는 것을 보여준다.

요약하자면 미디어 실행 모델은 미디어 사용의 복잡성과 동일한 미디어 콘텐츠를 사용하는 사람들의 다양성을 강조한다. 결정적으로 정체성이 미디어 사용을 어떻게 주도하는지와 미디어 사용이 얼마나 역동적인 과정인지를 알려준다. 사람들은 단순히 수동적이고 쉽게 조종되는 미디어 산업의 희생양이 아니다. 청년에게 미디어는 일상생활 속 어디에나 존재하며 그들 대부분은 미디어가 없는 세상을 상상조차 할 수 없다. 하지만 청년은 방대한 미디어 콘텐츠 세계 속에서 자신의 정체성을 반영한 선택을 하고 주어진 시간에 미디어에 얼마나 집중할지를 결정하며 자신이 즐기는 미디어 콘텐츠를 평가하고 때로는 거부한다.

미디어는 어떠한 영향을 미치는가?

미디어 사용에 대해 복잡미묘한 해석을 제공한 미디어 실행 모델의 기대에도 불구하고, 미디어 사용에 관한 대부분의 연구는 여전히 기존의 직접 효과 접근법을 사용한다. 여기에서는 (1)실험 조건에서 특정 유형의 미디어를 대학생에게 노출한 다음 노출에 따른 태도나 행동을 평가하거나, (2)청년의 자기 보고식 미디어 사용과 태도 또는 행동 사이의 상관관계를 발견함으로써 설명하려 한다.

그러나 이러한 접근법 모두 중대한 결함이 있다. 대학생 또는 그 어떤 사람이라도 실험 조건에서 미디어 콘텐츠를 노출하는 방식의 심각한 문제점은 이들 중 대부분은 실험실 밖에서는 그 콘텐츠를 선택하지 않을 것이라는 점이다. 예를 들어 수백 개의 실험 연구에 따르면 대학생들이 실험실에서 폭력적인 미디어에 노출된 후 신체적으로나 성격적으로 더 공격적이 되고, 더 공격적인 생각을 하며, 공감도는 떨어지고, 당장 도움이 필요한 사람들을 덜 돕는다는 것을 보여주었다.[29] 일반적으로 이러한 연구의 참여자들은 폭력적인 미디어에 노출된 실험 집단과 비폭력적인 미디어에 노출된 통제 집단으로 무작위로 나뉜다. 이것이 연구 설계의 강점처럼 보일지 모르지만 사실 약점이다. 실험 집단 구분 시 폭력적이거나 비폭력적인 미디어 콘텐츠에 대한 선호를 기준으로 하지 않고 무작위로 나누었기 때문에 공격성이 증가했다고 보고한 학생들이 스스로 해당 콘텐츠를 선택할 거라는 설명력이 떨어진다. 아마도 폭력적인 미디어 내용을 선택했을 사람들 사이에서만 폭력적인 미디어에 노출되는 것으로 인해 공격성이 더 커질 것이다. 어쩌면 그 반대일 수도 있지만, 이 연구 설계로는 설명력이 부족하다. 게다가 실험 상황에서 발견된 효과가 지속적인 영향을 미친다는 증거가 없다.

미디어 선호와 특정 태도나 행동 사이의 상관관계를 찾는 문제는 상관관계의 일반적인 문제이다. 인과관계의 문제인지 아닌지를 판단할 방법이 없다. 폭력적인 미디어의 사례를 연결해서 살펴보자면, 폭력적인 미디어에 대한 선호와 공격적인 태도 및 행동 사이에 상관관계를 발견하는 것이 폭력적인 미디어를 사용하는 것이 실험 참가자를 더 공격적으로 만들었다는 것을 의미하지는 않는다. 사실 이것은 헤비메탈 광팬에 대한 저자의 연구에서 나타난 것처럼, 이러한 상관관계는 오해의 소지가 매우 클 수 있다. 헤비메탈 광팬은 같은 연령의 헤비메탈 광팬이 아닌 사람보다 공격적인 행동과 태도를 쉽게 보여줄 수도 있지만,[30] 그들 중 누구도 음악에서 영감을 받아 더 공격적으로 되었다고 보고하고 있는 것도 없고, 그들 중 다수가 반대 효과, 즉 헤비메탈을 들은 후 더 차분하고 덜 공격적이라고 느끼는 카타르시스적인 효과에 대해 보고하고 있다.

어쨌든 미디어의 부정적인 영향에 대한 우려는 청년이나 청소년보다 어린이의 경우에 훨씬 더 크다. 미디어가 어린이에게 미치는 영향을 주장하는 대부분의 미디어 연구자조차도 청소년은 미디어 세계와 현실 사이의 차이를 이해하는 능력이 어린이보다 더 뛰어나다는 것을 인식하고 있다. TV로 중계되는 폭력이 어린이의 공격성을 유발한다는 주장을 한 지지자 중 가장 저명한 Rowell Huesmann은 "성인이나 청소년이 폭력적인 것에 노출되는 것에 대해 어린이만큼 많이 우려할 필요가 없다. 폭력적인 미디어는 성인에게 단기적인 영향을 미칠 수 있지만, 실제로 장기적 영향은 어린이에게만 발생하는 것 같다."라고 주장한다.[31]

전자 미디어와 관련하여 청년에게 가장 크고 확실한 위험은 폭력적인 내용의 미디어가 아니라 겉보기에 아무 문제 없어 보이는 문자 메시지 사용 관행이다. 놀랍게도 18~29세의 거의 3분의 2인 64% 정도는 운전 중에 문자 메시지를 보낸 적이 있다고 하였다.[32] 이 연령대의 사망 원인 1위가 자동차 사고라는 점을 고려할 때, 운전 중 문자 메시지 사용은 공공 정책의 개입과 실행의 중점사항이 되어야 한다. 2007년 이후 41개 주에서 운전 중 문자 메시지 사용을 불법으로 규정하고 있으며, 또 다른 6개 주에서는 일반적으로 18세 미만의 초보 운전자가 문자 메시지를 보내는 것을 금지하고 있다.[33] 그럼에도 18~29세의 3분의 2가 운전 중 문자를 보냈다고 진술하고 있다는 사실은 이러한 법이 얼마나 잘 시행되고 있는지에 대한 의문을 제기한다.

미디어가 사회적 관계를 약화시키는가?

앞에서 미디어 연구를 해석할 때 유의해야 할 점을 강조했지만, 미디어의 '영향'에 대한 대부분의 연구 주장이 철저하게 검토되지 않고 있음에도 불구하고, 최신 미디어의 확산이 청년만이 아니라 우리 모두의 사회적 관계를 어떻게 변화시킬지에 대한 우려가 당연히 있다. 만약 디지털 기기들이 계속 존재하고 몇 분마다 다른 곳에 있는 누군가로부터 온 메시지가 우리의 주의를 끈다면, 우리는 지금 이 순간 물리적으로 우리와 함께 있는 사람들과 진짜 함께 있다고 할 수 있는가? The New Yorker 만화에서 어떤 청년이 부모님께 "오늘 밤 친구들을 집으로 초대해서 휴대 전화를 들여다보고 있으려고 해요."라는 것을 묘사하는 시점에 도달하고 있는가? 이 만화가 풍자한 것이 단지 재미로 과장한 것이 아니라 실제 상황이라면? 실제로 청년은 친구들과 시간을 보내는 것보다 페이스북 친구들에게 깊은 인상을 주기 위해 자신의 경험을 보여주는 데 더 전념하고 있는가?

많은 청년도 이러한 우려에 공감하고 있다. Clark 설문조사에서 18~29세의 50%가 '소셜 네트워킹 웹사이트에서 너무 많은 시간을 보내는 것 같다'에 동의했다.[34] 많은 사람은 소셜 미디어에 소비하는 시간의 양을 조금이나마 줄이기 위해 충분히 고려한다. Pew Research Center의 2013년 보고서에 따르면 Facebook 사용자의 61%가 몇 주 이상 Facebook 사용을 중단했던 'Facebook 휴식기'를 가진 적이 있다.[35] 휴식기를 갖는 이유는 다양했지만, 대부분은 페이스북이 사용자에게 요구하는 것처럼 보이는 시간의 양과 관련한 것이 핵심이었다. 이 보고서의 또 다른 흥미로운 내용은 18~29세의 42%가 지난 1년 동안 Facebook에서 보내는 시간이 감소했다고 말한 것인데, 이는 다른 모든 연령대의 성인보다 더 높은 비율이다. 그럼에도 다른 연구에 따르면 소셜 미디어 사용자 수는 전 세계적으로 모든 연령대에 걸쳐 매일 증가하고 있다.[36]

청년의 '휴대 전화' 사용에도 비슷한 우려가 존재한다. 청년의 이러한 기기 사용을 '중독'이라고 부르기에는 너무 과할 수 있지만, 이들 중 대다수가 건강하지 못한 정도의 의존 징후를 분명히 보인다. Clark 설문조사에 따르면 18~29세의 36%가 '두어 시간 이상을 문자 메시지를 확인하지 않고 버텨야 한다면 불안하다'고 했다.[37] 지속해서 기기를 확인해야 하는 강박은 '놓칠 것 같은 두려움'에 의해 일부 영향을 받았을 수도 있으며, 이것은 요즘 유행하는 용어인 'FOMO: Fear Of Missing Out'가 생기는 데 영향을 주었다. 청년에게 FOMO는 불안감이다. 즉 자신이 무슨 일을 하고 있든지 또는 사람들과 함께 무슨 일을 하고 있든지 간에 다른 어딘가에서 더 좋은 파티가 벌어질 수 있으며 이러한 끊임없는 걱정은 한 사람이 실제로 겪고 있는 경험에 그림자를 드리울 수 있다.

미디어 학자인 Sherri Turkle은 현대 미디어 기술이 우리를 어디로 데려가고 있는지에 대해 경종을 울렸다. 더 나아가 '기술에 더 많은 것을 기대하지만, 사람에게 더 적게 기대하라'라는 부제를 가진 자신의 책 「Alone Together」에서도 경고한다.[38] Sherri Turkle은 인터넷 사용의 잠재적인 효과에 초점을 맞춘 최초의 학자 중 한 명이자 사회적 연결 강화에 대한 인터넷의 긍정적인 잠재력을 지지했기 때문에 Turkle의 비판은 특히 주목할만하다. 그러나 이제 Sherri Turkle은 뉴미디어가 사실상 우리의 사회생활을 장악할 정도로 우리 삶에 너무 침범했다는 결론을 내렸다. 미디어 기술의 끊임없는 방해는 각자가 온전히 존재하는 것에서 벗어나게 하고 '함께 있지만 혼자alone together'있도록 만든다.

나는 Turkle이 주장하는 바에 대한 사례를 Clark 대학 학생들에게서 들은 적이 있다. 한 학생은 "나와 가장 친한 친구는 나와 함께 있을 때 휴대 전화를 사용하지 않기로 합의했어요. 친구와 함께 시간을 보내는 것이 좋아요. 그러나 함께 있을 때 전화벨 소리를 들으면 집중이 안 돼요."라고 말했다. 다른 학생도 비슷한 경험을 했는데, 그녀와 그녀 친구들도 제한할 필요가 있다고 느낄 정도로 휴대 전화가 친구 관계에 지장을 주는 것을 깨달았다. "2년 전 친구들과 나는 휴대 전화가 우리 삶에 너무 많이 개입해서 함께 있을 때마다 집중이 깨진다고 결론지었어요. 그래서 우리는 만날 때마다 휴대 전화를 탁자 가운데에 놓고 긴급한 상황이 아니면 아무도 만지지 말자고 결정했어요." 우정의 친밀감을 유지하려는 청년이 친구들과 이러한 관행에 동참하는 것이 얼마나 빈번한지 더 조사해 볼 가치가 있다.

어디에나 있는 전자 미디어의 영향에 대한 우려는 많은 청년에게 의심할 여지 없이 적용되지만, 뉴미디어 기술의 사회적 영향에 관한 다른 연구는 놀라울 정도로 긍정적이다. 앞서 언급한 바와 같이 Clark 설문조사에서 18~29세의 50%는 '이메일, 문자, 소셜 네트워킹 웹사이트를 통해 친구와 가족으로부터 받는 지지에 크게 의존한다'에 동의했다.[39] 소셜 네트워킹 웹사이트의 사용자들이 비사용자들보다 더 높은 수준의 사회적 지지를 경험한다는 다른 연구도 있다.[40] 또한 소셜 네트워킹 사이트의 사용이 오프라인 관계를 대체하기보다는 보완한다는 것을 보여준다. 예를 들어 한 연구는 대학생들의 휴대 전화나 소셜 네트워킹 사이트 사용이 증가할 때마다 평균적으로 대면을 통한 사회적 상호작용이 약 10~15분 증가한다는 것을 발견했다.[41] 이는 학생들이 뉴미디어 기술을 이용해 친구들과 직접 대면하는 사회 활동을 계획하고 새로운 사람들을 만나고 다른 사람들과 계속 연락한다는 것을 암시한다.

뉴미디어 기술에 대한 일부 열성적인 지지자들이 그것을 실제 사회적 접촉의 대용품으로 사용한다는 것에는 의심의 여지가 없지만, 그렇다고 해서 미디어 기술이 자신을 사회적으로 고립시켰다는 의미는 아니다. 미디어 사용 모델이 우리에게 상기시켜 주듯이 미디어 사용은 그 사람의 정체성에서 시작된다. 사람들이 미디어 기술을 사용하는 데 많은 시간을 쓰기로 선택했다면 미디어 사용 전에 그 선택을 유도한 무언가가 있다.

Patty의 19살 된 아들 Neil의 미디어 사용에 관한 이야기는 좋은 예시이다.[42] Patty의 사교적인 다른 아들인 Jake와 달리 Neil은 친구가 한두 명뿐이며 연애를 한 적도 없다. Neil은 심한 외톨이며 대부분의 시간을 자신의 방에서 보낸다. 그러나 Neil의 고립은 컴퓨터로 게임을 하면서 생겨난 관계들로 인해 완화된다. Neil은 게임에 열광하며 게임으로 전 세계 사람들과 소통한다. 이 사례는 대규모 다중 접속 온라인 롤플레잉 게임MMORPG: Massive Multiplayer Online Role Playing Games의 플레이어가 시간이 지남에 따라 게임으로 우정을 발전시키고 유지하는 방법을 제공하는 매우 사교적인 환경으로 본다는 연구 결과와 일치한다.

아마도 컴퓨터와 MMORPG가 없었다면 Neil은 자신의 방에서 나와 공동체 안에서 사회생활을 발달시킬 동기를 얻었을 것이다. 하지만 내성적인 성격과 사회적 불안을 감안할 때 아마 Neil은 안 그랬을지도 모른다. 어쩌면 Neil은 방에 머물면서 사회적 고립에서 벗어날 수 없었을 것이다.

미디어 사용이 문제가 된다는 시작점이 청년기라고 확신할 수 있는가? Douglas Gentile은 전자 게임에 몰두하는 8~18세의 어린이와 청소년을 대상으로 시작점을 알아보는 것을 시도했으며, 이는 가능성과 한계 면에서 유의했다.

Gentile은 다양한 정신 건강 장애 진단에 대한 지침에 따라 전자 게임 사용의 척도를 10개 문항으로 개발했고 5개 이상에 동의한 경우 '병리학적 게임 사용'으로 정의했다.[43] 병리학적 게임 사용에 대한 진단은 낮은 학업 성취도와 높은 충동성, 높은 불안증, 높은 공격성, 높은 우울증을 포함한 다양한 다른 문제와 상관관계가 있었다. 그러나 이 접근법에 대해 많은 의문이 제기될 수 있다. 10개 중 5개 이상이 임계치이다. '병리학적 게임 사용'에 대한 판단 기준이 다른 정신 건강 장애와 같아야 할 근본적인 이유는 없다. 그리고 물론 상관관계에는 일반적으로 닭이 먼저냐 달걀이 먼저냐의 문제처럼 게임 사용이 다른 특성을 야기한다고 자신 있게 말하기는 어렵다. 분명한 건 Neil의 경우 사회적 불안은 전자 게임 사용보다 먼저 있었고 게임은 그의 고립을 덜어주는 안전한 형태의 사회적 상호작용을 제공했다.

뉴미디어 기술을 사용하는 것과 관련된 인지적 영향 또한 우려할 가치가 있는가? 뉴미디어의 두드러진 특징은 항상 존재하며 연속적인 대화나 일련의 생각을 지속하는 것을 어렵게 만든다는 것이다. Pew Internet Project 연구원 Linda Stone은 오늘날 청년이 경험하는 미디어 환경을 설명하기 위해 '지속적인 부분 주의력CPA: Continuous Partial Attention[* 한 가지 일에 관심을 두면서 재미있거나 중요한 무언가가 나올 것을 감안해 다른 일에도 눈을 돌리는 현상]'이라는 용어를 만들었다.[44] Stone을 비롯한 다른 사람들은 이러한 끊임없는 미디어의 과도한 자극이 더 많은 집중을 요하는 어떤 것을 성취하기 어렵게 만들 수 있다고 우려한다. 물론 디지털 원주민에게는 단지 이것은 평범한 환경일 뿐이다. 나는 학생들이 음악을 듣거나 TV를 보거나 문자 메시지를 보내거나 이 모든 것을 동시에 하면서 공부를 제대로 할 수 있는지에 대해 회의감을 표현했을 때, 많은 학생은 반대로 미디어 자극이 없으면 이상하고 생소한 적막감 속에 남겨져 공부할 수 없다고 말했다. 예를 들어 Sophie는 "나는 주어진 일을 계속하기 위해 여러 가지가 필요하다고 느껴요. 숙제할 때 음악이 없으면 집중이 안 될 거예요." 그러나 연구에서는 대부분 사람은 집중력이 분산된 조건에서 인지 능력이 떨어진다는 결과를 일관되게 보여주고

있다.⁴⁵

이 문제를 검토하는 또 다른 방법은 매년 시행되고 있는 국가 학업 시험의 성적을 살펴보는 것이다. 만약 뉴미디어 기술이 학습과 인지 수행을 방해한다면, 이러한 기술의 등장 이후 지난 20년 동안 시험 점수가 하락했을 것이라고 예측할 수 있다. 그러나 성적 추세는 뉴미디어 기술의 부상과 함께 학업 성취도가 감소했다는 견해를 뒷받침하지 않는다. 미국의 이러한 국가시험 중 가장 최상이며 대표적인 것은 고등학생의 지식을 평가하는 NAEP: National Assessment of Education Progress가 있다. 최근 몇십 년 동안 NAEP의 점수는 특히 수학에서 떨어진 것이 아니라 올랐다.⁴⁶ 어쨌든 뉴미디어 기술의 방해에도 불구하고 오늘날의 젊은 사람들 사이에서 학습력은 상승하고 있다.

최신 기술들 때문에 이런 일이 발생하고 있는 것일까? 뉴미디어에는 문자 메시지, Facebook 그리고 MMORPG 외에도 더 많은 것이 있다. 또한 인터넷을 통해 이용할 수 있는 놀랍도록 방대한 정보의 세계가 있으며, 이를 통해 젊은 사람들은 물론 그 외의 다른 사람들도 상상할 수 있는 주제에 대해 실제와 다름없는 정보에 접근할 수 있다. 아마도 뉴미디어 기술의 이점은 지금까지의 인지적 손실을 상쇄하거나 심지어 능가할 것이다.

결론: 청년의 미디어 사용에 대한 균형 잡힌 해석의 방향성

1904년 청소년 발달에 대한 대작을 쓴 G. Stanley Hall은 미국 청소년의 범죄율 증가에 대해 다음과 같이 언급했다. Hall이 파악한 원인은 다양했지만, 문제의 핵심 원인 중 하나는 미디어였다. Hall은 "젊은 사람의 마음은 범죄를 매력적이고 영웅적으로 묘사하는 초단편소설과 질 낮은 잡지들로 인해 눈이 충혈되었다."라고 했듯이 젊은 사람은 어느 정도 범죄를 저지르도록 유도될 수 있다고 보았다.⁴⁷ 미디어로 인한 청소년 문제는 이것만이 아니었다. Johann von Goethe의 1774년 소설 「젊은 베르테르의 슬픔」은 Hall의 시대에도 여전히 인기를 얻었으며 치명적인 영향을 미쳤다. "로맨스 소설을 읽는 것은 젊은이다운 열정을 기르는 데 큰 영향을 미친다. 베르테르는 베르테리즘Wertherism[* 젊은 베르테르의 슬픔의 주인공 베르테르와 유사한 감정 상태으로 알려진 독특한 심리증상을 만들어냈다."[48]

20세기와 21세기에 걸쳐 뉴미디어 하나하나는 일반 대중에게는 열광적인 환영을 받았지만, 많은 학계 및 사회 비평가들은 파국의 두려움과 예측을 하는 반응을 보였다. 라디오는 모든 가정에 재즈 시대Jazz Age[* 제1차 세계대전 후부터 1920년대의 향락적이고 사치스러웠던 시대가 되게 해서 짧은 치마와 방탕한 성문화를 가져왔다. TV는 Elvis와 로큰롤을 보여주며 방탕한 성문화와 모든 종류의 경계를 허물도록 더욱 부추기는 내용을 담고 있었다. TV 속 폭력 장면은 시간이 흐를수록 더 많아졌고 TV 속의 폭력 장면은 시청자들을 폭력적으로 만들지도 모른다는 두려움이 있었다. 어쨌든 TV는 사람들을 전보다 더 멍청하고, 더 수동적이고, 덜 사교적으로 만들 것이 확실한 '광활한 황무지'였다. 뉴미디어 기술은 인간의 사회적 고립을 심화시키고 우리가 적절한 대화를 지속하거나 아주 잠깐 동안의 생각을 지속하는 것도 불가능하게 만들기 때문에 우리에게 종말을 예고할 것으로 여겨진다.

이 모든 우려가 잘못된 것은 아니었다. 혼전 성관계는 재즈 시대 동안 실제로 증가했으며 로큰롤의 출현과 함께 더욱 증가했다.[49] TV는 사람들이 저녁 시간에 로타리클럽이나 학교 위원회 회의에 나가기보다는 저녁 시간에 집에 머물기를 더 좋아하게 만들면서 지역 사회 참여를 약화시켰다.[50] 그럼에도 종말론자의 우려는 항상 과장되었고 파멸에 대한 예측은 계속 부풀려졌다. TV, 영화, 음악, 전자게임 등 오늘날 청년의 성장과 함께 한 미디어 콘텐츠가 지난 20년 동안 더욱 폭력적으로 변했지만, 폭력 범죄율은 시간이 지남에 따라 절반으로 급감했다.[51] 성적인 콘텐츠는 그 어느 때보다 더 노골적이고 쉽게 이용할 수 있지만, 6장에서 보았듯이 성적 위험 행동의 비율은 증가하기보다는 감소하고 있다. TV는 어느 때보다도 더 광활한 황무지일지 모르지만, TV가 모든 가정에서 기본 품목이 된 이후 평균 IQ는 상당히 상승했다.[52]

우리의 미디어 기술은 손실뿐 아니라 이점도 있으며 복잡한 방식과 다양한 사람들에게 제각기 다른 방식으로 사람들을 변화시켰다. 청년에게 미디어는 일상 환경의 중요한 부분이며, 이들 대부분은 디지털 기기가 없는 앞으로의 삶을 상상조차 할 수 없다. 청년 중 일부는 미디어를 극단적이거나 건강하지 않은 방식으로 사용하지만, 대부분의 경우 이러한 청년은 미디어를 사용할 수 있는지 여부와 관계없이 문제가 있었을 수 있다. 청년의 병리학적 미디어 사용에 동기를 부여한 정체성과 개인의 특성은 이들이 더 일찍 태어났더라면 다른 방식으로 표현되었을 것이다. 그러나 집단으로서 오늘날의 청년은 미디어 사용을 자신의 사회적 연결을 약화시키는 것을 넘어 촉진하는 방식으로 자신의 생활과 결합시켜 삶의 즐거움과도 연결하고 있다.

9장 삶의 의미의 원천
종교적 믿음과 가치관

사랑과 일 다음으로 정체성을 구성하는 세 번째 주축은 세상 만물을 이해하는 방법인 세계관, 즉 이념을 발달시키는 것이 포함된다.[1] 세계관에는 원초적 생명 탄생의 기원, 영혼의 본질, 초자연적 존재의 실체, 죽음 이후의 운명 등과 관련된 종교적 믿음이 항상 포함된다. 신학자 Paul Tillich가 '궁극적 관심ultimate concern'[2]이라고 부르던 문제를 표방하는 종교는 인간이 죽을 것이라는 점을 감안하여 우리의 삶에서 정말로 중요한 것은 무엇이고 이러한 삶이 어떤 의미를 갖는지에 관한 실존적인 질문이다. 이러한 질문은 본질적으로 인간 존재의 일부이기 때문에 인간이 이러한 질문에 답을 찾는다는 것은 정체성을 발달시키려는 것의 일부분이 되는 것에는 변함이 없다.

이는 인간이 언제나 종교적인 존재라는 것을 의미하는 것이 아니며, 단지 우리 삶의 일부로서 종교에 대한 의문을 드러내는 것을 의미할 뿐이다. 영혼도 없고, 초자연적 존재도 없고, 사후 세계가 없다고 결론 짓는 것조차 종교에 대한 의문을 드러내고 세계관에 그 답을 포함시키는 것이다. 다양한 문화의 사람들은 놀랍도록 다양한 종교적 믿음을 만들어냈지만, 사실상 모든 문화에는 나름 종교적 믿음이 있다.[3] 종교적 믿음을 형성하는 것은 정체성 발달의 보편적인 부분으로 보인다.

세계관의 또 다른 본질적인 부분은 일상 생활에서 발생하는 문제들에 관해 결정하는 데 도움을 주는 도덕적 원칙인 가치관이다. 종교적 믿음과 가치관은 종종 연결되어 있다. 종교적 믿음에는 일상 생활을 올바른 길로 이끄는 유대교와 기독교의 일부인 십계명과 같은 명백한 도덕적 원칙들이 종종 포함된다. 하지만 가치관은 종교적이 아닐 수도 있다. 예를 들어 개인주의와 집단주의는 반드시 종교적 바탕이 필요하지 않은 가치 체계이다.[4] 개인주의는 개인의 성장, 자유, 자기계발을 촉진하는 데 가장 좋다고 믿어지는 것에 근거하여 도덕적 결정을 내리는 것을 의미한다. 집단주의는 개인보다는 집단의 필요와 이익에 근거하여 도덕적 결정을 내리는 것을 의미한다. 대부분의 문화는 개인주의나 집단주의에 치우친 전반적인 지향성을 가지고 있지만, 각 개인은 일상에서 도덕적인 의사결정을 내리기 위해 개인주의와 집단주의를 통합한 도덕적 지향성을 형성한다.[5]

청년기는 정체성 발달의 또 다른 측면과 마찬가지로 세계관 발달에 중요한 시기이다. 신, 죽음, 옳고 그름 등에 대한 개념과 관련한 질문을 세계관에 적용할 수 있는 일종의 추상적 추론 능력이 발달하는 이러한 과정은 아동기에 발생하고 청소년기에 심화된다. 그러나 세계관을 형성하는 과정에 있는 대부분은 청소년기를 벗어날 때까지도 완성되지 않는다. 사람들이 청년기 동안에 세계관과 관련된 질문을 가장 직접적으로 드러내고 대부분이 세계관과 관련된 질문에 대해 적어도 최초의 해결책에 도달한다. 사랑과 일에서도 정체성 발달을 하는 것처럼 청년기에는 더욱 집중하고 진지하게 세계관을 형성한다. 18세에 세계관을 잘 정립해서 청년기로 진입하는 사람은 거의 없긴 하지만, 20대를 사랑과 일에 있어 확실한 방향성 없이 끝내는 사람이 거의 없듯이 세계관을 정립하지 못하는 사람도 거의 없다.

이번 9장에서는 미국 청년 세계관의 일부인 종교적 믿음과 가치관에 대해 알아본다. 종교적 믿음과 관련된 부분에서는 청년들의 다양한 종교적 믿음과 종교적 문제와 관련하여 스스로 생각하려는 이들의 공통적인 확신을 살펴본다. 또한 청년이 사후 세계의 여부에 대해 어떻게 생각하는지도 살펴본다. 가치관과 관련된 부분은 자신의 삶에 대한 가치관과 다음 세대에 물려주고 싶은 가치관과 관련된 질문에 대한 청년의 답변에 중점을 둘 것이다. 이러한 질문은 청년의 가치관이 개인주의와 집단주의를 어느 정도 반영하는지에 대한 통찰을 제공한다.

종교적 믿음

지금부터는 무신론과 불가지론에서부터 독실한 전통적인 믿음에 이르기까지 청년의 종교적 믿음과 관련해서 놀라울 정도로 다양한 점을 살펴보려 한다. 아동기와 청소년기의 종교 교육이 청년기의 종교적 믿음으로 이어지는 것의 한계가 스스로 생각하여 자신의 종교적 믿음을 결정한 이들의 결심에 어떻게 반영하는지를 살펴볼 것이다. 또한 인종에 따른 독특한 방식이 종교적 믿음과 어떻게 관련되는지도 살펴볼 것이다.

여기에서는 주로 Christian Smith에 의해 수행된 '청소년과 종교에 관한 연구NSYR: National Study on Youth and Religion[* https://youthandreligion.nd.edu/]'의 결과를 기반으로 하고 있다.[6] 이 연구는 2003년 미국 전역의 13~17세 청소년을 대상으로 이들이 20대를 지내는 동안인 10년간을 추적 관찰하여 진행되었다. 지금까지 발표된 연구 결과는 13~17세 청소년의 종교적 믿음과 사고방식이 18~23세가 되었을 때 어떻게 변했는지였고, 연구가 계속됨에 따라 더 많은 결과가 발표될 것이다. NSYR 결과를 설명하기 위해 저자의 원연구에 있는 인터뷰 자료를 인용하였다.

자신만의 종교 단체: 개별화된 종교적 믿음

NSYR 전반에서 청소년기에서 청년기에 이르기까지 종교적인 행동과 믿음 모두가 감소하는 것을 발견했다. 18~23세의 약 30%만이 적어도 1달에 1번 종교의식에 참석했다. 50% 이상은 1년에 몇 번 또는 그 이하로 참석했다. 믿음이 행동보다 강한 경향을 보였다. 44%는 자신의 삶에서 신앙이 '매우 중요하다' 또는 '최고로 중요하다'에 응답했고, 75%는 신을 믿는다고 응답했다. 그렇지만 이 비율은 청소년기 때보다 낮았다.

청년의 종교적 믿음은 매우 다양하다. NSYR 연구 결과에서 종교가 없는 사람부터 종교가 매우 중요한 사람까지 다음과 같이 4개의 범주로 분류하고 있다.[7]

- **불가지론자/무신론자(40%)**: 이 범주는 신을 믿지 않는 청년(무신론자) 또는 종교에 관심이 없거나 염두에 두지 않는다고 말한 청년을 포함하여 신의 존재 여부를 알 수 없다고 믿는 청년(불가지론자)을 포함한다. 어떤 청년은 반종교적 성향이 강하지만, 이 범주에 속하는 대부분 청년에게 종교는 자신의 삶과 무관하다.
- **이신론자(15%)**: 이 범주의 청년은 어떠한 신 또는 영적인 힘이 있는 '무언가가 어딘가에' 있지만, 이것 외에 무엇을 믿어야 할지 확신이 없다.
- **자유주의 신자(30%)**: 이 범주에 속한 청년은 종교와 관련하여 원하는 것만 취하고 나머지는 무시한다. 즉 이들은 자신의 마음이 가는 특정 교파에 속하는 신앙의 일부만 믿고 종종 다른 종교와 대중문화에 있는 다른 요소를 추가한다.
- **보수적 신자(15%)**: 전통적이고 보수적인 신앙을 고수하는 청년이 이 범주에 속한다.

지금부터 이 4개 범주의 청년들이 각각 어떻게 자신의 믿음을 보여주고 있는지 살펴보려 한다.

불가지론자/무신론자

이 범주에 속하는 청년은 신의 존재를 확실하게 인정하지 않거나(무신론자), 종교에 대한 의문으로 무엇을 믿어야 할지 확신하지 못한다(불가지론자). 예를 들어 현재의 종교적 믿음과 관련해서 질문했을 때 무신론자인 Stuart는 이렇게 답변했다. "나는 영혼이 있다고 믿지 않아요. 신을 믿지 않고 사후 세계가 있다고도 믿지 않아요." 불가지론자인 Wilson은 이렇게 답변했다. "진짜로 알 수 없어요. 신적인 존재가 어딘가에 있을 수도 있고 없을 수도 있다고 생각해요. 그냥 잘 모르겠어요."

이 범주에 속하는 일부 청년은 종교에 대해 극도로 적대감을 드러낸다. Palmer는 다음과 같이 말했다. "아마도 종교는 이 세상이 가지고 있는 가장 큰 문제 중 하나라고 생각해요. 사실이에요. 한 종교와 다른 종교 사이에서 일어난 모든 전쟁을 보세요. 인도에서는 소가 길을 건너다니지만, 사람들은 죽을 만큼 배가 고파요. 종교가 전혀 이해되지 않아요." 어떤 사람은 종교를 과학과 이성에 비교하여 과학적 세계관을 우월한 것으로 판단한다. Denny는 다음과 같이 답변했다. "나는 과학 같은 쪽에 더 치우쳐 있는 편이에요. 어떤 영적인 초월적 존재를 믿는 것보다 진화가 어떻게 발생했는지를 이해하는 게 더 편안해요." 다른 사람들은 여전히 종교에 대한 의문을 탐구하고 있고 결국 답이 찾아지기를 희망한다. 불가지론자라고 말하는 Sandy도 다음과 같이 추가로 말했다. "언젠가는 알게 되겠지만 지금은 정말 확신이 있지 않아요. 그저 부지불식간의 깨달음을 기다리고 있을 뿐이에요. 언젠가는 어떤 무언가에 대한 종교적인 믿음이 생기겠죠."

이신론자

이 범주에 속한 청년은 신에 대한 믿음이나 '권능' 또는 '영성'을 어떤 특정한 전통적인 종교적 맥락에서가 아니라 단지 일반적인 의미로 보고 있다. 이들은 자신을 '이신론자'라고 부르지는 않지만, 신의 존재에 대해 일반적인 믿음을 가진 사람으로서 이신론자의 정의에 부합한다. Amelia는 다음과 같이 말했다. "분명 더 위대한 존재를 믿지만, 내가 불교 신자인지 기독교 신자인지는 정확하게 말할 수 없는 것 같아요." 종종 이 범주에 속한 청년은 자신의 믿음은 제도화된 종교에 속하지 않는다고 분명히 말한다. Don은 다음과 같이 말했다. "나는 신과 특별한 관계를 맺고 있어요. 하지만 지금 당장은 어떤 제도화된 종교에 속해있다고 전혀 생각하지 않아요."

많은 이신론자는 자신의 믿음을 나타낼 때 '영적인'이라는 단어를 사용하며, 이는 제도화된 종교에서 의미하는 '종교가 있는' 것과는 차이를 보인다. Rachel은 자신의 믿음을 이렇게 설명했다. "나는 매우 영적인 사람입니다. 그렇다고 나는 단 하나만의 종교를 내세우지 않기 때문에 나 자신을 특정한 종교인이라고는 생각하지 않아요. 나는 온갖 종류의 종교를 경험했고 많은 종교에 대해 배웠어요. 하지만 기본적으로 나 자신이 종교인이라기보다는 영적인 사람이라고 생각해요." 비록 일부 사람들은 모든 제도화된 종교를 거부하지만, 또 다른 사람들은 종교에 대한 의문에 대해서는 진실과 관련된 일부분만을 믿는다. José는 다음과 같이 말했다. "만약 신이 있다면, 천주교의 하느님만을 신이라고 생각하지 않아요. 신은 신이고 누구든 원하는 종교를 통해서 신을 영접할 수 있어요."

자유주의 신자

자유주의 신자는 제도화된 종교에 대해 회의적이고 다양한 신앙을 수용한다는 점에서 이신론자와 의견을 같이한다. 그럼에도 자유주의 신자와 이신론자를 구별하는 방법은 자유주의 신자는 자신을 특정한 전통적인 종교(예: 천주교, 침례교, 유대교 등)의 구성원으로 드러낸다는 것이다. Christy가 다음과 같이 말했을 때는 진정한 이신론자처럼 들렸다. "종교는 사람마다 다르게 맞는 신발과도 같아요. 좋은 종교든 나쁜 종교든 그런 건 없어요. 사실 자세히 들여다보면, '부처'라고 부르든 뭐든 간에 모두가 같은 신을 숭배합니다." 하지만 Christy는 자신을 천주교 신자라고 했다. "나는 천주교 신자들이 믿는 진리에 대한 믿음이 기본적으로 밑바탕에 깔려 있어요."

비록 자유주의 신자는 자신을 특정한 전통적인 종교에 속해 있다고 생각할지라도, 대부분은 종교 의식에 참여하는 것이 신앙을 보여주는 데 필수적이라고 생각하지 않는다. Juan은 다음과 같이 말했다. "나도 하느님을 믿지만, 일요일마다 성당에 가지 않아요. 거의 가지 않아요. 내가 지금까지 살면서 성당에서 한 일은 천주교 세례, 첫영성체, 견진 성사 그게 다예요." 자유주의 신자는 자신이 전통적인 종교의 모든 측면을 받아들인 것은 아니라고 항상 말한다. Trey는 다음과 같이 말했다. "나는 루터교 신자예요. 종교적인 가르침의 대부분을 잘 따르고 있다고 생각해요. 그런데 종교에 대한 몇 가지 의문이 확실히 있어요. 교회를 다니는 몇몇 사람들은 나에게 '아니요, 의심하면 안 됩니다. 당신이 신자라면 모든 것을 믿어야 합니다. 신자가 아니라면 아무것도 믿지 말아야 합니다'라고 말해요. 하지만 그게 옳다고 생각하지는 않아요."

보수적인 신자

보수적인 신자인 청년은 전통적인 종교 교리를 통해서 믿음을 표현한다. 즉 기독교 신자라면 예수가 하느님의 아들이라는 것을 믿고 믿음이 천국으로 가는 유일한 통로라는 것을 믿는다. Kurt는 다음과 같이 말했다. "나는 예수 그리스도를 통해야만 영원한 구원을 받을 수 있다고 믿어요. 예수 그리스도는 우리 죄를 위해 십자가에 못 박혀 돌아가셨으니 우리의 죄를 회개해야만 하고 용서를 받기 위하여 예수 그리스도께 세례를 받아야 해요." 보수적인 기독교 신자는 구원과 사후 세계의 문제에 대한 의식이 높기도 하지만, 신앙을 일상의 지침으로 삼기도 한다. Manuela는 이렇게 말했다. "내가 살면서 하려고 하는 모든 것이 하느님이 보시기에 어떨지 항상 염두에 두려고 해요. 내가 입는 것, 내가 보는 것, 내가 말하는 것, 그런 모든 것들을요." 특히 이들은 자신의 삶이 하느님의 인도를 받는다는 의식이 강하게 있는 편이다. Clive는 다음과 같이 말했다. "그리스도께 내 삶을 바친 이후로 나는 완전히 새로운 사람이 된 것 같아요. 살아야 할 목적이 있어요. 권능이 나를 지배하고 내 삶을 인도하는 것을 느낄 수 있어요. 내가 주님을 더 믿을수록 내 삶이 더 좋아지고 있어요." 신을 믿는 데에는 여러 가지 합당한 방법이 있다고 주장하는 이신론자와 자유주의 신자와 달리 보수적인 신자는 자신들의 신앙을 유일한 참 신앙으로 여긴다. Shalanda는 직설적으로 말했다. "구원을 받으면 천국에 갈 것이고 그렇지 않으면 지옥으로 떨어질 거예요."

DIY: Do-It-Yourself 종교

이 4개의 범주는 청년의 종교적 믿음과 관련하여 많은 다양성을 보여주지만, 사실 다양성은 이보다도 더 많이 있다. 왜냐하면 특히 청년의 반을 차지하는 이신론자와 자유주의 신자의 범주 안에 또 다른 다양성이 있기 때문이다. 무신론자/불가지론자는 종교적 믿음을 거부하거나(무신론자) 종교에 대한 의문에 대해 무엇을 생각해야 할지 모른다고 표방하는(불가지론자) 점에서 서로 상당히 비슷하다. 보수적인 신자끼리는 특정 교리에 수긍하고 정의에 따라 교리에서 벗어나지 않으려고 하는 보수적인 의미를 지니기 때문에 서로 매우 비슷한 목소리를 낸다. 그러나 이신론자와 자유주의 신자는 대중문화를 포함하여 종교적이고 비종교적 원천에서 다양하게 구축된 자신만의 개별화된 믿음 체계를 자유롭게 형성한다.[8]

    Leah의 아버지는 그리스도교 제자회 목사였고 Leah는 자라면서 일요일마다 교회에 갔지만, 현재 Leah의 믿음은 뉴에이지, 동양, 기독교 사상이 섞인 독특한 파스티쉐pastiche[* 여러 스타일을 혼합하여 모방한 작품]가 되었다. "내 믿음의 많은 부분은 마법으로 분류될 수 있는 것에 가까워요. 나는 물체가 에너지를 포착할 수 있고 가질 수 있다고 믿어요…. 진짜로 죽은 사람과 소통하는 것이 가능하다고 믿어요…. 환생을 믿어요…. 전생이 있다고도 믿어요…. 나를 '수호천사'라고 불러야 해요. 나의 도움이 필요한 사람들이 있거든요."

    Jared는 다양한 종교로부터 아이디어를 접목한 영화 'Star Wars'를 예로 들었다. "모하메드, 부처, 예수 등 모든 종교에 대한 이론을 읽어 봤는데 모든 패턴이 유사했어요…. 그리고 영혼, 즉 기energe가 있다고 믿어요. 꼭 사람이나 뭐 그런 건 아니더라도 위력일 수도 있고요. 균형 있게 살아가는 것을 가능하게 만드는 Star Wars의 the Force처럼요."[9]

    많은 청년의 믿음이 이렇게까지 개별화된 이유 중 하나는 청년이 종교에 대한 의문에 대해 스스로 생각하는 것을 중시하고 기존에 만들어진 교리를 받아들이는 것보다 이들만의 독특한 종교적 믿음을 형성하는 것이 중요하다고 믿기 때문이다. Nate는 자신을 기독교 신자라고 말하면서도 다음과 같은 것을 믿는다고 말했다. "반드시 하나의 종교를 가질 필요는 없어요. 다양한 종교를 모두 살펴보고 그중에서 자신이 좋아할 만한 것이 있는지 살펴보세요. 이는 아라카르트à la carte[* 음식에 가격이 따로 붙어 있어 고객의 주문에 따라 요리사가 별도로 만드는 선택 요리를 뜻함. 여기에서는 종교의 교리 중 따르고 싶은 교리만 선택적으로 따르는 행태를 말함] 믿음 체계와 비슷해요. 모든 종교마다 좋은 점이 있다고 생각해요." Melissa는 다음과 같이 말했다. "나는 천주교 신자로 자랐어요…. 만약 나 자신이 어떤 종교를 믿는 사람인지를 생각해봐야만 한다면 천주교 신자 같아요." 그렇지만 이렇게도 말했다. "무엇을 느끼든 개인적이라고 믿기에 딱히 확고한 믿음은 없어요…. 모든 사람은 신이 무엇인지에 대한 자신만의 생각이 있어요. 성당에 간다고 해서 신을 더 잘 규정할 수 있는 것이 아니기 때문이죠. 또한 신을 어떻게 느끼는지 그리고 각자 어떻게 받아들이고 무엇이 자신과 맞는지에 대한 개인적인 믿음을 여전히 가지고 있기 때문이에요." Melissa와 같은 청년은 자신만의 독특한 종교적 믿음의 형태를 발전시키는 것이 청년의 책무라고 생각한다.

통합적 원리: 도덕주의적 치료 이신론

미국 청년의 믿음이 매우 다양할지라도 이들 대부분이 가지고 있는 믿음의 중심에는 공통으로 저변에 깔려 있는 무언가가 있는 것처럼 보인다. 이것의 토대는 기존 종교에 대한 전통적인 믿음이 아니다. NSYR: National Study of Youth and Religion의 책임자인 Christian Smith에 따르면 오히려 종교적인 문제에 대한 정서적 결속이 느슨해진 것이다. 이것을 '도덕적 치유 이신론MTD: Moralistic Therapeutic Deism'이라고 부르며 다음 원칙에 의해 정의된 믿음 체계를 가진다.[10]

- 세상을 창조했고 질서를 만들고 이 땅에 있는 인간의 삶을 지켜보는 신이 존재한다.
- 성경과 대부분의 세계 종교에서 가르치는 것처럼, 신은 모두가 서로에게 착하고, 친절하고, 공정하게 대하기를 원한다.

- 인생에서 가장 중요한 목표는 자기 자신이 행복하고 착한 사람이라고 느끼는 것이다.
- 신이 어떤 문제를 해결하려고 할 때 필요할 경우를 제외하고는 특별히 개인의 삶에 관여하지 않는다.
- 착한 사람은 죽으면 천국에 간다.

그래서 MTD는 착한 사람이 되는 것을 강조한다는 점에서 **도덕적**이며, 인간 스스로 자신이 착하다고 느끼기를 신이 바란다는 점에서 **치유적**이며, 특정 교리에 얽매이지 않고 신에 대한 일반적인 믿음이라는 점에서 **이신론적**이다. 종교가 여전히 죄, 은혜, 구원이라는 전통적인 관념은 보수적 신자 중 일부에게만 해당한다. 어쨌든 청년이 조금이라도 종교적인 것을 고수하려고 한다면, 대부분의 청년은 어떻게 해야 좋은 사람이 되고 어떻게 해야 행복을 느끼게 하는 것으로 종교를 이해한다.

종교 단체에 대한 회의론

Melissa의 말에서 알 수 있듯이 많은 청년이 중시하는 개인주의는 종교 단체에 대해 회의적이고 종교 단체의 일원이 되는 것을 경계하도록 만든다. 청년은 종교보다 종교 활동 참석이 중요하지 않다는 것이 NSYR 결과에서 나타난다. 18~23세 중 26%만이 자신들의 종교적 믿음이 '매우 중요하지 않다' 또는 '전혀 중요하지 않다'라고 답했지만, 54%는 종교 의식에 '전혀 참여하지 않는다' 또는 '1년에 몇 번만 참여한다'라고 답했다.[11]

청년이 종교 의식에 참여하기를 꺼리는 것은 어떤 면에서는 이들의 생활방식 때문이다. 청년 중 대다수가 주중에는 열심히 일하고 일과 학업을 병행하기 때문에 주말에는 늦잠을 자고 쉬려고 한다. 주말 밤에 친구들과 외출해서 늦게까지 있는 경우가 많고 술을 많이 마실 수 있어 종교 의식 시간에 맞춰 일어날 가능성은 그리 높지 않다.

또한 어린 시절부터 전자기기와 친숙한 디지털 원주민인 요즘의 청년 세대에게 전통적인 종교 의식이 얼마나 구식이고 지루한 것일지 생각해 보자.[12] 너무 이상할 정도로 적막하다. 청년에게는 19세기 찬송가, 매우 격식을 차린 복장의 성직자, 수백 년 된 내용의 낭독, 묵상 등을 하는 연극 세트장으로 걸어 들어가는 것처럼 느껴질 수 있다. 아마도 활기찬 젊은 사람의 선호에 맞게 바뀔 수도 있겠지만, 이러한 적막한 종교 의식은 많은 기성세대가 좋아하는 것이고 이것은 현대 생활의 끊임없는 기술의 습격으로부터 휴식을 제공하는 방법이다. 이러한 차이는 뒤에서 자세히 살펴보겠지만, 종교 활동 참여가 각 세대에 걸쳐 꾸준히 감소해 온 이유를 설명하는 데에도 도움이 된다.

형식이 바뀌더라도 종교 의식에 참여하는 것은 청년 대부분의 호응을 끌어내기엔 한계가 있다. 그 이유는 바로 개인적인 신앙 표현이 아니라 집단적인 신앙 표현이기 때문이다. 자유롭게 참여할지라도 종교 단체에 참여하는 것은 특정하게 형성된 믿음과 규율을 준수하도록 요구하므로 이들의 특성과 과도한 타협을 하게 한다.

Charles는 부모님과 함께 성공회 신자로 성장했지만, 예배 참석을 그만두었다. "나는 스스로 생각하게끔 하는 도움을 받지 못하는 존재였다는 것을 깨달았어요. 그리고 이것이 특정 형태로 제도화된 종교에 대해 내가 가진 근본적인 문제였죠. '이런 예배를 있는 그대로 받아들이고 예배가 사람들에게 의미하는 것이 무엇이든지 간에 자신의 삶과 일치시켜라'라고 하는 것이 중요한 건 아니잖아요. 이건 말 그대로 '이건 검은색이다. 이건 하얀색이다. 이렇게 해. 저렇게 하지마'라고 하는 거예요. 그걸 참을 수가 없어요." 이와 비슷하게 Burt도 하느님을 믿는다고 말했지만, "교회와 관련된 것에는 별로 관심이 없어요. 이건 인간이 인위적으로 만든 것 같아요. 옳고 그름을 알려주는 어떤 사람도 필요 없어요. 나는 무엇이 옳은지 그른지 알고 있어요."라고 말했다. Dana는 유대인 가정에서 성장했고 유대교 회당에 다녔지만, 청년기가 되면서 예배에 참여하는 것을 중단했다. "회당에 있는 사람들로부터 율법을 따르라는 압박이 있었어요. 내 삶의 방식에 관해 간섭하는 사람이 있는 것이 싫었어요."

청년은 제도화된 종교에 참여하는 것이 불필요하거나 심지어 자신의 믿음을 표현하는데 장애가 된다는 생각에서 신과의 관계를 개인화하는 경향이 있다. Jean은 천주교 신자로 성장했지만, 지금은 미사에 거의 참석하지 않는다. "나는 단지 신앙을 갖기 위해 성당에 갈 필요는 없다고 생각하는 사람이에요. 신앙을 갖기 위해 꼭 특정 장소에 내가 있어야 하는 것은 아니에요." Joseph은 교회보다 자연에서 더 강한 영적인 느낌을 경험했다고 말했다. "많은 사람과 성경을 설교하는 누군가와 함께 교회에 가서 앉아 있는 것보다 숲에 가거나 낚시를 하는 것이 나에게는 더 영적이에요. 나는 독립적이고 자유롭게 나의 힘으로 생각하는 것을 좋아해요."

NSYR에 따르면 대부분 청년은 제도화된 종교에 대해 많은 경의를 표한다.[13] 하지만 일부 청년은 종교 단체가 부패와 위선을 감추는 장소가 되는 부정적인 경험을 했다. Terry는 제도화된 종교에 환멸을 느꼈다. "내가 아는 기독교인들의 위선적인 면모" 때문이었다. Terry는 "매일 무릎에 성경을 올려놓고 읽으시기만 하신" 할머니를 예로 들었다. 할머니는 흑인에 대한 인종차별적 발언을 가했다. Hayley는 자신은 "침례교 신자로 성장했어요."라고 말했고, "여전히 하느님을 믿어요."라고 말했지만, 교회에 거의 가지 않는다고 했다. Hayley는 자신의 경험을 바탕으로 다음과 같이 결론을 내렸다. "나는 매주 일요일에 교회에 가는 것이 사람들을 훌륭한 기독교 신자로 만든다고 생각하지 않아요. 일요일마다 교회에 갈 수도 있죠. 그러면 내가 아는 한 위선적인 멍청이가 될 수도 있어요."

Beth는 어린 시절 교회에 다닌 것에 관한 불쾌한 기억이 있었다. "교회에 가서 지루했던 기억이 있어요. 그리고 내 주변의 모든 사람이 지루해하는 것을 본 기억도 있어요." 청년기 즈음에 Beth의 어린 시절을 보냈던 천주교를 거부하게 되었다. "죄책감이요. 항상 죄를 짓는 것 같다고 느끼는 것에 질렸어요. 그러면서 '오~ 하느님, 성적 욕망 때문에 정말 미치겠어요'라고 기도하죠. 우리에게 원초적인 것이 있다고 생각해요. 원초적인 것이 있다고 당연히 믿어요. 우리는 인간이기 때문이죠. 그러나 우리는 여전히 동물적인 본능이 있으며 누구도 이것이 죄라고 할 수 없어요. 그리고 그때 나는 내 안에 동물적인 본능이 있고 더는 나의 동물적인 본능에 죄책감을 느끼지 않을 거라고 결심했어요. 스스로를 불행하게 만들고 싶지 않기 때문이에요. 그래서 나는 가톨릭 신자가 되는 것을 포기했어요." Beth처럼 환멸을 느낀 경험은 청년들 사이에서 꽤 흔하며 이들 중 대다수가 종교 단체로부터 멀어지게 된다.

세대 간 종교적 믿음의 지속적인 감소

미국인의 삶에서 종교적 믿음 그리고 관행과 관련해서 종교 단체에 대한 청년의 회의적인 견해가 반영된 매우 훌륭한 연구가 최근에 있었다. 이 모든 연구에서 젊은 사람은 나이 든 사람보다 신앙심이 부족하고 세대가 거듭될수록 독실함도 감소하고 있다는 동일한 경향을 보여준다.

Pew Research Center[* 1990년 정치와 주요 정책 이슈에 대한 정기적인 여론조사를 하기 위해 The Times Mirror에 의해 Times Mirror Center for the People & the Press로 불리면서 만들어진 연구 프로젝트로 시작하여, 2004년 워싱턴 DC에 The Pew Research Center를 설립하게 되면서 사회과학 분야의 연구 조사를 수행. www.pewresearch.org]는 Pew Forum on Religion & Public Life[* 종교가 공공의 문제에 대한 다양한 시각을 지속해서 논의하기 위해 만들어진 포럼으로 2001년 3월부터 시행]의 일환으로 종교에 관한 조사를 정기적으로 실시한다. 가장 눈에 띄는 내용 중 하나는 자신이 어떤 종파나 특정 종교의 신도로 생각하지 않는 '무교'로 분류되는 비율이 18~29세에서 높게 나타났다. 종교를 연구하는 사람들은 이 범주에 속하는 사람을 '무교인the Nones'이라고 부른다. 왜냐하면 무신론자, 불가지론자, 영혼을 믿지만 종교가 있지 않은 사람, 그냥 종교가 있지 않은 사람들에게 자신의 종교가 무엇인지 물었을 때 '없음'에 응답하기 때문이다. [그림 9.1]에서 볼 수 있듯 Pew 조사에서 18~29세 사이의 3분의 1인 32%가 '무교'로 이는 이들의 부모나 조부모보다 훨씬 높은 비율이다.

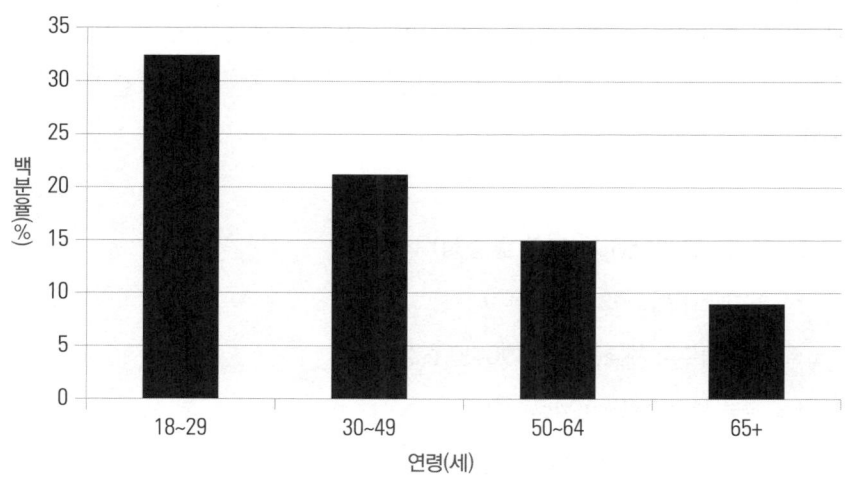

[그림 9.1] 연령대별 무교의 분포

출처: Pew Research Center(2012)

사실 3분의 1이라는 수치는 아마도 과소 평가된 것으로 보인다. 왜냐하면 종교적 믿음과 관련해서 청년을 대상으로 한 인터뷰에서 '소속 종교'가 독실함을 대표하지 못하는 지표라는 것을 보여주기 때문이다. 사람들이 종교에 대한 조사에서 '천주교', '유대교', '감리교'라고 대답할 때 이들이 실제로 믿는 것을 의미하지 않을 수도 있다. 예를 들어 인터뷰했던 어떤 청년은 현재 자신의 종교가 무엇인지에 관한 질문에 이렇게 답했다. "나는 천주교라고 말할 수 있을 것 같아요. 종교에는 좋은 점이 있다고 생각되지만, 그중 어떤 점이 나와 맞는지 모르겠어요." 만약 이 청년에게 어떤 종교를 믿고 있는지에 대해 묻는다면, 의심할 여지 없이 '천주교'라고 대답하겠지만, 그는 천주교가 다른 어떤 종교보다 '옳다'라고 생각하지 않는다. 그리고 그는 지난 1년 동안 단 한 번도 미사에 참석하지 않았다고 덧붙였다. NSYR에서 천주교나 주류 개신교로 분류된 18~23세 중 3분의 1 이상은 예배에 참석하지 않는다고 발표했다.[14] 예배에 참석하지도 않는 사람을 소속 종교가 있는 사람으로 분류하는 것이 과연 타당한가?

소속 종교가 아닌 다른 기준을 사용한 다른 조사에서도 독실함이 세대별로 감소하는 비슷한 양상을 보인다고 보고한다. 1978년부터 매년 실시되고 있는 전국적인 조사인 GSS: The General Social Survey에서는 다음과 같이 세대별로 응답자를 분류한다.

- 밀레니얼 세대(1981년 이후 출생)
- X 세대(1965~1980년 출생)
- 베이비부머 세대(1946~1964년 출생)
- 침묵 세대(1928~1945년 출생)
- 위대한 세대(1928년 이전 출생)

GSS는 [그림 9.2]와 같이 세대에 따라 매주 예배에 참석하는 비율이 꾸준히 감소하고 있다고 보고한다.

GSS와 마찬가지로 Gallup도 세대별 조사를 실시했는데 Pew 및 GSS와

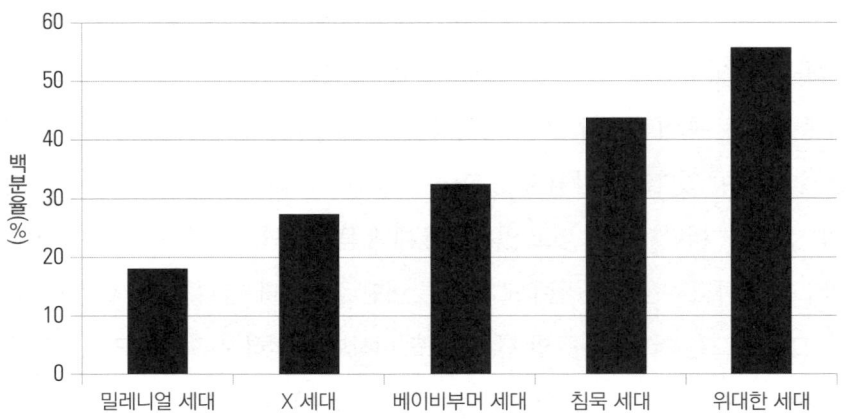

[그림 9.2] 세대별 예배 참석률

출처: Pew Research Center(2010)

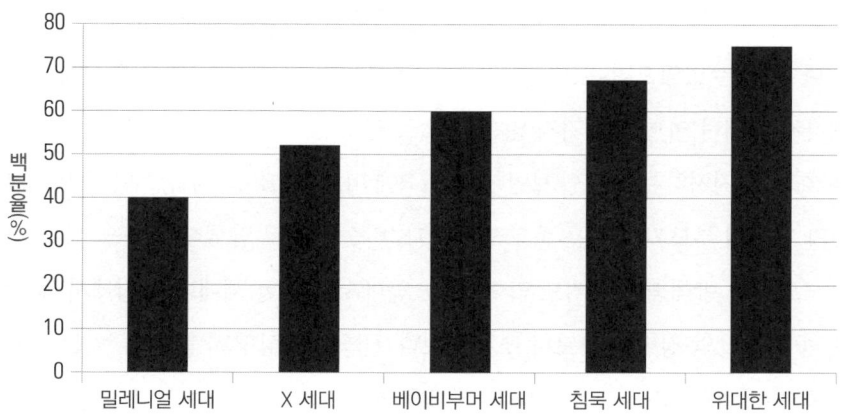

[그림 9.3] 세대별 종교의 중요성

출처: Pew Research Center(2010)

유사한 결과가 나온 걸로 보고한다. [그림 9.3]에서 보듯이 오늘날의 청년은 자신의 삶에서 종교가 '매우 중요하다'라고 답할 가능성이 부모 세대나 조부모 세대보다 훨씬 낮다. 그 감소는 눈에 띄게 선형적이고 점진적이며 세월이 흐르면서 세대별로 점점 더 낮아지고 있다.

과거에 비해 종교는 오늘날의 청년에겐 확실히 덜 중요하고 자신의 삶과 덜 연관되어 있다. 그러나 여전히 미국 청년 중 거의 절반이 신앙은 자신에게 '매우 중요하다'라고 답한다. 모든 연령대에서 미국인은 캐나다인, 호주인, 유럽인보다 믿음과 관행 모두에서 더 종교적이다. 특히 북유럽에서는 결혼식이나 장례식을 제외하고는 청년이 교회나 회당에 거의 가지 않는다.[15]

사라진 연결고리: 아동기 종교 교육과 현재의 종교

청년은 어떻게 종교적 믿음을 발달시킬까? 답은 명백하게 보인다. 이들의 부모로부터이다. 대부분의 미국 부모들은 자녀에게 일종의 종교 교육을 받게 한다. 저자의 원연구에서 청년의 약 60%가 아동기에 종교 교육에 '많은 노출'로 분류됐는

데, 이는 부모가 자녀를 정기적으로 그리고 자주 종교 의식에 데려갔다는 의미이다.[16] 약 20%는 '중간 노출'로 부모가 자녀를 가끔 종교 의식에 데려갔지만 별다른 관여나 의무는 없었으며, 20%는 '적은 노출'로 부모가 자녀를 종교 의식에 거의 데려가지 않거나 아예 데려가지 않은 것으로 분류됐다. NSYR은 이러한 종교 교육의 효과를 지지하는 것처럼 보인다. NSYR에 따르면 18~23세 청소년 중 약 3분의 2가 자신의 부모가 가지는 종교적 믿음과 '비슷하다'로 답했다.

그러나 반대되는 증거도 많이 있다. 앞에서 설명한 세대별 특징에서 알 수 있듯이 오늘날의 청년은 부모나 조부모보다 신앙심이 상당히 낮은데, 이는 부모에 의해 받게 되는 종교 교육이 다음 세대에 뿌리내리지 못할 수도 있음을 보여준다. 특히 천주교 신자에 초점을 맞춘 종단적 연구에서 아동기와 청소년기에 받은 가톨릭 종교 교육과 이들이 30~40대가 된 상태에서의 종교적 믿음과 관행 사이에는 상관관계가 낮다는 것을 알아냈다.[17] 심지어 NSYR은 젊은 사람의 4분의 1이 13~17세에, 2분의 1은 18~23세에 종교를 바꾸며, 일부는 신앙심이 더 강해지지만, 대부분은 신앙심이 약해지게 된다.[18] 마찬가지로 Pew Foundation의 연구에 따르면 18~29세의 5분의 1인 18%가 어릴 때는 종교가 있었지만, 현재는 종교가 없다고 보고했다.[19] 그리고 지금까지 봐 왔듯이 이것이 단지 소속된 종교에 관한 거라면 실제보다 종교에 더 소속되어 있는 것처럼 보일 수 있다.

저자의 원연구에서는 종교 교육과 청년의 현재 믿음 사이에 연관성이 부족하다는 것이 훨씬 더 뚜렷하게 나타났다. 아동기에 종교 교육에 접하게 되는 것과 청년의 종교적 믿음의 경향 사이에는 통계적인 연관성이 없었다. 즉 현재 불가지론자/무신론자, 이신론자, 자유주의 신자, 보수적 신자 등으로 분류되지도 않고, 현재 종교 의식에 참여하지 않고, 종교 의식 참여의 중요성 또는 자신의 종교적 믿음의 중요성 또는 자신의 일상 생활에서의 종교의 중요성 등에 대한 견해도 없고, 신이나 더 높은 권능이 자신의 삶을 인도한다는 믿음 또는 종교적 믿음에 대한 확신이 청년기에는 없다.[20]

이것은 청소년기에 발견되는 것과는 다른 양상이다. 청소년기에는 부모의 종교성과 자녀의 종교성이 서로 관련이 있는 경향이 있다. 예를 들어 청소년이 자신의 부모와 종교적인 문제에 관해 이야기하고 종교 활동에 참여할 때 종교의 중요성을 더 잘 수용하는 것으로 보인다는 연구 결과가 있다.[21] 하지만 분명히 청소년기와 청년기 사이에 부모의 종교적 믿음과 자녀의 종교적 믿음 사이의 연결고리가 끊어지는 변화가 종종 나타난다.

그렇다면 아동기의 잦은 종교 교육이 청년기에 도달할 시기가 된 사람이 가지는 종교적 믿음과 관행 등에 거의 영향을 미치지 않는다는 것이 어떻게 가능하단 말인가? 그건 말이 안 된다. 부모가 수년 동안 반복적으로 자녀를 종교 의식에 데려가거나, 세례를 받게 하거나, 견진 성사를 받게 하거나, 바르미츠바bar mitzvah[* 유대교 성인식]를 치르게 하는 이 모든 것이 청년기에는 수포로 돌아가는가?

그러나 이것은 놀랍게도 일반적인 양상이다. 이런 변화에 대한 청년 자신의 설명은 분명하고 설득력이 있다. Wilson은 다음과 같이 말했다. "나는 기독교 신자로 성장했어요. 일곱 살 때 세례를 받았고 매주 수요일과 일요일 또한 일요일 밤에 교회에 갔어요. 몇 년 동안 계속해서 교회에 가야만 했어요…. 내가 교회에 의존했었던 것만큼 완전한 신자가 아니라는 사실에 놀랐어요." 그러나 지금의 Wilson은 다음과 같이 말했다. "이제는 믿는 종교가 전혀 없어요. 단 한 개도요. 종교에 대한 신뢰성에 의문이 들어요. 어딘가에 초월적 존재가 있다고 믿는지 아닌지는 확실히 말할 수는 없어요. 그냥 잘 모르겠어요." Brady는 다음과 같이 말했다. "열여섯 살까지 매주 일요일에 교회에 갔어요." 그러나 이제 Brady는 단호하게 말했다. "나는 무신론자입니다…. 성경은 단지 신화라고 생각해요. 말이 안 돼요. 세상을 조정하는 하느님이 어떻게 있을 수 있는 건지 모르겠어요. 특별히 전지전능하지 않아요."

Keith는 아동기의 종교 교육을 완강히 거부했다. Keith는 천주교 신자로 성장했고 매주 일요일에 미사에 참석했으며 가톨릭 학교에도 다녔다. 그러나 Keith의 현재 믿음은 천주교와는 거리가 멀다. "나는 아무것도 믿지 않습니다. 정말로 아무것도 믿지 않아요. 나에게는 무신론도 부족해요. 모든 사람은 채워야 할 공허함을 가지고 있으며 그것을 채우는 단 한 가지 방법이 조직화 된 종교일 뿐이었던 거예요. 우리는 사람들이 읽고 있는 경전을 당신이나 나 같은 인간이 썼다는 것을 깨달아야 합니다. 누군가가 경전을 문자 그대로 받아들이고 그것을 종교라고 부르는 것은 나에게는 아주 말도 안 되는 일이에요. 종교를 유일한 진리로 받아들이고 다른 모든 것에 대해 완전히 마음을 닫는 것은 정말 어리석은 짓이에요. 스스로를 바보로 만드는 거예요."

아동기와 초기 청소년기에 종교 의식에 참여하지만, 청소년기 동안 저항이 커져 후기 청소년기 또는 청년기에 종교 활동 참여를 거부하는 것이 전형적인 추세이다. 이것은 청소년기부터 청년기에 이르기까지 신앙심이 감소하는 NSYR의 추세와 일치한다. Sandy는 다음과 같이 말했다. "나는 열여덟 살이 될 때까지 일요일마다 교회에 끌려갔어요. 마침내 열여덟 살이 되었을 때 '더는 교회에 가지 않을래요'라고 말했어요. 그냥 가기 싫었어요. 토요일 밤에 외출해서 술에 취하고 아침 7시에 일어나 교회에 가는 것이 가장 하고 싶지 않은 일이 되었어요." Craig는 어렸을 때 자신이 완벽한 천주교 신자였다고 말했지만, 17세가 되었을 때 "나는 그냥 엄마에게 성당에 더는 가지 않겠다고 말했어요. 성당에 가는 건 시간 낭비였어요. 좋아하지 않았거든요. 나는 엄마 아빠의 통제하에 있었기 때문에 갔던 거예요. 그냥 부모님이 시키는 대로 했고 주일 학교에 다녔고 뭐 그런 것들을 했어요. 모든 사람이 원한다면 성당에 갈 수 있지만, 여전히 나는 내가 믿는 것을 믿을 거예요. 사람들이 나를 바꿀 수는 없어요."

일반적으로 후기 청소년기와 청년기의 변화로 종교적 믿음과 종교 활동 참여에서 멀어지게 되지만, 어떤 경우에는 반대가 되기도 한다. NSYR은 13~17세의 종교가 없는 청소년 중 4분의 1이 18~23세 경에는 기독교에 소속되어 있음을 보고했다.[22] Bridget이 말했다. "부모님은 무신론자였고 하느님을 믿지 않았어요." 이제 청년기에 들어선 Bridget은 복음주의 교회에 다니며 자신의 믿음을 다음과 같이 말했다. "분명히 하느님이 계시며, 하느님이 우리 삶의 모든 부분을 통제하십니다. 나는 성경을 믿어요." 하지만 이런 변환은 NSYR과 저자의 원연구 둘 다에서 비교적 이례적인 현상이다. 청년은 아동기에 종교 교육을 접하게 되지만, 청년기가 되면 종교적 믿음과 관행에서 벗어나 한 세대에서 다음 세대로 진행됨에 따라 신앙심이 저하되는 경우가 더 흔하다.

이제 원래의 질문으로 되돌아가 보자. 아동기와 청소년기의 종교 교육이 청년기의 종교적 믿음과 관행에 영향을 거의 미치지 않는 이유는 무엇인가? 한 가지 이유는 사람들이 성장하는 과정에서 점차적으로 가족 외의 것에 더 많은 감화를 받고 개념을 접하게 되기 때문이다. 특히 대학에 진학하게 되는 것이 청년이 어린 시절 종교 교육에서 배웠던 믿음에 도전하는 계기가 된다. Joan은 자신이 매우 독실한 천주교 신자로 자랐다고 말했다. 그러나 "대학 시절 신학 수업을 들으면서 천주교를 종교로 실천하는 것을 그만두었어요. '천주교 신자들은 평생 나에게 거짓말을 해 왔어.'라는 생각을 하게 되었어요."

Yvonne도 비슷한 말을 했다. "나는 독실한 천주교 신자였어요. 고등학교 시절 성당 활동에 매우 전념했었고 매주 일요일에 가족들과 미사에 갔어요. 하지만 대학에서 불교와 다른 종교에 대해 배우게 되면서 다른 종교에 대해 좀 더 마음이 열리게 된 것 같아요. 그리고 무엇이 진짜 사실인지 아닌지에 대한 의구심을 가졌던 것 같아요." 이제 Yvonne은 이신론자이고 더는 미사에 참여하지 않는다. "이 세상을 창조한 존재인 하느님이 어딘가에 있다는 것을 알고 있지만, 실제로 매주 일요일에 성당에 가서 기도할 필요는 없다고 생각해요."

종종 청년기에 종교적 믿음이 바뀌는지에 대해 일부 설명해주지만, 아마 더 중요한 것은 청년이 종교에 대한 의문에 대해 자신이 믿는 것을 스스로 결정해야 한다고 느끼는 책임감일 것이다.[23] 1장에서 언급했듯이 독립적인 결정은 청년이 성인이 되기 위해 가장 중요하다고 생각하는 성인기 3대 기준 중 가장 중요한 것 중 하나이다. 이것은 종교적 믿음에 관한 결정을 포함한다. 대부분 청년에게 단순히 자신의 부모가 종교에 대해 가르쳐준 것을 받아들이고 같은 종교적 관습을 따르는 것은 스스로 생각하고, 부모로부터 독립하고, 자신의 믿음을 스스로 결정하는 것들에 대한 책임을 포기하는 일종의 실패를 의미할 수 있다. 청년은 상당히 의식적이고 의도적으로 종교에 대한 의문과 관련한 일련의 믿음을 확실하게 자신만의 것으로 형성하려고 노력한다.

청년의 믿음 변화는 일시적일까? 청년은 결국 아동기에 접했던 종교 단체에 다시 참여하게 될까? 이러한 경향이 적어도 청년 중 일부에게는 적용될 것이라는 근거가 있다. 청년의 주요 시기인 18~25세는 미국 사회에서 종교 활동 참여의 최저점이며, 많은 젊은 사람이 결혼하고 아이를 가진 후인 20대 후반 이후부터 종교 활동 참여가 다소 증가한다.[24] 저자의 원연구에서도 마찬가지로 고등학교 졸업 후 종교 활동 참여가 시들해진 사람 중 일부는 자녀가 생기고 나서 다시 참여하기 시작하게 되어 청년의 종교 활동 불참이 일시적인 것으로 보았다. Perry는 지금은 종교에 관심이 없지만, 미래의 자녀들은 종교에 접하기를 원하는 사람 중 한 명이었다. "성장하면서 일요일마다 교회에 갔어요. 지금은 일요일마다 교회에 가지 않아요. 왜냐하면 현재의 주말은 내게 휴식을 취하고 늦잠을 자는 시간이기 때문이거든요. 하지만 돌아갈 겁니다. 내 아이가 자라는데 종교가 일부가 되어야 한다고 굳게 믿고 있어요."

저자의 원연구에서 부모가 된 사람은 부모가 되지 않은 사람보다 종교 의식에 참석할 가능성이 높아서 때로는 자녀에게 종교 교육을 받게 해주고 싶은 동기가 유발됐다. 예를 들어 Leila와 그녀의 남편은 최근에 4세인 딸과 함께 교회에 다니기 시작했다. "우리에게 이젠 자녀가 생겨서 내 아이에게 교회가 어떤 곳인지 알려줄 필요가 있기 때문에 교회에 다니는 것을 시작하는 것이 좋겠다고 결정했어요." 어찌 되었든 종교 활동 참여를 거부했던 몇몇 청년 중 결코 모두 다는 아니지만, 부모가 된 시점에서는 자신의 부모가 아닌 자신의 자녀에 의해 자극받아 언젠가는 다시 종교 활동 참여로 돌아갈 수도 있다.

인종적 차이

지금까지 일반적인 관점에서 청년의 종교적 믿음과 관행에 관해 이야기했지만, 이 영역에서 인종적 차이를 논하는 것도 중요하다. 아프리카계 미국인, 라틴계 미국인, 아시아계 미국인 등 미국의 주요 소수 인종별 청년은 각 인종 집단의 고유한 종교 경험에 대한 배경을 가지고 있다. 전반적으로 이들은 백인보다 더 신앙심이 있는 경향이 있으며, 9장의 앞부분에서 설명한 신앙심이 낮아지는 경향은 주로 백인들 사이에서 발생해 왔다.[25] 우리는 인종별 차이에 대해 너무 많이 일반화하지 않도록 주의해야 한다. 각 인종 집단은 다양하고, 이러한 인종 집단에도 여기에서 지금까지 언급해왔던 많은 청년이 있기 때문이다(여기에서 사용된 인용문은 다양한 인종의 청년 집단의 인터뷰에서 전부 가져왔다). 하지만 지금부터는 인종 집단을 구분하는 특성에 중점을 두려고 한다.

아프리카계 미국인은 신앙심이 높은 것으로 확인되었으며 이들의 종교적 믿음의 저력은 청년들 사이에서 뚜렷하게 나타난다. NSYR에서 종교가 일상 생활에서 중요하다고 말한 모든 인종 집단 중 아프리카계 미국인이 가장 많은 수를 차지했다고 보고하고 있다.[26] 저자의 원연구에서도 독실함과 관련된 모든 척도에서 아프리카계 미국인 청년이 다른 인종의 청년보다 더 신앙심이 깊었다. 즉 신이나 권능이 자신을 지켜보고 삶을 인도한다고 믿는다고 한 경우가 아프리카계 미국인이 82%인 것에 비해 아시아계 미국인 63%, 라틴계 미국인 46%, 백인 44%였다. 적어도 1달에 3~4번 종교 의식에 참여한다는 것으로 응답한 경우가 아프리카계 미국인이 46%, 아시아계 미국인 35%, 라틴계 미국인 20%, 백인 14%였다. 종교적 믿음이 '매우 확신 있다'라고 답한 경우가 아프리카계 미국인은 54%인 반면, 나머지 인종 집단은 26~34%였다. 불가지론자나 무신론자는 백인의 경우 29%였지만 우리가 인터뷰한 아프리카계 미국인 중에서는 단 한 명도 없었다.

아프리카계 미국인 청년이 자신의 종교적 믿음을 이야기할 때 신앙심 표현에 개방적인 자신의 문화를 반영하듯이 솔직하고 거리낌 없는 방식으로 말하는 경우가 많다. "나는 하느님의 기도의 용사 중 한 사람이 되고 싶어요." Monique는 마약 중독에서 벗어나는 데 신앙이 도움이 되었다고 믿었다. "내가 약해지는 것이 느껴지면 거리를 걷다가도 기도하거나 그냥 하느님에게 이야기해요." Ray는 다음과 같이 말했다. "나는 여전히 하느님을 온전히 믿어요. 어디를 가든 성경책을 들고 다녀요. 일이 내 뜻대로 되지 않을 때나 잘 될 때 성경책을 읽어요." 아프리카계 미국인 외의 다른 인종 집단의 보수적 신자는 때로는 자신의 종교적 믿음을 설명하기 위해 이러한 것과 비슷한 말을 하기도 하지만, 아프리카계 미국인은 보수적인 종교적 믿음이 대다수인 반면에, 다른 인종 집단에서 보수적인 신자는 집단의 10~15%로 소수에 불과하다.

아프리카계 미국인처럼 라틴계 미국인은 불가지론자나 무신론자가 거의 없으며, 아프리카계 미국인 문화와 마찬가지로 라틴계 미국인 문화에서도 종교적 믿음의 표현이 일상 생활에서 항상 있는 일이다.[27] 그러나 라틴계 청년은 신과의 개인적인 관계에 대해서는 덜 이야기를 하고 가족과 공동체를 형성하는 신앙으로써 주로 천주교에 대해 더 많이 이야기를 한다. Gloria는 라틴계 소녀가 15세가 되면 신앙심을 드러내는 의식인 낀세아녜quinceañera[* 15세가 된 라틴계 소녀의 생일을 축하하는 행사로 라틴아메리카의 성인식]에 대한 기억을 발랄하게 말한 라틴계 미국인 중 한 명이었다. "열다섯 살이 된 모든 소녀들은 낀세아녜를 치릅니다. 성대한 파티를 열고 미사를 드리는 것은 모두 자신을 위한 것이에요. 정말 특별해요. 이것은 마치 지역 사회와 하느님에게 자신을 소개하는 것과 같아요."

Carlos는 지역 사회 봉사를 신앙의 가장 중요한 표현으로 여겼다. "나는 종교 단체에 소속되어 있어요. 노인이거나 장애가 있는 사람이 자신의 마당을 청소하거나 집에 페인트칠할 시간이나 돈이 없는 것과 같이 어떤 도움이 필요하다면, 우리는 토요일에 모여서 집을 페인트칠하고 마당을 청소해요. 이건 공동체의 노력이자 교회의 노력과도 같아요. 지역 사회에 환원하는 거예요." 많은 라틴계 미국인 청년은 천주교 교회의 교리에 대해 회의적이거나 심지어 거부감을 나타냈지만, 사실상 이들 모두는 자신을 가톨릭 신앙 공동체의 일부라고 생각했다.

많은 아시아계 미국인 청년의 종교적 경험은 매우 다른 양상의 조합으로 이루어져 있다. 하나는 아시아계 미국인 청년 중 많은 수가 이들 부모의 고국인 아시아에서 미국으로 가져온 믿음인 불교에 접했다(저자의 원연구에서 아시아계 미국인의 부모는 모두 미국 외의 국가에서 태어났다). 다른 하나는 아시아계 미국인 청년 중 대부분은 천주교 학교에 다니면서 천주교에 접했다. 이들의 부모는 가능한 한 최고의 교육을 받게 하려고 자녀를 천주교 사립 학교에 보내는 경우가 많았다.[28]

아시아계 미국인이 청년기가 될 무렵에 이들은 이와 같은 영향에 대해 다양한 방식으로 반응한다. 이들 중 많은 수가 천주교 신자가 되었고, 이것은 가톨릭 학교에서의 종교 교육의 결과라고 인정한다. "여동생들과 나 이렇게 우리 모두는 12년 동안 가톨릭 학교에 다녔어서 우리는 천주교 신자예요."라고 Cindy는 간단명료하게 말했다. 불교는 미국 사회의 주류에서 너무 동떨어져 있기에, 자신을 불교 신자라고 생각하는 사람은 거의 없다. 그럼에도 이들 중 많은 사람은 부모와 함께 자신의 조상에게 절을 올리고 존경과 예를 보여주는 다양한 의식을 행하는 불교 관습에 참여한다고 말했다.

대부분의 경우 이들은 권능을 숭배하고 도덕적으로 좋은 삶을 살기 위해 노력한다는 공통의 주제를 강조하는 믿음이 섞여서 천주교도 불교도 아닌 이신론자로 성장하게 된다. "내 근본이 무엇인지 모르겠어요." 부모가 일본에서 이민을 온 Jane은 다음과 같이 말했다. "나는 천주교 학교에 다녔고 불교 신자면서 하느님을 믿었어요. 나는 불교와 천주교에 관한 모든 걸 읽었죠. 나에게 있어서는 좋은 사람이라면 종교의 차이가 의미 없어요. 하느님, 부처님, 천주님, 알라 등 뭐든 부르고 싶은 대로 부르면 돼요."

구더기의 밥이 되느냐, 무한한 행복을 누리느냐: 사후 세계에 대한 관점

지금까지 알 수 있듯이 청년들은 매우 통찰력이 있으며 다양한 주제에 대해 분명하게 말한다. 저자의 원연구에서 우리가 죽었을 때 어떤 일이 일어나는지에 대한 주제만큼 청년이 열변을 토한 주제는 없었다. 다른 것과 마찬가지로 이 분야에서도 청년의 믿음은 매우 다양했다.[29]

- 11%는 사후 세계가 없다고 믿는다.
- 21%는 '알 수 없음'이라고 응답한다.
- 15%는 사후에 어떤 존재로 있을 거라 믿지만, 그 원형이 분명하지 않다고 응답한다.
- 15%는 오직 천국만 있다고 믿는다.
- 25%는 천국과 지옥이 있다고 믿는다.
- 13%는 또 다른 믿음(환생, 정령 등)을 가지고 있다.

각 응답의 내용에서 믿음이 어떻게 표현되는지 살펴보자.

존재하지 않는 사후 세계: "죽으면 그냥 죽는 것"

청년 응답자의 11%는 사후 세계를 믿지 않았다. 종종 이러한 의견은 신랄한 유머로 이어진다. "사람이 죽어서 화장하게 되면 재가 되거나 구더기의 먹이가 된다고 생각해요."라고 Brendan은 말했다. "우리는 죽어서 땅에 묻힙니다."라고 Laurel은 말했다. "환생을 믿지 않아요. 천국이나 지옥도 전혀 믿지 않고 영혼이 살아있다고 생각하지도 않아요. 내 생각에 죽으면 우리는 그냥 흙이 될 것 같아요."라고 Tracy는 말했다.

다른 사람들은 좀 더 냉정한 시각을 가지고 있었다. "인생이 진정 단 한 번뿐이라고 생각하기에 우리는 살아 있는 동안 최선을 다해서 살아야 해요."라고 Cindy가 말했다. "만약 사후 세계가 있다면 그건 죽은 다음에나 알게 되겠지만, 지금은 사후 세계가 있다고 믿지 않아요. 진짜로 죽으면 그냥 죽는 거죠." Catharine은 아련하게 천국을 상상했지만, 결국 현실로 돌아왔다. "사람들이 자신의 가족 또는 다른 사람들을 만날 수 있는 곳으로 받아들일 수만 있다면 천국은 매우 아름다운 개념이에요. 천국은 아름다운 생각이고 진실한 사람만을 위한 순수한 공동체라고 생각해요. 천국은 매우 멋진 개념이지만, 나는 믿지 않아요. 그저 죽어서는 흙이 될 거로 생각해요."

Catharine의 이야기는 사후 세계가 없다고 믿는 많은 사람까지도 죽음 이후 천국에 간다는 것과 같이 바람직한 무언가에 대한 기대가 어떻게 이토록 강한 심리적 끌림으로 존재하는지에 대한 관심을 갖게 하는 데 적합하다. 사후 세계의 존재는 증명할 수도 또한 반박할 수도 없어서 인간의 욕망과 실존적 불안에서 매혹적인 무언가를 만들어낼 수 있는 상상의 여지를 상당 부분 남겨둔다. 사후 세계가 없다는 의견이 분명히 적다는 것을 다음 내용에서 알 수 있다.

알 수 없음: "정답을 아는 사람이 없는"

'알 수 없음'에 응답한 청년의 21%는 확실한 불가지론 또는 회피/무관심이라는 하위 유형으로 나뉜다. 확실한 불가지론자는 죽은 이후에 무슨 일이 일어나는지에 대한 답을 알 수 없다고 단정 짓는다. 살아있는 동안에는 이러한 질문에 대답할 방법이 없다. "나는 증거가 있어야 믿는 사람이에요."라며 Lonnie는 말했다. "증거가 없으면 판단을 내릴 수 없어요." Amos는 이와 비슷한 견해를 가지고 있었다. "너무 혼란스러워서 천국이 있다는 것에 대해 진지하게 생각하기 어려워요. 그렇기 때문에 결코 답을 얻을 수 없을 거예요. 그렇지 않나요? 계속해서 추측해 볼 순 있겠지만, 정답을 아는 사람은 없어요." 이러한 청년은 여러 주장과 가능성을 고려했고 그것 중 어느 것도 타당하지 않다고 결론을 내렸다.

Laurence는 이렇게 생각했다. "우리 모두는 죽을 것이고 이후에 무슨 일이 일어날지는 아무도 모르는 것 같아요. 전기화학적 반응이 끊기는 것처럼 그러면 끝나는 걸까요? 아니면 실제로 어디론가 가는 걸까요? 그건 모두 전기의 흐름이기 때문이에요. 그럼 어떻게 되는 거죠? 그냥 멈추나요? 건전지처럼? 어떻게 되는 걸까요? 아무도 몰라요. 한번 죽으면 그 누구도 다시 돌아와서 말해 주질 않으니까요. 물론 하얀빛을 보고 그쪽으로 따라갈 수도 있고, 그 하얀빛에 영적인 힘이 있을 수도 있어요. 하지만 누가 알겠어요?"

때로는 사후 세계에 대한 이들의 불가지론은 두려움과 불안으로 물들어있다. "죽음에 대해 생각하는 것만으로도 두려워요. 우리가 죽으면 정말로 어디로 가는 걸까요?" Yvonne은 알고 싶어 했다. "우리는 환생할까요? 아니면 천국이 있긴 할까요? 천국이 있다면 우리 모두를 어떻게 다 수용할 수 있을까요? 너무 많은 종교가 있어서 어떤 걸 믿어야 할지 모르겠어요."

이 범주에 해당하는 일부 사람은 회피적이었다. 즉 이들은 죽음에 관한 질문에 대해 고민하는 것이 두려워 죽음에 대해 생각하지 않으려고 노력했다. "그건 지금 생각하기에 끔찍한 일이에요!" 죽으면 어떻게 되는지에 관한 질문에 Cheryl은 이렇게 대답했다. "내가 죽었을 때 무슨 일이 일어나는지 생각하고 싶지 않아요!" Jane도 이 주제를 피하려고 애썼다. "죽음에 대해 전혀 생각하고 있지 않아요. 이건 나한테 너무 소름 끼치는 일이에요. 죽음에 대해 생각하기엔 나는 너무 낙관적이거든요. 나는 죽음에 대해 생각하지 않기로 했어요." 자신의 젊은 시절과는 무관한 질문이라고 치부하고 안중에도 없는 이들도 있었다. "나는 죽는 것에 대해 생각하지 않아요."라고 Jerry가 말했다. "나는 스물네 살입니다. 죽는 것에 대해 생각하지 않아요."

종합해보면 청년들 사이에서는 죽음에 대해 '알 수 없음'에서 다양한 반응이 나왔지만, 모두 사후 세계를 믿는 것도 믿지 않는 것도 아니라는 공통점이 있었다.

명확하지는 않은 어떤 것: "어떤 형태로든 계속되는 것 같은"

청년의 15%는 사후 세계가 있다는 것을 믿었지만, 그것이 무엇을 의미하는지는 불분명했다. 이 범주에 속한 청년은 죽은 후에 무엇이 있는지 불확실하다는 점과 그게 무엇이든 확실히 알 수 있다는 것에 회의적인 점에서 '알 수 없음' 범주의 청년과 유사했다. 다만 '알 수 없음' 범주에 속하는 사람과 달리 이들은 최소한 죽음 이후 삶이 있기는 하지만, 그 원형이 모호하다고 잠정적으로 결론내렸다. "죽은 이후에 뭔가가 있다고 생각해요."라고 Ariel이 말했다. "하지만 그것이 무엇인지 정확히 알 수는 없는 것 같아요." "정확히는 모르겠어요."라고 Sharon이 말했지만, 이렇게 덧붙였다. "그래도 분명히 죽음이 끝은 아닐 것 같아요. 사람의 영혼이 어떻게든 남아 있고 아마도 유한한 삶과 같은 인간의 삶에 약간의 영향을 미칠 수 있다고 생각해요. 죽음이 전부라고 믿고 싶지도 않고 그렇지도 않은 것 같아요. 그래서 영혼과 같은 것이 주위에 있다고 생각해요. 내가 가진 막연한 생각은 이런 것 같아요."

종종 이 범주에 속하는 청년은 어떤 사후 세계가 있다는 것에 대한 믿음은 아무것도 없을지 모른다는 두려움과 결국에는 무언가가 있을지도 모른다는 막연한 바람에 의해 발생한 것임을 인정했다. 이들은 인간이 죽어 사라진다는 예견이 탐탁지 않았고 어떤 형태든 영속되는 존재에 대한 믿음에 더 마음이 갔지만, 그래봤자 이들의 믿음은 모호했다. "내 식대로 생각하자면, 우리는 어떤 형태로든 계속되고 영혼도 계속되는 것 같아요."라고 Peggy가 말했다. "그냥 거기서 끝이라고 생각하는 건 너무 우울한 일이에요. 하지만 모르겠어요. 항상 우리의 영혼이 다른 곳에서 계속된다고 믿었던 것 같아요." Ryan도 다음과 같이 인정했다. "이 세상 누구도 확실한 증거를 가지고 있지 않아요. 그러나 죽은 뒤에 뭔가가 있기를 희망하고 믿어요. 그게 뭔지는 모르겠지만, 우리가 더는 존재하지 않는다고는 생각하지 않아요."

이 범주의 청년을 희망적인 불가지론자로 부를 수도 있다. 이들은 죽음 이후에 무엇이 놓여있는지 불확실했고 결국 아무것도 없을지도 모른다고 걱정했지만, 끝나는 것이 아니라 지속되고 나쁘지 않은 어떤 존재로 있을지도 모른다는 막연한 믿음을 고수했다.

오직 천국만이: "무한한 행복"

청년의 15%만이 천국이 있다고 믿었다. 이들 중 일부는 무엇을 믿어야 할지 확실치 않아 보인다는 점에서 '명확하지 않지만 무언가가 있는' 범주와 비슷하게 보이지만, 이들은 결국 죽은 뒤에 천국과 같은 무언가가 있어야 한다고 판단했다. Joanne은 죽음 이후의 삶에 대해 묻자 처음에는 "모르겠어요."라고 대답했지만, 이어서 "중요한 것은 천국에서 살 수 있다는 거예요. 이게 나의 사후 세계이고 바로 내가 원하는 거예요. 이게 내 생각입니다. 천국에 가서 풍요와 그 모든 것을 누리고 싶어요."라고 말했다. "사람의 영혼이 천국에 간다고 믿어요."라고 Brock이 말했다. "천국이 어디에 있는지, 어떤 형태인지, 어떻게 운영되는지 확실하지 않지만, 어딘가에 있다고 믿어요."

이 범주에 속하는 다른 사람은 죽은 후에는 천국이 기다리고 있다고 더 확신했다. "우리가 죽으면 천국에 간다고 생각해요."라고 Marian이 말했다. "우리는 무한한 행복 속에서 하느님과 하나가 될 거 같아요." 천국은 자신뿐만 아니라 모든 사람을 기다리고 있다고 확신하는 이들도 있었다. "모든 사람이 하느님의 자녀이기 때문에 모두가 천국에 간다고 생각해요."라고 Kay가 말했다. "그리고 사람을 죽이고 다니는 범죄자조차도 용서받을 수 있어요. 왜냐하면 하느님이 모든 사람을 용서해 주신다고 생각하고 있거든요. 때로는 믿기 어렵지만, 나는 진정 하느님께서 모든 사람의 행동을 용서해 주신다고 생각해요. 그래서 모든 사람은 어떤 식으로든 천국에 갈 자격이 있어요."

그러나 이 범주에 속하는 일부 사람들은 모든 사람이 천국에 갈 것이라고 믿는 것에 대해 복합적인 감정이 있다. 이들은 지옥을 믿지 않았지만, 모든 사람을 위한 천국이라는 개념이 어떤 면에서 문제가 있다는 것을 알게 되었다. "이게 내가 고민하는 점이에요."라고 Bridget이 말했다. "나는 '지옥'을 믿는 기독교인은 아니지만, 이 세상에는 사악한 사람이 있어요. 언젠가 내가 천국에 있는데 Adolph Hitler를 우연히 만나서 반갑게 인사할 거라는 생각을 하면 끔찍해요. 이건 좀 심각한 문제예요."

Bridget은 자신을 기독교인이라고 했으며 기독교의 모든 측면에서 천국을 믿는 청년에 속해 있다고 했지만, 천국에 대한 믿음을 특정한 신학적 언어로 표현하지는 않았다. 천국은 그저 죽은 뒤에 있는 무언가 좋은 것, 즉 '무한한 행복' 또는 적어도 현세에서의 삶의 투쟁보다 더 즐거운 무언가가 뒤따를 것이라는 희망적인 믿음이었다.

천국과 지옥: "자신이 지옥에 간다는 것을 실감하지 못하는"

사후 세계를 믿는 다른 범주와 달리 25%의 청년은 천국과 지옥을 믿는 이러한 믿음은 특정한 교리, 즉 기독교 신앙으로부터 기인했다. 그러나 여기에서도 차이가 있다. 어떤 사람은 천국과 지옥에 대한 일반적인 기독교의 믿음을 언급했지만, 다른 사람은 이러한 기독교의 믿음을 개인화된 방식으로 변형했다.

천국과 지옥에 관해 일반적인 기독교의 믿음을 수용한 사람 중 일부는 단호하고 직설적이었다. Theresa는 이렇게 말했다. "다음과 같은 천국이 있다고 생각해요. 천국에서는 으리으리한 저택에서 살고, 아무도 죽지도 않고, 아프지도 않고, 슬플 일도 없을 거예요. 하지만 기독교인이 아니라면 지옥에 갈 겁니다. 영원히 불에 탈 거예요. 이 사람들은 자신이 지옥에 가고 영원히 고통받을 거라는 걸 깨닫지 못해요." 이러한 청년 중 일부는 천국과 지옥에 대한 확고한 믿음을 바탕으로 다른 사람을 기독교로 개종시키려는 간절함이 생겨났다. Wanda는 기독교인이었지만, 그녀의 부모님은 아니었다. "만약 우리가 부모님이 돌아가시기 전에 구원받지 못한다면 불행하게도 부모님은 지옥에 가시게 될 거예요. 그건 정말 문제예요."

다른 청년은 천국과 지옥에 대한 믿음을 더 마지못해 조심스럽게 인정했다. 이들은 지옥에 갈 것으로 여겨지는 비기독교인에게 이러한 믿음이 불쾌할 수 있을 거라고 인식했다. Kevin은 이렇게 말했다. "기독교인이라면 천국에 갈 것이고 비기독교인이라면 지옥에 갈 겁니다. 하지만 나는 사람들에게 이렇게 말하지 않아요. 왜냐하면 비기독교인이 듣기에 매우 불쾌하기 때문이에요. 그러나 이게 기독교 정신입니다." Rob은 유대인 친구와 대화했던 것에 대해 다음과 같이 이야기했다. "한번은 친구가 '네 말대로라면 내가 죽으면 지옥에 갈 텐데. 너는 그걸 믿니?'라고 물었어요. 그래서 나는 '응'이라고 대답해야 했어요. 이렇게 말하는 건 어려운 일이에요. 기독교를 믿지 않으면 지옥에 가게 된다는 것을 믿고 싶지는 않지만, 성경에서 읽었던 내용에 따르면 정말로 그렇게 될 거예요. 이게 내가 믿는 방식이에요."

기독교인에게도 천국 또는 지옥이라는 목적지는 반드시 신앙과 얽매여 있는 것이 아니라 한 사람이 도덕적으로 잘 살았느냐 아니냐에 달려 있다. "나는 자신의 인생을 어떻게 살았느냐에 따라 심판받는다고 믿어요."라고 Candace는 말했다. "만약 사람을 나쁘게 대했다면 언젠가 그에 대한 대가를 받을 것으로 생각해요. 정말 그래요. 하느님이 용서하지 않으면 심판을 받기 위해 잡혀가겠죠." Arthur는 천주교 신자임에도 불구하고 신자가 되는 것만이 중요하다고 생각하지 않았다. "나는 이것이 자신의 인생을 어떻게 사는지와 많은 관련이 있다고 생각해요. 천주교 신자일 필요도 없고 다른 어떤 종교인일 필요도 없어요. 산에 오르는 방법에는 여러 가지가 있잖아요. 모든 신앙은 은유적으로 산꼭대기에 도달하는 것을 추구하고 있다고 생각해요. 산에 오르는 방법도 다양하게 있지만, 정상에 도달할 수 있을지의 여부는 자신의 인생을 어떻게 사느냐에 달려 있어요. 만약 나쁘게 산다면? 정상에 못 갈 거예요. 그럼 어디로 가게 될까요? 하강 버튼을 누르고 나락으로 떨어질 겁니다."

이 범주에 속하는 일부 청년이 Candace와 Arthur가 말했던 것처럼 "심판을 받기 위해 잡혀가는"과 "나락으로 떨어지는"과 같은 완곡한 표현으로 신랄한 유머를 구사했다는 점이 흥미롭다. 이들과 사후 세계가 없다고 믿는 청년과 비슷한 점이 있다. 사후 세계가 없다고 믿는 청년의 경우 죽어서 사라진다는 예견과 천국과 지옥을 믿는 청년의 경우 지옥으로 가게 될 거라 여겨졌던 많은 사람의 불쾌함을 발견하게 되어 이 모두의 불안과 불편함을 감추기 위해 유머가 사용되었을 것이다.

또 다른 믿음: 환생과 정령

청년의 13%는 앞에서 언급한 범주에 속하지 않는 사후 세계에 대한 믿음을 언급했다. 이 중 약 절반은 환생에 관한 것이고, 나머지는 영혼이 되돌아오는 정령energe force과 관련된 생각이다.[30] 환생에 관한 이야기가 나왔을 때 사후 세계 믿음에서 환생을 포함하는 대표적인 주요 종교인 불교나 힌두교의 맥락에서가 아니었다. 오히려 인간이 어떤 형태로든 인간계로 다시 돌아온다는 막연한 믿음이었다. "잘 모르겠지만, 어째서인지 사람으로 다시 돌아올 거라 믿어요."라고 Osvaldo는 말했다. "처음 가본 어떤 곳인데 내가 이전에 가봤던 곳인 것 같을 때가 있어요. 내가 그 장소에 있었던 꿈을 꾸었기 때문이죠. 마치 데자뷰deja vu 같아요." Tory는 환생에 대한 자신의 믿음을 그렇게 심각하지 않게 말했다. "환생을 믿는 것이 더 재미있다고 생각해요. 역사 속의 어떤 시점이나 다른 세상에 어떤 사람으로 돌아올 수 있는 것처럼요. 누가 알겠어요? 그런 것을 믿는 게 훨씬 재미있을 것 같아요. 그냥 죽는다고 생각하긴 싫어요."

어떠한 정령으로 되돌아간다는 믿음은 사후 세계로의 전환을 자연법칙에 근거한 인간이 할 수 없는 과정으로 규정한 것이다. "우리는 단지 유일한 존재로 돌아갈 거라고 믿어요."라고 Christy가 말했다. "내 생각에 우리는 빛의 파편일 뿐이고 어느 순간 다시 그 빛으로 되돌아갈 것 같아요." 이와 비슷하게 Carl도 다음과 같이 믿는다고 말했다. "모든 사람의 생각과 행동과 감정이 이런 에너지를 발생시키는 우주의 기운만이 있을 뿐이에요. 그리고 우리가 죽으면 우리 육체에 속해 있는 것은 아니지만, 가지고 있었던 에너지는 다시 그 기운으로 흩어지고 다시 순환되는 것 같아요. 그건 그 당시에 또는 조금 나중에 탄생하는 수백만 명이나 되는 다른 사람들의 일부가 돼요."

가치관

이번 9장의 서두에서 언급했듯이 청년이 형성하는 세계관은 종교에 대한 의문과 관련된 답변뿐만 아니라 크든 작든 삶 속에서 의사결정을 내리기 위한 지침을 제공하는 도덕적 원칙과 관련한 가치관을 포함한다. 의사결정을 내리거나 자신에게 가장 중요한 것이 무엇인지를 스스로 물어볼 때 작동하는 것이 가치관이다. 예를 들어 결혼할 상대를 선택했는데 부모님이 결혼을 반대한다면, 자신에게 가장 중요한 것이 무엇인지와 같은 자신의 가치관을 반영하여 그 상대와 결혼을 할 것인가에 대해 결정을 내린다.

가치관을 개인주의individualism와 집단주의collectivism의 관점에서 생각해 보는 것이 유용하다.[31] 개인주의 가치관은 각 개인의 권리와 욕구가 핵심이다. 개인주의 가치관의 예로는 자유, 독립, 자립, 자존감, 개인적인 성취, 개인의 즐거움, 자기표현 등이 있다. 집단주의 가치관은 다른 사람에 대한 책임과 의무를 매우 중요하게 생각한다. 집단주의 가치관의 예로는 의무, 충성, 친절, 관대함, 복종, 자기희생이 있다. 가치관의 문화적 차이를 설명하기 위해 개인주의와 집단주의를 자주 사용한다. 예를 들어 미국은 종종 개인주의로 묘사되는 반면, 일본, 중국, 그리고 다른 아시아 문화권들은 종종 집단주의로 묘사된다.[32]

Christian Smith가 청년의 도덕적 관점을 파악하기 위해 쓴 「Lost in Transition: The Dark Side of Emerging Adulthood」[33]에 따르면 대부분의 미국 청년은 도덕적인 개인주의자들이다. Smith에 따르면 미국 청년에게 도덕은 개인의 선택 문제라고 믿고 있으며, 각자 자신만의 의견을 가질 자격이 있기에 도덕적인 문제에 대해 다른 사람이 판단하는 것을 피하는 것이 최선이라고 한다. 청년은 다른 사람에게 해를 끼치지 않는 한 자신이 좋아하는 일을 하도록 허용돼야 한다고 믿는 관용에 높은 가치를 두고 있다. 또한 청년의 도덕적 개인주의는 도덕적 상대주의에 뿌리를 두고 있다. 이들은 옳고 그름의 기준이 문화와 역사에 따라 다르다는 것을 인식하고 도덕은 특정 시간과 장소에서의 일시적인 합의에 불과하다고 결론짓는다. 그러나 청년은 다른 사람에게 해를 끼치는 것은 잘못이라는 믿음과 법률, 규칙, 규정이 일반적으로 지켜져야 한다는 믿음과 같은 것은 어디에서나 유효한 어떤 도덕적 진리가 있다고도 믿는다.

Smith는 청년이 "도덕적으로 방황하고 있다."와 "이러한 젊은이들을 사회화하기 위한 성인의 세상에서 도덕 교육을 하는 혹독한 일을 시행하고 있다."라는 신호로써 청년의 도덕적 개인주의를 이해한다.[34] 그러나 이런 처참한 주장은 청년의 삶에 대한 다른 모습과 일치시키기 어렵다. 예를 들어 청년은 이들의 부모 세대보다 더 높은 비율로 자원봉사에 참여하고 있어, Peace Corps, Americorps,

Teach for America와 같은 봉사 단체는 대부분 청년으로 구성되어 있다. 또한 11장에서 자세히 살펴보겠지만, 최근 수십 년 동안 여러 유형의 위험 행동 비율이 감소했다. 이러한 긍정적인 모습은 도덕적 기반이 없는 세대라고 부르기는 어려울 것 같다.

또한 Smith는 청년의 개인주의를 편파적인 것으로 설명하고 있다. 그렇다. 우리가 본 것처럼 청년은 개인주의적이지만, 이들 전부가 그런 건 아니다. 청년 대부분은 도덕적인 사고에서 다른 사람에 대한 집단주의와 자신의 개인주의와 균형을 맞춘다. Lene Arnett Jensen의 도덕성의 문화 발전적 모델의 용어를 사용해본다면, 청년은 개인주의적 자율성 윤리Ethic of Autonomy 뿐만 아니라 집단주의적 공동체 윤리Ethic of Community를 기반으로 하며 일부는 종교에 기반한 신성 윤리 Ethic of Divinity를 따른다.[35]

청년의 도덕적 가치관이 개인주의와 집단주의와 균형을 이룬다는 유사한 증거를 발견했다. 저자의 원연구에서 청년의 가치관을 반영한 대답을 끌어내는 질문을 다음과 같이 했다.

1. 내 삶의 마지막에 도달했을 때, 자신의 삶을 돌아보며 어떤 말을 하고 싶나요?
2. 다음 세대에게 물려주어야 할 가장 중요한 가치관이나 믿음은 무엇이라고 생각하나요?

이러한 질문에 대한 각자의 대답을 살펴봄으로써 답변이 보여주는 청년의 가치관에 대해 알아보자.

만약 내 삶의 마지막에 도달하게 된다면?

저자의 원연구에서 "내 삶의 마지막에 도달하게 되었을 때, 자신의 삶을 돌아보며 어떤 말을 하고 싶나요?"라는 질문에 사실상 모든 청년은 이러한 질문에 대한 답을 준비한듯이 응답했다. 이는 청년기가 인생의 목표를 세우고 이를 달성하기 위한 대략적인 계획을 세우는 시기라는 사실을 반영한 것으로 생각한다. 이러한 질문을 청년에게만 물어봤기 때문에 청소년도 이에 대해 준비한 것과 같은 답변을 할 수 있는지 확신할 수는 없지만, 청소년은 대답하기가 더 어려울 것으로 생각한다. 청소년은 지금-여기, 또래와의 사교 모임과 인기, 아주 짧은 연애, 성사될 것만 같은 연애 등으로 매우 혼돈스럽다. 청년기는 어떤 삶을 살고 싶은지 그리고 자신의 삶을 위한 계획이 무엇인지를 고민하는 좀 더 진지한 자기성찰의 시기이다. 그렇기 때문에 "당신이 삶의 마지막에 도달했을 때…?"라는 질문에 대다수 청년은 이미 충분히 생각한 것처럼 답변했다.

청년의 대답은 때로는 개인주의적 자율성 윤리의 가치, 때로는 집단주의적 공동체 윤리의 가치, 때로는 이 둘의 가치가 조합된 가치를 반영했다.[36] 청년이 개인주의적으로 답변한 것은 놀라운 일도 아니다. 청년은 개인주의 사회에 살고 있으며 청년기는 여러 면에서 자기에게 초점이 맞춰진 삶의 시기로 결혼 상대와 자녀에게 전념하기 전에 자기 계발에 집중하는 시기이다. 그래서 삶의 마지막에 가까워질 무렵에 자신이 가지게 될 시각에 대해 생각해 보기 위한 질문이고, 결국에는 이들 중 대부분이 결혼하고 아이를 갖는 것을 예상할지라도 청년기에 이 질문에 대한 청년의 대답은 종종 개인주의 행복 추구의 관점에서 표현된다.

많은 청년에게 있어 개인적인 행복을 추구한다는 것은 삶에서 다양한 경험을 하는 것을 의미한다. Christy는 삶의 마지막에 이렇게 말하고 싶다고 했다. "나의 삶은 매우 충만했어요. 가만히 앉아서 죽기만을 기다리지 않았죠. 즐기고 경험할 것이 너무 많았어요. 그래서 여행도 했고, 색다른 음식도 먹었고, 너무나도 멋진 사람들도 만났다고 과거를 돌아보면서 말하고 싶어요. 올해는 마라톤도 하고, 카약도 타고, 스카이다이빙 등도 했다고도 말하고 싶어요. 왜냐하면 이러한 모든 경험이 우리의 삶을 다채롭게 해준다고 생각하기 때문이에요." Nicole의 대답도 이와 비슷했다. "나는 나 자신의 한계를 두지 않고 멋진 삶을 살았다고 말하고 싶어요. 내가 하고 싶은 것이 있으면 하고 그 무엇도 내 발목을 잡게 하지 않았어요. 누군가 '2주 동안 브라질에 갈 수 있는 항공권이 있는데 갈 수 있겠어?'라고 한다면, 만약 가고 싶으면 바로 가겠죠. 그냥 하지 못할 것이 없는 삶을 사는 거예요."

어떤 청년은 자신의 인생 목표는 경험보다는 개인의 성취라고 말했다. Dalton은 "밑바닥부터 시작해서 내 힘으로 정상까지 올라갔고 무엇보다도 내가 정말로 하려고 했던 일을 성취했습니다."라고 말할 수 있기를 희망했다. Larry는 매우 구체적인 물질적 목표를 염두에 두고 있었다. "내가 할 수 있다고 생각했던 모든 것을 이루기를 희망해요. 큰 집과 차고에는 4대의 차가 있고 약 60평의 땅이 있고 1년 중 1달 동안의 휴가를 보낼 수 있기를 원해요."

다른 청년의 경우 자신의 인생 목표를 구체적인 경험이나 성취에 관한 것보다는, 자신에게 가장 큰 즐거움을 가져다줄 수 있는 것으로 더 많이 제시하고 있다. 예를 들어 Jerry는 삶의 마지막에서 이렇게 말하고 싶다고 했다. "난 즐겁게 지냈어요. 왜냐하면 내가 즐겁게 보내고 있다면 행복한 거예요. 그리고 모든 사람은 그저 행복한 삶을 살기를 바란다는 것을 나는 꽤 많이 봐 왔어요. 항상 슬픔에서 자유로울 수는 없지만, 즐거웠다고 말하고 싶어요. 나는 즐거움을 추구하는 사람이에요." 마찬가지로 Joan은 삶의 끝에서 다음과 같이 말하기를 희망했다. "나는 즐겁게 지냈어요. '하고 싶은 것을 했다.'라고 말할 수 있었으면 좋겠어요. 후회 없이 즐겁게 지내고 싶어요." 청년이 자주 사용되는 '후회 없이'라는 말은 삶의 과정에서 즐겁고 흥미로운 경험의 기회를 그냥 지나치지 않기를 얼마나 원하는지를 보여준다.

'즐거움을 추구하는 사람' 중 대다수의 인생 목표는 미래에는 바뀔 걸로 예상된다. 일단 결혼하고 아이를 낳고 나면 이들의 목표는 개인주의적인 행복 추구보다는 다른 사람들 특히 배우자와 자녀에 대한 책임에 더 초점을 맞추게 된다. 그러나 청년기에는 배우자와 자녀는 먼 미래의 일이므로 자신의 인생 목표를 생각할 때 주로 자기 자신이 원하는 것이 무엇인지를 먼저 생각한다.

청년이 자주 개인주의적인 인생 목표를 갖는 것은 이해할 만하다. 그러나 더 흥미롭고 놀라운 것은 청년 중 많은 수가 삶의 과정에서 다른 사람을 위해 무언가를 하고 싶어 하는 것을 강조하는 공동체 윤리를 반영한 인생 목표를 가지고 있다는 것이다. Robert Bellah와 함께 한 연구자들은 개인주의가 미국인을 '대표하는 언어'라고 주장했다. 즉 도덕적 문제에 대해 말할 때, 미국인은 가장 일반적이고 일상적으로 개인주의적 가치 측면에서 말한다.[37] 그러나 많은 청년은 특히 소수 인종 집단에서 이들의 주된 도덕적인 언어는 개인주의보다는 집단주의이다.

청년의 집단주의적 가치관은 현재 가족(부모, 형제자매 등)과 미래의 가족(배우자, 자녀 등) 모두를 반영한다. 아프리카계 미국인인 Amber는 자신의 삶의 마지막에 이렇게 말하기를 희망했다. "나는 엄마, 형제, 남편, 자녀, 손주 등 나와 관련된 모든 사람에게 좋고 사랑스러운 가족 구성원이었다." 라틴계 미국인인 Raul은 다음과 같이 말했다. "삶의 끝에 도달했을 때 나의 인생에 대해 하고 싶은 말은 '내 가족을 챙기고, 자녀들이 더 나은 삶을 살 수 있도록 하고, 나이 든 부모님을 봉양하는데 헌신했다'입니다." 아시아계 미국인인 Elaine은 다음과 같이 말했다. "조카가 많았으면 좋겠고 그때까지 살면서 많은 것들을 배워서 지식과 경험을 젊은 세대들에게 나눌 수 있기를 희망해요."

또한 많은 청년은 가족 외의 사람을 돕기를 희망한다. Benny의 주된 인생 목표는 다음과 같았다. "육체적, 정신적으로 많은 사람을 도와주는 거요. 누군가의 타이어가 구멍 나서 도로에서 못 움직이고 있을 때 타이어 교체를 도와주거나, 누군가가 슬퍼할 때 기대어 울 수 있는 어깨를 주었다고 말하는 것이에요." Gerard는 다음과 같이 말할 수 있기를 희망했다. "나에게는 많은 친구가 있었고, 내가 아끼고 나를 아껴주는 많은 사람이 있었으며, 내가 도움이 필요할지도 모르는 사람을 도왔을 거라는 생각이 들어요."

종종 청년은 자신이 선택한 일을 통해 다른 사람에게 베풀고 배려해 주는 집단주의적 가치를 드러내려 하기도 한다. 교사가 되기 위해 공부하고 있는 Sophie는 다음과 같이 말하기를 희망한다. "평생 학생들을 가르치고 학생들이 문제가 있거나 고민이 있을 때 도와줄 수 있었다." Sylvia는 다음과 같이 말하기를 희망했다. "간호사가 되어 아픈 사람을 돌봐주면서 많은 사람을 도울 수 있었다. 나는 좋은 간호사였다. 내 일을 하면서 사람들을 편안하게 할 수 있었다."

Clark 설문조사에서도 18~29세의 86%가 '세상에서 도움이 되는 일을 하는 것이 중요하다'는 것에 동의하였다.[38]

자신의 인생 목표가 자율성의 윤리를 반영하는 청년도 있었고 공동체 윤리를 반영하는 청년도 있었지만, 이러한 가치를 모두 반영하는 인생 목표를 가진 청년도 있다. 개인주의와 집단주의가 반드시 서로 반대되는 것은 아니지만, 이 가치들은 모두 청년의 이상적인 삶의 일면이 될 수 있다.[39] Rosa는 다음과 같이 말했다. "가능한 한 많은 경험을 했기에 충만한 삶을 살았어요." 게다가 "친구와 가족과 최대한 많은 시간을 보냈고, 내가 그들에 대해 어떻게 느끼고 있는지 그들도 알아요. 나는 엄마와 대화를 할 때마다 사랑한다고 말씀드려요." Arthur는 다음과 같이 말했다. "나는 무언가를 정말 잘했다고 말하고 싶어요. 행복했고 이루어 냈다고 말하고 싶어요."라고 말했지만, 다음과 같이 덧붙였다. "다른 사람들에게 영향을 끼쳤다고 말하고 싶어요. 그러니까 내가 어떤 면에서든 다른 사람의 삶을 더 좋게 만들었다는 것을 알고 싶어요." 청년은 개인주의적일 수 있지만, 청년의 개인주의는 종종 다른 사람에 대한 보살핌과 관심이라는 집단주의적 가치가 가미된다.

다음 세대에게 물려줄 가치관과 믿음은 무엇인가?

인생 목표에 관한 질문과 마찬가지로 "다음 세대에 물려줄 가장 중요한 가치관이나 믿음이 무엇이라고 생각합니까?"라는 질문에 저자의 원연구에서 인터뷰한 청년은 일반적으로 신중하고 논리정연한 답변을 내놓았다. 아마도 이는 청년 대부분이 곧 자신의 자녀를 갖는 것에 대해 생각할 나이에 가까워지고 있기 때문인데, 이로 인해 자신의 자녀가 어떤 가치관을 습득하기를 원하는지에 대해 생각하게 된 것으로 보인다. 또한 인생 목표에 관한 질문과 마찬가지로 다음 세대에 관한 질문에서도 개인주의 자율성 윤리의 응답과 집단주의 공동체 윤리의 응답과 같이 이러한 유형의 가치를 결합한 응답이 나왔다.[40]

어떤 청년은 명확하게 개인주의적이었다. Catharine은 다음과 같이 말했다. "아이들에게 자기 자신을 자랑스럽게 여기는 법을 가르치는 것이 중요하다고 생각해요. 개인의 자신감이 정말 중요한 것 같아요…. 자신이 하고 싶은 일을 하고, 하고 싶은 일을 할 때 강해지니까요." 마찬가지로 Jake는 다음 세대가 "스스로 목적의식을 갖는 것"에 대한 가치를 배우기를 원한다고 말했다. "많은 사람이 자신을 돌보거나 자신을 위해 어떤 일을 하는 것을 이기적으로 보는 것 같아요. 하지만 내 생각엔 자신을 돌보지 않으면 다른 사람을 도와줄 수 없고 다른 어떤 사람도 돌볼 수 없다는 생각이 들어요."

집단주의적 가치를 다음 세대에 물려주고자 하는 청년은 '황금률The Golden Rule[* 기독교의 기본 윤리관으로 기원은 알 수 없으나 3세기 로마 황제 세베루스 알렉산데르가 '다른 사람에게 대접받고자 하는 대로 다른 사람을 대접하라'는 문장을 벽에 금으로 쓴 것에서 유래]'의 일부 내용으로 이들의 가치관을 가장 자주 언급했다. Laurie는 다음과 같이 말했다. "다른 사람에게 대접을 받고자 하는 대로 다른 사람을 대접하라는 것은 나에게는 가장 중요한 가치예요." 또한 Ryan은 다음과 같은 가치가 전달되기를 원했다. "다른 사람이 당신에게 대해 주기를 바라는 것처럼 다른 사람에게 대해 주는 것, 그냥 기본적으로 이웃에게 친절하게 대하는 것이요."

집단주의적 가치를 선호하는 어떤 청년은 개인주의에 극도로 적대적이었다. 이들은 개인주의와 이기주의를 동일시했고, 개인주의적 가치를 문제의 근원으로 보았다. Tammy는 특히 분노했다. Tammy는 다음 세대가 배우기를 바라는 것에 대해 다음과 같이 말했다. "사람들이 행동하고 말하고 믿고 느끼는 모든 것, 모든 행동, 모든 생각 등 매 순간 우리는 다른 모든 사람에게 영향을 끼칩니다. '내 자신이 우선이고 내가 1등이고 나만이 최고이다. 나 자신을 내가 돌보지 않으면 아무도 나를 돌보지 않을 것이다'라고 하는 사회는 정말 자신만을 위한 사회예요. 모두 자기 자신, 자기 자신, 자기 자신만 있어요. 그리고 무슨 일이 일어났는지 보세요. 우리는 자기 자신만을 위한 일에 너무 빠져서 아무도 다른 사람을 돕지 않고 있어요."

그러나 '인생 목표'와 관련한 질문과 마찬가지로 '다음 세대'와 관련한 질문에 대한 답변에서도 많은 청년은 개인주의적 가치와 집단주의적 가치를 조화시켰다. Bob은 다음과 같이 말했다. "나는 사람들이 자신에 대해 충실하고 주변 사람들에게 좋은 사람이 되는 것과의 균형을 잡는 법을 배울 수 있기를 원해요. 나에게 가장 중요한 것은 다른 사람들의 행복에 보탬이 되는 동안 당신 자신을 행복하게 만드는 것이 무엇이든지 하고 싶은 것을 하라는 것입니다."

'다음 세대'와 관련한 질문에서 종교적 가치관과 관련된 응답도 나왔다. 가치관이 때론 종교적 믿음에 근거한다는 것을 이 장의 서두에서 언급한 바 있다. 종교적 믿음이 특히 중요한 청년의 경우, 종교적 믿음과 다음 세대에 전달하고자 하는 가치관 사이에 강한 연관성이 있었다. Shonitra는 다음 세대에게 다음과 같이 조언할 거라고 말했다. "우리의 삶에 하느님이 있어야 합니다. 성공하려면 우리의 삶에 하느님이 있어야 한다고 생각합니다. 악마가 우리를 파괴하기 위해 여기에 있으며, 만약 하느님의 보호를 받지 못한다면 대부분의 사람은 살아남지 못할 것입니다." Deanna는 가치관과 종교적 믿음 사이의 연관성을 분명하게 했다. "하느님의 말씀만큼 중요한 것은 없다고 생각해요. 그리고 우리의 가치관과 우리가 어떻게 우리의 삶을 살고, 어떻게 우리의 가족을 대하고, 얼마나 학교 생활을 열심히 하는지를 결정합니다. 모든 것은 우리의 믿음에 따라 만들어집니다."

결론: 청년이 가진 종교적 믿음과 가치관의 다양성

미국 청년에게는 어떻게 살아야 할지를 선택할 자유가 있기 때문에 놀라울 정도로 믿음과 가치관이 다양하다. 청년은 무신론자, 종교적 보수주의자, 그 중간의 모든 것에 해당한다. 청년 중 다수는 독특한 방식으로 다른 종교적 전통을 결합하고 대중문화를 아주 약간 추가함으로써 그들만의 고유한 믿음을 발전시켰다. 가치관과 관련하여 일부는 확실히 개인주의이며 일부는 집단주의이고 일부는 이러한 윤리들이 섞여 있다.

이러한 모든 다양성에 있어 공통된 주제는 청년 스스로 무엇을 믿고 무엇을 가치 있는 것으로 여길지를 선택해야 하는 것을 강조하고 있다. 청년의 종교적 믿음에서 아동기와 청소년기에 부모로부터 접하게 된 것과의 연관성은 한계가 있다. 심지어 청년 중 15%에 해당하는 종교 보수주의자들도 질문과 탐색의 개별적인 과정을 통해 그러한 믿음을 갖게 된다. 청년의 가치관 역시도 자기 선택이다. 집단주의적 가치를 수용하는 청년일지라도 이들의 가치관은 가족과 문화의 가르침일 뿐만 아니라 자기 자신의 삶의 경험과 관찰에 대해 심사숙고한 결과물이다.

다만 청년의 특징으로 독립적인 사고를 강조한다고 해서 청년이 이기적이거나, 사회에서 고립되거나, 다른 사람과 연결되지 않은 것을 의미하거나, 원자적인 삶atomistic life[* 연결고리나 유대감이 없는 삶]을 살고 싶다는 뜻은 아니다. 청년의 절반 이상이 적어도 가끔 종교 의식에 참석하고 조금 더 나이가 들어 자녀가 생기면 더 많이 종교 의식에 참석할 계획이 있다. 종교 단체를 거부하는 청년은 대개 자신이 자기중심적이어서가 아니라 종교 단체의 도덕성을 의심하기 때문이다. 이들의 가치관과 관련해서 대부분의 청년은 극단적인 개인주의자가 아니다. 대다수는 집단주의자이거나 이러한 윤리 모두에 따라 살려고 노력하여 다른 사람을 위해서도 좋은 일을 하면서도 개인적으로 만족스러운 삶을 살고자 한다. 비록 청년은 부모로부터 독립을 하기는 했지만 아직 새로운 가족 관계에 전념하지 않아 자기에게 초점이 맞춰진 삶을 사는 시기이지만, 그럼에도 청년 대부분은 자신이 원하는 삶을 위해 노력하는 것과 자신이 대접받고 싶은 것처럼 다른 사람들을 대하는 것 사이에서 균형을 찾으려고 한다.

10장 과연 사회계층이 중요한가?

청년기 이론을 처음으로 발표했던 이후로 많은 곳에서 받아들여졌지만, 누구에게나 인정받은 것은 아니다. 다른 모든 이론처럼 청년기 이론을 비평하는 사람들이 있다. 비평적 관점을 가진 사회학자의 대부분은 청년기 이론이 10대 후반부터 20대에 속한 대다수의 젊은 사람에게 적용되지 않는다는 것을 핵심적인 문제로 삼는다.[1] 특히 이 시기에 부모의 경제적 지원을 받아서 대학에 진학하고 자유와 여가를 충분히 누리는 중류층과 중상류층 청년에게는 이 이론이 적용될 수 있지만, 선택의 여지가 훨씬 적은 노동 계층과 하류층 청년에게는 적용하기 어렵다고 비평가들은 말한다. 즉 10대 후반에서 20대 초·중반의 시기에 자기에게 초점을 맞춰 정체성 탐색을 할 수 있고 가능성 있는 확실한 미래를 기대하고 있는 중류층 청년의 이야기이다. 반면에 하류층 청년은 이런 행운이 없기도 하며 10대 후반에서 20대의 시기에 기약도 없고 그렇게 좋아 보이지도 않는 노동시장에 진입하기 위해 애를 써야만 한다. 하류층 청년에게 일은 자기표현과 정체성을 충족하기 위한 형태가 아니라, 오직 생계를 책임지는 방편으로 생각할 수밖에 없고 적당한 임금을 주는 안정적인 직업만을 추구하는 모습을 보인다. 이처럼 하류층 청년의 관점에서 미래는 가능성이 활짝 열려 있는 것이 아니라 계속 닫혀 있다는 주장이다.

하지만 청년에 관한 연구와 관련해서 교육과 사회계층의 배경을 고려하는 것이 중요하다는 것을 강조해왔다. 이 책에 제시된 연구를 포함한 저자의 연구에서 단지 대학생이나 대학 졸업자만이 아닌 다양한 학력을 가진 사람들을 꾸준히 포함해 왔다. 처음 청년기 이론을 제시했던 글에서 중등교육 이후 전문대학이나 4년제 대학을 다니지 않은 '소외된 절반forgotten half'의 젊은 사람들에게 더 많은 연구적 관심을 가질 수 있게 되는 것이 이 연구의 장점 중 하나라고 주장했다.[2]

고등학교를 졸업하고 대학에 진학하지 않은 젊은 사람에 관한 연구가 드물다는 의미에서 학자들은 '소외된 절반의 사람들'을 잊은 듯하다. 청년기는 10대 후반에서 20대, 특히 18~25세의 발달에 대한 새로운 패러다임을 제시하는 개념이며, 이 시기에 대한 명확한 개념이 학술적 관심의 증가로 이어질 것이라는 약간의 희망이 있다.

대학과 관련된 내용을 다루고 있는 6장과 일과 관련된 내용을 다루고 있는 7장뿐만 아니라 이 책의 전반적인 내용에서 고등교육 이수 여부가 청년의 직업과 사회계층을 결정하는데 엄청난 전환점이 된다고 강조했다. 주로 정보, 기술, 서비스에 기반을 둔 경제 상황에서 고등교육은 한 청년의 향후 성인기 삶의 궤적을 결정하는 데 가장 중요한 일이다. 또한 누군가는 미혼모 가정을 이루고 또 다른 누군가는 성공적인 결혼 생활을 지속하게 되는 사회계층의 배경에 대한 중요성에도 주목하고 있다. 이런 모든 이유로 청년기 이론이 중류층 대학생에게만 적용된다고 하는 것은 올바르지 않다.

그럼에도 저자와 비평가 사이에는 중요한 차이점이 있다. 양쪽 모두 이 시기에 교육 수준과 사회계층이 중요한 사안이라는 것을 인정하지만, 어느 정도로 중요하다고 보는 가에 대해선 다를 수 있다는 점이다. 10대 후반에서 20대 사이의 연령대에서 나타나는 사회계층의 차이가 '청년'이라고 불릴 만큼 충분히 공통점을 가지고 있는 집단 내 중요 변수로 가장 잘 이해되고 있는가? 아니면 이 연령대에 속한 노동계층 청년의 경험은 중류층 청년의 경험과 너무나도 다른데 이들을 같은 생애단계에 속한다고 말할 수 있는가?

이번 10장에서는 이러한 질문에 대한 답을 찾기 위해 하나씩 알아가려고 한다. 먼저 18~29세 사이의 사회계층에 대한 유사점과 차이점을 보여주는 Clark 설문조사를 검토한다. 그다음에 다양한 사회계층에 속한 20대 아프리카계 미국인 4명의 사례를 살펴볼 것이다. Clark 설문조사와 사례연구에 따르면 사회계층에 따라 생애 전망에 대한 분명하고 때로는 극적인 차이가 있기는 하지만, 전체 사회계층의 이 연령대에 '청년기'를 적용할 만큼 사회계층 간에는 충분한 유사점이 나타난다는 것이 저자의 견해이다.

사회계층별 청년기: 유사점과 차이점

사회계층이 청년기에 어떤 역할을 하는지에 대한 근거는 무엇인가? 이 책의 전반에서 청년이 결혼하고 부모가 되는 시점부터 안정된 직업을 구하기 위해 학업을 마치기까지 시간을 보낸 삶의 다양한 측면과 사회계층이 어떻게 연관되어 있는지를 알아보고 있다. 특히 여기에서는 다양한 분야와 관련된 사회계층의 유사점과 차이점에 대한 정보를 제공하는 Clark 설문조사를 구체적으로 살펴보자.[3]

대부분의 사회과학 연구에서 '어머니의 교육 수준'으로 사회계층을 대표하여 사용하는 것과 같이 Clark 설문조사의 데이터 분석에서도 이 기준을 사용했다.[4] 하류층(고졸 이하, 표본의 29%), 중류층(전문대학 또는 직업학교, 표본의 34%), 상류층(4년제 이상, 표본의 37%)의 3가지 범주로 구분하였다. 사회계층별로 분석한 표에서 오른쪽 열의 분석자료는 카이-제곱 검정으로, 'p'는 확률이고 'ns'는 교육 수준별 사회계층 간의 차이가 통계적으로 유의하지 않음을 나타낸다.

5대 특징과 성인기의 관점

1장에서 언급한 2004년에 제기했던 청년기 5대 특징은 다양한 연구에서 입증되었으며 특히 Clark 설문조사에서 뚜렷이 나타난다. 그렇다면 사회계층별로도 이러한 특징이 나타날까? [표 10.1]에서 나타나듯이 분명히 그렇다고 본다. 청년기

[표 10.1] 사회계층별 5대 특성

지금은,	사회계층별로 동의한 응답률(%)			
	하류층	중류층	상류층	유의성
정체성 탐색 내가 진짜로 누구인지 알아가는 시기이다.	77	73	79	ns
불안정 모든 것이 변화하는 시기이다. 모든 것이 불확실한 시기이다.	83 65	81 62	84 64	ns ns
자기초점 나에게 초점을 맞추는 시기이다.	67	71	71	ns
어중간함 성인이 되었다고 느끼나요? (그렇지 않다, 잘 모르겠다, 그렇다)	50	48	51	ns
가능성 모든 것이 가능할 거 같다. 결국 내가 원하는 삶을 살 것이라고 확신한다.	85 92	81 87	81 93	ns ns

이론에서 제안한 5대 특징과 관련된 모든 항목에 대해 사회계층 간 차이는 아주 미미한 수준이고 통계적으로도 유의하지 않다.

성인기에 대한 관점을 보여주는 [표 10.2]에서 결코 성인이 되고 싶지 않다거나, 성인은 지루할 것이라 여기는 부분에 있어 사회계층 간 차이는 없었다. 성인이 지금의 삶보다 더 즐거울 것이라는 믿음에만 아주 약간의 차이가 있었을 뿐이다. 하류층에 속한 청년의 경우, 미래의 삶이 지금보다는 더 즐거울 것이라고 믿는 경향이 있었다. 이것은 하류층 청년이 절망감, 소외감, 패배감을 느낀다는 주장과 모순된다.[5] 오히려 이들은 가족에게 전폭적인 지원을 받지 못한 채 청년기에 접어들었지만, 희망적이고 낙천적인 태도를 유지하고 있다.

[표 10.2] 사회계층별 성인기에 대한 관점

	사회계층별로 동의한 응답률(%)			
	하류층	중류층	상류층	유의성
만약 내 마음대로 할 수만 있다면, 결코 어른이 되고 싶지 않다.	35	31	26	ns
어른이 되면 따분할 것 같다.	23	22	16	ns
어른이 되면 지금보다 더 즐거울 것 같다.	61	55	57	p<.05

정서 상태

청년이 된 기분은 어떨까? 좋기도 하고 안 좋기도 하다. 1장에서 언급했듯이 이 시기는 설렘과 불안을 동시에 느끼는 정서적으로 복잡한 생애단계이다.

[표 10.3]은 전반적인 사회계층에서 나타나는 복잡성을 보여주고 있다. 18~29세 중 상당수는 이 시기가 자유라는 특성이 있으며 재미있고 흥미진진한 시기라는 것에 동의한다. 대다수 청년은 자신의 삶을 영위하는 것에 만족한다. 그러나 이 시기에 스트레스를 받고 자주 불안감을 경험한다는 것에도 동의한다.

[표 10.3] 사회계층별 정서적인 생활

	사회계층별로 동의한 응답률(%)			
	하류층	중류층	상류층	유의성
지금 내 삶이 매우 자유롭다고 느낀다.	71	72	78	ns
지금 내 삶이 즐겁고 신난다고 느낀다.	80	80	90	p<.001
지금 내 삶에 스트레스가 많다.	71	68	74	ns
전반적으로 내 삶에 만족한다.	77	80	86	p<.05
종종 우울하다고 느낀다.	38	35	25	p<.01
종종 불안하다고 느낀다.	54	56	54	ns
종종 내 삶이 제대로 돌아가지 않는다고 느낀다.	37	30	24	p<.01

하류층 청년이 상류층 청년보다 덜 긍정적이고 더 부정적인 정서 생활을 경험한다는 것을 일관적으로 보여주고 있어 이 부분에서 사회계층에 따라 유의한 차이가 있다. 구체적으로 보자면, 하류층은 자신의 삶이 만족스럽고, 재미있고, 흥미진진하다고 여길 가능성이 낮으며, 우울하고 삶이 제대로 돌아가지 않는다고 응답할 가능성이 더 높다. 이러한 계층별 차이에도 불구하고, 청년기는 모든 사회계층에서 긍정적인 것을 경험하는 시기이다. 이를테면 '자신의 삶이 재미있고 흥미있다고 느끼고 있다'에 상류층 청년은 90%였고 이보다는 낮지만, 하류층도 과반수 이상인 80%였다. 마찬가지로 하류층 청년의 38%가 종종 우울감을 느낀다고 답했는데, 이는 우울감을 느끼는 상류층 25%에 비하면 꽤 높지만, 과반수에는 크게 못 미치는 수치이다.

하류층 청년이 상류층보다 자신의 삶에 대해 덜 긍정적으로 느끼고 있는 이유를 쉽게 이해할 수 있다. 하류층은 취업 가능성이 낮고 곧 알게 되겠지만, 가정형편으로 인해 오늘날의 경제에서 풍족한 삶을 살아가는 데 꼭 필요한 교육을 받지 못할 가능성이 높다. 하지만 더욱 놀라운 사실은 하류층이 이처럼 경제적으로 불리한 상황에 있음에도 이들 대부분이 삶에 대해 놀라울 정도로 긍정적이고 만만치 않은 장애물에도 해방감, 재미, 삶에 대한 즐거움을 느낀다는 것이다.

부모와의 관계

사회계층과 부모와의 관계는 관련성이 거의 없다. [표 10.4]는 모든 사회계층에서 대다수 청년은 청소년기 이후 부모와의 관계가 개선되었다는 것을 보여준다. 부모가 자신의 삶에 너무 많이 관여하고 있다는 느낌이나 부모에게서 독립해서 살고 싶다는 욕구에도 사회계층 간 차이가 없다.

여기에서 사회계층별로 유의한 항목은 부모의 삶보다 자신의 삶이 더 나아질 것이라는 청년의 믿음이다. 하류층 청년이 자신의 미래를 절망과 암울함으로 본다는 사회학적 담론과는 달리, 자신의 삶이 부모의 삶보다 더 나아질 것이라고 믿는 경향이 있다. 하류층 부모는 성인기에 돈이 부족하고 제한된 기회 때문에

[표 10.4] 사회계층별 부모와의 관계

	사회계층별로 동의한 응답률(%)			
	하류층	중류층	상류층	유의성
10대 중반 때보다 지금 부모님과 더 잘 지내는 편이다.	78	75	76	ns
부모님은 내가 필요로 하는 것보다 내 삶에 더 많이 관여하신다.	32	31	27	ns
비록 경제적인 여건이 빠듯할지라도, 부모님으로부터 독립해서 살고 싶다.	74	72	76	ns
결국 내 삶이 부모님의 삶보다 더 나을 거로 예상한다.	80	72	74	p<.001

힘겹게 살았을지 모르지만, 하류층 청년은 성인이 되었을 때를 훨씬 더 밝게 전망한다. 다른 청년과 마찬가지로 하류층 청년은 현재 생애단계를 가능성의 시기라고 본다.

교육과 일

교육과 일은 청년에게 사회계층 간 차이를 가장 많이 발견할 수 있는 영역으로 여겨진다. 결국 사회계층이라는 배경은 어머니의 교육 수준에 따라 달라지며, 그것은 청년의 교육 수준까지 강하게 예측한다.[6] 또한 교육 성취도로 성인기 동안 어떤 종류의 일을 할 수 있는지를 예측할 수 있다.[7]

그러나 Clark 설문조사에 따르면 교육과 일에 대한 청년의 사회계층 간 차이는 거의 나타나지 않는다. [표 10.5]에 따르면 모든 사회계층에서 청년은 대학 교육을 성공의 문을 여는 열쇠로 보고 있지만, 대학을 가지 않아도 좋은 직업을 찾을 수 있다고도 믿는다. 모든 사회계층에서 청년은 돈을 많이 버는 것보다 즐거운 일을 찾는 것이 더 중요하다. 청년의 모든 사회계층 중 절반 이상이 자신이 진정으로 원하는 종류의 직업을 찾지 못했고, 약 3분의 1은 안정적인 직업을 갖기

[표 10.5] 사회계층별 교육과 일

	사회계층별로 동의한 응답률(%)			
	하류층	중류층	상류층	유의성
대학 학위는 내 삶에서 가장 중요한 성공의 열쇠 중 하나이다.	76	73	83	ns
대학 학위가 없어도 좋은 직장을 얻는 것은 가능하다.	72	62	65	ns
내가 필요한 교육을 받을 만큼 충분한 경제적 지원을 받을 수가 없다.	45	34	28	p<.001
앞으로 오랫동안 하게 될 직업을 갖기 위해 서두르지 않는다.	33	37	37	ns
세상에서 도움이 되는 일을 하는 것이 중요하다.	89	78	89	p<.001
돈을 많이 버는 것보다 일을 즐기는 것이 더 중요하다.	77	85	83	ns
진정 원하는 일을 아직도 찾지 못하고 있다.	64	59	54	ns

위해 서두르지 않는 것으로 나타났다. 하류층부터 상류층까지 모든 사회계층에 걸쳐 대다수가 세상에 도움이 되는 직업을 찾는 것이 중요하다는 데 동의한다.

 이러한 유사점에도 불구하고, 교육과 일의 관점에서 사회계층별 뚜렷한 차이는 결정적이다. 6장에서 언급한 바와 같이, 하류층 청년 45%는 상류층 청년 28%보다 자신이 필요로 하는 교육을 받을 만큼 충분한 재정적 지원이 없다고 답하고 있다. 가장 가난한 환경에 처한 청년 중 절반 가까이가 필요로 하는 교육을 받지 못했다는 사실은 이들의 잠재력이 엄청나게 낭비되고 있다는 것을 뜻한다. 심지어 최상류층 청년 중 4분의 1 이상도 충분한 교육을 받을 만큼 경제적 여유가 없다는 것을 발견했다. 6장에서 논의된 바와 같이 이와 같은 불행한 사태는 최근 수십 년 동안 고등교육 비용이 증가한 실태를 반영하고 있는 것이다.

 이러한 현상은 사회가 잘못된 방향으로 힘들어지고 있다는 것을 나타내기도 한다. 경제가 제조업에서 정보와 기술을 필요로 하는 서비스업으로 점점 더 변화함에 따라, 고등교육을 통해서 취득할 수 있는 기술을 가진 사람에 대한 수요가 점점 더 많아진다. 고등교육을 받고자 했던 모든 사람에게 교육을 받을 수 있게 하는 것에 실패한 사회는 새로운 경제에 성공적으로 참여하기 위한 충분한 기술을 가진 인력의 부족이 이미 나타나기도 했으며 앞으로도 그럴 것이다. 또한 기술이 없어서 스스로 생계를 유지할 만큼 충분한 보수를 받는 직업을 구하지 못하는 젊은 인력이 남아돌고 있으며, 결과적으로 이들은 정부의 지원을 받아야만 한다. 따라서 고등교육에 쓰이지 않은 정부 재정은 덜 생산적인 방식인 실업급여로 사용되고 있는 실정이다.

사랑, 섹스 그리고 결혼

사랑, 섹스, 결혼에 있어서 모든 사회계층의 청년은 현대적인 이상과 전통적인 가치를 결합하여 일과 가족의 역할 균형을 제대로 맞추려고 한다. [표 10.6]에 따르면 이들 대다수는 사랑 없는 섹스를 하는 것은 잘못이며, 결혼한 후에 아이를 가져야 한다고 생각한다. 또한 이들은 결혼 생활을 평생 유지할 수 있는 배우자를 찾으려고 노력한다. 현대 사회에서 나타나는 반전이라면, 청년은 자신이 꿈꾸는 가정의 이상향에 도달하기 위해서는 자신의 진로 목표 일부를 포기해야 하는 것으로 생각한다는 점이다. 7장에서 얘기한 바와 같이 젊은 남성도 젊은 여성만큼

[표 10.6] 사회계층별 사랑, 섹스, 결혼

	사회계층별로 동의한 응답률(%)			
	하류층	중류층	상류층	유의성
사랑 없이도 성관계를 할 수 있다.	40	38	48	ns
결혼한 후에 자녀를 가져야 한다.	68	67	73	ns
결혼 생활을 평생 유지하려고 한다.	87	83	89	ns
내가 원하는 가정을 가지기 위해서라면 나의 진로 목표 중 일부분을 포기할 수도 있다.	61	57	62	ns

이나 이러한 균형을 원하는 경향이 있다.

결혼한 후에 아이를 가져야 한다는 믿음에 사회계층 간 차이가 없다는 것은 주목할 만하다. 5장에서 설명한 바와 같이, 하류층 청년은 결혼하지 않고 아이를 가질 가능성이 상당히 높다. 결혼하지 않고 아이를 가진다는 것이 현명하지 못하다는 하류층 청년의 믿음이 상류층 청년보다 낮지 않다는 사실은 낮은 사회경제적 지위의 젊은 여성은 교육이나 직업적 전망에 대한 희망이 없고 믿을 만하지 않고 경제적 능력이 없는 남자와의 결혼을 기다릴 이유가 없기 때문에 결혼하지 않고 아이를 가진다는 결정을 한다는 사회학적 주장에 대해 의문을 제기하는 증거가 된다.[8] 대신에 이것에 대해 사회계층 간 차이가 적은 이유는 20대 미혼모가 보통 계획적인 선택을 하는 것이 아니라, 생식의학에 대한 지식 부족과 신뢰할 만한 피임을 일관되지 않게 사용한 결과로 발생한다라는 5장에서 제시된 「Fog Zone」의 보고 내용과 일치하는 결과이다.[9]

하류층 청년이 상류층 청년보다 더 많이 이혼한다는 현실에 비추어 볼 때(5장 참조), 결혼 생활을 오래 유지할 것이라는 기대에 대해서 사회계층 간 차이가 없다는 사실은 가슴 아픈 일이다. 그러나 이러한 어려움에도 불구하고 거의 모든 사회계층에서 이들은 사랑은 이루어지고 지속될 것이라 믿는다.

Clark 설문조사의 결론: 사회계층 간 차이점보다 더 많은 유사점

Clark 설문조사는 18~29세 사회계층 전반에 걸쳐 차이점보다 유사점이 더 많다는 결론을 분명하게 보여준다. 청년기 이론에서 제안한 5대 특징에 대한 응답에 차이가 없었으며, 성인기에 대한 기대에도 차이가 없었다. 단 하류층 청년은 현재의 삶보다 성인기에 더 즐거울 것이라고 기대할 가능성이 더 높다는 것을 제외하면 말이다. 이는 청년기 비평가의 주장을 확인하는 것이 아닌 반론을 의미한다. 삶의 정서적인 측면을 보면 사회계층 전반에서 대부분의 청년은 스트레스와 불안을 경험하기는 하지만, 자신의 삶을 자유롭고, 즐겁고, 신나는 것으로 보고 있다는 점에서 유사하다. 또한 사회계층 전반에 걸쳐 대부분의 청년은 자신의 부모와 잘 지내는데, 이들 중 하류층은 상류층 또래들보다 자신의 삶이 부모의 삶보다 더 나을 것이라 믿는 점에서 차이를 보였고, 이는 노동계층 비관론에 대한 또 다른 반박이었다. 교육과 일에서 전반적으로 청년은 대학교육의 중요성을 인식하고 있으며, 즐겁고 세상에 도움이 되는 일에 대한 이상적인 열망을 품고 있다. 사랑, 섹스, 결혼에 대해서는 대부분 전통적 가치를 고수했지만, 남녀 모두 사회적 배경과 관계없이 가정의 목표를 위해 진로를 희생할 수 있다고 답했다.

Clark 설문조사의 사회계층별 차이점은 비록 미미하더라도 시사점이 있다. 하류층의 범주에 있는 청년은 자신이 필요하다고 느끼는 교육을 받을 경제력이 부족하다고 응답할 가능성이 높다. 아마도 이런 이유 때문인지 몰라도, 이들은 우울감을 자주 느낀다고 답할 가능성도 더 높다. 현대 경제에서 교육이 성인의 성공에 얼마나 중요한 영향을 주는지를 생각해 보면 수긍이 가는 대목이다. 그러나 그 엄청난 역경에도 불구하고 하류층 청년의 낙천적 태도는 여러 면에서 빛을 발하고 있다.

전반적으로 Clark 설문조사는 미국 사회 속 청년기의 공통된 경험에 대한 강력한 증거자료가 된다. 청년기 이론에서 제안된 5대 특징은 사회계층을 통틀어 대다수 청년에게서 지속적으로 드러나고 있다. 다른 여러 가지 면에서도 청년은 계층을 막론하고 비슷한 특징을 보인다. 이들의 계층적 차이는 의심할 여지 없이 중요하며, 특히 하류층 청년이 고등교육을 받을 수 있도록 더 많은 기회를 주는 것과 관련해서는 정부에서 진지하게 다룰 필요가 있다. 어찌 되었든 청년들은 사회계층별로 차이점보다 유사점이 훨씬 더 많아 생애단계를 구성할 만큼의 속성을 가지고 있다고 판단된다.

사회계층과 청년기: 4명의 프로파일

지금까지 사회계층에 관한 Clark 설문조사의 정량적인 결과를 살펴보았다. 이는 사회계층이 청년 삶의 다양한 측면과 어떻게 관련되어 있는지에 대한 의미 있는 내용을 보여주고 있다. 하지만 언제나 그렇듯이 인간 발달에 대해 더 깊이 이해하려면 이러한 양적 조사 결과 이상의 것을 찾아내야 한다. 따라서 지금부터는 상류층 청년과 하류층 청년 사이에 있을지도 모르는 가장 중요한 유사점과 차이점에 관한 생각과 통찰을 제시하는 것을 목표로 해서 저자의 기존 연구에 있는 청년 4명의 프로파일을 제시하려 한다.[10] 여기 4명의 프로파일은 사회계층을 하류층, 중류층, 상류층으로 단순하게 분류하는 것보다 더 복잡하고 변화 가능한 특성이 있다는 것을 보여줄 것이다.

여기 제시된 4명의 인물은 모두 아프리카계 미국인이다. 저자가 이들을 선택한 이유는 미국에서의 사회계층 문제가 특히 아프리카계 미국인에서 가장 뚜렷이 나타나기 때문이다. 최근 수십 년 동안 중류층 아프리카계 미국인 숫자가 현저하게 증가했다. 아프리카계 미국인 가계의 3분의 1 정도는 백인 가계 소득 중위 이상의 소득을 가지고 있다.[11] 반면에 아프리카계 미국인 가계의 빈곤율 또한 높다. 2011년 아프리카계 미국인 가계의 빈곤율은 37%로, 라틴계 미국인 가계 34%, 백인 가계 11%와 비교되는 높은 수치이다.[12] 결과적으로 청년기의 본질 또는 존재에서 나타나는 사회계층의 차이점을 찾아내려면, 아마도 아프리카계 미국인의 삶에서 명백하게 나타날 것이다.

우선, 2명의 젊은 남성 프로파일로 시작해서 이후, 2명의 젊은 여성 프로파일을 살펴보자.

Carl: "가능하다면 최고가 되고 싶어요."

23세의 Carl은 San Francisco에서 부모님과 함께 살고 있으며 노동자 계층이다. 아버지는 지역 전기 공사에서 30년 동안 가선공으로 일하며 손상되거나 결함이 있는 전선을 수리했고, 어머니는 간호조무사로 일했다. 현재 Carl은 컴퓨터 가게에서 판매사원으로 일하고 있는데, 자신의 직업에 대해 "가장 신나게 할 수 있는 일은 아니에요."라고 말한다. Carl은 현재 컴퓨터공학 학사 학위를 취득하기 위해 노력하고 있으며 내년 안에 취득할 수 있을 것으로 기대하고 있다.

Carl은 컴퓨터를 좋아하기 때문에 이와 관련된 분야에서 경력을 쌓고 싶지만, 아직은 좀 더 구체적인 일 정체성을 만들어 가는 단계에 있다. 10년 후 자신의 삶을 어떻게 보느냐는 질문에 "솔직히 말씀드리면, 전혀 감이 안 잡혀요."라고 답했다. 조금 더 대화를 나누고 나서야, Carl은 "그때 즈음이 되면 데이터베이스 프로그래밍 분야의 컨설팅 회사를 운영해 보고 싶어요."라고 자신의 미래의 일에 대한 포부를 밝혔다. 사랑에 있어서도 정체성 형성은 확실히 아직 진행 중이었다. 연애 생활에 관해 물었을 때 Carl은 여자 친구가 없다고 강조했지만, 이에 대해서는 말을 아꼈다. "가끔 만나는 사람이 있긴 해요. 그게 다예요."

대다수 청년의 삶에서 나타나는 불안정함이 Carl의 삶에서도 확연히 드러났다. Carl은 18세에 집을 떠나 Mississippi 대학에 다니긴 했지만, 2년 만에 자퇴를 선택했다. 왜냐하면 Carl처럼 컴퓨터에 관심이 많은 청년이 있어야 할 곳은 San Francisco였기 때문이다. 이제 고향인 San Francisco로 돌아와 대학을 옮겼고 새로 시작한 학위 과정으로 졸업하고 새로운 직업을 구하게 된다면 그의 삶은 다시 바뀔 것이다.

비록 Carl의 부모님은 고등학교 졸업에 그쳤지만, Carl과 형제자매의 고등교육을 강력히 지원했다. "아버지는 내가 반드시 대학에 가야 한다고 엄청 많이 강조하셨어요." 비록 Carl의 부모는 여윳돈이 많지 않았지만, Carl이 학사 학위를 받을 수 있도록 수단과 방법을 총동원해서 학비를 마련했다.

Carl은 기술집약적인 경제 활동이 많은 지역에 사는 것이 자신을 일자리와 관련된 사회적 자원, 즉 취직에 유리한 '인맥'에 다가가게 해줄 것으로 생각했다. "나의 경력을 고려할 때 이 근처에 있는 것이 더 좋다는 것을 알게 되었어요. 왜냐하면 여기는 일자리로 연결해 줄 사람을 많이 만날 수 있기 때문이죠." Carl은 대학 교육에 대해서도 부모와 비슷한 현실적인 시각을 갖고 있었다. 비록 대학에서 얻은 지식이 실용적이지 않더라도, 학사 학위는 가치가 있을 것이라는 생각이었다. "컴퓨터 산업은 고등학교 과정만 마친 사람에게도 좋은 기회가 될 수 있어요. 왜냐하면 이 분야는 무엇을 할 수 있는지에 관한 결과에 더 중점을 두기 때문이죠. 하지만 내 생각에 회사는 학위를 가장 우선으로 보는 것 같아요."

Carl은 어중간함을 느끼는 전형적인 청년이다. 많은 청년처럼 Carl은 성인기를 "자기결정에 책임질 수 있는 시기"로 정의했다. "내가 내 삶을 책임져야만 한다는 것을 알면서도 모든 것을 책임지고 싶지 않아요."라고도 시인했다. Carl은 어중간함에 신경 쓰지 않았고, 성인이 되기 위해 특별히 서두르지도 않았다. 이따금 이런 무책임한 행동에 죄책감을 느끼지만, 자기에게 초점을 맞춘 자유를 최대한 활용하고 있었다. "어느 날 아침 해야만 하는 다른 일이 있었지만, 'Mexico에 가야겠어'라고 말하고 떠나 버렸어요."

Carl에게 미래는 다양한 가능성으로 보이고, 10년 후에는 데이터베이스 컨설팅 회사를 운영하게 될 거라는 그의 예측은 낙관주의를 표방하고 있다. "내가 할 수 있는 한 최고가 되고 싶어요."라는 가능성을 실현하는 것이 인생 목표였다.

Carl은 부모가 노동자 계층이었기 때문에 여러 기회에서 배제된다고 느끼진 않는다. Carl은 이미 부모보다 더 많은 교육을 받았고 더 높은 사회계층으로 향해 가고 있는 것 같다. 하지만 Carl의 관점에서 보자면 자신이 흑인이라는 것이 경제적 지위가 어떻든 간에 항상 차별의 대상이 되었을 것이다. Carl이 컴퓨터 판매원으로 일하면서 백인들이 자신을 어떻게 보는지를 매일 떠올리곤 했다. "대부분의 백인으로부터 제가 아무것도 모른다고 생각하는 것 같은 인상을 받았어요." Carl이 어렸을 때 아침에 여자 친구 집에서 자신의 집으로 가던 중 범죄자로 의심되어 경찰에 연행되었던 이야기를 회상했다. "대다수 흑인은 늦은 밤 경찰과 옥신각신하면 안된다는 것을 알고 있기 때문에 저항하지 않았어요." 비록 경찰은 몇 시간 후에 풀어주었지만, 굴욕과 분노를 느끼게 한 경험이었다. 아프리카계 미국인이 미국 사회에서 동등한 기회를 가지고 있다고 생각하느냐는 질문에 "아뇨. 만약 그게 사실이라면, 선생님은 우리 동네에 와서 길모퉁이에 있는 녀석들에게 '너희들도 다른 사람과 동등한 기회가 있어'라고 말할 수 있어야 해요."라고 답변했다. Carl에게 성공의 장애물은 사회계층보다는 인종이었다.

Gary: "양동이 속에 있는 게 신세예요."

Gary는 해군 출신 아버지와 간호사 출신 어머니 그리고 그때나 지금이나 우애가 좋은 형제자매와 함께 꽤 좋은 환경에서 자랐다. 하지만 어렸을 때 어머니는 신경쇠약 증상이 나타나 그 이후로 무기력해졌으며, 아버지는 알코올 중독자가 되어 가족을 떠나는 등 가정 생활은 곧 틀어지게 되었다. Gary의 가족은 중산층에서 빈곤층으로 전락했고, 이후 형편없는 공공주택과 좋지 않은 이웃들이 있는 환경에서 살게 되었다.

29세가 된 지금 Gary는 혼란에 가까운 불안정한 삶을 살고 있다. 거주지가 정해져 있지 않고 어머니, 형제, 할머니의 집을 돌아다니며 잠을 청한다. 매일 어디서 밤을 보낼지 예측할 수 없는 상황이다. "저는 곯아떨어지듯 잠들었다가 아침에 일어나요. 지금 딱히 정해진 거주지가 없어서 거주지를 마련하려고 노력 중이에요."

Gary는 29세가 되었지만, 보통 20대 후반에 청년기에서 조금 더 확실한 성인기로의 전환에서 일반적으로 나타나는 특징인 '사랑과 일에 있어서 안정적인 성인 역할'로 넘어갈 기미가 보이지 않는다. 현재 여자 친구가 없기도 하지만 지금까지 한 번도 여자를 사귀어 본 적도 없다. "연애를 해본 적이 없어요." 그래도 Gary는 자신이 어떤 대상을 찾고 있는지 잘 알고 있는 것처럼 보인다. "모든 것은 신뢰와 사랑으로 시작해요. 그리고 선생님도 아시겠지만, 내가 볼 때 기본적으로 마음에 있는 어떤 것이든 편하게 소통할 수 있는 길을 열어주는 우정에서 시작이 됩니다. 일단 그렇게만 된다면 다른 모든 것은 딱 들어맞겠죠. 그래서 그저 내 감정과 생각들을 공유하면서 부정적인 느낌이 들게 하지 않을 사람을 만나고 싶은 게 다예요."

Gary는 문서를 복사하는 복사 보조원으로 일하는데, 이것은 아무리 좋게 말해도 성취감이 없는 일이다. "그냥 정말 지루한 일이에요. 같은 일이 반복되고 또 반복되죠." Gary는 이 일이 내세울 만한 일이 아니라는 것을 알고 있다. "이건 고등학교 정도를 졸업하고 처음으로 할 만한 일이죠. 학교에 다니며 하기에는 꽤 괜찮은 일이지만, 이걸로 경력을 쌓는 것은 좋은 선택이 아니에요." 그럼에도 이 일은 Gary에게 일거리를 주고 문제 상황을 피하도록 돕는 중요한 기능을 한다. "이 일은 내 주머니에 돈이 있게 해주고, 낮 동안에 어디론가 갈 곳이 되어주고, 실제로 제가 나쁜 짓을 하도록 자극받는 환경에 놓이지 않게 도와줘요."

Gary는 "실제로 자신이 나쁜 짓을 저지를 만한 환경"에 있었던 힘든 경험을 통해 어떤 일이 생기는지 알게 되었다. 10대 시절 Gary는 경범죄(배송 트럭 뒤에서 감자칩을 훔치는 것)부터 중범죄(자동차를 훔치는 것)까지 다양한 범죄에 연루된 소년 범죄 집단의 일원이었다. "제 사촌 중 한 명이 불법 자동차 부품 판매장을 갖고 있어요. 그래서 차를 훔쳐서 그에게 가져다주곤 했죠. 사촌은 차 한 대에 500달러를 줬어요." 자주 이런저런 위반으로 인해 붙잡혔고 매번 보호관찰을 받다 마침내 마약 단속에 걸려 교도소에 가야 했다.

Gary는 그때를 회상하며 수감되었을 때가 자신이 더 나은 삶을 사는 데 큰 전환점이 되었다는 것을 알게 되었다고 했다. "그땐 정말 상황이 좋지 않았어요. 마리화나, 코카인 등 많은 마약을 했고, 마리화나 안에 코카인을 넣어서 피우기도 했고, 코카인을 담배에 넣기도 하고, 종이에 말아 피우고, 술도 많이 마셨죠. 마침내 감방에 앉아 지금까지의 삶을 되돌아보니 체포된 것이 아니라 정말로 구조되었다고 생각했어요."

이후 정신이 맑아지면서 자신의 삶을 관조할 수 있게 되자, Gary는 자신이 좋지 못한 환경 때문에 잘못된 길로 들어섰다는 결론을 내렸다. "사람들 자체가 엉망진창이 아니라, 단지 좋지 않은 환경에 있었을 뿐이라고 생각합니다. 그 상황에서만 벗어난다면 더 나아질 수 있겠죠. 누군가 계속 자신을 끌어내리려고 하는 환경에 있었을 뿐이에요. 마치 '양동이 안에 있는 게crab in a bucket'처럼 말이죠. 나가려고만 하면 누군가가 항상 끝까지 다리를 잡고 다시 끌어당기는 것 같은 느낌 말이에요. 나쁜 환경은 누군가가 그 나락으로부터 빠져나오는 걸 절대 보고 싶지 않아 보여요. 그래서 나는 스스로 더 나아지려 노력하고 변화하기 위해 긍정적인 관점에서 바라보기 시작했어요."

하지만 그 굴레에서 나오는 것이 어렵다는 게 증명되었다. Gary가 출소했을 때 20대 초반이었지만, 교육을 거의 받지 못했고, 기술도 없었고, 전과 기록에 이름이 남는 오명까지 있었다. 교육이나 직업훈련을 거의 받지 않은 상태에서 좋은 직업을 찾는 것은 어렵고 중범죄 유죄 판결과 징역형까지 더하면 장애물을 극복할 수 없을 것으로 보인다. "진짜 잔인한 상황은 입사 지원을 할 때 범죄 기록을 쓰게 되는데 대부분의 직장은 나의 입사지원서를 검토조차 하지 않는 것 같아요." Gary는 회사에 이력서를 낼 때마다 "중범죄로 유죄판결을 받은 적이 있습니까?"라는 질문에 봉착하고 딜레마에 빠진다. 거짓말로 "아니요."라고 대답해도 회사가 그의 기록을 확인한다면 탈락시킬 수 있다. 그렇다고 "네."라고 솔직하게 대답하면 즉시 탈락할 수 있다. 이런 딜레마에 봉착할 때면, Gary는 어느 쪽도 선택하지 않고 빈칸으로 남겨둔다.

29세가 된 Gary는 현재의 삶은 자신이 원하던 삶이 아니라는 걸 인정한다. "솔직히 말하면 지금보다 훨씬 더 잘 살 거라고 생각했어요. 더 많은 돈을 벌고, 더 편안한 생활을 하고, 더 안정적인 경제력을 가지고, 아이를 가지려고 하는 서른 살 즈음에는 꽤 경력이 있는 직업에 있는 등 좀 더 생산적인 어떤 일을 하고 있을 거라고 생각했어요." 그럼에도 Gary는 희망을 잃지 않았고 더 밝은 미래가 펼쳐질 거라는 최소한의 가능성을 보고 있다. "나는 바꾸려고 노력 중입니다. 내가 할 수 있는 건 그때그때 할 일을 생각하고 해야 할 일을 하는 것뿐이에요. 내가 처한 경제적 상황에서 조금만 더 힘써서 좋은 직업을 가지려 노력한다면 마흔 살이 될 때쯤엔 더 많은 것을 아는 온전한 사람이 될 수 있을 것 같아요."

홀어머니가 생계를 책임지고 있는 가난한 가정에서 성장하여 친구들과 함께 범죄에 연루되어 교도소에서 복역하다가 이제 29세가 되어 암울한 미래를 맞이하게 되는 Gary와 같은 흑인 청년의 이야기는 너무나 흔하다. 하지만 그의 가족 환경으로 사회계층을 분류하기가 더 어렵다. Gary는 해군 아버지와 간호사로 일했던 어머니를 둔 중류층에서 태어났지만, Gary가 아기였을 때부터 경제적 사정이 안 좋아지면서 가난하게 자랐다. 그럼에도 Gary의 여동생과 남동생은 중류층으로 되돌아갔다. 2명의 동생은 대학 학위가 있다. 여동생은 회사에 다니며 행복한 결혼 생활을 하고 있다. 남동생은 Gary처럼 청소년기에 범죄에 연루되긴 했지만, 교도소에 가는 대신 군에 입대하는 대안을 선택하였다. 남동생은 자신이 선택한 군대에서 전역 후 돈을 벌 수 있는 일로 할 수 있는 컴퓨터 기술을 배웠다. Gary가 청년기에 접어들면서 겪는 힘든 일들은 원래의 사회계층 때문만이 아니라 각자의 삶의 대비책으로 형제자매에게 유리한 행복한 사건happy accident이 결핍한 것에 기인한다.

Erica: "세상 물정을 모르고 살았어요."

Erica는 중류층 가정에서 자랐다고 할 수 있지만, 사실은 그녀에게도 훨씬 복잡한 사정이 있다. Erica가 아기였을 때 Erica의 어머니가 이혼했기 때문에 Erica는 아버지가 누구인지 몰랐다. 이혼 후 곧장 어머니는 백인 남성과 재혼했고, 엄밀히 말하면 그녀의 새아버지이긴 하나 그를 아버지로 부르고 있다. 새아버지가 변호사여서 Erica는 어린 시절 내내 편안한 삶을 살았다. 하지만 Erica가 대학교 2학년이었을 때, 부모님이 파산했다. "아빠는 투자를 제대로 하지 못하셨고, 어머니는 과소비가 심하셨어요."라고 설명했다. 그렇게 갑작스레 그녀의 부모님은 Erica의 교육비를 지원할 수 없게 되었다. 그 후 3년 동안 일하며 대학에 다니기 위해 고군분투했고 마침내 2달 전에 졸업했다.

놀라운 것은 Erica는 가세가 급격히 기울게 된 상황이 오히려 그녀에게 긍정적인 계기가 되었다고 생각한다. "그 일은 나에게 가장 좋은 경험이 되었어요. 왜냐하면 그전까지 세상 물정을 몰랐기 때문에 상황에 편승해 왔었죠." 갑자기 부모님의 지원이 끊긴 일은 역설적으로 열심히 일하고 스스로 의사결정을 내리는 역량을 기를 수 있게 도운 것이다. "나는 정말로 나에 대해 더 많이 알아야 했어요."

Erica는 현재 23세로 대학을 졸업했지만, 일의 세계에서 새롭게 고군분투하고 있다. "난 나의 일이 싫어요!" 일에 관한 질문을 받았을 때 이렇게 호소했다. "매우 반복적이고 전혀 의욕을 불러일으키지도 않죠. 여기서는 승진의 기회는 없어요." Erica는 변호사인 새아버지를 통해서가 아닌 인력파견회사를 통해 로펌에서 법률 사무보조원으로 일하고 있다. 전화를 받고, 복사하고, 심부름하고, 변호사들이 시키는 건 뭐든지 하고 있다. Erica의 전공은 공공정책과 사회복지였지만, 사회서비스 기관에서의 일자리를 알아보다가 실망하고 말았다. "사회복지기관 대부분이 비영리단체이고, 지금 내가 버는 돈보다도 더 적은 월급을 받고 있더라고요. 이쪽 업계 자체가 정말 급여를 적게 주는 편이란 걸 알았죠."

Erica는 지금 하는 일과 알아본 일에 만족하지 못하기 때문에 대학원에 진학할 생각을 하고 있다. "사실 학교로 돌아가 더 공부하고 싶은지조차 모르겠어요. 하지만 더 많은 돈을 벌고는 싶어요." 대학원에서 무엇을 공부하려고 할까? Erica는 예술 분야, 의료 분야, 패션 분야에 대해 언급했다. "하지만 이제는 무엇을 하고 싶은지 결정할 필요가 있는 것 같아요. 왜냐하면 제가 좋아하지 않는 일을 다시 하게 된다면 성공하지 못할 것 같아서요." 확실히 Erica는 일 정체성이 아직 형성되지 않았다.

10년 후 Erica의 확고한 목표는 "결혼해서 자녀들이 있겠죠. 적어도 5명 정도로 많이 낳고 싶어요. 전업주부가 되어도 상관없어요. 남편의 직업은 전문직이면 좋겠어요. 그리고 나도 일할 의향이 있어요. 아이들이 5~6세 정도가 되면 다시 일하려고 해요. 하지만 제게 가족은 정말 중요해요. 그리고 경제적 여유가 있다면 가능한 많은 아이를 가질 거예요."

이 말은 가정 생활에 집중하기 위해 일하려는 계획을 당장 서두르지 않겠다는 것처럼 들린다. "지금 당장 그렇게 하겠다는 게 아니고 앞으로 십 년 뒤의 일이잖아요. 지금부터 그때까지 내가 할 수 있는 한 많이 경험하고 싶어요. 다재다능해지길 원해요." 하지만 잠시 후 Erica는 이렇게 말을 이어나갔다. "남자 친구가 있었으면 해요. 남자들과 데이트하는 것은 너무 힘이 들어요. 지쳤어요. 나는 정말 결혼하고 싶거든요. 집에 결혼 잡지가 있을 정도라니까요."

Erica는 자신의 삶이 부모님의 삶보다 더 나을 것이라고 확신한다. "나를 정말로 사랑하는 남자와 결혼할 거예요."라고 말하는데, 이는 단지 경제력을 보고 결혼한 그녀의 어머니와는 대조적인 모습이다. 또한 부모님이 겪은 경제적 파산은 피하길 희망한다. "경제적인 문제를 잘 처리하고 싶어요. 왜냐하면 돈은 부모님의 삶에 많은 스트레스를 주었거든요."

Erica의 삶은 학사 학위를 가졌다는 점, 낙천적이고 포부도 있다는 점 등을 볼 때 꽤 장래가 유망하다고 볼 수 있다. 하지만 현재 Erica의 삶은 청년의 불안정성을 전형적으로 보여주고 있다고 해도 과언이 아니다. Erica는 사랑과 일, 이 두 영역 모두에서 정착하지 못했고 미래는 불투명하다. 어떤 면에서는 성인이 되었다고 느끼지만, 그렇다고 확실히 성인에 도달했다는 느낌은 아니다. "나는 어른이 되었다고 느껴요. 내가 해야 할 책임감도 느끼고 있어요. 하지만 나에게는 순진하고 유치한 모습들도 너무 많아요." 이처럼 Erica의 정체성이 현재진행형이라는 것은 최근에 자신의 헤어스타일을 바꿔보려는 충동적인 결정으로만 봐도 알 수 있다. "이번 주말에 머리를 확 잘라버렸어요. 신물이 났거든요. 일요일에 일어났을 때 문득 '변화가 필요해'라고 생각했어요. 그러곤 잘랐죠. 싹둑싹둑"

대다수 청년들처럼 Erica는 지금과 같은 생애단계를 거치는 것에 대해 양가감정을 갖고 있다. 비록 불안정한 삶이 더 악화되고 있다고 느끼지만, 삶이 주는 자유 역시 받아들인다. "이런 것들 때문에 미치겠어요. 지금이 최악의 시기이지만, 한편 최고의 시기이기도 해요. 제가 무엇이든 할 수 있는 여지가 많고 책임도 나에게 있죠. 한편으론 이런 것 때문에 미쳐버리겠어요."

Monique: "내 꿈은 자동차, 집, 작은 개 한 마리를 갖는 것이에요."
Monique가 7세 일 때 그녀의 삶에서 가장 중요한 사건이 일어났다. 그때 가족은 흩어지게 되었고, Monique는 엄마, 남동생과 함께 Oakland에 있는 저소득 가정을 위한 공공주택으로 이사했다. 이전에는 Los Angeles 교외의 중하류층 지역에서 괜찮게 살았는데 그곳에서 그녀의 아버지는 정육업자로 일했다. 하지만 Monique는 당시를 이렇게 회상한다. "아빠는 대마초 같은 것을 팔곤 했어요. 흑인 마피아가 아빠를 끌어들이려 했는데 아빠는 연루되려고 하지 않았죠. 그래서 우리는 도망쳐야 했어요." 그녀의 아버지는 Oakland로 이사한 직후 가족을 떠났고, 그 후 이혼했다.

이사 후의 생활은 Monique를 많은 유혹과 위험에 놓이게 했고 삶이 내리막길로 치닫고 있어, 이제 27세가 된 그녀는 탈출을 시도하고 있다. 아버지로부터의 수입이 없어지면서 그녀의 가족은 가난에 빠졌고, 이후 어린 시절 내내 사회복지기금으로 살아왔다. 한편 어머니는 건강상의 문제가 있어 남동생을 돌보는 대부분 책임을 Monique가 지고 있었고, 이로써 그녀가 학업을 지속하는 것이 더 어렵게 되었다. 그렇게 일찍 철이 든 덕분인지, Monique는 또래보다 더 어린 나이에 성인이 되어버렸다. "어른은 책임감을 지닌 존재라고 생각해요. 내가 항상 남동생을 책임져야 했기 때문에 정말 빨리 철이 든 것 같아요."

Monique가 15세였을 때, 29세의 남자와 사귀게 되었다. "아빠가 우리를 떠나고 없어서 남자 친구를 마치 아빠와 같은 존재로 우러러본 것 같아요." 얼마 지나지 않아 임신했고 16세에 첫 아이를 낳았다. 이른 나이의 임신을 예상치 못한 건 아니어서 어떤 면으로는 임신을 오히려 기쁘게 여겼다. "좋았어요. 그리고 많은 도움을 받았죠. 특히 엄마가 많이 도와줬어요." 아무리 그렇다 해도 Monique는 어린 나이에 자녀가 있다는 것은 자신의 학업에 방해가 된다는 것을 잘 알고 있다. Monique가 임신한 뒤 고등학교를 중퇴했다. "잠시 컴퓨터 학원에 다녔는데 첫째를 임신하는 바람에 그만두게 되었어요. 그 이후에 짧게 회계사무원으로 일을 했는데 아이를 제대로 돌 볼 수가 없었어요. 그래서 대학에 진학할까 생각했는데 둘째를 임신하고 만 거예요."

이제 Monique의 아이들은 각각 11세, 7세가 되었기 때문에 취업하기로 결심했다. 하지만 이 목표는 무산되었는데, 교육 부족, 일 경험 부족, 두 아이에 대한 책임감뿐 아니라 나이 많은 남자 친구의 영향으로 인해 크랙 코카인에 중독되는 일이 있었기 때문이다. "남자 친구 때문에 계속 코카인을 하게 되었어요." Monique는 중독을 끊기가 매우 어렵다는 것을 알았지만, 11년이 지난 지금에서야 종교에 기반을 둔 프로그램에 참여하면서 마침내 벗어나기 시작했다. "그들은 내가 기도하도록 했어요. 더 많은 기도를요. 나는 그 기도가 많은 도움이 되었다고 생각해요." 그래도 Monique는 유혹이 사라지고 자신이 중독에서 벗어났다는 환상을 갖고 있지 않다. "변화는 하룻밤 사이에 일어나지 않겠죠. 몇 년 동안 멈추기도 하고 다시 돌아가기도 할 거예요. 이건 평생 싸워야 하는 거라고 봐요."

Monique가 성인이 되었을 때의 삶의 모습은 소박하지만, 지금까지 살아온 것을 보면 쉽게 달성하긴 힘들 것이다. 현재 Monique의 자녀들은 그녀의 어머니와 함께 살고 있고 Monique는 아버지와 함께 살고 있다. 매일 자녀를 돌봐야 하는 상황은 아니라서 안정적인 직장을 구하기 위해 노력할 수 있다. Monique는 자녀들과 둘째 아이의 아버지이기도 한 남자 친구와 재결합하고자 한다. "도시에서 벗어나 조용하고 작지만 아늑한 곳으로 가서 살고 싶어요." 이는 미국 하류층 삶의 위험으로부터 멀어지기 위함이다. "자동차 한 대, 집 한 채 그리고 작은 개 한 마리, 이게 내가 꿈꾸는 전형적인 모습이에요." Monique는 언젠가 이런 것들을 가질 수 있길 소망한다.

Monique는 16세에 아이를 낳았지만 청년일까? 청년이 아닐까? 이 질문에 쉽게 답하기란 어렵다. Monique는 불안정성과 많은 난관에도 불구하고 높은 희망을 유지한다는 점에서 미국 청년에게 공통으로 묘사되는 몇 가지 특징을 보여준다. 그러나 대부분 자녀가 생긴다는 것은, 적어도 자녀를 부양하고 돌보는 젊은 사람이 성인기에 접어들게 되면 되돌릴 수 없는 시점이 된다. Monique의 경우 사회계층으로 인해 조기에 부모가 되는 길로 들어서게 되었고, 이로써 고등학교를 그만두고 자녀 양육에 집중하는 것으로 청년기 진입을 막을 뿐만 아니라 청소년기를 단축했다. Monique는 청년기로 정의되는 청소년기 말기와 성인의 책임을 떠맡는 사이의 기간을 가져본 적이 없다. 하지만 자녀들을 어머니에게 맡김으로써 직장에 들어가려고 애쓰는 동안 어떤 형태로든 지금이라도 청년기를 되찾으려고 애쓰고 있다.

결론: 사회계층의 복잡성

사회계층은 다른 연령대 사람들의 삶에서와 마찬가지로 청년의 삶에서도 의심할 여지 없이 중요한 요소이다. 구체적으로 어떤 청년은 자신의 삶을 고등교육을 받는 것으로 구성하지만, 그렇지 않은 청년도 있다. 이러한 차이는 청년기와 그 이후의 삶에 영향을 미친다. 고등교육을 받는 청년의 생활은 수업에 참여하는 것과 과제를 완수하는 것으로 구성되어 있다. 대학을 다니는 청년 중 대부분은 적어도 아르바이트를 하며 스스로 용돈을 벌고 학비를 내기 위해 일하는 매우 바쁜 삶을 보내게 된다. 대학에 다니지 않고 일을 하거나 직업을 구하려는 청년은 대학 졸업장도 없이 보수가 좋고 즐길 수 있는 직업을 찾기가 더 어려워지는 시점에 이러한 일을 찾아야 하는 엄청난 난관에 직면한다. 게다가 고등교육을 추구하는 사람은 소득이나 직업적 지위 면에서 그렇지 않은 사람보다 사회계층의 목표치가 높으므로, 고등교육을 추구하는 집단과 그렇지 않은 집단에 대한 미래 전망에는 많은 차이가 있다.

여기에서 언급한 4명의 사례연구에서 이들이 청년기에 경험하는 사회계층의 영향력이 얼마나 큰지를 보여주고, 또한 예상한 만큼 사회계층이 단순하거나 안정적인 변수가 아니라는 것도 보여준다. Carl과 Erica는 상대적으로 유리한 환경에서 성장했다. Carl의 부모님은 고등교육을 받지 않았지만, 그들은 교육을 강조했고 Carl이 학위를 딸 수 있도록 지원했다. Erica의 부모님은 부유했기 때문에 Erica는 경제적으로 안락하게 자랄 수 있었지만, 대학에 다닐 때 부모님이 파산하는 바람에 경제적으로 힘들어졌고 이것이 학업을 마치는 데 고군분투하게 된 원인이 되었다.

한편 Gary와 Monique는 Carl, Erica보다 하류층에서 자랐고 20대 전까지는 사회계층이 이들의 삶에 더욱 고통스러운 영향을 주었다는 것이 분명했다. Gary는 불행히도 범죄와 마약에 관련된 친구들과 엮이게 되어 결국 감옥살이하게 되는 도시에 거주하는 젊은 아프리카계 미국 남성에게서 흔히 보이는 내리막

길을 걸었다. Monique도 마찬가지로 어린 나이에 미혼모가 되고 마약 중독으로 20대에 자기만의 삶을 꾸려나가기 어렵게 되는 도시에 거주하는 젊은 아프리카계 미국 여성에서 흔히 보이는 삶을 살았다. Monique는 온전한 청년기를 경험할 기회를 잃었고 아마 다시는 그 시기로 되돌아갈 수 없을 것이다.

  Gary와 Monique 둘 다 이들의 암울한 사회계층으로 인해 문제가 생겼다. Gary를 Carl의 어린 시절에, Monique를 Erica의 어린 시절로 바꿔보자. 그러면 Gary가 마약 중독과 감옥살이를 하게 될 수 있다거나, Monique가 마약 중독에 걸린 미혼모가 될 것이라는 상상을 하기 어렵다. Gary와 Monique의 삶을 보면, 인간의 잠재력은 암울한 사회계층에 의해 저해되고 뒤틀릴 수 있음을 시사한다. 두 사람 모두 그들의 환경을 뛰어넘기 위해 낙관적인 자세로 노력하고 있지만, 그런 상황에서도 우리가 만약 이들이라면 낙관하기는 어려울 것이다. 아무리 결연한 의지를 가진 '게'일지라도, 마약 중독, 전과 기록, 미혼모, 낮은 수준의 교육 등으로 인해 다시 '양동이'로 떨어질 수 있다.

  이처럼 비록 10대 후반부터 20대까지의 기간에 어떻게 경험하느냐에 있어서 사회계층이 매우 중요하지만, 이 연령대의 사람들을 사회계층과 상관없이 모두 청년이라고 볼 수 있다. 지난 반세기 동안 청년기의 등장은 결혼하고 부모 역할로 진입하는 중위 연령이 높아지고 있는 인구통계학적인 현상으로 주로 선진국에서 관찰된다. 반세기 전 대부분 사람은 20~22세에 이러한 역할로 진입해서 청소년기 바로 직후인 '젊은 성인기'에 일과 가정의 조화를 추구하고, 결혼 생활을 유지하고, 살림을 꾸려나가고, 세금을 지불하고, 자녀를 키우는 성인의 책임을 갖는 역할을 수행한다. 결혼하고 부모가 되는 중위 연령이 20대 후반이나 30대 초반으로 넘어가면서 청소년기와 젊은 성인기 사이에는 청년기라는 발달단계가 나타난 것인데, 이 시기는 청소년기보다 부모로부터 더 독립적이지만, 성인기 삶을 구조화하는 역할에는 아직 들어가지 않았다는 특징을 보여준다. 하류층 청년은 중상류층 청년보다 더 일찍 이러한 역할에 접어들 수 있지만,[13] 대부분 중등학교가 끝나고 성인 역할로 진입하는데 몇 년의 기간이 남게 되는데 이 기간은 확실히 뚜렷한 생애단계라고 불릴 만큼 충분히 긴 기간이라고 볼 수 있는 시기이다.

    Clark 설문조사와 다른 연구자들에 의한 많은 연구와 마찬가지로 저자의 원연구에 따르면 미국의 청년 사이에서 인구통계학적 유사점 외에 사회계층에 전반에 걸쳐 또 다른 유사점이 있었다. 중하류층 및 노동계층과 중상류층 모두에게 10대 후반부터 20대까지의 기간은 사랑과 일에 있어 다양한 가능성을 시도하고 점점 안정적인 미래로 나아가는 시기이다. 사랑과 일에 잦은 변화가 일어나기 때문에 두 집단 모두에게 불안정성은 이 시기의 공통적인 현상이다. 비록 상대적으로 낮은 교육을 받은 사람의 현실적인 미래가 그렇게 유망하진 않겠지만, 두 집단 모두 미래에 대한 희망은 높다. 하지만 청년기의 다른 특징은 문화와 국가뿐만 아니라 같은 국가 내 사회계층 사이에서도 다양할 수 있다. 청년기는 인구통계학적 측면에서 전 세계적인 현상으로 나타나고 있으며, 그것이 경험되는 방식은 세계적으로 수없이 많은 양상을 보일 것이다.[14]

    여기서 생애단계에서의 청소년기에 대한 하나의 유용한 유추를 할 수 있다. 186개 문화 전체를 아우르는 Schlegel & Barry의 비교 문화 연구에서 거의 모든 인간 문화의 청소년기는 사춘기가 시작되고 성인 역할이 주어지는 시기의 사이에 존재한다는 것을 발견했다.[15] 그러나 청소년기의 기간과 경험의 본질은 문화마다 매우 다양하다. 어떤 청소년은 학교에 다니고 또 어떤 청소년은 학교를 중퇴하거나 아예 안 가는 일도 있다. 대부분의 청소년은 부모와 함께 살지만, 몇몇은 비행 청소년이 되어 도심 속에서 다른 청소년과 함께 산다. 특히 개발도상국의 시골에 사는 어떤 소녀는 10대 중반에 결혼하는 반면, 다른 소녀는 청소년기 이후 청년기에 이르렀을 때까지 결혼하지 않는 일도 있다. 결과적으로, 청소년 단 한명의 경험이 아니라 전 세계의 청소년들에 대해 말하는 것이 타당하다.[16] 어쨌든 우리는 청소년기를 어떤 형태로든 거의 모든 문화에 존재하는 생애단계로 여전히 인식하고 있다.

    이와 마찬가지로, 우리는 사회계층, 문화, 성별, 종교와 같은 서로 다른 특징에 따라 생애단계의 경험이 다양한 형태로 나타나는 청년기가 존재할 가능성이 있다고 볼 수 있다.[17] 어떤 청년은 고등교육을 받고 어떤 청년은 그렇지 않다. 어떤 청년은 부모님과 함께 살고 어떤 청년은 그렇지 않다. 어떤 청년은 순차적으로 사랑이 깊어지는 관계를 경험하는 반면, 어떤 청년은 혼전순결을 소중히 여기고 결혼 이전에는 성관계를 하지 않는 문화권에 살고 있다. 육체적으로 성적으로 성숙해지고 중등교육을 마친 청소년기가 끝나는 시기와 사랑과 일에서 안정적인 성인 역할로 진입하는데 최소한 몇 년의 기간이 있는 시기 사이에 청년기가 존재한다고 볼 수 있다.

11장 잘못된 전환과 막다른 길

Bruce Springsteen은 'Glory Days'라는 자신의 노래에서 강렬했던 젊음의 황홀함과 혈기 왕성함을 회상한다. 젊었을 때의 삶과 비교하면 성인의 삶은 보잘것없으며, 평생 그 시절을 애틋하게 회상하기에 '뒷전에 앉아서 멋진 시절의 일부라도 되찾아 보려고 하지'라고 노래한다. 일반적으로 청년 역시 자신의 삶을 멋지게 보내고 있다고 믿는다. Clark 설문조사에 따르면 18~29세의 83%가 '지금 내 삶이 즐겁고 신난다고 느낀다'라는 질문에 동의했다.[1] 그렇다고 모든 청년이 활기차게 보내는 것은 아니다. 사실 생각해 보면 다양한 행동적 문제와 심리적 장애는 청년의 시기에 최고조에 달한다. 다른 어떤 생애단계에서도 그렇게 많은 문제를 가지고 있지 않다. 삶의 혈기와 문제가 공존하는 상태는 청년기를 심리적으로 유달리 복잡한 생애단계로 만든다. 최근의 싱어송라이터 Taylor Swift는 '22'라는 노래에서 "우리는 행복하고, 자유롭고, 혼란스럽고, 동시에 외로워. 이 시간은 비참하면서도 황홀하지"라고 노래하고 있다.

연구자는 일반적으로 외현화 문제 **externalizing problem**와 내면화 문제 **internalizing problem**로 구분한다. 행동과 인간관계에서 나타나는 심리적 갈등이 외부 세계에 투영되어 나타나는 범죄, 약물 남용과 같은 것을 외현화 문제로 간주한다.[2] 한편 심리적 압박감이 자기 내면으로 향해서 나타나는 우울증과 불안 장애를 내면화 문제로 간주한다.[3] 외현화 문제는 일반적으로 남성들 사이에서 더 흔하게 나타나며, 내면화 문제는 여성들 사이에서 더 흔하게 나타난다. 외현화와 내면화 문제는 성인기 이후보다 청년기에 더 많이 나타나는 것으로 보인다. 먼저, 외현화와 내면화 문제의 통계 수치와 기초 자료를 확인한다. 그다음 일부 외현화 문제의 통계 수치로 최근의 경향과 이러한 경향이 발생하는 이유에 대해 살펴본다.

외현화 문제: 자동차 사고, 범죄, 물질 복용

청년에게 가장 빈번히 나타나는 외현화 문제 중 대표적인 것은 자동차 사고, 범죄, 물질 복용이다.

자동차 사고

청년의 삶과 건강에 가장 큰 위협이 있다면 그건 자동차 사고이다.[4] 자동차 사고에 견줄만한 것은 아무것도 없다. 거의 모든 선진국에서 20~30대 사망원인 1위가 자동차 사고이며,[5] 그중 미국의 사망률이 가장 높다. 이러한 이유는 미국보다 다른 선진국은 자동차 보유세와 유류세에 더 많은 세금을 부과하고 있는 반면에 상대적으로 미국은 자동차 유지 비용이 일정 부분 낮게 형성되어 있기 때문이다. 또한 미국의 주요 도시를 제외하고 기차, 버스, 지하철과 같은 대중교통 수단이 상대적으로 부족하기 때문이다. 미국보다 다른 선진국은 인구밀도가 더 높으므로 사회에 대중교통 인프라를 구축하는 것으로 더 바람직한 투자를 하고 있다. 하지만 미국인은 자동차에 관한 매우 큰 로망이 있다. 유럽인이나 아시아인에게는 그렇지 않지만, 자동차는 오랫동안 미국인에게 젊음과 자유의 상징으로 남아있다. 결과적으로 미국인은 더 광범위한 대중교통 인프라를 구축할 수 있는 자금으로 사용될 자동차 보유세와 유류세에 다른 나라보다 더 민감하게 저항한다. 또한 난폭 운전과 음주 운전을 처벌하는 엄격한 법에 대해서도 다른 나라보다 더 크게 저항한다.

미국인의 자동차 로망이 어떤 의미가 있든지 간에 특히 청년에게 그 대가

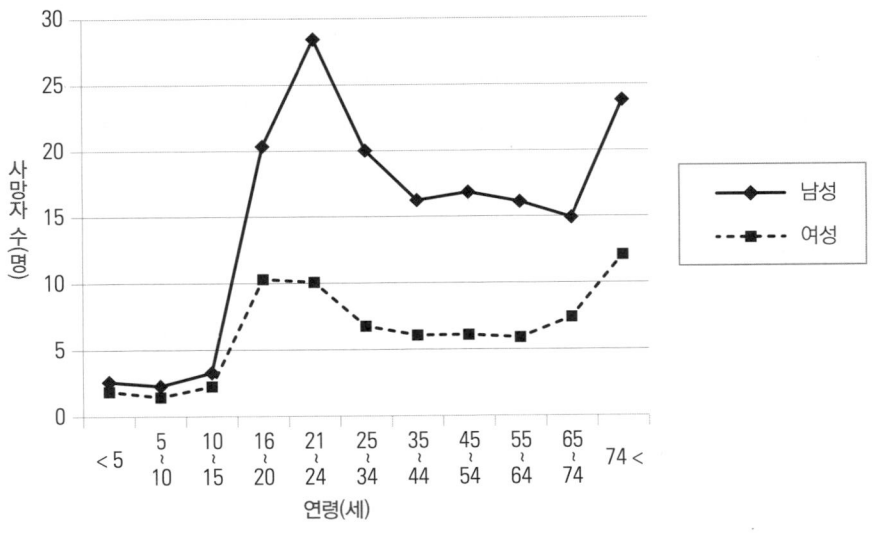

[그림 11.1] 연령별 자동차 사고 사망자 수

출처: 미국 도로 안전 교통국(2012)

는 너무 가혹하다. [그림 11.1]은 미국에서 자동차 사고로 인한 사망자와 연령 간의 관계를 보여준다. 21~24세에 급격한 정점을 찍고 이후 꾸준히 하락하는 경향을 볼 수 있다.

청년기에 자동차 사고로 인한 부상과 사망의 정점을 찍는 이유는 운전 경험 부족으로 일부 설명될 수 있다.[6] 젊은 운전자가 나이 든 운전자보다 자동차 사고 직전에 발생될 문제를 예측하는 가능성이 낮기 때문에 더 많은 실수를 저지른다. 젊은 운전자는 운전면허 취득 후 1년 차에 운전 시 발생하는 돌발상황을 처음으로 겪기 때문에 자동차 사고율이 가장 높다. 그러나 경험 부족만으로 모든 이유를 설명할 수 있는 건 아니다. 운전면허를 취득한 지 몇 년이 지나도 자동차 사고율이 높은 것으로 나타났다. 사실 [그림 11.1]에서 알 수 있듯이 젊은 남성의 자동차 사고 사망률은 16~20세보다 21~24세가 더 높다. 젊은 운전자는 과속하거나 음주 운전을 하는 등 나이 든 운전자보다 더 많은 위험을 감수한다.[7] 특히 음

주 운전 사망률은 20대 초반에 최고조에 달한다.[8]

다른 외현화 행동인 난폭 운전을 설명하는 데 도움이 되는 또 다른 특성은 감각추구sensation seeking이다. 과속 및 곡예 운전은 때론 스릴과 같은 감각추구 때문에 발생한다.[9] 많은 다른 유형의 위험한 행동 역시 경험의 생소함과 강렬함을 제공한다. 예를 들어 약물은 전혀 다른 정신상태가 되게 하고 비행과 범죄 행위로 법을 어기는 것은 강렬한 경험이 된다. 이런 이유로 높은 감각추구를 하는 청년일수록 물질 남용, 난폭 운전, 비행, 위험한 성행위 등 다양한 위험 행동을 할 가능성이 크다. 감각추구는 사춘기에 증가하여 성인기보다 10대와 20대 초반이 더 높은 경향이 있는데, 이것으로 외현화 행동이 왜 청년 사이에서 일반적으로 나타나는지를 설명하는 근거가 된다.

범죄

연령별 범죄 건수는 [그림 11.2]와 같은 경향을 보여준다. 자동차 사고, 부상, 사망처럼 범죄 검거율은 10대 후반에 급격히 증가해서 20대 초반에 높은 수준을 유지하다가, 20대 후반부터 30대 이후에 가파르게 감소한다. 150년 이상에 걸친 통계자료가 뒷받침해 주고 있으므로 사회 전반에서 연령과 범죄와의 연관성을 매우 일관되게 보여주고 있다.[10] 범죄 분야는 체계적인 통계가 나온 최초의 분야 중 하나이며 1842년 영국의 연령-범죄 그래프는 미국의 최근 조사 결과와 근본적으로 같아 보인다.[11]

대부분의 외현화 문제는 남성이 여성보다 더 높지만, 특히 범죄는 성별 차이가 편향되게 나타나는 영역이다. 항상 강력 범죄율은 모든 장소와 시대를 불문하고 남성이 여성보다 현저하게 더 높게 나타난다.

연령, 남성성, 범죄 간의 관계를 설명하기 위해서 1세기 이상의 방대한 문헌이 축적되어있다. 확인된 주요 이유 중 일부는 다음과 같다.[12]

- **생물학적 공격성**: 남자 아이는 여자 아이보다 유아기 때부터 더욱 물리적인

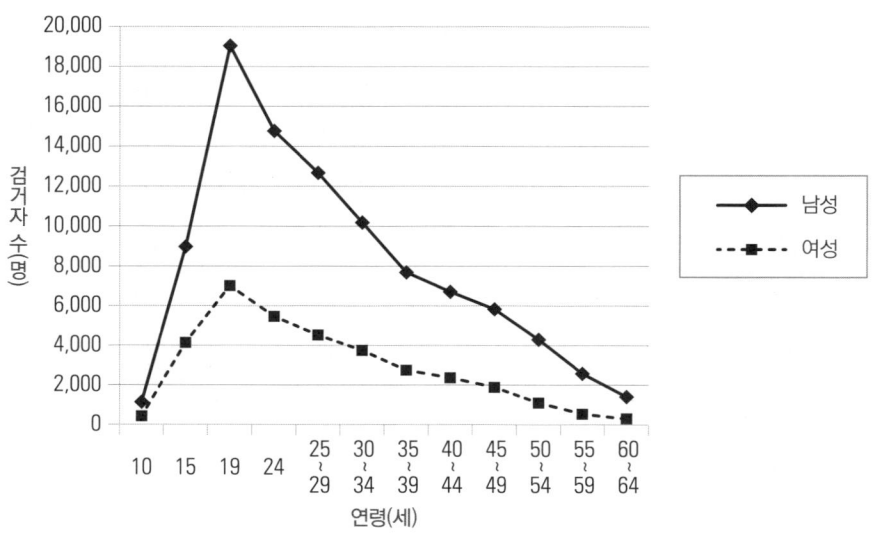

[그림 11.2] 연령별 범죄자 수

출처: 미국 법무부 통계국(2013)

공격성을 드러낸다. 성호르몬인 테스토르테론 수치가 공격성과 관련이 있는 시기인 사춘기에 육체적인 공격성의 성별 차이는 남자 아이가 여자 아이보다 더 높다. 20대부터 테스토스테론 수치가 감소하게 되면서 범죄가 감소한다는 것을 알 수 있다.

- 서로 다른 생물학적 요인과 인지적 요인: 감각추구, 충동성, 학습장애, 주의력 결핍을 포함한 남녀 사이의 서로 다른 몇 가지 생물학적·인지적 차이는 범죄 행동에서 더 많은 남성 쏠림 경향을 나타내는 원인이 된다.
- 강인함과 위험 감수를 중시하는 남성적 성역할: 많은 문화에서 남성의 역할은 강인함과 위험을 감수하려는 의도를 높이는 것이며 이는 범죄 행위로 나타난다.
- 또래 집단 지향성: 10대는 또래 집단의 의견에 똑같이 반응함으로써 또래 집단의 일원이 되고자 하는 응집력이 가장 높은 시기이다. 어떤 남성 또래 집

단은 범죄 행위를 통해 결속력을 입증하고 강화한다. 성인 범죄와 달리 거의 모든 청소년 범죄가 집단으로 이루어진다.
- **낮은 사회적 통제**: 10대 후반과 20대 초반은 범죄학자가 사회적 통제social control라고 부르는 개념이 바닥을 찍는 시기다. 사회적 통제란 사회적으로 책임 있는 행동을 하도록 촉진하고 사회 규범을 위반하려는 충동을 억제하는 역할, 임무, 관계 그리고 일상적 의무 등을 뜻한다. 낮은 사회적 통제는 공격성, 충동성과 같이 젊은 남성 사이에서 범죄를 유발하는 경향적 표현을 가능하게 한다. 젊은 남성이 결혼, 부모 되기, 안정적인 취업과 같은 사회적 역할을 맡게 되면 범죄는 감소하는 경향이 있다.

범죄를 저지르는 이유 중 빈곤 또한 상당히 강조되어 오고 있다.[13] 범죄 행위는 하류층에서 가장 많이 발생했으며, 이는 하류층이 사회적으로 용인되는 방식으로 경제적인 성공을 얻을 기회가 부족하기 때문인 것으로 해석된다. 그러나 낮은 사회경제적 지위로 인해 모든 젊은 남성이 범죄 행위에 가담한다는 것을 설명하진 못한다. 여성과 성인이 젊은 남성보다 가난할 가능성이 더 적지 않지만, 범죄에 가담하는 것은 주로 젊은 남성이다.

범죄를 조장하는 또 다른 요소로는 가혹하고 체벌 위주의 양육, 가족 갈등, 낮은 교육 수준, 질이 낮은 이웃 등이 있다.[14] 그러나 낮은 사회적 지위와 마찬가지로 이러한 요소들도 젊은 남성이 젊은 여성보다 범죄에 더 많이 연루되는지를 설명하지 못한다.

물질 사용 및 남용

물질 사용과 남용은 난폭 운전, 연령별 범죄 검거율 그래프처럼 후기 청소년기와 청년기에 급격하게 증가하고 20대 후반부터 감소하는 경향을 보인다. [그림 11.3]과 [그림 11.4]는 폭음과 대마초 흡연 추세를 보여준다. 다른 외현화 문제와 마찬가지로 약물 사용은 여성보다 남성에게 더 많이 나타난다.

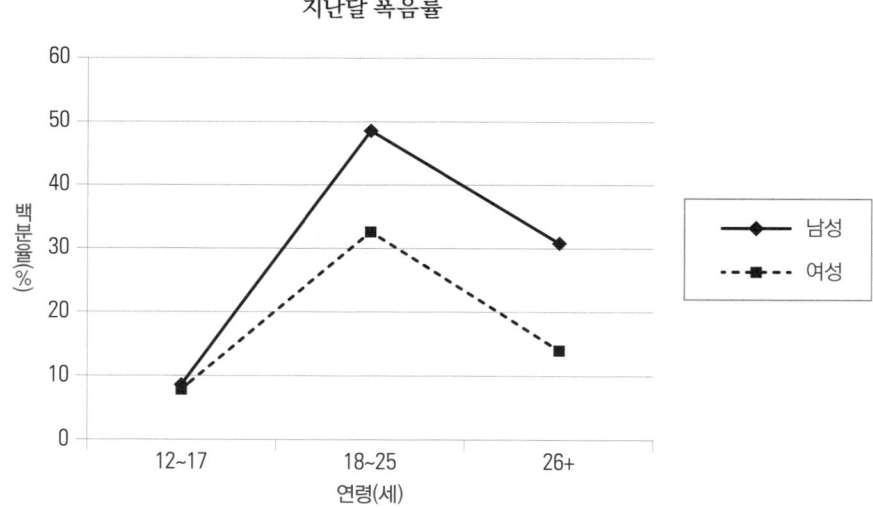

[그림 11.3] 연령별 폭음률

출처: 물질 남용 및 정신 건강 지원국(2011)

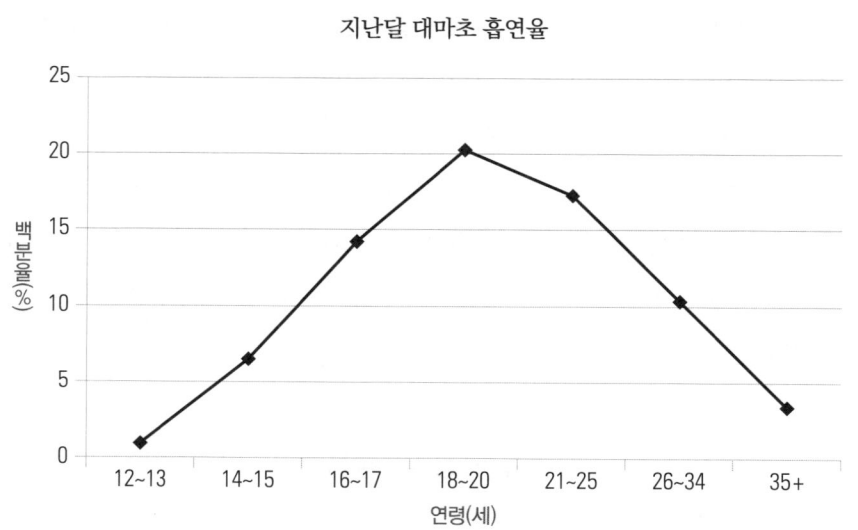

[그림 11.4] 연령별 대마초 흡연율

출처: 물질 남용 및 정신 건강 서비스국(2011)

물질 사용과 남용은 불쾌한 감정 상태를 개선하는 방법이 될 수 있다. 높은 비율의 청년이 스트레스, 우울증, 불안을 자주 경험한다고 보고하고 있다. 물질 사용은 때때로 이러한 정서적 고통을 완화하기 위한 '자가 치료법self-medication'이 된다.[15]

부모의 온정과 같은 것이 부족한 사람의 행동을 설명하는 '결핍 모형deficit model'으로도 약물 사용과 다른 유형의 위험 행동에 관해서도 설명할 수 있다. 그러나 청년기의 약물 사용이 모두 결핍 모형으로 설명될 수 있는 것은 아니다. 술을 마시고 대마초를 피우는 것은 대부분의 선진국이 가지고 있는 많은 문화적 맥락에서 청년의 전형적인 사교 활동의 일부분이다. 이러한 물질 사용의 대부분은 개인의 정신적 압박감에서 비롯된 것이 아니라, 사교 활동과 쾌락 추구에 대한 욕구가 원인이다.[16]

대학을 다니지 않는 청년보다 대학을 다니는 청년에게 폭음이 더 많이 나타나는 것은[17] 그리 놀라운 일도 아니다. 대학이라는 환경은 여러 가지 면에서 사교적인 음주 활동에 매우 적합하다. 무엇보다도 이들 주변에는 항상 음주를 함께 할 가능성이 있는 친구들이 많이 있다. 불금에 갑자기 술을 마시러 가고 싶은 학생이 있다면, 아주 가까운 거리에 있는 또래 중에 술을 마시러 가는 것을 좋아하는 친구를 찾는 것은 쉬운 일이다. 한편 대학을 다니면서 편안하게 사교를 할 수 있는 장소를 찾고자 하는 욕구도 한몫을 차지한다. 아침에 물리학 시험을 봐야 해서 술을 마시고 싶지 않은 날도 있겠지만, 함께 사는 기숙사 룸메이트가 같이 술을 먹자고 부추긴다면 거절하긴 쉽지 않을 것이다. 만약 이러한 요청을 거절하게 되면 다음번엔 술 마시러 가자는 요청이 없을 수도 있다. 또 다른 이유로는 연애와 섹스에 대한 욕구가 있다. 연애할 만한 상대들이 여기저기에 있고, 술의 매력 중 하나는 소심해지는 것을 덜어준다. 멀리서 바라만 보던 마음에 드는 누군가에게 말을 걸어보려는 용기를 내어 보지만, 거절당해서 자존심이 짓밟히게 되는 두려움을 술에 취함으로써 덜 느끼게 된다.

그렇다면 과연 대학생은 술을 얼마나 마시는 걸까? The Core Institute

of Southern Illinois University-Carbondale[* https://core.siu.edu/]에서 매년 20만 명 이상의 대학생을 대상으로 음주에 대한 태도와 행동에 대해 설문조사를 시행하고 있다.[18] 그 결과는 다음과 같다.

> 대학생의 84%는 최근 1년 이내에 술을 마신 적이 있다.
> 대학생의 71%는 최근 30일 이내에 술을 마신 적이 있다.
> 대학생의 46%는 최근 2주 이내에 폭음한 적이 있다.
> 대학생은 주당 평균 5.2잔의 술을 마신다.

결과를 보면 거의 절반의 대학생은 최근 2주 이내에 폭음했지만, 반면에 나머지 절반의 대학생은 2주 이내에 전혀 술을 마시지 않았고, 최근 30일 이내에 술을 전혀 마시지 않은 대학생도 30% 정도 된다.

Core Institute가 실시한 설문조사의 다른 항목을 보면, 대학 내에서 음주가 갖는 의미를 다음과 같이 더 광범위하게 살펴볼 수 있다.

> 대학생의 82%는 음주를 '대학생의 중요한 사교 활동'으로 인식하고 있다.
> 대학생의 76%는 다른 친구가 주량을 자랑하는 것을 들어본 적이 있다.
> 대학생의 75%는 음주가 사교 활동을 증진한다고 응답했다.
> 대학생의 63%는 음주로 더 즐거운 시간이 된다고 응답했다.
> 대학생의 53%는 음주로 인해 성관계를 할 기회가 생긴다고 응답했다.
> 대학생의 42%는 음주로 스트레스가 더 쉽게 풀린다고 응답했다.

학생 대부분은 음주를 용인하고 있으며 매우 유익하고 즐거운 용도로 여긴다는 결론을 보인다. 반면에 학생 대부분은 음주의 좋은 점만을 과장하지 않고 과도한 음주로 인한 나쁜 점에 대해서도 다음과 같이 말한다.

대학생의 27%만이 음주는 여성을 성적으로 더 흥분하게 만든다고 응답했다.
대학생의 18%만이 음주는 남성을 성적으로 더 흥분하게 만든다고 응답했다.
대학생의 18%만이 음주는 자신을 성적으로 더 흥분하게 만든다고 응답했다.
대학생의 54%는 친구가 한 장소에서 5잔 이상 술을 마신다면 반대할 것이라고 응답했다.

결과적으로 Core Institute의 조사 결과는 음주에 대한 대학생의 균형 잡힌 시각을 제공한다. 음주가 대학 생활의 많은 부분을 차지하는 것은 분명하지만, 다수의 대학생은 음주에 대해 상당히 성숙한 태도를 보인다. 음주는 이들의 사교 활동을 증진하고, 사교 활동에 많은 재미를 더하며, 스트레스를 해소하는 데 도움이 되는데, 부모들도 이것에는 동의할 것이다. 상대적으로 소수의 학생만이 음주가 자신이나 다른 이성을 성적으로 더 흥분하게 만든다고 생각하고 있고, 다수의 학생은 폭음을 반대한다.

청년의 물질 사용을 이해하는 데 있어 어려운 점 중 하나는 사용과 남용을 구분하는 것에 있다. 많은 청년이 가끔 폭음하고 대마초를 피우지만, 과연 이들 중 몇 명이나 물질 남용 문제가 있다고 말할 수 있을까? 활발한 사교 활동과 파티를 좋아하는 것이 어떤 점에서 장애라고 진단 할 수 있는가? 국내 역학 연구에 따르면 18~24세 미국인 중 30%는 지난 1년 동안 물질 사용 장애 기준을 충족한다.[19] 주로 술과 관련한 것이 포함되어 있지만, 놀랄 정도로 높은 수치이다. 과연 이것이 의미하는 바는 정확히 무엇일까?

이 논의의 목적은 물질 사용 장애를 '물질 사용'과 '물질 남용'으로 구분하는 것에 있다. 물론 가장 많이 마시고 남용하는 것이 술이므로 음주를 중점으로 살펴보자.

물질 사용 장애 진단에 있어서 사용과 남용을 구분하는 핵심적인 기준은 다른 기능에 심각한 장애가 발생하느냐의 여부이다.[20] 그러므로 물질 사용과 달리 물질 남용은 실직을 하거나 일을 적절하게 수행하지 못하는 결과를 낳는다. 물질 남용자는 전날 밤 술에 취해 아침에 일어나기 어려워 반복적으로 지각하거나, 업무를 보기에 너무 취해 있어서 술병이 난 경우가 많거나, 점심시간에 술을 너무 많이 마셔서 오후의 주요 회의에 불참하는 경우가 있다. 물론 이들은 인간관계에도 영향을 받는다. 물질 사용과 달리 물질 남용은 가족 관계, 친구 관계, 연인 관계를 유지하기 어렵게 만든다. 물질 남용으로 가족 모임에서 불쾌하게 취한 상태로 있거나, 약속된 시간에 친구를 만나지 못하거나, 충동적인 불륜을 쉽게 저지르기도 한다. 더 편안한 대화와 사회적 관계를 만들어준다는 이유로 자제심을 잃게 되면 다른 사람에게 나중에 후회하게 되는 심한 말을 하거나, 자녀와 배우자에게 폭력을 가할 가능성으로 이어지기도 한다.

물질 사용과 물질 남용을 구별하는 것은 중요하고 꼭 필요하지만, 청년기 이후의 다른 생애단계보다 청년기에 물질 사용과 물질 남용을 구별하는 것은 더 어렵다. 50대의 성인이 술에 취해 꽤 자주 다음 날 결근하게 돼서 직장에서 해고되는 것은 심각한 문제임에 틀림없다. 하지만 20대가 이와 같은 행동과 결과에 대해 어떤 경험을 하게 될까? 이것 역시 문제이지만, 꼭 문제라고 보기는 어렵다. 18~29세의 사람들은 평균 8번의 직업을 바꾼다고 하니 20대의 청년이 실직으로 인해 자주 이직하는 것은 어쨌든 이상한 일이 아니다. 또한 실직 역시 그렇게 심각하진 않다. 같은 상황에 있는 50대에 실직하게 되면 갑자기 가족의 수입이 끊기게 된다. 아마도 지금 당장 대출금을 갚을 수 없어 집을 잃을지도 모른다. 자녀가 청년이라면 부모가 더는 학비를 내지 못하기 때문에 학교를 중퇴해야 할 수도 있다. 그러나 20대의 청년은 담보대출도 없고, 학비를 내야 할 자녀도 없다. 아마도 일자리의 보수가 그리 좋지 않았을 것이고 곧 이와 비슷한 다른 일자리를 찾을지도 모른다. 반면 50대의 성인은 고용 시장에 다시 진입하는데 더욱 힘든 시간을 보낼 것이다.

인간관계에서도 비슷하게 비교해 볼 수 있다. 50대의 성인이 주 2~3회 정도 만취하여 있다면, 다음과 같이 분명히 주변 인간관계에 영향을 끼칠 것이다. 배우자는 절망하거나 화를 낼 것이다. 그게 아니라면 배우자 또한 약물 남용자가 되어서 함께 나락으로 급속하게 떨어진다. 이와 마찬가지로 친구들이 물질 남용자가 아니라면 친구들은 다 떠날 것이다. 이웃들도 술꾼임을 눈치채고 피할 것이다. 자녀들은 질겁하고 수치스럽게 여길 것이다.

20대에게는 그다지 심각한 결과로 보이진 않는다. 주 2~3회 폭음하는 것은 20대에게는 치명적이지 않지만, 50대에게는 치명적이다. 폭음은 20대에게는 매우 흔한 일이므로 음주는 다른 사람에게 술꾼이나 물질 남용으로 보이기보다 파티를 좋아하는 생활 방식으로 간주 될 수 있다. 20대에게는 연애 상대가 있을 수도 있고 없을 수도 있지만, 만약 있다 해도 함께 살고 있지는 않을 것이다. 결과적으로 자신의 연인이 얼마나 자주 술을 마시는지 모를 수도 있다. 친구들은 파티에서 먹고 마시는 것에 대해 관대하거나 심지어 재미로 여길 수도 있고, 아마도 똑같이 취하거나 마시지 않을지라도 함께 잘 즐길 것이다. 술을 마시는 사람의 인간관계는 잦은 폭음으로 부정적인 영향을 받을 순 있지만, 그 결과가 파국으로 치닫기보다는 유쾌하지 않은 상황 정도가 된다. 아마도 술을 너무 많이 마셔서 연인과 헤어지게 될 정도지 이러한 헤어짐은 이혼만큼 고통스럽지는 않다. 아마도 몇몇 친구들과도 결별하게 되겠지만, 그 자리는 음주를 함께하는 다른 친구로 대신하게 될 것이다. 또한 이들에겐 술에 취한 모습을 보고 실망할 자녀조차 없다.

요약해 보면, 20대에게 물질 남용은 사랑과 일에 있어 심각한 지장을 초래하는 영향을 끼치긴 하지만, 청년기는 당연히 불안정성이 있는 생애단계이므로 물질 사용과 물질 남용 사이의 경계를 파악하기가 더 어려울 수 있다. Terri Moffitt은 범죄와 관련하여 청소년기 한정 범죄자ALDs:adolescence-limited delinquents와 생애 지속 범죄자LCPDs:life-course persistent delinquents를 구별하는 데 유용한 기준을 제시한다.[21] ALDs는 또래 집단과의 재미를 목적으로 범죄에 일시적으로 가담하지만, 청소년기를 벗어나면서 범죄를 그만둔다. 반면 LCPDs는 초기 아동기부터 문제의 징후를 보이며, 청소년기에 짧게 범죄를 저지르는 비행에 그치는 것이 아니라 생애 전반에 걸쳐 범죄와 문제의 소지가 있는 조짐을 보인다. 그러나 청소년기로 한정해 본다면 ALDs와 LCPDs는 비슷한 행동을 많이 하므로 구별하기 어렵다.

청년기의 물질 사용과 물질 남용 특히 폭음과 관련해서 위와 같은 구분법이 유용하게 쓰일 수 있다. 청년기는 폭음이 가장 흔하게 나타나는 생애단계이다. 일부 청년은 물질 남용 장애로 분류될 정도로 심각한 음주 문제가 있다. 청년은 20대 이후에도 폭음을 계속할 것이고 평생 알코올 중독과 관련한 문제가 있을 수 있다. 한편 다른 청년은 청년기에 주 1~3회 정도 폭음을 하지만, 20대가 지나면 과도한 물질 남용을 하지 않고 폭음도 거의 하지 않을 수 있다. 그러나 청년기 동안은 청년기 한정 폭음자the emerging adulthood-limited binge drinkers와 생애 지속 알코올 중독자the life-course persistent alcoholics를 구별하는 것이 어렵다는 점이 핵심이다.

내면화 문제: 개인적 압박감의 형태

특히 청년기에 흔하게 겪는 내면화 문제 중 대표적인 것으로 우울 장애, 불안 장애, 섭식 장애가 있다.

우울 장애

청년기는 희망으로 충만한 시기이지만, 대부분의 청년에게는 힘든 시기이기도 하다. 자신이 누구인지 살면서 무엇을 하고 싶은지와 같은 거대한 정체성에 관한 질문과 씨름하게 되지만, 어떤 답도 알아낼 수 없는 어려움을 겪는 상황이라면 혼란스럽고 압도될 수도 있을 것이다. 교육, 직업, 거주지, 사랑 등 다양한 경험을 해 보는 것은 즐겁고 성취감을 줄 수 있지만, 그것들로 소진될 수도 있다. 종종 청년기의 자유는 해방감을 주지만, 그 누구도 언제 무엇을 해야 하는지 알려주지 않기에 혼자서 심연으로 가라앉지 않기 위해 끊임없이 헤엄쳐야 한다는 냉엄한 현실을 깨닫게 되어 자유와 함께 고립감을 느낀다.

이러한 상반된 압박의 결과로 청년기 동안의 정신 건강은 전반적으로 자존감과 삶의 만족도는 높지만, 우울과 불안의 비율도 높은 역설적인 상태를 보여준다. 자신만의 방식으로 성인의 삶을 구축하기 위해 노력하는 대부분의 젊은 사람들은 자유와 독립을 즐기고 있지만 생존하려고 많이 고군분투한다.

가장 심각한 형태의 우울은 주요 우울 장애 **MDD: Major Depression Disorder**이다. 이 증상은 슬픈 기분을 지속해서 느끼는 것뿐만 아니라 불면증, 심각한 체중의 증가 또는 감소, 무가치하다고 느끼는 감정과 같은 광범위한 다른 증상들을 포함한다. 18~25세 미국인의 약 6%가 지난 12개월 이내에 주요 우울 장애 진단에 부합하는 증상을 보였으며, 이 비율은 65세까지의 성인기에서와 마찬가지로 청년기에서도 거의 동일하다.[22] 전국적으로 보면 여성은 남성보다 약 2배 정도 주요 우울 장애를 가질 가능성이 크다. 우울의 주요 원인은 이혼이나 실직과 같은 생애 사건에 의해 유발될 수 있지만, 종종 생물학적 민감성을 가진 사람들에게서도 자주 나타난다.[23]

MDD보다 더 흔한 것은 다른 MDD의 증상이 나타나지 않는 우울감 **depressed mood**이다. Clark 설문조사에서 18~29세의 32%가 '나는 종종 우울하다고 느낀다'라고 답변하였고,[24] 성별로 보면 여성 37%, 남성 27%로 성차가 크게 나타났다. 18~21세는 36%였으며 26~29세는 27%로 감소하는 것으로 보아 연령이 낮은 청년이 우울감을 더 느끼는 것으로 나타났다. 사회경제 계층으로 보면 어머니의 학력이 고등학교 이하의 경우에는 38%, 어머니의 학력이 4년제 대학 학위 이상의 경우에는 25%가 우울감을 느끼고 있으므로 하류층 청년이 우울감을 더 느낄 가능성이 있다. 이러한 차이는 저소득층 청년의 제한된 직업 전망이 원인이 될 수도 있다.

2013년 실시된 Clark 부모 대상 설문조사에서 청년의 부모 중 28%가 종종 우울감을 느낀다고 보고했는데, 이는 청년 당사자가 32%라고 답한 것과 유사하며, 이는 청년기부터 성인 중기까지 우울감의 비율에 거의 변화가 없다는 다른 연구 결과와 일치한다.[25] 그렇다면 청년기에 겪는 우울감이 다른 생애단계와 구별되는 점은 무엇일까? 청년기 우울감의 근원적인 요소와 그로 인한 결과가 다른 생애단계와 차이가 있을까? 이것은 아직 충분히 다루어지지 않은 중요한 연구 질문이지만, 이 질문과 관련해 이 장의 후반부에서 몇 가지 아이디어를 제시해보려 한다.

불안 장애

불안 장애는 광장 공포증Agoraphobia(공공장소에 있는 것에 대한 두려움), 강박 장애Obsessive-Compulsive Disorder(반복적인 침투적 사고와 반복적인 손 씻기 행동), 공황 장애Panic Disorder(갑자기 느껴지는 공포감), 특정 공포증Specific Phobia(예를 들면 높은 곳, 밀폐된 공간, 특정 동물 또는 곤충에 대한 공포감) 등 다양한 형태를 보인다. 미국에서 실시된 역학 연구에 따르면 18~24세 중 12%가 지난 12개월 이내에 불안 장애 진단을 받을 만한 증상을 보인 것으로 나타났다.[26] MDD와 마찬가지로 청년에게 나타나는 불안 장애의 비율은 성인기의 비율과 거의 같다. 그러나 일상적으로 느끼는 불안은 청년기에 현저하게 높다. Clark 설문조사에서 18~29세의 56%는 '나는 종종 불안하다고 느낀다'라고 응답했다.[27] 청년의 중년 부모를 대상으로 한 Clark 부모 대상 설문조사에서는 청년의 부모는 청년보다 낮은 41%였다.[28] 청년끼리 비교해보면 여성이 58%로 남성 53%보다 살짝 높았지만, 사회계층 간에는 우울 장애와 달리 불안 장애에서는 별 차이가 없었다.

청년을 이토록 불안하게 만드는 것은 과연 무엇일까? 아직 이와 관련하여 연구된 바는 없지만, 어떤 청년에게 불안을 불러일으키는 것이 예상되는 다양한 발달상 도전 과제들이 청년기에 있다. 이 책 전반에 걸쳐 기술된 바와 같이 청년은 종종 자신이 누구인지 그리고 세상에 어떻게 적응하고 살아가는지와 같은 거대한 정체성 문제에 답하기 위해 고군분투한다. 이들의 생애는 성인기의 기반을 다지기 위해 노력하면서 끊임없이 변화하고 있다. 부모의 품을 떠나 홀로 살기도 하고 친구 또는 룸메이트와 함께 살기도 한다. 그렇게 처음으로 독립적인 삶을 배우며 성인으로 살면서 겪는 스트레스들에 직면하는 것과 연관하여 많은 불안감을 느끼게 된다. 예를 들면 "엄마 없이 어떻게 빨래를 하지?" "이번 달 난방비를 안 냈나?"

"이런! 요리를 다 태웠네." "체크카드가 막혔다고?" "식료품 사 오는 것을 깜빡 잊어버렸어!" 또한 청년은 사랑과 일에 도전하는 것에서도 많은 불안을 느낀다. 즉 사랑의 경우 연애 관계의 시작과 결별 그리고 성생활을 둘러싼 많은 불안을 느끼며, 일의 경우 구직 활동, 면접, 새로운 직장 상사 및 동료와의 관계, 새로운 직업을 시작하는 것, 구직 실패 또는 해고 등에서 불안을 느낀다.

또한 성인기로 향해 나아가야 한다는 부담과 이러한 과정이 너무 느리게 진행되고 있고 자신이 있어야 할 위치와 다른 사람이 설정한 속도에 비해 뒤처져 있다는 걱정과 관련한 불안이 있다. 또한 청년의 불안정성도 불안을 유발할 수 있다. Clark 설문조사에서 18~29세의 64%가 '지금은 내 삶에서 모든 것이 불안정한 시기이다'라고 답했고, 83%는 '지금은 내 삶에서 모든 것이 변화하는 시기이다'라고 답했다. 이 두 항목 모두 '불안'과 유의한 상관관계가 있다는 것에 동의한다.[29]

이렇게 많은 청년이 자주 불안과 우울을 느낀다고 해서 자신의 삶이 행복하지 않다거나 지금의 생애단계를 비참한 시기로 여긴다는 결론을 내려서는 안 될 것이다. 청년은 불안과 우울에도 다른 긍정적인 감정을 공존시켜 조절한다. Clark 설문조사에 따르면 18~29세의 대다수가 종종 불안을 느끼고 약 3분의 1은 우울하다고 느끼지만, 이보다 더 높은 비율로 '전반적으로 내 삶에 만족한다'가 81%, '지금 내 삶이 즐겁고 신난다고 느낀다'가 83%로 응답했다. 이것은 불안과 우울을 느낀다고 보고하는 많은 청년이 자기 삶에 만족하기도 하고 현재를 재미있고 활기차게 바라본다는 것을 의미한다.[30] 청년기는 감정적으로 복잡한 생애단계이며 확실한 양면성을 보이는 시기이며 긍정적인 감정과 부정적인 감정의 소용돌이가 휘몰아치는 시기이다.

섭식 장애

청년기에 나타나는 내면화 문제 중 또 다른 유형은 섭식 장애이다. 가장 흔한 섭식 장애로는 의도적으로 굶는 신경성 거식증 anorexia nervosa과 의도적으로 게워내면서 많이 먹는 폭식증bulimia이다. 섭식 장애는 여성 대 남성의 비율이 10:1로 여성이 전부는 아니지만 대부분 젊은 여성들 사이에서 발생한다.[31] 섭식 장애가 나타나는 연령은 일반적으로 후기 청소년기나 청년기이다. 특히 신경성 거식증은 연령대에 따라 차이가 분명하게 나타난다. 미국에서 실시된 연구에서 여성의 거식증 발병 연령은 거의 15~25세에 국한된다는 것을 발견했다. 15세 이전이나 25세 이후의 거식증 사례는 발견되지 않았다.[32] 이와 비슷한 내용이 유럽의 연구에서도 보고되고 있다.[33]

신경성 거식증의 증상으로는 음식 섭취를 너무 줄여 몸무게가 최소 15% 정도 감소하는 것이다. 계속 체중 감소가 되면서 결국 생리가 중단되는 무월경 상태에 이르게 된다. 머리카락은 쉽게 끊어지기도 하고 빠지기도 하며, 피부는 핏기 없이 누런 건강하지 못한 상태가 된다. 거식증으로 몸이 계속해서 말라가면서 변비와 저혈압이 생기거나 추위를 많이 타는 등 신체적인 문제가 자주 발생한다.

거식증의 가장 두드러진 증상 중 하나는 신체 이미지의 인지적 왜곡이다.[34] 음식 섭취를 줄이는 것은 살이 찌는 것에 대한 강한 두려움과 살을 너무나 빼서 말 그대로 굶어 죽을 정도의 위험에 처해 있지만 멈출 수 없는 두려움을 동반한다. 거식증이 있는 젊은 여성은 너무 말라서 목숨이 위협받고 있음에도 불구하고 자신이 너무 뚱뚱하다고 진심으로 믿고 있다. 거식증이 있는 여성과 함께 거울 앞에 섰을 때 얼마나 수척해 보이는지를 지적하는 것은 좋지 않다. 거식증이 있는 여성은 아무리 말랐음에도 거울에 비친 자신을 뚱뚱하게 보고 있기 때문이다.

거식증과 마찬가지로 폭식증도 몸이 크고 뚱뚱해질 것이라는 강한 두려움을 수반한다.[35] 폭식증은 말 그대로 음식을 많이 먹는 건데 특히 짧은 시간에 많은 양의 음식을 먹는 것을 의미한다. 그런 다음 먹은 것을 게워내 버린다. 다시 말해 폭식을 한 이후 방금 먹은 음식을 없애기 위해 설사약을 사용하거나 구토를 유도한다. 폭식증으로 반복되는 구토를 하기 때문에 치아가 손상되는 경우가 많다. 거식증과는 달리 폭식증은 일반적으로 보통 체중을 유지하는데 그 이유는 폭식과 게워내는 것을 반복하지만 다소 일반적인 식습관을 가지고 있기 때문이다. 또한 폭식증 환자는 자신의 식습관이 정상적이지 않다고 여기는 것이 거식증 환자와의 차이점이다. 폭식증 환자 스스로가 문제를 가지고 있다고 인식하고 종종 폭식의 여파로 자신을 증오한다.

거식증과 폭식증에 관한 연구는 이러한 섭식 장애에 문화적 근간이 있다는 것을 증빙하고 있다.[36] 첫째, 섭식 장애는 여성의 신체가 날씬한 것이 이상적임을 강조하는 서구 문화에서 특히 더 일반적으로 나타난다. 둘째, 섭식 장애는 하류층의 사람들보다 날씬함을 더 중요시하는 중상류층에 속한 여성들에게 일반적으로 나타난다. 셋째, 거의 모든 섭식 장애는 날씬한 몸매가 이상적이라는 문화적 압력이 가장 강한 시기인 10대와 20대 초반의 여성들 사이에서 발생하는 건 너무나도 확실하다. 넷째, 수많은 잡지의 광고 및 기사에서 마른 몸매의 모델을 보는 소녀들은 자신을 날씬하게 만들기 위해 애쓰게 되면서 섭식 장애와 관련된 행위를 할 가능성이 크다.

마른 여성상을 강조하는 문화권의 많은 어린 여성들은 날씬해지기 위해 노력하지만, 실제로 매우 낮은 비율로 섭식 장애가 있다. 과연 어린 여성에게 섭식 장애를 일으키게 하는 요인은 무엇일까? 일반적으로 거식증과 폭식증에는 같은 요인이 관여한다.[37] 한 가지 요인은 내면화 장애에 일반적인 감수성이 작용하는 것이다. 섭식 장애가 있는 여성 또한 우울 장애와 불안 장애와 같은 여러 가지 내면화 장애가 있을 가능성이 더 크다. 폭식하는 행동은 특히 흡연, 폭음, 흡입제 사용과 같은 물질 사용과 연관이 있다.

발달적 근거로 본 청년 문제

요약하자면 다른 생애단계보다 청년기에 다양한 문제들이 나타나는 것은 일반적이다. 그렇다면 왜? 무엇이 이러한 문제에 대한 큰 위험을 감수하면서 청년으로 존재하게 하는 걸까? 발달상 이러한 취약성의 원인은 무엇일까? 이 장에서 논의된 문제들과 관련하여 청년 이론에서 제시한 5대 특징을 검토함으로써 이 질문을 다루어보고자 한다. 이와 함께 5대 특징 각각에 대한 확장된 가설을 제안할 것이다.

정체성 탐색 사랑과 일에 있어서 가능한 자기를 다양하게 탐색하고 실현 가능한 미래의 방향으로 가는 과정은 특별히 내면화 문제를 부추길 수 있다. "나는 누구인가?"라는 질문과 씨름하는 것은 당혹스럽고 혼란스러울 수 있으며 불안감을 유발할 수 있다. Clark 설문조사에서 '지금은 내 삶에서 내가 진짜로 누구인지 알아가는 시기이다'와 '나는 종종 불안하다고 느낀다'에 둘 다 동의하고 있어 두 질문 사이에 상관관계가 있다.[38] 또한 불안과 우울은 애인과 헤어지거나 만족스러운 직장에서 해고되거나 혹은 만족스러운 직업을 찾지 못함으로써 촉발될 수 있다.

정체성 탐색과 외현화 문제 사이에는 직접적인 관계는 없다. 다만 난폭 운전이나 범죄 행동에 가담하고 불법적인 마약을 시도하는 것과 같이 사회 규범에 어긋나는 경험을 포함하여 다양한 경험을 시도하는 것은 정체성 탐색의 일부로 보일 수 있다.[39] 또한 물질 사용과 물질 남용은 일부 청년에게 우울과 불안에 대한 자가 치료 방법이 될 수도 있다.

■ 가설: 청년기에 정체성 발달이 진행됨에 따라 외현화 및 내면화 문제는 감소할 것이다. 어느 연령대든 혼란스러움과 외현화 및 내면화 문제를 인식하는 것 사이에 상관관계가 있을 것이다.

불안정성 직업, 연애 상대, 거주지를 바꾸는 것은 청년의 전형적인 모습이다. 이러한 변화들은 흥미로운 일이 될 수도 있지만, 스트레스를 받을 수도 있다. 우울과 불안이 내면화 문제로 발생할 수 있으며, 물질 사용과 물질 남용은 우울과 불안뿐 아니라 스트레스에 대한 자기 치료로 사용될 수 있다. 앞서 언급했듯이 Clark 설문조사에서 18~29세 사이의 불안은 이들의 현재 삶이 '불확실'하고 '변화무쌍함'에 동의하는 것과 관련이 있다.

■ **가설**: 청년이 불안정한 경험을 할수록 우울증, 불안, 물질 사용 및 물질 남용에 대한 위험은 더 증가할 것이다. 청년기 동안 그리고 이후에 불안정성이 감소하게 되면 이런 문제가 감소가 될 것으로 예측한다.

자기초점 아마도 자기초점은 청년의 외현화 및 내면화 문제 핵심의 가장 중요한 특징일 것이다. 외현화 문제와 관련하여 청년기를 자기초점 시기로 만드는 것은 타인에 대한 일상의 의무와 헌신적인 사회적 관계가 가장 약한 시기이기 때문이다. 자기초점은 크고 작은 문제와 관련해서 청년이 어떻게 하고 언제 해야 하는지에 대해 자신이 결정을 할 수 있는 각자의 자유 범위를 확장한다. 하지만 이는 청년기가 사회 통제social control로는 밑바닥이라는 것도 의미한다. 이 장의 초반에서 언급했듯이, 범죄학자는 사회 통제가 범죄 행위 성향을 가장 강하게 억누른다고 오랫동안 인식해왔다. 우리가 법과 사회적 규범을 위반하지 않으려고 하는 것은 어쩌면 다른 사람에게 가져야만 하는 일상적인 의무가 있고, 그들이 우리에게 의무를 이행하듯이 우리도 그 의무를 이행할 것이라는 그들의 기대가 있기 때문이다. 이러한 일상적 의무로 인해 바쁘고 우리가 매일 일상의 의무를 갖는 사람들과의 사회적 관계를 잃고 싶지 않기 때문에 우리 대부분은 규범을 준수하며 살아간다. 이러한 사회 통제가 청년기에 가장 낮기 때문에 외현화 행동이 가장 높게 나타난다. 배우자, 자녀, 고용주, 이웃과 관련하여 더 엄격한 사회적 역할을 수행할수록 외현화 행동은 감소하게 된다.[40]

내면화 행동과 관련해서 사회 통제를 이루는 사회적 관계는 우리가 사회 규범을 위반하지 않도록 할 뿐만 아니라 어려운 시기에 우리를 지원하고 위로한다. 그래서 약한 사회 통제가 있을 때 우울과 불안의 감정은 더 강하고 쉽게 나타나게 되고 또한 이러한 감정에 대한 자기 치료의 목적으로 물질 사용과 물질 남용의 가능성을 높인다. 100여 년 전 프랑스의 위대한 사회학자 Emile Durkheim은 유럽 전역의 사회 통제 패턴에 따른 자살률 변화를 조사하였다.[41] 사회 통제가 적을수록 자살이 많아졌다. 그 이후로 이 원리는 자살뿐만 아니라 우울증과 다

양한 외현화 문제와 관련해서도 여러 번 검증되었다.[42]

■ 가설: 청년기 동안 사회 통제가 가장 약한 청년은 외현화 및 내면화 문제의 비율 중 특히 남성은 외현화 위험이, 반대로 여성은 내면화 위험이 더 클 것이다. 사회 통제를 의미하는 사회적 역할이 생기면서 외현화 및 내면화 문제는 감소 될 것이다.[43]

어중간함 대부분의 청년이 생각하는 성인의 중요한 결정 요인은 범죄 행위, 과속 운전 또는 음주 운전, 불법적인 물질 사용과 같은 외현화 행동을 하지 않는 것이다.[44] 이는 많은 청년이 나중에 성인이 되었을 때보다 아직 완전히 성인이 되지 않은 현재 생애단계에서 외현화 행동에 참여한다는 것에 더 수긍한다는 것을 믿고 있음을 내포한다. 내면화 행동과 관련해서는 특히 자신이 현재 자기 나이보다 더 어른스러워져야 한다고 믿는 몇몇 청년은 중간자적 느낌으로 인해 우울과 불안이 유발될 수도 있다. 18~29세를 대상으로 한 Clark 설문조사에서 '성인이 되었다고 느끼나요?'라는 질문에 대한 응답으로 '그렇지 않다' 또는 '잘 모르겠다'라고 응답한 것과 불안과 우울에 대한 응답 사이에 유의한 상관관계가 있었다.[45]

■ 가설: 청년기의 어느 연령대에서든 '성인이 되었다고 느끼나요?'라는 질문에 대해 '그렇지 않다' 또는 '잘 모르겠다'라고 답하는 경우는 '그렇다'라고 답하는 경우보다 외현화 및 내면화 문제와 관련이 있을 것이다. 20대 중에서 '그렇다'라고 답할 가능성이 많아지게 되면 외현화 및 내면화 문제의 비율은 감소할 것이다.

가능성 희망하고 있는 삶을 이룰 수 있다고 믿는 낙관주의와 함께 미래에 대한 가능성의 폭을 넓게 인지하고 있는 것은 청년기에 전반적으로 나타나는 특징이다. 또한 꿈꾸던 성인기에 도달한다는 이러한 자신감은 다른 사람보다 나에게 부정적인 결과가 일어날 가능성이 더 낮을 것이라고 믿는 것으로 보건 분야 연구자들은 이것을 '낙관적 편향optimistic bias'이라고 부르고 있다.[46] 거의 모든 청년은 미래가 희망적이라고 믿기 때문에 소수의 청년만이 난폭 운전, 위험한 성적 행동,

범죄, 물질 사용과 같은 외현화 행동으로부터 야기될 수 있는 부정적인 결과들 때문에 희망적인 미래로 가는 길에서 벗어난다고 믿는다. 내면화 행동과 관련해서는 성인이 되어서도 자신의 삶이 잘 될 것이라는 강한 확신을 갖지 못하는 소수의 청년은 특히 우울과 불안의 위험을 많이 느낄 수 있다. Clark 설문조사에서 18~29세의 대상자들은 '나는 종종 우울하다고 느낀다'와 '지금은 내 삶에서 모든 것이 가능할 것 같다'의 응답 사이에 부적 상관관계가 있었다.[47]

■ 가설: 청년 중 자신의 희망찬 미래에 대한 강한 자신감을 가진 사람은 외현화 행동의 결과에 대해 상대적으로 낙관적 편향이 강하고 외현화 행동을 할 가능성이 상대적으로 높을 것이다. 청년은 다양한 외현화 행동에 대해 그들보다 나이가 많은 성인보다 낙관적 편향이 더 높을 것이며, 이는 왜 외현화 행동의 비율이 청년기에 더 높은지를 설명하는 데 도움이 될 것이다. 성인의 삶에 대한 미래 목표를 달성할 자신이 없는 청년은 우울과 불안의 비율이 더 높을 것이다.

호전되고 있는가? 청년 문제의 경향

다른 생애단계보다 청년기에 많은 유형의 문제가 더 만연하지만, 다른 연령대보다 문제가 심각할까? 청년에 대한 미국 사회의 대중적 서사를 따라가다 보면 대부분 부정적이라서 이것이 사실이라고 믿기 쉬울 것이다. 언론뿐만 아니라 일부 학계에서 오늘날의 청년은 이기적이고, 심지어 자기애적narcissistic이며, 결코 어른이 되고 싶어 하지 않는다는 비난을 받아왔다.[48] 특히 젊은 남성은 점점 우리가 두려워해야 할 위험한 야수로 그려져 왔다.[49]

그러나 실제로는 지난 20년 동안의 청년 행동에 대한 데이터는 부정적 경향보다는 긍정적인 경향을 보여주고 있다. 먼저, 긍정적 경향을 먼저 살펴보고 나서 부정적 경향과 혼합된 경향을 살펴보려고 한다. 그다음에 이러한 경향의 원인을 생각해 볼 예정이다.

긍정적 경향

지난 20년 동안 청년들 사이에서 가장 확실한 긍정적 경향 중 하나는 자동차 사고 사망률의 감소이다. 이는 가장 중요한 사건 중 하나이다. 이 장의 초반에 언급했듯이 자동차 사고는 청년이 사망하는 가장 큰 원인이다. 그러나 [그림 11.5]에서 보듯이 10대 후반과 20대 초반의 자동차 사고 사망률은 지난 20년 동안 거의 절반으로 감소했다.

이러한 경향은 안전 설계로 자동차를 개선하고 젊은 운전자가 연수를 더 잘 받도록 집중한 것으로 설명될 수 있다.[50] 자동차는 이제 정면 충돌의 충격을 이전보다 더 잘 흡수하도록 설계되어 부상이나 사망자가 발생할 가능성이 낮아졌다. 강화된 안전띠 의무화에 관한 도로교통법 개정으로 인해 안전띠 사용이 증가했다.

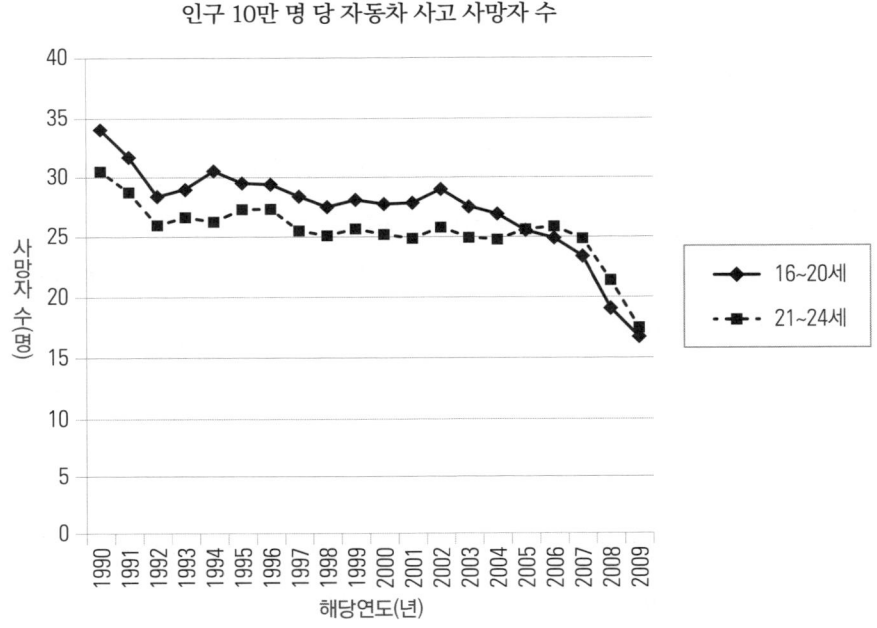

[그림 11.5] 연도별 16~25세 자동차 사고 사망자 수

출처: 미국 도로 안전 교통국(2012)

이러한 안전 개선은 모든 운전자에게 적용되므로 자동차 사고 사망자는 모든 연령대에 걸쳐 감소했지만, 다른 성인 연령층보다 청년층에서 감소세가 더 가파르게 나타났다. 이는 아마도 단계별 운전면허 프로그램graduated driver licensing program의 보급이 증가했기 때문일 것이다.[51] 이 프로그램은 운전을 처음 배울 때 야간 운전을 하지 않고 또래 동승자를 태우지 않도록 하는 것과 같이 젊은 사람의 운전 권한을 제한하고 안전 운전 수칙에 따라 그 권한을 점차 확대하는 제도다. 일반적으로 이 프로그램에서는 초보 운전자가 혼자서 운전하는 것을 허락하기 전에 부모와 함께 많은 시간을 운전하도록 요구한다. 이러한 프로그램은 자동차 사고와 사망자를 줄이는데 매우 효과적인 것으로 나타났으며 지난 20년 동안 미국에 있는 거의 모든 주로 확대되었다.

눈에 띄게 개선된 또 다른 분야는 범죄율이다.[52] [그림 11.6]에서 볼 수 있

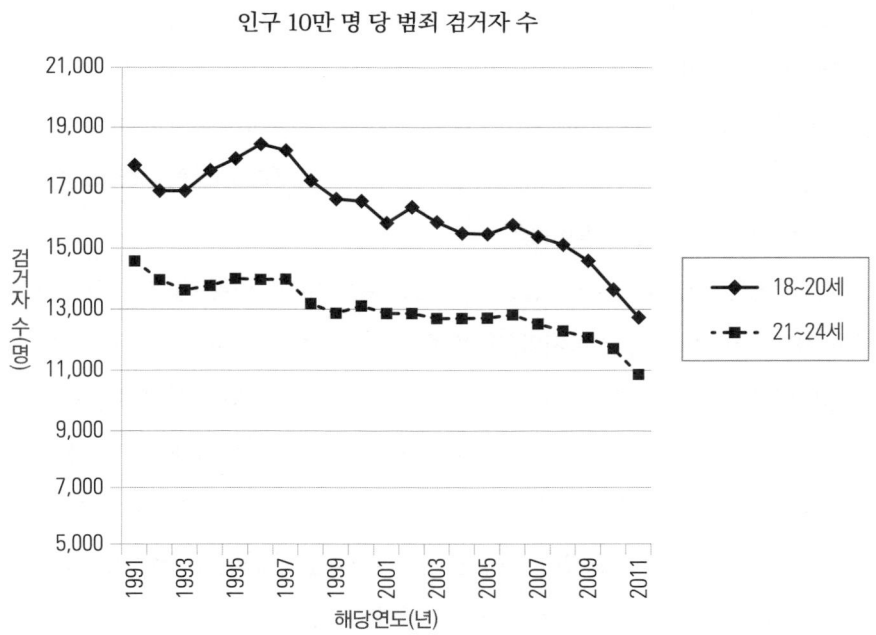

[그림 11.6] 연도별 범죄자 수

출처: 미국 법무부 통계국(2013)

듯이 지난 20년 동안 18~24세 사이의 범죄율이 극적으로 감소했다. 청소년 범죄(10~17세)도 급격히 감소했지만, 성인 범죄의 양상은 엇갈리고 있다. 범죄율은 25~39세와 60세 이상에서는 감소했지만, 40~59세에서는 증가했다.[53]

젊은층의 범죄 감소에 대해서는 여러 가지 해석이 있다.[54] 1990년대 초 Bill Clinton 대통령이 추진한 법률안으로 미국 도시 지역에 더 많은 경찰이 충원되었다. 질서 있는 환경을 구축하면 모든 유형의 범죄를 줄일 수 있다는 '깨진 유리창' 이론에 따라, 치안 방침이 범죄율이 높은 지역에 집중된 중범죄뿐만 아니라, 그래피티, 쓰레기 무단 투기, 구걸 행위와 같은 소소한 경범죄까지도 대상으로 하는 것으로 바뀌었다. 1980년대 후반에 확산된 크랙 코카인의 사용이 1990년대부터 줄어들면서 이와 관련된 범죄 또한 줄어들었다. 1973년 Roe v. Wade 대법원이 낙태를 합법으로 판결함으로써 그 결과 가난한 어머니로부터 태어나 범죄 활동에 가담하게 될 위험성이 있는 원치 않는 아이가 태어나는 것이 줄어 범죄가 줄었다는 정설이 있었다.[55] 그러나 이 의견은 지지받지 못하고 있다. 왜냐하면 Roe의 낙태 합법화 이후 아이들이 성년이 되었을 1980년대 후반에는 범죄율이 감소하지 않고 더 증가했고, 낙태할 가능성이 높은 젊은 여성은 성장하면 범죄에 연루될 아이를 가질 위험이 가장 큰 사람이 아니라, 더 좋은 성적으로 학교를 마치고 복지 혜택에 덜 의존하는 사람이다.[56]

긍정적 경향의 또 다른 중요한 내용은 흡연이다. 18~29세 사이의 자동차 사고 사망률이 가장 높긴 하지만, 흡연 중독으로 인해 미국에서만 매년 40만 명의 성인이 사망하는 것으로 추산되어 장기적으로 보면 자동차 사고보다 더 많은 사망자가 발생한다.[57] 게다가 흡연을 시작하는 중위 연령은 14세이며 실제로 30세 이후에는 흡연을 시작하는 사람이 거의 없다. 결과적으로 흡연율이 10대와 20대에 감소한다면, 흡연으로 인한 사망률은 향후 수십 년 동안 감소할 것이 분명하다. [그림 11.7]에서 보듯이 지난 20년 동안 특히 지난 10년 동안 청년들 사이의 흡연율이 극적으로 감소했다. 미국의 중·고등학교 청소년들 사이에서도 비슷한 경향이 나타난다. 흡연 감소는 지난 10년 동안 다른 성인 집단에서도 나타났지만, 청

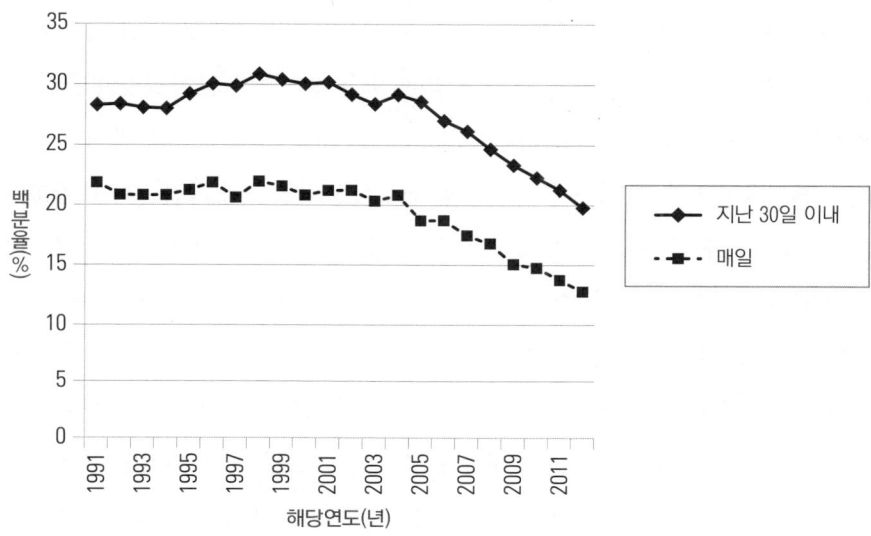

[그림 11.7] 연도별 흡연율

출처: Johnston et al.(2012)

소년과 청년 집단에서 더 크게 나타났다.[58] 물질 사용의 다른 유형과 달리 흡연율은 30~64세의 성인보다 청년이 더 낮다.[59]

젊은층의 흡연 감소는 1990년대 후반 젊은층을 대상으로 한 담배 회사들의 광고와 마케팅을 제한하는 소송의 결실이다.[60] 지난 20년 동안 미국의 많은 주에서 젊은층을 대상으로 한 흡연 예방 프로그램을 마련했고 이러한 프로그램은 효과적이었다. 또한 소송으로 인한 비용과 주별로 세금 인상이 담배에 부과되면서 많은 젊은 사람이 감당할 수 있는 수준 이상으로 담배 가격을 올렸다.

전반적으로 자동차 사고 사망자, 범죄, 흡연 등의 감소는 공공 정책의 승리로 볼 수 있다. 1990년대에 시행된 단계별 운전면허 프로그램, 범죄를 줄이기 위한 새로운 치안 유지 방법, 소송과 흡연율을 줄이기 위한 금연 프로그램과 같은 법률, 정책, 규제 등은 효과적이었다. 그러나 다음 내용에서 보듯이 모든 변화가 좋았던 것은 아니다.

부정적 그리고 혼합된 경향들

청년기의 문제들은 대부분 긍정적 경향을 보이고 있지만, 지난 20년간 일부 문제는 더 안 좋아지거나 바뀌지 않는 것도 있다. 비록 흡연율은 낮아졌지만 물질 사용과 관련하여 폭음 및 대마초 흡연율은 [그림 11.8]과 [그림 11.9]와 같이 증가하였다. 흡연율을 낮추기 위해 효과적인 전략이 사용되었으나, 폭음이나 대마초에는 비슷하게라도 적용되지 않았으므로 공공 정책의 중요성을 간접적으로 보여준다. 실제로 최근 몇 년 사이 대마초에 대한 처벌이 약해졌고 의료용 대마초를 합법화하고 대마초를 즐기는 것을 범죄로 보지 말자는 움직임이 확산되고 있다. 이러한 움직임은 공중 보건 관점에서 미심쩍은 부분이 있다. 연구에 따르면 대마초를 피우는 것이 특정 종류의 치료 부작용을 줄이는 데 도움이 될 수 있다고는 하지만, 잦은 대마초의 사용은 인지, 생리, 생식 기능 등에 손상을 입힌다고 보고되고 있다.[61]

내면화 문제에 있어서는 경향을 분별하기가 더 어렵다. 외현화 문제에서 있는 것처럼 내면화 문제에 대한 수십 년간의 축적된 제대로 된 데이터가 있지 않다. 비록 모든 연구가 완벽하지는 않지만, 20세기 동안의 다양한 연구는 우울감의 증가와 관련된 것으로만 보인다. 20세기 초부터 후반까지의 몇몇 연구들은 서구 국가들에서 단지 젊은 사람만이 아니라 모든 성인을 대상으로 주로 우울감이 증가했음을 보여준다.[62] 그러나 이러한 연구들은 삶을 살아가면서 느낀 우울했던 증상에 대한 회고적 기억에 의존했기 때문에 확실히 문제가 있다. 1930년대부터 21세기 초까지 대학생을 대상으로 성격 특성을 측정하는데 가장 많이 사용했던 MMPI: Minnesota Multiphasic Personality Inventory로 메타 분석한 결과 우울감이 증가했음을 발견했다.[63] 그러나 대학생이 모든 청년을 대표한다고 볼 수 없고 이들은 일반 대학생이 아니라 대부분 대형 연구 중심 대학의 심리학 입문 과정에 있는 대학생들이었다는 한계도 있다. 또한 이 메타 분석에서는 고등학생의 우울감이 증가했음을 발견했지만, 또 20세기 후반 이후 30년 동안을 추적한 다른 메타 분석에서는 어린이나 청소년의 우울감이 증가했음을 발견하지 못했다.[64]

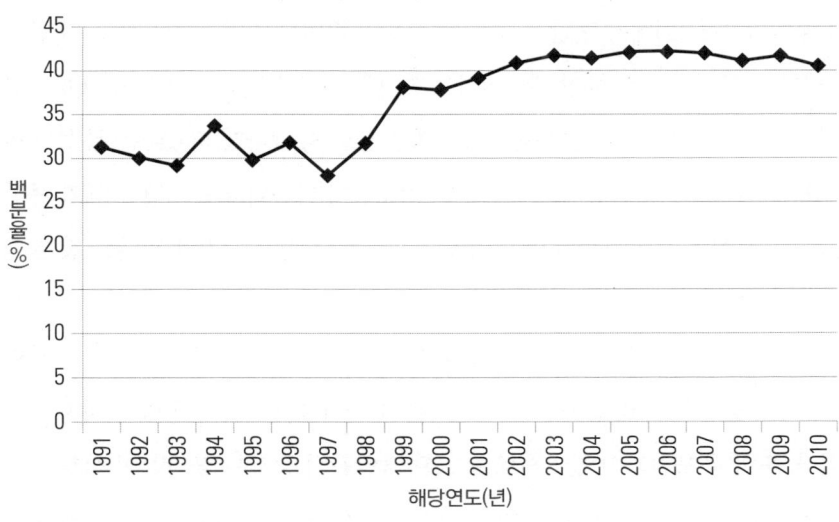

[그림 11.8] 연도별 폭음률

출처: 물질 남용 및 정신 건강 서비스국(2011)

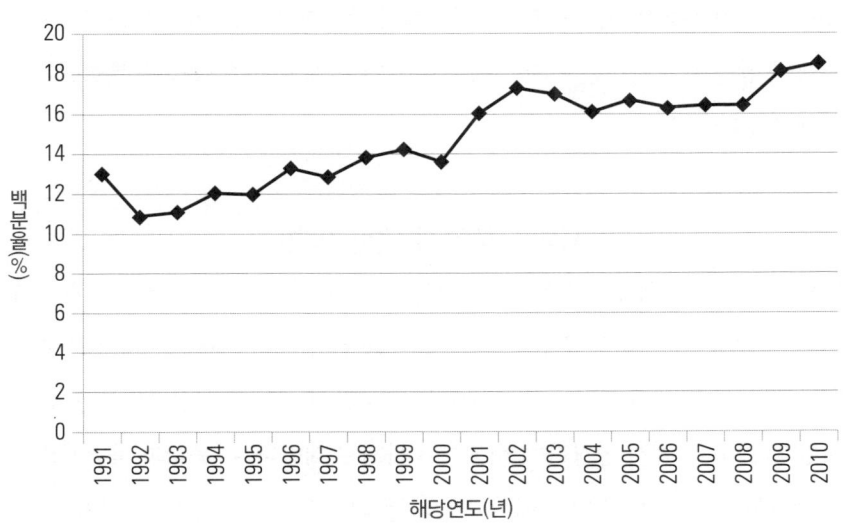

[그림 11.9] 연도별 대마초 흡연율

출처: 물질 남용 및 정신 건강 서비스국(2011)

이러한 모든 연구는 심리 치료와 정신 건강 치료가 널리 퍼지고 사회적 인식이 좋아지면서, 20세기 후반에 우울 증상을 드러내는 것이 사회적으로 더 받아들여졌다는 사실을 감안하여 해석되어야 한다.[65] 이러한 변화는 이전의 코호트보다 최근의 코호트가 정신 건강 문제에 거리낌 없이 응답하게 되었다는 특성이 반영되었는지도 모른다. 그럼에도 어린이와 청소년이 아니더라도 지난 반세기 동안 청년과 다른 성인 사이에서 우울감이 증가했다는 잠정적 증거가 있다고 결론 내릴 수 있다.

불안감 또한 지난 반세기 동안 증가한 것으로 보인다.[66] 그러나 우울감이 마찬가지로 불안 장애의 증가율은 청년기뿐만 아니라 성인기 전반에 걸쳐 발생하고 있다. 또한 우울감과 마찬가지로 보고된 불안감의 증가는 불안감이 실제로 증가했다기보다는 최근 수십 년 동안 심리적인 증상을 드러내려고 하는 의지의 상승을 단순히 반영하는 것일 수도 있다.

섭식 장애 역시 20세기 후반부터 증가한 것으로 보인다. 어떤 분석은 1935년부터 1999년까지 거식증 발병률이 꾸준히 증가한다고 보고하고 있다.[67] 다른 분석은 20세기 후반에 폭식증과 폭식 장애의 증가를 보고하였다.[68] 그러나 여기서 역시 증상을 보고하려는 의지 상승으로 인한 실제 비율의 상승을 분별해야 하는 문제가 있다.

다양한 경향에 대한 이해

종합하자면 청년의 생애는 여러 방면에서 긍정적 경향이 나타난다. 자동차 사고로 인한 사망, 범죄, 흡연과 같은 가장 중요하고 심각한 외현화 문제가 감소 추세에 있다. 게다가 앞에서 보았듯이 자원봉사가 상당히 증가했고 청년은 민족성, 성적 지향성, 종교 등에서 연장자에 비해 현저하게 관대하다. 우울감과 불안감의 비율은 증가한 것으로 보이지만, 이러한 증가는 청년뿐만 아니라 다른 성인에서도 발생한 것으로 보인다.

미국 사회에서 이러한 경향을 설명하는 주요 요인은 개인주의의 증가이다. 많은 학자가 관찰했듯이 개인주의는 1960년대와 1970년대에 극적으로 증가했다. Robert Bellah와 그의 동료들은 이 시기 동안 '표현적 개인주의expressive individualism'가 발현했다고 설명했다. 자제력self-restraint을 미덕으로 보지 않고 강박이라는 정신 건강의 장애로 보는 반면, '감정 표현을 자유롭게 하는 것letting it all hang out'은 사회적으로 비난 받는 것으로부터 사회적으로 가치 있는 것으로 변화되었다.[69] 즉 비슷하게 Robert Putnam은 사람들이 더 개인화가 되면서 여가를 집에서 보내게 됨으로써 1960년대와 1970년대 이후 여러 방면으로 시민 활동 및 시민 단체 참여가 감소했다는 것을 확인했다.[70]

오늘날의 청년은 이러한 개인주의와 함께 성장했기 때문에 특별히 더 급진적이거나 혁명적인 것은 아니다. 그러므로 청년은 타인에게 해를 끼치지 않는 한 모든 사람은 자신이 원하는 대로 믿고 행동할 권리가 있다고 생각하기 때문에 민족성, 성적 지향성, 종교의 다양성에 대해 이해하고 받아들인다. 하지만 개인주의에도 대가가 따른다. Emile Durkheim이 19세기 후반 유럽에서 이미 관찰한 바와 같이 사회가 더 개인주의적으로 되어 가고 안정된 사회체계에서 의미 있는 역할을 덜 한다고 느낄수록 "무엇 때문에 사는가?라는 피곤하고 짜증스러운 질문으로부터 피할 수 없는" 자신을 발견하는 일이 많아진다.[71] 그 결과 최근 수십 년 동안 미국과 다른 서구 국가에서 보였던 것처럼 우울감과 불안감의 발생이 증가한다.

그러나 이러한 설명은 청년에게 나타나는 다른 경향과 부합하기 어려워 보인다. 개인주의가 더 많아질수록 자제력과 충동 조절력은 줄어들게 되므로 결과적으로 난폭 운전과 범죄가 더 만연해지는 등의 결과를 초래할 것 같지만, 이러한 문제들은 지난 20년 동안 극적으로 감소했다. 자원봉사는 다른 사람을 위하여 일하는 것이기 때문에 개인주의 상승과도 모순된다고 생각할 것이다. 물론 사회봉사는 개인적인 시간을 희생해서 다른 사람들을 돕는 것을 우선시한다는 점이 수반되지만, 자원봉사자는 다른 사람들을 돕는다는 만족감으로 개인적인 보상을 받을 수도 있다.

그렇다면 극명하게 구별되는 이러한 경향들이 왜 청년의 삶에 나타나는지에 대한 것이 수수께끼로 남아있다. 이는 청년을 연구하는 학자들이 도전하고 싶은 주제이며 이러한 경향이 향후 어디로 향하는지에 대한 흥미로운 질문을 던진다.

12장 헤어짐은 새로운 시작

청년기의 회복탄력성

청년기는 특권층에게만 주어지는 시기일까? 10장에서 보았듯이 그렇게 믿는 사람이 있다. 미국에서 청년이 된다는 것은 미래에까지 지속해야 할 선택을 확정하기 전에 사랑과 일에 있어서 다양한 가능성을 탐색하는 것을 의미하며, 유복한 가정에서 태어나는 것은 어떤 면에서는 탐색하는 시기를 연장하는 게 더 쉬워진다는 것도 사실이다. 일자리와 관련해서 생각해보면 만약 부모가 대학과 심지어 대학원 진학을 할 수 있도록 경제적으로 지원한다면, 고등학교 졸업 후 대학에 진학하는 것 대신에 돈을 벌기 위해 취업을 해야 하는 사람보다 가능성이 있는 진로를 탐색할 기회가 더 많아지는 것은 확실하다.

하지만 이건 단편적인 면에 불과한 이야기이다. 다른 측면에서 보면, 청년기에 도달하게 되면서 특권층 출신보다 빈곤층 출신이 더 많은 기회를 얻게 된다. 어린이와 청소년은 좋든 싫든 부모에 의해 좌지우지된다. 부모가 경제적으로 부유하고 행복한 결혼 생활을 하고 있고 자녀를 사랑하고 있다면 자녀는 이러한 장점들로부터 혜택을 받는다. 하지만 가난하고 폭력적인 이웃과 살고 있거나 부모가 자주 싸우거나 신체적으로 학대를 하거나 쓰라린 이혼을 했거나 술이나 다른 약물에 중독되어 있거나 정신적·육체적으로 아프다면(이는 저자의 원연구에서 인터뷰했던 청년을 둔 부모의 문제 중 일부에 불과하다) 자녀는 부모의 문제로 발생한 가정 환경으로 인해 고통받게 된다. 도망갈 수도 없고 갈 곳도 없다.

그러나 청년기에는 이런 상황은 변하게 된다. 청년은 집을 떠나 살 수 있고 부모의 문제를 자신의 문제로 받아들일 필요가 없게 된다. 청년기에 진입하게 되면 자신의 삶을 변화시키고 부모와는 다른 길을 떠날 기회가 생긴다. 어린이와 달리 청년은 떠날 수 있고 떠나게 된다면 때로는 완전히 새롭고 건강한 삶이 이들 앞에 펼쳐진다. 때로는 헤어짐은 새로운 기회가 된다.[1]

빈곤층 청년의 삶을 변화시킬 기회로 대변되는 것이 청년기의 가장 중요한 특성 중 하나이다. 청년기는 생애주기에서 극적인 변화가 발생할 가능성이 가장 큰 시기이다. 어린이와 청소년은 스스로 자기 삶의 방향을 바꿀 기회가 매우 제한적이다. 청년기 이후에는 지속 가능한 사랑과 일을 선택하고 특히 자녀를 양육해야 하는 의무 등의 지속해야 할 책임을 맡게 되면 진로를 변경하는 것이 더 어려워진다. 대부분 사람에게 청년기는 가장 자유롭고 독립적인 시기이다. 불행하게도 삶이 잘못된 방향으로 가고 있다고 느끼고 더 나은 방향으로 극적인 변화를 이루고자 하는 사람에게 있어서 청년기는 변화를 줄 적기이다.

그러나 이때가 너무 늦은 건 아닐까? 만약 어떤 사람이 건강하지 못한 가정 환경에서 성장한다면, 이들의 남은 삶은 성격을 형성하는 데 지울 수 없는 불행한 환경이 되지는 않을까? 이러한 견해는 서양에서는 오랜 기간 지배적이었다. 시인 William Wordsworth는 약 2세기 전에 "어린이는 어른의 아버지이다."라고 주장했다. 심리학의 태동기였던 1세기 전 Freud는 생애에서 결정되는 성격은 6세까지 어느 정도 확립된다고 주장했다. 오늘날에도 유아기와 아동기에 관한 연구가 나머지 생애 주기들에 관한 연구를 합친 것보다 훨씬 더 많은데, 이는 우리의 운명이 확정적으로 결정되는 것은 생애 초기 단계에 있다는 믿음이 여전히 지배적이라는 것을 보여준다.

확실히 학자와 일반인 가리지 않고 많은 사람은 이렇게 믿는다. 하지만 이 주장은 과장된 것일 수 있다. 비록 이것이 일반적인 사실이고 아동기의 경험과 그 이후의 발달 사이에 상관관계가 있다 해도 많은 사람에게 적용되지 않을 수도 있다. 그리고 이것이 적용되지 않는 사람의 비율이 청년기에 자신의 삶에서 더 큰 자유를 얻는 사람들로 인해 급격히 증가할 수도 있다.

　　　　이 장에서는 어릴 적 삶이 미래의 방향을 영속적으로 결정한다는 가정을 거스르는 4명의 청년을 살펴보고자 한다. 이들 모두는 아동기에 끔찍한 사건이나 상황을 경험했으며 청소년기에 혼란스러운 삶을 살았으나, 청년기에 접어들면서 자신을 변화시키고 삶의 방향을 건강과 행복을 향해 극적으로 전환했다. 이들이 유아기부터 청소년기까지의 삶에서 무슨 일을 겪었든 간에 새로운 기회가 될 청년기는 인생을 바꿀 수 있는 마지막 기회가 될지도 모른다.

　　우선 청년기의 회복탄력성resilience에 관한 연구를 간략히 살펴보겠다.

회복탄력성에 관한 연구

회복탄력성은 "적응과 발달에 있어서 심각한 위협에도 불구하고 나타나는 좋은 결과"로 정의된다.[2] 여기서 '좋은 결과'란 대학을 졸업하거나 안정적인 직장에 들어가는 것과 같이 주목할 만한 이정표에 도달하거나, 건강한 정신 건강과 같은 내면의 상태이거나, 혼전 임신, 노숙 생활, 약물 남용, 범죄 행위와 같은 주목할 만한 문제가 없는 상태로 볼 수 있다. 회복탄력성이 있는 청년이라고 해서 반드시 비범한 능력을 지닌 특별한 사람일 필요는 없다. 회복탄력성 연구자 Ann Masten은 회복탄력성을 비정상적으로 어려운 환경에 처해 있음에도 불구하고 더욱 합리적으로 기능할 수 있는 것으로 '일상에서의 마법ordinary magic'이라고 정의한다.[3]

　　　　회복탄력성을 측정하기 위해 아동기 또는 청소년기부터 시작하여 청년기와 그 이후까지를 대상으로 한 다수의 종단 연구가 있었다.[4] 회복탄력성에 관한 초기 연구는 연구가 이루어졌던 하와이Hawaiian 카우아이Kauai의 이름을 따서 '카우아이 연구'로 알려져 있다.[5] 카우아이 연구는 신체 발달 문제, 부모의 결혼 생활 문제와 약물 남용, 낮은 수준의 자녀 양육, 빈곤 등 4가지 이상의 위험 인자를 가진 2세까지의 고위험군 아동을 대상으로 진행했다. 10~18세가 된 이 집단 중에서 회복탄력성을 보유한 하위 집단은 사회적으로 또한 학문적으로 우수했고 문제 행동이 거의 없었다. 회복탄력성이 없는 집단의 청소년에 비해 회복탄력성이 있는 집단의 청소년은 부모 역할을 잘 수행하는 부모, 더 높은 지능, 더 높은 신체적 건강과 같은 여러 가지 보호 요인들로부터 혜택을 받았다는 것이 확인되었다.

카우와이 연구에서 드러난 놀라운 사실은 많은 연구 참여자가 청소년기에는 회복탄력성이 없었지만, 결국 청년기에 가서 회복탄력성이 있는 것으로 나타났다.[6] 고등교육의 이수, 군 복무 기간 동안 새로운 직업 기술 습득, 심리적으로 건강한 배우자와의 결혼, 지지기반이 되어주는 신앙 공동체 참여 등과 같은 경험은 자신의 삶을 더 나은 방향으로 바꾸도록 도와주었다. 또한 이들은 가족 구성원 중 누군가와 관계는 유지하면서 가장 역기능적인 가족 관계로부터 자신들을 분리하는 데 성공했다. 청년기에 도달하게 되면서 건강하지 않은 가정 환경을 떠날 수 있게 되었다.

몇몇 다른 종단 연구에서도 유사한 점이 보고되었다.[7] 전반적으로 이러한 연구는 청년기의 회복탄력성을 증진하는 데 가장 중요한 것으로 여겨지는 2개의 보호 요인protective factors을 강조한다. 첫 번째는 일반적인 지능, 계획성, 자기 통제를 포함하고 있는 인지 능력cognitive ability이다. 인지 능력을 지님으로써 사람들은 자신의 문제를 성찰하고, 문제가 어떻게 연결되고 있는지 이해하고, 어떻게 자신의 삶을 더 좋게 바꿀 수 있는지에 대한 의식적인 선택을 하기 위해 청년기의 자유를 최대한 활용한다. 두 번째는 관심을 주는 적어도 한 사람과 맺는 건강한 인간관계healthy relationship이다. 그 대상은 부모, 양부모, 형제자매, 가족과 친척, 이웃, 친구, 선생님, 코치, 감독, 애인 등과 같이 다양한 사람일 수 있다. 지지하고 격려해 주고 정보를 주고 지도해 주는 한 명의 지지자가 있다는 것은 청년에게 있어 수년간 힘든 시간을 겪은 후 자신의 삶을 재건할 힘과 자원을 제공하는 데 도움이 된다.

그러나 이보다도 가장 중요한 것은 오롯이 청년기의 자유일 것이다. 아래 4명의 프로파일을 살펴보도록 하자.

청년기의 회복탄력성: 4명의 프로파일

어떤 청년이든지 이들에겐 회복탄력성이 있다. 어느 인종이든, 남자든 여자든, 노동자 계급이든 중산층이든 상관없이 회복탄력성이 있다. 이들 모두에게 청년기에 도달한다는 것은 자신의 삶을 재구성할 기회가 생긴다는 것이다. 자신이 어떻게 여기까지 왔는지 그리고 변화를 위해서 무엇이 필요한지를 더 잘 이해할 수 있게 해주는 인지 발달의 성장과 함께 청년기의 독립은 새로운 삶의 문을 열어 줄 수 있다.

Jeremy: "더 나은 판단을 할 준비가 됐어요."

Jeremy는 25세로 약 183cm 키에 근육질 몸과 굵고 튼튼한 목을 가진 다부진 체격을 가졌다. 머리카락은 옅은 불그스레한 금발이었고 약 1주일 정도 길러서 단정하게 손질한 턱수염이 잘 어울렸다. 우리는 주말 오후에 대학 사무실 근처에 있는 Jeremy의 아파트에서 만났다. Jeremy는 검은색 청바지와 호주 지도가 그려진 티셔츠를 입은 모습이 편안해 보였다. 덩치가 큰 남자가 부드럽게 보일 정도로 온화한 미소를 짓고 있었다.

Jeremy의 어린 시절 이야기를 듣고 있자니 지금의 그런 미소를 짓고 있는 것이 놀라울 따름이었다. 유아기부터 청소년기까지 그의 삶은 혼란스럽고 고통스러웠다. Jeremy의 부모는 이혼하고 재혼했다가 Jeremy가 3세 때 다시 이혼했다. 두 번째 이혼 직후에 그의 어머니는 다른 남자와 재혼했다. 어머니가 직장을 다닐 때 "새아버지는 엄마가 출근하자마자 나를 벽장에 가둬버렸어요."라고 이야기했다.

이들의 결혼은 1년밖에 가지 않았고 Jeremy와 그의 어머니는 몇 년 동안 단둘이 지냈다. 비록 그의 어머니는 "베이비시터 비용을 감당할 수 없어서 자주 나를 혼자 있게 했어요." 그렇지만 Jeremy는 그 시기를 "아마도 내 인생에서 가장 행복했던 시기"였던 것으로 기억하고 있다. "우리는 항상 잘 지냈어요. 엄마는 엄마라기보다는 큰 누나와 같았어요."라며 행복해했다.

그러나 Jeremy가 8세가 되었을 때 그의 어머니는 또다시 다른 사람과 재혼했고 두 번째 새아버지는 첫 번째 새아버지보다 더 심하게 Jeremy를 학대했다. "새아버지는 엄마가 목욕하거나 일을 나갈 때 나를 때렸어요. 엄마에겐 그런 사실을 감췄어요." 어머니와 두 번째 새아버지는 자주 다퉜고 최악의 구타는 Jeremy가 어머니를 지키려고 개입했을 때 일어났다. "어머니와 새아버지는 항상 싸웠고 나는 감당할 수 없었어요. 나는 엄마를 도울 수 없었죠. 그때 좌절감과 무력감을 느꼈어요. 그래서 가서 새아빠에게 소리를 질렀어요. 나는 방으로 보내졌죠. 그 이후 엄마가 없을 때 그 인간은 자기를 방해했다는 이유로 나를 죽일 것 같이 때렸어요."

이것은 "하나의 학대에서 그다음의 학대로 넘어가는 순환 과정"의 시작이었다. Jeremy가 11세 때 친아버지와 새어머니가 있는 Arizona로 이사해서 함께 살았지만, 그들도 끊임없이 싸웠다. Jeremy는 "부모님이 나를 받아주지 않아서 나를 받아주는 나쁜 아이들과 어울렸어요."라고 말했다. 갱단의 어린 소년들은 피자를 사주고 비디오 게임을 시켜주던 나이가 더 많은 소년들을 위해 "마약으로 가득 찬 배낭을 메는" 심부름을 했다. 한 번은 싸우다가 "심하게 얻어맞기도" 했다. Jeremy는 경찰과 시비가 붙기도 했고 소년원에 수감되기도 했다.

Jeremy의 친아버지와 새어머니는 이런 그의 모습에 진저리가 난다며 그를 친어머니와 새아버지에게 돌려보냈지만, 그들 역시 Jeremy를 원하지 않아서 한동안 조부모와 함께 살게 되었다. 조부모는 여호와의 증인이었고 Jeremy를 "통제하려 하고 여호와의 증인으로 만들려고 했지만, 나는 원하지 않았어요." 그리고 조부모는 타인을 의심했기 때문에 Jeremy가 친구 사귀는 걸 허락하지 않았고, 그래서 많은 시간을 혼자 보내야만 했다. "Arizona에서 이곳으로 이사 와서 친구를 사귀는 것도 매우 힘든 일이었지만, 어떤 사람도 만날 수 없다는 것이 더 힘들었어요."

Jeremy는 다시 친어머니와 새아버지와 함께 살기 위해 이사하려고 했지만, 곧 다시 오래된 갈등 양상이 나타났다. 마침내 Jeremy에게는 다른 대안이 하나도 없어서 결국 혼자 집을 떠나게 되었다. 그때 Jeremy 나이 15세였다.

어떻게 Jeremy는 15세에 혼자 살 수 있었을까? 그의 친어머니와 새아버지는 Jeremy를 내보내기 위해 아파트 임대료를 기꺼이 지불해 주었고, Jeremy는 음식과 다른 생필품을 사기 위해 일을 했다. 당연하게도 학업은 회사와 일상 생활에서 할 일들 때문에 "약간 뒷전"으로 밀렸다. Jeremy를 감시할 부모가 곁에 없었기에 고등학교 내내 매일 술을 마시고 대마초를 피우고 "거의 막" 살았다. Jeremy는 이 순간만을 위해 살고 미래는 거의 생각하지 않았다. "고등학교 때 내가 이 나이가 될 거라고는 정말 생각하지 못했어요. 어디로 가고 싶은지 무엇을 해야 할지도 생각하지 못했죠."

이런 삶을 산 Jeremy의 청년이 된 모습을 본다면 회복할 수 없을 정도로 상처를 입었다고 생각했을 것이다. 사실 Jeremy가 표현한 것처럼 "다들 내가 겪은 모든 일들 후에 내가 무슨 연쇄 살인마라도 되었을 것처럼 말해요." 신체적 학대, 부모님의 쓰라린 이혼과 재혼, 새아버지와 새어머니에 대한 적대감, 이 집에서 저 집으로 "떠넘겨진" 경험, 약물 남용, 학교 생활 문제, 갱단 연루 등과 같은 이런 경험 중 어느 하나라도 있었다면 문제가 있는 미래가 예견될 것이고 모든 경험을 종합해 본다면 운명은 결정되었다고 생각할 것이다.

그러나 이제 25세가 된 Jeremy는 약혼도 했고 일주일에 20~30시간 일하면서 대학에도 다니며 더는 약물 남용자가 아닌 자기 자신과 세상에서 평화롭게 어울리며 살아가는 누가 봐도 멋진 남자이다. 어린 시절의 나쁜 영향에서 벗어날 수 있게 해준 청년기의 경험은 대체 무엇이었을까?

3년 전 약혼녀를 만난 것이 큰 전환점이 되었다. 이들의 관계는 "내가 가려고 했던 방향과는 완전히 다른 방향으로 나를 움직이게 했어요." Jeremy는 약혼녀를 "나의 가장 친한 친구"라고 부르며, "친구로서 지낼 수 있는 모든 요건을 충족해요. 그녀를 믿을 수 있을 것 같아요. 우리는 서로 너무 잘 맞고 잘 지내고 있어요."라고 말했다. 앞서 언급했듯이 회복탄력성에 관한 연구는 건강한 연애 관계가 회복탄력성을 가장 강하게 촉진하는 요인 중 하나라는 것을 보여주었다. 사랑은 우리에게 살아가야 할 이유와 미래를 계획하고 문제를 피해야 할 강력한 이유를 주며 일탈할 기회를 덜 만드는 방식으로 일상 생활을 구성한다.

그러나 Jeremy가 한층 더 청년기에 도달했기 때문에 삶의 변화도 생겼을 것이다. 왜냐하면 청년기는 자신의 삶에 대한 이해에 있어 새로운 인지적 성숙을 이루는 것을 의미하기 때문이다. Jeremy에게 성인이 된다는 것은 자신의 삶에 던져지는 그 어떤 것에도 압도당하지 않고 그것을 관리하는 법을 배운다는 것을 의미한다. "어른이 되면 이런 것들을 하게 된다고 말하는 사람들이 있지만, 나는 그런 의견에 동의하지 않아요. 왜냐하면 내가 열여섯 살, 열일곱 살 때 그런 행동을 했었지만, 그 당시 나는 확실히 어른이 아니었어요. 만약 자신에게 닥치는 대부분의 일을 어떻게 처리해야 하는지 알고 있고 어떤 일이 일어날 때마다 감정을 다스릴 줄 안다면 나는 그것이 어른이 되기 위한 첫 번째 단계 중 하나라고 생각해요."

이러한 사고방식으로 인해 얻은 새로운 성숙함은 과거의 시련이 이득이 될 수 있음을 알게 해준다. "나를 지탱해주는 것과 내가 겪었던 경험으로 내 삶이 더 나은 방향으로 나아가기 위한 더 나은 판단력이 생겼기를 바래요." Jeremy는 그러한 어려운 시기를 헤쳐나간 것이 자신을 더 강하고 회복탄력적인 사람으로 만들었다고 믿는다. "내 삶에서 나쁜 일들이 많이 일어났지만, 더는 그런 일들에 영향받지 않아요. 안 좋은 일들은 무시하려고요."

Jeremy는 다른 사람이 그에게 행하는 일들을 감당하는 능력이 더 좋아졌을 뿐만 아니라 과거에 자신이 겪었던 문제들에 대해 일정 부분 책임을 지고 다른 사람들을 대하는 방식을 바꾸려고 노력해왔다. "나는 다른 사람에 대해 그리고 내 행동이 그들에게 어떤 영향을 미칠지에 대해 더 많은 관심을 기울여요. 전에는 내가 얻을 수 있는 것에 더 관심이 있었지만, 지금은 훨씬 덜 자기중심적인 사람이 되었어요."

이러한 변화의 결과로 Jeremy의 삶은 엄청나게 달라졌다. Jeremy는 고등학교 졸업 후 몇 년 동안 수해 및 화재로 인한 피해를 복구하는 회사에서 반숙

련 육체노동자로 일했다. 당시 Jeremy는 충분히 돈을 벌 수 있어서 행복했지만, 장기적인 계획을 세우는 것에 대해서는 깊게 생각하지 않았다. 그러나 20대 초반이 되자 10년, 20년, 30년 후의 삶이 어떨지 생각하기 시작했고 자신이 육체노동이 아닌 다른 일을 하고 싶다는 것을 깨달았다. 그래서 경영학 학위를 따기 위해 23세에 대학에 입학했고 어렸을 때는 달성할 수 없으리라 생각했던 '평균 B 학점'을 유지했다. 여기에서 Jeremy의 계획성이 어떻게 변화하는지 주목할 필요가 있다. "이전에는 돈을 벌 수 없는 일에 힘을 쏟는 게 쉽지 않았어요. 당장 보상을 받지 못하면 노력하고 싶지 않았죠. 과거의 나는 충분히 먼 곳을 내다볼 줄 몰랐고 즉각적인 만족을 원했어요. 그러나 이제는 목표가 보이는 것 같아요. 지금의 나는 미래를 위해 더 많이 준비하고 있어요."

그리고 Jeremy의 친부모 및 양부모와의 관계에도 큰 변화가 생겼다. "나는 이제 새엄마와 새아빠와도 꽤 잘 지내요. 지난 일은 다 잊고 묻어 두었어요. 그랬더니 이분들을 정말 좋아하게 되었어요. 집을 떠나는 것도 도움이 되었고 시간도 큰 도움이 되었어요. 시간이 많은 것을 해결해 주었어요. 다들 많이 성장했죠."

Nicole: "자유를 경험해 보는 것이 필요했어요."

Nicole은 25세로 인터뷰를 위해 California Berkeley에 있는 노천카페에서 만났다. Nicole은 피부과 병원에서 접수와 간호 보조 업무를 겸하는 일을 마치고 바로 왔으며, 멋진 라벤더색 원피스에 은목걸이와 이와 잘 어울리는 귀걸이를 하고 매우 전문가답게 옷을 입고 있었다. Nicole은 아프리카계 미국인 여성으로 매우 검은 피부에 곧고 긴 머리카락을 가졌다. 작은 체격의 여성이었지만, 표현력이 풍부할 것 같은 큰 입을 가지고 있었다.

Nicole의 세련되고 전문적이고 말을 들어보면 사려 깊고 명료하고 야망이 있어 보여 끔찍한 환경인 빈민가에서 아버지 없이 가난하고 병들고 무능한 어머니와 함께 Oakland의 공공주택에서 살았다는 사실을 짐작하지 못할 것이다. 어머니가 "신경쇠약에 걸렸을 때" Nicole은 겨우 6세였다. 가정은 이미 흔들리고 있었지만, Nicole의 어머니가 쓰러진 후에는 완전히 망가졌다. Nicole은 학교에서 가난한 아이들에게 주던 무료 급식이 유일한 식사여서 "며칠, 때론 몇 주" 기다렸던 것으로 기억한다.

3명의 아버지 사이에서 태어난 4명의 자식 중 장녀였던 Nicole은 6세 때부터 집안일을 책임지고 있었다. 심리학자들이 계획적인 역량planful competence이라고 부르는 비범한 능력을 Nicole은 그 나이에 발휘하였다.[8] "나는 엄마가 되었어요. 강한 사람이 되어야만 했어요. 그렇게 하라고 강요한 사람은 없었지만, 그냥 해야만 하는 것으로 보였어요." Nicole은 매일 형제자매들을 씻기고 입히고 먹이는 것을 책임졌다. 또한 집을 청소하고 정돈했다. 8세 때부터는 필요한 음식과 생필품을 사려고 일을 했다. "가게를 청소하고 아기들을 돌보는 일을 했어요. 내가 할 수 있는 건 다 했죠. 왜냐면 다른 방법이 없었거든요. 이웃들은 'Nicole! 내 아이 좀 봐줄래?'라고 요청했어요. 모든 사람이 그때 당시의 내 나이보다 더 나이가 많다고 생각해서 아이 보는 일을 할 수 있을 것으로 생각했나 봐요. 그리고 나도 그렇게 했고요. 엄마를 돕기 위해서 몇 푼이라도 벌려고 했고 가족을 돌보았어요."

가족에게 도움을 주는 동안에 개인적인 희생을 치를 수밖에 없었다. 가족에 대한 책임감에 너무 사로잡혀서 학업을 위한 시간이나 에너지는 거의 남지 않았고 고등학교 시절 내내 성적도 좋지 않았다. Nicole은 고등학교를 졸업하긴 했지만, 대학이나 대학원에 갈 정도로 장래가 촉망된 학생이라고는 여겨지지 않았다.

비로소 Nicole이 자신의 개인적인 목표에 관심을 돌릴 수 있었던 때는 청년기에 접어들면서부터다. Nicole은 전일제 일자리를 얻었고 살 집을 구해서 이사했다. 그리고 곧바로 야간 대학 수업을 듣기 시작했다. 전일제 직원으로 일할 뿐만 아니라 수업을 들으면서도 우수한 성적을 받았다. 결국엔 혼란스러운 가족에게서 벗어나는 것이 관건이었다. "나에겐 자유가 필요했어요. 학업을 위해 엄마와 함께 살던 집을 떠날 필요가 있었죠. 이사하기 전까지는 공부를 제대로 할 수가 없었어요. 이사를 하고 나서야 제가 공부를 잘하는 학생이라는 것을 알게 되었죠. 제대로 학교 생활을 하기 위해서는 혼자 있어야만 했어요."

Nicole은 전일제로 일하고 야간 수업만 들을 수 있기에 학위를 따는 진도가 더딘 편이었지만, 그래도 의연했다. "나는 시간이 걸리더라도 학위를 딸 거에요." 현재 전문학사 과정을 밟고 있지만, 이것은 Nicole의 교육적 야망의 시작에 불과하다. 학사 학위를 취득한 다음에 최종적으로는 심리학 박사 학위를 취득할 계획이다. 박사 학위에 관해 이야기하자 Nicole은 황홀해했다. "오, 박사라는 말은 너무 근사해요. 10년 후인 35살 안에 박사 학위를 따고 싶어요. 가능하다고 생각해요."

한편 Nicole은 너무 먼 미래를 내다보지 않으려고 노력했다. "나는 그냥 하루하루를 살아가기 위해 노력하고 있어요. 내가 그렇게 장기적인 목표에 집중한다면 오히려 미쳐버리고 말 거예요. 나 자신에게 너무 가혹한 일이니까요. 가끔은 정말로 비현실적인 목표를 세우곤 해요. 그렇기에 지금은 한 번에 한 걸음씩 나아가야 한다고 생각하죠. 딱 5초 정도만 앞을 봐요. '우리의 미래는 여전히 그곳에 있다'는 것과 같이, '나의 미래가 바로 그곳에 있다'는 것을 확인한 후 그 방향으로 움직여요."

박사 학위를 취득하고 임상심리학자가 되겠다는 Nicole의 목표 중 일부는 아동기 경험에서 영감을 받은 것이고, 또 한편으로는 어머니가 쇠약해지는 것을 목격한 고통에서 비롯된 것이다. 자신의 경험 때문에 "소위 문제가 있는 아이들과 결손 가정의 아이들"을 위해 일을 할 계획이다. Nicole은 아이들의 어머니를 괴롭히는 문제에서 아이들이 피할 수 있도록 도와주기를 희망한다. "내가 어렸을 때 엄마는 일하는 아름다운 여성으로 기억되고 있지만, 신경쇠약에 걸려서 미쳐버리셨죠. 엄마는 일을 그만두셨고 사회복지 혜택을 받게 되었어요. 계속해서 자존감을 키우고 자신과 소통하면서 어떤 일이 일어나더라도 삶을 받아들이는 것이 매우 중요하다고 생각해요. 그냥 받아들이고 다음 단계로 나아가면 돼요." Nicole은 특히 소녀들을 위해 일하고 싶다고 말했다. "나는 어린 소녀와 함께 자존감과 가정에서 겪는 문제에 대해 상담할 수 있는 Wellness Group[* https://worldwellnessgroup.org.au]과 같은 상담 센터를 운영하고 싶어요."

Nicole은 현재 일과 학업에 너무 집중한 나머지 사랑은 일단 뒷전으로 밀어두었다. "지금 당장은 정말로 남자를 만나는 것에 신경을 많이 쓰고 있지 않아요."라고 말했다. "시간이 없어요. 남자를 만나는 것은 시간을 낭비하거나 시간을 뺏어가는 도둑 같이 느껴져요. 그래서 지금은 데이트에는 별 관심이 없어요." Nicole은 남자와 엮이는 것을 꺼리는 점에서 자신을 대부분의 또래 여자들과 다르다고 느낀다. "친구들은 '결혼하고 싶지 않니? 아이는 원하지 않니?'라고 물어봐요. 스물다섯 살 정도는 결혼 적령기를 넘긴 노처녀겠죠? 아마 쉰 살쯤으로 여겨질 거예요. 이맘때면 두 번의 결혼으로 두 명의 남편으로부터 아이가 둘 정도는 있겠죠. 하지만 지금 당장은 준비가 안 되었기에 기다릴 수 있어요."

Nicole은 이 시점에서 자신의 목표와 정체성에 집중하는 것을 선호하고 있다. 많은 청년처럼 그녀도 완전히 정체성을 형성하고 홀로서는 법을 배운 후에야 다른 사람에게 전념할 준비가 될 것이라고 느낀다.[9] 또한 성공을 위해서는 이 시기에 자기에게 집중해야 한다고 여긴다. "나는 단지 나에게 집중하고 내 삶을 정리하려고 노력할 뿐이에요. 지금은 좀 이기적인 시기인 것 같아요. 정말 나에게 집중하려고 노력 중이죠. 그래야 내가 그 시기에서 벗어날 때 다른 사람을 상대할 수 있어요. 지금 당장은 이런 좁은 시각을 유지하려고 해요."

어머니와 형제자매들의 요구에 수년간 헌신한 후에야 Nicole은 정체성 탐색을 하는 기회를 즐기며 이를 흥미진진한 모험으로 여기고 있다. "매일 잠에서 깰 때마다 나에 대해 새로운 것을 알아가요. 어느 날 일어나서 내가 원하는 대로 살고 있다고 생각하다가도, 다음날 일어나면 마치 '잠깐만, 내가 모든 것을 잘못하고 있는 건 아닐까? 나는 누구일까?'라는 생각이 들기 때문에 자신에 대해 알아가는 것은 매우 감정 기복이 있는 일이에요. 그리고 우리는 기꺼이 한 걸음 더 앞으로 나아가야 해요. 좋아요. 그것이 나를 고통스럽게 하거나 행복하게 하든 상관없이 나에 대해 알아 갈 거예요. 나의 내면을 깊게 파고들어 내가 누구인지 알아내야 해요. 그리고 이것이 매일매일 알아가는 과정이 되겠죠."

Nicole의 성격 중 가장 돋보이는 특징인 어려움에 직면하는 낙관성은 이런 최악의 비참한 환경에서도 가능성을 기대해 볼 수 있으며, 바로 낙관성이 회복탄력성의 핵심이다.[10] Nicole은 부족한 지지기반과 과중한 책임감을 떠안고 자란 아동기를 '큰 학습경험'이라고 부른다. "내가 겪지 않았다면 지금의 내가 아니었을 것이기 때문에 후회하지 않아요." Nicole은 아동기의 결핍이 오히려 지금 가진 것들에 대해 더 감사하게 만들어 준다고 믿는다. "그것은 축복과도 같아요. 길거리에서 더럽고 냄새나는 사람을 보면서 그래도 나는 적어도 잘 곳은 있다고 생각해요. 항상 더 나쁠 수도 있다는 거죠. 내가 만약 그런 삶을 경험하지 않았다면 그렇게 생각하지 않았을지도 몰라요."

마찬가지로 Nicole은 대학 진학이 늦어지고 인생 행보가 느린 것에 대해 후회할 이유가 없다고 생각한다. "모든 사람이 고등학교를 졸업하자마자 대학에 가야 한다고 생각하지 않아요. 어떤 사람은 자신이 필요로 하는 삶의 경험을 하는 거고 나는 내가 필요로 하는 것을 하는 거예요." Nicole은 자신이 현재 하는 일 역시 똑같이 낙관적으로 본다. 비록 접수와 간호 보조 업무를 하는 일에 별로 만족하진 못하지만, 이 일이 더 나은 방향으로 가는 한 걸음이기에 이제는 덜 부담스러운 일이다. "내가 미래에 무엇을 하고 싶은지 알기 때문에 이 모든 것은 한 순간이라고 봐요."

Nicole은 오랜 기다림 끝에 가진 기회로 자신의 목표와 삶에 집중할 수 있는 청년기를 만끽하고 있지만, 여전히 가족에 대한 의무감과 책임감도 강하게 가지고 있다. 더 많은 대학 수업을 수강하기 위해 일을 줄이는 것에 대해 생각해 본 적이 있는지 질문했다. Nicole은 "지금은 가족만을 생각하고 있기에 가족을 걱정할 뿐이에요. 웨이트리스나 시간제로 일하면서 전일제로 학교에 다니고 가족에 대한 걱정을 적게 한다면 매일 전쟁과도 같을 거라서 가족을 보살피는 일에서 멀어질 것 같아요. 그냥 가족을 돌봐야 하는 것 같아요."

Nicole이 일부라도 그녀 어머니의 걱정을 덜어주어서 어머니의 정신적인 문제가 해결되고자 하는 것이 가장 절실한 희망 사항이다. "그러기 위해서는 내가 정말 성공해서 돈을 많이 버는 것이 매우 중요해요. 엄마에게 집을 사드리고 청구서 걱정하실 필요도 없고 옷도 음식도 걱정하실 필요도 없는 상황을 만들 거예요. 미래에는 모든 것이 다 갖춰질 겁니다. '이제 모든 것을 다 가졌으니 앞으로 나아가라'라고 그런 것처럼요."

만약 Nicole이 그녀의 어머니에게 그녀가 가지고 있는 계획적인 능력과 강인한 결단력을 줄 수 있다면 "엄마가 '나는 나 자신을 스스로 돌볼 거야. 나는 내 인생을 선택할 거야. 나는 내 인생에서 무엇이든지 할 거야'라는 말을 할 수 있는 힘을 주고 싶어요. 절대로 늦지 않았으니까요." Nicole은 어린 시절 역경이 많았음에도 불구하고 청년기에 그녀의 희망은 커졌고 낙관성은 사그라지지 않았다. "역경을 겪으면 겪을수록 나는 더 강해질 거예요."

Bridget: "이제부터는 내 목소리에 귀 기울이면 돼요."

23세의 Bridget은 일용직 직업소개소 관리자 일을 마치고 저녁에 나의 연구실에 도착했다. Bridget은 초록색 스웨터, 초록색 격자무늬 재킷, 파란색 치마로 잘 차려입고 단정하게 손질한 어깨까지 오는 금발 머리를 하고 있었다.

Bridget의 과거 이야기는 현재 그녀의 세련된 모습과 극명한 대조를 이루었다. "매우 행복한 어린 시절은 아니었어요."라며 18년간의 가족사를 간단명료하게 설명하였다. 신체적·정서적 학대, 알코올 중독, 극심한 갈등, 소외 등 "내 가족은 결손 가정의 대표적인 모습이에요."라고 말했다. Bridget의 어머니는 임신으로 인해 애정없는 결혼을 억지로 하게 되었고 "엄마의 18년간의 불행의 원인"은 Bridget가 태어난 것이었다고 볼멘소리를 하였다. Bridget은 어린 시절 내내 어머니로부터 "네가 생기지 않았다면 나는 그 인간과 결혼하지 않았을 거야."라는 말을 들었다. 말할 필요도 없이 그녀 부모의 결혼은 조금도 좋지 않았다. "부모님은 미친 듯이 싸웠어요. 육체적인 학대가 심했어요. 아빠는 엄마를 많이 때렸어요. 엄마는 알코올 중독이었고요. 가끔 아빠는 일을 마치고 집에 와서 엄마를 쓰러질 정도로 때리곤 했어요. 아빠는 분노 문제가 엄마는 음주 문제가 있었어요."

부모가 서로를 학대하지 않을 때는 Bridget과 여동생을 학대했다. "엄마는 언어 폭력을 저질렀고 아빠는 신체 폭력을 저질렀어요. 물론 언어 폭력이 더 힘들었어요." 아직도 Bridget의 머릿속에는 성장하는 동안 항상 엄마에게 들었던 모든 추잡한 말들로 가득하다. "넌 못생겼고 뚱뚱해. 넌 절대 친구가 없을 거야. 이런 멍청아!"

그녀의 어머니는 주변 아이들에게 매우 적대적이어서 Bridget가 어렸을 때 친구가 거의 없었던 것은 사실이다. "엄마는 항상 친구들의 흠을 잡거나 친구 가족의 흠을 잡곤 했기 때문에 동네 친구가 한 명도 없었어요. 어릴 때 친구 사귀는 것을 너무 어렵게 만들어놨죠. 너무 어려웠어요. 왜냐하면 엄마는 다른 부모님들과 사이가 좋지 않았거든요. 그들이 엄마보다 날씬하고 예쁘고 더 멋진 머리카락을 가졌고 더 친절하고 더 멋진 차를 가지고 있다면서 모두를 질투했어요."

어떻게 Bridget은 이 악몽에서 벗어나 오늘날의 행복하고 건강한 젊은 여성이 되었을까? 한 가지 핵심은 회복탄력성 연구에서 주요한 보호 요인로 밝혀진 '종교적 신념'의 발달에 있었다.[11] Bridget은 어렸을 때 종교적인 것에 거의 접하지 못했다. "부모님은 무신론자였어요. 하나님을 믿지 않았죠." 그러나 고등학생이 되었을 때 우연히 종교 모임에 참여하게 되었고 그 무언가가 그녀에게 깊은 울림을 주었다.

"고등학교 2학년 때부터 교회에 다니기 시작했어요. 왜냐하면 내가 정말로 좋아하는 남자 아이와 사귀었는데, 그 아이와 헤어졌을 때 상심이 컸었거든요. 그래서 나는 그 애가 다니던 교회를 다니면 공통점이 생길 거라 여긴 거죠. 그렇게 교회를 다니다 보니 교회가 너무 좋고 교회 사람들이 너무 좋았어요. 그래서 1년이 지나고 구원을 받았어요. 확실히 그때의 경험은 제 삶에 영향을 미쳤다고 생각해요."

고통스러웠던 고등학교 시절에 교회는 Bridget에게 피난처였다. "내가 교회를 다니는 것에 긍정적인 영향을 받지 않았다면 지금의 나의 삶은 어땠을까요?

고등학교 내내 다니던 교회에는 자신의 삶을 정말로 즐기면서 사는 사람들, 삶을 재미있게 사는 사람들, 행복한 사람들이 항상 함께 있었어요. 그리고 가정 생활에서 느꼈던 모든 우울함으로부터 친구들에게로 도망칠 수 있어서 항상 감사했어요." Bridget은 같은 교회에 계속 다니고 있으며 그곳에 있는 많은 사람과 가까이 지내며 그들에게 감사하고 있다. "나를 진정으로 도와준 교회에 있는 몇몇 가족들과 매우 가깝게 지내고 있어요. 그들은 조건 없는 사랑을 주죠. 나를 잘 알지도 못하는 사람들이 예수님으로 인해 부모님보다 훨씬 더 많이 무조건적인 사랑을 줄 수 있다는 사실이 아직도 이해가 안 가요. 그것은 내게 있어 말도 안 되는 일이고 여전히 앞으로도 믿기지 않는 일이 될 거예요."

Bridget의 신앙은 고등학교 시절을 버티게 해주었지만, 그녀 인생의 진정한 전환점은 청년기에 생겼다. 청년이 된 후에 Bridget은 이러한 악영향을 주는 가족에게서 벗어날 수 있었다. "항상 좋지 않았는데 지금은 부모님과 함께 살지 않아서 괜찮은 것 같아요. 더 평화로운 것 같아요. 매일 집안에서 일어나는 그러한 일들을 겪지 않아도 돼요. 부모님이 나에게 뭐라고 소리칠까 봐 걱정할 필요가 없어요. 이제부터는 내 목소리에만 귀 기울이면 돼요." Bridget이 이사하고 나서야 파괴적인 부모의 영향을 피할 수 있게 되었다. "나는 부모님 주변에 너무 많이 있지 않으려고 노력했고 많은 시간을 부모님의 집에서 보내지 않았어요. 대학도 멀리 다니려고 했어요. 스웨덴으로 떠나서 죽기 살기로 잘살아 보려고 노력했어요."

Bridget은 스웨덴에서의 대학 생활이 "큰 전환점"이 되었다고 말했다. 그곳에서 가족에게 더는 의지할 필요가 없이 경제적으로 자립하며 홀로 설 수 있어야 한다는 것을 깨달았으며, 진짜로 다른 선택의 여지가 없었다. "스웨덴에 도착해 부모님과 통화하려 했지만, 부모님은 내 전화를 받지 않았어요. 수천 마일 떨어진 낯선 나라에 있을 때 다시 돌아가서 무엇을 해야 할지 몰랐지만, 원하든 원하지 않든 떠밀려서 성인이 될 수밖에 없을 거라는 것을 알았어요." 그때 Bridget은 자신의 삶에 대한 책임을 받아들일 수 있었다. "자기 행동에 책임을 져야 해요. 나는 나고, 내가 하는 일이 내 삶 전체에 직접적인 영향을 미칠 거라는 것을 그때 깨달았어요."

청년기에 Bridget은 파괴적인 가족의 영향권으로부터 자신을 분리했을 뿐 아니라, 과거의 가족 경험을 재해석하면서 이러한 고난이 자신을 무너뜨리기보다는 성장하게 하는 것으로 바라보게 되었다. "많은 고통과 상처가 있었지만, 이를 통해 나는 성장했어요." Bridget은 자신의 경험이 비록 나쁜 경험일지라도 자신의 정체성 발달에 필수적인 부분이라고 여긴다. "그런 경험이 지금의 나를 만들었어요. 모든 일에는 이유가 있어요."

스웨덴에서 돌아온 후 완전히 혼자서 도전에 직면해야 한다는 것을 알았지만, 그것을 기꺼이 받아들였다. "힘든 시기를 겪었기 때문에 스웨덴에서 돌아왔을 때 평생 월마트에서 일할 수도 있었어요." 하지만 그렇게 하지 않고 Bridget은 열심히 일해서 돈을 벌어 대학을 졸업했고 유망한 미래를 위한 토대를 마련했다. "나는 내가 해낸 일과 지금껏 걸어온 길에 대해 매우 자랑스러워요. 이 위치에 도달하려고 열심히 일했어요."라고 말했다.

Bridget의 확고한 꿈 중 하나는 결혼해서 가정을 일구는 것이다. 부모님의 끔찍한 관계를 목격하면서 결혼에 대해서는 조심스러웠지만, 그렇다고 냉소적이지는 않았다. "사랑에 빠지고 한 사람과 함께하며 인생을 함께할 누군가가 있다는 것은 좋은 것 같아요. 적당한 사람을 찾게 되면 그때 결혼을 준비할 것 같아요. 하지만 서두르진 않을 거예요. 내가 누려야 하는 것보다 더 적다면 안주하지 않을 거니까요." Bridget은 자신의 자녀에게는 자신과 매우 다른 가정 환경에서 살게 해주고자 한다. "사랑이 넘치는 가정, 대화가 잘 통하는 가정, 폭력이 없는 가정으로 만들 거예요. 나는 절대 아이를 때리지 않을 거예요." 끔찍한 가정환경에도 불구하고 그녀의 회복탄력성은 미래의 자녀가 어떻게 지낼지에 대해 낙천성을 갖게 한다. "내 주변의 또래를 보면 '이런 세상에서 아이를 낳아 기르고 싶지 않다'라며 매우 냉소적이에요. 나는 사람들이 흔히 부정적으로 표현하는 것처럼 사람들에게 악영향을 끼치고 형편없는 매우 혐오적인 가정에서 자랐지만, 거기에서 벗어났기 때문에 그런 냉소적인 견해를 가지고 있지 않아요. 그래서 나는 희망이 있어요."

또한 이 시점에 확실한 윤곽은 없지만, Bridget은 직업적인 야망이 있다. "나는 사람과 관련된 분야에서 일해 보고 싶어요. (잠시 고민하다가) 고등학교 선생님이 진심으로 되고 싶어요. 아마 좋은 선생님이 될 수 있을 거예요." Bridget은 다음과 같은 새로운 가능성도 열어두고 있다. "오늘 밤 누군가가 '동유럽에서 제2외국어로 영어를 가르칠 기회가 있는데 갈 수 있어요?'라는 연락을 받으면 '네, 비행기가 언제 떠나죠?'라고 말할 거예요."

비록 Bridget의 현재 삶이 불확실하기는 하나, 그녀의 미래가 찬란하다는 것 하나는 확실하다. "지난 2년간 일어난 일을 보면 앞으로의 10년 동안 무슨 일이 일어날지 모를 정도로 삶이 많이 바뀌었어요. 앞으로가 더 재미있을 거라 확신해요."

Derek: "나는 정말 운이 좋은 것 같아요."

28세의 Derek은 성인기로 진입하기 위해 서두르지 않는 사람처럼 보였다. Derek은 아프리카계 미국인이었지만, 금발로 머리를 염색해 커피색 피부와는 현저한 대조를 이루고 있었다. 턱과 혀에 은장식의 피어싱을 하고 있었다. 황갈색 펠트 베레모를 뒤로 젖혀 썼고 줄무늬 티셔츠와 밝은색 바지를 입고 있었다. 간단히 말해 Derek은 식당의 전일제 종업원으로 일하는 사람처럼 보인다기보다, San Francisco 나이트클럽의 시간제 DJ가 더 어울렸다.

Derek의 가족사는 믿을 수 없는 내용의 소설처럼 너무 혼란스럽고 비극적이었다. Derek이 태어나자마자 입양이 취소되어서 5개월 동안 위탁 가정에 있다가 New England의 부유한 백인 가정으로 입양되었다. 하지만 양아버지는 알코올 중독자였고 Derek이 3세 때 양부모는 이혼했다. '대참사'로 불릴만한 사건이 있었다. Derek이 5세였을 때 교통사고로 어머니, 여동생, 이모가 함께 사망했다. Derek도 차에 함께 있었는데 사고 순간이 "슬로우모션처럼 벌어졌고 굉음에 정신이 없었어요."라고 기억하고 있었다.

Derek과 남겨진 2명의 여자 형제와 1명의 남자 형제는 아버지와 함께 살게 되었지만, 이혼 이후 양아버지의 알코올 중독증은 더 심해졌고 우울증이 더 심해져서 4명의 아이를 키울 수 있는 상태가 아니었다. "아빠는 술을 더 많이 마시며 돈을 쓰기 시작했고 정말 방탕한 생활을 하기 시작했어요." 곧 그의 아버지는 자신의 재산을 축적하게 한 광고대행사 지분을 팔아야 했고 계속 추락하여 "도박을 해서 차도 팔고 인생의 바닥을 쳤어요." Derek과 형제들은 친척들에게로 뿔뿔이 흩어졌고 Derek은 이모와 삼촌을 거쳐 조부모에게로 가서 11세부터 14세까지 3년간 기숙학교에 다녔다. 이후 6개월간은 '60에이커[* 약 73,450평] 유기농 공동체'에 있다가 고등학교 다닐 때는 또 다른 이모와 삼촌과 살았다. Derek이 5학년 때 양아버지는 결국 술을 끊었지만, "아빠의 남은 인생은 건강과 경제적인 면을 회복하기 위해 애를 쓰면서 보냈어요." 그러나 Derek은 양아버지와 다시 함께 살지 못했다. Derek의 양아버지는 술과 담배를 너무 많이 해서 Derek이 고등학교 졸업한 다음 해에 사망했다.

　　아프리카계 미국인이었던 Derek이 백인이 90%인 New England에서 성장하면서 "잔혹한 어린 시절"이라고 불릴 만큼 감당하기 어려운 경험을 하였다. 학교에서 쉬는 시간이 되면 아이들은 Derek을 대상으로 '검둥이를 쫓아라'라는 놀이를 했다. 방과 후에는 자신을 때리려는 아이들을 피하려고 집까지 달려가기도 했고 때로는 맞기도 했다.

　　Derek은 고등학교 때 만성적인 불안에 시달렸다. "공황 상태가 계속되었어요. 많이 우울했죠. 나에겐 미래 따위는 생각할 수도 없었어요." 그의 불안은 핵전쟁에 대한 두려움으로 세상에 투영되었다. "나는 세상에 대해 매우 허무주의적인 태도를 지니고 있었고 세계는 핵전쟁으로 끝날 거라는 생각이 들었어요. 핵전쟁으로 인한 미래를 생각하면 당황스럽고 공포를 느꼈어요. 하늘을 올려다보다가 제트기가 지나간 흔적이 보이면 미사일을 쏜 게 아닐까 걱정했어요. 전쟁이든 테러든 그게 뭐든지 뉴스에 나오면 나는 공황 상태가 되고 공포로 떨었어요." Derek의 경우는 이러한 것이 정치적인 관심이라기보다는 개인적인 불안의 투영으로 보인다. 왜냐면 Derek은 핵전쟁과 관련된 이슈를 제외하고는 다른 세계 문제에 관심이 있거나 정치적으로 관여하지 않기 때문이다. 또한 성적인 문제에 대해서도 극도로 불안해했다. "나는 스무 살까지 성 경험이 없었고 핵전쟁보다 더 안 좋은 일은 순결을 잃는 것이었기 때문에 여자들을 두려워했어요."

그렇다면 Derek은 불안으로 시달리던 청소년기에서 어떻게 행복하고 자신감 있고 자신과 삶에 만족하고 미래에 대해 희망적인 청년기로 변하게 된 것일까? 핵심은 청년이 되면서 자신의 삶을 더 통제할 수 있게 되었다는 것이다. Derek은 다른 사람들에 의해 더는 여기저기 떠돌지 않게 되었다. 이 때문인지 고등학교 졸업 후 핵전쟁에 대한 불안은 곧 누그러졌다. "마침내 전쟁을 두려워하는 마음을 떨쳐버릴 정도에 도달했어요." 초기 청년기에 처음으로 여성과 친밀한 관계를 맺게 되면서 이러한 불안이 감소하는 데 도움이 되었고 성관계가 핵전쟁으로 인한 대학살보다 더 끔찍하게 느껴지지도 않았다. "첫 번째 여자 친구는 2년 동안 사귀었어요. 함께 살았는데 재미있었어요. 시기가 적절했죠."

Derek에게 있어 아동기의 대혼란으로부터 회복하기 위해 자기초점의 시기로 청년기를 보내는 것이 중요했으므로 심리 상담을 제대로 받기로 했다. "지난 1~2년 동안 나는 처음으로 나를 더 들여다보았어요. 예전에 어렸을 때는 혼자 있게 되는 것을 두려워했죠. 사람들과 함께 있는 것도 두려웠지만, 혼자 있는 것도 무서웠어요. 사람들과 이야기를 나누기 시작했지만, 여전히 혼자 있는 것에 너무나도 겁에 질려 있었어요. 이제는 혼자 있거나 사람들과 함께 있는 것이 편하고 예전처럼 많은 사람과 함께 있지 않아도 괜찮아요."

비록 Derek은 28세로 이 나이대의 대다수는 젊은 성인기의 지속적인 전념을 하기 위해 청년기를 벗어나지만, 아직은 사랑과 일 둘 다 현재까지 불안정한 상태로 남아 있다. Derek은 많은 여자 친구가 있다. "5년에서 10년 정도 알고 지낸 친한 여자 친구들이 많이 있어요." 그리고 이젠 인생의 동반자를 찾을 준비가 되었다고 느낀다. "최근 결혼과 약혼, 지속적인 관계에 대한 것들을 생각해봤어요. 최근에 다른 사람과의 약혼을 파기한 한 여성을 만났는데 그 여성과 가능성이 있다고 생각해요." 일에 관해서는 Derek은 식당 종업원과 DJ라는 직업이 안정적인 직업으로 삼기엔 성장 가능성이 별로 없다는 것을 알게 되었다. 하지만 Derek이 마지막으로 근무한 음식점에서의 경험은 사업을 하려는 관심으로 이어졌고 식당이나 카페를 차려 소유하고 운영하는 일을 언젠가 해 보고 싶다고 생각했다. 여전히 이러한 꿈들은 지금 당장 확실하지 않지만, Derek은 자신의 삶에서 노력을 집중할 시점에 도달했다는 것을 깨닫는다. "나는 정말로 나의 가능성을 탐구할 때라고 느끼기 시작했어요."

어려웠던 아동기와 청소년기를 이겨낼 수 있었던 Derek의 성공은 사랑과 일을 확실히 성취한 것보다 자신이 어떤 사람인지를 보여주는 것이다. Derek이 성장하는 과정에서 잦은 대혼란을 겪었음에도, 청년기에 들어서면서 강한 자의식을 키워나가고 있다. "나이가 들면서 나 자신을 스스로 그렇게 과소평가하지 말아야 한다는 것을 알게 되었어요. 그게 나이를 먹는다는 하나의 증거인 셈이죠. 우리는 자신에 대해 더 자부심을 가지고 가치 없다고 느끼지 말아야 해요. 이것은 인간관계로 이어지고 또 삶 속으로도 이어지죠." 인종 차별의 대상이 되었음에도 Derek은 다른 인종에 대한 원한을 가지고 있지 않다. "내 친구들은 너무나 다양한 인종, 국적, 종교를 가지고 있어요. 그래서 내가 어디에 속하는 사람인지 친구들이 어디에 속하는 사람인지 잊어버려요. 그들은 진짜로 '찐' 친구입니다. 내 삶에는 '따로 수식어가 붙는' 친구는 없어요." Derek은 28년간 대부분 사람이 평생 겪는 것보다도 더 많은 혼란과 비극으로 힘든 시간을 보냈지만, 그래도 자신의 과거 경험으로부터 좋은 점을 보려고 한다. "나는 잘살아 왔어요. 많은 사람이 나에게 잘못했다고 생각하지 않아요. 50%의 비극이 일어날 때마다, 150%의 지지가 있었어요. 나는 정말 운이 좋은 것 같아요."

결론: 청년기 회복탄력성의 독특한 특징

아동기와 청소년기에 처한 불우한 가정 환경을 극복하고 청년기에 건강하고 희망찬 모습으로 변하는 원동력은 무엇일까? 이번 장에서 프로파일링한 청년의 회복탄력성에 관한 연구로 몇 가지의 보호 요인을 이들의 삶을 통해 파악할 수 있다.[12] 학문 추구를 하는 것이 도움이 된다. Nicole과 Bridget에게 강렬한 학문 추구가 명백히 나타났고 이들은 수많은 어려움에도 불구하고 학문적으로 성공했다. Jeremy가 그의 어머니와 그랬던 것처럼 부모와 또는 Bridget가 그랬던 것처럼 가족 외의 다른 사람과 적어도 한 번쯤 애정 어린 관계를 갖는 것은 도움이 된다. Bridget의 경우처럼 종교적 믿음은 강인함과 희망의 원천이 될 수 있다. 끈기, 결단력, 낙관성과 같은 성격적 특성들은 매우 유용할 수 있으며, 이러한 기질은 여기 묘사된 4명의 청년에게서 분명히 드러난다.

그러나 아동과 청소년 사이에서 회복탄력성이 관련이 있다고 오래전부터 알려져 왔던 이러한 특징 외에도, 어린 시절 동안 자신이 감당하기 힘든 역경을 겪은 사람들에게 청년기에 도달한다는 것은 변화의 새로운 가능성을 열어주는 무언가가 있다. 따라서 청년기에 발달적으로 뚜렷이 구별되는 회복탄력성의 3가지 측면으로 집을 떠나는 것, 새로운 차원의 인지적 깨달음에 도달하는 것, 부정적인 과거의 의미를 긍정적인 정체성으로 전환하는 것에 대해 살펴보자.

아마도 가장 중요한 것은 청년기가 되면 건강하지 못한 가정 환경을 떠나는 것이 가능하게 된다. 아동과 청소년이 가족을 떠나는 것을 문제 해결방안으로 생각하기는 어렵다. 이들에게는 파괴적인 집에서 벗어나거나 스스로 뛰쳐나갈 만한 능력과 돈이 없다. Jeremy의 사례에서처럼 더 나쁜 상황으로 빠지게 되는 사람들도 있다.

반면 청년이 집을 떠나는 것은 당연하고 미국 사회에서는 예정된 것이며 이들 중 대부분은 스스로 살아갈 수 있는 능력이 꽤 있다. 수년 동안 가정 환경이 청년을 해치고 상처를 주었기에 그런 환경에서 벗어난다는 것 자체가 위대한 해방, 즉 과거를 청산하고 새롭게 시작할 기회가 된다. 이제 불행한 가정 생활의 고통과 두려움에 매일 시달리는 대신, 이제 이들의 삶이 이들 자신의 것이 된다.

스스로 집을 떠나면서 생기는 효과와 더불어 더 부수적이지만 청년이 자신의 삶을 변화시키는 것을 가능하게 하는 것과 똑같이 중요한 또 다른 변화가 있다. 그것은 바로 자기인식self-knowledge과 자기이해self-understanding를 위한 인지능력cognitive ability의 발달이다. Gene Bockneck은 '역량자각sens de pouvoir'이라고 불렀는데 이는 내적인 힘에 대한 느낌을 경험할 수 있는 자신의 역량에 대한 감각을 말한다.[13] 청소년기의 소란스러움과 혼란에서 벗어나게 되면서 자신의 삶 중에서 좋아하지 않는 것을 변화시켜야 하는 자신의 능력을 더 잘 인식하게 된다. 이것이 바로 청년이 자신의 삶을 한 발짝 떨어져서 바라보고 평가하고 결정할 수 있게 하는 것이다. "잘 안 되는 이유가 바로 이것이고 더 개선하기 위해 내가 해야 하는 것이 바로 이것이다."

발달적으로 뚜렷하게 구분되는 청년기 회복탄력성의 세 번째 경향은 과거의 부정적인 경험을 새로운 건강한 정체성으로 통합해내는 능력이다. 여기에서 자주 언급했듯이 정체성 발달은 청년기의 핵심 요소가 된다. 청년기 동안 청년은 사회에서 이용 가능한 과거 경험, 자신의 능력, 기회를 반영하고 자신이 어떤 사람이고 미래에 무엇을 할지에 대한 중요한 결론을 도출한다. 만약 청년의 과거 경험이 고통, 건강하지 않은 인간관계, 심지어 심리적·육체적 학대 등이 특징이었다면 문제가 될 수 있다. 그러나 많은 청년은 과거의 고통에 대해 인지적 변화를 줄 수 있는 능력이 있다. 평생 짊어져야 할 짐이 아니라 청년이 극복한 도전 즉 '자아상self-image'의 핵심 요소로 재탄생된다.[14]

이 장에서 프로파일링한 청년이 자신의 끔찍한 경험을 어떻게 긍정적으로 해석할 수 있었는지 놀라울 따름이다. 청년이 어떤 고통을 겪었든 Bridget의 표현대로 "오늘의 나를 만들었다."라는 식으로 자신의 경험을 호의적으로 바라보았다. 청년은 건강한 정체성을 구축해왔으며 심지어 최악의 경험조차 자신이 미래에 어떤 사람이 되려고 할 때 필요한 것으로 받아들이고 있다.

청년의 삶이 더 좋아진다고 해도 지난 18년간 삶의 영향이 완전히 사라졌다고 할 수 없을뿐더러, 이들이 집을 떠난다고 해서 삶의 변혁이 쉽게 즉각적으로 이루어지지는 않을 것이다. 사실 이 장에서 언급한 모든 청년은 유소년 시절에 너무 많이 고통받은 후에 탄탄한 기반을 얻는 청년기에 도달하는 데까지 수년이 걸렸다. 하지만 일단 이들이 청년기에 도달하게 되면 힘든 과거를 보낸 사람이 자신의 삶을 바로잡기 시작하고 자신이 원하는 삶을 차근차근 만들 수 있게 선택하는 것이 가능하다.

물론 청년기에 어떤 사람은 삶이 더 나빠질 수도 있다. 청년기에 도달하는 것은 스스로 더 많은 선택을 하게 된다는 것을 의미하지만, 어떤 사람은 현명하지 않거나 잘못된 선택을 할 수도 있다. 어떤 사람은 청년기에 한때 밝은 미래를 향해 나아가는 것처럼 보였던 삶에서 의도하지 않은 임신, 끔찍한 교통사고, 술이나 약물 남용과 같이 갑자기 길에서 이탈하는 어려움을 겪을 수 있다는 것이다. 저자의 원연구에서는 아무도 이러한 길을 택하지 않은 것 같았지만, 아마도 그런 사람은 현재 자신의 문제에 너무 매몰된 나머지 이런 연구에 기꺼이 참여할 수도 없기 때문이었을 것이다. 일반적으로 부모들의 특성과 청년 자신의 특성 사이의 상관관계가 아동기와 청소년기 때보다 청년기에 상당히 감소한 것으로 예상한다. 때로는 더 좋은 쪽으로 때로는 더 나쁜 쪽으로 스스로 결정을 내리고 자신의 삶을 구축하는 책임을 지게 된다.

그럼에도 청년기의 삶은 안 좋은 방향보다 더 좋은 방향으로 전환될 가능성이 있다는 증거가 있다. Clark 설문조사를 포함한 전국 여론 조사는 대학 진학을 했든 안 했든, 안정된 직업이 있든 없든, 고등학교 때를 잘 지냈는지 못 지냈는지와 상관없이, 대부분의 청년기는 낙관주의와 행복이 증가하는 시기가 된다는 것을 보여준다.[15] 청년기는 성인의 삶은 어떨지를 기대하고 상상하는 시기이며 청년이 꿈꾸는 것은 서로 사랑하는 행복한 결혼 생활과 만족스럽고 보수가 좋은 일과 같이 일반적으로 밝고 전도유망하다. 미래가 실제로 어떻게 펼쳐질지 알 수 없지만, 청년기 동안에는 희망이 가득하다.

13장 청년기, 그 이후
성인이 된다는 것의 의미

미국 사회에서는 청소년기의 끝과 청년기의 시작을 정의하기는 매우 쉽다. 청소년기는 약 18세에 끝나는데, 대부분 이 연령의 미국인은 고등학교를 마치고 부모의 집을 떠난다. 거의 모든 청소년의 공통점은 고등학교에 다니고, 부모와 함께 살고, 법적으로는 미성년자이며, 사춘기의 신체적 변화를 경험하는 것이다. 이러한 경험 중 어느 것도 18세 이후에는 대부분 남아있지 않으므로 계속해서 청소년이라 부르긴 어렵다. 18세 이후가 되면 청년기로 구별 지을 수 있는 자유, 탐색, 불안정성을 경험하게 된다.

하지만 언제 청년기가 끝나고 정확하게 언제 젊은 성인기가 시작되는 것일까? 이 질문에 답하기는 매우 까다롭다. 18세부터 25세까지 청년기가 지속된다고 설명했지만, 상한 연령의 경계가 탄력적일 수 있다는 것에 주목해야 한다.[1] 상한 연령인 25세는 추정 연령으로 모든 사람에게 적용할 수 없다. 어떤 사람에게는 청년기의 끝이 더 일찍 오기도 하고 대부분 사람에게는 더 늦게 오기 때문에, 보통의 경우 29세를 상한 연령의 경계로 한다. 성인기로 가는 길 위에 있지만, 성인기에 도달하지는 않아 청소년기와 젊은 성인기의 어중간한 시기인 것이 청년기 이론의 일부 내용이다. 그렇다면 청년기에 도달했는지를 어떻게 알 수 있을까? 그것은 성인기를 어떻게 정의하느냐에 따라 다르다.

이번 13장에서는 먼저 성인기가 전통문화와 과거 미국 역사 속에서 어떻게 정의되어왔는지를 살펴보기로 한다. 그런 다음 오늘날의 청년이 성인을 어떻게 정의하고 성인 지위로 향해 가는 자신의 성장 과정을 어떻게 평가하는지 살펴본다. 다음으로 청년의 관점에서 볼 때 더 편한 시기로 보인 청소년기를 떠나는 청년의 복잡한 감정을 다룬다. 그다음 성인기에 도달하는 것은 안정을 약속하지만, 안주하는 것에 대한 두려움을 청년기의 관점에서 성인이 되는 것에 대한 복잡한 감정을 설명한다. 마지막으로 미래에 대한 청년의 견해를 살펴보고 세상이 전반적으로 위험투성이라고 걱정하면서도 청년들 스스로 행복하고 성공적인 삶을 어떻게 전망하고 있는지를 살펴보자.

성인기로 전환하기

성인기에 대한 믿음이 전통 문화 속에서 그리고 과거 미국에서는 어떠했었는지 살펴보는 것으로 시작하려 한다. 그다음 오늘날의 젊은 미국인이 성인기로의 전환을 어떻게 이해하는지 확인하고자 한다.

성인이 된다는 것에 대한 전통적이고 역사적인 개념

다른 나라와 시대에서는 성인기 문턱을 넘어가는 것으로 '결혼'이라는 단일 사건에 초점을 맞추면 비교적 확실했다. 인류학자에 따르면 전 세계 문화에서 결혼이 평생의 동반자 관계로서 두 사람이 함께하는 것뿐만 아니라, 완전한 성인의 지위에 오를 수 있다는 것을 의미한다는 공통된 믿음을 공유하고 있다.[2] 젊은 남성이 결혼한 후에는 남성들만의 사교 모임에 합류하고 결혼하지 않은 남성과 더는 함께 시간을 보내지 않는다. 한편 결혼한 젊은 여성은 결혼한 다른 성인 여성과 동등한 지위로 올라가게 된다. 미국 사회의 역사학자들도 이와 비슷한 결론에 도달했다.[3] 대부분의 미국 역사를 통틀어 20세기 후반까지는 결혼하는 것이 완전한 성인기에 도달하는 것을 의미했다.

요즘의 미국 사회에서 결혼은 더는 이런 의미가 아니다. 물론 다른 중요한 방면에선 의미가 있지만, 성인 지위의 지표가 된다는 중요한 의미로는 끝났다. 저자와 다른 연구자들은 다양한 연령대의 사람들이 성인기로의 전환을 어떻게 정의하는지를 많이 연구했는데, 성인기를 정의하는 40개 정도의 고려 가능한 지표 중 결혼은 가장 낮은 순위라는 것이 일관되게 나타났다.[4] 이는 미국뿐만 아니라 오스트리아, 이스라엘, 아르헨티나, 체코에 이르기까지 다양한 선진국에서도 사실로 드러났다. 성인기로 향하는 성장 과정의 지표로 개인적으로 중요한 것이 무엇인지에 관한 개인적인 견해를 질문한 인터뷰에서 심지어 결혼한 사람들조차도 결혼은 거의 언급되지 않았다.

선진국에서 결혼이 더는 성인기의 지표가 될 수 없다는 것은 무슨 의미일까? 아마도 요즘의 결혼이 과거보다 훨씬 덜 극적인 전환이라는 점을 강하게 강조한다. 조부모와 증조부모에게 결혼이 어떤 의미였는지 잠시 생각해보자. 그들의 결혼식 첫날밤은 아마도 첫 번째 성관계를 하는 날이었을 것이다. 많은 사람이 결혼과 동시에 처음으로 부모의 집을 떠났었다. 많은 사람 특히 젊은 여성은 결혼으로 직계가족 이외의 다른 사람과 함께 사는 첫 번째 경험이었을 것이다. 젊은 남성은 전쟁, 일, 탐험 등으로 집을 떠날 수 있었으므로 결혼으로 인한 전환은 일반적으로 남성보다 여성에게 더 갑작스러운 일이었지만, 많은 남성에게도 결혼은 이러한 유형의 극적인 전환을 의미했다.[5]

이와 달리 오늘날의 대다수 청년은 결혼할 때까지 각자 수년간 독립적인 삶을 산다. 이미 몇 년 전부터 서로 알고 지냈고, 정기적인 성관계를 했고, 심지어 동거했을 수도 있다. 이 책의 5장에서 논의한 것처럼, 결혼해서 함께 산다는 것은 동거와는 심리적으로 다르게 느껴질 수 있겠지만, 사실 이들의 일상 생활에는 큰 변화가 없다. 예를 들어 Pam은 4개월 전에 결혼했지만, 더 성인처럼 느끼게 되는 것과는 아무런 관련이 없다고 말한다. "우리는 4년 동안 사귀었고, 결혼이 우리 관계의 연속이라고 느꼈어요. 어쨌든 우리는 그 전부터 함께 살았기 때문에 삶이 많이 바뀐 것 같진 않아요." 일반적으로 결혼으로 인해 부모의 집을 처음 떠나고, 성관계를 하고, 직계가족 이외의 누군가와 처음 살게 되는 전통적인 형태와 비교해보면 왜 결혼이 지금보다 과거에는 성인기 전환으로서 더 큰 의미를 지녔는지 쉽게 알 수 있을 것이다.

성인기 지금-여기: 홀로서기 배우기

결혼이 성인기의 지표가 아니라면 무엇이 성인기의 지표일까? 오늘날의 청년은 성인이 되려면 무엇을 해야 한다고 믿을까? 미국의 여러 지역에 있는 다양한 인종과 사회계층의 사람들을 대상으로 이 질문과 관련하여 20년간 연구해왔고, 이 모든 집단을 아우르는 미국인의 두드러진 강한 공통점을 발견했다. 오늘날 성인이 된다는 것은 자립하는 독립적인 사람으로서 홀로서기를 배우는 것을 의미한다.[6]

1장에서 설명한 바와 같이, 청년의 관점에서 성인에게 필요한 자립에 대해 중요하게 생각하는 3대 기준은 자기 자신에 대해 책임지는 것, 독립적으로 결정하는 것, 경제적으로 독립하는 것이다. [표 13.1]은 이 주제에 관한 다양한 연구를 요

[표 13.1] 인종별 성인기 3대 기준

	중요도(%)		
	자신에 대해 책임진다.	독립적으로 결정한다.	경제적으로 독립한다.
백인 미국인	91	82	71
아프리카계 미국인	89	80	72
라틴계 미국인	85	72	79
아시아계 미국인	93	82	75
아르헨티나인	99	93	92
이스라엘인	99	90	87
오스트리아인	98	89	67
그리스인	95	93	83
중국인(학생)	97	89	93

출처: US Whites, African Americans, Latinos, and Asian Americans 자료는 Arnett(2003), Argentina 자료는 Facio & Micocci(2003), Israel 자료는 Mayseless & Scharf(2003), Austria 자료는 Sirsch et al.(2009), Greece 자료는 Petrogiannis(2011), China(학생) 자료는 Nelson et al.(2004)

약한 것으로 약 40개의 성인기 결정요소를 포함한 설문지에서 상위 3가지가 청년에게 압도적인 비율로 선호된다는 것을 보여준다.[7]

'성인이 된다는 것은 무엇을 의미하는가?'에 대한 질문과 관련한 인터뷰에서 청년들 사이에서 반복적으로 나왔던 단어인 **책임감**은 보통 타인이 아닌 자신에 대한 책임감을 의미한다. Tammy는 최근부터 자신이 성인이 된 것처럼 느끼기 시작했다. "내가 행동하고, 말하고, 믿는 모든 것에 책임이 따른다는 것을 드디어 깨달았어요. 그리고 그 누구도 아닌 오로지 나를 책임져야 하죠. 그게 다예요. 그래서 난 성인이에요." 한편 Ray는 성인이 된다는 것은 "자신에 대해 책임을 짊어지고, 모든 것을 다른 사람에게 의지하지 않아야 한다는 것을 의미해요. 만약 다른 사람에게 의지하지 않고서 자신에게 필요한 모든 것을 건사할 수 있다면, 정말로 그 사람은 성인이 거의 된 거라고 생각돼요."

어떤 청년은 자신에 대한 책임을 진다는 것은 일이 잘못되었을 때 다른 누군가를 비난하기보다는 자기 행동의 결과에 대한 책임으로 받아들이는 것을 의미한다. "어린아이는 자신의 행동에 반드시 책임지지 않아도 돼요."라고 Cliff는 말했다. "어린아이가 말썽을 피우는 것은 다른 사람의 잘못일 수 있어요. 부모의 잘못이거나 사회의 잘못일 수 있죠. 그러나 성인은 자신이 무엇을 하든 자신한테 책임이 있고, 선택은 자신의 몫이며, 성공과 실패 역시 자신에게 달려 있어요." Hoyt는 구체적인 예시를 들었다. "한 번은 500달러에 트럭을 산 적이 있어요. 거의 고물을 산 거죠. 그래서 엔진도 새것으로 교환하고, 변속기도 새것으로 교환하고, 이 모든 일을 직접 하면서 돈을 좀 썼는데, 그렇게 해도 여전히 고물이었어요. '이걸 망친 건 나고, 이 책임은 내가 져야 하는 거야. 이번에는 다른 사람에게 떠넘길 수 없지. 난 성인이고 이런 고물을 사기로 결정한 것도 나야. 이렇게 경험하면서 배우는 거지 뭐' 이게 내가 깨달은 것 중 하나에요."

독립적인 의사결정은 두 번째로 중요한 성인기의 지표이다. 성인으로 간주되기 위해서는 일상 생활에서 나타나는 크고 작은 것들에 대해 의사결정을 할 때 독립적인 판단을 통해 결정을 내려야 한다고 청년들은 믿고 있다. Arthur에게 성인이 된다는 것은 "다른 누군가가 우리에게 알려주는 것과 내 생각이 다를 수도 있지만, 우리 자신의 삶에 관해 결정을 내릴 자유를 갖는 것"을 의미한다. Vicky도 마찬가지로 성인기에 도달한다는 것은 "실제로 스스로 결정을 내리는 것이에요. 누군가로부터 무엇을 해야 할지를 지시받는 게 아니라, '내가 하고 싶은 것은 이거고 이렇게 할 거야'라고 하는 거예요."라고 말했다. Wendy는 자신이 성인에 도달했다고 느낀다. "내가 내리는 모든 결정은 나의 몫이고, 의견을 얻기 위해 다른 사람들과 논의하긴 하지만, 그들이 나 대신 최종 결정을 내리지는 않아요."

독립적인 의사결정의 범위는 어디에서 살아야 하는지 또는 어떤 진로를 추구해야 하는지 등의 질문뿐만 아니라, 자신의 신념과 가치가 무엇인지와 같은 다소 추상적인 영역도 포함된다. Mindy에게 있어서 이러한 추상적 영역은 성인기에 도달했다고 느끼는 점에 있어서 중요한 것이었다. "나는 남부 침례교 신자였고 내가 지금 믿고 있는 것을 그냥 믿어야 한다고 배워야만 했어요. 부모나 그 누구도 내가 무엇을 믿어야 하는지에 대해 말해주지 않았어요. 일단 자기만의 종교적인 믿음을 명확히 확립할 수 있고 자신의 삶을 통제한다면 그 사람은 성인이라고 생각해요."

몇몇 청년에게는 성인기로 전환을 했다고 볼 수 있을 만한 중요한 결정을 스스로 한 특별한 순간이 있었다. 이제 20세가 된 Chalantra는 18세의 어린 나이에 결혼했다. 지금 생각해보니 너무 어린 나이였다. 1년 후 이혼했기 때문이다. "내가 이혼을 결심했을 때, 나 스스로 이러한 결정을 내렸어요."라고 이제는 말한다. "자신의 위치에서 어떤 일의 비중을 따져볼 수 있고 어떤 것이 나에게 유리하고 어떤 것이 나에게 유리하지 않은지를 알아차릴 수 있을 때가 성인이 되는 것 같아요." Laurie에게 있어서 첫 번째로 성관계를 하는 것은 중요한 결정이었다. "처음 성관계를 경험하기 전까지는 나 자신을 여자라고 생각하지 않았어요. 나는 정말 엄격한 가정에서 자랐고 결혼할 때까지 성관계는 기다려야 한다고 항상 믿었어요. 어쨌든 성관계를 하게 됐을 때, 이는 나 자신이 스스로 결정한 것이기 때문에 나에겐 큰 전환점이 됐어요. 다른 사람에게 답을 구하지 않았어요." 여기서

Laurie가 성인기에 도달했다고 느낀 것은 성적 경험 그 자체가 아니라, 독립적인 결정이었음을 주목할 필요가 있다.

경제적인 독립은 청년에게는 성인 지위의 세 번째로 중요한 것이다. 청년은 완전한 성인으로 인정받으려면 스스로 생계비를 지출할 수 있을 만큼 충분한 돈을 벌어야 할 필요성이 있다고 생각한다. Sylvia는 자신이 아직 완전한 성인기에 도달하지 않았다고 생각한다. "성인이 된다는 것은 경제적으로 독립되었을 때를 의미한다고 생각해요. 나는 아직 부모님께 많이 의지하고 있어요. 그래서 나는 성인이 아니에요." 이와 반대로 Melanie는 자신이 성인이라고 느낀다. "모든 경제적인 것을 스스로 감당하고 있어요. 학비도 내고, 차비도 내고, 오래전에 나의 잘못으로 발생한 밀린 신용카드 요금도 내고 있어요." Tory의 견해는 "경제적 독립이 성인과 관련이 많다고 생각해요. '이번 봄 방학에 친구들과 Florida에 가려는데 300달러를 주실 수 있으세요?'라고 부모님께 말씀드리지 않고 내가 알아서 처리해요."

3장에서 언급했듯이, 성인기 3대 기준 모두에서 있어서 성인이 되는 것은 부모에게서 독립하는 것으로 정의된다. Shaneequa는 다음과 같이 말했다. "성인 여성은 자신을 돌볼 수 있는 사람이에요. 성인 여성은 자신을 돌봐줄 부모님이 필요하지 않죠." 한편 Korena는 아직 성인기에 도달하지 않았다고 말했다. "나는 여전히 꽤 의존적이에요. 내가 도움이 필요할 때마다 부모님께 말씀드리면 나를 도와주실 거라는 걸 알아요. 내 나이 스물두 살인데도 여전히 가족에게 의지하고 있으므로 나는 어린애 같다고 생각해요." 반면에 Joan은 성인기로 가고 있는 과정을 말해주었다. "부모님이 나에게 경제적으로 지원하는 것을 마침내 그만두었을 때요. 부모님이 더는 나의 부도 수표를 대신 결제해주지 않겠다고 하시고 결국은 결제를 거절하시고 단호한 태도를 보이셨을 때였어요."

부모로부터의 독립의 완성은 청년기 훨씬 이전부터 시작하여 서서히 진행되는 과정이지만, 성인기로 향한 중요한 원동력은 부모의 집을 떠나는 것으로부터 시작한다. Ariel은 "그냥 집을 떠나는 것으로부터" 성인이 되기 시작했다고 말했다. "집을 떠나는 것을 끝이라고 생각하지 않아요. 자신만의 신념 체계를 구축하고 전반적으로 삶에 의문을 제기하는 것을 시작이라고 생각해요. 그리고 그 이후에 내가 누구였는지 내가 무엇을 원했는지 등 모든 것을 알게 되었어요." 한편 여전히 부모의 집에 사는 Yvonne는 다음과 같을 때 성인기에 도달하게 될 것이라고 예상했다. "내가 이 집에서 떠날 때요. 결국 혼자 살게 되면 생계비부터 시작해서 모든 것을 스스로 처리하겠죠. 나 말고는 아무에게도 의존하지 않으면서요."

많은 청년에게 있어 집을 떠난다는 것은 고등학교 졸업 후 대학에 입학하는 과정의 한 장면이다. Tom의 관점에서 성인기에 이르는 길은 "대학에 갔을 때부터 시작되었어요. 나는 혼자 지내야만 했어요. 부모님과 이렇게 멀리 떨어진 것이 처음이었어요. 나는 부모님과 정말 친했거든요. 혼자 지내야 한다는 것만으로도 내가 다 컸다고 생각하게 됐어요." Hazel도 같은 경험을 떠올렸다. "대학에 가기 위해 집을 떠나는 것은 경제적인 측면을 제외하고는 모든 결정을 스스로 할 수 있고 부모님 도움 없이 살아야 한다는 것만으로 나 자신이 정말 어른스럽다고 느낀 계기가 되었어요."

Hazel의 언급에서 시사하듯, 집을 떠나는 것 자체가 성인기의 지표로서 중요하다기보다는 집을 떠나는 것으로 인해 청년이 새로운 책임을 지고, 독립적인 결정을 내리고, 경제적으로 더 독립하도록 요구되는 것이 중요하다. Casey는 21세에 자신이 성인기에 들어선 기분이었다고 했다. "지금 사는 이 집으로 처음 이사했을 때 집세를 내고, 공과금을 내고, 자동차 보험도 내야 했어요. 집을 청소하고, 세탁하고, 다림질하고, 스케줄에 맞춰서 살아야 하는 등의 모든 것을 책임져야 했어요. 스스로 모든 것을 할 때, 그것을 가능하게 하는 돈을 모을 때, 모든 결정을 내릴 때, 그때가 정말로 성인이 된 것처럼 느끼기 시작한 때라고 생각해요." 이와 대조적으로 Dale은 부모님과 함께 살고 있어서 자신에 대한 책임을 회피할 수 있기에 성인기로 향하는 진행 과정에 방해받는다고 느낀다. "나는 전적으로 부모님에게 의지하고 있어요. 만약 내가 혼자 산다면 부모님이 필요한 돈을 다 주시긴 하겠지만, 여전히 혼자 살아가는 데 어려움을 겪고 있을 것 같아요. 때로는 부모님과 함께 살고 싶지 않을 때도 있어요. 어떤 면에서는 준비가 되어 있지만, 엄마가 항상 해주셨기 때문에 어떻게 해야 할지 모르는 일들이 너무 많아요. 그냥 단순히 청구서만 처리하는 것뿐만 아니라 세탁하고 먹는 것 등 전부 말이죠."

집을 떠나는 것 자체가 중요한 것이 아니라, 집을 떠남으로써 요구되는 3대 전환(책임감, 독립적 결정, 경제적 독립)을 떠맡는 것이기 때문에, 청년이 집에 다시 돌아가거나 설령 집을 떠나지 않았어도 성인기에 도달했다고 느낄 수 있다. Trey의 경우는 대학을 다니는 동안과 졸업한 이후 2년 동안 부모님과 함께 살았다. "나는 부모님과 함께 살고 있어도 성인이라고 생각했어요. 부모님과 살지 않는 것이 성인이라고 볼 수 있는 필요조건은 아니라고 생각해요." 부모님과 함께 사는 동안 성인이 되었다고 느낀 점이 무엇인지에 대해 다음과 같이 답을 했다. "독립적으로 의사결정을 내리는 거죠. 내가 부모님께 의존하고 있긴 하지만, '내가 하고자 하는 일은 이것이에요' 또는 '내가 가고자 하는 방향은 이쪽이에요'라고 말할 수 있었어요." 한편 Palmer는 필요하다면 경제적 독립이 가능했기에 부모님과 함께 살아도 자신을 성인이라 여길 수 있었다. "나는 집을 빌릴 수 있어요. 그건 큰 문제가 아니에요. 내가 사고 싶은 것 중 어떤 것은 살 수 없긴 하지만, 사실 부모님 집은 잠자는 용도로만 사용하고 있어요. 집을 사는 것 빼곤 모든 것은 내가 다 구입해요."

다른 사람을 위한 배려 배우기

부모나 다른 사람으로부터 독립하여 자립하는 한 인간으로 홀로 서는 법을 배움으로써 성인이 된다는 것이 무엇을 의미하는지에 대한 자신의 관점을 가지고 있는 청년은 자신과 개인적인 발달에 관해 성인기로 향하는 자신의 진전을 엄격하게 측정하고 있다는 강한 인상을 준다. 청년기가 자기초점의 시기라는 것에 주목해 왔으며 이러한 자기초점은 성인기에 대한 이들의 개념에서도 분명히 드러난다. 청년은 개인주의적인 사회에 살고 있고 개인주의적인 인생을 살고 있다. 개인주의적인 사회와 개인주의적인 인생의 결합으로 청년은 자기초점을 현저하게 높인다.

결국 청년은 결혼하고 부모가 되는 것으로 다른 사람에게 전념하기를 원하지만, 먼저 세상에서 자신을 스스로 지킬 수 있다는 것을 자신과 다른 사람에게 보여주려고 한다.

청년은 청년기 동안에도 다른 사람의 요구와 염려를 여전히 놓치지 않는다. 이와 대조적으로 성인이 된다는 것이 무엇을 의미하는지에 대한 개인주의적인 이들의 관점은 다른 사람에 대한 배려가 강조되면서 조절된다. 자기초점을 한다는 것은 이기적이라는 것을 의미하지 않으며, 자립한다는 것은 전적으로 자기몰두self-absorbed를 하는 것은 아니다. 성인이 된다는 것은 홀로서기를 배우는 것을 의미하지만, 또한 덜 자기중심적self-oriented이게 되고 다른 사람을 더 배려하는 것을 배우는 것도 의미한다.[8]

일부 청년은 다른 사람을 배려하는 것을 성인기의 핵심 개념으로 여긴다. Gerard는 자신이 생각하는 성인이 된다는 것은 무엇을 의미하는지에 대해 이렇게 말했다. "이기적이지 않은 것이 가장 큰 부분을 차지한다고 생각해요. 이는 자신의 것만을 생각하지 않고 다른 사람이 좋아하는 것에도 관심을 가질 수 있어야 해요." 이와 비슷하게 Peggy도 성인이 되기 위한 조건으로 다음과 같은 관점을 가지고 있었다. "나의 행동이 타인에게 어떤 영향을 미칠지 고려해야 한다고 생각해요. 음주 운전과 같아요. 사람들이 술을 마시는 것은 문제가 없지만, 음주 운전으로 다른 사람을 다치게 하는 건 문제라고 봐요. 그것은 자신의 행동으로 인해 다른 사람을 해칠 수 있다는 것을 고려하지 않는 거잖아요."

그러나 다른 사람에 관한 관심을 성인기 개념의 중심에 두는 청년은 상대적으로 적다. 그것보단 청년은 자립을 성인이 되는 가장 중요한 부분으로 보지만, 다른 사람에 관한 관심으로 그 비중을 줄여나간다. 여기서도 **책임**이라는 말을 사용할 수 있다. 청년은 책임이라는 말을 탄력적인 의미로 사용한다. 책임이란 단어는 청년이 가장 자주 사용하는 방식으로는 자신을 책임지는 것과 관련한 의미로 사용할 수도 있고, 다른 사람에 대한 책임을 의미하는 것으로도 사용할 수 있다.

Mindy는 성인기에 도달하는 것에 대해 다음과 같이 말한다. "책임감을 느끼고 우선순위가 무엇인지 아는 것이에요. 자신만을 생각하는 것이 아니라 다른 사람의 안위를 살피고, 자기 자신뿐만 아니라 내 주변 사람에게 해를 끼치지 않고 그들을 위한 책임이 있다는 것을 아는 것이요." Corey는 성인이 된다는 것은 다음을 내포한다고 말했다. "자신을 책임지는 법을 배우는 것과 관련이 있으며, 단지 무책임하고 개인적인 만족감 외에 아무것도 걱정하지 않는 것보다는 주변 사람들에 대해서도 어느 정도 책임감을 느끼는 거요."

더 자립하게 되면 덜 자기중심적이 된다는 것은 홀로서는 법을 배우는 것이 다른 사람을 더 배려하는 것을 배우는 것과 결부되는 청년기의 또 다른 역설적인 모습이다. 3장에서 보듯이 청년과 이들의 부모와의 관계에서도 이와 같은 현상을 보이는 변화가 발생한다. 청년은 부모에게서 육체적으로는 멀어지지만, 정서적으로 더 가까워진다. 마찬가지로 청년은 자신에게 더 많은 책임을 지기도 하지만 종종 다른 사람에 대해 가지는 책임감을 더 많이 인식하기도 한다.

누군가에겐 중요한 문제: 부모가 된다는 복잡한 의미

결혼과 더불어 성인기에 도달하는 것을 알 수 있는 또 다른 전통적인 지표는 부모가 되는 것이다. 지난 반세기 동안 결혼과 마찬가지로 부모가 되는 것도 그 중요성이 감소하게 된 건가?

이에 대한 답은 그렇기도 하고 아니기도 하다. 과거 연구들에서 성인기를 구성하는 가능한 결정요소를 조사한 설문조사에 따르면, 청년은 부모가 되는 것을 결혼과 마찬가지로 거의 최하위권으로 응답했다.[9] 인터뷰에서 청년은 자녀가 생긴다고 해서 성인이 되는 것은 아니라고 이따금 강조하면서 성인기에 중요한 것이 무엇인지에 대해 다음과 같이 말한다. Cecilia에게 성인이 된다는 것의 의미를 물었더니, "분명한 건, 자식이 있다는 것으로 성인이 되는 건 아니죠."라고 답하고 나서, 자신에게 중요한 것이 무엇인지를 말한다. Charles 역시 다음과 같이 응답한다. "자식이 있어야만 하나요? 난 그렇게 생각하지 않아요."

이런 답변은 부모가 되는 것이 성인기에 도달하는 것에 있어서 중요한 부분이 아닌 것처럼 보이지만, 성인 지위와 관련해서는 부모가 된다는 것은 성인기에 도달하는 것보다 더 복잡한 의미를 담고 있다. 비록 아직 부모가 되지 않은 사람은 자녀를 갖는 것을 성인기의 중요 지표로 보는 경우는 거의 없으며, 부모가 된 사람도 자녀를 갖는 것이 성인기의 필수 조건으로 보는 부모도 거의 없으나, 이들 개인적으로 20대에 부모가 된 사람은 성인기로 가는 과정에서 자녀를 가지는 것을 가장 중요한 사건으로 여긴다.[10]

특히 10대나 20대 초반에 비교적 일찍 부모가 되었다면 이것은 사실이다. 5장에서 보았듯이 이러한 연령대의 임신은 종종 예기치 못한 일이며 의도치 않은 일이다. 일찍 부모가 된 사람은 자립을 향해가는 개인적인 성장 과정에 따라 성인기로 점차 가까워지는 여유를 누리지 못한다. 대신 갓 태어난 자녀를 돌보기 위해 갑자기 자신의 삶을 바꾸어야 하는 것이 요구되므로, 부모가 되는 것은 이들을 즉시 그리고 갑작스럽게 성인기로 밀어 넣게 된다.

3명의 자녀를 둔 23세의 Leanne은 18세에 첫 아이를 낳았다. "엄마가 된다는 것은 나를 정말 빨리 성장하도록 했어요. 임신했을 때도 '나는 이 아기의 미래를 위해 계획을 세워야 해. 이제 상황은 바뀌어야 하고, 나에게 의지할 다른 존재가 생겼잖아'라고 생각했죠. 이는 단지 나만의 생각이지만 나를 많이 성장하게 했어요." 22세의 Celine은 20세에 첫 아이를 가졌고 4개월 된 둘째도 있다. 성인기에 진입했다고 느끼냐는 질문에 Celine은 다음과 같이 답하였다. "자식들이 있으니까 당연하죠! 하루아침에 성인이 되는 거 있죠? 다른 사람이 아니라 아이들에게 모든 초점이 맞춰져 있어요. 나 자신을 생각하기 전에 다른 사람을 먼저 생각하게 돼요." 26세인 Larry는 23세에 아빠가 되었다. "빨리 어른이 되고 싶다는 건, 가라앉지 않기 위해서 계속 헤엄쳐야 하는 거예요. 나는 별걱정 없이 살다가 '넌 돌봐야 할 자식이 있잖아','넌 집이 있어야만 해','넌 이것저것을 해야 해. 다른 것은 없어'라는 식이 되었어요. '좋아, 네가 원하는 것을 넌 할 수 있어'가 아니라, '이것만이 할 일이야. 다른 것은 없어'라고 하는 거잖아요. 정말 눈 깜짝할 사이에 일어난 일 같아요."

그렇다면 부모가 된다는 것은 자신이 선택했든 안 했든, 준비되었다고 느끼든 그렇지 않든 상관없이 새로운 무거운 책임을 지도록 요구받는다는 것을 알 수 있다. Larry가 말한 것처럼 "해야만 하는" 것이다. 자신이 다른 사람을 위해 준비되었다고 느끼면 자신의 속도에 맞춰 점차 성인기의 책임을 맡는 대부분의 청년과 달리, 젊은 부모는 작고 연약한 자녀의 삶에 대한 막중한 책임을 한꺼번에 떠맡아야 한다. 이들은 자립으로 가는 긴 여정이 마침내 완성되었기 때문에 성인이 되는 것이 아니라, 지금 당장 부모로서의 새로운 역할이 요구되기 때문이다.

20대 초반에 부모가 되었던 40~50년 전의 대부분 사람이 오늘날의 청년보다 훨씬 더 이른 나이에 성인기에 도달했다는 의식을 가졌던 것으로 볼 수 있을까? 내 생각엔 그랬을 것 같다. 40~50년 전까지 거슬러 올라가도 증거가 한정적으로 있어서 추측밖에 할 수 없지만, 이는 합리적인 추측인 것 같다.[11] 그 당시로 되돌아가 보면 대부분의 젊은 사람은 방금 설명한 젊은 사람처럼 자신의 속도에 맞게 차근차근 성인기에 도달하는 것이 아니라 첫 번째 자녀의 출생으로 젊은 나이에 성인기로 내몰리게 되는 상황에 처했다. 물론 이들이 이미 성인기에 들어섰고 부모가 될 준비가 되었다고 느꼈기 때문에 첫 번째 자녀를 이른 나이에 가졌을 가능성도 있다. 하지만 어느 쪽이든 이들은 오늘날의 청년보다 더 일찍 자신을 성인이 된 것처럼 느꼈을 가능성이 매우 크다.

모호함 그리고 양가감정

과거보다 성인이 되는 데 더 오랜 시간이 걸리기 때문에 요즘의 젊은 사람은 어떤 면에서는 성인이라고 느끼지만, 다른 면에서는 그렇지 않다고 느끼고 있다. 사실 이것이 저자의 원연구에서 인터뷰한 18~29세의 많은 청년은 자신이 성인으로 가는 길에 있음에도 아직 성인은 아니라고 설명해 주어서 **청년기**라는 용어에 영감을 주었다.

어중간함

부모가 되는 것으로 하루아침에 청년을 성인기로 들어서게 하는 효과가 종종 보이기도 하지만, 오늘날 10대 후반이나 20대 초반에 부모가 되는 경우는 예외이다. 대다수는 20대 후반이나 그 이후까지도 부모가 되지 않기 때문에 부모가 될 때쯤에는 다른 지표들을 통해 이미 성인기에 도달했다고 느낀다. 청년 대부분은 자신들이 처음으로 자립할 수 있고 개별적으로 자신의 정체성이 확실하게 확립되었다는 것을 느낄 때까지 결혼하거나 자녀를 갖는 것을 의도적으로 늦춘다.

오늘날 대다수 사람에게 성인기로 가는 여정은 길고 험난하기에 청년기는 청소년기와 성인기 사이의 어중간한 시기로 경험되는 경향이 있다. 20세의 Leslie는 이렇게 말했다. "쉴 틈이 없이 어른이 돼요. 어른이 된다는 건 그저 길고 서서히 이루어지는 과정이에요. 열다섯 살이나 열일곱 살이었을 때보다 지금 더 어른이 되어 있지만, 아마 5년 후에는 지금의 나보다 더 어른이 되어 있을 거예요." 1장의 [그림 1.5]에서 볼 수 있듯이, Clark 설문조사 자료에 근거하면 청년 대부분은 성인기에 들어섰다고 느끼는 데에는 적어도 20대 중반 또는 그 이상의 시간이 걸린다.

종종 어중간한 존재라는 의식은 청년이 어떤 식으로든 부모에게 의존하는 것이 지속되어 자립을 이루는 것이 불완전할 때 발생한다. 예를 들면 21세 된 Malinda는 "어느 정도는" 성인기에 들어선 것을 느낀다고 말했다. 한편으로 스스로에 대한 책임감을 가지고 있었다. "나는 책임감 있게 행동한다고 생각해요. 이젠 나를 책임질 사람은 나뿐이죠. 아무도 나를 간섭하지 않고 내가 하는 일은 나한테 달려 있어요." 그러나 Malinda는 아직 독립적인 의사결정을 내리진 못한다. "부모님이 근처에 살고 계시고 나는 여전히 부모님께 의지하는 부분이 있어요. 부모님께 대신해달라고 하진 않지만, 부모님께 조언을 구하는 편이에요." Holly는 여러 면에서 스스로 성인처럼 느끼지만, 경제적인 독립성이 부족해서 완벽한 성인기에 도달하는 것이 늦춰지고 있다. "엄마가 집세의 반을 내주셨을 때는 내가 다시 아이로 돌아간 것처럼 느껴졌어요. 하지만 그것만 빼면 어른이 된 것 같아요."

이와 비슷하게 Dan은 "경제적인 부분을 제외한다면" 성인기에 도달했다고 말했다. "혼자서 알아서 살고 있어요. 어른처럼 행동하고 나 자신이 어른이라는 생각이 들지만, 경제적인 것에 있어서는 아직 그렇지 못한 거 같아요."

다른 청년의 경우를 보면 이들은 외적인 모든 것에서 완전히 독립했지만, 여전히 어른스럽지 못하다고 느껴지는 부분이 있다. Terrell은 성숙한 성인의 인상이 확실히 느껴진다. Terrell은 컴퓨터 소프트웨어 회사에서 장래가 촉망되는 경력을 쌓았고, 부모로부터 완전히 독립했으며, 자신이 누구인지, 자신의 인생에서 원하는 것이 무엇인지 분명히 알고 있는 것 같다. 그러나 Terrell에게 성인기에 도달했냐는 질문을 했을 때 이렇게 대답했다. "완벽히는 아니에요. 왜냐면 가끔은 아직도 아침에 일어나면 다음과 같이 말할 때가 있어요. '세상에, 나 진짜 어른 맞아?' '아직도 어린애 같아'" 대학교 3학년인 Shelly는 3년 전 대학에 진학하기 위해 집을 떠난 후 성인기를 향해서 먼 길을 왔다고 생각하지만, 아직도 갈 길이 멀다고 느낀다. "대학을 다니기 시작했을 때보다 훨씬 더 멀어진 것처럼 느껴져요. 내 생각에는 나 자신이 더 편안해졌고 스스로 더 안정된 것과 같이 엄청난 도약을 했어요. 하지만 여전히 이 모든 것 중에서 다루지 못한 부분들이 많이 남아 있죠. 그리고 아직도 해결할 것이 많이 있어요. 사람들이 나를 '아주머니'라고 부를 때, '헐~'이라고 하는 것과 같죠. 그러니 아직 완전한 어른은 아니에요."

Clark 설문조사에 따르면 어중간한 느낌에서 완전한 성인이 된 느낌으로 이동하는 청년의 비율은 20대 동안 꾸준히 증가하여 29세가 되면 80%는 더는 어중간하지 않고 성인기에 도달했다고 느낀다.[12] 하지만 20대에게 있어 연령은 한 사람이 성인처럼 느끼는지 아닌지를 나타내는 아주 대략적인 지표일 뿐이다. 확실히 성인기에 도달했다고 말하는 21세도 있고 아직도 어중간하게 있는 것처럼 느낀다고 말하는 28세도 있다.

상대적으로 보수적인 성격을 지닌 일부 청년은 또래보다 훨씬 더 일찍 성인이 되었음을 느낀다. 이런 청년은 오래 유지할 만한 결정을 내리기 전에 다양한 연인과 다양한 직업 경로 등을 시도해보는 기간을 늘리는 것에는 관심이 없다. 그

대신 자신이 누구인지 인생에서 원하는 것이 무엇인지를 일찍 알게 되고, 20대 초반에 안정적인 성인의 삶에 정착하는 것에 행복해했다.

어떤 사람은 어린 나이임에도 성인의 책임을 지도록 요구받는 힘든 환경에서 성장했기 때문에 일찍 성인이 되었다는 느낌을 받는다. 12장에서 프로파일링했던 Nicole은 초등학교 때 이미 3명의 남동생과 정신 장애를 앓고 있는 어머니를 돌보고 있어 이러한 예시를 잘 보여준다. "어린 나이에 뭔가가 제대로 돌아가고 있지 않다는 걸 알았어요. 그래서 스스로 책임감을 느꼈어요. 집이 깨끗하지 않으면 청소했고, 먹을 음식이 없으면 식사 준비를 했어요." 이러한 책임감이 어린 나이였던 Nicole을 더 빨리 성숙하게 했다.[13]

성인기 : 마냥 좋지만은 않은지?

대다수 사회에서 성인기에 도달한다는 것은 가치 있는 성취이다. 성인이 된다는 것은 새로운 권위를 갖고, 존경을 받고, 어린이와 청소년에게 금지되었던 활동이 허용되는 것을 의미한다. 역시 미국 사회에서도 성인기는 대다수 청년이 성취로 여기는 것이다. 청년은 직업을 갖고, 생계비를 벌고, 생활을 유지하는 것과 같은 독립적인 성인 생활에 필요한 책임을 질 수 있는 것에 자부심을 느끼고 있다. 청년은 스스로 삶을 꾸려나갈 수 있고 스스로 결정을 내릴 수 있는 것을 즐기며, 성인이 될수록 자신의 삶이 더욱 좋아질 것이라고 믿는다. Clark 설문조사에서 18~29세의 59%가 '성인기는 지금보다 더 즐거울 것 같다'에 동의한다.[14] 대다수는 성인기에는 현재 삶의 스트레스와 불안정에서 벗어날 수 있다고 생각한다.

그러나 많은 청년은 성인기에 도달하는 것에 대해 양가감정을 갖고 있다. 그렇다. 자신의 삶을 마음대로 할 자유가 있다는 것도 좋고 성인이 되면서 생기는 책임감을 능숙하게 처리할 수 있다는 것도 만족스러운 일이다. 하지만 성인기에 도달하는 것에 대한 자부심과 함께 두려움과 꺼림직함이 혼재되어 있다. Clark 설문조사에서 18~29세 중 35%는 '내 마음대로 할 수만 있다면 결코 어른이 되고 싶지 않다'라는 말에 동의했다. 대다수는 아니지만 그래도 상당한 비율이다.[15]

부분적으로 이와 같은 양가감정은 성인이 지는 책임이 부담되고 성가실 수 있다는 것을 깨달은 데서 비롯된다. Laurie는 "거의 대부분" 성인기로 들어섰다고 말했다. 하지만 성인의 책임은 "때때로 감당하기 힘들어요. 진정으로 엄마와 아빠가 보살펴 주었으면 하는 생각이 들 때가 있어요." 한편 Amber는 다음과 같은 일화를 떠올렸다. "내 생명보험과 수혜자 이름을 살펴본 적이 있었어요. 알다시피 이런 일은 부모님이 날 위해 해주셨으면 좋겠다고 생각했어요. 혼자서 이런 암울한 결정에 직면하고 싶지 않아요."

청년이 성인기에 들어서는 것에 대해 양가감정을 느끼는 또 다른 이유는 안주하는 성인이 되는 것과 연관이 있다. 27세인 Gerard는 다음과 같이 말했다. "어른이 되기 바로 직전이 되니 약간 주춤한 것 같아요. 어떤 면에서는 어른인 것 같기도 하고 어떤 면에서는 어른이 아닌 것 같아요. 나는 어른으로 존재한다는 건 매우 지루한 존재로 있는 것으로 생각돼요. 그런데 아직은 그렇게까지 지루하다고 느껴지지는 않네요."[16] Dylan 역시 성인기에 대한 암울한 시각을 가지고 있다. "어떤 면에서는 어른이 된 것 같은 느낌이 들기도 해요. 어떤 면에서는 어른이 되지 않기를 바라기도 하고요. 아마도 어른스러움이라는 걸 지나치게 구속받는 것과 연관을 짓나 봐요. 참신함이 떨어지는 거죠."

이 견해에 따르면 성인기에 도달한다는 것은 재미, 자발성, 개인적 성장 등이 끝나는 것을 의미한다. Cindy는 다음과 같이 말했다. "매일 나에 대한 탐색이 이루어지고 있기에 내가 완전히 성인기에 들어섰다는 것을 결코 느끼지 못할 것 같아요. 우리는 매일 삶에서 새로운 것들을 배우게 될 거예요. 우리가 어른이 돼서 삶에서 더 배울 것이 없다는 것을 받아들이게 되면, 우리 삶은 정체될 거예요." Martin도 이렇게 말했다. "어른이 되었는지 모르겠어요. 왜냐면 나는 어른이 되고 싶은지 모르겠거든요. 어른은 어떻게 정의하나요? 어른은 절대로 아이 같지 않기를 바라나요? 나는 항상 노는 것이 좋고 노는 것을 그만두고 싶은 적도 없어요. 어른의 의미가 무엇인지도 잘 모르겠어요." 이와 같은 생각을 하는 청년은 아동기를 이상화하고 성인은 그에 비해 보잘것없는 삶으로 생각한다. Trey는 "나는 우리 자신 안에 아이와 같은 면을 갖는 것이 가장 좋다고 언제나 생각해요. 그렇지 않으면 무언가에 너무 얽매이게 되고 새로운 시각으로 사물을 바라볼 수 없게 되거든요. 그래서 '나는 100% 어른이다'라고 말하는 것이 마냥 좋은 것은 아니라고 생각해요. 내 경우에는 아마 50% 정도는 아이 같은 면이 있는 것 같아요."

또한 청년은 현명하게도 한번 성인기에 진입하면 되돌아갈 수 없다는 것을 깨닫는다. Rob은 다음과 같이 말했다. "아마도 100% 어른은 아니라고 말할 수 있어요. 아마도 어른이 되고 싶지 않은 것일지도 몰라요. 서두를 필요가 있을까요? 모든 사람이 알듯이 앞으로 평생 어른으로 살아야 해요." 24세인 Renée는 그녀의 부모가 자신의 나이였을 때 보다 자신이 성숙하지 않다는 것을 안다. "부모님은 결혼도 했고 나를 가졌기에 분명히 어른이었을 거예요." 그 당시의 부모보다 자신이 성숙하지 않다는 것을 안다. 그러나 Renée는 "그렇게 성숙해지고 싶은 건 아니에요. 내가 되고 싶은 만큼 어른이 된 것 같아요."

고등학교 시절의 회상: 그때가 좋았지?

많은 미국 청년이 성인기에 도달하게 되면서 느끼는 양가감정은 고등학교 이후 자신의 삶이 어떻게 변화되었는지 되돌아볼 때도 나타난다. 저자의 원연구에서 이렇게 물었다. '여러분의 고등학교 시절이 지금의 삶보다 스트레스가 더 적고 덜 힘들었다고 느끼나요? 아니면 스트레스가 더 많고 더 힘들었다고 느끼나요?' 많은 사람에게 청소년기는 스트레스가 있고 힘든 시기로 잘 알려져 있으므로, 대부분의 청년이 고등학교 시절이 더 안 좋았다고 말할 것으로 예상했다.[17] 청년기가 되면서 대다수는 청소년기의 격변기에서 벗어나 더 행복하다고 말할 것이라 예상했다. 이것은 청소년기부터 청년기로 가는 내내 삶의 만족도와 전반적 행복이 상당히 상승한다는 걸 보여주는 다른 연구와 일치될 것으로 예상했다.[18]

그러나 청년의 실제 반응은 더 복잡했다. 놀랍게도 응답자의 대부분인 58%는 고등학교 시절이 스트레스가 더 적었고 덜 힘들었다고 답했고, 오직 24%만이 고등학교 시절이 스트레스가 더 많았고 더 힘들었다고 답했다. 나머지 응답자는 '비슷하다'였다.

　　어떤 청년은 자신의 고교 시절을 단순하고, 행복하고, 근심 걱정이 없었던 시절로 기억한다. Heather는 고등학교 때를 이렇게 회상했다. "고등학교 때는 아무 걱정도 없었어요. 그냥 친구들이랑 맨날 놀고 학교 다니는 것도 힘들지 않았고 경제적인 부분은 부모님이 챙겨주셨어요. 마냥 즐거웠어요." 그리고 Sean은 "고등학교 때는 지금처럼 시간에 대한 제약이 없었어요. 학교 다니는 시간은 6~7시간 정도였고 부모님은 나에게 일하라고 요구하지 않으셨어요. 학교 다니면서 재미있게 놀 수 있는 시간이 정말로 많았어요. 그게 다였어요. 하지만 지금은 그렇지 않죠."라고 답했다. Tom과 같은 몇몇은 고등학교 시절의 일상 생활의 규칙성과 안정성을 인정했다. "그냥 '아침에 일어나서 학교 가고, 학교는 5월까지만 다니면 되고, 정해진 수업을 들으면 된다'였어요. 매일 하는 반복적인 행동처럼요. 그리고 여름에는 야구를 하곤 했는데 끝나고 집에 가면 음식이 차려져 있었거든요. 그건 항상 변함이 없어요. 엄마가 저녁을 차려줄 거란 걸 알고 있거든요. 내가 내려야 할 결정과 선택은 그리 많지 않았던 거죠."

　　하지만 청년의 고등학교 시절 많은 부분에서 스트레스가 더 많았고 즐겁지 않았다고 한다. 단지 청년의 관점에서 고등학교 때의 시련은 사소해 보일 뿐이다. Lillian은 고등학교 때는 스트레스를 받는 것으로 보였을 수도 있을 것이라고 말한다. "그러나 쓸데없는 것에 스트레스를 받았어요. 이를테면 또래 집단의 말도 안 되는 압력 같은 거요? 다른 사람이 자신에 대해 뭐라고 말하는지 걱정하거나 데이트할 때 무엇을 할지를 걱정하죠. 돌이켜보면 전부 다 부질없는 짓이었어요." 이제 Rocky는 그 모든 것이 이해하기 어렵다는 것을 안다. "돌이켜보면 왜 그런 쓸데없는 일에 신경을 썼을까 싶어요. 머리 모양이 괜찮은지 안 괜찮은지에 왜 그렇게 신경을 썼을까요? 정말 별일 아니잖아요! 이젠 신경도 안 써요. 하지만 그 당시에는 그런 사소한 것도 스트레스를 받을 만한 것이었어요."

　　많은 청년은 고등학교 시절 불안감을 고조시키는 친구들의 평가가 가장 스트레스를 많이 받게 하는 주범이었다고 회상한다.[20] Tammy는 그때 온통 이와 같은 생각으로 가득했다고 기억한다. "다른 사람은 괜찮은데, 나는 괜찮지 않은 것 같아요. 내가 바보같이 보이고 이상한 냄새가 나는 것 같고, 어설프게 행동하고 촌스럽게 옷을 입은 것 같았어요. 누구든 다른 사람의 눈에 띌 거라는 생각이 들면 그건 꽤 스트레스 받는 일이었어요. 난 그게 싫었어요!" 마찬가지로 Kim에게 있어 고등학교 시절은 "다른 사람이 나에 대해 어떻게 생각하는지 너무 많은 신경을 썼어요. 나이가 들어감에 따라 그런 쓸데없는 것에 신경 안 써도 돼요. 원하는 대로 할 수 있죠." 저자의 원연구의 설문 내용에 따르면, 청년 중 4분의 3은 고등학교 때보다 지금이 또래나 친구들이 자신을 어떻게 생각하는지에 대해 신경을 덜 쓴다고 응답했다.

그 당시가 자신에게 얼마나 좋았던 시절이었는지를 감사하기만 했더라면! Larry는 이렇게 말했다. "내가 고등학생이었을 때는 스트레스가 많았다고 생각했지만 그건 아무것도 아니었어요. 그리고 지금은 '하느님, 모든 것이 아무 문제 없는 것처럼 보이고 혼란스럽지 않았던 10대로 돌아가게 해주세요'라고 한다니까요." Mandy도 비슷한 후회를 했다. "나의 10대 시절을 돌아보면, 나는 많은 책임감을 느끼고 살아왔다는 생각이 들어요. 성장하려 노력하기보단 10대의 자유를 누렸어야 했어요." Candace는 지난 일을 아쉬워했다. "그땐 자동차 유지비도 집세도 낼 필요가 없었어요. 그때가 좋았죠."

이와 대조적으로 청년기의 스트레스는 더 심각하고 더 당연해 보인다. Rita는 다음과 같이 말했다. "지금 나의 문제들은 고등학교 때 있었던 문제들보다 훨씬 더 현실적이에요. 그땐 사람들의 외모가 어떤지, 다른 사람의 머리 모양이 어떤지, 뚱뚱해 보일 수도 있으니 옷을 집어넣어 입을지 아닐지가 문제였어요. 단지 지금이 훨씬 더 크고 중요한 문제를 다루고 있다는 거죠." Wendy도 비슷한 의견이었다. "그 당시 나의 스트레스는 '무엇을 입을까?'였던 것 같아요. 이제는 '이 청구서를 어떻게 해결할까?' 또는 '나의 인생은 어디로 가고 있을까?'와 같은 거예요. 이런 것들은 예전보다 더 중요하기도 하고 생각하기에 더 어렵고 결정 내리기가 더 힘든 일이기 때문에 더 스트레스가 될 수 있어요." Rita와 Wendy를 관찰한 내용은 Clark 설문조사에서 18~29세 중 72%가 '지금 내 삶에 스트레스가 많다'라는 것에 동의한 결과와 일치한다.[21]

대학생들은 고등학교 때와 비교해 대학 과정이 얼마나 어려운지에 대해 언급한다. "고등학교는 식은 죽 먹기였어요."라고 Martin은 비웃었다. "그건 쉬웠어요. 고등학교 때에는 선생님들이 원하시는 대로 하면 A학점을 받을 수 있었죠. 그때는 암기 위주였고 지금은 좀 더 나만의 사고를 요구해요." Ian은 고등학교 생활이 더 쉬웠다고 말했다. "고등학교 때는 일주일 밤을 새우면서 공부하거나 한 주에 세 과목이나 기말고사를 보진 않았어요. 선생님은 우리에게 관대하셨어요. 나는 대학 생활이 즐겁지만, 내가 해야 할 일의 양이 어마어마해요."

무엇보다 청년은 고등학교 시절과 비교해서 현재 자신의 삶에 스트레스를 받게 만드는 것이 자신들의 경제적 책임이라고 말한다. Benny는 고등학교 때를 다음과 같이 설명했다. "청구서 걱정을 할 필요가 없었기 때문에 스트레스를 덜 받았어요. 아시겠지만, 내가 일을 해서 번 돈은 나를 위해서 사용할 수 있었어요. 이제는 돈을 벌면 전기 요금, 수도 요금 등으로 다 나가죠." Denny 또한 돈 걱정이 적었던 고등학교 때가 더 편했다고 말했다. "부모님과 함께 살 때는 걱정거리가 많지 않았어요. 그냥 학교만 다니면 됐고 그게 다였어요. 그땐 이 청구서도 없었죠. 이젠 일하고 생계비를 내야 해요."

비록 성인기로 향해가는 것이 어떤 면에선 더 큰 스트레스를 의미하지만, 이 또한 스트레스를 다루는 더 큰 능력이 생기게 되는 것을 의미하는 것이기도 하다.[22] "점점 더 어려운 일들을 내가 해야 하긴 하지만, 이에 대처할 준비도 좀 더 되어 있어요."라고 Malinda는 말했다. "청년은 종종 자신에게 새로이 생긴 책임으로 인해 발생하는 스트레스를 처리할 수 있다는 점에서 자부심을 느낀다. Heather는 이러한 변화를 이렇게 설명했다. "고등학교 때는 걱정거리가 없었어요. 매일 친구랑 놀고, 학교도 힘들지 않았고, 부모님이 경제적인 것은 책임져 주셨어요. 그냥 재미있었어요. 이제 스물네 살이고 매일 일하고, 경제적인 것도 나의 일이 되었고, 나 자신을 책임져야 해요. 무섭기도 하지만 좋기도 해요. 이런 것들로 인해 뿌듯하기도 해요."

또한 청년에게 새로운 스트레스는 새로운 자유에 대한 대가라는 것을 알게 된다. Leslie는 지금 자신의 삶이 더 스트레스를 받는다고 말한다. "돈과 사사로운 것으로 인한 추가적인 압박감이 있기 때문이에요." 그러나 Leslie는 자신이 자유를 선택했기 때문에 이런 스트레스가 발생한다는 것을 알고 있다. "내가 자초한 일이에요. 경제적인 독립을 원했어요. 그리고 집을 떠나 산다는 것은 너무나 많은 스트레스를 해소하고 균형을 이루게 해요." Mike는 더 많은 스트레스와 더 많은 자유라는 청년의 역설을 이처럼 잘 요약해서 설명해 주었다. "고등학교 때가 스트레스도 덜 받고 덜 힘들었다고 말하고 싶지만, 그때보다 지금이 훨씬 더 재미있는 것 같아요. 그때는 확실히 청구서를 내지 않아도 돼서 그런지 몰라도 스트레스는 덜 받았어요. 아침에 일어나서 어떻게든 학교에 가고 그냥 의자에 털썩 앉아 있기만 해도 그날의 나의 모든 책임을 다한 거죠. 이제 사람들은 내가 다 해낼 거라고 기대하고 있고 은행은 매달 1일에 은행에서 빌린 돈을 원하고 있죠. 그래서 그런 관점에서 보면 지금이 좀 더 스트레스를 받는 것 같아요. 하지만 '올해 부모님이 Cancun에 갈 예정이신데 부모님을 따라가려고 생각 중이야'라고 말할 필요 없이 멋진 차를 운전해서 Cancun에 갈 수 있는 건 멋진 일이에요. 만약 원한다면 비행기를 타고 Las Vegas에도 갈 수 있죠. 다른 사람이 정해 놓은 대로 사는 게 아니니까 그게 더 재미있는 거예요."

이 모진 세상에서 갖는 큰 희망

청년기의 스트레스에도 불구하고 대다수 청년은 이 시기에 원대한 꿈을 꾼다. 청년이 미래를 예견해볼 때 평생 행복한 결혼 생활, 사랑스럽고 잘 성장하는 자녀들, 만족스럽고 돈을 잘 버는 일과 같이 사랑과 일에 있어서 이러한 희망이 실현되기를 기대한다.[23] 어떤 면에서 이들의 꿈은 아직 현실 생활의 시험대에 오르지 않았기 때문이다. 20대인 지금은 일이 잘 안 풀려도 해결책이 없는 것도 아니고 돌이킬 수 없는 결정이라는 것도 아니기에 청년은 여전히 계획대로 모든 게 잘 될 수 있을 거라고 믿는다. 지금은 삶이 힘들어도 이들의 꿈은 여전히 충만할지도 모른다. 2000년 전 Aristotle가 그 시대의 젊은이에 대해 파악한 내용은 현재에도 그대로 적용된다. "젊은이는 대체로 희망을 품고 살아간다…. 젊은이는 높은 야망을 품고 있다. 젊은이는 살면서 굴욕감을 느낀 적이 없고, 어쩔 수 없는 한계에 부딪혀 본 적도 없다."[24]

청년의 높은 희망은 Clark 설문조사에서 잘 드러나는데, 18~29세 10명 중 9명은 '결국 나는 내가 원하는 삶을 살 것이라고 확신한다'라는 말에 동의했다.[25] 또한 오늘날의 젊은 사람들은 자신의 부모보다 더 좋지 않은 삶을 살 거라는 많은 주장에도 불구하고, 이를 믿는 청년은 거의 없다. 18~29세 중 77%가 '결국 내 삶이 부모님의 삶보다 더 나을 거로 예상한다'라고 응답했다. 저자의 원연구에서 금전적 행복, 직업적 성취, 대인관계에 관한 별도의 질문에서도 비슷한 결과가 나왔다.[26]

청년의 낙관주의는 인종과 사회계층에 걸쳐서 일관되게 나타난다. 사실 Clark 설문조사뿐만 아니라 저자의 원연구에서도 어머니의 교육 수준에 따라 나눈 사회계층 중 상류층의 청년보다 하류층의 청년은 부모보다 더 나은 삶을 살 것이라고 믿을 가능성이 더 높았다.[27]

저자의 원연구 인터뷰에서 자신의 부모보다 더 나은 삶을 살지 또는 아닐지에 대해 어떻게 예상하는지를 질문했을 때, 부모보다 더 많은 교육을 받을 것을 기대하고 있으므로 자신의 미래를 낙관적으로 본다고 응답하였다. 청년은 교육을 더 많이 받는 것이 직업적으로나 경제적으로 더 나은 삶을 이끌 것이라고 믿었다. 이 책에서도 최근 수십 년간 청년의 고등교육 참여 확대에 대해 여러 번 언급했고, 7장에서는 소득뿐만 아니라 직업적 성공과 교육 사이에 존재하는 높은 상관관계에 대해 논의했다. 물론 청년은 이러한 통계적인 관계는 알 수도 없지만, 이들은 교육과 미래의 성공 간의 관계에 대한 의식은 확실히 가지고 있다. 상업 광고 학위를 진행 중인 Gary는 이렇게 답했다. "아버지는 고등학교 교육밖에 받지 못하셨어요. 대학에 가지 않으셨죠. 아버지는 밑바닥에서부터 일을 시작하셨어요.

너무나 하기 싫은 일을 30년 동안이나 하셨어요. 30년 후의 나는 지금의 아버지 위치에 있을 것 같지 않아요. 내가 아버지보다 더 성공할 거라서 부모님보다 훨씬 더 잘 되어 있을 거예요." 역사학과 행정학 학위 취득을 앞둔 Lance도 자신의 삶이 부모님보다 "분명히 더 나아질 것"이라고 예상했다. "아빠는 고작 8학년(중학교)을 졸업하셨어요." Lance는 대학 학위가 있기에 "내가 더 교육적으로나 경제적으로 훨씬 더 나을 것"이라고 예상했다.

고등교육 참여율의 상승은 특히 젊은 여성에게 두드러졌으며, 이들 중 상당수는 여성 운동을 계기로 옛날 여성보다 기회가 얼마나 많아졌는지를 안다. 생물학 대학원 과정을 밟고 있는 Becky는 부모의 삶보다 더 나을 거라는 이유를 다음과 같이 말했다. "상황이 바뀌고 있어요. 여성들이 과거보다 훨씬 더 존중받고 경력을 쌓을 기회가 더 많이 주어지고 있어요." 해양 과학자인 Amelia는 이렇게 말했다. "확실히 나의 엄마보다 나는 한 여성으로서 훨씬 더 많은 기회를 얻고 성장했다고 생각해요."

아시아계 미국인의 교육 성취도는 미국 사회의 다른 어떤 인종보다도 높은데,[28] 이는 아시아 문화에서 교육에 대해 높은 가치를 반영하고 있기 때문이다.[29] 저자의 원연구에서 많은 아시아계 미국인 청년은 부모가 미국 이민에 동기부여를 받은 이유가 자녀들이 받을 수 있는 교육의 기회 때문이라고 말했다. 그 결과 아시아계 미국인 청년은 성인이 되어서 행복과 성공의 토대로 교육의 중요성을 특히 더 잘 인식하고 있었다.[30] 간호학 학위를 받은 지 얼마 되지 않은 중국계 미국인 Sylvia는 자신의 삶이 부모보다 더 나을 것이라고 말했다. "왜냐하면 우리는 여기서 정말 좋은 교육을 받을 수 있었기 때문이에요. 홍콩에는 단 하나의 대학만 있고 그 학교에 입학하기 위해서는 정말 똑똑하고 부자여야 해요." 제2외국어로서의 영어교육학 석사 학위를 밟고 있는 Vanessa는 대만이 고향인 자신의 부모가 "대만에서는 교육받는 것은 정말이지 어려운 일이었어."라고 말씀하시는 것을 들었다. 그렇지만 Vanessa에게는 그렇지 않다. "엄마와 아빠보다 더 많은 교육을 받을 기회를 가진 것은 매우 중요한 일이에요. 나중에 내 인생에서 직업, 경력, 가족 등 모든 면에서 더 높은 수준에 도달할 수 있는 더 많은 기회가 생길 거예요."

중국인인 Korena는 아버지에 대해 이렇게 말했다. "아빠는 열 살 때부터 일하셨어요. 아빠는 학교 가는 것도 좋아하셨고 배우는 것도 매우 좋아하셨지만, 학교에 갈 기회가 없으셨어요." Korena는 그의 아버지 경험과 반대이다. "나에겐 교육의 기회가 있고 학사 학위를 받았고 박사 학위를 따기 위한 가능한 모든 조건을 갖추었으니, 당연히 나의 삶은 아빠의 삶보다 나을 거예요." Korena를 포함한 다수의 청년은 더 많은 교육을 받으면 미래 소득 증가뿐만이 아니라 이혼율 감소, 약물 남용 감소, 기대수명 증가 등 다양한 방면에서 '좋은 삶'을 누릴 가능성이 높아진다는 사실을 방대하게 이루어진 연구에서 입증하고 있음을 익히 들어 알고 있다.[31]

부모보다 더 많은 교육을 받고 높은 소득을 기대하는 것 외에도, 청년은 개인적인 인간관계 역시 더 좋을 것으로 기대한다. 이혼한 부모가 있는 청년 중 그 누구도 스스로 실패를 반복하려고 하지 않는다. 예를 들어 Mason은 자신의 삶이 부모의 삶보다 나을 것으로 기대되는 것에 대해 이렇게 말했다. "경제적인 면보다는 개인적인 면을 생각해보는 게 더 나을 것 같아요. 부모가 이혼했다는 사실은 성공적인 삶이 아니라고 생각돼요. 그래서 나에겐 이와 같은 일이 발생하지 않기를 간절히 원해요. 이런 점에서 나는 부모님보다 좀 더 나은 삶을 살 것으로 기대해 봅니다." 또 부모가 결혼을 유지하고 있는 청년조차 자신의 결혼 생활의 질이 더 높을 것으로 기대하기 때문에, 부모가 누렸던 행복보다 더 행복할 것으로 기대한다. 또한 Mindy는 부모의 삶보다 더 나을 거라고 말한다. "나와 나의 남편과의 관계는 엄마와 아빠 두 분 사이의 관계보다 훨씬 더 가깝다고 생각해요. 우리는 친구와 같은 더 강한 무언가가 된 것 같아요. 엄마와 아빠는 그전에는 친구가 아니었지만, 이젠 친구가 되기 시작하셨어요. 우리는 일반적인 결혼 생활에서 원하는 것 그 이상을 기대하고 있어요."

경제적으로나 직업적으로 상당한 성공을 거둔 부모를 둔 많은 청년조차도 자신들이 더 나은 인간관계를 가질 것이기 때문에 부모의 삶보다 더 나아질 것이라고 믿는다. Bruce는 고전하는 록밴드의 가수였고 그의 아버지는 주요 대학의 저명한 생물학 교수였지만, Bruce는 아버지보다 더 나은 삶을 살 것으로 생각했다. "나의 인생에서 추구하고 있는 것은 돈을 많이 벌고 큰 집을 갖는 것이 아니에요. 아빠처럼 많은 돈을 벌 것 같지는 않지만, 그렇게 많이 필요하지도 않아요." Bruce의 생각은 인생에서 추구하고 있는 것에 관한 주제를 다루는 연구에서 자주 경제적 성공 측면을 진지하게 '더 나은' 삶으로 정의하는 것이 잘못된 것이라는 유용한 경종이 된다.

많은 청년은 일과 가정 사이에서 균형을 더 잘 맞출 것이므로 자신의 삶이 부모의 삶보다 더 나아질 것이라고 믿는다. Cliff는 다음과 같이 말했다. "미래에는 가족과 함께 또는 어린이 야구 코치를 하면서 시간을 보낼 겁니다. 부모님이 하지 않으셨던 일이죠. 이런 것이 경제적으로 조금 여유가 없어 보인다면 BMW 대신에 트럭을 사면 돼요. 괜찮아요. 그게 어때서요? 맞바꿀만한 가치가 있다고 봐요." Barry는 다음과 같이 말했다. "나는 부모님보다 훨씬 많은 돈을 벌 수 있을지 확신할 수는 없어요. 그러나 부모님이 하셨던 일처럼 매일 힘든 일은 하지 않을래요." 이러한 의견은 청년이 돈을 버는 데 높은 가치를 두고 있다는 조사에 오해의 소지가 있음을 시사한다.[32] 그렇다. 청년은 많은 돈을 벌고 싶어 하지만, 이들 중 대다수는 돈 때문에 개인적인 삶에서 행복을 희생하고 싶어 하지 않는다.

어떤 청년은 부모가 결혼과 육아를 일찍 시작한 것을 자신들이 하고 싶지 않은 것으로 언급했다. Rita는 자신이 기대하는 것에 대해 다음과 같이 말했다. "경제적으로 부유했으면 해요. 부모님은 이십 대에 자녀가 네 명이었고, 두 분다 좋은 직업을 갖지 못해 항상 힘들어하셨죠." Ariel도 다음과 같이 말했다. "부모님은 대학을 졸업하자마자 결혼하고 아이를 가졌기 때문에 내 상황이 부모님보다 더 나을 거에요. 그렇게 생각할 수 있는 이유는 내가 하고 싶은 일을 할 수 있는 희망이 있으므로 더 나을 거라고 생각돼요. 부모님은 결혼해서 바로 아이를 가졌기 때문에 일을 할 수 있는 기회가 없었을 거예요." Sam은 다음과 같은 이유로 부모보다 자신의 삶이 더 나아질 거로 생각했다. "아빠와 엄마는 정말 일찍 결혼하셨어요. 엄마가 누나를 가졌을 때가 열여섯 살이셨거든요. 부모님은 정말 오랫동안 지옥과 같은 힘든 시기를 겪으셨어요."

현재의 삶이 보장되지 않은 것처럼 보이는 많은 청년조차도 결국에는 일이 잘 풀릴 것이라고 믿는다. 현재 연애 상대가 없는 Bob은 이렇게 말했다. "지금 하는 일이 마음에 안 들어요!" 그러나 Bob은 자신의 삶이 부모의 삶보다 더 좋을 것으로 기대한다. "앞으로 경제적으로나 개인적으로 더 좋아질 거예요. 부모님이 내 나이일 때는 개인적으로나 가족적인 면에서 원하는 걸 얻지 못하는 기존의 장애물이 있었을 거예요. 지금까지 나는 그런 일들을 피했고 내 인생에서 실제로 겪지도 않았죠. 내 직업이 마음에 들지 않아요. 여성과 교제를 못 해서 불만이기 하지만, 전반적으로는 제대로 된 방향으로 나아가고 있다고는 생각해요."

비록 청년은 자신의 개인적인 미래가 매우 유망할 것이라 믿기도 하지만, 더 일반적인 세상에 대한 전망에 대해서는 훨씬 덜 낙관적이다. 반대로 청년은 세상이 위험으로 가득 차 있고 자신의 나라와 세대의 미래가 암울하다고 믿는다.[33] 청년의 우려는 다양하지만, 이들이 가장 많이 언급하는 문제는 범죄, 환경, 경제와 같이 일반적인 문제에 관한 것이다. Ariel은 다음과 같이 말했다. "세상이 더는 안전한 곳이 아닌 것 같아요. TV에서는 폭력적인 장면이 더 많이 나오고, 가는 곳마다 폭력의 위험이 있어요. 사람들은 많은 시간을 더 경계하며 살아가고 있어요."[34] 한편 Millie는 다음과 같은 견해를 보이고 있었다. "오존층부터 인구과밀, 에이즈, 기아와 빈곤 등 예전에는 없었던 이 모든 끔찍한 일들이 세상에서 너무 많이 발생하고 있어요."

그러나 대다수 청년은 모든 세상의 미래를 비관적으로 보긴 하지만, 자신의 미래에 대한 가능성은 믿고 있다. Jared는 세상의 상황을 고려해 볼 때 "대혼란"이라고 결론지었다. 하지만 개인적으로는 "나는 단지 이 주변의 작은 공동체만을 잘 살피려고 해요. 솔직히 말하자면, 친구들뿐만 아니라 다른 것들을 포함하여 지금 최고의 시간을 보내고 있고 난 이렇게 지내는 게 정말 좋아요." 세상의 여러 문제 속에서도 청년은 자신과 사랑하는 사람들을 위해 어느 정도 행복 지수를 끌어올릴 수 있다고 믿고 있다.

결론: 준비가 되었든 안되었든 결국엔 성인기로

이번 13장에서는 어중간한 존재라는 느낌이 청년에게 공통으로 나타나는 현상임을 알아보았다. 결혼했다고 해서 이제 더는 명확하고 확실하게 성인기로 들어서는 것은 아니다. 반대로 젊은 성인기로 가는 길은 먼 길을 돌아가야 하고 20대 후반이 되어도 그 끝에 도달하지 않는다. 젊은 사람이 성인기에 도달하는 것은 단 한 번의 사건 때문이 아니라, 자립하고 홀로서기를 배우는 점진적인 과정의 결과이다. 이들이 점진적으로 자신에 대한 책임을 지고, 독립적인 결정을 내리고, 자신의 방식대로 살아가면서, 성인이 되었다는 느낌이 커지게 된다.

하지만 청년은 성인이라는 성취를 복합적인 감정으로 이해한다. 청년의 독립은 환영받으며 부모의 도움에 의존하지 않고 스스로 챙기는 것에 자부심을 느낀다. 그럼에도 성인기의 책임은 부담스럽고 스트레스가 될 수 있으며, 때로는 현재 청년 자신의 삶보다 어떤 면에서는 더 편해 보였던 어린 시절과 청소년기에 대한 향수가 있다. 청년 대부분이 20대에 '청년 위기 quarterlife crisis'[35]를 경험한다는 주장은 과장된 것일 수 있다. 대부분 사람에게 있어 삶의 만족도와 안녕감은 청소년기부터 청년기까지 상승한다. 그러나 이것이 정확히 '위기'가 아니더라도, 청년기에는 새로운 것을 경험하는 시기이지만 책임감을 언제나 환영하지 않는 시기이기도 하며, 독립과 탐색으로 흥분되는 시기이기도 하지만 스트레스와 불안의 시기이기도 하다.

자신의 삶을 관리하는 데 생기는 어려움에도 불구하고, 대다수 청년은 가능성으로 가득 차 있는 미래를 기대한다. 현재 자신의 삶이 잘 진행되고 있든, 어디로도 가지 않는 것처럼 보이든, 이들은 거의 만장일치로 결국 자신이 원하는 삶을 스스로 만들 수 있을 것이라 믿는다. 청년은 소울메이트 또는 적어도 사랑하며 함께 살아갈 수 있는 결혼 상대를 찾을 것이다. 또 꿈꾸던 직업이나 적어도 즐겁고 의미 있다고 느끼는 직업을 찾을 것이다.

결과적으로 미래에 대한 이 행복한 비전은 현실에서 시험대에 오를 것이며, 대부분 이들에게 시험의 결과는 기대감을 재조정하도록 강요되는 격렬한 충돌이 될 것이다. 하지만 청년기 동안에는 모든 것이 여전히 가능해 보인다. 세상이 다른 사람들에게 어떤 위험을 안겨주든 말든 청년 대부분은 여전히 자신의 꿈이 이뤄질 거라 믿는다.

청년이 너무 낙관적일까? 물론 젊었을 때 가졌던 꿈의 운명이 어떻게 될지 너무 잘 알고 있는 기성세대의 관점에서는 적어도 그렇다고 느낄 수 있다. 그러나 청년의 낙관주의를 힘의 원천으로 이해하는 것이 중요하다. 그것은 종종 어려운 삶의 국면에서 자신을 끌어올릴 수 있는 심리적 자원이 된다. 삶에 대한 기대치가 높은 만큼 청년은 실패할 것이 거의 확실하지만, 여러 번 쓰러진 후에도 다시 일어날 수 있는 이유는 자기신뢰self-belief가 있기 때문이다. 청년은 낙관적일지 모르지만, 궁극적으로 청년이 추구하는 행복이 성공할 것이라는 믿음은 청년 시절의 스트레스와 불확실성을 극복할 수 있는 자신감과 힘을 준다.

청년은
'게으른' 존재가 아니라
'열정적인' 존재이며,
'이기적인' 존재가 아니라
'이타적인' 존재이다.

EPILOGUE | 옮긴이의 말

질풍노도의 시기인 청소년기를 거치면 저절로 성인이 되는 줄 알던 때가 있었다. 인간에게 노력 없이 저절로 되는 것은 하나도 없다는 것을 깨닫는 순간 비로소 어른이 되는지도 모르겠다. 아기가 세상에 태어나서 첫걸음마를 떼는 그 과정에서도 무려 일 년이라는 시간 동안 재우고 먹이고 씻기는 오롯한 돌봄이 필요하듯이 말이다. 청소년이 성인이 될 때까지 그 기간은 그냥 쓱 지나가는 과정으로 간주하기에는 너무 불안하고 고통스러운 가운데 해야 할 일은 산더미이다.

이 책에서 언급하고 있는 19세부터 29세의 나이를 저자는 'emerging adulthood'로 명명하고 책 제목에도 이를 전면에 내세웠다. 이 단어를 무엇으로 번역해야 할지 다른 번역자들과 정말 오랫동안 고민이 많았고 수차례 회의를 거치기도 했다. 국내 연구에서는 신생성인기, 성인도래기, 성인모색기, 발현성인기, 성인진입기 등으로 쓰였으나 용어 통일이 되지 않았다. 한국에서 이 시기를 일컫는 것으로 자주 사용하는 단어는 청춘이거나 청년이다. 청춘은 문학적 감수성이 듬뿍 느껴지는 단어라 학문적 용어로 사용하기에 부족했고, 다른 용어들은 마음에 확 다가오지 않았다. 번역자들이 오랜 숙고 끝에 지극히 평범한 '청년'이란 단어를 선택한 이유는 어느 문화권보다도 우리는 그 단어를 애용해 왔고 그 '청년'이란 단어 속에는 특정한 생애주기를 담고 있으면서도 입가에 맴도는 푸르름과 청춘의 이미지들이 더없이 선명하게 그려졌기 때문이다. 물론 청년이란 청년기본법에서는 법적으로 19세 이상 34세 이하로 칭하며, 일상적인 문화적 사용에서는 더 좁게, 다양한 국가정책에서는 더 넓게 사용되고 있는 상황이기도 하다.

이 시기에 대해 여러 학자들이 다양한 방식으로 이 특정한 생애주기를 언급해왔다. 프로이드는 청소년기까지만 진지하게 설명하고 성인기 이후에는 별다른 언급을 하지 않았고, 에릭슨은 20세에서 40세 사이를 초기 성인기로 '친밀감 대 고립감'의 시기로 명명하면서 중년기와 구분하려고 했으나 성인 초기의 기간을 넓게 잡음으로써 20대만의 특성이 잘 드러내지 못했다. 수퍼는 이 시기가 탐색기의 전환기와 시행기, 확립기의 시행기에 해당되다 보니 청소년기와 성인기에 어중간하게 걸쳐 있다. 물론 이 학자들이 살아온 시대의 평균수명과 직업구조와 직업안정성 등을 고려한다면 그 시대를 반영한 최선의 발달단계라고 할 수 있다. 오늘날 인간의 평균수명이 늘어 훨씬 더 오래 살고, 학업이 오래 지속되고, 안정적 직업이 사라진 이시대에 입사한 다음 날부터 이직을 위한 이력서를 쓰고 있는 이 특정한 시기를 뚜렷하게 구분 지어 새로운 명명을 하는 것은 필요해 보인다.

이 책에는 청년기가 얼마나 길게 펼쳐지는지, 청년의 특성은 무엇인지, 부모와의 가족관계 변화는 어떤지, 사랑과 섹스, 음주와 마약 등 다양한 물질남용과 심리적 문제, 결혼에 대한 인식, 진로와 일에 대한 다양한 도전과 고민, 디지털 원주민으로서의 면모, 종교적 믿음과 가치, 청년의 회복탄력성의 특성, 성인이 된다는 것의 진정한 의미 등을 미국 청년들의 이야기를 중심으로 분석되어 있다. 저자는 이러한 청년기의 특성이 미국이라는 선진국에서만, 백인들에게만 혹은 특정 계층에게만, 대학 진학자들에게만 드러나는 특성이나 현상은 아니라고 강조한다. 어느 시대 어느 사회나 청년은 늘 관심 대상이었고 그 시대를 가장 많이 반영하는 아픈 손가락임에 틀림없다. 이러한 특별한 관심은 누구나 청년기를 지날 것이고 누구나 청년기를 지나왔기에 청년보다 어린 사람들도 또는 더 늙은 사람들도 그리 억울할 필요는 없어 보인다.

미국 청년들의 삶을 들여다보면서 사회·문화적으로 우리와 분명 다른 점들도 있다. 대학 진학률과 교육 시스템의 차이 등을 거론하지 않더라도 이들은 가정에서 더 빠르게 독립하고 부모님의 개입을 덜 받고 성장하면서 부모님의 이혼과 재혼 과정에서 여러 심리적 충격과 상처에 빈번하게 노출되어 있다. 마약에 비교적 쉽게 접근할 수 있으며 섹스에 대해서는 기대했던 것보다 대놓고 개방적이지 않아 유럽만큼 실용적인 성교육은 부족하여 미혼모의 비율이 적지 않다. 게다가 인종차별 문제도 만만치 않다. 개인의 고통과 힘듦을 객관적으로 비교하는 것은 불가능하지만, 힘든 삶을 살아가는 미국의 청년들조차 우리 청년들보다 상대적으로 더 해맑고 미래에 대해 낙관적으로 보였다. 불행하고 슬프고 억울했던 아동기와 청소년기를 지나왔으면서도 행복한 성인을 꿈꾸며 심지어 그럴 수 있다고 믿는 듯하다. 우리네 청년들은 처참한 현대사를 거치면서 압축성장으로 여기까지 달려온 조부모와 부모의 영향인지, 열정 가득 위험천만 사회 분위기 때문인지 좀 더 현실적이고 좀 더 비관적인 경향을 부정할 수 없다.

현재 우리는 청년기에 대한 논의보다는 'MZ세대론'에 더욱 집착되어 있다. 새로운 세대의 탄생처럼 호들갑을 떨지만, 우리도 알고 보면 선배들에게 걱정 가득한 이기주의에 찌든 세대로 호명되었던 신인류 세대였다. 세대론에 대한 담론이 너무 강력하여 청년기의 문제가 세대론에 갇히게 되면 이 시기의 고민과 어려움이 특정한 세대의 문제로 또한 이 세대가 지나면 사라질 문제로 가볍게 다뤄질 수 있다. 강의실이나 상담실에서 혹은 직업의 현장에서 만나왔던 청년들의 모습은 MZ세대라서 나오는 독특함이나 특이함이 아니라 이 길고 어두운 청년기를 지나면서 자신들의 고뇌와 갈등을 그 시대의 정서와 문화적·기술적 트렌드에 맞게 발산하고 있는 게 아닐까 싶다.

강의실에 한 덩어리로 앉아 있는 대학생들은 여지없는 성인들이다. 체격도 눈빛도 태도만 보면 어른임에 틀림없으며, 수업이 끝나자마자 강의실 밖 벤치에서 세상의 모든 고뇌를 다 짊어진 표정으로 담배를 피우는 모습을 보면 더욱 그렇다. 하지만 일대일로 상담실에 들어와 있는 학생들을 만날 때면 다 큰 성인은 어디 가고 몸이 큰 한 아이가 웅크리고 앉아 있다. 국가에서 발급해준 주민등록증을 품었지만, 경제적으로 사회적으로 정서적으로 미숙한 한 아이를 만나게 된다. 그간에 성취한 것이라고는 그 혹독한 K 입시를 견디고 대학에 들어온 것이며 그것을 견디고 여기까지 온 것만이라도 기특하고 대견하지만, 이미 여기까지 오는 사이 모든 청년의 동력은 사라진 지 오래다. 물론 대학을 가지 않는 많은 청년도 존재한다. 졸업과 동시에 일터로 나가서 경제적인 수입과 그로 인해 생긴 일종의 권력은 대학생과 좀 다를 수 있지만, 진로와 인간관계, 거주지의 문제 등 어떻게 독립적으로 살아갈 것인가에 대한 고민은 비슷하다.

앞으로 가야 할 길은 멀고 세상은 녹록지 않으며 일, 사랑, 돈, 사람 등과 관계를 어떻게 만들어야 하는지를 이제 배워야 한다. 이 기간은 치열한 입시경쟁, 높은 대학진학률과 심각한 청년실업, 게다가 높은 자살률이 보여주듯이 한국이라 유독 더 길고 힘들다는 생각을 우리 모두 지울 수가 없다. 그런 미안한 생각이 가득한 우리 같은 기성세대에게 이 책은 '우리 청년들도 그래'라는 고통분담이랄까, 아님 '아프니까 청춘이야'와 같은 아픈 청춘의 세계화와 보편화와 같은 방식으로 위안을 주기도 한다.

이 책을 통해 청년기의 한 가운데에 있는 자신이 얼마나 푸른지 가늠조차 하지 못하는 청년들에게는 야릇한 공감과 위로를 주고, 다양한 장면에서 청년들을 상담하고 가르치고 연구하는 교수자, 직업상담사, 진로교육자, 심리상담사에게는 청년들을 이해할 수 있는 통찰력을 줄 것으로 기대한다. 또한 성인기에 오랫동안 머물고 있는 선배들에게는 청년들에 대한 관대한 이해심을 가질 수 있기를 기대한다.

물론 이따위 정도의 사회를 물려주느라 그렇게 치열하게 민주화를 외치고 열심히 사회운동을 했는지 무색한 기성세대에게 우리 청년들만 힘든 것은 아니라는 면죄부를 주려는 것은 아니다. 다만 일종의 죄의식과 미안함을 버리고 인종과 문화, 사회를 초월한 청년들의 공통점과 차별적이고 고유한 한국청년들의 문제들에 대해 다시 집중해서 대안을 찾아보자는 것이다. 이 책을 통해 이 금쪽같은 청년의 시기를 그냥 젊으니까 스윽 지나갈 수 있는 생애주기가 아니라 애정어린 눈으로 **생애독립만세**를 외치며 온전히 성인으로 성장할 수 있도록 너무 방관하지도 그렇다고 너무 간섭하지도 않기를 당부한다. 행복하지 않은 아이는 행복하지 않은 청소년이 되지만, 적어도 불행한 청년은 행복한 성인이 될 수 있다고 믿고 싶다.

마지막으로 이 책을 함께 번역해준 직업학과 진로연구회 세 명의 진로전문가(김민선, 심현아, 이상원)와 이 책을 세상에 나오게 하기 위해 번역자보다도 더 꼼꼼하게 감수와 편집을 한 김기령 편집자, 단어가 쓰이는 맥락과 활용까지 논의를 이끌어 여러 번 심도있는 감수를 해주신 정은경 님에게 고마운 마음을 전한다.

2023년 경기대 연구실에서
안윤정

NOTES | 주석

2판의 서문

1 Arnett(2000a).
2 Arnett(2000a), p. 477.
3 Arnett & Tanner(2006).
4 Arnett(2011).
5 Arnett, Kloep, Hendry, & Tanner(2011).
6 예로 Arnett(2013)와 Arnett, Trzesniewski, & Donnellan(2013)이 있다.
7 덴마크와 이탈리아에서 이루어진 저자의 연구 자료 대부분은 발표되지 않았지만, 덴마크에서 이루어진 연구는 학술지로 게재하기 시작했다.
8 Arnett & Fishel(2014).
9 Arnett(2000a)의 제목 「잊혀진 절반을 왜 잊게 되는가?Why the Forgotten Half Remains Forgotten」에서 상세히 설명하고 있다.

1장

1 10년마다 실시하는 미국 인구 조사 1890~2012년(Stritof & Stritof, 2014에 요약). 2013년의 결혼 중위 연령은 여성의 경우 26.6세, 남성의 경우 29.0세로 이전보다 더 높다.
2 5장에서 자세히 설명하겠지만 여성의 초산 중위 연령이 결혼 중위 연령보다 낮은 이유는 결혼하지 않고 출산하는 경우가 많아졌기 때문이다.
3 McGill & Bell(2013).
4 이 수치는 McGill & Bell(2013)에서 발췌한 것이다. 제조업에 대한 수치에서 이러한 자료를 추정했고, 서비스업에 대해서는 금융, 부동산, 전문직 및 비즈니스, 교육, 건강, 음식 및 숙박, 정보 등의 수치에서 다음과 같은 추정치를 합산했다. 실제 산업에서 서비스업이 차지하는 비율에 대한 일부 추정치는 훨씬 더 높다(Economist, 2013). 이는 무엇이 '서비스업'으로 분류되느냐에 따라 상이하다. 그러나 모든 추정치는 1950년 이후 제조업 취업자 수가 꾸준히 감소했으며 서비스업이 산업을 지배할 정도로 성장했다는 것을 입증한다.
5 이 수치는 Arnett & Taber(1994)와 National Center for Education Statistics(2013)의 데이터를 합한 것이다. 1975년 이전의 데이터와 이후의 데이터는 엄밀하게 보자면 비교할 수는 없다. 1975년 이전 데이터는 해당 연도에 대학에 진학한 18~21세의 비율을 나타내며 (Arnett & Taber, 1994), 반면 1975년 이후 데이터는 고등학교 졸업 다음 해에 대학에 입학한 고등학교 졸업생의 비율을 나타낸다(NCES, 2013). 그러나 이 수치는 지난 세기 동안의 역사적인 추세를 전체적으로 제시한다.
6 Regnerus & Uecker(2009).

7   Modell(1989)와 Silva(2013).
8   National Center for Education Statistics(2013).
9   Modell(1989). 이것을 증빙할 통계자료는 있지 않다. 그러나 이것은 Modell의 통찰력으로 역사적으로 분석한 것에 근거하여 나온 결론이다.
10 Arnett(2011).
11 Kett(1977). 미국에서 첫 번째 인구 조사가 실시되었던 1890년의 결혼 중위 연령은 남성의 경우 26.1세, 여성의 경우 22.0세였다. 그 후 70년 동안 지속적으로 낮아지다가 1960년 이후로 높아지고 있다.
12 Silva(2013).
13 일부 학자들은 생애단계가 전 세계적으로 똑같고 생물학적인 기준만 있을 수 있다고 주장하지만 나는 이에 동의하지 않는다. 이 문제에 대한 자세한 논의는 Arnett et el.(2011)를 참고한다.
14 청년의 문화적 형태의 변화를 포함하여 기본적인 문화의 전체적인 분석은 Arnett(2011)을 참고한다.
15 Erikson(1950).
16 Erikson(1968, p. 150).
17 Schwartz et al.(2015).
18 Furman et al.(1999).
19 Shulman & Connolly(2013).
20 Staff et al.(2009).
21 Ravert(2009).
22 계획을 대문자 P로 사용한다는 내용은 Elizabeth Greenspan(2000)의 글에서 차용했다.
23 Goldscheider & Goldscheider(1999). 이 책은 조금 오래되긴 했지만, 미국 젊은이들이 집을 떠나가는 시기와 이유에 대한 가장 상세한 최고의 연구서로 여전히 남아있다.
24 Arnett & Schwab(2013)와 Goldscheider & Goldscheider(1999).
25 Martin(2013), Stritof & Stritof(2014), US Bureau of the Census(2014).
26 Yates(2005).
27 아르헨티나(Facio & Micocci, 2003), 체코(Macek et al., 2007), 루마니아(Nelson, 2009), 오스트리아(Sirsch et al., 2009), 영국(Horowitz & Bromnick, 2007), 이스라엘(Mayseless & Scharf, 2003), 중국(Nelson et el., 2004), 그리고 미국 내에서의 다양한 문화(Arnett, 2003, Nelson, 2003) 등 전 세계적으로 성인기 결정 요소에 관한 연구가 대단히 일관성이 있다.
28 Reifman, Colwell, & Arnett(2007). 저자는 IDEA를 처음 발표한 논문의 공동 저자이지만, 주로 Reifman의 연구이다.
29 예로 Allem et al.(2013), Luyckx et al.(2011), Sirsch et al.(2009).
30 Arnett & Walker(2014), Arnett & Schwab(2012).
31 Arnett & Walker(2014).
32 Arnett & Walker(2014).
33 Bynner(2005), Silva(2013).
34 Arnett, Tanner, Kloep, & Hendry(2011).
35 Arnett & Walker(2014). SES는 어머니의 교육 수준에 따라 구분되었으며 사회 과학 연구에서 주로 사용

된다.

36 Arnett & Schwab(2014). 30~65세의 성인들 사이에서 예상했건 것보다 동의를 많이 했다. 예를 들어 이 연령대의 성인 중 대부분이 결혼하고 아이가 있고 안정적인 직업을 가지고 있는데 '무엇이든지 가능하다'라고 생각할 수 있을까? 이것은 확실히 인터뷰 연구로 해야 확실한 탐구가 가능하다.

37 Zhong & Arnett(2014).

38 Douglass(2007).

39 '젊은 성인기'의 대부분의 한계는 '초기 성인기'에도 적용된다.

40 예로 Hogan & Astone(1986), Shanahan et al.(2005).

41 청소년 이후의 생애 발달 단계로 '청춘youth'을 사용하는 것은 Kenneth Keniston(1971)의 연구와 가장 밀접한 관련이 있을 것이다. Keniston의 연구 내용은 읽을 만한 가치가 있지만 '청춘'의 개념에는 많은 문제가 있다. 무엇보다도 Keniston이 글을 쓴 시기는 미국 사회와 일부 서유럽의 사회가 베트남 전쟁에 미국의 파병을 반대하는 시기로 상당히 가시적인 '청춘 운동youth movement'으로 요동치고 있었던 시기였다. Keniston은 '청춘'을 시대의 지속적인 특징이라기보다는 역사의 한순간을 반영하여 '자기와 사회 사이의 긴장감'과 '사회화의 거부감'의 시기로 설명하고 있다. 비록 Keniston의 관찰은 그 당시의 젊은 사람에 대한 많은 통찰력을 포함하고 있지만, '청춘'이라는 모호하고 혼란스러운 용어를 선택한 것은 생애단계에서 10대 후반과 20대를 나누어야 한다는 개념이 학자들에 의해 널리 받아들여지지 않은 이유를 부분적으로 설명한다.

42 청년기의 문화적 맥락에 관한 광범위한 논의는 Arnett(2011)을 참고한다.

43 청년기와 관련된 국제적인 논의는 Arnett(2002)을 참고한다.

44 Nelson(2003).

45 사회계층으로 인해 갖게 되는 한계를 포함한 청년기의 어두운 측면에 대한 관점은 Silva(2013)와 Smith(2011)를 참고한다.

46 Arnett(2011).

47 Arnett(2002, 2011).

48 전체 표본은 백인 157명, 아프리카계 미국인 56명, 아시아계 미국인 48명, 라틴계 미국인 43명으로 구성되어 있다. 또한 1992년부터 1998년까지 가르쳤던 Missouri 대학교의 학생과 1998년부터 2005년까지 객원 교수로 재직했던 Maryland 대학교의 학생이 대부분 18~23세여서 그들을 대상으로 조사했다.

49 Arnett & Schwab(2012, 2013, 2014). Clark 설문조사와 관련된 더 자세한 내용은 http://www.clarku.edu/clark-poll-emerging-adults/을 참고한다.

50 참가자의 모든 이름은 익명성을 보호하기 위해 가명을 사용했다.

3장

1 Arnett & Schwab(2012). Clark 부모 대상 설문조사에서 18~29세 자녀와 매일 또는 거의 매일 연락한다고 응답한 부모는 55%로 동일했다(Arnett & Schwab, 2013).l

2 Arnett & Fishel(2013). Karen Fingerman과 동료들은 1986년, 1989년, 1994년에 미국 성인을 대상으로 성장한 자녀와 대면, 전화, 우편 등으로 연락하는지에 관한 질문을 한 American Changing Lives의 데이터를 조사했다(Fingerman, Cheng, Tighe et al., 2012). 연구자들이 이러한 소통률을 2008년에 수집한 자료와 비교해보니 1980년대 중반부터 21세기까지 18~25세의 청년은 부모와의 소통이 선형적으로 증가했다는 것을 발견했다.

3   Prensky(2010).
4   Arnett & Schwab(2013).
5   여기서 청년의 선호는 부모 대상 설문조사의 내용을 기반으로 한다.
6   Arnett & Schwab(2012).
7   Arnett & Schwab(2013).
8   Arnett & Schwab(2013).
9   Arnett & Schwab(2012).
10 Goldscheider & Goldscheider(1999). 이 책이 발행된 지는 약간 오래되었지만, 미국 젊은이가 집을 떠나는 시기와 이유에 대해 가장 철저하고 광범위한 조사로 남아있다.
11 Arnett & Schwab(2012).
12 아직 공식적으로 게재하지 않았던 데이터로 이 책을 위해 이러한 조사를 수행하였다.
13 Dubas & Petersen(1996).
14 아직 공식적으로 게재한 적이 없는 자료로 이 책을 위해 분석한 자료이다. 부모와 따로 살고 있는 18~29세 자녀를 둔 부모의 78%는 자녀와의 관계가 '대부분 긍정적'이라고 답했지만, 자녀가 함께 살고 있을 때도 71%의 부모는 '대부분 긍정적'이라고 응답했다. 청년이 된 자녀와 함께 살고 있는 부모는 자녀가 15세였을 때 보다 '갈등이 더 많아졌다'가 12%~21%였고, 자녀가 15세였을 때 보다 지금이 '함께 보내는 시간이 더 즐겁다'라고 응답한 비율은 69%~82%로 더 높다. 다시 말하면 부모가 청년인 자녀와 함께 살던 또는 안 살던 서로의 관계에 있어서 긍정적인 경향이 있지만, 청년이 나가서 살게 되면 더 긍정적인 경향이 있다.
15 집을 떠나게 되는 현재와 과거의 유형에 대한 설명은 Goldscheider & Goldscheider(1999)에 잘 나타나 있다. 이 내용의 대부분의 출처는 여기에서 가져온 것이다.
16 Goldscheider & Goldscheider(1999).
17 Arnett & Schwab(2013).
18 모든 정보는 Clark 부모 대상 설문조사에서 가져온 것이다(Arnett & Schwab, 2013). Asnot Dor(2013)는 청년인 된 자녀와 함께 살고 있는 이스라엘 부모의 반응이 대부분 긍정적이지만 일부 부정적이라는 비슷한 결과를 보고했다.
19 Goldscheider & Goldscheider(1999).
20 집으로 되돌아가는 최근의 통계는 찾기가 어렵다. Goldscheider & Goldscheider(1999)는 1990년대 후반에 40%라는 수치를 보고했다. 그 이후로 대부분 부모와 함께 사는 젊은 사람에 대한 비율은 보고되었으며, 여기에는 집으로 되돌아간 젊은 사람과 집을 떠나지 않은 젊은 사람이 포함되어 있다. Pew Research Center가 보고한 내용에 따르면 2012년 18~24세의 56%가 부모와 함께 살고 있었으며, 25~31세에는 그 비율이 16%로 낮아졌다(Fry, 2013). 또한 최근 몇 년 동안 18~24세의 젊은 사람이 부모와 함께 집에서 사는 비율이 2007년 51%에서 2012년 56%로 완만하게 증간한 것으로 보여준다. 따라서 Goldscheiders가 1990년대 후반에 40%라고 보고한 이후 집으로 되돌아간 비율이 '40%를 조금 넘어' 증가했다고 추정할 수 있지만, 이는 대략적인 추정치라는 점을 이해해야 한다.
21 Goldscheider & Goldscheider(1999).
22 Arnett & Schwab(2013). 응답자의 나머지는 '긍정이 반, 부정이 반'이라고 응답했다.
23 Arnett & Fishel(2013).
24 남성의 경우 23세, 여성의 경우 21세(Silbereisen, Meschke, & Schwarz, 1996). Fingerman & Yahirun(2015)는 유럽의 젊은 사람이 집을 떠나는 시기와 관련해서 간단히 설명하고 있다.

25 Chisholm & Hurrelmann(1995).

26 Goldscheider & Goldscheider(1999).

27 Côté(2000).

28 유럽의 청년 특히 스페인의 청년을 대상으로 해서 Carrie Douglass(2005)가 민족지학적 입장에서 매우 훌륭하게 쓴 책이므로 이 책을 참고한다.

29 집으로 되돌아가는 통계를 찾기 어려운 것처럼, 집에 머무르는 최근 통계를 찾기 어려운 이유는 이것은 집에서 살고 있는 젊은 사람의 비율로 보고되는 경향이 있기 때문이다. 여기에는 집에 머무르는 경우와 집을 떠난 후 다시 집으로 돌아간 경우가 모두 포함된다(Fry, 2013, Payne, 2012). 또한 집에 거주하는 비율에는 일반적으로 고등학교를 졸업하지 않은 18세가 포함된다는 점을 명심해야 한다.

30 Payne(2012).

31 Parker(2012), Payne(2012).

32 Britton(2013), Goldscheider & Goldscheider(1999).

33 예로 Fuligni & Tseng(1999)과 Xia, Ko, & Xie(2013)와 같은 많은 연구에서 미국 소수 인종 문화 사이에서 더 높은 상호 의존성과 집단주의적 가치가 나타났다.

34 Goldscheider & Goldscheider(1999).

35 Goldscheider & Goldscheider(1999).

36 Collins & Laursen(2006), Van Doorn et al.(2011).

37 Larson & Richards(1994), Richards et al.(2002).

38 Arnett & Fishel(2013).

39 Taylor & Keeter(2010).

40 Taylor & Keeter(2010).

41 Arnett & Schwab(2013).

42 Segrin et al.(2012).

43 Lipka(2007).

44 Fingerman & Yahirun(2015).

45 Fingerman et al.(2012).

46 Arnett & Schwab(2013). Parker(2012)에서도 비슷한 결과를 보여준다.

47 Arnett & Schwab(2013).

48 Arnett & Fishel(2013).

49 Arnett & Fishel(2013). Fingerman & Yahirun(2015)은 성장한 자녀에 대한 부모의 경제적 지원이 최근 수십 년 동안 증가했음을 보여주는 수많은 다른 연구를 간략하게 설명하고 있다.

50 Arnett & Schwab(2013).

51 Arnett & Schwab(2013).

52 Amato(2007).

53 이 문제에 대해 학자들이 얼마나 격렬하게 논의했는지를 알기 위해서는 David Demo(1993)와 Paul Amato(1993)의 내용을 보면 안다. 특히 가치 있는 접근 방식 중 하나는 논쟁의 반대되는 의견을 중재하려는 독창적이고 통찰력 있는 시도이다. Laumann-Billings & Emery(2000)는 예를 들면 이혼이 학교나 직

장에서의 활동에 어떻게 영향을 미치는지에 대한 행동 장애에 초점을 맞춘 전형적인 연구와 이혼에 영향을 받은 사람들이 이혼을 어떻게 느끼는지에 대한 이혼으로 인한 고통에 초점을 맞춘 전형적인 임상 사례 연구에 대해 언급했다. 대학생과 저소득층 지역의 청년을 대상으로 한 이 두 가지 연구에서 청년이 이혼의 상처에서 회복된 것처럼 행동하지만, 여전히 이혼과 관련된 고통스러운 감정, 믿음 및 기억을 종종 호소하고 있다는 것을 발견했다. 따라서 일반적으로 자녀는 청년이 될 때까지 대부분의 측면에서 이혼의 고통에서 회복되지만, 이혼과 관련된 고통은 청년기까지 지속된다는 양측의 이야기가 맞을 수도 있다.

54 Lasch(1979).
55 Larson & Richards(1994, p. 164).
56 Hetherington & Kelly(2002).
57 Amato & Dorius(2010).
58 이혼으로 인해 자주 발생하는 분노와 고뇌에 대한 질적 연구에 관한 내용은 Wallerstein, Lewis, & Blakeslee(2000)를 참조한다.
59 Amato & Dorius(2010). 이러한 영향은 아버지에게 더 강하게 나타나며 어머니와의 관계에서도 나타난다. 예를 들어 O'Connor et al.(1996)는 친밀감과 접촉 빈도 면에서 부모가 이혼한 청년은 어머니와 아버지 둘 다와 긍정적인 관계가 약하다는 사실을 발견했다.
60 Schwartz & Mare(2012). 남성이 여성보다 재혼할 가능성이 다소 높다.
61 Jeynes(2007).
62 Jeynes(2007). 예를 들어 Hetherington and Kelly(2002)의 연구에 따르면 새어머니와 친밀감을 느끼는 청년은 20%에 불과하다.
63 Moore & Cartwright(2005).

4장

1 Bailey(1989).
2 Brumberg(1997).
3 Bailey(1989).
4 Arnett & Taber(1994).
5 Dreyer(1982).
6 Hatfield & Rapson(2006).
7 1장의 [그림 1.1]을 참고한다.
8 Popenoed & Whitehead(2001)는 20~29세 포커스 그룹 인터뷰에서 '모든 여성과 거의 모든 남성은 결혼하고 첫 번째 결혼을 유지하길 기대했다'라고 보고하고 있다(p. 9). Regnerus & Uecker(2009)의 연구에 따르면 미혼인 젊은 미국 사람 93%~96%는 언젠가는 결혼하기를 희망한다고 답했다.
9 Popenoe & Whitehead(2002).
10 Popenoe & Whitehead(2002).
11 Rosenfeld & Thomas(2012).
12 이 주제에 관해 매우 잘 설명한 연구인 Finkel 외(2012)를 참고한다.
13 Popenoe & Whitehead(2002)는 젊은 남성을 대상으로 실시한 포커스 그룹 인터뷰에서 인터넷 데이트

서비스를 사용해 본 경험이 있는 사람 중 '몇몇은 속임수와 허위 진술이 대부분이라고 언급했다'(p. 9). 인터넷 데이트 사이트에 관한 연구를 종합적으로 검토한 Finkel 외(2012)의 연구에서 저자들은 이러한 사이트가 '과학적인' 매칭을 한다는 과장된 주장에도 불구하고 이러한 사이트가 연애 성공 가능성을 높인다는 증거가 없다고 결론지었다. 이러한 사이트를 운영하는 회사가 합법적으로 주장할 수 있는 유일한 가치는 다른 방법으로는 만날 수 없는 가능성이 있는 상대와 사람들을 연결해준다는 것이다.

14 35년간의 문헌을 검토한 Eaton & Rose(2011)는 대부분의 '데이트 시나리오'는 여전히 남성이 주도권을 갖고 있지만, 과거보다 여성이 주도권을 갖는 경우가 더 많아졌다고 결론지었다.

15 Eaton & Rose(2011). 25~33세의 젊은 남성을 대상으로 포커스 그룹 인터뷰를 한 Popenoe & Whitehead(2002)는 대부분의 사람이 연애 상대가 될 가능성이 있으면 데이트하기 전에 친구가 되어 함께 어울리며 서로를 알아가는 것이 가장 좋다고 생각한다고 보고했다.

16 Berscheid(2006).

17 Furman & Simon(2008), Laursen & Jensen-Campbell(1999).

18 Michael et al.(1995). 국내 설문조사의 자료에 따르면 20~29세의 대부분 젊은 사람은 유사성이 사랑을 지속하게 되는 핵심적인 것으로 보지 않는다. 즉 종교적 믿음과 같은 영역에서의 유사성은 중요하지 않다고 생각하는 것으로 나타났다(Popenoe & Whitehead, 2001, Whitehead & Popenoe, 2002). 대신 이들은 '소울메이트'와 같이 보이지 않는 성향의 일치가 사랑을 지속하는 것에 기본이 된다고 믿는다. 그럼에도 이들은 자신과 비슷한 상대를 선택하는 경향이 있다.

19 예로 Furman & Simon(2008)과 같은 문헌에서 일반적으로 사용되는 동종 선호[Homophily]라는 용어는 사람들이 자신과 비슷한 상대를 선택할 때 어떤 일이 일어나는지를 더 잘 설명하는 합의한 검증된 용어라고 생각한다.

20 이 문장의 정보는 Pew Research Center의 2012년 보고서에서 발췌한 것이다(Wang, 2012).

21 Wang(2012).

22 Michael et al.(1995, p. 57)에서 John Updike가 언급한다.

23 Regnerus & Uecker(2009), Whitehead & Popenoe(2002).

24 이 단원은 Mark Regnerus와 Jeremy Uecker(2009)가 쓴 「미국의 혼전 성관계[Premarital Sex in America]」에서 대부분 발췌한 것으로 이 책을 강력히 추천한다.

25 Regnerus & Uecker(2009).

26 Michael et al.(1995), Willoughby(2009).

27 Regnerus & Uecker(2009). 이러한 통계와 「미국의 혼전 성관계」에서 발췌한 많은 정보는 전국을 대표하는 미국인 표본 중 7~12학년이 24~32세가 될 때까지 추적 조사한 Add Heath[* Adolescent to Adult Heath는 1994~1995년에 7~12학년이었던 청소년 20,000명을 대상으로 North Carolina 대학의 Carolina Population Center에서 지금까지 시행하고 있는 종적 연구]에 있는 것이다. 지금까지 Regnerus & Uecker(2009)의 책을 포함하여 이러한 데이터와 관련해 발표된 대부분의 연구 결과는 18~23세를 대상으로 하고 있다.

28 Halpern-Meekin et al.(2013)

29 Regnerus & Uecker(2009).

30 Claxton & van Dulmen(2014).

31 Bisson & Levine(2009).

32 Popenoe & Whitehead(2001).

33 Arnett & Schwab(2012).

34 Regnerus & Uecker(2009).

35 Centers for Disease Control and Prevention(2013a). 이 통계는 성별의 차이가 없이 15~44세 남성과 여성을 포함한 통계이기 때문에 완벽하지 않다. 25~29세에게 물어보는 것이 더 나을 수도 있다. 왜냐하면 이 연령대에 있는 대상이 모두 같은 코호트에 속하지만, 소수가 처녀로 남게 될 것 같기 때문이다. 반면 15~44세의 경우 30~44세는 15~29세와 다른 코호트에서 성장했다.

36 Michael et al.(1995).

37 Zimmer-Gembeck & Helfand(2008).

38 Regnerus(2007).

39 Regnerus(2007).

40 Schlegel & Barry(1991).

41 Regnerus & Uecker(2009).

42 Kaye et al.(2009), Regnerus & Uecker(2009).

43 McKay & Barrett(2010), UNdata(2014). 비혼 출산율이 스칸디나비아 국가에서도 상대적으로 높지만, 이러한 비혼 출산은 대개 장기적인 동거 관계의 상황에서 발생한다. 다음 장에서 자세히 설명하겠지만, 미국에서도 이러한 현상이 점점 더 증가하고 있다. 다음 장에서도 살펴보겠지만, 비혼 출산이 '의도하지 않은' 출산인지의 여부를 아는 것은 간단한 문제가 아니다. 낙태 건수는 의도하지 않은 임신을 더 잘 나타내는 지표이다. 20년 동안 미국의 낙태 건수가 꾸준히 감소했기 때문에 미국과 다른 선진국 간의 격차는 크지 않다.

44 Hatfield & Rapson(2006).

45 Regnerus(2007).

46 앞서 언급한 바와 같이 Regnerus & Uecker(2009)는 미국 성인의 55%는 18세끼리 성관계는 괜찮다고 생각하는 반면, 16세끼리 성관계는 15%만이 괜찮다고 보고하고 있다.

47 Regnerus & Uecker(2009). 또한 Lefkowitz & Gillen(2006)은 청년이 자신들의 관계에서 섹스에 대한 관점을 통찰력 있게 간단히 설명하고 있다.

48 Abma, Martinez, & Copen(2010). 안타깝게도 청년을 대상으로 한 HIV 감염 전 피임약 사용과 관련한 적당한 데이터가 있지 않다. 현재 20대 여성의 미혼모 비율이 훨씬 더 높지만, 피임약 사용 및 미사용에 관한 대부분의 연구는 오랫동안 15~19세에 초점을 맞춰 진행해왔다.

49 Lewis, Miquez-Burban, & Malow(2009)의 최근 검토에서 1997년 이전 검토 이후 대학생의 HIV 위험 행동에 거의 변화가 없음을 발견했다.

50 Civic(1999), Lefkowitz & Gillen(2006), Regnerus & Uecker(2009).

51 Centers for Disease Control and Prevention:CDC(2013b).

52 Centers for Disease Control and Prevention:CDC(2013b).

53 Eisenberg et al.(2011).

54 Centers for Disease Control and Prevention:CDC(2013c).

55 현재 대부분의 공중 보건 당국은 11~12세의 소녀에게 HPV 백신을 접종할 것을 권장하고 있다. 그러나 11세 또는 12세에 백신을 접종한 사람이 상대와 지속적으로 성관계를 가질 가능성이 가장 높은 20대 초반까지 보호받을 수 있을지는 확실하지 않다. 자궁경부암으로 진행될 수 있는 전이 세포를 발견하고 치료할 수 있는 자궁경부암 검사를 받을 가능성이 낮은 개발도상국 여성에게 백신의 가치는 훨씬 더 확실하다.

56 Miracle, Miracle, & Baumeister(2003).

57 Carroll & Wolpe(1996).
58 Michael et al.(1995).
59. Carroll et al.(2008).
60 Regnerus & Uecker(2009).
61 Centers for Disease Control:CDC(2013d).
62 Regnerus & Uecker(2009).
63 Döring(2009).
64 Regnerus & Uecker(2009).
65 Pinker(2011).
66 Kosciw et al.(2012).
67 Washington Post(2013).
68 Heatherington & Lavner(2008).
69 Regnerus & Uecker(2009). 양성애자라고 밝힌 비율은 여성의 경우 5%, 남성의 경우 2%였다.
70 Savin-Williams(2006).
71 Heatherington & Lavner(2008).
72 Goldberg(2010).

5장

1 Cohn et al.(2011). 40세 전까지 결혼한 사람 중 80%는 20세기에는 90%이어서 이보다 낮지만, 5~10%는 장기적인 동거 관계에 있으므로 장기적인 결합을 경험한 전체 비율은 90%에 가깝다.
2 Shulman & Connolly(2013).
3 Gonzaga et al.(2010).
4 Putnam(2001).
5 국내 설문 조사(Popenoe & Whitehead, 2001)에서 20~29세의 42%만이 종교 생활을 함께하는 배우자를 찾는 것이 중요하다고 응답했다. 그러나 이것은 약간 오해의 소지가 있다. 이 42%에 속하는 사람들은 의심할 여지없이 종교적 믿음이 가장 중요한 사람이다. 따라서 종교적 믿음이 매우 중요한 거의 모든 사람이 자신의 종교적 믿음을 함께하는 배우자를 찾는다고 말할 수 있다.
6 Popenoe & Whitehead(2001).
7 Popenoe & Whitehead(2001).
8 Cherlin(2009, p. 71).
9 Bernice Neugarten과 동료들은 1960년대 초반(Neugarten, Moore, & Lowe, 1965)과 1970년대 후반(Neugarten & Datan, 1982)에 결혼을 비롯한 다양한 삶의 전환을 하기에 '가장 좋은 나이'에 대한 견해를 조사했다. 1960년대 초반에는 대다수가 20대 초반을 결혼하기에 '가장 좋은 나이'라고 여겨졌지만, 1970년대 후반에는 결혼하기에 '가장 좋은 나이'로 보는데 특정한 연령대가 있다고 보는 사람이 절반에도 미치지 못할 정도로 합의가 이루어지지 않았다. 이와 같은 연구는 최근에 수행된 것이 없으나, 현재 미국인들이 결혼하기 '가장 좋은 나이'를 1970년대 후반보다 지지하지 않을 것으로 예상된다.
10 Popenoe & Whitehead(2001), Whitehead & Popenoe(2002).

11 Erikson(1950 1968).
12 Cohn et al.(2011).
13 Hymowitz et al.(2013), Regnerus & Uecker(2009).
14 2012년 여대생을 대상으로 한 설문조사에 따르면 85%가 30세까지는 결혼하기를 원한다고 응답했다(Hussar, 2012). 물론 여대생이 모든 여성 청년을 대표하는 것은 아니며 설문조사에는 남성은 포함되지 않았지만, 이 결과는 더 광범위한 표본을 대상으로 한 저자의 원연구의 인터뷰에서 발견한 결과와 일치한다.
15 Xia et al.(2013).
16 Regnerus & Uecker(2009).
17 Popenoe & Whitehead(2002).
18 [그림 5.1]은 Michael et al.(1995), Manning & Cohen(2011), Hymowitz et al.(2013)을 기반으로 한다.
19 National Marriage Project(2012).
20 Hymowitz et al.(2013).
21 Cherlin(2009).
22 National Marriage Project(2012).
23 동거에 관한 연구에서(예: Manning & Cohen, 2011) 혼전 동거와 편의 동거를 구별하는 연구는 자주 했지만, 비혼 동거는 미국에서는 드물기 때문에 미국 연구자에 의해 거의 논의되지 않았다.
24 Popenoe & Whitehead(2001).
25 Popenoe & Whitehead(2001).
26 Manning & Cohen(2011).
27 Hymowitz et al.(2013).
28 Perelli-Harris et al.(2010).
29 Kiernan(2002).
30 Hymowitz et al.(2013), Waite & Gallagher(2000). 그러나 결혼이 다양한 혜택을 제공한다는 주장에 관한 연구로는 DePaulo(2006)를 참조한다. 결혼이 다양한 방면에서 생긴 장점으로 수혜를 받는다는 주장에 제대로 비평하고 있다. DePaulo의 비평이 설득력이 있다고 생각하지만, 결혼을 지지하는 사람들이 주장하는 것만큼 수혜가 크지는 않더라도 결혼이 긍정적인 변화를 가져온다는 실증적인 증거가 있다고 생각한다.
31 Arnett & Schwab(2012).
32 성별 차이에 따른 동거에 대한 관점을 조사한 통찰력 있는 질적 조사는 Huang et al.(2011)를 참조한다.
33 Huang et al.(2011). 20~29세 미혼 남녀를 대상으로 한 포커스 그룹을 인터뷰 한 Whitehead & Popenoe(2002)는 부모가 동거를 반대하는 것을 밝혔다.
34 이 내용에서 많은 자료로 사용한 통계자료는 National Marriage Project에서 잘 만든 「The Benefits and Costs of Delayed Marriage」에서 발췌하였다(Hymowitz et al., 2013).
35 Hymowitz et al.(2013, p. 11).
36 Hymowitz et al.(2013).
37 Hymowitz et al.(2013).
38 Kaye, Suellentrop, & Sloup(2009).

39 Hymowitz et al.(2013).
40 E.g., Edin & Kefalas(2005).
41 Kaye et al.(2009).
42 Douglass(2005). 유럽에는 다양한 국가가 있지만, 혼전 성관계는 남부보다 북부에서 훨씬 더 많이 허용되며 아일랜드에서는 가장 적게 허용된다.
43 Regnerus(2007).
44 Kirby(2008), Kirby & Laris(2009).
45 Kaye et al.(2009).
46 Hymowitz et al.(2013).
47 Hymowitz et al.(2013).
48 Edin & Kefalas(2005).
49 Cherlin(2009).
50 Cherlin(2009).
51 앞서 언급했듯이 청년은 이혼을 예방하기 위한 전략으로 동거를 정당화한다.
52 Hymowitz et al.(2013).
53 Hymowitz et al.(2013). Cherlin(2009)은 사회학자 Barbara Defoe Whitehead는 미국인은 이상적인 결혼뿐만 아니라 두 사람이 서로를 행복하게 하지 않는다면 결혼 생활을 유지해서는 안 된다는 소위 '이혼의 적극적 표현'을 원한다는 것을 발견했다.

6장

1 종합적인 검토와 분석은 Pascarella & Terenzini(2005)를 참조한다. 대부분의 연구는 4년제 대학 학생을 대상으로 이루어졌지만, 전문 대학 학생으로 제한한 연구에서도 비슷한 결과가 나타났다(Belfield & Bailey, 2011).
2 Arnett & Schwab(2012).
3 Schneider & Stevenson(1999).
4 National Center for Education Statistic: NCES(2013).
5 NCES(2013). 이 장의 대부분의 자료는 저자에게 더 익숙하고 더 많은 연구 대상인 4년제 대학 학생들에게 더 잘 적용된다.
6 NCES(2014).
7 Arnett(2013), UNESCO(2013).
8 NCES(2013).
9 Shernoff & Csikszentmihalyi(2009).
10 UNESCO(2013).
11 일부 국가에서는 'college'은 2년제 대학교를 가리키는 용어인 반면, 'university'는 4년제 대학교를 의미한다. 여기서는 'college'와 'university'가 서로 병행하여 사용하고 있는 미국의 용법을 따른다.
12 NCES(2013).

13 Csikszentmihalyi & Schneider(2000)에 따르면 대학에 입학하는 대부분의 학생들은 특히 운이 좋으면 의사, 변호사, 엔지니어, 운동선수, 음악가 등 한정적인 범주의 전문적인 직업을 염두에 두고 있다. 그러나 이러한 막연한 꿈들은 대부분의 학생이 최종적으로 갖게 될 직업과는 거의 관련이 없다.

14 NCES(2013).

15 Belfield & Bailey(2011).

16 Sperber(2000).

17 Johnston et al.(2012).

18 '대학 비용의 재상승'이라는 제목이 시사하는 것보다 실제로 이 문제는 더 복잡하다. 그렇다. 최근 수십 년 동안 대학을 가는 데 필요한 비용은 물가 상승률보다 빠르게 상승했으며, 각 주에서는 전반적으로 공립 대학에 대한 지원금을 삭감했다. 그러나 연방정부의 지원과 대학 자체 지원 프로그램이 상승된 등록금을 실질적으로 보상해 주고 있으며 학생(및 그 가족)은 학교에서 제시된 '정찰제 가격'대로 등록금을 지불하지 않는다. 또한 사립 대학인지 공립 대학인지, 2년제인지 4년제인지에 따라 그 비용의 차이가 크게 난다. 2년제 대학은 여전히 놀라울 정도로 저렴하다. 더 자세한 분석은 College Board(2012)의 연례 보고서에 잘 분석되어 있다.

19 Arnett & Schwab(2012).

20 가장 최근 수치에 따르면 전일제 학생의 약 60%가 학자금 대출을 받고 있으며, 대출을 받은 학생 중 평균적으로 졸업할 때까지 약 2만 7000달러의 학자금 대출을 받고 있는 것으로 나타났다(College Board, 2012).

21 Hoxby & Turner(2013). 이러한 연구에 대한 대응책으로 College Board는 이러한 학생들에게 필요하고 학생과 그 가족에게 대학 장학금 기회를 알리기 위한 새로운 계획을 시작했다(Leonhardt, 2013).

22 NCES(2013).

23 NCES(2013).

24 Levine & Cureton(1998). 이것은 지금까지 10년이 넘었지만 고등교육에 대한 보상이 꾸준히 증가하고 있는 점을 고려하면 1998년 이후 이 비율은 오히려 증가했을 가능성이 높다.

25 NCES(2013). 이것은 1970년 이후 미국 인구도 크게 증가했기 때문에 이 통계는 완벽한 수치는 아니지만, 그럼에도 특히 여성의 증가는 인상적이다.

26 Hamilton(1994).

27 Schneider & Stevenson(1999).

28 Clark & Trow(1966).

29 Sperber(2000).

30 Higher Education Research Institute(2011).

31 Core Institute(2013).

32 Pryor et al.(2007), Pryor et al.(2008).

33 예를 들어 억만장자 사업가인 Peter Thiel은 20세 미만의 학생들이 대학을 건너뛰고 창업에 도전할 수 있도록 지원하는 'Thiel Fellowship' 프로그램을 만들었다. Thiel은 학생들이 대학 학위가 필요하다고 생각하도록 '세뇌'당했으며, 대학에 진학하면 많은 빚을 지고 졸업하기 때문에 '더 궁핍'해지게 된다고 주장했다. 그러나 이는 이 장의 다음 부분에서 설명하듯이 이 억만장자가 얼마나 무지한지를 보여줄 뿐이다.

34 추정치는 평생 약 50만 달러에서 100만 달러까지 다양하다. 전공별로도 차이가 있어 공학, 컴퓨터 공학, 수학 전공자가 가장 많은 수입을 올리고 인문학, 커뮤니케이션학, 신문방송학 전공자가 가장 적게 버는 것으

로 나타났다. 자세한 내용은 Georgetown University Center on Education and the Workforce의 웹사이트에서 특히 Carnevale, Jayasundera, & Cheah(2011)를 참고한다.

35 Pew Research Center(2011).
36 Levine & Dean(2012). 과거에 Levine과 Cureton(1998)은 1969년, 1976년, 1998년에 설문조사를 실시했으며, 시간이 지남에 따라 학생 만족도가 증가하는 것으로 나타났다.
37 Sperber(2000).
38 이 답변은 1999~2004년까지 Maryland 대학교에 재학 중인 학생으로부터 얻은 것이다. 분명히 이들이 모든 미국 학생을 대표하는 것은 아니지만, 이들의 답변이 다음에 설명하는 연구 결과와 매우 잘 맞기 때문에 여기에 인용한다.
39 Marcia Baxter Magolda(2009)는 대학 경험이 self-authorship을 증진시키는 역할을 한다고 언급한다.
40 Pascarella & Terenzini(2005).
41 Pascarella 와 Terenzini는 이들의 2005년에 발간된 책에서 방대한 양의 다른 연구 결과를 간략히 보여주고 있다.
42 Dennis(2012).
43 Bean(2011).
44 갭이어를 하고 있는 정확한 비율은 어느 나라에서도 찾아보기 어렵다. 호주의 한 보고서에서는 약 20%로 추정하고 있다(Curtis et al., 2012).
45 Jones(2004).
46 저자는 2005~2006년에 덴마크 청년을 인터뷰했다. 갭이어와 관련된 데이터는 공개되지 않았다.
47 19세기에는 특히 독일에서는 성인이 되기 전 10대 후반 또는 20대 초반에 여행과 자기 탐색에 전념하는 시기를 방랑wanderschaft(wanderjahre 또는 wandervogel이라고도 함)을 하는 젊은 사람이 이상적이라는 인식이 있었다. 마찬가지로 영국에서는 많은 상류층 청년들이 장기적인 성인 역할을 시작하기 전에 유럽 '대륙 여행continental tour' 또는 '그랜드 투어grand tour'를 했다. 이러한 아이디어들은 오늘날의 갭이어와 어떤 면에서는 유사하지만, 이것들은 특권층만을 위한 것이지 젊은 여성을 위한 것이 아니었다.
48 King(2011)과 다른 연구자들은 갭이어 동안 많은 '정체성 형성'이 진행된다고 강조한다. 즉 갭이어를 보내는 사람은 고등교육에 진입하기 전 1년 동안의 시간을 통해 자신에 대해 더 잘 이해하고 직업적으로 무엇을 하고 싶은지에 대한 명확한 생각을 가지는 데 도움이 된다고 강조한다.
49 계몽적이면서도 흥미있는 대학 지원 절차에 대한 설명은 Ferguson(2011)을 참고한다.
50 AmeriCorps(2012), Peace Corps(2012).

7장

1 Arnett & Schwab(2012).
2 Staff et al.(2009).
3 Staff et al.(2009).
4 Bachman & Schulenberg(1993). 이 연구 결과는 벌써 수십 년이 지났지만, 청소년의 소득이 어디로 쓰이는지에 대한 문제를 다루는 유일한 연구이다.
5 Modell(1989).

6 Gerson(2010).

7 McGill & Bell(2013), Wilson(1996).

8 Carnevale et al.(2013).

9 US Bureau of the Census(2013).

10 Lauff & Ingels(2013).

11 Schneider & Stevenson(1999).

12 Yates(2005).

13 US Department of Labor(2012). 실제는 8.50이다.

14 Goldberg et al.(2012).

15 Goldberg et al.(2012). 젊은 여성은 결혼 전에도 가사 노동을 동등하게 분담할 남편을 찾기를 희망하지만, 일반적으로 자신이 남편보다 더 많은 집안일과 육아를 담당하게 될 것으로 예상한다(Askari et al., 2010). 일단 결혼하면 둘 다 풀타임으로 일하더라도 가사 노동 시간은 젊은 여성의 경우 주당 37시간으로 남성의 경우 주당 18시간에 비해 약 2배가 더 많다(Smock & Gupta, 2000). 사회학자 Arlie Hochschild(1990)는 이를 일하는 여성들이 직면한 '두 번째 교대 근무 the second shift'라고 불렀다. 그러나 남성 청년 세대는 아버지 세대보다 가사 노동에 더 많은 기여를 할 것이다. 전반적으로 이들은 동등한 기여자가 될 계획이라고 말하기 때문에 이것이 사실로 밝혀질지 지켜봐야 할 것이다.

16 물론 광범위하지 않더라도 남성도 이러한 갈등의 영향을 받는다. 성공한 사업가를 대상으로 한 Hewlett(2002)의 연구에서 여성의 42%는 자녀가 없었지만, 남성의 경우는 25%였다. 일반적인 사람들의 경우는 10% 미만이다(Marks et al., 2004).

17 Arnett & Schwab(2012).

18 Askari et al.(2010).

19 널리 알려진 것만큼 많지는 않지만, 일부 부모를 말한다. 청년의 부모를 대상으로 한 2013년 Clark 설문조사(Arnett & Schwab, 2013)에 따르면 18~29세 자녀가 있는 부모 중 16%만이 '일 외에 너무 많은 것을 요구하는 것'이 청년에 대한 '주요 걱정 또는 우려' 중 하나라는 데 동의했다.

20 Hamilton & Hamilton(2006). '탐색하기'와 '방황하기'에 대한 Krahn 외(2012)에서 신중하게 비교하고 있다. 캐나다 청년을 대상으로 14년간의 종단 연구 데이터를 사용해보면 20대에 교육 방향의 변화는 일반적으로 생산적인 탐색을 의미하는 반면 특히 빈번한 직업 변경은 허우적거림을 의미하는 것으로 결론지었다.

21 Robbins & Wilner(2000). Coupland(1991)의 「X 세대」에서 저자의 평소 냉소적인 방식으로 이 용어를 '20대 중반의 붕괴 mid-twenties breakdown'(p. 27)라고 부르면서 '종종 학교나 구조화된 환경 밖에서 기능하지 못하는 것과 세상 속에서 본질적인 외로움에 대한 깨달음이 한꺼번에 작동하는 게 원인이라고 정의했다. 종종 약물 남용을 하는 의식적인 행동으로 유도되는 것으로 나타난다.' 다른 곳에서 이를 '20대 중반의 위기 mid-twenties crisis'라고 부르고 있다(p. 73).

22 Schwartz(2000).

23 Hamilton(1994), Marshall & Butler(2015).

24 유럽인들은 반대하기보다 미국 시스템으로 이동할 가능성이 높아 보인다. 이미 대부분의 유럽 국가는 시스템에 더 많은 유연성을 추가해서 과정 변경을 더 쉽게 만들었는데, 이는 아마도 청년들 자신이 선택할 수 있는 것을 탐색하고 원하는 경우 변경할 수 있기를 바라는 욕구를 암묵적으로 인정한 것일 수 있다. 미국 시스템은 노동 시장에 진입하는 청년에게 더 나은 정보와 지침을 제공하는 것이 시급하지만, 이렇게 하는 주목할 만한 움직임이 없다.

25 Arnett & Schwab(2012).

26 Côté(2000, 2006) 또한 빠르게 변화하고 구직에 대한 제도적 지침이 거의 없는 사회에서 성공하는 데 필요한 자기 주도성과 유연성을 의미하는 '정체성 자본identity capital'이라는 설득력 있는 아이디어를 제안한다.

27 Crouter & McHale(2005).

28 Daniel Levinson와 그의 동료들(1978)은 성인 발달 이론에서 20대의 주요 발달과업은 자신의 직업적 미래에 대한 이상을 의미하는 '꿈'을 설계하는 것이라고 제안했다.

29 Csikszentmihalyi & Schneider(2000)에 따르면 고등학교 시절 음악이나 운동으로 유명해지는 꿈을 꾸는 경우가 흔하다. 비록 이러한 문제에 대해 청소년과 청년을 비교하는 데이터를 알지는 못하지만, 청년은 이 분야에서 성공하는 것이 얼마나 어려운지 알기 시작했을 가능성이 크므로 이러한 꿈을 가진 청년은 더 적을 것으로 예측한다.

30 Wilson(1996).

31 OECD(2010).

32 OECD(2010). 스페인은 청년 실업률이 50%를 넘었고 회복 속도가 매우 느리다.

33 선진국의 인구 고령화에 따라 고령 근로자가 고용 시장을 떠나고 이를 대체할 수 있는 소수의 젊은 근로자가 대체할 가능성이 있어 젊은 근로자에 대한 수요가 증가할지도 모른다. 일본과 대부분의 유럽 국가들은 저출산으로 인해 21세기 동안에 인구가 감소할 것으로 예상되므로 곧 판명될 것이다.

34 OECD(2010). 청년 실업률은 각국의 고용 정책에 따라 유럽 전역에서 큰 차이를 보인다. 덴마크는 비교적 쉽게 고용하고 해고할 수 있는 곳에서 일하는 근로자가 실직할 경우 정부 기관이 새로운 일자리를 찾고 필요한 경우 새로운 기술을 배울 수 있도록 지원하는 효과적인 '유연안정성flexicurit' 정책으로 널리 알려져 있다.

35 OECD(2010).

36 Lauff & Ingels(2013).

37 OECD(2010).

38 2013년 Accenture의 설문조사에 따르면 지난 2년 사이에 대학을 졸업한 젊은 미국인의 40%가 불완전 고용 상태였으며, 이는 특정 대학 학위가 필요하지 않은(어떤 학사 학위가 필요했을 수도 있음) 직종에서 일하는 것으로 확인되었다(http://www.accenture.com/us-en/Pages/insight-2013-accenture-college-graduate-employment-survey.aspx. 참조). 다른 추정치도 비슷하다. 이는 가혹하게 들리지만, 대학 졸업 후 추가 교육을 받을 계획이 있거나 아직 자신이 무엇을 하고 싶은지 확신이 서지 않아 장기적인 일자리를 찾지 못하는 많은 청년이 여기에 포함되어 있다는 점을 명심해야 한다. 장기적으로는 대학 학위를 가진 사람들이 잘 될 수 있지만, 고등교육을 받지 못한 사람들은 평생 어려움을 겪을 수 있기 때문에 공공 정책의 관심은 고등교육을 받지 못한 사람들에게 집중되어야 한다.

39 Hamilton & Hamilton(2006), Vazsonyi & Snider(2008).

40 청년 실업의 문제 중 하나는 고용주가 새로운 인력을 필요로 하는 경우인데도 일자리를 찾는 젊은 사람들이 필요한 기술을 가지고 있지 않을 수 있다는 것이다. 그러므로 고용주가 교육 프로그램을 확대할 것을 고려해 볼 수 있고 실제로 그렇게 하는 경우도 있지만, 이는 젊은 근로자에게 더 큰 투자를 의미하며, 이들의 이직 빈도를 고려해 보면 성과를 거두지 못할 수도 있다.

41 Erikson(1959, p. 118).

8장

1 Brown(2006), Coyne et al.(2015).
2 Prensky(2010).
3 8장은 2판에 추가되었다. 20년 동안 미디어 사용에 관한 글을 써왔지만, 초판에는 미디어 사용에 관한 내용을 포함하지 않았는데 그 이유는 이 주제에 대한 인터뷰 자료가 부족했기 때문이었다. 2판을 집필할 무렵에는 미디어가 청년의 삶에서 매우 중요해졌기 때문에 뺄 수 없다는 것이 분명해졌다.
4 Coyne et al.(2015).
5 Alloy Median & Marketing(2013).
6 Coyne et al.(2015).
7 Lonsdale & North(2011).
8 Lonsdale & North(2011).
9 Jacobsen & Forste(2011).
10 Duggan & Brenner(2013).
11 World Internet Project(2012). 본문의 '인터넷 사용'이란 문구는 인터넷을 사용하는 모든 것으로 광범위하게 정의했다.
12 Marketing Charts Staff(2013). 인터넷이나 디지털 기기를 통해 TV 프로그램이나 영화를 시청하는 데 주당 2.5시간을 할애한다.
13 Putnam(2001).
14 Greenwood & Long(2009).
15 Mokhtari et al.(2009).
16 Robinson & Godbey(1997, p. 149).
17 Jacobsen & Forste(2011).
18 Arnett & Schwab(2012).
19 Padilla-Walker et al.(2010).
20 Gentile(2009).
21 Haridakis(2013).
22 Arnett(1996).
23 Brown(2006), Steele & Brown(1995).
24 Lonsdale & North(2011).
25 Coyne et al.(2015)의 개요를 참조한다.
26 Tosun(2012).
27 Arnett & Amadeo(2002).
28 Olson et al.(2008). 이것은 남자 청소년을 대상으로 한 연구였지만, 청년의 더 높은 인지력과 개인적 성숙도를 고려해 볼 때 청소년과의 차이를 더 잘 이해할 수 있을 것으로 기대할 수 있다.
29 Coyne et al.(2015)의 개요를 참고한다.
30 Arnett(1992).

31 Huesmann, Moise-Titus, Podolski, & Eron(2003, p. 219).
32 Taylor & Keeter(2010).
33 Governors Highway Safety Association(2014).
34 Arnett & Schwab(2012).
35 Rainie et al.(2013).
36 Associated Press(2013). 2013년까지 Facebook의 사용자 수는 10억 명이 넘었다.
37 Arnett & Schwab(2012).
38 Turkle(2011).
39 Arnett & Schwab(2012).
40 Manago et al.(2012).
41 Jacobsen & Forste(2011).
42 이 인터뷰는 「우리 아이는 언제 어른이 될까요?」(Elizabeth Fishel, Arnett & Fishel, 2013)라는 책을 출판하기 위해 실시한 연구 중 이전에 공개되지 않은 것이다.
43 Gentile(2009).
44 자세한 내용은 다음의 웹 사이트를 참고한다. http://lindastone.net/qa/continuous-partial-attention/
45 Spataro et al.(2011). 청소년의 학업 성취도에 TV 시청은 영향을 주지만, 음악을 듣는 것은 영향을 주지 않는다는 것을 발견했다(Pool, Koolstra, & van der Voort, 2003). 따라서 미디어 유형에 따라 달라질 수 있다.
46 NCES(2013).
47 Hall(1904, vol.1, p. 361).
48 Hall(1904, vol.1, p. 387).
49 Bailey(1989).
50 Putnam(2001).
51 Pinker(2011).
52 Flynn(2012).

9장

1 Erikson(1968)은 '이념^{ideology}'라는 용어를 사용했지만, 의도하지 않게 부정적인 의미가 있다는 점을 인정했다. 최근에는 '세계관^{worldview}'이라는 용어가 더 많이 사용되고 있으며, 이 용어가 더 바람직하다고 생각한다.
2 Tillich(2001).
3 Bellah(2011).
4 Tamis-LeMonda et al.(2008).
5 개인주의와 집단주의의 개인차에 대한 논의는 Killen & Wainryb(2000)을 참고한다.
6 Smith(2011), Smith & Denton(2005), Smith & Snell(2010). 여기에서 명시된 경우를 제외하고 이 장의 NSYR 데이터는 Smith & Snell(2010)에서 발췌한 것이다.

7   실제로 NSYR에서 다음과 같이 6개로 분류했다.

   – 헌신적인 전통주의 신자(15%)

   – 선택적 신자(30%)

   – 영적 개방자(15%)

   – 종교 무관심자(25%)

   – 종교 단절자(5%)

   – 무교인(10%)

   마지막 3개 범주인 종교 무관심자, 종교 단절자, 무교인을 불가지론자/무신론자라는 하나의 분류로 통합했는데, 이는 Smith & Snell이 이 3개의 범주로 세밀하게 구분하는 것이 설득력이 있거나 도움이 되지 않는다고 생각하기 때문이다. 헌신적 전통주의 신자를 보수적 신자로, 선택적 신자를 자유주의 신자로, 영적으로 개방적인 사람들을 무신론자로 분류한 이유는 더 명확하고 단순하며 더 의미가 있다고 생각하기 때문이다.

8   Smith & Denton(2005)이 관찰한 바와 같이 대부분의 청년은 '종교로부터 어떤 도움을 받았는지, 종교는 어떤 의미가 있는지, 자신의 상황에 맞는 종교는 취하고 사용하고 그렇지 않으면 버려도 된다고 믿는다. 효과가 있는 종교를 골라서 선택한다'(p. 157)라고 생각한다.

9   '포스The Force'에 대한 이러한 언급은 저자가 원연구를 진행하던 1990년대 후반 영화 Star Wars의 인기를 반영한 것일 수도 있지만, 종교적 목적으로 대중문화를 활용한 흥미로운 사례로 남아있다.

10 Smith는 13~17세 청소년을 대상으로 한 NSYR 연구에서 MTD를 처음 확인했지만(Smith & Denton, 2005), 이는 청년에게도 똑같이 적용된다는 사실을 확인했다(Smith & Snell, 2010).

11 Smith & Snell(2010), 표 4.5, p. 112.

12 8장에서 언급했듯이 디지털 이민자와 디지털 원주민의 차이를 유용하게 구별한 사람은 Prensky(2010) 이다.

13 Smith & Snell(2010)에 따르면 18~23세의 대다수(79%)가 '조직화 된 종교에 대해 많은 존경심'을 가지고 있는 반면 청년 중 소수(29%)만이 조직화 된 종교가 자신에게 '큰 전환점'이 되었다고 답했다.

14 Smith & Snell(2010). 마찬가지로 무교인에 대한 Pew 보고서(Pew Research Center, 2012)에서도 종교를 갖고 있다고 답한 응답자의 60%가 종교 의식에 '거의' 또는 '전혀' 참석하지 않는다고 답했다.

15 예를 들어 벨기에에서는 18세의 8%만이 최소 1달에 1번 종교 예배에 참석한다(Goossens & Lucykx, 2007).

16 이 질문에 대한 답변은 나와 2명의 동료가 분석했다. 동의율은 80% 이상이었다. 불일치는 토론을 통해 수정했다.

17 Hoge, Johnson, & Luidens(1993).

18 Smith & Snell(2010).

19 Pew Research Center(2012).

20 이 분석에 대한 자세한 내용은 Arnett & Jensen(2002)을 참고한다.

21 Smith & Denton(2005).

22 Smith & Snell(2010).

23 Smith와 Snell(2010)은 '청년의 주된 임무는 스스로 두 발로 서는 법을 배우고 독립하는 것이다. 청년과 성장한 종교는 부모에게 의존하던 삶의 초기 단계와 관련이 있다. 자신의 두 발로 서는 법을 배운다는 것은 무엇보다도 가족의 종교와 종교 모임으로부터 일정한 거리를 두는 것을 의미한다.'(p. 150).

24　Pew Research Center(2010).
25　Pew Research Center(2012).
26　Smith & Snell(2010).
27　Suarez-Orozco & Suarez-Orozco(1996).
28　가톨릭 학교에 다닌다는 것은 San Francisco에서 아시아계 미국인 사이에서 흔한 일이었지만, 전국적으로 아시아계 미국인이 얼마나 많이 다니는지에 대한 통계는 알 수 없다. 추가 연구를 위한 흥미로운 가능성이 있음을 언급한다.
29　여기에 있는 대부분의 자료는 Arnett(2008)에서 이전에 제시했던 것이다.
30　NSYR에 참여한 18~23세 중 16%가 환생을 믿는다고 답했다(Smith & Snell, 2010, p. 123). 이 비율은 저자의 원연구에서 환생을 직접 언급한 비율보다 높은데 그 이유는 NSYR에서는 환생을 직접 언급한 반면 나는 스스로 언급한 경우에만 기록했기 때문이다.
31　Triandis(1995).
32　Triandis(1995). 학자들은 모든 문화는 다양하며 대부분의 문화는 개인주의와 집단주의 중 어느 한쪽으로 치우쳐 있는 '순수한 유형'이 아니라 개인주의와 집단주의의 가치가 각각 다양한 비율로 결합되어 있다는 사실을 점점 더 많이 인식하게 되었다. 또한 전반적으로 개인주의적인 문화라 하더라도 성격, 연령 및 기타 요인의 차이로 인해 개인주의적인 것보다 집단주의적인 성향이 더 강한 사람들이 있을 수 있다. 이러한 문제에 대한 논의는 Killen & Wainryb(2000)를 참고한다.
33　Smith(2011).
34　Smith(2011, p. 60).
35　Jensen(2008).
36　140명을 대상으로 한 Missouri에서 실시한 연구에서 이 질문에 대해 46%는 자율성 윤리만을, 19%는 공동체 윤리만을, 30%는 자율성 윤리와 공동체 윤리를 모두 따르는 것으로 분류하였다. 자세한 분석 내용은 Arnett, Ramos, & Jensen(2001)을 참고한다.
37　Bellah et al.(1985) 또한 Jensen(1995)을 참고한다.
38　Arnett & Schwab(2012).
39　현재 연구자들 사이에서 개인주의와 집단주의에 대한 지배적인 견해는 개인주의와 집단주의가 서로 대립하는 가치 체계라기보다는 독립적이라는 것이다(예: Tamis-Lemonda et al., 2008).
40　140명을 대상으로 한 Missouri에서 실시한 연구에서 이 질문에 대해 29%는 자율성 윤리만을, 28%는 공동체 윤리만을, 20%는 자율성 윤리와 공동체 윤리를 모두 따르는 것으로 분류하였다. 10%도 안 되는 매우 적은 비율만인 신성 또는 다른 윤리를 포함한 신성으로 분류하였다. 자세한 분석 내용은 Arnett, Ramos, & Jensen(2001)을 참고한다.

10장

1　예로 Bynner(2005), Côté & Bynner(2008), Heinz(2009)가 있다. 이 주제에 대해 더 많은 깊이 있는 자료를 원한다면 Arnett et al.(2011)을 참고한다.
2　Arnett(2000, pp. 476~477).
3　이 조사의 방법과 설계에 대한 자세한 내용은 Arnett & Schwab(2012)에서 확인할 수 있다.
4　많은 청년은 아직 교육을 받는 과정에 있고 이 기간 동안 소득이 거의 없거나 전혀 없기 때문에 어머니의 교

육 수준은 청년의 교육 수준 또는 소득보다 사회계층 지위를 더 잘 반영한다.

5   예로 Côté(2000), Silva(2013)가 있다.
6   Hamilton & Hamilton(2006).
7   Hamilton & Hamilton(2006), Wilson(1996).
8   Edin & Kefalas(2005).
9   Kaye et al.(2009).
10 이러한 사례 연구 또한 Arnett et al.(2011)에서 찾을 수 있다.
11 Schaefer(2012).
12 ASPE Human Services Staff(2012).
13 Arnett et al.(2011).
14 Arnett(2011).
15 Schlegel & Barry(1991).
16 Larson, Wilson, & Rickman(2010).
17 Arnett(2011).

11장

1   Arnett & Schwab(2012).
2   Frick & Kimonis(2008).
3   Ollendick et al.(2008).
4   Graham & Gootman(2008).
5   Twisk & Stacey(2007).
6   Ferguson(2003).
7   Ferguson(2003).
8   Hingson & White(2010).
9   Zuckerman(2007).
10 Craig & Piquero(2015).
11 Craig & Piquero(2015).
12 Moffitt(2007), Wilson & Herrnstein(1985).
13 Pinker(2011).
14 Granic & Patterson(2006).
15 Robinson et al.(2011).
16 Arnett(2005), Zuckerman(2007).
17 Johnston et al.(2012).
18 Core Institute의 더 많은 결과를 보려면 http://www.core.siuc.edu를 참고한다.
19 Blanco et al.(2008).

20 Martin & Chung(2009). 예를 들어 증상 중 하나는 '역할 장애role impairment'로, '주요 역할 의무를 이행하지 못하는 빈번한 중독된 상태'로 정의된다.
21 Moffitt(2007).
22 Hasin et al.(2005).
23 Oltmanns & Emery(2013).
24 Arnett & Schwab(2012).
25 Arnett & Schwab(2013).
26 Blanco et al.(2008).
27 Arnett & Schwab(2012).
28 Arnett & Schwab(2013).
29 Arnett & Schwab(2012). 불안감과의 상관관계는 불확실성의 경우 0.28, 변화의 경우 0.130이었으며, 둘 다 $p<0.01$이었다.
30 Arnett & Schwab(2012). 불안감과 만족감 사이에 −0.12, 불안감과 재미있고 흥미로움 사이에 −0.09로 음의 상관관계가 있음에 주목했다. 또한 우울증과 만족감 사이에 −0.27, 우울증과 재미있고 흥미로움 사이에는 −0.47로 더욱 큰 음의 상관관계가 있었다. 이 모든 것의 상관관계는 $p<0.01$이었다.
31 Lask & Frampton(2011).
32 Hudson et al.(2007).
33 Smink et al.(2012).
34 Striegel-Moore & Franko(2006).
35 Striegel-Moore & Franko(2006).
36 Walcott et al.(2003).
37 Striegel-Moore & Franko(2006).
38 Arnett & Schwab(2012). 상관관계는 0.14, $p<0.01$이었다.
39 Ravert(2009).
40 Andrews & Westling(2014).
41 Durkheim, E.(1897/1951).
42 Wilson & Herrnstein(1985). Durkheim의 이론의 구체적인 예측에 대한 다양한 반론이 제기되었지만(예: Berk, 2006), 사회적 통제와 사회적 융합이 자살과 반사회적 행동의 발생률을 낮추는데 있어 중요한 통찰력은 잘 유지되고 있다.
43 사실 이것은 이미 잘 알려진 사실이다. Johnston et al.(2012), Wilson & Herrnstein(1985).
44 Nelson & Luster(2014).
45 Arnett & Schwab(2012). 불안감의 경우 $x^2(6,1022)=20.77$, $p<0.01$이며, 우울증의 경우 $x^2(6,1022)=33.94$, $p<0.01$이다.
46 Harris et al.(2008).
47 상관관계는 −0.16, $p<0.01$ 이었다.
48 Twenge(2013).

49 Kimmel(2008).
50 NHTSA(2013).
51 Lyon et al.(2012).
52 Pinker(2011).
53 Bureau of Justice Statistics(2013).
54 Pinker(2011).
55 Donohue & Levitt(2001).
56 Pinker(2011).
57 Centers for Disease Control and Prevention:CDC(2013e).
58 Centers for Disease Control and Prevention:CDC(2011).
59 Centers for Disease Control and Prevention:CDC(2011).
60 Johnston et al.(2012).
61 Fischer et al.(2011).
62 Putnam(2001).
63 Twenge et al.(2010).
64 Costello et al.(2006).
65 Bellah et al.(1985), Silva(2013).
66 Kessler et al.(2010), Olfson et al.(2004).
67 Hoek(2006).
68 Hudson et al.(2007).
69 Bellah et al.(1985).
70 Putnam(2001).
71 Durkheim, E.(1897/1951, p. 212).

12장

1 이 장의 제목은 Shinedown 락밴드의 'Second Chance'라는 멋진 노래에서 차용했다. Shinedown의 뮤직 비디오를 보려면 다음 링크를 참고한다. https://www.youtube.com/watch?v=H25ORRgLxdA
2 Masten(2001, p. 228).
3 Masten(2001, p. 227).
4 Burt & Paysnick(2012)의 내용을 참고한다.
5 Werner & Smith(1982, 2001).
6 Werner & Smith(2001).
7 Burt & Paysnick(2012), Masten, Obradovic, & Burt(2006).
8 Clausen(1991).
9 이러한 형태는 첫 번째로 정체성, 그다음에 친밀감이라는 Erikson(1950)의 이론과 부합한다.

10 회복탄력성의 특성으로써 긍정주의와 관련된 내용은 Seligman(2002)에 더 있다.
11 지금까지 종교적 신념과 다양한 긍정적 결과 간의 관계에 관한 실질적인 문헌이 있다. 청소년과 청년과 관련된 이러한 문제에 대한 자세한 내용은 Smith & Denton(2005)과 Smith & Snell(2010)을 참고한다.
12 Burt & Paysnick(2012), Masten(2001), Masten et al.(2006).
13 Bockneck(1986). 저자가 청년이라고 부르는 연령대에 대한 포괄적인 시각을 주는 Bockneck의 책은 통찰력과 정보로 가득 찬 숨은 보석과도 같은 책으로 적극 추천한다.
14 Erikson은 예전부터 이것을 잘 이해하고 있었다. Erikson은 정상적인 발달에 대해 이렇게 말했지만, 나는 이 말이 어려운 과거를 가진 청년에게 더 많이 적용된다고 생각한다.
"성인이 된다는 것은 무엇보다도 자신의 삶을 **회고하고** 지속적인 관점에서 바라본다는 것을 의미한다. 일반적으로 경제에서의 기능, 세대 서열에서의 위치, 사회 구조에서의 지위 등을 기준으로 자신이 누구인지에 대한 정의를 받아들이는 것을 의미한다. 성인은 **자신의 과거를 연속적인 관점에서 볼 수 있게 되며 단계별로 자신이 계획한 것처럼 보이거나 더 나은 표현으로 자신이 계획한 것처럼 느끼게** 할 수 있다. 이런 의미에서 심리적으로 우리는 부모, 가족사, 왕, 영웅, 신의 역사를 선택적으로 재구성하며 그것들을 우리 자신의 것으로 만들어 가면서 **자신을 소유자, 창조자의 내적 위치로 조정한다**."(Erikson, 1958, pp. 111~112, 강조된 부분을 추가함)
15 Arnett & Schwab(2012), Schulenberg & Zarrett(2006).

13장

1 예로 Arnett(2000a, 2006a, 2006b, 2007, 2011)이 있다.
2 Schlegel & Barry(1991).
3 Kett(1977), Modell(1989), Rotundo(1993).
4 예로 Arnett(1997, 1998, 2001, 2003), Facio & Micocci(2003), Macek et al.(2007), Mayseless & Scharf(2003), Nelson(2003, 2009), Nelson et al.(2004), Sirsch et al.(2009)이 있다. 종합적인 요약은 Nelson & Luster(2014)를 참고한다. 풀타임 일자리 얻고 교육을 끝마치는 것과 같은 이러한 전통적인 지표들 또한 성인기의 가장 중요한 결정 요소에 대한 연구에서 일관되게 최하위권에 머물러 있다.
5 Kett(1977), Modell(1989).
6 성인기로의 전환에서 자립의 중요성에 대한 역사적이고 문화적 근거에 대한 분석은 Arnett(1998)을 참고한다. 미국 인종 집단을 비교한 결과는 Arnett(2003)을 참고한다. 인종 집단 간 성인기 결정 기준에 대한 차이는 거의 없다. 그러나 라틴계 미국인은 덜 하지만, 아프리카계 미국인은 다른 인종 집단의 청년보다 더 일찍 성인기에 진입했다고 느끼는 경우가 많은데 그 이유는 어린 나이에 가족의 가난 또는 아이를 갖기 때문에 가족을 일찍 부양하기 때문이다.
7 이 질문에 대한 초기 연구에서는 예/아니오 형식을 사용하여 참가자들에게 '성인이 되려면 다음 각 항목이 반드시 달성되어야 한다고 생각하는지에 대한 여부를 표시하도록' 요청했다. 최근 연구에서는 '전혀 중요하지 않다'에서부터 '매우 중요하다'까지 4점 척도를 사용하여 참가자에게 '성인이 되었는지 여부를 판단하는 데 있어 다음 각 항목의 중요도에 대한 의견을 표시하도록' 요청했다. 표의 숫자는 초기 연구에서 '그렇다'라고 답한 비율과 최근 연구에서 '약간 중요함' 또는 '매우 중요함'으로 표시한 비율을 나타낸다. 이 표의 형태에 대한 예외는 Zhong & Arnett(2014)을 참고한다. 나의 학생인 Juan Zhong의 논문에 필요한 연구에서 18~29세의 중국 여성 공장 근로자를 대상으로 한 설문조사를 실시한 결과, 가장 선호하는 성인의 기준은 '부모를 돌봐야 한다는 것을 아는 것'(88%)임을 발견했다. '만약 남자라면 가족을 경제적으로 부양할 수 있는 능력'(75%), '안정적인 직업에 정착'(74%), '만약 여성이라면, 아이를 돌볼 수 있는 능력'(72%)으로

나타났다. 반면 성인기 3대 기준인 '자신에 대해 책임지기'(54%), '독립적으로 결정 내리기'(29%), '경제적으로 독립하기'(23%)는 큰 의미가 없었다.

8 설문지에 '덜 자기 중심적이 된다는 것은…'이라는 항목을 추가했더니 처음 몇 번의 연구 후에 이 항목은 '책임감'보다 낮지만 '경제적 독립'보다 높고 '독립적인 결정'과 함께 가장 널리 지지하는 상위 2~3위 항목이 되었다(예: Arnett, 2003). 그러나 '독립적 결정'과 '경제적 독립'은 인터뷰에 그렇게 자주 등장하지는 않기 때문에(Arnett, 1998) 나는 여전히 성인기 3대 기준이 가장 중요하다고 생각한다. 나는 청년이 청소년과 비교하여 사회적 이해가 어떻게 변화하는지에 대한 이 영역이 향후 연구에 가장 흥미롭고 유망한 분야 중 하나라고 생각한다. 이 분야에 대한 풍부한 이론적 논의는 Bockneck(1986)을 참고한다.

9 이 장의 주석 4에 있는 모든 연구 자료를 참고한다.

10 Arnett(1998).

11 1970년대 초반 백인 노동 계급의 젊은 남성과 여성을 대상으로 한 연구에서 Rubin (1976)은 결혼을 한다는 것은 '독립된 성인의 지위와 이에 따른 혜택을 얻는 주요 경로'라고 결론지었다(p. 56). 그러나 증거가 부족하다.

12 Arnett & Schwab(2012).

13 노동 계급의 청년이 더 일찍 어른이 되었다고 느낀다는 증거는 나의 원연구의 인터뷰와 내가 수행한 지역 다민족 설문조사 연구의 인터뷰에서도 있었다(Arnett, 2003). 그러나 국내 Clark 설문조사에서는 성인이 되었다고 느끼는데 사회계층에 따른 차이가 없었다(Arnett & Schwab, 2012). 따라서 이 문제는 여전히 미해결 과제로 남아있다.

14 Arnett & Schwab(2012).

15 Arnett & Schwab(2012).

16 이러한 견해는 언급할 가치가 있지만, 대부분의 청년이 이러한 견해를 갖고 있지는 않다. 국내 Clark 설문조사에서 '성인이 되면 지루할 것 같다'는 것에 동의한 사람이 전체의 24%에 불과했다(Arnett & Schwab, 2012).

17 청소년기의 '혼돈과 스트레스'에 대한 논의는 Arnett(1999)을 참고한다. 청소년기에 대한 일부 학자들은 청소년기가 혼돈스럽거나 스트레스가 많다는 것을 부인하지만, 나는 실제로 청소년기가 특히 정서적 격변과 부모와의 갈등 측면에서 아동기나 청년기보다 더 힘들다는 증거가 있다고 주장해 왔다. 또한 Larson & Richards(1994)은 아동기에서 청소년기로 전환에 행복감은 감소하고 불안과 불행이 증가함에 따라 '신에게 버림받는' 정서가 생긴다는 것을 보여준다.

18 예로 Helson & Kwan(2000), Roberts, Caspi, & Moffitt(2001), Schulenberg & Zarrett(2006)이 있다.

19 Larson and Richards(1994)는 하루 중 무작위로 알람을 울리게 한 다음 그 순간의 기분과 경험에 대한 설문지를 작성하는 경험추출법Experience Sampling Method을 사용하여 청소년이 청소년기 이전이나 성인보다 정서적 격변을 더 많이 겪는다는 사실을 발견했는데, 이는 부분적으로는 스트레스가 많은 사건을 더 자주 경험했기 때문이지만, 부분적으로는 사건에 대응하는 방식 때문에 그렇다는 것이 밝혀졌다. 나는 청년에 대한 ESM 연구를 찾아보고 싶지만 내가 아는 한 수행된 것을 발견하지 못했다.

20 이러한 관찰은 청소년을 대상으로 한 연구인 Larson & Ham(1993)과 Larson & Richards(1994)를 통해 확인되었다.

21 Arnett & Schwab(2012).

22 Bockneck(1986).

23 Arnett(2000b).

24 Quoted in G. S. Hall(1904, vol. 1, pp. 522–523).
25 Arnett & Schwab(2012).
26 Arnett(2000b).
27 Arnett(2000b), Arnett & Schwab(2012).
28 National Center for Education Statistics(2013).
29 Asakawa & Csikszentmihalyi(1999), Lee & Larson(2000).
30 비슷한 결과를 확인하기 위해서는 Fuligni & Tseng(1999)을 참고한다.
31 Pascarella & Terenzini(2005).
32 Twenge(2013).
33 Arnett(2000b).
34 저자의 원연구는 1990년대에 시행되었으며 그 이후로 범죄율이 상당히 감소했으므로(Pinker, 2011), 오늘날에는 범죄가 청년들 사이에서 중요하지 않은 사회적 관심사일 수 있다.
35 Robbins & Wilner(2000).

REFERENCES | 참고문헌

Abma, J. C., Martinez, G. M., & Copen, C. E. (2010). Teenagers in the United States: Sexual activity, contraceptive use, and childbearing, National Survey of Family Growth, 2006–08. Washington, DC: National Center for Health Statistics.

Allem, J., Lisha, N. E., Soto, D., Baezconde-Grarganti, L., & Unger, J. B. (2013). Emerging adulthood themes, role transitions, and substance use among Hispanics in Southern California. *Addictive Behaviors, 38*, 2797–2800.

Alloy Media & Marketing (2009). 9th annual College Explorer Survey. Retrieved May 16, 2012, from http://www.marketingcharts.com/television/college-students-spend-12-hoursday-with-media-gadgets-11195/.

Amato, P. R. (1993). Family structure, family process, and family ideology. *Journal of Marriage & the Family, 55*, 50–54.

Amato, P. R. (2007). Life-span adjustment of children to their parents' divorce. In J. Ferguson (Ed.), *Shifting the center: Understanding contemporary families* (3rd ed., pp. 567–588). New York, NY: McGraw-Hill.

Amato, P. R., & Dorius, C. (2010). Fathers, children, and divorce. In M. E. Lamb (Ed.), *The role of the father in child development* (5th ed., pp. 177–200). Hoboken, NJ: John Wiley & Sons.

AmeriCorps. (2012). About Americorps. Retrieved from http://www.americorps.gov/about/overview/index.asp.

Andrews, J. A., & Westling, E. (2014). Substance use in emerging adulthood. In J. J. Arnett (Ed.), *Oxford Handbook of Emerging Adulthood*. New York, NY: Oxford University Press.

Arnett, J. (1992). The soundtrack of recklessness: Musical preferences and reckless behavior among adolescents. *Journal of Adolescent Research, 7*, 313–331.

Arnett, J. J. (1996). *Metalheads: Heavy metal music and adolescent alienation*. Boulder, CO: Westview.

Arnett, J. J. (1997). Young people's conceptions of the transition to adulthood. *Youth & Society, 29*, 1–23.

Arnett, J. J. (1998). Learning to stand alone: The contemporary American transition to adulthood in cultural and historical context. *Human Development, 41*, 295–315.

Arnett, J. J. (1999). Adolescent storm and stress, reconsidered. *American Psychologist, 54*, 317–326.

Arnett, J. J. (2000a). Emerging adulthood: A theory of development from the late teens through the twenties. *American Psychologist, 55*, 469–480.

Arnett, J. J. (2000b). High hopes in a grim world: Emerging adults' views of their futures and of "Generation X." *Youth & Society, 31*, 267–286.

Arnett, J. J. (2001). Conceptions of the transition to adulthood: Perspectives from adolescence to midlife. *Journal of Adult Development, 8*, 133–143.

Arnett, J. J. (2002). The psychology of globalization. *American Psychologist, 57*, 774–783.

Arnett, J. J. (2003). Conceptions of the transition to adulthood among emerging adults in American ethnic groups. *New Directions in Child and Adolescent Development, 100*, 63–75.

Arnett, J. J. (2005). The developmental context of substance use in emerging adulthood. *Journal of Drug Issues, 35*, 235–253.

Arnett, J. J. (2006a). Emerging adulthood: Understanding the new way of coming of age. In J. J. Arnett & J. L. Tanner (Eds.), *Emerging adults in America: Coming of age in the 21st century* (pp. 3–19). Washington, DC: APA Books.

Arnett, J. J. (2006b). The psychology of emerging adulthood: What is known, and what remains to be known? In J. J. Arnett & J. L. Tanner (Eds.), *Emerging adults in America: Coming of age in the 21st century* (pp. 303–330). Washington, DC: APA Books.

Arnett, J. J. (2007). Emerging adulthood, a 21st century theory: A rejoinder to Hendry and Kloep. *Child Development Perspectives, 1*, 80–82.

Arnett, J. J. (2008). From "worm food" to "infinite bliss": Emerging adults' afterlife beliefs. In R. Roeser, R. M. Lerner, & E. Phelps (Eds.), *Spirituality and positive youth development* (pp. 231-243). New York: Templeton Foundation Press.

Arnett, J. J. (2011). Emerging adulthood(s): The cultural psychology of a new life stage. In L. A. Jensen (Ed.), *Bridging cultural and developmental psychology: New syntheses in theory, research, and policy* (pp. 255–275). New York, NY: Oxford University Press.

Arnett, J. J. (2013). The evidence for Generation We and against Generation Me. *Emerging Adulthood, 1*, 5–10.

Arnett, J. J. (2014). Identity development from adolescence to emerging adulthood: What we know and (especially) don't know. In K. C. McLean and M. Syed (Eds.), *Oxford handbook of identity development*. New York, NY: Oxford University Press.

Arnett, J. J., & Amadeo, J. M. (2002). The sounds of sex: Sex in teens' music and music videos. In J. D. Brown, J. Steele, K. Walsh-Childers (Eds.), *Sexual teens, sexual media* (pp. 253–264). Mahwah, NJ: Erlbaum.

Arnett, J. J., & Fishel, E. (2014). *Getting to 30: A parent's guide to the twenty something years*. New York, NY: Workman.

Arnett, J. J., & Jensen, L. A. (2002). A congregation of one: Individualized religious beliefs among emerging adults. *Journal of Adolescent Research, 17*, 451–467.

Arnett, J. J., Kloep, M., Hendry, L. A., & Tanner, J. L. (2011). *Debating emerging adulthood: Stage or process?* New York, NY: Oxford University Press.

Arnett, J. J., Ramos, K. D., & Jensen, L. A. (2001). Ideologies in emerging adulthood: Balancing the ethics of autonomy and community. *Journal of Adult Development, 8*, 69–79.

Arnett, J. J., & Schwab, J. (2012). *The Clark University Poll of Emerging Adults: Thriving, struggling, and hopeful*. Worcester, MA: Clark University. Retrieved from http://www.clarku.edu/clark-poll-emerging-adults/.

Arnett, J. J., & Schwab, J. (2013). *Parents and their grown kids: Harmony, support, and (occasional) conflict*. Worcester, MA: Clark University. Retrieved from http://www.clarku.edu/clark-poll-emerging-adults/.

Arnett, J. J., & Schwab, J. (2014). *Beyond emerging adulthood: The Clark University Poll of Established Adults*. Worcester, MA: Clark University. Retrieved from http://www.clarku.edu/clark-poll-emerging-adults/.

Arnett, J. & Taber, S. (1994). Adolescence terminable and interminable: When does adolescence end? *Journal of Youth & Adolescence, 23*, 517–537.

Arnett, J. J., & Tanner, J. L. (Eds.) (2006). *Emerging adults in America: Coming of age in the 21st century*. Washington, DC: American Psychological Association.

Arnett, J. J., Trzesniewski, K., & Donnellan, B. (2013). The dangers of generational myth-making: Rejoinder to Twenge. *Emerging Adulthood, 1*, 17–20.

Arnett, J. J., & Walker, L. (2014). The five features of emerging adulthood: National patterns. Manuscript submitted for publication.

Asakawa, K., & Csikszentmihalyi, M. (1999). The quality of experience of Asian American adolescents in activities related to future goals. *Journal of Youth & Adolescence, 27*, 141–163.

Askari, S. F., Liss, M., Erchull, M. J., Staebell, S. E., & Axelson, S. J. (2010). Men want equality, but women don't expect it: Young adults' expectations for participation in household and child care chores. *Psychology of Women Quarterly, 34*, 243–252.

ASPE Human Services Staff (2012). Information on poverty and income statistics: Summary of 2012 Current Population Survey. US Department of Health and Human Services. Retrieved from http://aspe.hhs.gov/hsp/12/povertyandincomeest/ib.shtml.

Associated Press (2013). Number of active users at Facebook over the years. Retrieved from http://news.yahoo.com/number-active-users-facebook-over-230449748.html.

Bachman, J. G., & Schulenberg, J. (1993). How part-time work intensity relates to drug use, problem behavior, time use, and satisfaction among high school seniors: Are these consequences or just correlates? *Developmental Psychology, 29*, 220–235.

Bailey, B. L. (1989). *From front porch to back seat: Courtship in twentieth-century America*. Baltimore, MD: Johns Hopkins University Press.

Bean, J. (2011). *Engaging ideas: The professor's guide to integrating writing, critical thinking, and active learning in the classroom*. New York, NY: Wiley.

Belfield, C. R., & Bailey, T. (2011). The benefits of attending community college: A review of the evidence. *Community College Review, 39*, 46–68.

Bellah, R. N. (2011). *Religion in human evolution: From the Paleolithic to the Axial Age*. Cambridge, MA: Harvard University Press.

Bellah, R. N., Madsen, R., Sullivan, W. M., Swidler, A., & Tipton, S. M. (1985). *Habits of the heart:*

Individualism and commitment in American life. New York, NY: Harper & Row.

Berk, B. B. (2006). Macro-micro relationships in Durkheim's analysis of egoistic suicide. *Sociological Theory, 24,* 58–60.

Berscheid, E. (2006). Searching for the meaning of "love." In R. S. Sternberg (Ed.), *The new psychology of love* (pp. 171–183). New Haven, CT: Yale University Press.

Bisson, M. A., & Levine, T. R. (2009). Negotiating a friends with benefits relationship. *Archives of Sexual Behavior, 38,* 66–73.

Blanco, M., Ozuda, M., Wright, C., Hasin, D. S., et al. (2008). Mental health of college students and their non-college-attending peers. *Archives of General Psychiatry, 65,* 1429–1437.

Bockneck, G. (1986). *The young adult: Development after adolescence.* New York, NY: Gardner Press.

Britton, M. L. (2013). Race/Ethnicity, attitudes, and living with parents during young adulthood. *Journal of Marriage and Family, 75*(4), 995–1013. doi:10.1111/jomf.12042.

Brown, J. D. (2006). Emerging adults in a media-saturated world. In J. J. Arnett and J. Tanner (Eds.), *Coming of age in the 21st century: The lives and contexts of emerging adults* (pp. 279–299). Washington, DC: American Psychological Association.

Brumberg, J. J. (1997). *The body project: An intimate history of American girls.* New York, NY: Random House.

Bureau of Justice Statistics (2013). *Arrest data analysis tool. National estimates.* Retrieved from http://www.bjs.gov/index.cfm?ty=datool&surl=/arrests/index.cfm#.

Burt, K. B., & Paysnick, A. A. (2012). Resilience in the transition to adulthood. *Development and Psychopathology, 24,* 493–505.

Bynner, J. (2005). Rethinking the youth phase of the life course: The case for emerging adulthood? *Journal of Youth Studies, 8,* 367–384.

Carnevale, A. P., Jayasundera, T., & Cheah, B. (2011). *The college advantage: Weathering the economic storm.* Washington, DC: Georgetown University Center on Education and the Work Force. Retrieved from http://www9.georgetown.edu/grad/gppi/hpi/cew/pdfs/CollegeAdvantage.FullReport.081512.pdf.

Carnevale, A. P., Smith, N., & Strohl, J. (2013). *Recovery: Job growth and education requirements through 2020.* Washington, DC: Georgetown University Center on Education and the Work Force.

Carroll, J. L., & Wolpe, P. R. (1996). *Sexuality and gender in society.* New York, NY: Harper Collins.

Carroll, J. S., Padilla-Walker, L. M., Nelson, L. J., Olson, C. D., Barry, C. M., & Madsen, S. D. (2008). Generation XXX: Pornography acceptance and use among emerging adults. *Journal of Adolescent Research, 23* (1), 6–30.

Centers for Disease Control and Prevention (CDC) (2011). Vital signs: Current cigarette smoking among adults aged >18 years—United States, 2005–2010. *Mortality and Morbidity Weekly Report, 60,* 1207–1212.

Centers for Disease Control and Prevention (CDC) (2013a). *Key statistics from the National Survey of Family Growth.* Retrieved from http://www.cdc.gov/nchs/nsfg/abc_list_s.htm.

Centers for Disease Control and Prevention (CDC) (2013b). *HIV surveillance report, 2011*. Retrieved from http://www.cdc.gov/hiv/surveillance/resources/reports/2011report/pdf/2011_HIV_Surveillance_Report_vol_23.pdf#Page=17.

Centers for Disease Control and Prevention (CDC) (2013c). Incidence, prevalence, and cost of sexually-transmitted infections in the United States. Retrieved from http://www.cdc.gov/std/hpv/.

Centers for Disease Control and Prevention (CDC) (2013d). National marriage and divorce rate trends. Retrieved from http://www.cdc.gov/nchs/nvss/marriage_divorce_tables.htm.

Centers for Disease Control (CDC) (2013e). Tobacco fact sheet. Retrieved from http://www.cdc.gov/tobacco/data_statistics/fact_sheets/adult_data/cig_smoking/.

Cherlin, A. J. (2009). *The marriage-go-round: The stage of marriage and the family in America today.* New York, NY: Knopf.

Chisholm, L., & Hurrelmann, K. (1995). Adolescence in modern Europe: Pluralized transition patterns and their implications for personal and social risks. *Journal of Adolescence, 18,* 129–158.

Civic, D. (1999). The association between characteristics of dating relationships and condom use among heterosexual young adults. *AIDS Education and Prevention, 11,* 343–352.

Clark, B., & Trow, M. (1966). The organizational context. In T. M. Newcomb & E. K. Wilson (Eds.), *College peer groups: Problems and prospects for research* pp. 17–70). Chicago, IL: University of Chicago Press.

Clausen, J. S. (1991). Adolescent competence and the shaping of the life course. *American Journal of Sociology, 96* (4), 805–842.

Claxton, S. E., & van Dulmen, M. H. (2014). Casual sexual relationships and experiences. In J. J. Arnett (Ed.), *Oxford handbook of emerging adulthood.* New York, NY: Oxford University Press.

Cohn, D., Passel, J. S., Wang, W., & Livingston, G. (2011). *Barely half of U.S. adults are married—a record low.* Washington, DC: Pew Research Center.

College Board (2012). *Trends in college pricing.* New York, NY: Author.

Collins, W. A., & Laursen, B. (2006). Parent-adolescent relationships. In P. Noller & J. A. Feeney (Eds.), *Close relationships: Functions, forms and processes* (pp. 111–125). Hove, England: Psychology Press/Taylor & Francis.

Core Institute (2013). Executive summary, Core Alcohol and Drug Survey-Long Form. Retrieved from http://core.siu.edu/_common/documents/report0911.pdf.

Costello, E. J., Erkanli, A., & Angold, A. (2006). Is there an epidemic of child or adolescent depression? *Journal of Child Psychology and Psychiatry, 47,* 1263–1271.

Côté, J. (2000). *Arrested adulthood: The changing nature of maturity and identity in the late modern world.* New York, NY: New York University Press.

Côté, J. (2006). Emerging adulthood as an institutionalized moratorium: Risks and benefits to identity formation. In J. J. Arnett and J. L. Tanner (Eds.), *Emerging adults in America: Coming of age in the 21st century* (pp. 85–116). Washington, DC: American Psychological

Association Press.

Côté, J. E., & Bynner, J. (2008). Changes in the transition to adulthood in the UK and Canada: The role of structure and agency in emerging adulthood. *Journal of Youth Studies, 11*, 251–268.

Coupland, D. (1991). *Generation X*. New York: St. Martin's Press.

Coyne, S. M., Padilla-Walker, L. M., & Howard, E. (2015). Media uses in emerging adulthood. In J. J. Arnett (Ed.), *Oxford handbook of emerging adulthood*. New York, NY: Oxford University Press.

Craig, J. M., & Piquero, A. R. (2015). Crime and punishment in emerging adulthood. In J. J. Arnett (Ed.), *Oxford handbook of emerging adulthood*. New York, NY: Oxford University Press.

Crouter, A. C., & McHale, S. M. (2005). The long arm of the job revisited: Parenting in dual-earner families. In T. Luster & L. Okagaki (Eds.). *Parenting: An ecological perspective* (2nd ed., pp. 275–296). *Monographs in parenting*. Mahwah, NJ: Lawrence Erlbaum.

Csikszentmihalyi, M., & Schneider, B. (2000). *Becoming adult: How teenagers prepare for the world of work*. New York, NY: Basic Books.

Curtis, D. D., Mlotkowski, P., & Lumsden, M. (2012). *Bridging the gap year: Who takes a gap year and why? Longitudinal studies of Australian youth*. Adelaide, Australia: National Center for Vocational Research.

Demo, D. H. (1993). The relentless search for effects of divorce: Forging new trails or stumbling down the beaten path? *Journal of Marriage & the Family, 55*, 42–45.

Dennis, M. (2012). The impact of MOOCs on higher education. *College and University, 88*, 24–30.

DePaulo, B. (2006). *Singled out: How singles are stereotyped, stigmatized, and ignored, and still live happily ever after*. New York, NY: St. Martin's.

Donohue, J., & Levitt, S. D. (2001). The impact of legalized abortion on crime. *Quarterly Journal of Economics, 116*, 379–420.

Dor, A. (2013). Don't stay out late! Mom, I'm 28: Emerging adults and their parents under one roof. *International Journal of Social Science Studies, 1*, 37–46.

Döring, N. (2009). The Internet's impact on sexuality: A critical review of 15 years of research. *Computers in Human Behavior, 25*, 1089–1101.

Douglass, C. B. (2005). *Barren states: The population "implosion" in Europe*. New York, NY: Berg.

Douglass, C. B. (2007). From duty to desire: Emerging adulthood in Europe and its consequences. *Child Development Perspectives, 1*, 101–108.

Dreyer, P. (1982). Sexuality during adolescence. In B. Wolman (Ed.), *Handbook of developmental psychology*. Englewood Cliffs, NJ: Prentice Hall.

Dubas, J. S., & Petersen, A. C. (1996). Geographical distance from parents and adjustment during adolescence and young adulthood. *New Directions for Child Development, 71*, 3–19.

Duggan, M., & Brenner, J. (2013). *The demographics of social media users, 2012*. Washington, DC: Pew Research Center.

Durkheim, E. (1897/1951). *Suicide*. New York: Free Press.

Eaton, A. A., & Rose, S. (2011). Has dating become more egalitarian? A 35-year review using *Sex Roles*. *Sex Roles, 64*, 843–862.

Economist (2013). The onrushing wave. January 18, pp. 24–27.

Edin, K., & Kefalas, M. (2005). *Promises I can keep: Why poor women put motherhood before marriage*. Berkeley: University of California Press.

Eisenberg, A., Bauermeister, J. A., Pingel, E., Johns, M. M., & Santana, M. L. (2011). Achieving safety: Safer sex, communication, and desire among young gay men. *Journal of Adolescent Research, 26*, 645–669.

Erikson, E. H. (1950). *Childhood and society*. New York, NY: Norton.

Erikson, E. H. (1958). *Young man Luther*. New York, NY: Norton.

Erikson, E. H. (1959). Identity and the life cycle. *Psychological Issues, 1*, 1–171.

Erikson, E. H. (1968). *Identity: Youth and crisis*. New York, NY: Norton.

Facio, A., & Micocci, F. (2003). Emerging adulthood in Argentina. In J. J. Arnett & N. Galambos (Eds.), *New directions in child and adolescent development, 100*, 21–31.

Ferguson, A. (2011). *Crazy U: One dad's crash course on getting his kid into college*. New York, NY: Simon & Schuster.

Ferguson, S. A. (2003). Other high-risk factors for young drivers—how graduated licensing does, doesn't, or could address them. *Journal of Safety Research, 34*, 71–77.

Fingerman, K. L., Cheng, Y. P., Tighe, L., Birditt, K. S., & Zarit, S. (2012). Relationships between young adults and their parents. In A. Booth, S. L. Brown, N. Landale, W. Manning, & S. M. McHale (Eds.), *Early adulthood in a family context* (pp. 59–85). New York, NY: Springer Publishers.

Fingerman, K. L., Cheng, Y. P., Wesselmann, E. D., Zarit, S., Furstenberg, F., & Birditt, K. S. (2012). Helicopter parents and landing pad kids: Intense parental support of grown children. *Journal of Marriage and Family, 74(4)*, 880–896. doi:10.1111/j.1741-3737.2012.00987.x.

Fingerman, K. L., & Yahirun, J. J. (2015). Emerging adulthood in the context of the family. In J. J. Arnett (Ed.), *Oxford handbook of emerging adulthood*. New York, NY: Oxford University Press.

Finkel, E. J., Eastwick, P. W., Karney, B. R., Reis, H. T., & Sprecher, S. (2012). Online dating: A critical analysis from the perspective of psychological science. *Psychological Science in the Public Interest, 13*, 3–66.

Fischer, B., Jeffries, V., Hall, W., Room, R., & Goldner, E. (2011). Lower risk cannabis use guidelines for Canada: A narrative review of evidence and recommendations. *Canadian Journal of Public Health, 102*, 324–327.

Flynn, J. R. (2012). *Are we getting smarter? Rising IQ in the 21st century*. New York, NY: Cambridge University Press.

Frick, P. J., & Kimonis, E. R. (2008). Externalizing disorders of childhood. In J. E. Maddux & B. A. Winstead (Eds.), *Psychopathology: Foundations for a contemporary understanding* (2nd ed., pp. 349–374). New York, NY: Routledge/Taylor & Francis Group.

Fry, R. (2013, August 1). *A rising share or young adults live in their parents' home*. Washington, DC: Pew Research Center.

Fuligni, A. J., & Tseng, V. (1999). Family obligations and the academic motivation of adolescents from immigrant and American-born families. *Advances in Motivation and Achievement, 11*, 159–183.

Furman, W., Brown, B. B., & Feiring, C. (1999). *The development of romantic relationships in adolescence*. New York, NY: Cambridge University Press.

Furman, W., & Simon, V. A. (2008). Homophily in adolescent romantic relationships. In M. J. Prinstein & K. A. Dodge (Eds.), *Understanding peer influence in children and adolescents. Duke series in child development and public policy* (pp. 203–224). New York, NY: Guilford Press.

Gentile, D. A. (2009). Pathological video game use among youth 8 to 18: A national study. *Psychological Science, 20*, 594–602.

Gerson, K. (2010). *The unfinished revolution: How a new generation is reshaping family, work, and gender in America*. New York, NY: Oxford University Press.

Goldberg, A. E. (2010). *Lesbian and gay parents and their children: Research on the family life cycle*. Washington, DC: APA Books.

Goldberg, W. A., Kelly, E., Matthews, N. L., Kang, H., Li, W., & Sumaroka, M. (2012). The more things change, the more they stay the same: Gender, culture, and college students' views about work and family. *Journal of Social Issues, 68*, 814–837.

Goldscheider, F., & Goldscheider, C. (1999). *The changing transition to adulthood: Leaving and returning home*. Thousand Oaks, CA: Sage.

Gonzaga, G. C., Carter, C., & Buckwalter, J. G. (2010). Assortative mating, convergence, and satisfaction among married couples. *Personal Relationships, 17*, 634–644.

Goossens, L., & Luyckx, K. (2007). Belgium. In J. J. Arnett, U. Gielen, R. Ahmed, B. Nsamenang, T. S. Saraswathi, & R. Silbereisen (Eds.), *International encyclopedia of adolescence* (pp. 64–76). New York, NY: Routledge.

Governors Highway Safety Association (2014). Distracted driving laws. Retrieved from http://www.ghsa.org/html/stateinfo/laws/cellphone_laws.html.

Graham, R., & Gootman, J. A. (2008). Preventing teen motor crashes: Contributions from the behavioral and social sciences and summary of the report of the national research council and institute of medicine. *American Journal of Preventive Medicine, 35* (3, Suppl. 1), S253–S257.

Granic, I., & Patterson, G. R. (2006). Toward a comprehensive model of antisocial development: A dynamic systems approach. *Psychological Review, 113* (1), 101–131.

Greenspan, E. (September 3, 2000). I had a Plan. It just fell apart. *Washington Post*, p. B4.

Greenwood, D. N., & Long, C. R. (2009). Mood specific media use and emotional regulation: Patterns and individual differences. *Personality and Individual Differences, 46*, 616–621.

Hall, G. S. (1904). *Adolescence: Its psychology and its relation to physiology, anthropology, sociology, sex, crime, religion, and education* (Vols. 1 & 2). Englewood Cliffs, NJ: Prentice-Hall.

Halpern-Meekin, S., Manning, W. D., Giordano, P. C., & Longmore, M. A. (2013). Relationship churning in emerging adulthood: On/off relationships and sex with an ex. *Journal of Adolescent Research, 28*, 166–188.

Hamilton, S. F. (1994). Employment prospects as motivation for school achievement: Links and gaps between school and work in seven countries. In R. K. Silbereisen & E. Todt (Eds.), *Adolescence in context: The interplay of family, school, peers, and work in adjustment* (pp. 267–283). New York, NY: Springer-Verlag.

Hamilton, S., & Hamilton, M. A. (2006). School, work, and emerging adulthood. In J. J. Arnett & J. L. Tanner (Eds.), *Coming of age in the 21st century: The lives and contexts of emerging adults* (pp. 257–277). Washington, DC: American Psychological Association.

Haridakis, P. (2013). Uses and gratifications approach. In A. N. Valdivia (Ed.), *International encyclopedia of media studies*. New York, NY: Wiley.

Harris, P. R., Griffin, D. W., & Murray, S. (2008). Testing the limits of optimistic bias: Event and person moderators in a multilevel framework. *Journal of Personality and Social Psychology, 95* (5), 1225–1237.

Hasin, D. S., Goodwin, R. D., Stinson, F. S., & Grant, B. F. (2005). Epidemiology of major depressive disorder: Results from the National Epidemiologic Survey on alcoholism and related conditions. *Archives of General Psychiatry, 62*, 1097–1106.

Hatfield, E., & Rapson, R. L. (2006). *Love and sex: Cross-cultural perspectives* (2nd ed.). Boston: Allyn & Bacon.

Heatherington, L., & Lavner, J. A. (2008). Coming to terms with coming out: Review and recommendations for family systems-focused research. *Journal of Family Psychology, 22* (3), 329–343.

Heinz, W. R. (2009). Youth transitions in an age of uncertainty. In A. Furlong (Ed.), *Handbook of youth and young adulthood* (pp. 3–13). New York, NY: Routledge.

Helson, R., & Kwan, V. S. Y. (2000). Personality development in adulthood: The broad picture and processes in one longitudinal sample. In S. Hampton (Ed.), *Advances in personality psychology* (Vol. 1, pp. 77–106). London: Routledge.

Hetherington, E. M., & Kelly, J. (2002). *For better or worse: Divorce reconsidered*. New York, NY: Norton.

Hewlett, S. A. (2002). *Creating a life: Professional women and the quest for children*. New York, NY: Miramax.

Higher Education Research Institute (2011). *The American freshman: Thirty-five year trends*. Los Angeles, CA: Author.

Hingson, R. W., & White, A. M. (2010). Magnitude and prevention of college alcohol and drug misuse: US college students aged 18–24. In J. Kay, V. Schwartz (Eds.), *Mental health care in the college community* (pp. 289–324). Hoboken, NJ: Wiley-Blackwell. doi:10.1002/9780470686836.ch15.

Hochschild, A. R. (1990). *The second shift.* New York, NY: William Morrow.

Hoek, H. W. (2006). Incidence, prevalence, and mortality of anorexia nervosa and other eating disorders. *Current Opinion in Psychiatry, 19,* 389–394.

Hogan, D. P., & Astone, N. M. (1986). The transition to adulthood. *Annual Review of Sociology, 12,* 109–130.

Hoge, D., Johnson, B., & Luidens, D. A. (1993). Determinants of church involvement of young adults who grew up in Presbyterian churches. *Journal of the Scientific Study of Religion, 32,* 242–255.

Horowitz, A. D., & Bromnick, R. D. (2007). 'Contestable adulthood': Variability and disparity in markers for negotiating the transition to adulthood. *Youth & Society, 39,* 209–231.

Hoxby, C., & Turner, S. (2013). *Expanding opportunities for high-achieving, low-income students.* Stanford University, SIEPR Discussion Paper 12-014. Retrieved from http://siepr.stanford.edu/publicationsprofile/2555.

Huang, P., Smock, P. J., Manning, W. D., & Bergstrom-Lynch, C. A. (2011). He says, she says: Gender and cohabitation. *Journal of Family Issues, 32,* 876–905.

Hudson, J. I., Hiripi, E., Pope, Jr., H. G., & Kessler, R. C. (2007). The prevalence and correlates of eating disorders in the National Comorbidity Survey replication. *Biological Psychiatry, 61,* 348–358.

Huesmann, L. R., Moise-Titus, J., Podolski, C., & Eron, L. D. (2003). Longitudinal relations between children's exposure to TV violence and their aggressiveness in young adulthood, 1977–1992. *Developmental Psychology, 39,* 201–221.

Hughes, M., Morrison, K., & Asada, K. J. (2005). What's love got to do with it? Exploring the impact of maintenance rules, love attitudes, and network support on friends with benefits relationships. *Western Journal of Communication, 69,* 49–66.

Hussar, A. D. (2012). *Survey: Most college women want to be married by age 30.* Retrieved from http://www.self.com/blogs/flash/2012/08/survey-most-collegewomen-want.html.

Hymowitz, K., Carroll, J. S., Wilcox, W. B., & Kaye, K. (2013). *Knot yet: The benefits and costs of delayed marriage in America.* Charlottesville, VA: National Marriage Project.

Jacobsen, W. C., & Forste, R. (2011). The wired generation: Academic and social outcomes of electronic media use among university students. *Cyberpsychology, Behavior, and Social Networking, 14,* 275–280.

Jensen, L. A. (1995). Habits of the heart, revisited: Autonomy, community, and divinity in adults' moral language. *Qualitative Sociology, 18,* 71–86.

Jensen, L. A. (2008). Through two lenses: A cultural-developmental approach to moral psychology. *Developmental Review, 28,* 289–315.

Jeynes, W. H. (2007). The impact of parental remarriage on children: A meta-analysis. *Marriage & Family Review, 40* (4), 75–102.

Johnston, L. D., O'Malley, P. M., Bachman, J. G., & Schulenberg, J. E. (2012). Monitoring the Future national survey results on drug use 1975–2012. Ann Arbor, MI: Institute for Social Research.

Jones, A. (2004). *Review of gap year provision.* University of London, Department for Education and Skills, Research Report RR555. Accessed on April 25, 2013 http://217.35.77.12/archive/england/papers/education/pdfs/RR555.pdf.

Kaye, K., Suellentrop, K., & Sloup, C. (2009). *The Fog Zone: How Misperceptions, magical thinking, and ambivalence put young adults at risk for unplanned pregnancy.* Washington, DC: National Campaign to Prevent Teen and Unplanned Pregnancy. www.thenationalcampaign.org/fogzone/fogzone.aspx.

Keniston, K. (1971). *Youth and dissent: The rise of a new opposition.* New York, NY: Harcourt Brace Jovanovich.

Kessler, R. C., Ruscio, A. M., Shear, K., & Wittchen, H. U. (2010). Epidemiology of anxiety disorders. *Current Topics in Behavioral Neuroscience, 2,* 21–35.

Kett, J. F. (1977). *Rites of passage: Adolescence in America, 1790 to the present.* New York, NY: Basic Books.

Kiernan, K. (2002). Cohabitation in Western Europe: Trends, issues, and implications. In A. Booth & A. C. Crouter (Eds.), *Just living together: Implications of cohabitation on families, children, and social policy* (pp. 3–31). Mahwah, NJ: Erlbaum.

Killen, M., & Wainryb, C. (2000). Independence and interdependence in diverse cultural contexts. *New Directions for Child & Adolescent Development, 87,* 5–21.

Kimmel, M. (2008). *Guyland: The perilous world where boys become men.* New York, NY: HarperCollins.

King, A. (2011). Minding the gap? Young people's accounts of taking a Gap Year as a form of identity work in higher education. *Journal of Youth Studies, 14,* 341–357.

Kirby, D. B. (2008). The impact of abstinence and comprehensive sex and STD/HIV education programs on adolescent sexual behavior. *Sexuality Research & Social Policy, 5* (3), 18–27.

Kirby, D., & Laris, B. A. (2009). Effective curriculum-based sex and STD/HIV education programs for adolescents. *Child Development Perspectives, 3* (1), 21–29.

Kosciw, J. G., Greytak, E. A., Bartkiewicz, M. J., Boesen, M. J., & Palmer, N. A. (2012). *The National School Climate Survey: The experiences of lesbian, gay, bisexual, and transgender youth in our nation's schools.* New York, NY: Gay, Lesbian, and Straight Education Network.

Krahn, H. J., Howard, A. J., & Galambos, N. (2012). Exploring or floundering? The meaning of employment and educational fluctuations in emerging adulthood. *Youth & Society, 44,* 1–22. doi: 10.1177/0044118X12459061.

Larson, R., & Ham, M. (1993). Stress and "storm and stress" in early adolescence: The relationship of negative life events with dysphoric affect. *Developmental Psychology, 29,* 130–140.

Larson, R., & Richards, M. H. (1994). *Divergent realities: The emotional lives of mothers, fathers, and adolescents.* New York, NY: Basic Books.

Larson, R. W., Wilson, S., & Rickman, A. (2010). Globalization, societal change, and adolescence across the world. In R. Lerner & L. Steinberg (Eds.), *Handbook of Adolescent Psychology*. New York: Wiley.

Lasch, C. (1979). *Haven in a heartless world*. New York, NY: Basic Books.

Lask, B., & Frampton, I. (2011). *Eating disorders and the brain*. New York, NY: Wiley.

Lauff, E., & Ingels, S. J. (2013). *Education Longitudinal Study of 2002 (ELS: 2002): A first look at 2002 high school sophomores 10 years later* (NCES 2014-363). US Department of Education. Washington, DC: National Center for Education Statistics. Retrieved from http://nces.ed.gov/pubsearch.

Laumann-Billings, L., & Emery, R. E. (2000). Distress among young adults from divorced families. *Journal of Family Psychology, 14*, 671–687.

Laursen, B., & Jensen-Campbell, L. A. (1999). The nature and functions of social exchange in adolescent romantic relationships. In W. Furman, B. B. Brown, & C. Feiring (Eds.), *The development of romantic relationships in adolescence* (pp. 50–74). New York, NY: Cambridge University Press.

Lee, M., & Larson, R. (2000). The Korean "examination hell": Long hours of studying, distress, and depression. *Journal of Youth & Adolescence, 29*, 249–271.

Lefkowitz, E. S., & Gillen, M. M. (2006). "Sex is just a normal part of life": Sexuality in emerging adulthood. In J. J. Arnett & J. L. Tanner (Eds.), *Coming of age in the 21st century: The lives and contexts of emerging adults* (pp. 235–256). Washington, DC: American Psychological Association.

Leonhardt, D. (2013, September 25). A nudge to poorer students to aim high on colleges. *New York Times*. Retrieved from http://www.nytimes.com/2013/09/26/education/for-low-income-students-considering-college-a-nudge-to-aim-high.html?_r=0.

Levine, A., & Cureton, J. S. (1998). *When hope and fear collide: A portrait of today's college student*. San Franciso, CA: Jossey-Bass.

Levine, A. R., & Dean, D. R. (2012). Generation on a tightrope: A portrait of today's college students. New York: Wiley.

Levinson, D., Darrow, C., Klein, E., Levinson, M., & McKee, B. (1978). *The seasons of a man's life*. New York, NY: Knopf.

Lewis, J. E., Miguez-Burban, M., & Malow, R. W. (2009). HIV risk behaviors among college students in the United States. *College Student Journal, 43*, 475–491.

Lipka, S. (2007, November 9). Helicopter parents help students, survey finds. *Chronicle of Higher Education*, 11, pA1. Retrieved from http://chronicle.com/article/Helicopter-Parents-Help/13578.

Lonsdale, A. J., & North, A. C. (2011). Why do we listen to music? A uses and gratifications analysis. *British Journal of Psychology, 102*, 103–134.

Luyckx, K., De Witte, H., & Goossens, L. (2011). Perceived instability in emerging adulthood: The protective role of identity capital. *Journal of Applied Developmental Psychology, 32*, 137–145.

Lyon, J. D., Pan, R., & Li, J. (2012). National evaluation of the effect of graduated driver licensing laws on teenager fatality and injury crashes. *Journal of Safety Research, 43*, 29–37.

Macek, P., Bejcek, J., & Vanickova, J. (2007). Contemporary Czech emerging adults: Generation growing up in the period of social changes. *Journal of Adolescent Research, 22*, 444–475.

Manago, A. M., Taylor, T., & Greenfield, P. M. (2012). Me and my 400 friends: The anatomy of college students' Facebook networks, their communication patterns, and well-being. *Developmental Psychology, 48*, 369–380.

Manning, W. D. (2013). *Trends in cohabitation: Over twenty years of change, 1987–2010*. (FP-13-12). National Center for Family & Marriage Research. Retrieved from http://ncfmr.bgsu.edu/pdf/family_profiles/file130944.pdf.

Manning, W. D., & Cohen, J. (2011). Premarital cohabitation and marital dissolution: An examination of recent marriages. *Journal of Marriage and the Family, 74*, 377–387.

Marketing Charts Staff (2013). *Are young people watching less TV?* Retrieved from http://www.marketingcharts.com/wp/television/are-young-people-watchingless-tv-24817/.

Marks, N. F., Bumpass, L. J., & Jun, H. (2004). Family roles and well-being during the middle life course. In O. G. Brim, C. D. Ryff, & R. C. Kessler (Eds.). *How healthy are we? A national study of well-being at midlife* (pp. 515–549). Chicago: University of Chicago Press.

Marshall, E. A., & Butler, K. (2015). School-to-work transitions. In J. J. Arnett (Ed.), *Oxford handbook of emerging adulthood*. New York, NY: Oxford University Press.

Martin, C. S., & Chung, T. (2009). How should we revise criteria for substance use disorder in the DSM-V? *Journal of Abnormal Psychology, 117*, 561–575.

Martin, J. A., Hamilton, B. E., Osterman, M. J. K., Curtin, S. C., Mathews, T. J. (2013). Births: Final data for 2012. *National Vital Statistics Reports, 62* (9). Retrieved from http://www.cdc.gov/nchs/data/nvsr/nvsr62/nvsr62_09.pdf.

Masten, A. S. (2001). Ordinary magic: Resilience processes in development. *American Psychologist, 56* (3), 227–238.

Masten, A. S., Obradovic, J., & Burt, K. B. (2006). Resilience in emerging adulthood: Developmental perspectives on continuity and transformation. In J. J. Arnett and J. L. Tanner (Eds.), *Emerging adults in America: Coming of age in the 21st century* (pp. 173–190). Washington, DC: American Psychological Association Press.

Mayseless, O., & Scharf, M. (2003). What does it mean to be an adult? The Israeli experience. *New Directions in Child and Adolescent Development, 100*, 5–20.

McGill, B., & Bell, P. (2013, Winter). The Big Picture. *National Journal*, pp. 14–15. Retrieved from https://docs.google.com/viewer?a=v&q=cache:l1-7jW2fiDcJ:www.allstate.com/Allstate/content/refresh-attachments/Heartland_VII_Editorial_Supplement.pdf+&hl=en&gl=us&pid=bl&srcid=ADGEESgcebgKUfL61VcFEr-bNYqY_LNA5LkNr2USdvzdbludxYpU4xHYi9oHNwthHHmEow7OGX5SR5fuQYb8DuogbEZA7A-q-I6e7ozbZqe9OVtWa7kVRstVPTn7uXgcJk3OYweT-Bs4&sig=AHIEtbSlD4q1tDLR8xO2i642fXoue9uAPQ.

McKay, A., & Barrett, B. (2010). Trends in teen pregnancy rates from 1996–2006: comparison of Canada, Sweden, USA, and England/Wales. *Canadian Journal of Human Sexuality, 19*, 43–52.

Michael, R. T., Gagnon, J. H., Laumann, E. O., & Kolata, G. (1995). *Sex in America: A definitive survey*. New York, NY: Warner Books.

Miracle, T. S., Miracle, A. W., & Baumeister, R. F. (2003). *Human sexuality: Meeting your basic needs*. Upper Saddle River, NJ: Prentice Hall.

Modell, J. (1989). *Into one's own: From youth to adulthood in the United States, 1920–1975*. Berkeley: University of California Press.

Moffitt, T. E. (2007). A review of research on the taxonomy of life-course persistent versus adolescence-limited antisocial behavior. In D. J. Flannery, A. T. Vazsonyi, & I. D. Waldman (Eds.), *The Cambridge handbook of violent behavior and aggression* (pp. 49–74). New York, NY: Cambridge University Press.

Mokhtari, K., Reichard, C. A., & Gardner, A. (2009). The impact of Internet and television use on the reading habits and practices of college students. *Journal of Adolescent & Adult Literacy, 52*, 609–619.

Moore, S., & Cartwright, C. (2005). Adolescents' and young adults' expectations of parental responsibilities in stepfamilies. *Journal of Divorce & Remarriage, 43*(1–2), 109–127.

National Center for Education Statistics (NCES) (2013). *The condition of education, 2013*. Washington, DC: US Department of Education. Retrieved from www.nces.gov.

National Center for Education Statistics (NCES) (2014). *The condition of education, 2014*. Washington, DC: US Department of Education. Retrieved from www.nces.gov.

National Highway Traffic Safety Administration (NHTSA) (2013). *Traffic Safety Facts 2010*. Washington, DC: Author.

National Marriage Project (2012). *The state of our unions, 2012*. Charlottesville, VA: Author.

Nelson, L. J. (2003). Rites of passage in emerging adulthood: Perspectives of young Mormons. *New Directions in Child and Adolescent Development, 100*, 33–49.

Nelson, L. J. (2009). An examination of emerging adulthood in Romanian college students. *International Journal of Behavioral Development, 33*, 402–411.

Nelson, L. J., Badger, S., & Wu, B. (2004). The influence of culture in emerging adulthood: Perspectives of Chinese college students. *International Journal of Behavioral Development, 28*, 26–36.

Nelson, L. J. & Luster, S. (2014). "Adulthood" by whose definition? The complexity of emerging adults' conceptions of adulthood. In J. J. Arnett (Ed.), *Oxford handbook of emerging adulthood*. New York, NY: Oxford University Press.

Neugarten, B., & Datan, N. (1982). Sociological perspectives on the life cycle. In P. B. Baltes & W. Schaie (Eds.), *Lifespan developmental psychology: Personality and socialization* (pp. 53–69). New York, NY: Academic Press.

Neugarten, B. L., Moore, J. W., & Lowe, J. C. (1965). Age norms, age constraints, and adult socialization. *American Journal of Sociology, 70*, 710–717.

O'Connor, T. G., Allen, J. P., Bell, K., & Hauser, S. T. (1996). Adolescent-parent relationships and leaving home in young adulthood. *New Directions in Child Development, 71*, 39–52.

OECD (2010). *Off to a good start? Jobs for youth*. Geneva, Switzerland: Author.

OECD (2014). OECD.statextracts. Short-term labor market statistics: Unemployment rates by age and gender. Retrieved from http://stats.oecd.org/index.aspx?query id=36499.

Olfson, M., Marcus, S. C., Wan, G. J., & Geissler, E. C. (2004). National trends in outpatient treatment of anxiety disorders. *Journal of Clinical Psychiatry, 65*, 1166–1173.

Ollendick, T. H., Shortt, A. L., & Sander, J. B. (2008). Internalizing disorders in children and adolescents. In J. E. Maddux & B. A. Winstead (Eds.), *Psychopathology: Foundations for a contemporary understanding* (2nd ed., pp. 375–399). New York, NY: Routledge/Taylor & Francis Group.

Olson, C. K., Kutner, L. A., & Warner, D. E. (2008). The role of violent video game content in adolescent development: Boys' perspectives. *Journal of Adolescent Research, 23*, 55–75.

Oltmanns, T. F., & Emery, R. E. (2013). *Abnormal psychology* (7th ed.). Upper Saddle River, NJ: Prentice Hall.

Padilla-Walker, L. M., Nelson, L. J., Carroll, J. S., & Jensen, A. C. (2010). More than a just a game: Video game and Internet use during emerging adulthood. *Journal of Youth and Adolescence, 39*, 103–113.

Parker, K. (2012). *The Boomerang Generation: Feeling OK about living with mom and dad*. Washington, DC: Pew Research Center.

Pascarella, E. T., & Terenzini, P. T. (2005). *How college affects students: A third decade of research*, Volume 2. Indianapolis, IN: Jossey-Bass.

Payne, K. K. (2012). *Coresident vs. non-coresident young adults, 2011 (FP-13-01)*. National Center for Family & Marriage Research. Retrieved from http://ncfmr.bgsu.edu/pdf/family_profiles/file124323.pdf.

Peace Corps. (2012). About the Peace Corps. Retrieved from http://www.peacecorps.gov/index.cfm?shell=learn.whyvol.

Perelli-Harris, B., Sigle-Rushton, W., Kreyenfeld, M., Lappegaard, T., Keizer, R., & Berghammer, C. (2010). The educational gradient of childbearing within cohabitation in Europe. *Population Development and Review, 36*, 775–801.

Petrogiannis, K. (2011). Conceptions of the transition to adulthood in a sample of Greek higher education students. *International Journal of Psychology and Psychological Therapy, 11*, 121–137.

Pew Research Center (2010). *Religion among the Millennials*. Washington, DC: Author.

Pew Research Center (2011). *Is college worth it? College presidents, public assess value, quality and mission of higher education*. Washington, DC: Author.

Pew Research Center (2012). *"Nones" on the rise: One in five adults has no religious affiliation*. Washington, DC: Author.

Pinker, S. (2011). *The better angels of our nature: Why violence has declined*. New York, NY: Viking.

Pool, M. M., Koolstra, C. M., & van der Voort, T. H. A. (2003). The impact of background radio and television on high school students' homework performance. *Journal of Communication,*

53, 74–87.

Popenoe, D., & Whitehead, B. D. (2001). The state of our unions, 2001: *The social Health of marriage in America*. Report of the National Marriage Project, Rutgers, NJ. Retrieved from http://marriage.rutgers.edu.

Popenoe, D., & Whitehead, B. D. (2002). *The state of our unions, 2002*. Report of the National Marriage Project, Rutgers University, Rutgers, NJ. Retrieved from http://marriage.rutgers.edu.

Prensky, M. R. (2010). Teaching digital natives: Partnering for real learning. New York, NY: Corwin.

Pryor, J. H., Hurtado, S., DeAngelo, L., Sharkness, J., Romero, L. C., Korn, W. S., & Tran, S. (2008). *The American freshman: National norms for fall 2008*. Los Angeles, CA: Higher Education Research Institute.

Pryor, J. H., Hurtado, S., Saenz, V. B., Santos, J. L., & Korn, W. S. (2007). *The American freshman: Forty year trends*. Los Angeles, CA: Higher Education Research Institute.

Putnam, R. D., Feldstein, L. M. & Cohen, D. (2001). *Bowling alone: The collapse and revival of American community*. New York. NY: Touchstone.

Rainie, L., Smith, A., & Duggan, M. (2013). *Coming and going on Facebook*. Washington, DC: Pew Research Center.

Ravert, R. D. (2009). "You're only young once": Things college students report doing now before it is too late. *Journal of Adolescent Research, 24* (3), 376–396.

Regnerus, M. D. (2007). *Forbidden fruit: Sex and religion in the lives of American teenagers*. New York, NY: Oxford University Press.

Regnerus, M. D., & Uecker, M. (2009). *Premarital sex in America*. New York, NY: Oxford University Press.

Reifman, A., Arnett, J. J., & Colwell, M. J. (2007). Emerging adulthood: Theory, assessment, and application. *Journal of Youth Development, 1*, 1–12.

Richards, M. H., Crowe, P. A., Larson, R., & Swarr, A. (2002). Developmental patterns and gender differences in the experience of peer companionship in adolescence. *Child Development, 69*, 154–163.

Robbins, A., & Wilner, A. (2001). *Quarterlife crisis: The unique challenges of life in your twenties*. New York, NY: Tarcher/Putnam.

Roberts, B. W., Caspi, A., & Moffitt, T. E. (2001). The kids are alright: Growth and stability in personality development from adolescence to adulthood. *Journal of Personality and Social Psychology, 81*, 670–683.

Robinson, J., Sareen, J., Cox, B. J., & Bolton, J. M. (2011). Role of self-medication in the development of comorbid anxiety and substance use disorders. *Archives of General Psychiatry, 68*, 800–807.

Robinson, J. R., & Godbey, G. (1997). *Time for life: The surprising ways Americans spend their time*. State College, PA: Penn State University Press.

Rosenfeld, M. J., & Thomas, R. J. (2012). Searching for a mate: The rise of the Internet as a social intermediary. *American Sociological Review, 77*, 523–547.

Rotundo, E. A. (1993). *American manhood: Transformations in masculinity from the Revolution to the Modern Era.* New York, NY: Basic Books.

Rubin, L. B. (1976). *Worlds of pain: Life in the working-class family.* New York, NY: Basic Books.

Savin-Williams. R. C. (2006). *The new gay teenager.* New York, NY: Trilateral.

Schaefer, R. T. (2006). *Racial and ethnic groups.* Upper Saddle River, NJ: Prentice Hall.

Schlegel, A., and Barry, H. (1991). *Adolescence: An anthropological inquiry.* New York, NY: Free Press.

Schneider, B., & Stevenson, D. (1999). *The ambitious generation: America's teenagers, motivated but directionless.* New Haven, CT: Yale University Press.

Schulenberg, J. E., & Zarrett, N. R. (2006). Mental health during emerging adulthood: Continuity and discontinuity in courses, causes, and functions. In J. J. Arnett & J. L. Tanner (Eds.), *Emerging adults in America: Coming of age in the 21st century* (pp. 135–172). Washington, DC: American Psychological Association.

Schwartz, B. (2000). Self-determination: The tyranny of freedom. *American Psychologist, 55*(1), 79–88.

Schwartz, C. R., & Mare, R. D. (2012). The proximate determinants of educational homogamy: The effects of first marriage, marital dissolution, remarriage, and educational upgrading. *Demography, 49* (2), 629–650.

Schwartz, S. J., Zamboanga, B. L., Luyckx, K., Meca, A., & Richie, R. (2015). Identity development in emerging adulthood. In J. J. Arnett (Ed.), *Oxford handbook of emerging adulthood.* New York, NY: Oxford University Press.

Segrin, C., Woszidlo, A., Givertz, M., Bauer, A., & Murphy, M. T. (2012). The association between overparenting, parent-child communication, and entitlement and adaptive traits in adult children. *Family Relations, 61,* 237–251. doi: 10.1111/j.1741-3729.2011.00689.x.

Seligman, M. (2002). *Authentic happiness.* New York, NY: Free Press.

Shanahan, M. J., Porfeli, E. J., Mortimer, J. T., & Erickson, L. D. (2005). Subjective age identity and the transition to adulthood: When do adolescents become adults? In R. A. Settersten, F. Furstenberg, Jr., & R. G. Rumbaut (Eds.), *On the frontier of adulthood: Theory, research, and public policy* (pp. 225–255). Chicago, IL: University of Chicago Press.

Shernoff, D. J., & Csikszentmihalyi, M. (2009). Cultivating engaged learners and optimal learning environments. In R. Gilman, E. S. Hebner, & M. Furlong (Eds.), *Handbook of positive psychology in schools* (pp. 131–145). New York, NY: Routledge.

Shulman, S., & Connolly, J. (2013). The challenge of romantic relationships in emerging adulthood: Reconceptualization of the field. *Emerging Adulthood, 1,* 27–39.

Silbereisen, R. K., Meschke, L. L., & Schwarz, B. (1996). Leaving the parental home: Predictors for young adults raised in the former East and West Germany. *New Directions in Child Development, 71,* 71–86.

Silva, J. M. (2013). *Coming up short: Working class adulthood in an age of uncertainty.* New York, NY: Oxford University Press.

Sirsch, U., Dreher, E., Mayr, E., & Willinger, U. (2009). What does it take to be an adult in Austria?

Views on adulthood in Austrian adolescents, emerging adults, and adults. *Journal of Adolescent Research, 24*, 275–292.

Smink, F. R. E., van Hoeken, D., & Hoek, H. W. (2012). Epidemiology of eating disorders: Incidence, prevalence, and mortality rates. *Current Psychiatry Report, 14*, 404–414.

Smith. C. (2011). *Lost in transition: The dark side of emerging adulthood*. New York, NY: Oxford University Press.

Smith, C., & Denton, M. L. (2005). *Soul searching: The religious and spiritual lives of American teenagers*. New York, NY: Oxford University Press.

Smith, C., & Snell, P. (2010). *Souls in transition: The religious lives of emerging adults in America*. New York, NY: Oxford University Press.

Smock, P. J., & Gupta, S. (2000). Cohabitation in contemporary North America. In A. Booth & A. C. Crouter (Eds.), *Just living together: Implications of cohabitation on families, children, and social policy* (pp. 53–75). Mahwah, NJ: Erlbaum.

Spataro, P., Cestari, V., & Rossi-Arnaud, C. (2011). The relationship between divided attention and implicit memory: A meta-analysis. *Acta Psychologica, 136*(3), 329–339.

Sperber, M. (2000). *Beer and circus: How big-time college sports is crippling undergraduate education*. New York, NY: Henry Holt.

Staff, J., Messersmith, E. E., & Schulenberg, E. E. (2009). Adolescents and the world of work. In R. M. Lerner and L. Steinberg (Eds.), *Handbook of adolescent psychology*. New York, NY: Wiley.

Steele, J. R., & Brown, J. D. (1995). Adolescent room culture: Studying media in the context of everyday life. *Journal of Youth & Adolescence, 24*, 551–576.

Striegel-Moore, R. H., & Franko, D. L. (2006). Adolescent eating disorders. In C. A. Essau (Ed.), *Child and adolescent psychopathology: Theoretical and clinical implications* (pp. 160–183). New York, NY: Routledge/Taylor & Francis.

Stritof, S., & Stritof, B. (2014). Estimated median age at first marriage, by sex: 1890 to 2012. Retrieved from http://marriage.about.com/od/statistics/a/medianage.htm.

Suarez-Orozco, C., & Suarez-Orozco, M. (1996). *Transformations: Migration, family life and achievement motivation among Latino adolescents*. Palo Alto, CA: Stanford University Press.

Substance Abuse and Mental Health Services Administration (SAMHSA) (2011). Results from the 2010 National Survey on Drug Use and Health: Detailed Tables. Retrieved from http://oas.samhsa.gov/NSDUH/2k10NSDUH/tabs/Sect2peTabs37to46.pdf.

Tamis-LeMonda, C. S., Way, N., Hughes, D., Yoshikawa, H., Kalman, R. K., & Niwa, E. Y. (2008). Parents' goals for children: The dynamic coexistence of individualism and collectivism in cultures and individuals. *Social Development, 17*, 183–209.

Taylor, P., & Keeter, S. (2010). *Millennials: Confident. Connected. Open to change*. Retrieved from http://www.pewsocialtrends.org/files/2010/10/millennials-confident-connected-open-to-change.pdf.

Tillich, P. (2001). *Dynamics of faith*. New York, NY: HarperCollins.

Tosun, L. R. (2012). Motives for Facebook use and expressing "true self" on the Internet. *Computers in Human Behavior, 28*, 1510–1517.

Triandis, H. C. (1995). *Individualism and collectivism*. Boulder, CO: Westview Press.

Turkle, S. (2011). *Alone together: Why we expect more from technology and less from each other*. New York, NY: Basic Books.

Twenge, J. M. (2013). The evidence for Generation Me and against Generation We. *Emerging Adulthood, 1*, 11–16.

Twenge, J. M., Gentile, B., DeWall, C. N., Ma, D. S., Lacefield, K., & Schurtz, D. R. (2010). Birth cohort increases in psychopathology among young Americans, 1938–2007: A cross-temporal metaanalysis of the MMPI. *Clinical Psychology Review, 30*, 145–154.

Twisk, D. A. M., & Stacey, C. (2007). Trends in young driver risk and countermeasures in European countries. *Journal of Safety Research, 38* (2), 245–257.

UNdata (2014). Abortion rates. Retrieved from http://data.un.org/Data.aspx?d=GenderStat&f=inID%3A12.

UNESCO (2013). Tertiary indicators (Table 14). Retrieved from http://stats.uis.unesco.org/unesco/TableViewer/tableView.aspx?ReportId=167.

United Nations (2009). *World fertility report, 2009: Country Profiles*. Department of Economic and Social Affairs, Population Division. Retrieved from http://www.un.org/esa/population/publications/WFR2009_Web/Data/CountryProfiles_WFR2009.pdf.

US Bureau of the Census (2011). *Current population survey and annual social and economic supplements*. Washington, DC: Author.

US Bureau of the Census (2013). *CPS historical time series tables*. Retrieved from http://www.census.gov/hhes/socdemo/education/data/cps/historical/fig10.jpg.

US Bureau of the Census (2014). *Statistical abstract of the United States*. Washington, DC: Author.

US Department of Labor (2012). *Number of jobs held, labor market activity, and earnings growth among the youngest Baby Boomers: Results from a longitudinal survey summary*. Economic News Release, Table 1. Retrieved from http://www.bls.gov/news.release/nlsoy.nro.htm.

Van Doorn, M. D., Branje, S. J. T., & Meeus, W. H. J. (2011). Developmental changes in conflict resolution styles in parent-adolescent relationships: A four-wave longitudinal study. *Journal of Youth and Adolescence, 40* (1), 97–107.

Vazsonyi, A. T., & Snider, J. B. (2008). Mentoring, competencies, and adjustment in adolescents: American part-time employment and European apprenticeships. *International Journal of Behavioral Development, 32* (1), 46–55.

Waite, L. J., & Gallagher, M. (2000). *The case for marriage: Why married people are happier, healthier, and better off financially*. New York, NY: Doubleday.

Walcott, D. D., Pratt, H. D., & Patel, D. R. (2003). Adolescents and eating disorders: Gender, racial, ethnic, sociocultural and socioeconomic issues. *Journal of Adolescent Research, 18*, 223–243.

Wallerstein, J. S., Lewis, J. M., & Blakeslee, S. (2000). *The unexpected legacy of divorce*. New York, NY: Hyperion.

Wang, W. (2012). *The rise of intermarriage: Rates, characteristics vary by race and gender*. Washington, DC: Pew Research Center.

Washington Post (March, 2013). March 2013 Washington Post Poll. Retrieved from http://www.washingtonpost.com/page/2010-2019/WashingtonPost/2013/03/18/National-Politics/Polling/question_10009.xml?uuid=qPNlgl_1EeKRc3-Hzac7SQ#.

Werner, E. E., & Smith, R. S. (1982). *Vulnerable but invincible: A study of resilient children*. New York, NY: McGraw-Hill.

Werner, E. E., & Smith, R. S. (2001). *Journeys from childhood to midlife: Risk, resilience, and recovery*. Ithaca, NY: Cornell University Press.

Whitehead, B. D., & Popenoe, D. (2002). Why wed? Young adults talk about sex, love, and first unions. Report of the National Marriage Project, Rutgers, NJ. Retrieved from http://marriage.rutgers.edu/pubwhywe.htm.

Willoughby, B. J. (2009). The decline of in loco parentis and the shift to co-ed housing on college campuses. *Journal of Adolescent Research, 24*, 21–36.

Wilson, J. Q., & Herrnstein, R. J. (1985). *Crime and human nature*. New York, NY: Simon and Schuster.

Wilson, W. J. (1996). *When work disappears: The world of the new urban poor*. New York, NY: Knopf.

World Internet Project (2012). *International report*. Los Angeles, CA: Author.

Xia, Y. R., Ko, K. A., & Xie, X. (2013). The adjustment of Asian American families to the U.S. context: The ecology of strengths and stress. In G. W. Peterson & K. R. Bush (Eds.), *Handbook of marriage and the family* (pp. 705–722). New York, NY: Springer.

Yates, J. A. (2005). The transition from school to work: Education and work experiences. *Monthly Labor Review, 128* (2), 21–32.

Zhong, J., & Arnett, J. J. (2014). Conceptions of adulthood among migrant women workers in China. *International Journal of Behavioral Development, 38*, 255–265.

Zimmer-Gembeck, M. J., & Helfand, M. (2008). Ten years of longitudinal research on U.S. adolescent sexual behavior: Developmental correlates of sexual intercourse, and the importance of age, gender and ethnic background. *Developmental Review, 28* (2), 153–224.

Zuckerman, M. (2007). *Sensation seeking and risky behavior*. Washington, DC: American Psychological Association.

21세기의 청년에게
성인이 되는데
도달하는 길은 길다.

TEXT is an imprint of the ReBOOT